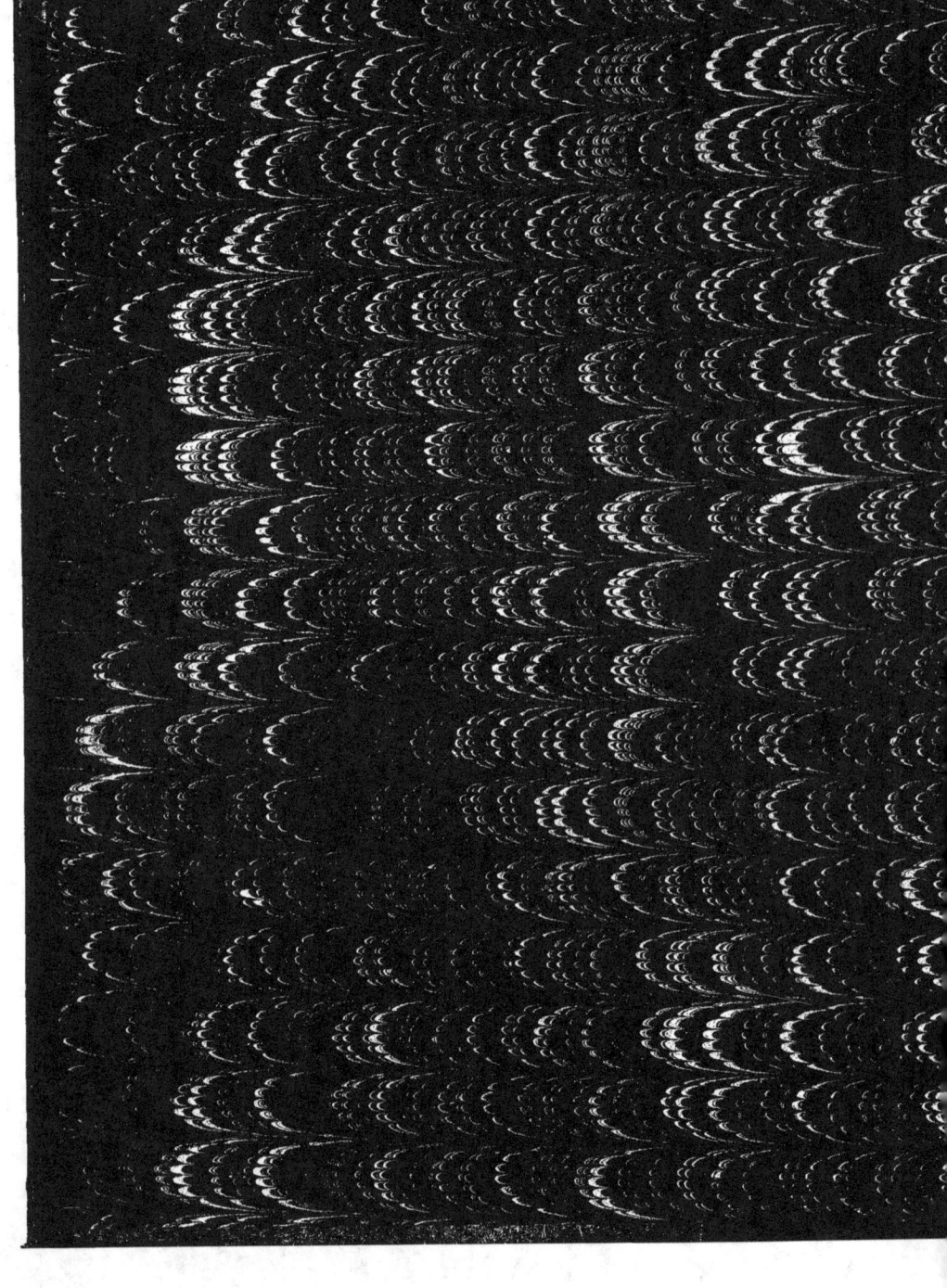

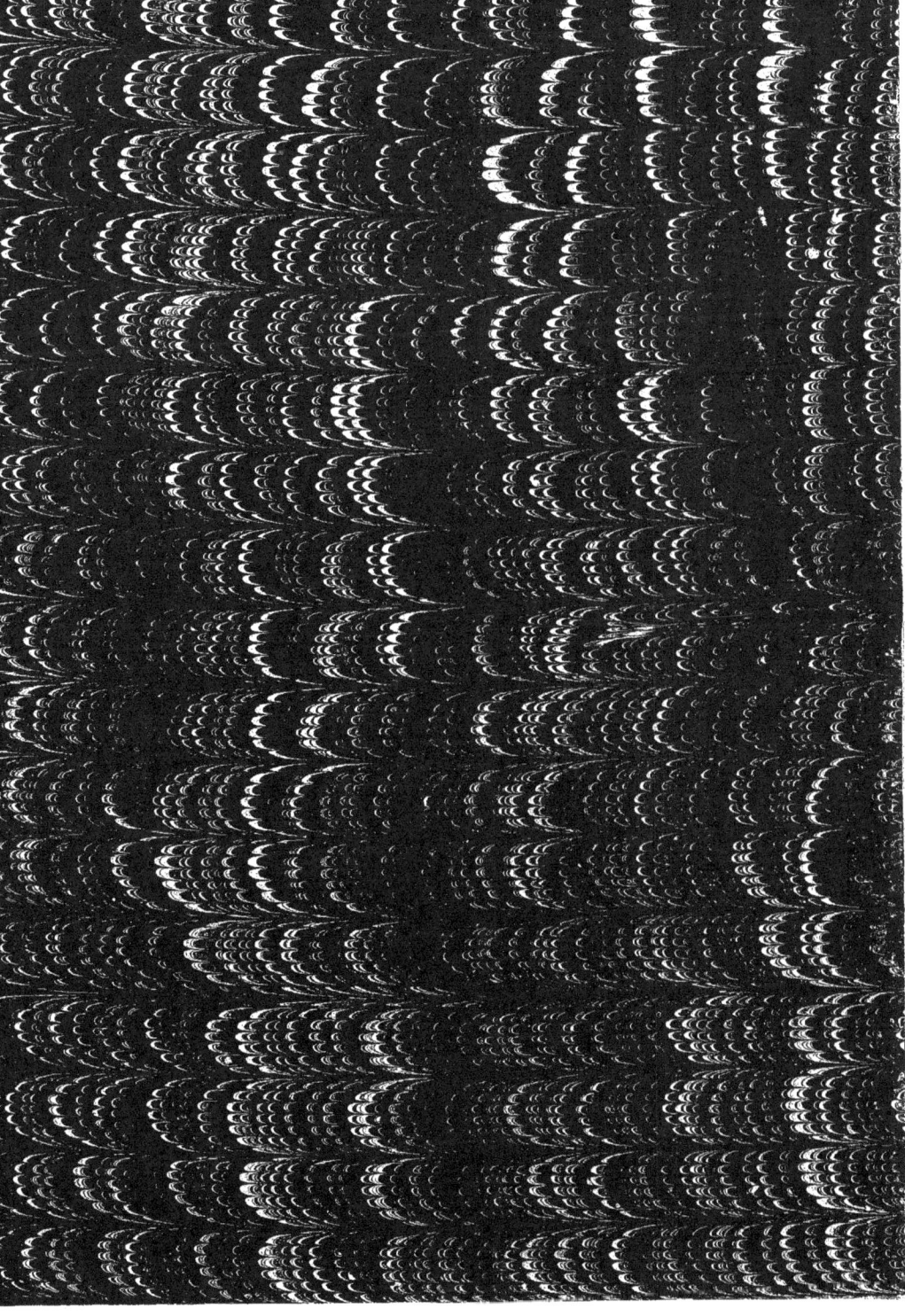

GUERRE DE 1870

LE
SIÈGE DE STRASBOURG

GUERRE DE 1870

LE
SIÈGE DE STRASBOURG

STRASBOURG AVANT, PENDANT ET APRÈS LE SIÈGE

PAR

GUSTAVE FISCHBACH

AQUARELLES ET DESSINS PAR E. SCHWEITZER

PUBLIÉ ET ÉDITÉ

PAR

L'IMPRIMERIE ALSACIENNE A STRASBOURG

1897

TABLE DES MATIÈRES

PREMIÈRE PARTIE
STRASBOURG AVANT LE SIÈGE

CHAPITRE I.

Le plébiscite du 8 mai 1870. — L'affaire du Luxembourg. — Le roi Guillaume à Paris. — Les préparatifs de l'Allemagne. — Les forces militaires de la France. — La candidature du prince de Hohenzollern. — Benedetti à Ems. — Déclaration de la guerre. — Thiers à la tribune du Corps législatif. — Le « cœur léger » d'Émile Ollivier 1

CHAPITRE II.

La déclaration de guerre et la population de Strasbourg. — Une déclaration du *Courrier du Bas-Rhin*. — La Marseillaise dans les rues de Strasbourg. — Le pont de bateaux entre Strasbourg et Kehl est enlevé. — Fausse alerte. — Les souscriptions pour les blessés commencent à s'ouvrir. — Les félicitations du Conseil d'arrondissement à l'Empereur. — Arrivée des troupes destinées à l'armée de l'Est. — Formation d'un comité central de secours 14

CHAPITRE III.

Arrivée du général Uhrich. — Le départ des pontonniers. — L' « amour pour le soldat » de la population strasbourgeoise. — Les Badois font sauter le tablier tournant du pont de Kehl. — Arrivée du maréchal de Mac-Mahon. — Proclamation de Napoléon III. — Le campement du Polygone. — Organisation de la Garde nationale 25

CHAPITRE IV.

Essais de mitrailleuses. — Mort du général de Gaujal. — L'engagement de Sarrebrück. — La bataille de Wissembourg. — La bataille de Frœschwiller. — La générale. — Arrivée des blessés et des fuyards. — Le Conseil de défense de la place. — Fermeture des portes. — Le drapeau des turcos. — Première sommation de l'ennemi. — Cachotteries administratives 39

CHAPITRE V.

La chasse aux espions. — Les calomnies du baron Pron. — Comment M. de Malartic, secrétaire général de la préfecture, raconte l'histoire. — Proclamation du roi Guillaume à ses armées. — Proclamation du général Uhrich. — L'état de défense et la garnison de la place de Strasbourg. — Les avertissements du colonel Stoffel et du général Ducrot 54

CHAPITRE VI.

Proclamation du roi Guillaume. — La loi martiale. — Une recommandation du général de Beyer aux habitants de l'Alsace. — Le palissadement de la place. — Arrêté du maire sur les précautions à prendre contre les incendies. — Les premières rencontres entre les assiégeants et les assiégés. — Les premières bombes. 78

CHAPITRE VII.

La fête du 15 août. — Te Deum. — L'artillerie badoise « inquiète » la ville. — La sortie du 16 août. — Le colonel Fiévet. — Prorogation des pouvoirs du Conseil municipal. — Destruction du couvent du Bon-Pasteur. — La sortie du colonel Blot. — Le bombardement du 18 août. — Nombreuses victimes 90

CHAPITRE VIII.

Les ambulances du Grand- et du Petit-Séminaire. — Un épisode du bombardement de la Citadelle. — Ordre du jour félicitant la garde mobile. — Correspondance du général Uhrich et du général de Werder. — Un parlementaire blessé 109

CHAPITRE IX.

Le général de Werder refuse de laisser sortir de la place les vieillards, les femmes et les enfants. — Le Jardin botanique transformé en cimetière. — Le monument du Jardin botanique. — Les accapareurs de bétail. — La situation commerciale de la ville. — Les compagnies franches. — Le capitaine Liès-Bodard. — Les élèves de l'école de santé militaire. — Le bombardement régulier est officiellement annoncé. — La mission du pasteur Schillinger 123

DEUXIÈME PARTIE

STRASBOURG PENDANT LE SIÈGE

CHAPITRE I.

« Le moment solennel est arrivé ». — Encore une fausse joie. — Le bombardement régulier commence. — Trois proclamations du général de Werder. — La nuit du 24 août. — Destruction du Temple-Neuf, de la Bibliothèque de la ville, du Musée des Beaux-Arts. — Une démonstration. — Démarche de l'évêque de Strasbourg. — La nuit du 25 août. — Incendies à la Cathédrale, à l'Hôpital civil, à la Gare, au Gymnase protestant. 155

CHAPITRE II.

Nouvelle sommation. — Fausse nouvelle et fausse joie. — Incendie du quartier des jardiniers-cultivateurs du Marais-Kageneck, du faubourg de Pierres, de la Cour Marbach. — Perte de 35,000 fusées. — Suppression du poste d'observation de la Cathédrale. — Incendie du Palais-de-Justice. Promesse de dédommagement faite aux habitants. — Postes de secours et abris. — Encore le drapeau du 2ᵉ turcos. — Le Conseil municipal est remplacé par une Commission municipale. — Première séance de la Commission. — Une manifestation sur la place publique 174

CHAPITRE III.

Étrange dépêche du ministère de la guerre. — Les voleurs. — Mort du colonel Fiévet. — La sortie du 2 septembre. — Le lieutenant d'Arcine et le sous-lieutenant Philip tombent devant l'ennemi. — Le 87ᵉ de ligne et le colonel Blot. — Le régiment des pontonniers 201

CHAPITRE IV.

Nombreuses victimes. — Terrible accident à la caserne des pontonniers. — La caserne de la Finkmatt. — Strasbourg reste sans nouvelles de l'extérieur. — La mort du capitaine Epp. — Le capitaine Desnos. — La lunette 54. — L'approvisionnement de sel. — L'*Internationale*. — Organisation de la correspondance avec le dehors par M. Alfred Ritleng **244**

CHAPITRE V.

Les obsèques du capitaine Epp et de trois ouvriers de la marine. — Incendie du Théâtre. — Fausses nouvelles. — Le commissaire central est cité devant la Commission municipale. — La Suisse vient secourir les habitants de Strasbourg. — Arrivée des délégués suisses. — Récits de leurs démarches et de leur voyage **265**

CHAPITRE VI.

La nouvelle de la proclamation de la République. — La ville se pavoise sous le feu de l'ennemi. Proclamation du préfet et du général commandant la place. — Motions présentées à la Commission municipale tendant à la destitution du commissaire central et à la retraite immédiate du préfet. — Adresse de remerciments au Conseil fédéral suisse. — Démission de M. Th. Humann, maire. — Récits des deuxième et troisièmes voyage des délégués suisses. — Notice biographique sur M. Th. Humann. **293**

CHAPITRE VII.

Refus du général de Werder de laisser passer les délégués de la Commission municipale. — Démission des adjoints au maire. — La situation financière de la ville. — La Commission déclare que M. Th. Humann a bien mérité de la cité. — Déclaration d'indignité des individus valides qui ont quitté Strasbourg depuis le commencement de la guerre. — M. le professeur Émile Küss est nommé maire de Strasbourg. — Départ du premier convoi d'émigrants pour la Suisse. — M. Charles Bœrsch est nommé préfet **315**

CHAPITRE VIII.

Encore les restaurants populaires. — Adjonction à la Commission municipale de quatre membres de la classe ouvrière. — Le chef d'escadron d'Huart. — Revendication du Château par la municipalité. — Les pompiers de Strasbourg. — Réclamations et nouvelles menaces du général de Werder. — Le général Uhrich à la Commission municipale. — Il est nommé citoyen de Strasbourg. — Grave démarche de la Commission municipale **341**

CHAPITRE IX.

La Cathédrale transformée en asile. — Pénurie de lait. — Mortalité des enfants. — Les convois funèbres. — Le capitaine Darcy. — Découverte d'une provision de sucre et de café. — Lettre du gouvernement de la Défense nationale au ministre de Suisse. — Manifestations autour de la statue de Strasbourg. — Edmond Valentin, préfet du Bas-Rhin. — Son épopée. — Son entrée dans la place. — Incendie de la préfecture. — Le baron Pron. — Un journal du siège. — Le diplôme du général. — Le lieutenant Helmstetter. **361**

CHAPITRE X.

La garde mobile du Bas-Rhin. — Le 4e bataillon. — Le commandant Edmond de Pourtalès. — Le lieutenant Heimburger. — Alexandre Bartholomot. — Une lettre du Grand-duc de Bade. — Réponse du général Uhrich. — Le commandant Ducrot. — Un avis du maire **384**

TABLE DES MATIÈRES

CHAPITRE XI

L'Hôpital civil pendant le bombardement. — Le détachement des marins. — L'amiral Excelmans. — Le capitaine Du Petit-Thouars. — L'effet des bombes. — Une grave alerte. — Le capitaine Royer 410

CHAPITRE XII.

Le colonel Ducasse. — Les artilleurs de la garde nationale. — Le dernier jour du bombardement. — Le drapeau blanc flotte sur la Cathédrale. — Effervescence dans la population. — La ville se rend. — L'acte de capitulation. — Proclamations du général commandant et du maire. — La sortie de la garnison 429

TROISIÈME PARTIE

STRASBOURG APRÈS LE SIÈGE

CHAPITRE I.

Les instructions relatives à la population civile. — Arrêté concernant les officiers français. — Les menus des officiers et des soldats logés chez l'habitant. — Les réquisitions. — Les dépenses de la ville. — La société de secours strasbourgeoise. — L'estimation des dommages. — Les indemnités 447

CHAPITRE II.

Le rapport du général Uhrich sur la capitulation. — Le général est vivement attaqué dans la presse. — Ses réponses. — Une étude sur les fortifications de Strasbourg 469

CHAPITRE III.

Le rapport du Conseil d'enquête sur la capitulation de Strasbourg. — La réponse du général Uhrich au Conseil d'enquête — Protestations contre l'avis du Conseil d'enquête. — Note jointe à l'historique du dépôt du 20ᵉ d'artillerie. — Lettre au général Uhrich qui ne put pas lui parvenir. — Tableau des ambulances. — Liste des officiers tués pendant le siège. — Les récompenses aux pompiers. — Les pompiers morts et blessés. — Liste des personnes civiles tuées. — Maisons totalement détruites. — Mort de Mᵐᵉ Riton 488

TABLE DES GRAVURES

	Pages
Les Badois font sauter le tablier mobile du pont du chemin de fer, à Kehl	29
On bat la générale dans les rues de Strasbourg	41
Sauvetage du drapeau du 2e régiment de tirailleurs algériens	47
Un officier allemand vient sommer le colonel Ducasse, commandant de la place, de rendre la ville	50
Monument élevé à la mémoire des soldats français, tombés dans la sortie du 16 août 1870	101
Le monument commémoratif du Jardin botanique	128
Le Temple-Neuf et la Bibliothèque avant l'incendie	163
Les ruines de la Bibliothèque et du Temple-Neuf	164
L'intérieur du Temple-Neuf après l'incendie	166
Le corps de garde de la porte Nationale et le moulin des Huit-Tournants	169
La galerie de la tour du Nord après le bombardement	172
Le faubourg National après le bombardement	177
Le pont du faubourg de Pierres et la caserne de la Finckmatt	181
La tour de la porte de Saverne	193
Caserne de la Finckmatt et rue Militaire-de-la-Trompette	199
Une partie du faubourg de Pierres	225
Les ruines de la Citadelle	227
Les pontonniers en manœuvre jettent un pont de bateaux sur le Rhin, près de Strasbourg	231
Le faubourg de Pierres après le bombardement	232
Un pontonnier jette une bombe allemande tout allumée dans le fossé	237
Documents et croix de l'Internationale	263, 264
Le théâtre	268
Les ruines du théâtre : la cage d'escalier et les couloirs	269
» » » la salle	270
Les hangars du chemin de fer de l'Est	294
Les ruines de l'Usine à gaz	320
Vue photographique de la pointe de la Cathédrale, atteinte par un obus, le 15 septembre	329
Vue géométrique de la pointe	330
La statue de Strasbourg, sur la place de la Concorde à Paris	365
L'arrivée du préfet Edmond Valentin chez le général Uhrich	371
L'Hôtel de la préfecture — La statue du préfet Lezay-Marnesia	374
La Préfecture après le bombardement	376
Les ruines de la Préfecture. — Un coin de la Cour d'honneur	380
Quelques sous-officiers des zouaves de Frœschwiller et de Strasbourg	389

TABLE DES GRAVURES

	Pages
Les ruines du Palais de Justice	405
Le pont Royal et la Tour dans le sac	408
Les marins qui ont pris part à la défense de Strasbourg	416
Un groupe d'artilleurs de la garde mobile et de la garde nationale de Strasbourg	431
La brèche du Bastion 12	435
La grande brèche praticable du bastion 11	438
La Porte Nationale avant le bombardement	452
La Porte Nationale après le bombardement	453
Maison à Illkirch et fourgon à Kœnigshofen où furent signées les capitulations de 1681 et de 1870	473
Les ruines de la Porte de France, occupées par les Prussiens	478
Le Théâtre après le bombardement	492
Les ruines du bâtiment de la douane et du corps de garde au pont du Rhin	512
Monument de Bâle	533

PORTRAITS

	Pages
Le prince Léopold de Hohenzollern	7
Le général Uhrich	25
Auguste Saglio	38
Le général de Werder	65
Le général Ducrot	70
Le colonel Fiévet	93
Le professeur Hergott	110
Le professeur Liès-Bodard	140
Le sergent Picot	141
Le pasteur Schillinger	149
Le colonel Blot	209
Le sous-lieutenant Philip	210
Léon Lacour	244
Le capitaine Epp	256
Le capitaine Desnos	256
Théodore Humann, maire de Strasbourg, 266,	313
Le colonel de Büren	281
Le professeur Émile Küss, dernier maire de Strasbourg	325
Charles Bœrsch, préfet intérimaire	337
Le chef d'escadron d'Huart	346
Le Dr Théophile Bischoff	353
Edmond Valentin, dernier préfet français du Bas-Rhin	367

	Pages
Le baron Pron, préfet du Bas-Rhin	375
Le comte Edmond de Pourtalès	388
Le lieutenant Waldner de Freundstein	390
Le sous-lieutenant Michel Lux	391
Le sous-lieutenant Xavier Piquet	391
Le lieutenant L. Heimburger	392
Le lieutenant Nicolas	393
Le lieutenant-colonel Giron	394
Le lieutenant René Reibell	394
Le franc-tireur Dupré	395
Le sous-lieutenant Alfred Wolff	396
Le lieutenant Edmond Klose	397
Le commandant Starck	398
Le lieutenant de Golbéry	409
L'amiral Excelmans	412
Le capitaine Bergasse du Petit-Thouars	413
Le lieutenant de vaisseau Bauer	418
Le colonel Ducasse	430
L'amiral Bergasse du Petit-Thouars	497
La comtesse Alice Zeppelin, née Bleck	502
Le R. P. Joseph, aumônier militaire à l'hôpital de Strasbourg, pendant le siège	525
Mlle Riton	530

PLANCHES HORS TEXTE

	Pages
Le camp des turcos sur les glacis de la porte de Saverne	33
Exercice de la garde nationale sédentaire, rue de la Douane	37
Les blessés et débandés de Frœschwiller entrant à Strasbourg le soir du 6 août 1870	43
Le drapeau du 2ᵉ régiment de tirailleurs algériens	49
Francs-tireurs, garde nationale mobile, garde nationale sédentaire, sur la place d'Austerlitz	73
Bombardement de la Citadelle par les batteries de mortiers de Kehl	107
Bombardement de Kehl	117
Les francs-tireurs sur la route de Colmar	139
Batterie de Kehl	159
Le colonel Blot et les douaniers aux Rotondes	161
L'incendie de l'Aubette dans la nuit du 24 août 1870	163
Incendie du Gymnase protestant, dans la nuit du 24 août 1870	165
Incendie de la Bibliothèque de la ville	167
Batterie de siège au Wacken	195
La sortie du 2 septembre 1870	209
Le convoi funèbre du colonel Fiévet passant sur le pont Saint-Guillaume	221
Bombardement de la Citadelle. — Aspect de l'église	227
Le restaurant populaire de la Halle-Couverte	241
Incendie du Théâtre le 19 septembre 1870	269
Entrée des délégués suisses à Strasbourg, par la porte Nationale, le 11 septembre 1870	281
Un échange de prisonniers aux avant-postes de Kœnigshoffen	311
Obsèques de M. E. Küss, maire de Strasbourg	327
Sortie d'une colonne d'émigrants pour la Suisse	329
Le barrage de l'Ill près de la porte des Pêcheurs	335
Le bataillon des sapeurs-pompiers en 1870	349
Les officiers du bataillon des sapeurs-pompiers de Strasbourg en 1870	351
Incendie de la Préfecture le 20 septembre 1870	375
Mort du lieutenant d'artillerie de la mobile Holmstetter	383
L'infanterie de la mobile à la lunette 53	387
Mort du commandant du génie Ducrot	405
La batterie des marins (ouvrage 56) entre le Contades et la porte de Pierres	419
L'artillerie de la garde nationale sédentaire sur le rempart de la porte de Pierres	431
Le départ des troupes françaises après la capitulation	447
Patrouille de la garde nationale près des Grandes-Arcades	507

GUERRE DE 1870

LE
SIÈGE DE STRASBOURG

PREMIÈRE PARTIE

STRASBOURG AVANT LE SIÈGE

CHAPITRE PREMIER

Le plébiscite du 8 mai 1870. — L'affaire du Luxembourg. — Le roi Guillaume à Paris. — Les préparatifs de l'Allemagne. — Les forces militaires de la France. — La candidature du prince de Hohenzollern. — Benedetti à Ems. — Déclaration de la guerre. — Thiers à la tribune du Corps législatif. — Le « cœur léger » d'Émile Ollivier.

« ..... Les réunions publiques contre le plébiscite étaient nombreuses et animées. Nulle part l'opposition ne fut plus vive qu'en Alsace. Il semblait qu'il y eût là un tragique pressentiment[1]...... »

Et pourtant, contre toute prévision, le Bas-Rhin et le Haut-Rhin figurèrent parmi les départements où l'on compta, au scrutin du 8 mai 1870, une moyenne de quatre-vingts « oui » sur cent suffrages exprimés. A Strasbourg même il y avait eu 6322 voix pour et 5501 bulletins contre le plébiscite (la banlieue avait noyé

---

[1] Henri Martin, *Histoire de France*, t. 7, p. 31.

le vote de la ville); près de 6000 électeurs s'étaient abstenus. On avait compté, en basant ses calculs sur l'énergique mouvement d'opposition qui s'était manifesté dans notre province d'Alsace, que celle-ci répondrait par une formidable et dédaigneuse majorité de votes négatifs au semblant de consultation qu'on imposait à la France; mais, de même que dans le reste du pays, on cessa d'écouter, à l'approche du scrutin, les voix prophétiques de ceux qui, comme Thiers, Jules Favre, Jules Grévy et Léon Gambetta, criaient: « Prenez garde! le plébiscite n'est qu'un leurre qui mettra, plus que jamais, la France à la merci de Napoléon III ; prenez garde, le plébiscite nous mènera à une catastrophe!..... »

La pression administrative, les intimidations, les circulaires ministérielles ainsi que les brochures, appels et manifestes qu'on répandait à profusion pour proclamer que le plébiscite c'était l'essor d'une ère de liberté, que le plébiscite c'était la paix et la garantie d'une prospérité sans exemple, la crainte, aussi, de l'inconnu qui pouvait se dégager d'un échec subi par le gouvernement, paralysèrent les efforts des hommes courageux qui travaillaient contre la tentative plébiscitaire.

Et le dépouillement du scrutin, pour toute la France, donna 7,016,227 oui; 1,495,144 non et 112,975 bulletins nuls. Plus de 1,800,000 électeurs s'étaient abstenus. Les 20 et 21 décembre 1851, 7,439,216 voix contre 646,737 avaient ratifié le coup d'État; les 20 et 21 novembre 1852, 7,824,189 suffrages contre 253,135 s'étaient prononcés pour le rétablissement de l'Empire.

Dans ce scrutin pour le plébiscite du 8 mai 1870, les troupes, y compris celles de l'Algérie, avaient donné 46,000 non contre 285,000 oui..... 321,000 soldats seulement!... M. de Bismarck a certainement tressailli à la lecture de ce chiffre...

Donc le plébiscite c'était la paix. « L'Empire c'est la paix », avait déjà déclaré le Prince-Président dans la tournée qu'il avait faite en France pour préparer la confiscation de la République..... Le lendemain du scrutin du 8 mai 1870, les officieux chantèrent les bienfaits de la paix, expliquèrent que le pays pouvait se livrer à un travail fécond, puisqu'il était enfin à l'abri de tous les troubles et de toutes les secousses, et beaucoup de braves gens, abusés et naïfs, se mirent à l'unisson de cet enthousiasme, convaincus que Napoléon III songeait sérieusement à réaliser les promesses à l'aide desquelles il venait d'escamoter, pour la troisième fois, le suffrage universel. Nous disons « pour la troisième fois », puisque le vote du 10 décembre 1848, qui, par 5,434,226 voix, lui avait confié la présidence de la République, s'était accompli à peu près correctement, sans pression violente, ou plutôt sous la seule pression du nom de Napoléon..... Les villes et les campagnes étaient allées spontanément au prince-candidat et crurent qu'il fallait avoir foi en Louis-Bonaparte lorsque, prêtant le serment de fidélité à la Constitution, il promit de remplir son devoir « en homme d'honneur » et de « traiter en ennemis de la patrie ceux qui tenteraient de changer, *par des voies illégales,* ce que la France entière avait établi ». Le peuple français, en ce jour du 10 décembre 1848, s'était, selon l'expression de Michelet, poignardé de sa propre main.

Après le plébiscite, après « cette bataille de Sadowa gagnée à l'intérieur », ainsi que disait M. Émile Ollivier, le gouvernement impérial se donna, pendant quelques semaines, l'apparence de velléités réformatrices dans le sens d'une plus grande liberté. Il présenta au Corps législatif un projet de loi qui adoucissait dans une certaine mesure les rigueurs auxquelles la presse était soumise ; il abolit les derniers vestiges de la monstrueuse Loi de sûreté générale, promulguée en 1858, après l'attentat d'Orsini ; mais le pays voyait bien que ce n'était là qu'une mise en scène destinée à apaiser les réclamations les plus pressantes. Avec un chef d'État qui, à mesure que ses facultés s'affaiblissaient, devenait chaque jour plus apathique — plus « contemplatif », a écrit Georges Sand — et plus enclin aux équivoques paralysantes, avec un ministère sans programme et sans cohésion, où Émile Ollivier, cherchant à rétablir sa popularité effondrée, s'efforçait de contenter chacun et indisposait tout le monde, où le duc de Gramont, ministre des affaires étrangères, ne le cédait en insuffisance qu'au maréchal Lebœuf, placé à la tête du département de la guerre, la France était étreinte de malaise et d'angoisse, et, sans aller aussi loin que de prévoir la catastrophe qui se préparait, elle se rendait compte que quelque événement grave flottait au-dessus d'elle, qui pouvait s'abattre au moindre choc. Elle sentait aussi que c'était surtout du côté de l'Allemagne que pourrait venir l'orage. Depuis l'affaire du Luxembourg, en 1867, où, grâce à l'habileté et à la clairvoyance de M. de Moustier, ministre des affaires étrangères, Napoléon III n'avait pas accepté la provocation que M. de Bismarck lui lançait sous toutes les formes de sa rouerie politique, la France et la Prusse, dont les relations n'avaient jamais été bien cordiales, étaient manifestement en mauvais termes.

Le roi Guillaume s'était rendu, il est vrai, à Paris, en 1867, pour visiter l'Exposition universelle, et M. de Bismarck, son premier ministre, malgré les avertissements et les conseils qu'on lui prodiguait, malgré les attaques de quelques journaux français [1], l'y accompagna, trouvant une amère satisfaction à aller

---

[1] « Nous espérons bien, écrivait M. Granier de Cassagnac, que le ministre prussien ne poussera pas l'audace jusqu'à nous affliger de sa présence et jusqu'à braver nos légitimes ressentiments. »

au devant des dangers, — purement imaginaires, du reste, — dont on le disait menacé. Il voulait fouler le sol de ce pays qu'il avait su empêcher de s'annexer le grand-duché de Luxembourg, au moment même où les parties intéressées étaient tombées d'accord, et il voulait surtout éviter que son souverain se laissât trop aller à son caractère bienveillant et prît des engagements qui ne lui conviendraient pas, à lui, le président du Conseil prussien.

« Le roi Guillaume se montra à Paris courtois et déférent; il séduisit par l'aménité de sa personne et le charme de ses causeries. Sa mâle prestance fut remarquée à la revue de Longchamps; elle contrastait avec celle de l'empereur Alexandre, qui suivait les défilés d'un regard ennuyé et légèrement railleur. Le roi saluait les régiments d'un air martial, paraissait admirer leur tenue, tout en constatant avec satisfaction la faiblesse de leurs effectifs. Il négligea les petits théâtres, évita le Café Anglais (où l'empereur de Russie allait fréquemment). Il savait subordonner ses plaisirs et ses rancunes à la raison d'État. Il se contenta d'observer et de préparer l'avenir, tandis que M. de Bismarck nous tâtait et que le général de Moltke et ses officiers, sans se soucier des devoirs de l'hospitalité, faisaient des promenades stratégiques dans les environs de Paris. Il s'appliqua à rassurer l'empereur sans lui fournir l'occasion de sortir des généralités. Il avait un don précieux pour un souverain : celui de savoir échapper aux questions importunes et de ne rien dire au delà de ce que comportait l'intérêt de sa politique.

« En partant, le roi Guillaume avait laissé sous le charme tous ceux qui l'avaient approché..... La cour des Tuileries le vit s'éloigner à regret : il était l'hôte préféré. On échangea à l'heure du départ de chaleureuses protestations. On promit de se revoir, et l'empereur ne se doutait pas que la main qu'il serrait si affectueusement briserait sa couronne [1]. »

A peine rentré, le roi Guillaume écrivit à Napoléon III une lettre qui témoigne avec éloquence de la fragilité, de la vanité des politesses internationales et des compliments imposés aux chefs d'État par les convenances diplomatiques.....

« Château de Babelsberg, 17 juin 1867, 8 h. 50 soir.

« A Sa Majesté l'Empereur des Français, à Paris.

« Au moment de rentrer dans mes foyers, je m'empresse de Vous remercier, de tout mon cœur, Votre Majesté ainsi que l'Impératrice, pour l'accueil plus

---

[1] Georges Rothan, *L'affaire du Luxembourg*, p. 430 et suiv.

qu'aimable et amical que j'ai rencontré de la part de Vos Majestés pendant mon séjour à Paris, à jamais mémorable sous tant de rapports.

« C'est en formant les vœux les plus sincères pour le bonheur de Vos Majestés et pour la France que je suis de Votre Majesté le bon frère et ami

« GUILLAUME. »

Les deux souverains, les deux « frères », ne devaient plus se revoir que sur le champ de bataille de Sedan.....

En Allemagne, personne ne se fit illusion sur la portée de cet échange de cordialités. Le roi Guillaume avait été bien accueilli à la cour des Tuileries; il avait répondu à cet accueil par des remercîments courtois. C'était dans l'ordre. Mais la situation politique demeurait intacte. La France restait « l'ennemi héréditaire », et, puisque la crise luxembourgeoise s'était dénouée pacifiquement, il fallait chercher autre chose. En attendant, la presse chauvine des deux pays entretenait leur antagonisme, en attaquant avec violence les hommes et les institutions de l'un ou de l'autre peuple. La presse allemande exaltait le sentiment national en parlant des « frères » qu'il fallait reconquérir à la patrie — c'était là, depuis 1813, le point de mire de la politique allemande — et une partie de la presse française répondait par des railleries qui ne faisaient que contribuer à l'excitation des esprits de l'autre côté du Rhin.

Mais pendant que les journaux empêchaient les haines de s'éteindre, l'Allemagne travaillait silencieusement, méthodiquement, à l'augmentation de ses forces militaires. Elle préparait la guerre avec la sûreté de main d'un dramaturge qui indique, sur le plan de son ouvrage, que telle chose se passera à tel moment, et distribuait les rôles à ses généraux, ainsi qu'aux fonctionnaires civils qui, venant derrière les armées victorieuses, devaient aussitôt implanter l'administration allemande dans les pays conquis.

Nous disons que « l'Allemagne » préparait silencieusement la guerre. Ce n'était pas, en effet, la Prusse seule qui s'apprêtait à combattre la France; l'unification militaire de la nation allemande était faite, et pendant que le gouvernement impérial restait naïvement endormi dans l'idée que les États du Sud ne marcheraient pas avec les Prussiens, ceux-ci avaient peu à peu concentré dans leurs mains la direction des forces militaires de la Confédération du Nord et des états méridionaux.

Le 30 juin 1870, à la séance du Corps législatif, où l'on discutait le contingent de l'armée, Garnier-Pagés exposa éloquemment l'infériorité des forces dont la France disposait en face de celles que d'autres pays pourraient mettre en ligne, quoique son budget de la guerre fût supérieur à celui de ces mêmes pays. Il était de 600 millions, un chiffre qui paraît presque ridicule aujourd'hui. L'orateur demanda que le service fût obligatoire et général, et qu'on répandît l'instruction dans l'armée..... Le maréchal Lebœuf lui répondit que, dans l'armée française, la qualité suppléait à la quantité et que, quant à l'instruction, il y avait des écoles, des bibliothèques, des conférences, mais que l'armée « n'avait pas de temps à perdre ».

Dans cette même séance, Jules Favre proposa la réorganisation de la garde nationale, pour que « la France, nation démocratique, soit forte envers l'étranger », et demanda ensuite au gouvernement s'il y avait quelque inquiétude à concevoir quant à des complications extérieures. « Un danger se prépare-t-il du côté de Florence ou de Berlin? »..... M. Émile Ollivier, garde des sceaux, répondit que le gouvernement n'avait aucune espèce d'inquiétude. « A aucune époque, dit-il, le maintien de la paix en Europe *n'a été plus assuré;* nulle part une question irritante »....

Pendant que le ministre français faisait ces audacieuses déclarations du haut de la tribune du Parlement, M. de Bismarck préparait la question du prince de Hohenzollern, qui devait lui permettre enfin de se faire déclarer la guerre par la France et d'entraîner ceux des pays allemands qui auraient peut-être mis de l'hésitation à participer à une campagne offensive contre les Français. L'« ennemi héréditaire » attaquant un pays allemand provoquerait toute l'Allemagne et tous les Allemands auraient pour devoir de marcher. Le calcul était fait de main de maître.....

Le 2 juillet, — *deux jours* après que M. Émile Ollivier eut affirmé que jamais « le maintien de la paix n'avait été plus assuré », — la *Gazette de France* publiait une minuscule note politique, qui était le tout petit point noir montant à l'horizon et grossissant effroyablement vite pour se résoudre en tempête.....

« Une députation des « compères du maréchal Prim », disait l'organe royaliste, a été envoyée à Sigmaringen pour offrir la couronne d'Espagne au jeune prince Léopold de Hohenzollern, qui est marié à une princesse portugaise. Aussitôt l'acceptation donnée, le maréchal Prim fera un coup d'État pour proclamer ce prince prussien.

« Afin de brusquer le dénouement, il est décidé à se passer de l'intervention des Cortès. »

Les journaux enregistrèrent la nouvelle sans trop s'en émouvoir, déclarant qu'ils en attendraient la confirmation officielle pour s'en occuper.

« Si, comme tout porte à le supposer, écrivait le *Constitutionnel*, organe officieux du gouvernement impérial, le maréchal a agi sans mandat, cet incident se réduit aux proportions d'une intrigue ; si, au contraire, la nation espagnole sanctionne ou conseille cette démarche, nous devons avant tout l'envisager avec le respect qu'inspire la volonté d'un peuple réglant ses destinées. Mais en rendant hommage à la souveraineté du peuple espagnol, seul juge en pareille matière, nous ne pourrions réprimer un mouvement de surprise, en voyant confier le sceptre de Charles-Quint à un prince prussien, petit-fils d'une princesse de la famille Murat, dont le nom ne se rattache à l'Espagne que par de douloureux souvenirs..... »

Le prince Léopold de Hohenzollern.

Hélas ! non, il ne s'agissait pas d'une intrigue, comme le *Constitutionnel* voulait le croire ; il y avait là une entente complète entre les parties intéressées, entente qui datait de plusieurs mois déjà, mais dont M. de Bismarck avait nié le caractère sérieux, lorsque Benedetti, ambassadeur de France à Berlin, qui avait eu vent de l'affaire, en parla au chef du cabinet prussien. Sans doute, on estimait alors que le moment psychologique n'était pas arrivé. Mais il était là, maintenant, et les événements allaient se précipiter.

La candidature du prince de Hohenzollern (fils du prince Charles de Hohenzollern et de la princesse Joséphine de Bade, frère du roi de Roumanie) prenait corps. Le 28 juin, le roi Guillaume, répondant à une demande officielle du prince, lui déclara qu'il ne s'opposait pas à ce qu'il acceptât le trône qu'on lui offrait. Le 5 juillet, les journaux annoncèrent que les Cortès étaient convoquées pour le 15, afin d'élire un roi. Le 6 juillet, le conseil des ministres, entraîné par M. de Gramont et le maréchal Lebœuf, et agissant sous la pression de l'impératrice, qui voulait, par une guerre victorieuse, affermir le trône de son fils et écraser en même temps la Prusse protestante, le conseil décida de faire dans l'après-midi, au Corps législatif, des déclarations qui feraient voir que la France était prête à relever le défi.

Interpellé par le député Cochery, le ministre des affaires étrangères monte à la tribune et déclare : « Il est vrai que le général Prim a offert au prince de Hohenzollern la couronne d'Espagne et que celui-ci l'a acceptée ; mais le peuple espagnol ne s'est pas prononcé, et nous ne connaissons pas les détails d'une négociation qui nous a été cachée. Nous avons toujours été sympathiques à l'Espagne ; nous n'avons jamais pris parti pour aucun prétendant ; nous avons gardé la neutralité. Nous persistons dans notre conduite ; mais notre respect pour les droits d'un peuple voisin ne peut pas faire que nous laissions une puissance étrangère essayer de relever le trône de Charles-Quint, détruire, à notre détriment, l'équilibre actuel des forces de l'Europe et mettre en péril les intérêts et l'honneur de la France. Cette éventualité ne se réalisera pas. Nous comptons sur la sagesse du peuple allemand et sur l'amitié du peuple espagnol. S'il en était autrement, forts de votre appui et de celui de la nation, nous saurions remplir notre devoir sans hésitation et sans faiblesse. »

Cette déclaration hautaine et d'un ton belliqueux très accentué est accueillie par les applaudissements frénétiques de la majorité, tandis que la gauche ne laisse pas que de faire percevoir ses inquiétudes. « M. le ministre, crie Arago au milieu du tumulte, vient de nommer le roi d'Espagne et de déclarer la guerre à la Prusse »...

Le lendemain, 7 juillet, M. de Gramont, que les journaux officieux poussent criminellement à ne pas discuter plus longtemps, charge l'ambassadeur Benedetti d'aller à Ems pour demander au roi Guillaume de « désapprouver l'acceptation du prince de Hohenzollern et de lui donner l'ordre de revenir sur cette détermination »... ... « Dans le cas d'une réponse non satisfaisante, ajoute le ministre dans ses instructions à Benedetti, il nous faut dès samedi commencer les mouvements des troupes pour entrer en campagne dans quinze jours ».

Benedetti ne se hâte pas de poser l'ultimatum de M. de Gramont ; mais celui-ci le presse d'agir. « Nous ne pouvons attendre, écrit-il, sous peine d'être devancés par la Prusse dans nos préparatifs... La journée ne peut pas s'achever sans que nous commencions. » — « Si le roi ne veut pas conseiller au prince de renoncer, c'est la guerre tout de suite, et, dans quelques jours, nous sommes au Rhin. » — « Vous ne pouvez vous imaginer à quel point l'opinion publique est exaltée. Elle nous déborde de tous côtés. Il faut absolument insister pour une réponse du roi, négative ou affirmative, pour demain ; après-demain serait trop tard[1]. »

Et les feuilles impérialistes s'enflamment de plus en plus, soutenues par les

---

[1] Henri Martin, *Histoire de France*, t. 7, p. 57.

feuilles catholiques et par des confrères tels qu'Émile de Girardin, qui écrit sérieusement « qu'il faut chasser les Prussiens de la rive gauche du Rhin à coups de crosse dans le dos »..... Les journaux libéraux prêchent au contraire l'apaisement, et si la voix du bon sens avait réussi à se faire entendre, une guerre agressive pouvait encore être évitée, car le prince de Hohenzollern semblait prêt à retirer sa candidature, et son père lui-même télégraphiait au maréchal Prim qu'il renonçait au trône d'Espagne pour son fils. Mais le duc de Gramont, aveuglé par la vanité, assourdi par les clameurs des blouses blanches qui parcouraient les boulevards en criant « à Berlin ! » veut absolument que le roi Guillaume ratifie le désistement du prince Léopold. Et l'empereur, pressé par l'impératrice, exige que le roi s'engage en outre pour l'avenir. Le matin du 13 juillet, Benedetti lui fait part de cette nouvelle exigence ; le roi refuse d'y souscrire, mais consent à recevoir l'ambassadeur encore une fois dans l'après-midi. Entre temps arrive une dépêche de l'ambassadeur prussien à Paris sur une conversation avec M. de Gramont. Cette dépêche met le roi en grande colère, et quand Benedetti se présente au deuxième rendez-vous de la journée, il trouve la porte fermée. On lui dit que le souverain prussien approuve sans réserve le désistement du prince Léopold, mais qu'il refuse d'engager avec l'ambassadeur de France de nouveaux pourparlers sur l'incident.

Le soir du même jour, la *Gazette de l'Allemagne du Nord* publie une dépêche attribuant un caractère blessant aux paroles que Benedetti avait adressées au roi Guillaume — on sait que M. de Bismarck s'est carrément vanté depuis d'avoir fait subir à certains télégrammes les changements utiles à sa cause — et cette dépêche, communiquée aux agents de l'Allemagne dans l'Europe entière, rend désormais tout arrangement impossible. La presse allemande est indignée, la presse gouvernementale française répond à cette indignation par de nouvelles déclamations, et le 15 juillet, le conseil des ministres prépare une communication qui annonce aux Chambres que la France déclare la guerre à la Prusse. Là aussi, on a fait subir aux dépêches sur lesquelles on veut s'appuyer les modifications nécessaires, et, dans l'après-midi, le Corps législatif et le Sénat sont saisis de l'exposé suivant :

« Messieurs,

« La manière dont vous avez accueilli notre déclaration du 6 juillet nous ayant donné la certitude que vous approuviez notre politique et que nous pouvions compter sur votre appui, nous avons aussitôt commencé des négociations avec les puissances étrangères pour obtenir leurs bons offices, avec la Prusse, afin qu'elle reconnût la légitimité de nos griefs.

« Dans ces négociations, nous n'avons rien demandé à l'Espagne, dont nous ne voulons ni éveiller les susceptibilités, ni froisser l'indépendance ; nous n'avons pas agi auprès du prince de Hohenzollern, que nous considérons comme couvert par le roi ; nous avons également refusé de mêler à notre discussion aucune récrimination ou de la faire sortir de l'objet même dans lequel nous l'avions renfermée dès le début.

« La plupart des puissances étrangères ont été pleines d'empressement à nous répondre, et elles ont, avec plus ou moins de chaleur, admis la justice de notre réclamation.

« Le ministère des affaires étrangères prussien nous a opposé une fin de non-recevoir, en prétendant qu'il ignorait l'affaire et que le cabinet de Berlin y était resté étranger.

« Nous avons dû alors nous adresser au roi lui-même, et nous avons donné à notre ambassadeur l'ordre de se rendre à Ems, auprès de Sa Majesté. Tout en reconnaissant qu'il avait autorisé le prince de Hohenzollern à accepter la candidature qui lui avait été offerte, le roi de Prusse a soutenu qu'il était resté étranger aux négociations poursuivies entre le gouvernement espagnol et le prince de Hohenzollern ; qu'il n'y était intervenu que comme chef de famille et nullement comme souverain, et qu'il n'avait ni réuni, ni consulté le conseil de ses ministres. Sa Majesté a reconnu cependant qu'elle avait informé le comte de Bismarck de ces divers incidents.

« Nous ne pouvions considérer ces réponses comme satisfaisantes, nous n'avons pu admettre cette distinction subtile entre le souverain et le chef de famille, et nous avons insisté pour que le roi conseillât et imposât au besoin au prince Léopold une renonciation à sa candidature.

« Pendant que nous discutions avec la Prusse, le désistement du prince Léopold nous vint du côté d'où nous ne l'attendions pas, et nous fut remis le 12 juillet par l'ambassadeur d'Espagne.

« Le roi ayant voulu y rester étranger, nous lui demandâmes de s'y associer et de déclarer que si, par un de ces revirements toujours possibles dans un pays sortant d'une révolution, la couronne était de nouveau offerte par l'Espagne au prince Léopold, il ne l'autoriserait plus à l'accepter, afin que le débat pût être considéré comme définitivement clos.

« Notre demande était modérée, les termes dans lesquels nous l'exprimions ne l'étaient pas moins. « Dites bien au roi, écrivions-nous au comte Benedetti, le « 12 juillet, à minuit, que nous n'avons aucune arrière-pensée, que nous ne cher-

« chons pas un prétexte de guerre et que nous ne demandons qu'à résoudre honora-
« blement une difficulté que nous n'avons pas créée nous-mêmes. »

« Le roi consentit à approuver la renonciation du prince Léopold, mais il refusa de déclarer qu'il n'autoriserait plus à l'avenir le renouvellement de cette candidature.

« J'ai demandé au roi, nous écrivait M. Benedetti, le 13 juillet, à minuit, de
« vouloir bien me permettre de vous annoncer en son nom que si le prince de Hohen-
« zollern revenait à son projet, Sa Majesté interposerait son autorité et y mettrait
« obstacle.

« Le roi a absolument refusé de m'autoriser à vous transmettre une semblable
« déclaration. J'ai vivement insisté, mais sans réussir à modifier les dispositions de
« Sa Majesté. Le roi a terminé notre entretien en me disant qu'il ne pouvait ni ne
« voulait prendre un pareil engagement, et qu'il devait, pour cette éventualité,
« comme pour toute autre, se réserver la faculté de consulter les circonstances. »

« Quoique ce refus nous parût injustifiable, notre désir de conserver à l'Europe les bienfaits de la paix était tel, que nous ne rompions pas nos négociations, et que malgré notre impatience légitime, craignant qu'une discussion ne les entravât, nous vous avons demandé d'ajourner nos explications.

« Aussi notre surprise a-t-elle été profonde, lorsque hier nous avons appris que le roi de Prusse avait notifié, par un aide de camp, à notre ambassadeur qu'il ne le recevrait plus, et que, pour donner à ce refus un caractère non équivoque, son gouvernement l'avait communiqué officiellement aux cabinets de l'Europe.

« Nous apprenions en même temps que M. le baron de Werther avait reçu l'ordre de prendre un congé et que des armements s'opéraient en Prusse.

« Dans ces circonstances, tenter davantage pour la conciliation eût été un oubli de dignité et une imprudence; nous n'avons rien négligé pour éviter une guerre; nous allons nous préparer à soutenir celle qu'on nous offre, en laissant à chacun la part de responsabilité qui lui revient.

« Dès hier nous avons appelé nos réserves, et avec votre concours nous allons prendre immédiatement les mesures nécessaires pour sauvegarder les intérêts, la sécurité et l'honneur de la France

« A raison des circonstances politiques, l'administration de la guerre devant être en mesure de faire face à toute éventualité, nous demandons un crédit de 50 millions, et nous réclamons l'urgence. »

La lecture de cette déclaration est accueillie au Sénat et au Corps législatif par des bravos et des applaudissements enthousiastes, et lorsque M. Émile Ollivier demande à cette dernière assemblée l'urgence pour le vote du crédit de 50 millions, la droite se lève comme un seul homme. La gauche reste assise, et alors se déchaîne un orage formidable. On s'interpelle, on s'invective; la droite crie à la trahison, mais la gauche persiste à demeurer immobile sur ses bancs. « Nous serons les premiers, s'écrie le député Girault, à nous lever pour une guerre nationale défendant la patrie; mais nous ne voulons pas d'une guerre dynastique et agressive. »

Au bout de dix minutes, Thiers arrive à prendre la parole : « Mon patriotisme ne peut être mis en doute, dit-il, mais devant une telle situation, la Chambre doit être consultée, et pour répondre, elle a besoin de réfléchir. Le ministère n'a pas seul le droit de déclarer la guerre, de décider du sort de milliers de soldats et du sort du pays..... Souvenez-vous du 6 mai 1866. Vous n'avez pas voulu m'entendre alors !..... (Thiers essayait de faire intervenir la France pour empêcher la Prusse d'écraser l'Autriche.) Aujourd'hui vous avez reçu satisfaction sur la demande principale que vous avez adressée à la Prusse. (Clameurs et tumulte.) Vous ne me lasserez pas !..... J'ai la conscience de remplir un devoir difficile en résistant à des passions imprudentes autant que généreuses, mais je répète que le fond de vos réclamations vous était accordé et c'est sur une question de susceptibilité que vous vous décidez à verser des torrents de sang..... En prenez-vous la responsabilité ? »..... (« Oui, oui », hurle la droite.) « A la face du pays, je proclame que je la décline..... Je demande qu'on nous fasse connaître les dépêches sur lesquelles vous avez pris cette grave résolution. Je regarde cette guerre comme souverainement imprudente..... (Protestations.) Je vous plains si vous ne comprenez pas que je remplis un devoir, le plus pénible de ma vie. Je suis tranquille pour ma mémoire, mais quant à vous, vous regretterez un jour votre aveugle précipitation (« Allez donc à Coblentz! »). Insultez-moi tant que vous voudrez, je suis prêt à tout subir pour défendre le sang de mes compatriotes »......

Émile Ollivier répond que le gouvernement n'a pas cherché la guerre, qu'il a été provoqué, qu'il a été offensé et menacé, que l'affront fait à l'ambassadeur de France a été communiqué par la Prusse à toutes les puissances européennes, et qu'il s'agit non pas d'une question de susceptibilité, mais de l'honneur même du pays. « Quant aux dépêches dont on demande communication, elles ont figuré dans l'Exposé qui vient d'être lu à la Chambre. (« C'est comme pour le Mexique! » interrompt Jules Favre.) Le gouvernement ne communiquera rien de plus. »

Gambetta, à ce moment, bondit de son siège : « Vous portez atteinte à la véracité et aux droits de la Chambre. Ce n'est pas par extraits, c'est dans ses termes exacts que nous devons connaître l'acte par lequel on a mis notre ambassadeur à la porte du palais du roi de Prusse. »

Émile Ollivier cède enfin et lit deux dépêches notifiant officiellement le refus du roi de Prusse de recevoir l'ambassadeur Benedetti. Et s'appuyant sur l'humiliation qui résultait de cet acte pour la France, il déclare que du jour de cet affront avait commencé pour le cabinet une grave responsabilité. « Cette responsabilité, nous l'acceptons « le cœur léger ! » Ce « cœur léger », est resté, depuis vingt-cinq ans, collé sur Émile Ollivier comme un stigmate, et le chef du prétendu cabinet libéral de l'Empire est à peu près le seul homme politique de cette époque funeste qui n'ait pas osé rentrer, après les désastres, dans la vie et les fonctions publiques. L'Académie française avait admis dans son sein le brillant orateur du barreau de Paris, l'écrivain élégant et incisif, et aujourd'hui M. Émile Ollivier n'a pas encore pu passer par le baptême de la séance officielle de réception..... La France lui aurait pardonné tous les entraînements patriotiques ; elle ne lui pardonnera jamais d'avoir déclaré, sachant que rien n'était prêt pour affronter la Prusse, que c'est d'un « cœur léger » qu'il précipitait son pays dans l'abîme.....

Quelques jours après cette séance du Corps législatif, un chargé d'affaires français, M. Lesourd, se trouvait aux Tuileries, revenant de Berlin, où il avait remis au comte de Bismarck la déclaration de guerre, et l'impératrice Eugénie se précipita toute radieuse vers lui : « Cette guerre, dit-elle, c'est ma guerre à moi »...

..... Elle a été punie, elle aussi, de son « cœur léger ». Elle sait ce qu'il en coûte aux mères quand les fils partent pour les batailles.

CHAPITRE II.

La déclaration de guerre et la population de Strasbourg. — Une déclaration du *Courrier du Bas-Rhin*. — La Marseillaise dans les rues de Strasbourg. — Le pont de bateaux entre Strasbourg et Kehl est enlevé. — Fausse alerte. — Les souscriptions pour les blessés commencent à s'ouvrir. — Les félicitations du Conseil d'arrondissement à l'Empereur. — Arrivée des troupes destinées à l'armée de l'Est. — Formation d'un comité central de secours.

Comment la population de Strasbourg accueillit-elle la déclaration de guerre ?... Avec une douloureuse angoisse, on peut le dire en toute sincérité. Nous connaissions les forces de l'Allemagne, nous savions plus et mieux que tout le reste de la France, quels étaient ses projets et ses revendications, car, plus que personne, nous étions exposés aux sarcasmes de nos voisins d'outre Rhin, qui ne manquaient jamais une occasion de nous dire que cette «terre allemande» devait revenir un jour à la mère-patrie. «Vous êtes des Allemands, nous disait-on, vos mœurs, votre langage témoignent de votre origine allemande et vous devez attendre avec impatience d'être délivrés du joug des Welsches»... Ceux qui tenaient ces propos oubliaient que la Révolution de 1789 et les champs de bataille avaient fusionné l'élément alsacien avec l'élément gaulois et que, si notre accent était encore dur et si nos coutumes rappelaient celles de la vieille ville libre allemande, nous étions étroitement unis par les sentiments au beau pays qui avait proclamé les droits de l'homme et promené son drapeau victorieux sur toutes les grandes routes de l'Europe.

Strasbourg, nous le répétons, reçut la nouvelle de la déclaration de guerre avec une douloureuse émotion. Nous savions que le premier choc ennemi serait subi par la plaine d'Alsace et que notre cité, avant-garde de la France sur le Rhin, était exposée, avant toute autre, à passer par de cruelles épreuves. Nos appréhensions étaient d'autant plus vives que nous connaissions le défectueux état de défense de notre forteresse, à laquelle on n'avait pour ainsi dire rien changé depuis que Vauban en avait construit les murs, et dont les remparts n'étaient garnis que de quelques canons disparates, qui semblaient être les accessoires indispensables d'un décor et non les engins destinés à repousser une armée assiégeante.

Mais le sort en était jeté, et à l'émoi de la première heure succéda rapidement cette fièvre qui, dans les batailles, entraîne tous les combattants. Le *Courrier du*

Bas-Rhin, dans son numéro du 16 juillet, publia cette note qui reflétait les sentiments de toute la population :

« La guerre est imminente. Devant ce fait considérable, toutes les autres « nouvelles s'effacent; devant ce fait doivent tomber aussi toutes les divergences « d'opinions qui pouvaient exister en France. Il ne reste debout que le sentiment « patriotique, qui doit unir et qui unira tous les Français dans une commune « pensée, dans un vœu commun : la défense du sol national, la victoire de nos « armes.

« Les éventualités guerrières, qui deviennent une réalité aujourd'hui, pou- « vaient rencontrer dans la nation des appréciations diverses : tandis que les uns « hâtaient de leurs vœux le moment de la lutte, les autres, inquiets des désastres « qu'entraîne toute guerre et désireux avant tout de les éviter à l'Europe, pou- « vaient mettre leur espoir dans un apaisement de ce conflit. Aujourd'hui, l'heure « des discussions est passée. Ceux-là même qui désiraient le plus vivement que la « paix pût être maintenue, et qui regrettaient de voir le gouvernement s'engager « dans une voie qu'ils désapprouvaient, ont le devoir, — et ils n'y failliront pas « un seul instant, — de déposer sur l'autel de la patrie leurs regrets, inutiles « désormais, et de n'avoir plus qu'une seule pensée, qu'un seul espoir : celui de « voir la France sortir victorieuse de la guerre qui s'ouvre.

« L'Alsace notamment, qui est exposée à voir la guerre de près, donnera « l'exemple de cette union patriotique. En 1792, en 1815, l'Alsace a montré « qu'elle connaissait ses devoirs nationaux. Elle le montrera en 1870 encore.

« Devant le danger national, il n'y a plus d'opinions, il n'y a plus de partis; il « n'y a que des Français, et comme chez les Romains autrefois, aux heures des « grandes crises, il n'y a plus en France qu'une seule devise, qu'un seul mot « d'ordre :

« Que le salut de la patrie soit la loi suprême !

« Le Courrier du Bas-Rhin. »

Nous allons suivre maintenant, jour par jour, les événements, petits et grands, qui se sont produits à Strasbourg depuis la déclaration de la guerre jusqu'à l'heure où le siège et le bombardement ont commencé. Il y a là des épisodes intéressants à rappeler, des initiatives et des dévouements généreux à signaler, et l'auteur est certain qu'un grand nombre de ses lecteurs lui sauront gré de leur remémorer ces journées si pleines d'incidents et si fertiles en émotions.

Le 15 juillet. Dès la veille, 15 juillet, Strasbourg avait pris une vive animation. Les estafettes militaires allaient au grand trot par les rues; les soldats de la réserve, arrivant de toutes parts, gagnaient leurs quartiers à la hâte; la population, abandonnant les affaires, circulait à travers la ville, formant des groupes agités et bruyants, s'arrêtant devant la gare, le quartier général, le bâtiment du télégraphe, la préfecture, les casernes, les bureaux des journaux, partout enfin où elle pouvait apprendre quelque nouvelle ou assister à quelque préparatif de la campagne. Le soir, des cortèges se formaient qui, drapeau en tête, parcouraient les grandes artères, en chantant la *Marseillaise*, le *Chant du départ* et en poussant les cris de « Vive la France ! »..... Ces manifestations se renouvelèrent chaque jour, plus intenses et plus nombreuses à mesure que les événements se précipitaient.....

Le matin du 15 juillet, le passage par le pont de bateaux et le pont du chemin de fer reliant Strasbourg à Kehl, la rive française à la rive badoise, n'avait pas encore été interrompu. Dans la journée il cessa complètement; les bateaux furent enlevés et le tablier tournant du pont du chemin de fer ayant été replié du côté allemand, on en fit de même du côté français. Des paysans badois qui avaient apporté leurs denrées à Strasbourg, durent traverser le Rhin dans les nacelles à l'aide desquelles des pêcheurs et des bateliers s'étaient empressés d'organiser un lucratif service de transport.

Le 16 juillet. Le commandant de la place fait publier l'ordre suivant :

« La place de Strasbourg se trouvant en état de guerre, les portes seront fermées à 9 heures du soir, à compter d'aujourd'hui, et ouvertes à 4 heures du matin.

« Dans l'intérêt de la population, et pour se conformer à un ancien usage local, la cloche municipale se fera entendre chaque soir une heure avant la fermeture des portes, c'est-à-dire à 8 heures.

« La circulation sur le terre-plein des remparts est interdit jour et nuit à compter de ce jour.

« Le colonel commandant la place,
« Ducasse. »

Le 17 juillet. Nouvel ordre de la place, modifiant l'interdiction de monter sur les remparts :

« L'interdiction au public de circuler sur le terre-plein des remparts ne s'applique pas à la portion dite Courtine des Juifs, qui s'etend de la porte de ce nom à la caserne Finckmatt.

« La circulation, sur cette partie du rempart, restera libre de 4 heures du matin à 9 heures du soir.

« Le colonel, Ducasse. »

Le train-poste de Paris arrive, avec un retard de deux heures. Il amène un certain nombre d'élèves de Saint-Cyr qui vont prendre rang de sous-lieutenants dans les divers régiments de l'Est..... On leur fait une ovation. Une dépêche communiquée par le préfet décrète la mobilisation de la garde nationale mobile de l'Alsace, avec ordre de se réunir au chef-lieu de chaque département..... Les fausses nouvelles commencent à circuler..... On aurait tiré de Kehl sur les postes français ! Alors les Badois marcheraient donc avec les Prussiens !...... Quelques esprits en doutaient encore à ce moment-là..... Les Prussiens auraient été vus à la Wantzenau, près de Strasbourg..... Nous serions donc déjà investis !..... Ni l'un ni l'autre de ces bruits n'était fondé..... Les Badois ne tiraient pas encore sur la rive alsacienne et les Prussiens n'étaient pas à la Wantzenau. La veille, le samedi soir, un détachement de pontonniers avait été envoyé de Strasbourg dans cette commune pour enlever le bac volant qui fonctionnait entre Gambsheim et Freistett et qui établissait sur ce point les communications entre la France et le pays de Bade. L'opération n'avait pu être terminée dans la soirée et avait été reprise à l'aube. Dans certains villages, en voyant passer les pontons qui formaient le bac, on avait cru que c'étaient des bateaux dont les Prussiens avaient essayé de se servir pour franchir le Rhin et qu'on les leur avait enlevés. De ce fait à la nouvelle d'un débarquement ennemi il n'y avait pas loin.....

Quant à la traversée du Rhin, elle s'opère encore dans des conditions normales entre Strasbourg et Kehl. Dans cette seule journée du 17, cinq cents personnes passent le fleuve en nacelle. Une dizaine de paysans badois qui se trouvent retenus à Strasbourg avec leurs chevaux et voitures, usent d'un moyen hardi pour regagner leur pays. Ils se rendent à la ferme d'Altenheim, attachent les chevaux et les voitures à des bateaux, et, soutenant la tête des animaux hors de l'eau, traversent le Rhin en ce périlleux équipage.

Les trains du chemin de fer de l'Est ne circulent plus qu'irrégulièrement et à de rares intervalles. Les convois de la ligne de Paris surtout sont supprimés les uns après les autres..... Entre Mulhouse et Bâle aussi la circulation par voie ferrée va être arrêtée.

On apprend que dans les communes badoises riveraines du Rhin il règne une vive panique et que les habitants émigrent vers Offenbourg, Appenweier, Carlsruhe..... Du côté badois, comme du côté français, les cultivateurs se hâtent de rentrer leurs récoltes.

Le 18 juillet. A 4 heures de l'après-midi, un train venant de Mulhouse amène un grand nombre de familles françaises (surtout strasbourgeoises) venant des bains du duché de Bade et du reste de l'Allemagne. La nouvelle de la déclaration de guerre n'est parvenue à Baden-Baden que dans la nuit de vendredi à samedi, et, le matin, un véritable sauve qui peut se produit aux alentours de la Conversation. A Appenweier, on signifie aux voyageurs qu'il n'y a plus de trains pour Kehl. Ils se dirigent sur Bâle pour rentrer par la Suisse, et, en quelques heures, des milliers d'étrangers envahissent les hôtels et les maisons particulières, demandant un asile à prix d'or. On passe la nuit sur des matelas, sur des chaises, sur des billards, sur le sol nu, dans des wagons de chemin de fer. Le lendemain matin, les plus alertes réussissent à prendre d'assaut un des derniers trains allant à Mulhouse. Les autres se mettent en quête de voitures, et les propriétaires de véhicules ne voulant pas laisser s'échapper la bonne aubaine, demandent 150 et jusqu'à 200 francs pour le trajet de Bâle à Mulhouse (32 kilomètres)..... Enfin les voyageurs peuvent s'embarquer et arrivent à Strasbourg, avec ou sans bagages; car bon nombre de colis sont restés en route.

« Les Français, revenus ainsi de l'Allemagne, écrit le *Courrier du Bas-Rhin* le lendemain, en rapportent des impressions diverses. Les uns ont dû entendre des fanfaronnades, parler d'un *Te Deum* que l'on compte bien chanter dans la Cathédrale de Strasbourg, le 15 août prochain, mais cette fois le drapeau prussien flottant sur les quatre tourelles, et les casques prussiens alignés dans la grande nef en l'honneur des victoires de Sa Majesté prussienne et de M. de Bismarck!!! D'autres ont recueilli des paroles moins présomptueuses, surtout de militaires prussiens ayant quelque expérience de la guerre. « Les Autrichiens, nous étions sûrs d'avance de les battre, a dit un général prussien dans une des villes d'eaux de l'Allemagne à un de nos compatriotes ; les Français, c'est autre chose »......

Un général prussien a-t-il réellement tenu ce propos ? Nous en doutons. En tous cas, ce sont les « fanfarons » qui ont eu raison. Ils ne s'étaient trompés que de date et de lieu. Le *Te Deum* n'a pas été célébré le 15 août, à la Cathédrale, mais le 29 septembre, à l'église Saint-Thomas.

Les troupes de la garnison de Strasbourg quittent leurs casernes pour faire place à la garde mobile, et vont camper sous la tente. Dans la journée, le général de Failly est arrivé de Paris, mais il n'est resté que vingt minutes à la gare et a repris un train pour se rendre au poste qui lui est assigné sur la frontière..... On dit que le général Ducrot, commandant la sixième division militaire, dont le siège est à Strasbourg, prend un commandement dans l'armée du maréchal de Mac-Mahon et l'on parle, pour le remplacer, du général Uhrich, qui a participé à la formation de la garde impériale et qui a mené ce corps d'élite devant Sébastopol.

Le 19 juillet. On signale des patrouilles de cavalerie circulant sur la rive droite du Rhin.

Les élèves du Gymnase protestant renoncent aux prix de fin d'année et demandent que le montant, environ 1000 francs, en soit versé à la souscription ouverte par le *Courrier du Bas-Rhin* en faveur des soldats français blessés.

Voici la touchante lettre qu'ils écrivent à ce sujet à M. Ch. Schnéegans, leur directeur :

« Monsieur le Directeur,

« Les élèves du Gymnase, en présence des grands événements qui se préparent, seraient heureux de donner une preuve de leurs sentiments patriotiques.

« Ils ne peuvent se faire inscrire ni comme infirmiers, ni comme volontaires, mais ils désireraient que la somme destinée aux prix de fin d'année fût consacrée aux blessés de la campagne qui va s'ouvrir.

« Dans l'espoir que vous voudrez bien agréer leur demande, les élèves du Gymnase vous prient de recevoir l'expression de leurs sentiments respectueux et dévoués. » (Suivent les signatures.)

Les cours du Séminaire protestant sont fermés et les élèves offrent leurs services pour les hôpitaux et les ambulances. En même temps, M. Braun, président du Directoire de la Confession d'Augsbourg, met à la disposition de l'autorité militaire tous les locaux disponibles du Séminaire pour y abriter des malades et des blessés. Le Séminaire catholique fait une offre de même nature.

Voici la note par laquelle le Séminaire protestant annonce qu'il vient d'assurer l'autorité militaire de son concours :

« Le Séminaire de la Confession d'Augsbourg vient de mettre, par l'intermédiaire du Directoire, à la disposition de l'autorité militaire, pour être affectées au service hospitalier de l'armée, la partie disponible du bâtiment situé à Strasbourg, quai Saint-Thomas, n° 1 *bis,* et une maison curiale, actuellement vacante, rue du Puits, n° 2.

« Le premier de ces bâtiments, occupé par l'internat du Collège Saint-Guillaume, le Séminaire et la Faculté de théologie, contient environ 60 chambres à coucher et de vastes salles qui pourront être facilement appropriées à l'installation d'un plus grand nombre de lits.

« Un comité, composé de personnes protestantes laïques, est actuellement en voie de formation et se dispose à veiller à tous les détails d'installation des locaux, sous la direction de MM. les docteurs Bœckel et Hecht, agrégés à la Faculté de médecine.

« Un grand nombre de dames s'exercent dès à présent, dans la maison des diaconesses, à la pratique du pansement et des soins à donner aux blessés. Une vingtaine de diaconesses leur seront spécialement adjointes aussitôt que les circonstances nécessiteront le secours de leur charité et de leur dévouement.

« Afin de mettre à la disposition du comité les ressources nécessaires à l'organisation première des diverses parties du service, le Séminaire a voté une somme de 5000 francs, à laquelle viendront s'adjoindre les 1000 francs qui devaient être appliqués à l'acquisition de livres à distribuer en prix aux élèves du Gymnase protestant.

« D'un autre côté, plusieurs pasteurs et vicaires et dix-sept élèves du Séminaire se sont jusqu'ici fait inscrire pour être éventuellement appelés aux fonctions d'aumôniers, d'aumôniers adjoints ou d'infirmiers auxiliaires. »

Les journaux publient une adresse à l'Empereur que le Conseil d'arrondissement de Strasbourg, réuni la veille à la Préfecture, a voté à l'unanimité et dont voici le texte :

« Sire !

« Les membres du Conseil d'arrondissement de Strasbourg, réunis en session ordinaire, sont heureux de l'occasion qui leur est offerte de féliciter Votre Majesté et son gouvernement d'avoir, par une résolution énergique, sauvegardé l'honneur et la dignité de la France. Ils forment des vœux ardents pour le prompt succès de nos armes.

« MALLARMÉ, président ; BATISTON, vice-président ; HILD, secrétaire ; MATHIS, VERDIN, GŒRNER, ULRICH, KAMPMANN, AUDÉOUD, FUX, STÆHLING, Léonard FIX[1]. »

---

[1] Dans son *Histoire contemporaine de Strasbourg et de l'Alsace*, M. Charles Stæhling a expliqué comment cette adresse avait été votée et comment il a été mis dans le cas de la signer. « Le préfet, M. le baron Pron, dit-il,

Le 20 juillet. Le préfet annonce qu'il recevra, avec Mme la baronne Pron, les dons en linge, bandes, charpie qu'on voudra bien leur adresser et qu'il se chargera de faire parvenir les offrandes à leur destination.

Des ouvriers et de jeunes employés allemands, venant de France, continuent à regagner leur pays par Strasbourg, et passent le Rhin en nacelle.

Les convois de troupes qui arrivent depuis quelques jours se succèdent de plus en plus rapides et plus nombreux. Ils s'arrêtent en dehors de Strasbourg, au point dit la *Rotonde*, d'où les soldats sont dirigés sur leur destination définitive, après avoir campé provisoirement sur les glacis.

« ..... On voyait arriver à la file bataillons et escadrons, des batteries d'artillerie, des détachements du génie, du train des équipages, des infirmiers, des marins; les roues des canons rebondissaient nuit et jour sur le pavé avec un lugubre retentissement.

« La plus grande animation règne bientôt dans la ville entière, sillonnée en tous sens et à toute heure par des militaires de toutes armes : dans les rues, sur les places et les promenades fourmillaient soldats et officiers de tous grades.

« Les uniformes, si pittoresques mais si incommodes, des zouaves et des turcos, avaient surtout le privilège de captiver les regards.

avait invité les membres du Conseil à un déjeuner, précédant la séance. J'avais refusé l'invitation ; par contre elle avait été acceptée par tous mes collègues.

« C'étaient MM. Mallarmé, de Strasbourg, président; Batiston, de Fort-Louis, vice-président; Hild, de Haguenau, secrétaire du Conseil ; Audéoud, maire d'Avolsheim; Fux, d'Illkirch ; Fix, de Truchtersheim ; Gœrner et Kampmann, de Strasbourg; Mathis, maire de Wolfisheim; Verdin, maire de Marlenheim ; Ulrich, de Weyersheim.

« La séance s'ouvrit à une heure. Après quelques paroles d'installation, le préfet se retira, laissant avec nous un conseiller de préfecture, ainsi que M. Girardot, chef de division. N'ayant pas assisté au déjeuner, j'ignorais ce qui y avait été convenu, mais évidemment les conseillers avaient reçu le mot d'ordre, car après avoir fait voter à la hâte des projets de chemins vicinaux, de ponts, d'impôts, etc., le président invita le Conseil, en raison de la gravité de la situation, d'émettre un vœu politique. (L'Empire avait formellement interdit aux Conseils d'arrondissement, ainsi qu'aux Conseils municipaux, d'émettre des vœux politiques.) Immédiatement un membre, pour ne pas dire compère, se leva et proposa de déclarer « *que le Conseil donne son adhésion la plus absolue à la politique suivie par le gouvernement* ».

« Donner son adhésion la plus absolue à une politique aboutissant directement à la guerre, me parut une telle monstruosité que j'opposai le refus le plus formel de me rallier à cette déclaration. Une discussion s'ensuivit, mais *aucun* de mes collègues ne me soutint, et comme je continuai à protester, le président prit la parole : « Messieurs, dit-il, dans une circonstance aussi grave, je voudrais qu'il n'y eût pas de protestation. Je vous propose de dire : « *Le Conseil félicite le gouvernement d'avoir sauvegardé l'honneur de la France et il forme des vœux pour le succès de nos armes.* »

« Je répondis que j'acceptais de grand cœur la dernière partie du vœu, et quant au passage de « l'honneur », la guerre étant lancée, il fallait bien soutenir l'enthousiasme, ou le faire naître là où il faisait défaut.

« Le lendemain, le préfet fit insérer le vœu dans les feuilles locales, bien entendu sans la discussion qui avait précédé le vote. Comme je dus partir pour Bâle et les événements se précipitant, je passais ainsi pour avoir acclamé la guerre, quand au contraire j'avais toujours protesté contre elle. »

« A chaque instant on voyait entrer dans la ville ou en sortir des caissons, des fourgons, des voitures de munitions de toutes sortes, et ces innombrables embarras que traîne après elle une armée en campagne.

« Ces troupes bivouaquaient sur les glacis des remparts ou au Polygone, et leurs campements improvisés devinrent bientôt un but de promenade. On se faisait une fête d'aller visiter cette installation provisoire : c'étaient de véritables parties de plaisir, et tandis que l'ouvrier partageait fraternellement avec les soldats sa provision de tabac ou leur offrait une chope au cabaret voisin, installé en plein vent par quelque spéculateur besogneux, les belles dames et les beaux messieurs leur distribuaient à profusion du champagne, des cigares et toutes sortes de friandises, assaisonnées de bonnes paroles et de patriotiques encouragements.

« Presque chaque soir aussi quelque musique militaire, soit de la garnison, soit des régiments de passage, se faisait entendre sur la promenade du Broglie, et chacun de ces concerts se terminait invariablement par la *Marseillaise,* demandée et redemandée à grands cris par la foule, qui en entonnait le refrain avec enthousiasme, avec délire. Des cortèges s'improvisaient, des drapeaux flottants à leur tête, et parcouraient les rues en chantant encore et toujours le premier couplet et le refrain de la *Marseillaise* et d'autres hymnes nationaux.

« Les tables des cafés du Broglie et du Globe étaient encombrées de cantinières hautement empanachées et d'officiers de tous grades, rutilants de galons, de broderies et de décorations ; on s'attroupait autour d'eux, et l'on se montrait du doigt tel ou tel général qui avait fait tant et tant de campagnes, qui avait remporté tant et tant de victoires, et dont le nom seul était, ou du moins paraissait être un gage certain de succès[1]..... »

Oui, les régiments arrivaient, bivouaquaient, partaient, mais pas une batterie, pas un bataillon, pas un escadron ne restait à Strasbourg, et nous nous demandions journellement : « Avec quelles troupes défendrait-on notre place si celle-ci était attaquée ? » Mais le gouvernement de Napoléon III n'avait pas songé à cette bagatelle. A quoi bon immobiliser des soldats à Strasbourg, puisqu'on allait passer le Rhin et marcher tout droit sur Berlin !

Depuis deux jours on annonce l'arrivée du maréchal de Mac-Mahon et la foule ne cesse d'envahir les abords de la gare pour préparer une ovation au duc de Magenta. L'illustre soldat de Crimée et d'Italie inspire à la population une confiance illimitée et l'on veut pour ainsi dire lui témoigner déjà de la reconnais-

---

[1] *Souvenirs du bombardement et de la capitulation de Strasbourg,* par Raymond Signouret, ex-rédacteur en chef de *l'Impartial du Rhin,* p. 14 et s.

sance pour les nouvelles batailles qu'il va gagner. Cependant les trains se succèdent et le maréchal n'arrive pas.

Une réunion privée, dont l'initiative a été prise par la Loge maçonnique des Frères-Réunis, décide la formation d'un comité de secours aux blessés. Ce comité publie un appel à toutes les bonnes volontés et à tous les dévouements pour l'aider à remplir « les grands devoirs qui s'imposent en ce moment au patriotisme et à l'humanité des citoyens ». Il s'installe au Cercle du Miroir et lance des listes de souscription, qui se couvrent de signatures. En même temps une société de dames se constitue au local de la Crèche, rue Saint-Marc, pour y préparer des bandages. La supérieure du couvent du Bon-Pasteur fait savoir que les pensionnaires de l'établissement confectionneraient gratuitement tous les objets de pansement dont on pourrait avoir besoin. Mme J. Blum, née Dreyfus, institutrice communale de l'école israélite, fait une offre du même genre au nom de ses petites élèves. D'autres comités de secours se forment encore et la manifestation de toutes ces bonnes volontés est certainement fort réjouissante. Mais la création d'un trop grand nombre de comités présente le danger de disperser et par conséquent d'affaiblir les efforts, et une réunion tenue chez M. Herrenschmidt, sur l'initiative de M. F. Monnier, maître des requêtes au Conseil d'État, et de M. de Montbrison, délégués par la Société internationale de secours aux blessés, décide qu'on ferait fusionner toutes les associations déjà constituées, pour fonder un comité central, chargé de représenter, dans le Bas-Rhin, cette grande société humanitaire. Le comité est composé de la manière suivante:

Président: M. Gérard, président du tribunal civil; *vice-président*: M. le docteur Eugène Bœckel, professeur agrégé; *secrétaires*: MM. Ernest Lehr, docteur en droit; Aug. Schnéegans, rédacteur du *Courrier du Bas-Rhin*; *secrétaire adjoint*: M. Ad. Lereboullet; *trésorier*: M. G. Ghesquière, directeur de la Société générale; *membres*: MM. André fils, le docteur Hergott, Jacques Kablé, le docteur Michel, Rhens, Ritleng aîné, Schœlcher, le docteur Ernest Schützenberger.

Une certaine émotion règne dans la population. On parle d'une première rencontre qui aurait eu lieu sur les frontières de la Moselle. Il ne s'agit en réalité que de l'incursion passagère de quelques patrouilles ou reconnaissances prussiennes sur le territoire français.

L'animation en ville est extraordinaire. Les soldats de la réserve continuent à affluer; les paysans amènent les chevaux d'artillerie placés en dépôt chez eux et d'autres chevaux qu'ils offrent en vente; les habitants envahissent les magasins de denrées alimentaires pour faire des provisions hâtives; déjà les vivres atteignent des prix énormes. Les armuriers, selliers, fournisseurs d'équipements militaires sont envahis par les officiers des régiments de passage, qui se munissent de tous les objets nécessaires « pour une entrée en Allemagne », écrit le *Courrier du Bas-Rhin*. Une autre invasion est subie par la Caisse d'épargne, où les demandes de remboursement affluent. La diminution du travail dans certains ateliers et bureaux, la cherté des aliments, le désir d'avoir quelques ressources pour l'avenir poussent les déposants à se faire rembourser leurs fonds.

Un certain nombre d'ex-militaires, ayant à leur tête le lieutenant-colonel en retraite Huguet, publient un appel à leurs anciens camarades et aux jeunes gens que le sort n'appelle pas sous les drapeaux, à l'effet de former un bataillon de volontaires pour servir à la défense de la ville de Strasbourg.

CHAPITRE III.

Arrivée du général Uhrich. — Le départ des pontonniers. — L'« amour pour le soldat » de la population strasbourgeoise. — Les Badois font sauter le tablier tournant du pont de Kehl. — Arrivée du maréchal de Mac-Mahon. — Proclamation de Napoléon III. — Le campement du Polygone. — Organisation de la Garde nationale.

Le 21 juillet. Le général Uhrich, nommé au commandement de la 6ᵉ division territoriale en remplacement du général Ducrot, arrive à Strasbourg.

Le général Uhrich avait plus de soixante-huit ans lorsque la guerre éclata. Il était au cadre de réserve et demanda comme une faveur de reprendre du service. On lui donna le commandement de la place de Strasbourg.

Il était né à Phalsbourg, en Lorraine, le 15 février 1802, d'une famille de soldats. Son père était officier du génie; trois de ses frères ont porté l'épaulette et il avait un fils sous les armes, officier d'état-major[1]. Entré à Saint-Cyr en 1818, il était, en 1820, sous-lieutenant au 3ᵉ léger, où il passa lieutenant et capitaine. En 1841, il fut chef de bataillon au 23ᵉ de ligne; en 1845, lieutenant-colonel au 69ᵉ de ligne. En 1848, il revint au 3ᵉ léger

Le général Uhrich.

comme colonel. En 1852, il était nommé général de brigade et envoyé à Strasbourg pour commander la subdivision du Bas-Rhin. En 1854, lors de la formation de la garde impériale, il fut appelé au commandement de la brigade des voltigeurs et gagna en 1855, devant Sébastopol, les étoiles divisionnaires.

---

[1] Le capitaine d'état-major Uhrich, aujourd'hui retraité, habite Paris, où il est président de la Société protectrice des animaux et où il se consacre à ces fonctions humanitaires avec un zèle admirable.

De retour en France, il remplaça le général de Mac-Mahon au commandement d'une des divisions du camp de Boulogne, partit en 1859 pour la campagne d'Italie, revint en France en 1860, prendre le commandement de la 13ᵉ division, à Rennes, fut envoyé plus tard au camp de Châlons et passa, par limite d'âge, en 1867, au cadre de réserve. Trois ans après on le nomme à l'avant-garde de la France, où il fait noblement, vaillamment son devoir et où il aurait certainement accompli des actes éclatants si tout, absolument tout ce qu'il faut pour soutenir le siège et le bombardement d'une grande forteresse, ne lui avait fait défaut. Nous aurons l'occasion, au cours de cet ouvrage, de le voir à l'œuvre.

Le comité de la Société internationale de secours aux blessés publie un appel aux propriétaires de chevaux et de voitures, les priant de mettre leurs attelages à sa disposition, pour le cas où un combat devrait se livrer près de Strasbourg et où il y aurait des blessés à transporter dans l'intérieur de la ville.

Le soir du 21, une touchante démonstration se produit. L'auteur de ce travail en a fait alors la description dans le *Courrier du Bas-Rhin* et demande la permission de la reproduire ici :

« Quatre compagnies du régiment de pontonniers devaient partir par le chemin de fer. On sait qu'il y a parmi les pontonniers beaucoup de Strasbourgeois et d'Alsaciens. Les fils de nos familles de bateliers et de pêcheurs, habitués dès leur enfance à naviguer sur le Rhin, sur l'Ill et les nombreux canaux et rivières qui sillonnent l'Alsace, ont une aptitude particulière pour les exercices et les travaux que le corps des pontonniers est dans le cas d'exécuter. Aussi, à l'heure du départ des quatre compagnies, une foule considérable s'était réunie autour de la caserne pour faire aux partants la conduite jusqu'au chemin de fer. Lorsqu'ils sont sortis de la caserne, leur belle et excellente musique en tête, jouant la *Marseillaise*, la population les a entourés et suivis. Au Broglie, la foule des promeneurs s'est jointe au cortège, de telle sorte que la colonne se composait de huit à dix mille personnes, chantant la *Marseillaise* et entremêlant le grand air national des cris de « Vivent les pontonniers ! Vive la France ! Vive l'armée ! » A la gare, l'enthousiasme était à son comble. On serrait les mains aux soldats, on les embrassait, on leur remplissait les poches de cigares..... » Et toujours la *Marseillaise* retentissait, qui, deux semaines auparavant, eût valu de longues heures de prison à l'imprudent qui l'aurait entonnée.

Le 22 juillet. Le commandant de place fait publier la note suivante :

« Tous les militaires de la réserve qui ont été retenus par suite de la perturbation arrivée dans la marche des trains de chemins de fer depuis quelques jours, ont été mis en subsistance dans le dépôt du 10ᵉ bataillon de chasseurs, où ils touchent les vivres auxquels ils ont droit; ils ont en outre reçu des billets de logement par les soins de la municipalité.

« Cependant on a vu de ces militaires se livrer à la mendicité dans les rues et sur les marchés. Comme rien ne peut excuser l'indignité d'une pareille conduite, des patrouilles vont parcourir la ville et arrêteront, pour être conduits en prison, tous ceux qui seront surpris en flagrant délit de mendicité.

« Le colonel commandant de la place,
« Ducasse. »

Ce qui excusait, hélas! « l'indignité de cette conduite », c'était l'impérieuse nécessité. L'intendance n'avait préparé ni un paillasson, ni une miche de pain pour les milliers de réservistes qui affluaient à Strasbourg, et les malheureux étaient obligés de tendre la main pour ne pas mourir de faim. C'est dans ces conditions, pour les petites choses et pour les grandes, que le gouvernement impérial avait engagé toute la campagne de 1870.

Par un sentiment de délicatesse et de tact fort compréhensible, les journaux se taisaient sur ces scandales, ne voulant pas raconter aux Allemands, qui pouvaient les lire, que des soldats français qui allaient partir pour la guerre ne trouvaient à se nourrir qu'en s'adressant à la charité publique. Mais les habitants ne purent étouffer les sentiments de pitié que leur inspirait un pareil spectacle, et nous reproduisons ici, avec une véritable fierté, une lettre adressée à ce sujet au *Courrier du Bas-Rhin* par un groupe de modestes artisans du quartier du Finckwiller. Cette lettre est un témoignage éclatant et touchant à la fois de la générosité, de la bonté d'âme, de l'« amour pour le soldat », qui ont toujours fait le fond du caractère strasbourgeois :

« Strasbourg, le 22 juillet 1870.

« Monsieur le rédacteur en chef du *Courrier du Bas-Rhin*

« Les soussignés ont l'honneur de vous prier de vouloir bien porter à la connaissance du public par votre estimable journal ce qui suit :

« Malgré tous les soins que l'Administration prodigue pour subvenir aux besoins de l'armée[1], il arrive que des militaires, notamment ceux qui sont de

---

[1] Quelle douloureuse ironie dans cette périphrase !......

passage en notre ville, en attendant l'ordre de rejoindre leurs corps, restent souvent sans pouvoir toucher la part d'aliments que l'Administration leur destine, et vu l'exiguité du logement (la caserne des Ponts-Couverts) il arrive journellement que bon nombre de soldats restent couchés dans la rue.

« Nous venons donc faire un appel aux sentiments d'humanité et de patriotisme de nos concitoyens, et nous les invitons à venir en aide à ces braves militaires, soit en mettant à leur disposition des lits, soit en leur versant une offrande en argent qui pourra servir à acheter des aliments.

« Avec l'assurance que notre invitation sera reçue par nos concitoyens avec l'empressement que ceux-ci ont toujours montré pour soulager ceux qui souffrent, nous vous prions, Monsieur le rédacteur en chef, etc.

> « E. OBERTHÜR, graveur-lithographe; AUG. PERSOHN, propriétaire de bains; L. KIEFFER, débitant; WEBER, boulanger; EYER, épicier; GRŒTZINGER, boucher; STOLL, coiffeur; LASCH, boucher; LASCH, boulanger, habitants du Finckwiller.

« Les dons seront reçus chez M. Stuhl, tourneur, rue des Petites-Arcades, 29, et chez M. Dubois, marchand de musique, place du Dôme, 18. »

En même temps la maison des diaconesses annonçait qu'elle avait organisé, dans un magasin mis à sa disposition par M. Schmitten, négociant en houblons, un dortoir de quatre-vingts matelas ou paillasses pour les soldats qui n'auraient pas d'abri, et qu'une grande distribution de soupe serait faite chaque soir aux militaires ainsi recueillis.....

Le 22 juillet est un vendredi, jour des grands marchés de Strasbourg; les pêcheurs badois qui alimentent principalement le marché aux poissons n'ont pas traversé le Rhin ce matin et la place est presque vide.

Vers le soir, un certain émoi se répand dans la ville. On a entendu une détonation sourde et le bruit court que les Badois ont fait sauter, à Kehl, le tronçon du chemin de fer qui était resté isolé dans les flots du Rhin, depuis que les deux extrémités tournantes avaient été repliées sur la rive badoise d'abord, sur la rive française ensuite. Les Badois auraient donc, après avoir traversé une partie du Rhin, opéré sous les yeux du poste français!..... Voici ce qui s'était passé :

Aux environs de 4 heures on avait vu de la rive française un mouvement insolite se produire sur la rive allemande. Les sentinelles se retiraient, les quelques curieux qui venaient chaque jour, sur le bord du fleuve, interroger l'horizon, s'éloignaient promptement et une solitude complète s'était faite autour du fortin kehlois. Tout à coup une violente détonation retentit, un nuage de fumée et de poussière s'élève dans les airs et, quand il est dissipé, on voit le tablier tournant de la tête de pont badoise étendu sur la berge et baignant à moitié dans le Rhin. La culée qui devait s'écrouler aussi, est à peine ébranlée ; mais la commotion a

Les Badois font sauter le tablier mobile du pont du chemin de fer, à Kehl.

renversé le portail en fonte du tronçon médian et a lézardé le fortin passablement ridicule qui est censé protéger la petite ville ouverte de Kehl.....

A dix heures et demie du soir, nouvelles détonations du côté du Rhin. Ce sont encore les Badois qui ont fait sauter des ponts, sur la Kinzig cette fois, pour empêcher les troupes françaises de pénétrer trop facilement dans leur pays.

Le 23 juillet. A six heures du matin deux détonations, dont l'une formidable, annoncent que les Badois, affolés par la crainte d'une invasion, continuent leur œuvre destructive pour semer des obstacles sous les pieds de l'armée ennemie.

Une société de dames pour la distribution de secours aux malades et blessés se constitue à la Mairie. Mme la baronne Pron et Mme la générale Ducrot en sont nommées présidentes; Mmes A. Saglio, la comtesse de Pourtalès et Ratisbonne, vice-présidentes.

Les étudiants de la Faculté de médecine inscrits comme concurrents pour les prix de fin d'année, demandent que la somme destinée à acquitter les prix soit versée à la caisse de secours aux soldats blessés. Presque tous les étudiants en état de rendre des services dans les hôpitaux et ambulances se font inscrire à l'intendance militaire.

A onze heures et quart, le train-poste de Paris, en retard de plusieurs heures, amène le maréchal de Mac-Mahon, que le général Ducrot et d'autres officiers supérieurs attendent à la gare. Le maréchal, qui est en tenue bourgeoise, monte immédiatement en voiture et se rend au Château impérial, où il établit son quartier-général de commandant du 1er corps d'armée. Aussitôt le Château, morne et silencieux depuis des années, prend une animation inaccoutumée. Les cours latérales, les écuries se remplissent de chevaux pour les ordonnances et les escortes; tout le mouvement d'un quartier-général, à la veille d'une entrée en campagne, commence à s'y dessiner.

En même temps les troupes, qui arrivent de plus en plus nombreuses, donnent à la ville une physionomie d'heure en heure plus animée et les rues sont envahies maintenant par des représentants de tous les régiments avec lesquels le maréchal de Mac-Mahon entrera en campagne dans quelques jours. « Les zouaves et les turcos attirent particulièrement l'attention. Des visages juvéniles à côté de figures bronzées, de tout jeunes gens à côté de constitutions robustes, rompues aux fatigues de la guerre; mais chez tous un caractère de décision, un cachet de confiance, non pas de cette confiance présomptueuse qui perd les armées plutôt qu'elle ne leur assure la victoire, mais de cette assurance calme et sérieuse qui repose sur la conscience d'une volonté énergique et d'une force dont le passé témoigne. On voit que les plus jeunes d'entre eux sont aussi inaccessibles à la peur que les vétérans, et qu'ils iront tous où on leur dira d'aller à travers les bataillons ennemis[1]..... »

On placarde sur les murs une proclamation que l'Empereur Napoléon III adresse au peuple français au moment d'aller se mettre à la tête des troupes. La foule assiège les affiches et commente vivement la proclamation, qui, dans quel-

---

[1] *Courrier du Bas-Rhin* du 24 juillet 1870.

ques-uns de ses passages, ne manque pas d'une certaine grandeur. Ce document historique doit trouver place dans notre ouvrage. En voici le texte :

PROCLAMATION DE L'EMPEREUR

« Français ! il y a dans la vie des peuples des moments solennels où l'honneur national, violemment excité, s'impose comme une force irrésistible, domine tous les intérêts et prend seul en main la direction des destinées de la patrie. Une de ces heures décisives vient de sonner pour la France.

« La Prusse, à qui nous avons témoigné pendant et depuis la guerre de 1866 les dispositions les plus conciliantes, n'a tenu aucun compte de notre bon vouloir et de notre longanimité. Lancée dans une voie d'envahissement, elle a éveillé toutes les défiances, nécessité partout des armements exagérés et fait de l'Europe un camp où règnent l'incertitude et la crainte du lendemain.

« Un dernier incident est venu révéler l'instabilité des rapports internationaux et montrer toute la gravité de la situation.

« En présence des nouvelles prétentions de la Prusse, nos réclamations se sont fait entendre. Elles ont été éludées et suivies de procédés dédaigneux. Notre pays en a ressenti une profonde irritation et aussitôt un cri de guerre a retenti d'un bout de la France à l'autre.

« Il ne nous reste qu'à confier nos destinées au sort des armes.

« Nous ne faisons pas la guerre à l'Allemagne, dont nous respectons l'indépendance. Nous faisons des vœux pour que les peuples qui composent la grande nationalité germanique disposent librement de leurs destinées. Quant à nous, nous réclamons l'établissement d'un état de choses qui garantisse notre sécurité et assure l'avenir. Nous voulons conquérir une paix durable, basée sur les vrais intérêts des peuples et faire cesser cet état précaire où toutes les nations emploient leurs ressources à s'armer les unes contre les autres [1].

« Le glorieux drapeau que nous déployons encore une fois devant ceux qui nous provoquent, est le même qui porta à travers l'Europe les idées civilisatrices de notre grande Révolution. Il représentera le même principe ; il inspirera les mêmes dévouements.

« Français ! Je vais me mettre à la tête de cette vaillante armée qu'anime l'amour du devoir et de la patrie. Elle sait ce qu'elle vaut, car elle a vu dans les quatre parties du monde la victoire s'attacher à ses pas.

---

[1] On sait si cet « état précaire » s'est amélioré de nos jours.

« J'emmène mon fils avec moi, malgré son jeune âge. Il sait quels sont les devoirs que son nom lui impose, et il est fier de prendre sa part dans les dangers de ceux qui combattent pour la patrie.

« Dieu bénisse nos efforts! Un grand peuple qui défend une cause juste est invincible.

« NAPOLÉON. »

Le 24 juillet. C'est un dimanche et la population en profite pour visiter le campement des troupes au Polygone. Un des nombreux journalistes parisiens qui sont venus s'installer à Strasbourg pour suivre les troupes en campagne, le correspondant du *Gaulois*, nous peint cette visite en un tableau des plus animés :

« Situé au delà du village de Neudorf[1], à trois ou quatre kilomètres de Strasbourg, ce Polygone est, si mes yeux et mes jambes ne m'ont pas trompé, d'une étendue double du Champ-de-Mars de Paris. Entouré de grands et beaux arbres régulièrement plantés, il est naturellement défendu par les travaux faits pour assurer la sécurité des promeneurs pendant le temps des exercices. La route qui y conduit à partir de la porte d'Austerlitz est charmante, bien ombragée, sillonnée d'auberges, de jardins, de bals; c'est une des plus jolies promenades de la banlieue de Strasbourg, qui est du reste fort riche sous ce rapport.

« A l'entrée du Polygone se trouve une pyramide élevée à la mémoire d'un des plus glorieux enfants du pays, le général Kléber, que Bonaparte laissa si bien en Égypte pour revenir à Paris.

« Il y avait à peine quelques heures que la troupe s'était installée hier que la ville se portait en foule pour voir le camp. Il ne s'agit plus ici d'un camp comme nous sommes habitués d'en voir depuis quelques années; cela ne ressemble ni au camp de Châlons avec ses établissements de fruitiers, ses chalets et ses cafés, ni au camp établi à Saint-Maur pour des exercices; c'est le campement sérieux d'une armée en campagne qui, demain, peut avoir à marcher pour attaquer ou se défendre; un camp où il n'y a rien d'inutile, rien de fantaisiste, où le caprice n'est plus de mode, où tout est grave et réfléchi.

« Nous qui avons vu notre armée en Afrique, à l'époque où les alertes étaient journalières et les rencontres fréquentes, la rapidité avec laquelle un régiment s'installe, dresse ses tentes, bâtit ses cuisines, prépare ses vivres, ne nous étonne point. Mais les personnes qui n'ont pas encore assisté à ce spectacle merveilleux,

---

[1] Le Neudorf n'est qu'un faubourg extra-muros de Strasbourg.

LE CAMP DESTURCOS SUR LES GLACIS DE LA PORTE DE SAVERNE

toujours nouveau et toujours intéressant, n'en reviennent pas. C'est une surprise pour elles comme cela a été une admiration pour les troupes alliées qui firent avec nous la campagne de Crimée.

« Toutefois, ce n'est pas un sentiment de pure curiosité qui a poussé hier les Strasbourgeois au Polygone; ç'a été surtout un élan de sympathie pour notre brave armée, et il en est résulté une véritable manifestation patriotique de la part des dames de Strasbourg; manifestation individuelle au début, qui est devenue générale, sans qu'un mot d'ordre fût donné..... »

Après les ponts de la Kinzig, les Badois font sauter ceux de la Rench. Le pont d'Offenbourg est miné pour subir le même sort au premier signal. On dit que le petit fort de Kehl est également miné, ainsi que deux petites casernes qu'on aperçoit à droite de la ligne du pont de bateaux. On n'aperçoit plus, du reste, ni soldats, ni habitants à Kehl. On dirait une ville morte.

Le 25 juillet. Une réunion de la Société de secours aux blessés se tient à l'Hôtel d'Angleterre pour constituer ses sections et leurs bureaux.

Les listes de souscription des différents comités atteignent déjà un total de 100,000 francs.

Les journaux publient le procès-verbal de la dernière séance de la Société de médecine de Strasbourg, dans laquelle, sur la proposition de M. le professeur Schützenberger, on a voté les résolutions suivantes :

1° La Société de médecine se transformera immédiatement en Association pour l'organisation des secours à porter aux blessés et aux malades de l'armée.

Chacun de ses membres se chargera de créer ou de s'associer à la fondation d'un Comité de secours.

3° La Société nommera immédiatement des délégués chargés de concourir à l'organisation d'un Comité central, en s'agrégeant aux délégués des Comités locaux déjà formés, aux délégués de la Société internationale et aux représentants de l'autorité municipale.

Le 26 juillet. M. Eugène Hecht, consul du Wurtemberg à Strasbourg, envoie sa démission au gouvernement wurtembergeois.

Un décret impérial déclare en état de siège les départements du Bas-Rhin, du Haut-Rhin et de la Moselle. Strasbourg est, du reste, déjà en « état de guerre », c'est-à-dire que l'autorité civile est subordonnée à l'autorité militaire en tout ce qui concerne les approvisionnements et les ordonnances de police de tout genre; que la garde nationale et les pompiers passent sous l'autorité du commandant de place; que le commandant de place peut faire sortir les bouches inutiles, les étrangers, les individus suspects; qu'il peut faire détruire, à l'intérieur de la forteresse, tout ce qui peut gêner la circulation de l'artillerie et des troupes; à l'extérieur, tout ce qui peut offrir quelque couvert à l'ennemi et abréger ou faciliter ses travaux d'approche.

Le 27 juillet. On remarque, parmi les militaires qui circulent en ville, de nombreux employés du ministère des finances et des postes en uniforme, attachés aux régiments et aux divisions pour assurer aux troupes le payement de la solde et le service des correspondances.

Le 28 juillet. Le *Journal officiel* apporte un décret affectant les brigades armées de l'administration des douanes de Strasbourg (et de Metz) au service militaire de la frontière et les mettant à la disposition du département de la guerre.

Le général commandant la 6ᵉ division militaire délègue le maire à l'effet de faire prescrire la fermeture des lieux publics de la banlieue à dix heures du soir.

Le 29 juillet. Le maire publie l'arrêté suivant, relatif à l'organisation de la garde nationale:

GARDE NATIONALE SÉDENTAIRE DE LA VILLE DE STRASBOURG

« Le gouvernement ayant décidé qu'une garde nationale sédentaire sera immédiatement organisée dans la ville de Strasbourg, le maire croit devoir rappeler aux habitants que, d'après l'article 2 du décret du 11 janvier 1852, le service de la garde nationale est obligatoire pour les Français âgés de 25 à 50 ans.

« Le maire invite en conséquence les citoyens remplissant la condition d'âge ci-dessus et demeurant dans l'intérieur de la ville, de se faire inscrire sur les contrôles de la garde nationale de cette ville, à partir du samedi 30 juillet courant. Un bureau spécial sera ouvert à cet effet à la Mairie, tous les jours, y compris le dimanche, de huit heures du matin à six heures du soir.

« Strasbourg, le 29 juillet 1870.

« Le maire, HUMANN. »

La publication de cet arrêté met la population valide sur pied, et dès le lendemain le bureau d'inscription est assiégé par les candidats gardes nationaux.

Seulement on constate qu'une grande partie de ceux qui se font inscrire, demandent en même temps à être revêtus d'un grade, depuis celui de sergent jusqu'à celui de colonel.....

L'École de santé militaire de Strasbourg a rapidement terminé ses cours et clos ses examens. Un certain nombre d'élèves de quatrième année se rendent au Val-de-Grâce, afin d'y remplacer des camarades partis pour l'armée; les autres élèves de l'École n'iront pas en vacances cette année, ils resteront à Strasbourg pour se tenir à la disposition du service de santé. Nous les verrons donner leurs soins aux blessés avec un courage et un sang-froid dignes de praticiens expérimentés, courir aux postes les plus dangereux et payer de leur vie leur zèle humanitaire et patriotique.

Les 30 et 31 juillet. — LA GARDE NATIONALE. — Le *Courrier du Bas-Rhin* constate qu'en l'espace de deux jours plus de six cents citoyens se sont fait inscrire sur les listes de la garde nationale, et rappelle qu'en 1814 et 1815, la garde nationale de Strasbourg, quoique bien moins nombreuse qu'elle ne le sera maintenant, parce que les longues guerres avaient décimé la population valide, a rendu d'importants services. « Elle a fait plusieurs fois le coup de feu, écrit le *Courrier,* avec les troupes alliées ; et si, à cette époque d'invasion et de désastres, la ville de Strasbourg, ce grand boulevard de la France vers le Rhin, n'a pas cessé de voir le drapeau français flotter sur ses murs, c'est en partie au patriotisme, au courage, au dévouement de la garde nationale de Strasbourg que la France en est redevable.

« Si les alliés, ajoutait l'organe libéral de la presse strasbourgeoise, étaient entrés en ce temps-là dans ses murs, qui sait si la ville de Strasbourg fût redevenue française, et si les traités de 1815, qui ont ouvert la France du côté de la Bavière et de la Prusse rhénane, n'auraient pas reculé les frontières françaises jusqu'aux Vosges?... »

Ce qui n'a pas été fait en 1815 s'est accompli en 1871, où le traité de Francfort a reculé ces frontières beaucoup plus loin encore qu'une partie de nos Vosges d'Alsace.....

Notre garde nationale de 1870 n'aurait, du reste, pu prendre aucune part décisive à la défense de la ville. « Nombre d'hommes répondirent avec empressement à l'appel du maire, mais on ne porta sur les listes définitives qu'une partie de ceux qui se présentèrent, l'autorité ne voulant pas armer ceux dont les opinions politiques ne lui paraissaient pas orthodoxes, et on ne commença à délivrer aux élus des fusils réformés, à percussion, que le 8 août ; cet armement, un moment suspendu, fut continué le 9, et à peu près terminé le 10 ; il était d'autant plus dérisoire qu'on n'avait pour ces fusils qu'un approvisionnement de cartouches très insuffisant. La plupart de ces carabines étaient d'ailleurs en si mauvais état qu'elles auraient été entièrement impuissantes contre les assaillants ; tout au plus auraient-elles pu servir à la répression violente de troubles intérieurs ; le bon sens et le patriotisme de la population, qui ne voulut point affaiblir la défense par des récriminations intempestives, rendirent heureusement inutiles les précautions prises contre une si improbable éventualité.

« La milice civile fut organisée en quatre bataillons formés de six compagnies chacun ; l'effectif de chaque compagnie était d'environ 100 hommes, soit 2400 hommes au maximum. Ces compagnies, que l'on exerçait chaque jour, pendant une ou deux heures, au maniement du fusil, montaient la garde à l'Hôtel-de-Ville, à la Préfecture, à la prison de la rue du Fil, à la maison de correction et à la Halle-aux-Blés.

« Plus tard on adjoignit à ces bataillons une batterie (120 hommes) d'artillerie. Elle était commandée par MM. Hering, capitaine ; Laveuf, lieutenant, et Luce, sous-lieutenant. Ce corps spécial, qui, aisément, aurait pu être porté à 5 ou 600 hommes, à l'aide des anciens militaires de cette arme domiciliés à Strasbourg, était partiellement de service chaque jour ; son poste ordinaire était le Petit-Polygone, bastion 4, situé exactement derrière l'hôpital civil ; pendant la nuit du 23 au 24 août, il prit activement part à la défense du bastion 11, celui-là même que l'ennemi se préparait alors à battre en brèche, et trois de ses hommes y furent grièvement blessés ; l'un d'eux succomba au bout de quelques semaines[1]. »

Voici la liste des officiers de la légion, telle qu'elle fut dressée par le préfet, baron Pron :

ETAT-MAJOR.

Colonel : M. Auguste Saglio.
Lieutenant-colonel : M. Guéprat, colonel en retraite.
Major : M. Poirson, chef d'escadron en retraite.
Officier d'armement : M. Schneider, armurier.

---

[1] Raymond Signouret, *Souvenirs du bombardement et de la capitulation de Strasbourg*, p. 54 et s.

EXERCICE DE LA GARDE NATIONALE SÉDENTAIRE, RUE DE LA DOUANE

PREMIER BATAILLON (canton Nord).

Chef de bataillon : M. Hugues, capitaine en retraite.

Capitaines : MM. Bourlet, négociant; le baron de Wangen, rentier; Oscar Berger-Levrault, imprimeur; Albert Chabert; Rodolphe Sengenwald; Charles-Honoré Lewel; Henry, pâtissier.

Lieutenants : MM. de Maisonneuve; Achille Weill; Victor Mallarmé fils, avocat; Louis Jost, serrurier; Henri Lemaitre; Rau, avocat; Mathieu Derwiller, étudiant; Jacques Zimmer, limonadier; Auguste Blech, docteur en droit; Édouard Limmer; Durr, négociant; Émile Gerardy.

DEUXIÈME BATAILLON (canton Est).

Chef de bataillon : M. Hermann, capitaine en retraite.

Capitaines : MM. Charles Maresquelle, ancien capitaine; Louis Barsan, ancien sergent-major; Auguste Weis, ancien sous-officier; Émile Sieffert, ancien sergent-major; Léonard Allinger, facteur de pianos; Michel Huck, conseiller municipal; Guillaume Frick, brasseur (remplacé plus tard par M. A. Wurtz).

Lieutenants : Eugène Dacheux, dessinateur; Florent Heimburger, limonadier; Gustave Petiti; Eugène Caillot; Paul Houillon; Joseph Lippmann, employé au chemin de fer; François-Joseph Gabel, employé des ponts-et-chaussées; Prosper-Hippolyte Alquier; Adolphe Grodwolle, professeur au Conservatoire; Reibel, clerc de notaire; Arthur Schützenberger, brasseur; Burger, brasseur (Ville-de-Paris); Burger, brasseur (Aux Quatre-Vents).

TROISIEME BATAILLON (canton Ouest).

Chef de bataillon : P. Péquignot, capitaine en retraite.

Capitaines : MM. Arthur Worms, contrôleur des contributions directes; Jean-Baptiste Bauby, négociant; Julien Pélissier, rentier (frère du maréchal Pélissier); Paul Pfortner, avocat; Fuchs, capitaine en retraite; Ducques, avocat; Ehrhardt, brasseur.

Lieutenants : MM. Alfred Heilig, maître d'hôtel (à la Vignette); Coutin, ancien sergent-major; Jean-Émile Bleyfus, négociant; Carlin, ex-sergent-major; Eugène Reutenauer, employé à la Banque; Martin Höchstetter; Antoine Jung, limonadier; Félix Donnay, employé au chemin de fer; Jean Oswald, sculpteur; Adolphe Silberzahn, clerc de notaire; Émile Haberer, lithographe; Weiss, notaire; Imlin fils.

QUATRIEME BATAILLON (canton Sud).

Chef de bataillon: M. Schmitt, capitaine en retraite.

Capitaines: MM. Louis-Frédéric Karm, ancien notaire; Philippe-Auguste Seyboth, négociant; Ignace Ball, rentier; Émile Wagner, brasseur; Victor Dobelmann; Alfred Kampmann; Picquart, conseiller de préfecture.

Lieutenants: MM. Julien-Alfred D'Alaret, commis à la direction de la douane; Martin Ball, commis; Georges Graff, négociant; Eugène Gœpp, négociant; Charles Speckel, tanneur; Eugène Charles Keller; Geneau, représentant de commerce; Victor Legerot; Édouard Stahl, ingénieur; Agnus; Émile Daum, fournisseur d'équipements militaires; Ernest Lehr, docteur en droit.

Auguste Saglio.

M. Auguste Saglio, qui avait été nommé colonel de la garde nationale, était un ancien élève de l'École polytechnique, ancien officier d'artillerie, allié à la famille Humann, et qui, par son caractère et son savoir, était parfaitement indiqué pour ce poste, où, si de certaines éventualités s'étaient produites, il eût fallu déployer du sang-froid et de l'énergie.

Les musiques militaires continuent à donner des concerts au kiosque du Broglie et au Contades. A celle du 16ᵉ régiment d'artillerie-pontonniers se joignent les musiques des 56ᵉ et 87ᵉ régiments de ligne qui sont campés hors de l'enceinte de la place et qui viennent, tous les quelques jours, se faire acclamer par la foule.

CHAPITRE IV.

Essais de mitrailleuses. — Mort du général de Gaujal. — L'engagement de Sarrebrück. — La bataille de Wissembourg. — La bataille de Frœschwiller. — La générale. — Arrivée des blessés et des fuyards. — Le Conseil de défense de la place. — Fermeture des portes. — Le drapeau des turcos. — Première sommation de l'ennemi. — Cachotteries administratives.

Le 1ᵉʳ août. La garde nationale veut avoir sa musique à elle, comme en 1848, et l'on s'occupe d'organiser une fanfare bien nourrie « qui ne contribuera pas peu, dit un journal de la ville, à donner à nos concitoyens sous les armes des allures martiales ». La fanfare est restée à l'état de projet..... Quelques jours après, en effet, on ne songeait plus à faire de la musique.

On essaie les mitrailleuses au camp du Polygone, et le bruit se répand qu'elles ont produit des effets terribles. Des bataillons entiers seront anéantis par ces engins. Nous savons combien il a fallu en rabattre de ces prédictions.

On annonce la mort du général de brigade de Gaujal, décédé subitement, la veille, des suites d'une attaque d'apoplexie. Envoyé à Strasbourg pour le service de la guerre, il se rendait, à six heures du soir, chez le général Uhrich, lorsqu'il fut surpris en route par une forte averse. Il pressa vivement le pas, arriva tout essoufflé chez le général commandant, et au moment où il pénétrait dans son cabinet, tomba pour ne plus se relever.

La foule s'arrête devant le magasin d'estampes Edel-Büchel, où un tableau d'actualité patriotique attire ses regards. C'est une toile de Théophile Schuler, représentant une paysanne alsacienne en 1815, qui, armée d'un fusil, derrière une clôture, regarde se perdre dans la nuit deux cosaques sur lesquels elle vient de tirer.

Le 2 août. Les gardes mobiles arrivent de tous les côtés du département. On les envoie à la caserne et, comme on a négligé de leur préparer des lits, ils s'étendent, pour passer la nuit, sur les planchers nus.

Le bruit court que les Prussiens vont attaquer la France en passant le Rhin et en traversant une partie du territoire suisse. Mais une note de l'Agence Havas déclare que cette rumeur ne repose sur aucun fondement sérieux. « Toute violation de la neutralité suisse, ajoute cette note, serait repoussée du reste par un corps d'armée de 40,000 hommes, occupant, sous les ordres du colonel Herzog, les meilleures positions entre Bâle et Schaffhouse. Ce corps d'armée peut être renforcé au besoin, et à très bref délai, par une réserve de la même force. Tout le peuple suisse est unanime pour la défense la plus énergique de sa neutralité, qui est la garantie de son indépendance. »

Le concours patriotique des populations de l'Alsace continue à se produire sous toutes les formes. « Comités de secours pour les blessés, dons en argent et en nature, offres de lits, de soins médicaux, de services personnels, tous les moyens d'assistance affluent des moindres communes aussi bien que des villes les plus importantes des deux départements. Il règne partout une généreuse émulation qui réjouit le cœur, en même temps que les soldats, à la veille de leur entrée en campagne, sont l'objet des démonstrations les plus sympathiques[1]. »

Le 3 août. Vif et joyeux émoi. Le télégraphe a annoncé que l'armée française avait remporté la veille une brillante victoire sur les Prussiens, à Sarrebrück, qu'elle a chassé d'abord l'ennemi des hauteurs qui dominent cette ville, puis de cette ville elle-même, et qu'elle a envahi le territoire prussien. La guerre est donc d'ores et déjà transplantée sur le sol allemand. « L'Empereur assistait aux opérations et le Prince impérial, qui l'accompagnait partout, a reçu sur le premier champ de bataille de la campagne le baptême du feu. Sa présence d'esprit, son sang-froid dans le danger, ont été dignes du nom qu'il porte[2]. »

La légende ajoute immédiatement que le Prince impérial a ramassé des balles ennemies au milieu de la fusillade et que les grenadiers de la garde en ont versé des larmes.

Les 4 et 5 août. Des bruits alarmants circulent en ville. A l'émoi joyeux de la journée précédente succède une pénible angoisse. On parle d'un sanglant combat livré à Wissembourg, où huit mille Français auraient tenu tête pendant plusieurs heures à une armée allemande sept ou huit fois plus forte et auraient finalement succombé sous le nombre. La rumeur prend corps peu à peu et se dresse bientôt devant nous comme une cruelle réalité. La division Abel Douai, à laquelle le maréchal de Mac-Mahon avait donné l'ordre d'occuper les environs de Wissembourg, mal servie par ses éclaireurs, avait été surprise par un corps d'armée bavarois, bientôt appuyé de deux corps d'armée prussiens, et, malgré une lutte héroïque,

---

[1] *Courrier du Bas-Rhin,* numéro du 2 août 1870.
[2] Dépêche du ministre de l'intérieur au préfet du Bas-Rhin.

au cours de laquelle le général Douai a été tué par un éclat de bombe, a subi une honorable mais lamentable défaite. L'incapacité des chefs de l'armée française, qui avaient jeté quelques régiments sur un point capital, sans s'occuper de tenir à leur proximité les renforts indispensables, se manifestait dès le début de la campagne.

Le 6 août. Les Prussiens, après le combat de l'avant-veille, ont marché en

On bat la générale dans les rues de Strasbourg.

avant dans la direction de Soultz, et depuis le matin ils ont engagé une bataille formidable, près de Wœrth, avec l'armée de Mac-Mahon. Celui-ci, qui a mal pris ses positions, qui a laissé l'ennemi occuper la colline de Gunstett, d'où soixante-douze pièces de canon enfilent toute la ligne française, qui ne sait pas profiter d'un moment où les Allemands faiblissent et où le prince royal de Prusse essaye même de faire cesser le combat, sacrifie plus tard des régiments entiers, quoiqu'il puisse constater par lui-même que tout effort est désormais inutile, et ne parvient à sauver une partie de ses troupes que grâce aux cuirassiers. Ceux-ci se font faucher par les balles prussiennes dans deux charges glorieuses qui passeront à l'immortalité..... En même temps, à la même heure, le général Frossard se fait battre à Spicheren.

Une émotion terrible règne en ville et ne fait que croître à mesure que les nouvelles se succèdent, d'heure en heure plus alarmantes.

Vers 7 heures du soir, l'inquiétude se change en une véritable panique. L'autorité militaire fait battre la générale pour obliger les soldats à rentrer au quartier et répand ainsi dans la population l'idée que l'ennemi s'avance vers les portes de la place. En même temps débouchent par les faubourgs les premiers convois amenant les blessés de l'affaire de Wissembourg et quelques blessés de Fræschwiller. La foule se presse, émue et silencieuse, sur le passage des pauvres soldats couverts de boue et de sang, harrassés, l'œil brûlant de fièvre, quelques-uns pâles déjà des atteintes de la mort. Et toujours les sons lugubres de la générale retentissent dans les rues. C'est comme un tocsin qui annonce que la patrie est en danger..... Les boutiques, les maisons se ferment, les ponts-levis sont dressés et ce n'est qu'après une mortelle attente que des centaines d'habitants, qui veulent rentrer en ville, obtiennent que les portes soient ouvertes encore une fois avant la tombée complète de la nuit.....

Ah! cette journée du 6 août 1870, elle restera gravée dans notre esprit jusqu'à l'heure suprême..... Nous avions été sur la route de Haguenau à Wissembourg pendant les premières heures de la bataille de Fræschwiller, puis nous avions vaguement vu, du haut de la cathédrale de Haguenau, les péripéties de la lutte et vers le soir, impatient de nouvelles, nous avions repris cette route sur laquelle nous avions vu passer, la nuit précédente, les beaux régiments de l'armée de Mac-Mahon, qui allaient se faire décimer par les batteries prussiennes. A quelques kilomètres de Haguenau, nous voyons subitement s'avancer vers nous un nuage de poussière et nous entendons comme un grondement de tonnerre..... Oh! le terrible et fantastique spectacle..... Des milliers de chevaux brûlent le sol, montés par des soldats français, cuirassiers, artilleurs, hussards, lanciers, dragons, zouaves, turcos, chasseurs, infanterie de ligne, — chacun avait sauté sur la première monture qu'il avait pu saisir, — et la bande galopait furieusement, sans regarder en arrière, comme si des démons la chassaient devant eux..... L'effrayante chevauchée traverse Haguenau, sort par la porte de Strasbourg, où elle se débande brusquement, certains fuyards prenant à travers champs, d'autres tombant haletants au bord du chemin, d'autres allant toujours droit devant eux, semant dans les villages qu'ils traversent cette lugubre nouvelle : « L'armée de Mac-Mahon est vaincue »....

LES BLESSÉS ET DÉBANDÉS DE FRŒSCHWILLER ENTRANT A STRASBOURG, LE SOIR DU 6 AOUT 1870

Nous suivons la même route, — celle de Strasbourg, — sur le siège d'une voiture qui ramenait un de nos concitoyens en ville et nous passons à tout moment à côté de quelque malheureux blessé qui, assis au bord du fossé, essuie son sang. Quelques groupes réguliers de soldats se sont reformés aussi et reviennent sur leurs pas comme s'ils avaient honte d'avoir fui et comme s'ils voulaient braver l'ennemi qui sans doute va déboucher sur eux. Il nous souvient surtout d'un détachement de dragons, dix ou douze hommes, en tête desquels chevauchait, pistolet au poing, sans casque, le front balafré d'un coup de sabre, un lieutenant à la figure énergique et fine à la fois, qui nous demanda si la direction d'où nous arrivions était bien celle de Haguenau. Et sur notre réponse affirmative : « Allons, les enfants, en avant ! » cria-t-il. Et le peloton partit au galop, à la rencontre des Prussiens, pour se faire anéantir sans doute dans quelque héroïque coup de folie. Arrivé devant les murs de la place, au front Nord, nous trouvons la porte de Pierres fermée. De même que de nombreux compagnons d'infortune, nous essayons de parlementer avec des officiers qui se trouvent sur les remparts. Peine perdue. « On n'ouvrira pas cette porte — on l'a ouverte tout de même un peu plus tard — Essayez à la porte des Juifs ou à la porte des Pêcheurs »..... Nous courons par les glacis vers la porte des Juifs..... Fermée..... La porte des Pêcheurs, fermée ; mais ici quelques sous-officiers d'artillerie nous font descendre dans les fossés, nous traversons l'eau en nous mouillant jusqu'à la ceinture et nous pénétrons par une poterne en ville, où nous sommes obligé de raconter, à chaque pas, les événements de la journée et où nous sommes heureux de pouvoir rassurer ceux qui s'étaient inquiétés de nous.....

Le 7 août. Ah ! la cruelle nuit que celle du 6 au 7 août ! Les soldats blessés qu'on avait traînés par les rues, l'ordre de battre la générale, qui avait été motivé peut-être par l'imminence d'un grave danger que l'on nous cachait encore, les nouvelles que l'on colportait sur la bataille de la veille, où 8000 Français et 10,000 Allemands étaient restés sur le sol, sur les villages en flammes, sur les malheureux paysans mutilés, tués dans leurs demeures par des boulets égarés, le pressentiment des souffrances qui allaient fondre sur nous, l'angoisse de ceux qui avaient un fils, un frère dans l'armée de Mac-Mahon..... Quel épouvantable cauchemar pour toute la population, quel drame dans le cœur de chaque habitant !.....

On est debout avant l'aube et l'on se répand dans les rues ; on a besoin de se sentir en nombre et de se communiquer ses impressions ; on a hâte de recueillir les bruits arrivés dans la nuit, avec le vague espoir de percevoir quelque écho plus rassurant.....

Mais quel spectacle sur les places et dans les grandes artères! Des milliers de soldats, débris du corps de Mac-Mahon, se réfugient à Strasbourg, et nous les voyons passer un à un, ou par groupes de dix, vingt, trente, toutes les armes mêlées, infanterie, cavalerie, artillerie, à pied, à cheval, entassés dans des voitures et des fourgons du train; beaucoup de blessés, le bras en écharpe, le front serré dans un mouchoir que le sang a rougi, la jambe traînante, s'appuyant sur l'épaule d'un camarade ou sur un fusil brisé; des officiers soutenus par des soldats ou par des habitants, abattus, mornes, des larmes dans les yeux..... Et beaucoup d'entre ces malheureux sont couverts de boue et de poussière, harrassés de fatigue, mourants de faim, — ils n'ont pas mangé depuis la veille au matin, — les uniformes déchirés, sans armes, inconscients pour ainsi dire, recevant machinalement les dons en argent et en vivres que la population leur glisse dans la main..... Et au milieu de ces pauvres vaincus, se confondant dans leur triste défilé, un long cortège de voitures campagnardes, encombrées de meubles, chargées de vieillards, de femmes, d'enfants qui se tordent dans les pleurs, fuyant devant les Prussiens, bercés de l'illusion que dans la grande forteresse de Strasbourg ils trouveront la sécurité..... Ce convoi funèbre se déroule à travers les rues jusqu'à la nuit, la foule lui formant une haie silencieuse.....

Dans la matinée, le préfet a fait afficher l'avis suivant :

PRÉFECTURE DU BAS-RHIN

« Le préfet du Bas-Rhin informe les habitants de Strasbourg que la ville est mise en état de siège.

« Strasbourg, le 6 août 1870.

« Baron Pron. »

Le département était déjà en état de siège, de même que le Haut-Rhin et la Moselle. L'avis du préfet ne crée donc pas une situation nouvelle pour la ville; il ne fait que mettre en vigueur quelques dispositions spéciales aux places fortes déclarées en état de siège.

Le 7 août le conseil de défense se réunit pour la première fois. Il est composé : du général Uhrich, président; du général de brigade Moreno; du colonel commandant de place Ducasse; du colonel commandant le 16° régiment d'artillerie-pontonniers Fiévet; du colonel du génie, directeur des fortifications, Sabatier;

de l'intendant divisionnaire Lavalette; du colonel commandant le 87ᵉ de ligne Blot. A ce premier conseil on décide à l'unanimité que toute sommation de l'ennemi serait repoussée et que la garnison serait partagée en trois fractions : un tiers aux remparts, un second tiers de piquet et prêt à marcher, le troisième tiers au repos; tout le monde, en un moment donné, pouvant être appelé dans les ouvrages. On décide aussi d'enfermer les approvisionnements dans des caves, afin de les mettre à l'abri d'un bombardement, et d'expulser les bouches inutiles, en contraignant les gens suspects à sortir de la place et en engageant les femmes, les vieillards, les enfants, les infirmes, à s'en aller pendant qu'il en était temps encore[1].

« Les jours suivants, le même conseil de défense s'assembla, au moins une, quelquefois deux fois, afin de délibérer sur les meilleures mesures à adopter pour assurer une vigoureuse défense, à laquelle le gouverneur et tous ses officiers étaient irrévocablement résolus, quels que fussent les événements pouvant survenir. A ce moment, il était impossible encore de prévoir ce qui allait avoir lieu, grâce à l'impéritie fatale, ridicule, impardonnable d'un gouvernement tombé en enfance; grâce à un ministre de la guerre ignorant, coupable, ou assez faible pour ne pas avoir osé révéler la vérité; grâce encore aux fautes militaires de généraux incapables, ne sachant pas guider leurs troupes, les uns les abandonnant sur le champ de bataille, d'autres n'osant s'affranchir, même pour le salut de l'armée et de la patrie, de la tutelle servile sous laquelle ils courbaient le front en face du dispensateur de toute faveur[2]..... »

Nous avons vu que, dès les premières nouvelles de la défaite de Frœschwiller, les portes de la ville avaient été fermées. Le 7 août, un ordre, signifié au commandant de la place, règle de la façon suivante le service de ces portes :

« Strasbourg, le 7 août 1870.

« Les portes de la ville resteront fermées, les ponts resteront levés jusqu'à nouvel ordre.

« Lorsqu'un nombre assez considérable de personnes demandera à entrer ou à sortir, l'adjudant de place s'assurera s'il n'y a aucun danger à ouvrir les portes et abaisser les ponts, et le fera faire.

« La communication de l'extérieur avec l'intérieur ne durera pas plus de quinze minutes et ne sera répétée que toutes les deux heures. A la moindre alarme, la ville resterait close.

---

[1] Aucune de ces dernières mesures n'a été mise à exécution.
[2] *Journal authentique du Siège de Strasbourg*, par le baron Du Casse, p. 19 et s.

« La troupe sera rigoureusement consignée ; de forts piquets seront commandés dans les corps.

« L'état de siège est prononcé ; le général de division est investi de tous les pouvoirs et fera connaître, dans la journée, quels sont ceux qu'il laissera exercer par les autres autorités. »

Il est curieux de constater que la veille, pendant que se livrait la bataille de Frœschwiller, la place avait fait publier la note suivante :

« A compter de demain, 7 août, les portes de la place seront ouvertes à 5 heures du matin et fermées à 8 heures et demie du soir. »

Voici l'arrêté du général Uhrich qui règle les attributions des autorités civiles :

« 1° M. le préfet continuera à administrer son département comme par le passé ; il se tiendra en rapport journalier avec le commandant supérieur et assurera, en ce qui le concerne, l'exécution de ses arrêtés.

« 2° La justice fonctionnera comme d'habitude, sauf pour les crimes et délits, insurrection ou troubles à l'intérieur, entente avec l'ennemi quel qu'il soit, embauchage ou tentative d'embauchage, fabrication ou propagation de fausses nouvelles, crimes ou délits que les conseils de guerre seront appelés à juger.

« 3° M. le maire de Strasbourg ne cessera pas d'exercer toutes les fonctions administratives et de police ; il concourra à l'exécution des arrêtés du commandant supérieur.

« 4° Les administrations civiles continueront également à fonctionner comme d'habitude ; toutefois, elles obtempéreront sans délai à tous les ordres, quels qu'ils soient, qu'elles recevront du commandant supérieur sous sa responsabilité personnelle. »

Un décret impérial avait fixé le renouvellement des conseils municipaux aux 6 et 7 août. Vainement l'opinion publique, soutenue par la presse, avait demandé que ces élections fussent remises, en Alsace, à une autre date. Le gouvernement avait décrété, il fallait obéir. Mais le 6 août quelques électeurs seulement se présentent aux urnes, à Strasbourg, et le lendemain les bureaux ne sont même pas ouverts.

Dès le 7 août, les communications postales avec le dehors deviennent irrégulières. Le courrier de Paris du 6 arrive à Strasbourg le 7, à 9 heures du soir, au lieu d'arriver le matin. Le train-poste avait dû s'arrêter à Saverne et les dépêches avaient été envoyées par la grande route jusqu'à Strasbourg. Les communications télégraphiques sont interrompues aussi, et dès ce moment commence cette période d'incertitude et d'isolement, où les bruits vagues, où les rumeurs qui apportent tantôt l'espérance et tantôt la désillusion, où les mensonges de l'administration impériale forment le seul aliment donné à la curiosité anxieuse de la population.

Le 8 août. Les débandés de Frœschwiller continuent à arriver dans la place et sont entourés par les habitants qui leur prodiguent les secours et qui, ne voulant

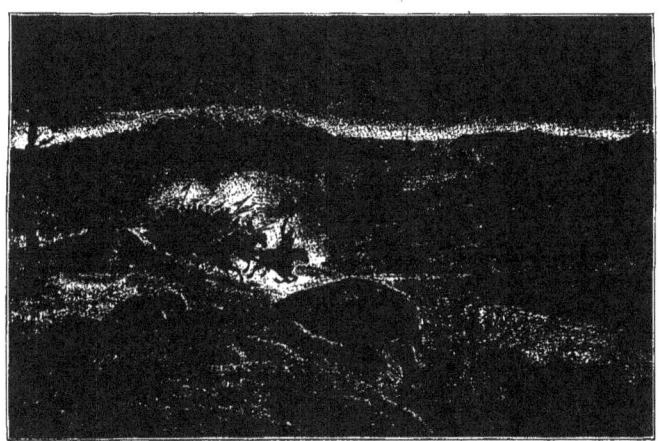

Sauvetage du drapeau du 2ᵉ régiment de tirailleurs algériens.

pas encore se rendre à la réalité, leur demandent quelquefois : « Est-ce donc bien vrai que vous avez été battus ? »....

Un épisode pourtant met, pendant un instant, un peu de réconfortante émotion dans les cœurs :

Sur la place Kléber débouchent une quarantaine de turcos, glorieusement sales et déchirés. L'un d'eux porte le drapeau du régiment et un cri d'enthousiasme part de toutes les bouches : Vive la France ! vivent les turcos ! Les acclamations redoublent lorsque le colonel Ducasse, commandant de la place, prend le drapeau, y suspend une couronne de lauriers et le montre à la foule du haut du balcon de l'état-major.

A Frœschwiller, au moment où les turcos tombaient fauchés par la mitraille, le colonel du 2ᵉ régiment des tirailleurs algériens, passant devant quelques-uns de ses hommes encore debout, aperçut, presque seuls, le sous-lieutenant Valès, porte-drapeau, le sous-lieutenant Bontoux et le sergent Abd-el-Kader-Ben-Dakich. «Votre place n'est plus ici, leur cria-t-il; retirez-vous, sauvez notre drapeau!» Valès, Bontoux et Abd-el-Kader obéissent à leur colonel. Ils se jettent dans un bois, traversent Frœschwiller et dépassent Reichshoffen, quand tout à coup un peloton d'uhlans s'élance dans leur direction. Valès et ses deux amis s'effacent, se cachent, et la charge passe rapide et furibonde. Quand le torrent des chevaux s'est écoulé, Bontoux et Valès se relèvent, cherchant l'Arabe, qui avait disparu. Après d'incroyables péripéties, les trois braves se trouvent réunis de nouveau; ils gagnent la route de Haguenau, atteignent cette ville dans la nuit, brisés et anéantis, mais heureux et fiers, car l'aigle du régiment est sauvée! Le lendemain ils arrivaient à Strasbourg avec un certain nombre de camarades ramassés en chemin.

C'est ce drapeau-là que le commandant de la place de Strasbourg vient de montrer à la foule.

Une note publiée par les journaux annonce que le maire, M. Théodore Humann a réuni dans la journée les membres de l'ancien conseil municipal pour leur faire diverses communications relatives à la situation de la ville et leur demander leur avis.

Il les a entretenus de l'organisation de la garde nationale sédentaire, «reconstituée pour le maintien de l'ordre» et qui «en partie déjà» a reçu des armes.

Puis il leur a donné quelques renseignements sur l'état actuel des approvisionnements, qui paraît satisfaisant quant aux céréales. Il est entré aussi, depuis quelques temps, une assez grande quantité de bestiaux, amenés les uns par suite de la rareté des fourrages, les autres par suite de l'approche de l'ennemi.

Les ambulances qui ont été ouvertes, les locaux qui ont été aménagés, et ceux qui ont été offerts sans être utilisés déjà, pour recevoir les blessés, paraissent suffire aux besoins actuels et même aux éventualités probables. Le maire n'a donc pas cru nécessaire de créer des ambulances supplémentaires qui auraient entraîné de grandes dépenses sans nécessité avérée.

Il a été question enfin, dans cette réunion de l'ancien conseil municipal, de la situation précaire dans laquelle se trouvent un certain nombre de familles dont les chefs font partie de la garde mobile et ne peuvent subvenir, comme d'habitude, à l'entretien de leurs femmes et enfants; des mesures seront prises pour leur venir temporairement en aide.

LE DRAPEAU DU 2ᵉ RÉGIMENT DE TIRAILLEURS ALGÉRIENS

Le maire déclare aux conseillers que les élections fixées aux 6 et 7 août n'ayant pas donné de résultat, ils avaient à se considérer comme continuant, jusqu'à nouvel ordre, à être les représentants légaux de la cité.

Vers 7 heures du soir le bruit se répand en ville qu'un parlementaire allemand s'est présenté devant l'enceinte et a sommé le commandant de place de rendre la forteresse, le menaçant, en cas de refus, d'un bombardement immédiat. Voici, en effet, ce qui s'était passé :

Une division de cavalerie badoise, qui avait été postée à l'extrême aile gauche de l'armée allemande pendant la bataille de Frœschwiller et qui n'avait pas pris part au combat, avait reçu l'ordre d'avancer dans la direction de Strasbourg. On croyait la garnison de la ville plus restreinte encore qu'elle ne l'était en réalité, et qu'elle ne se composait plus que de la garde nationale sédentaire. On savait positivement, en outre, que les ouvrages de défense n'étaient qu'incomplètement armés et le général de Beyer, qui commandait la division, espérait qu'un audacieux coup de main ferait tomber la place en son pouvoir. Il fit reposer ses cavaliers à Haguenau, puis se mit en route avec eux, avec une section d'artillerie et avec six compagnies d'infanterie, montées sur des fourgons du train, vers Strasbourg. A 6 heures, il s'arrêta à Souffelweyersheim et donna au major d'Amerungen l'ordre de se rendre, en parlementaire, avec vingt-cinq hommes, au pied de la forteresse et d'en demander la reddition.

« Un assez grand nombre d'habitants attendaient, groupés devant la porte de Pierres, le moment de rentrer en ville, quand ils virent s'avancer de leur côté un peloton de vingt à vingt-cinq cavaliers badois venant au galop du côté de Schiltigheim ; celui qui marchait en tête portait un drapeau blanc. Les pauvres gens se prirent à trembler et à pousser des cris de frayeur : ils craignaient d'être massacrés ; mais avant d'arriver jusqu'à eux, le peloton s'arrêta et deux d'entre ceux qui le composaient, un officier et un trompette, continuèrent à marcher au pas ; arrivés près de ces malheureux ils les rassurèrent et le trompette « sonna au parlementaire »[1].

Le commandant de place, colonel Ducasse, qui faisait une ronde, se trouvait dans les environs et, informé de ce qui se passait, il sortit de la première enceinte et se rendit au-devant du major d'Amerungen.

— Que demandez-vous ? dit-il à l'officier badois en lui rendant son salut.

— Je suis chargé de sommer Strasbourg de se rendre ; sinon la ville sera bombardée.

---

[1] Raymond Signouret, *Souvenirs du bombardement de Strasbourg*, p. 46.

Un officier allemand vient sommer le colonel Ducasse, commandant de la place, de rendre la ville.

— Votre proposition n'est pas sérieuse. Strasbourg ne se rend pas. Venez le prendre.
— Au moins protégez-moi contre le feu de vos hommes.
— Allez, retirez-vous sans crainte...

Et là-dessus, le parlementaire tourna bride, avec son trompette, pour aller rendre compte de sa mission au général de Beyer. Celui-ci ne poussa pas plus loin sa tentative sur la ville et occupa ses hommes à détruire le chemin de fer et le télégraphe du côté de Geispolsheim.

Le correspondant de la *Gazette de Carlsruhe*, qui faisait route avec la brigade du général de Beyer, avait compté qu'il entrerait ce jour-là, avec les dragons badois, à Strasbourg. « J'avais pensé, écrivait-il à son journal, à la date du 8 août, que je passerais cette soirée à Strasbourg; pour cette fois, cette espérance a été déçue, mais elle pourrait bien se réaliser dans les premiers jours, « avec l'aide de Dieu »[1].

Pourquoi l'autorité militaire et l'autorité civile ont-elles cherché à cacher à la population la démarche du parlementaire allemand ou au moins à en dénaturer le caractère, en essayant de la faire passer comme un acte personnel de bravoure ou de bravade?..... Pendant toute la durée du siège il en a été ainsi; on ne transmettait aux journaux que les décrets et les arrêtés d'ordre général, mais on les laissait dans l'ignorance des événements qui se passaient au dehors — et l'administration n'était certainement pas sans les connaître — et de ceux qui se passaient devant ou dans la forteresse. La préfecture se méfiait des habitants et avait réussi à faire partager sa méfiance aux autorités militaires, au général Uhrich lui-même.

M. Raymond Signouret, dont nous avons déjà plusieurs fois cité les *Souvenirs du bombardement de Strasbourg*, et qui était, à l'époque de la guerre, rédacteur en chef de l'*Impartial du Rhin*, l'organe de la préfecture et du gouvernement

---

[1] Un souvenir personnel à propos de ce correspondant. Au mois de décembre 1869 je me trouvais avec lui à Offenbourg, où se jugeait, devant la Cour d'assises, un assassinat commis dans les environs des bains d'Antogast sur la personne de M. Mathiss (d'origine alsacienne). J'étais chargé de rendre compte du procès dans le *Courrier du Bas-Rhin* et le journaliste badois en envoyait la relation à la *Gazette de Carlsruhe*. Le soir, à l'hôtel, au courant des banalités de la conversation, on s'invita mutuellement à se faire visite. « Si jamais vous venez à Carlsruhe, j'espère bien que..... » — « Comment donc, avec plaisir, et si jamais vous venez à Strasbourg..... » — « Moi, à Strasbourg !..... Tant que votre ville sera française, non, cent fois non...... Je ne peux pas souffrir les Français. (*Ich kann die Franzosen nicht leiden.*) Mais je compte bien y entrer un jour avec l'armée allemande. » — « Oh ! hoh ! » — « Et ce sera plus tôt que vous ne pensez. Soyez certain que je viendrai, avant peu, vous rappeler ma prédiction..... »

Et le 28 septembre 1870, le jour de la reddition de la ville, mon homme entrait chez moi, triomphant, railleur, gonflé comme s'il avait pris Strasbourg à lui tout seul : « Eh ! bien, mon cher Monsieur, dit-il en ricanant, vous voyez que j'avais raison !..... Nous y sommes, et nous n'en sortirons plus ».....

impérial, décrit fort bien, dans son ouvrage, la situation qui était faite à la presse et au public :

« Pendant toute la durée du blocus, dit-il, et malgré nos pressantes instances, nous ne sommes parvenu à obtenir communication d'aucun renseignement précis sur les faits locaux, d'aucun document officiel sur les opérations de la défense. Il semblait que le plus grand nombre des habitants n'eussent aucun droit à connaître ce qui se passait même exclusivement dans l'intérieur de nos murs ; parce que certaines personnes le savaient, elles s'imaginaient sans doute que cela suffisait, et ne se figuraient pas combien cette absence de renseignements authentiques était pénible pour la population ; elles ne comprenaient pas, ou plutôt elles feignaient de ne pas comprendre, combien ces cachotteries puériles ajoutaient de douleurs et de privations morales à nos douleurs et à nos privations matérielles, combien cette discrétion de commande surexcitait notre anxiété ; peut-être même, par la suite, cette réserve calculée eut-elle pour but d'achever la démoralisation du plus grand nombre et d'abattre le courage de ceux qui, malgré tout, ne voulaient pas faillir.

« Nous en étions réduits, pour satisfaire l'avide et d'ailleurs si légitime curiosité de nos concitoyens, à multiplier nos recherches et à perdre, à contrôler les dires de l'un par les dires de l'autre, un temps qui aurait pu être bien mieux employé.

« Le jour où nous allâmes prier le général Uhrich de mettre aussi souvent que possible à notre disposition, sinon la totalité, au moins une partie des rapports de ses officiers, il refusa catégoriquement de condescendre à notre désir, malgré notre promesse de n'en publier qu'une analyse et de passer sous silence les incidents qu'il importait de cacher à l'ennemi ; le commandant en chef nous déclara formellement qu'il ne consentirait à nous laisser parcourir ces pièces « qu'après qu'il les aurait préalablement fait passer au ministre »[1].....

Dans sa *Guerre en Alsace — Strasbourg*, Aug. Schnéegans traite également, mais au point de vue des intérêts de la défense, l'état de suspicion dans lequel l'administration tenait la majorité des citoyens. « Il faut bien le dire, écrit-il, car telle est la pure vérité : si Strasbourg n'a pas été défendu dès le principe aussi énergiquement qu'on l'eût voulu, si l'ennemi a pu impunément établir ses batteries sur les hauteurs qui dominent la ville, si les positions que nos troupes devaient occuper, furent occupées par lui, c'est que sur les conseils du brave général

---

[1] Raymond Signouret, *Souvenirs du bombardement et de la capitulation de Strasbourg*, p. 49 et s.

Uhrich pesa alors un homme qui, serviteur trop fidèle de la politique impériale, oublia le danger de la patrie pour ne se souvenir que de ses inimitiés électorales. M. le baron Pron pouvait et devait, ce jour-là, se présenter devant le général, qui, vieux, étranger à la cité, ne connaissait point cette ville, ni sa population, et il devait lui dire qu'en l'absence d'une garnison considérable, tous les hommes valides de Strasbourg ne demandaient qu'à prendre le mousquet ou la pioche, à monter sur les remparts, à travailler aux fortifications et à laisser les troupes régulières libres de faire des sorties et d'occuper les hauteurs. Deux fois des manifestations populaires essayèrent d'obtenir ce que l'on refusait à cette héroïque cité; deux fois, elles furent éconduites : la garde nationale, organisée avec un art jaloux, ne comprenait guère dans ses cadres que des amis de la préfecture; un grand nombre de citoyens n'obtinrent jamais d'en faire partie, et quand, dans la fièvre d'un patriotisme impatient et alarmé, quelques hommes résolus se rendirent auprès du maire et du général pour réclamer des armes pour tous, on leur répondit qu'on y songerait et l'on déclara, par une affiche solennelle, que « les citoyens *désignés par le maire* seraient appelés à concourir à la défense de la place »[1].....

[1] A. Schnéegans, *La guerre en Alsace — Strasbourg*, p. 57 et s.

CHAPITRE V.

La chasse aux espions. — Les calomnies du baron Pron. — Comment M. de Malartic, secrétaire général de la préfecture, raconte l'histoire. — Proclamation du roi Guillaume à ses armées. — Proclamation du général Uhrich. — L'état de défense et la garnison de la place de Strasbourg. — Les avertissements du colonel Stoffel et du général Ducrot.

L'effet que devaient infailliblement produire sur la population ces procédés de continuelle méfiance ne tarde pas à se manifester. Traités en suspects, les habitants cherchent à découvrir des individus qui puissent réellement justifier ces suspicions. Des gens parfaitement innocents et inoffensifs sont, sur leur mine, sur leur costume, sur un propos qu'ils ont tenu, entourés, injuriés, maltraités par la foule et traînés de force devant l'autorité militaire, à laquelle on remet ces « espions » pour être jugés sur l'heure. Et malheur à celui qui essaye d'intervenir pour une de ces victimes de l'aveuglement populaire. Il est traité d'espion à son tour et conduit au poste avec celui qu'il a voulu défendre. C'est ainsi que Jean Macé, l'auteur de la *Bouchée de pain*, le directeur du pensionnat de Beblenheim, est arrêté un jour parce que, voyant une bande de furieux s'acharner sur un pauvre diable, il avait crié : « Menez-le au poste si vous voulez, mais ne l'assommez pas. » Macé est traité de misérable, d'espion, de Prussien, de traître, et livré à deux soldats qui le conduisent devant le commandant de place, où, comme l'on pense, il n'a pas de peine à se justifier et à recouvrer sa liberté.

Le baron Pron, préfet du Bas-Rhin, a joué un rôle prépondérant dans cette campagne contre les « espions ». Il ne lui a pas suffi de suspecter des individus isolés ; son fanatisme religieux, sa haine des éléments libéraux lui ont fait dénoncer toute une partie de la population strasbourgeoise comme trahissant la patrie.

Dans la correspondance de la famille impériale, trouvée aux Tuileries après le 4 septembre et publiée par une commission que le gouvernement républicain avait spécialement installée, figure en effet cette monstrueuse dépêche :

« *Préfet Bas-Rhin à Impératrice régente.*

« Strasbourg, 9 août 1870, 1 h. 15 m. soir.

« La situation de l'Alsace empire à chaque heure. *Les protestants donnent la main aux Prussiens.* La défense de Strasbourg est impossible avec quelques centaines d'hommes. J'ai fait le sacrifice de ma vie. Je supplie Votre Majesté de nous envoyer des renforts qui rétabliraient la confiance et *détruiraient les menées prussiennes*[1]. »

L'Impératrice répond qu'elle remercie le préfet de sa dépêche. « Je l'ai communiquée, dit-elle, au conseil des ministres; mais je crains qu'il n'y ait rien à faire. »

Comment l'Impératrice n'a-t-elle pas cherché à « faire quelque chose » à tout prix ? C'était pourtant « sa guerre, à elle »…..

L'accusation contre les protestants a figuré plus tard aussi dans un petit livre malsain, publié par M. de Malartic, secrétaire général de la préfecture du Bas-Rhin sous l'administration de M. Pron. Dans cet opuscule sur le *Siège de Strasbourg,* cet ex-fonctionnaire impérial, qui a accepté, après la guerre, une sinécure bien rétribuée des mains du gouvernement de la République, parle surtout de sa personne, des actes d'héroïsme qu'il a accomplis chaque jour, et étale, à chaque page, l'ignorance la plus absolue des choses et des hommes sur lesquels il se permet d'émettre des jugements.

Ignorance doublée de cynisme et d'imbécillité….. Ah! qu'on nous pardonne cette expression qui est déplacée, nous le savons, dans un travail qui prétend à être un document historique, mais nous nous révoltons à relire ces infamies et ces mensonges d'un personnage dont la nullité n'égalait que la vanité et qui n'était en place que parce qu'il savait s'aplatir devant tous les régimes…..

Il raconte, ce M. de Malartic, qu'il traversait des pluies d'obus pour assister à la messe dans la chapelle de l'Évêché, alors que « le quartier Saint-Thomas, l'église Saint-Thomas, le Séminaire protestant, le Consistoire supérieur et la Faculté de théologie protestante ont eu peu à souffrir »….. Or il savait bien que l'effort de l'attaque s'était porté principalement sur le front nord de la place et que l'église catholique de Saint-Louis, située près de l'église Saint-Thomas, et les institutions catholiques de la rue Sainte-Élisabeth, qui est proche, n'ont pas eu à subir plus de dommages que les établissements protestants, parce qu'elles sont, elles aussi, construites vers le front sud…..

---

[1] *Papiers et correspondance de la famille impériale.* Édition collationnée sur le texte de l'Imprimerie nationale, tome I, p. 449.

Tirons encore quelques perles de cet écrin : « Les Grandes-Arcades étaient relativement assez sûres, *malgré quelques blessures reçues sous mes yeux* (! ! !). Elles étaient devenues un lieu de promenade. C'est là que mon ami, le comte de Gondrecourt, conseiller de préfecture, resté dans la ville malgré la cessation de tous les services [1], et moi nous nous rencontrions chaque jour. Vers 5 heures je rentrais à la Préfecture..... La cage d'escalier servait de salle à manger..... Nos commensaux étaient l'amiral Excelmans, le commandant Du Petit-Thouars, M. Belu (directeur d'artillerie), Mme et Mlles Belu, le chef du cabinet de M. Pron, M. Charles Mehl..... Les dîners, tristes au début, ne laissaient pas de s'égayer à la fin, et *on y faisait même des calembours* [2] »......

Tout l'Empire est là..... Par suite de la criminelle impéritie du gouvernement impérial, Strasbourg était criblé d'obus; ses habitants étaient fauchés par la mitraille, et pendant ce temps la préfecture faisait des calembours !

Autre infamie à l'adresse des protestants..... Les troupes font une sortie sous le commandement du capitaine Du Petit-Thouars et ramènent quelques prisonniers, dont le lieutenant Bruno de Versen, blessé. « A peine dans la ville, écrit M. de Malartic, il fut presque enlevé et transporté successivement dans plusieurs ambulances protestantes. On retrouva cependant sa trace; il fut repris et transporté à l'hôpital militaire, *où il n'était pas à craindre qu'il pût nouer des intelligences*..... Le général de Werder envoie des saufs-conduits demandés directement par des ministres *protestants* pour des dames de la ville [3] »..... C'est révoltant.

Encore les prétendus ménagements dont le quartier Saint-Thomas était l'objet : « .....Ce qui est positif, c'est que l'ennemi était toujours averti de ce qui était préparé du côté de la défense, et nos sorties n'ont pas réussi pour cette raison (!). *On lui faisait même des signaux pour rectifier son tir.* Tout un quartier, celui de Saint-Thomas, a été épargné dans le bombardement, non sans provoquer des commentaires »......

Nous lisons encore, sous la signature de ce même M. de Malartic, qu'après la proclamation de la République dans la ville assiégée, M. Humann, maire démissionnaire, est remplacé par le docteur Küss, professeur à la Faculté de médecine, « homme d'opinions avancées, *mais honnête* » (! ! !).

Plus loin, ce fonctionnaire d'opinions arriérées, mais malhonnête, constate qu'on lui a plusieurs fois demandé sa démission, mais qu'il l'a refusée par dévoue-

---

[1] Quel dévouement pour un fonctionnaire que de rester à son poste à l'heure du danger !
[2] *Le siège de Strasbourg pendant la campagne de 1870*, par M. de Malartic, préfet de la Haute-Loire, p. 100.
[3] Même ouvrage, p. 104.

ment patriotique. « Il voulait tenir à son poste jusqu'au bout » et à son traitement aussi.

La Commission municipale décerne au général Uhrich le titre de citoyen de Strasbourg, et M. de Malartic trouve que le général « *se laisse aller à trop d'effusion* en disant que c'est le plus grand honneur qu'il ait reçu dans sa longue carrière »......

En fidèle narrateur, il nous apprend que « la masse des décombres brûlants amoncelés sur les voûtes y dégageait de la chaleur et que ce *phénomène* s'est produit dans toutes les maisons incendiées »..... Puis c'est lui qui est partout, qui assiste à l'explosion de toutes les bombes, qui court aux postes les plus dangereux, qui est l'âme de la défense et de l'administration, qui sauve la Banque de France, qui subit les mauvais traitements des assiégeants entrant en ville : on le retient prisonnier, on le force à laver sa vaisselle (!), à balayer sa chambre (!!) et on le soupçonne de vouloir s'échapper par le tuyau des cabinets d'aisances, dont les soldats allemands ignorent l'usage (!!!)..... Pendant dix jours il est condamné à ne manger que des pâtés de foie gras, puis il attrape des rhumatismes parce que les carreaux de ses fenêtres sont brisés. Et il reçoit les longues confidences des officiers et de la landwehr (plus haut il a déclaré ne pas savoir un mot d'allemand) et finalement il quitte la place, quand il n'y a plus un service à rendre, ni un acte de dévouement à accomplir.....

Voilà ce que M. de Malartic appelle nous raconter l'histoire du siège de Strasbourg en 1870.

Si nous avons, trop longuement peut-être, insisté sur son petit livre, qui contient au moins autant de mauvaises actions que de pages, c'est pour démontrer qu'au point de vue administratif le gouvernement impérial nous avait traités avec la même désinvolture qu'au point de vue militaire. C'était donner un soufflet à nos populations intelligentes et libérales que de leur envoyer comme fonctionnaires supérieurs des pitres de ce genre, et aujourd'hui, après vingt-cinq ans écoulés, alors pourtant que les ardeurs de la jeunesse sont tombées, nous sentons encore l'écœurement qui nous a saisis, à Strasbourg, quand M. de Malartic a eu le triste courage de mettre son pamphlet-boniment en circulation.

Après la guerre il a été nommé préfet de la Haute-Loire (sans doute « pour services rendus »), puis on lui a donné la direction d'un asile ou d'une institution quelconque de l'État, et aujourd'hui, s'il est encore de ce monde, il est pensionné par l'« odieux » gouvernement de la République française.

Un sous-ordre du baron Pron et du comte de Malartic, le commissaire central

Aymard, le type du policier impérial, que nous verrons flétrir plus tard par la Commission municipale et révoqué de son poste, avec défense d'exercer aucune fonction publique à Strasbourg, a été attaché, après la guerre, à l'état-major de la place de Paris et décoré de la Légion d'honneur « pour services rendus pendant le siège de Strasbourg ».

Le 9 août. Le roi Guillaume a lancé à ses troupes une proclamation dont un journal allemand, introduit en ville, nous apporte le texte :

PROCLAMATION DU ROI GUILLAUME AUX ARMÉES ALLEMANDES.

« Hombourg, 8 août 1870.

« Soldats !

« La poursuite de l'ennemi, repoussé après de sanglantes rencontres, a déjà conduit une grande partie de notre armée au delà de la frontière. Aujourd'hui et demain plusieurs corps fouleront le sol français. Je compte que vous saurez conserver tout particulièrement sur le territoire ennemi cette discipline qui vous a distingués jusqu'ici.

« Nous ne faisons pas la guerre aux habitants paisibles; il est, au contraire, du devoir de tout bon soldat de protéger les propriétés privées et de ne pas souffrir que des actes d'indiscipline, même isolés, viennent ternir la réputation de nos troupes.

« J'ai confiance dans le bon esprit qui anime l'armée, comme aussi dans la prudence et la sévérité des chefs.

« Signé : GUILLAUME. »

« Nous ne faisons pas la guerre aux habitants paisibles », dit la proclamation. Il est évident que les généraux commandant les troupes qui ont assiégé Strasbourg n'ont pas lu ce passage du document royal.

Le 10 août. Nous avons vu que ni l'autorité militaire ni l'administration civile n'avaient fait de communication aux habitants sur la sommation qui avait été apportée au commandant de place par le major badois d'Amerungen et que, faute d'être renseignée exactement, la population ne s'était inquiétée que plus vivement de cet incident. C'est évidemment pour répondre à cette espèce d'effervescence que le général Uhrich a fait afficher, dans la matinée du 10 août, la proclamation suivante :

« AUX HABITANTS DE STRASBOURG !

« Des bruits inquiétants, des paniques ont été répandus ces jours derniers, involontairement ou à dessein, dans notre brave cité. Quelques individus ont osé manifester la pensée que la place se rendrait sans coup férir.

« Nous protestons énergiquement, au nom de la population courageuse et française, contre ces défaillances lâches et criminelles.

« Les remparts sont armés de 400 canons. La garnison est composée de 11,000 hommes, sans compter la garde nationale sédentaire.

« Si Strasbourg est attaqué, Strasbourg se défendra tant qu'il restera un soldat, un biscuit, une cartouche.

« Les bons peuvent se rassurer ; quant aux autres, ils n'ont qu'à s'éloigner.

« Strasbourg, le 10 août 1870.

« Le général de division, commandant supérieur,
« UHRICH.

« Le préfet du Bas-Rhin,
« baron PRON. »

Cette proclamation, qui, par son énergie et sa concision militaires, aurait pu rassurer les esprits, empruntait à sa dernière phrase et au fait qu'elle était également signée par le baron Pron, un caractère politique qui ne pouvait qu'en contrebalancer les effets salutaires. Qu'est-ce qu'on entendait par les « bons » et par les « autres » ?..... Pourquoi cette classification dans une cité dont tous les habitants étaient unis dans une même pensée patriotique ? De quel droit un préfet décernait-il un brevet de civisme aux uns — à ceux qu'il savait dévoués à l'Empire — et infligeait-il une sorte de flétrissure aux « autres » — à ceux qui n'avaient pas voulu se rallier à l'homme du 2 Décembre ?..... Le général Uhrich n'avait pas compris la perfidie qu'on lui faisait commettre ; autrement il n'y aurait jamais apposé son nom.

D'un autre côté, il ne parlait certes pas avec beaucoup de conviction quand il nous montrait les remparts garnis de 400 canons et la garnison composée de 11,000 hommes. Il savait ce que valaient tous ces canons et la plupart de ces hommes, et la population le savait aussi bien que lui.

C'est ici le lieu de constater l'état de défense dans lequel se trouvait la place forte qui devait recevoir le premier choc des armées allemandes et dont le sort était si étroitement lié au résultat final d'une guerre franco-allemande.

Dans ses *Documents relatifs au siège de Strasbourg*, le général Uhrich dit qu'au moment de son arrivée à Strasbourg (le 21 juillet) la ville n'avait pas même sur ses remparts l'armement de sûreté, bien qu'elle fût place de premier ordre et de première ligne.

« 240 à 250 bouches à feu de quatorze calibres différents, dit-il, depuis l'obusier de montagne, assez inutile dans un siège, si ce n'est au moment de l'assaut, jusqu'à la pièce de 24, composaient avec quelques mortiers, en petit nombre, le matériel de défense[1]. Beaucoup de ces bouches à feu n'étaient pas en batterie. Je m'empressai de donner des ordres pour l'armement.

« Le personnel consistait en : *Troupes d'infanterie :* quatre dépôts réduits aux ouvriers, deux des 18ᵉ et 96ᵉ de ligne, deux des 10ᵉ et 16ᵉ bataillons de chasseurs.

« *Artillerie :* une partie du 16ᵉ régiment de cette arme (pontonniers) qui avait ordre de se tenir prête à partir, ordre que la bataille du 6 ne lui permit pas de recevoir ; deux faibles dépôts des 5ᵉ et 20ᵉ régiments.

« *Génie :* huit soldats avec un pareil nombre de sous officiers, plus cinq officiers dont le directeur des fortifications ; absolument comme en pleine paix.

« Je donnai des ordres pour mettre la place en état de résister, mais le refus de m'autoriser à dégager la zone de défense fut un grand obstacle pour moi[2]. Dans les hautes sphères on ne semblait pas comprendre le rôle important qui pouvait incomber à Strasbourg d'un instant à l'autre. Il est évident qu'on n'admettait pas que les Allemands pussent venir nous attaquer chez nous. Un plan n'avait-il pas été combiné ? Ne devait-on pas passer le Rhin le 8 août, séparer les forces de la Confédération en deux parties et les battre l'une après l'autre[3]. »

Lorsque le maréchal de Mac-Mahon quitta Strasbourg, il fit appeler le général Uhrich et lui dit que son intention avait été de lui laisser une brigade d'infanterie, mais que, couvrant Strasbourg avec le 1ᵉʳ corps, il ne lui laisserait qu'un régiment, le 87ᵉ (colonel Blot). « Du 6 au 9, un détachement du 74ᵉ, un du 78ᵉ de ligne entrèrent dans la place. Ils y furent maintenus, ne pouvant pas rejoindre leurs régiments. Un bataillon du 21ᵉ de ligne, laissé à Haguenau pour protéger la gare du chemin de fer, coupé du 1ᵉʳ corps, se réfugia également à Strasbourg.

« Toutes ces troupes, y compris la garde mobile, 3000 gardes nationaux

---

[1] Nous voici loin des 400 canons de la proclamation.

[2] En prenant le commandement de la 6ᵉ division territoriale, le général avait écrit au ministre de la guerre qu'il allait s'occuper immédiatement de faire raser les constructions et les plantations nombreuses comprises dans la zone de servitude militaire de la place. Le ministre lui répondit qu'il lui défendait de rien faire abattre, si ce n'était à la dernière extrémité et après s'être entendu avec les autorités civiles.

[3] *Documents relatifs au siège de Strasbourg*, publiés par le général Uhrich, p. 6 et s.

sédentaires, me fournirent une force de quinze mille hommes, dont dix à onze mille combattants réels[1]. »

Cette évaluation des forces dont il disposait nous paraît avoir été faite un peu hâtivement et superficiellement par le général Uhrich. Il oublie même d'y mentionner les marins que le hasard avait retenus à Strasbourg et les réfugiés de Frœschwiller, qui étaient certainement compris dans l'effectif de quinze mille hommes qu'il indique. Du reste, on n'a jamais fait avec exactitude le relevé des troupes de la défense de Strasbourg. Tous les services étaient désorganisés au moment de l'investissement et ni les chefs de corps ni l'intendance n'ont songé à dresser minutieusement la liste des soldats que la débandade du 6 août et d'autres circonstances ont jetés fortuitement dans nos murs. On en dressait un relevé sommaire et l'intendance pourvoyait en bloc, sommairement aussi, à leur alimentation.

Dans son *Histoire du siège de Strasbourg*, le commandant d'état-major du génie Reinhold Wagner[2] donne, il est vrai, un tableau détaillé de la garnison de Strasbourg au moment de l'investissement et pendant le siège, et il arrive, pour le 11 août, à un total de 502 officiers, de 16,924 hommes valides et de 1880 chevaux[3], pour le 23 août, au début du bombardement régulier (après la création de la garde nationale, la création de l'artillerie de la garde nationale, la création des corps francs, l'entrée en ville de quelques soldats et officiers isolés, etc.), à un total de 638 officiers, de 21,984 hommes et 2253 chevaux. Mais ces chiffres ne se basent en général que sur des données incertaines, sur l'*Annuaire militaire de 1870*, qui indiquait bien ce que l'effectif devait être, mais non ce qu'il était, et sur les quelques recherches que le capitaine a pu faire dans les archives de la place après la reddition. Ils ne nous donnent en aucun cas une précision ou une certitude, et, tout compte fait, on se rapprochera de très près de la vérité, en disant que l'armée assiégée, mal équipée et mal armée, a eu à se défendre contre des troupes d'élite cinq fois plus nombreuses, pourvues d'un armement de la dernière perfection.

La veille, c'est-à-dire le 9 août, le conseil de défense a partagé la place en quatre arrondissements de défense : 1er arrondissement, la citadelle, général

---

[1] *Documents relatifs au siège de Strasbourg*, publiés par le général Uhrich, p. 8.
[2] *Geschichte der Belagerung von Strassburg im Jahre 1870* von Reinhold Wagner, Major im Stabe des Ingenieur-Corps. C'est l'ouvrage le plus complet qui ait paru sur le siège de Strasbourg.
[3] 50 officiers d'état-major; gendarmerie, 5 officiers, 111 hommes et 63 chevaux; infanterie, 294 officiers, 11,318 hommes et 45 chevaux; cavalerie, 20 officiers, 770 hommes et 512 chevaux; artillerie, 102 officiers, 4115 hommes et 1118 chevaux; génie, 30 hommes; administration, 31 officiers, 578 hommes et 142 chevaux.

Moreno; 2°, général Joly-Frignola, au Sud ; 3°, colonel Blot, du 87°, à l'Ouest ; 4°, contre-amiral Excelmans, au Nord. Le général d'artillerie Joly-Frignola ayant reçu l'ordre de rejoindre l'armée et ayant quitté Strasbourg, est remplacé par le colonel Petitpied, du 20° d'artillerie.

Le conseil a décidé, dans cette même séance, la formation, par M. de Serlay, chef d'escadron au 2° lanciers, arrivant de Frœschwiller, d'un régiment de marche de cavalerie de 408 chevaux et de 594 cavaliers, échappés également de cette bataille, et la formation, par M. Rollet, lieutenant-colonel au 47° de ligne, d'un régiment de marche formé par les isolés de l'infanterie, alors au nombre de 1004 hommes. M. Rollet avait été blessé le 6 août.

Toute cette organisation, on le voit, ne constituait pas des moyens de défense sérieux. C'étaient des expédients, des pis-aller, mais rien de plus.

Écoutons le jugement d'un homme du métier, d'un officier autrichien, le capitaine Brunner (qui avait été autorisé à suivre les opérations de l'armée assiégeante), sur l'état dans lequel le ministère de la guerre avait laissé la place de Strasbourg :

« Quand éclata cette guerre qui couronna les actes de frivolité du gouvernement français, la forteresse de Strasbourg présentait le tableau de la paix la plus profonde. Le 6 août, jour de la bataille de Wœrth, Strasbourg n'était pas armé, les arbres des glacis étaient debout et l'on commençait seulement à remplir les fossés d'eau.....

« Puisqu'il est admis qu'il faut au moins quatre semaines pour mettre une forteresse en état de défense, il eût fallu employer le mieux possible le temps qu'on avait et l'on aurait dû s'occuper d'autant plus de préparer la défense de Strasbourg que cette ville, qui a une immense importance stratégique et politique, ne se trouvait plus depuis longtemps dans les conditions nécessaires.

« Les fortifications de cette ville de 80,000 habitants avaient été construites d'après le système bastionné du célèbre ingénieur Daniel Speckle[1] et complétées par Vauban, qui les augmenta de la citadelle[2].....

« Les fortifications sont restées jusqu'à ce jour ce qu'elles étaient autrefois ; on n'y a ajouté qu'un ouvrage : la lunette 44. Depuis l'introduction de l'artillerie rayée, rien, absolument rien, n'a été fait pour augmenter la force défensive de la place.

« Lorsqu'une forteresse est en même temps une ville industrielle et populeuse,

---

[1] Vers la fin du 16° siècle.
[2] Vers la fin du 17° siècle.

il est indispensable de l'entourer de forts détachés qui la protègent contre un bombardement.....

« Lorsqu'on a construit les remparts tels qu'ils sont encore aujourd'hui, on ne connaissait ni les shrapnels, ni l'emploi exclusif des projectiles..... Il n'y avait à Strasbourg ni casemates, ni abris blindés.

« Comme dans toutes les fortifications de cette époque, l'ingénieur avait mis toute sa science à multiplier les ouvrages de défense; on est frappé du nombre de ces ouvrages, placés les uns derrière les autres, ainsi que de l'emploi considérable de l'eau comme moyen d'empêcher les approches de l'ennemi.

« Employée avec habileté, l'eau, il est vrai, réduisait à néant la science du sapeur-mineur, et l'on pouvait, d'après l'ancien système, dire que la forteresse était imprenable. Malgré des attaques réitérées, elle n'avait jamais été prise..... Mais les choses ont bien changé. Les pièces rayées portent au delà des inondations, et bien des endroits, qui autrefois n'avaient pas à redouter un feu croisé, sont maintenant atteints. Les hauteurs du côté nord-est, qui autrefois avaient été regardées comme non dangereuses, sont devenues maintenant des points dominants qui gênent les ouvrages de la place, de même que les plantations et constructions qu'on avait laissé s'élever aux entours de la ville cachaient aux yeux et au canon de l'assiégé une grande partie du terrain occupé par l'assiégeant.

« Qu'a-t-on fait pour remédier à l'état d'insuffisance de ces vieilles fortifications, lorsque le nouveau système d'artillerie a été introduit? Une éventualité était à prévoir : un siège. Y a-t-on songé? Non, rien n'a été fait..... Tout manquait..... Quel sujet de réflexion pour un gouvernement, pour un ministère, et combien, s'ils ont quelque peu le sentiment de l'honneur et de la patrie, ils doivent se dire qu'ils ont été coupables d'avoir ainsi fermé les yeux à l'évidence[1]. »

Plus loin, le capitaine Brunner relève dans son ouvrage le fait que la garnison de Strasbourg, malgré son infériorité, a tout de même rendu le service à la France d'immobiliser pendant des semaines toute une armée allemande. Il signale ensuite l'insuffisance numérique des officiers et soldats du génie; il y avait une poignée d'officiers, et il en eût fallu au moins trente; d'après les règlements militaires, la garnison comportait, en temps de guerre, cent mineurs et quatre cents sapeurs du génie. Or, le matin du 6 août il n'y en avait pas un seul dans la place!

Le capitaine Reinhold Wagner, que nous avons déjà cité, constate qu'aucun préparatif sérieux pour la défense de la forteresse n'a été fait, même à l'approche

---

[1] *Die Vertheidigung von Strassburg im Jahre 1870*, von Moritz Brunner, Hauptmann im k. k. Genie-Stabe.

des hostilités. On se borna à réparer les serrures des portes de la ville et les chaînes des ponts-levis, et l'on abandonna même la construction d'une redoute dans l'angle formé par le canal de l'Ill au Rhin et le petit Rhin, ordonnée dès le 16 juillet par le général Ducrot. Il en fut de même de l'armement des remparts, dont on avait fait semblant de s'occuper d'abord. A partir du 13 juillet, 150 hommes d'infanterie, trois jours par semaine, et à partir du 16 juillet, chaque jour, 250 hommes d'infanterie devaient se rendre à l'arsenal pour y contribuer au travail d'armement. Mais les régiments qui avaient fourni ces hommes furent précisément ceux qui quittèrent la ville en premier lieu, et les soldats qui restèrent alors disponibles furent occupés à confectionner des munitions pour les troupes de campagne.

Et quelles étaient les forces assiégeantes contre lesquelles Strasbourg, ainsi armé et équipé, allait avoir à lutter?

1° Une division de campagne badoise, qui commença l'investissement (commandant, le général de Beyer, remplacé plus tard par le général de la Roche), et qui se composait de 16 bataillons à 900 hommes, 12 escadrons à 150 hommes, 9 batteries à 150 hommes, un détachement sanitaire de 300 hommes, une colonne détachée de 1000 hommes, un détachement de train de 625 hommes; au total 19,475 hommes.

2° Une division de la landwehr de la garde prussienne (commandant, le général Lœn), composée de 12 bataillons à 800 hommes, 4 escadrons à 150 hommes, 3 batteries à 150 hommes; au total 10,650 hommes.

3° La première division de réserve prussienne (commandant, le général Treskow), composée de 6 bataillons à 1000 hommes, 12 bataillons de landwehr à 800 hommes, 8 escadrons à 150 hommes, 6 batteries à 150 hommes; au total 17,700 hommes.

4° Artillerie de siège: 33 compagnies (prussiennes, wurtembergeoises, bavaroises) de 200 hommes; au total 6600 hommes.

5° Pionniers: 12 compagnies prussiennes à 200 hommes, 2 compagnies badoises à 150 hommes, une compagnie bavaroise à 200 hommes; au total 2900 hommes.

6° Troupes détachées à Kehl: $1^{1}/_{2}$ bataillon de 1400 hommes, $^{1}/_{2}$ escadron de 50 hommes, 1 compagnie d'artillerie de forteresse avec batterie attelée, à 130 hommes, 3 compagnies d'artillerie de forteresse d'un effectif de 740 hommes, au total 2320 hommes.

L'armée assiégeante disposait donc de 59,745, en chiffres ronds, de 60,000 hommes. Le commandant en chef de cette armée était le lieutenant-général prussien de Werder; le général-major de Mertens était commandant en chef du génie, le lieutenant-général de Decker commandant en chef de l'artillerie.

241 pièces de siège, dont 44 badoises, furent successivement mises en batterie : 30 canons longs, rayés, de 24; 12 canons courts, rayés, de 24; 64 pièces rayées de 12; 20 pièces rayées de 6; 2 mortiers rayés mesurant 21 centimètres; 19 mortiers lisses de 50; 20 mortiers lisses de 25; 30 mortiers lisses de 30. Pour le bombardement de la citadelle, les Badois employèrent 4 mortiers lisses de 25, 8 mortiers lisses de 60, 16 pièces rayées de 12, 16 pièces rayées de 24.

« Le général qui commandait le siège était un homme de petite taille, sec, maigre. Sa colère était formidable, et en vérité il semblait qu'il n'en sortît pas souvent. Son œil s'allumait alors d'un feu intense; son geste saccadé menaçait; sa parole s'élevait stridente..... Il s'apaisait, dit-on, aussi vite qu'il s'irritait, et ceux qui l'avaient vu de plus près assuraient que sa réputation de férocité était singulièrement exagérée. Quoi qu'il en soit, Strasbourg n'a vu et connu que les côtés hérissés de cet homme de guerre[1]..... »

Le général de Werder.

Tels étaient les éléments auxquels les maigres troupes et la pauvre artillerie du général Uhrich devaient résister.

Et pourquoi le gouvernement impérial avait-il laissé la place de Strasbourg dans un si triste état de défense? Ignorait-il la véritable situation, avait-il été trompé, sa vigilance avait-elle été endormie par de faux rapports? Les généraux commandant à Strasbourg ne se rendaient-ils pas compte de l'insuffisance de nos remparts contre la nouvelle artillerie? N'avaient-ils pas suivi les préparatifs sûrs, méthodiques, incessants qui se faisaient en Allemagne et qui ont permis au roi Guillaume de jeter en quelques jours des corps d'armée entiers sur le territoire français?.....

Non, ce n'est point par ignorance qu'on a péché. Les avertissements sages et pressants n'ont pas fait défaut; les prophètes n'ont pas manqué. Mais on se refusait à écouter les uns et les autres. Et d'abord, on avait battu les Russes en

---

[1] A. Schnéegans, La guerre en Alsace — Strasbourg, p. 79.

Crimée et les Autrichiens en Italie ; donc, logiquement, on battrait les Allemands quand le jour serait venu. Ensuite on se souciait bien de Strasbourg et de la défense du pays..... Les fêtes des Tuileries et de Compiègne absorbaient les officiers beaucoup plus que le nouvel armement prussien ; on avançait plus vite et l'on était promu plus facilement dans la Légion d'honneur en s'occupant des petits plaisirs de l'Empereur et de l'Impératrice qu'en organisant la défense nationale ; et, d'un autre côté, les progrès chaque jour plus rapides de l'opposition, les protestations du pays, chaque jour plus vives, contre le régime impérial, attiraient l'attention du gouvernement beaucoup plus que ces fastidieuses questions d'approvisionnement, de mobilisation et de canon se chargeant par la bouche ou par la culasse.

Il y a deux témoins surtout dont les dépositions seront un éternel stigmate pour Napoléon III et pour ses ministres : ce sont le colonel baron Stoffel, attaché militaire de l'ambassade de France en Prusse, avant 1870, et le général Ducrot, qui, l'un, dans ses *Rapports militaires écrits de Berlin* et l'autre, dans sa *Correspondance*, pieusement publiée par ses enfants, ont prodigué à l'empereur et à ses généraux les avis et les conseils, ont signalé, avec une patriotique angoisse le travail opiniâtre des états-majors allemands et ont courageusement désigné les défauts de l'organisation militaire française, qui, si l'on n'y portait remède, devaient infailliblement amener une catastrophe.

Le colonel Stoffel, qui avait étudié l'armée prussienne de très près, — il était au quartier général du prince Frédéric-Charles, à Prague, pendant la guerre de Bohême, en 1866[1] — a envoyé à son gouvernement des rapports précis et détaillés sur l'organisation de l'armée prussienne, sur les avantages du service militaire obligatoire et général, sur l'instruction obligatoire qui fournit à l'armée des jeunes gens tout disciplinés à l'avance, façonnés, étant encore enfants, à l'obéissance, au respect de l'autorité et à la fidélité au devoir, sur l'instruction solide des officiers prussiens, sur leur goût pour le métier, sur leur avidité à connaître les progrès et les perfectionnements qui s'opèrent dans les armées étrangères.

Il a montré la supériorité du système de tir de l'infanterie prussienne, qui reçoit l'attaque de l'ennemi par des feux d'ensemble, suivis aussitôt de feux à

---

[1] Vers la fin de juillet 1866, l'Empereur envoya en Bohême le baron Stoffel, son officier d'ordonnance, avec mission d'y suivre les événements de la guerre et de revenir lui en rendre compte. Le ministre ayant jugé nécessaire de donner à cet officier, pour accomplir plus facilement sa mission, le titre d'attaché militaire, M. Stoffel reçut plus tard l'ordre de rester en cette qualité à Berlin, où il a séjourné quatre ans, jusqu'au 19 juillet 1870.

volonté ou feu rapide, par lesquels ils ont repoussé et décimé en quelques minutes, dans cette guerre de Bohême, des régiments de cavalerie autrichienne tout entiers, avant que ceux-ci aient seulement pu tenter un mouvement sérieux.

Il a signalé les avantages de la landwehr et ceux d'un chef d'état-major permanent, inamovible, dirigeant lui-même les études d'une académie ou d'une école de guerre, apprenant ainsi à connaître le mérite et les aptitudes de tous les officiers qui entrent à l'état-major, et donnant personnellement les indications pour la répartition de ces officiers dans les divisions et les corps d'armée.

« Le grand état-major de Berlin est parfaitement organisé pour faciliter l'instruction des officiers, écrivait le colonel Stoffel dans son rapport du 8 septembre 1866, sur la guerre de Bohême. On y trouve réuni tous les documents propres à faire connaître les différentes armées européennes et les pays qui pourraient devenir le théâtre d'une guerre.

« Tous les livres et journaux militaires, les brochures, publications, cartes, plans, etc., qui paraissent en Europe y sont rassemblés et classés. Il possède surtout les travaux les plus complets sur les pays limitrophes de la Prusse. Pour les contrées étrangères qui bordent les frontières prussiennes, les travaux sont encore plus détaillés. C'est un recueil des reconnaissances les plus minutieuses, faisant connaître les ressources du pays, sa topographie, les routes, les villes, les villages, leur population, leurs revenus, les cours d'eau, leur région, leur profondeur, leur largeur, les points de passage, etc.

« Je doute, ajoutait le colonel Stoffel, que nous ayons rien d'aussi complet au dépôt de la guerre. Que demain, par exemple, une armée française ait à envahir le Palatinat : combien y a-t-il d'officiers français capables de fournir les indications si importantes qui constituent le but des reconnaissances militaires ? Aucun, sans doute, car ces documents nous manquent pour les études à faire en temps de paix, ou bien ceux que nous possédons sont insuffisants. L'état-major prussien, au contraire, réunit et possède toutes les données qui se rapportent aux pays avoisinants la Prusse, et journellement il les complète en y ajoutant les routes, les chemins de fer, ou d'autres travaux d'exécution récente. Aussi n'ai-je pas été surpris de voir que bon nombre d'officiers d'état-major prussiens connaissent notre frontière nord-est mieux qu'aucun officier français et que d'autres connaissent les frontières de Bohême aussi bien, sans doute, que les officiers autrichiens eux-mêmes[1]. »

---

[1] Le colonel baron Stoffel, ancien attaché militaire de France, *Rapports militaires écrits de Berlin, 1866-1870*, p. 41 et s.

Dans un autre rapport, le colonel Stoffel signale la facilité avec laquelle l'organisation militaire de la Prusse permet de créer certains services spéciaux, tels que compagnies de chemins de fer, compagnies de brancardiers, compagnies de télégraphistes, et il relève, dans ce même rapport, la supériorité du matériel d'artillerie de campagne prussien sur le matériel français comme justesse, portée et rapidité de tir [1].

Dans son rapport du 8 mai 1868 [2], il rappelle que les États de l'Allemagne du Sud se sont engagés, par des traités formels, conclus en 1866, à mettre, en cas de guerre, selon les éventualités, leurs forces militaires à la disposition du roi de Prusse, — et en juillet 1870 le gouvernement de Napoléon III était encore convaincu qu'il ne se trouverait en présence que de l'armée prussienne ! — et donne le tableau exact de ces forces.

Dans son rapport du 12 août 1869, en réponse à une question de l'Empereur, le colonel Stoffel établit les points suivants :

1° La guerre est inévitable et *à la merci d'un incident ;*

2° La Prusse n'a pas l'intention d'attaquer la France, elle ne désire nullement la guerre, et elle fera tout son possible pour l'éviter [3] ;

3° Mais la Prusse est assez clairvoyante pour reconnaître que la guerre, qu'elle ne désire pas, éclatera infailliblement, et elle fait tous ses efforts pour ne pas être prise au dépourvu le jour où l'incident fatal se produira ;

4° La France, par insouciance, par légèreté et surtout par ignorance de la situation, n'a pas la même clairvoyance que la Prusse.

Après avoir posé carrément ces quatre points et après avoir expliqué que la guerre est inévitable à cause de la haine et de l'envie que la Prusse nourrit à l'égard de la France, à cause des rancunes prussiennes qui couvent depuis la bataille d'Iéna, à cause du rôle que la France avait joué en 1866, en empêchant la Prusse de dicter ses conditions de paix dans la capitale même de l'Autriche, à cause enfin de sa prétention à se mêler sans cesse des affaires des pays étrangers, le colonel Stoffel conclut en ces termes :

« Il faut nous le tenir pour dit : nous ne surprendrons pas la Prusse. Son organisation militaire, qui lui permet de concentrer sur nos frontières, en 20 ou 25 jours, plusieurs armées de 100,000 hommes chacune ; la vigilance du gouvernement qui préside à ses destinées ; sa croyance dans la probabilité d'une lutte

---

[1] Colonel baron Stoffel, *Rapports militaires*, p. 107 et s.
[2] *Ibid*, p. 137 et s.
[3] La Prusse a tout au moins su se donner l'apparence de vouloir l'éviter et a réussi à se faire provoquer.

suprême avec la France, sont autant de raisons pour que nous la trouvions toute préparée à l'heure où éclatera le fatal conflit[1]..... »

Toutes les indications du colonel Stoffel se sont vérifiées avec une précision extraordinaire ; toutes ses prophéties se sont réalisées avec une exactitude étonnante. Ses rapports, qui étaient l'œuvre d'un officier de haute valeur et d'un sage patriote, ont-ils seulement été lus par Napoléon III et par ses généraux ? Il est permis d'en douter. Et s'ils ont été lus, on n'en a tenu aucun compte, de même que l'on a passé outre, ainsi que nous allons le voir, aux avertissements, aux cris d'alarme du général Ducrot qui avait pris la peine d'appeler l'attention spéciale du gouvernement sur la situation qui serait faite à l'Alsace et à Strasbourg, dans le cas d'une guerre franco allemande.

Nommé au commandement de la 6ᵉ division militaire, dont le siège était à Strasbourg, le 25 septembre 1865, le général Ducrot se mit aussitôt à étudier, dans l'histoire et sur la carte, la région dont il avait la garde et fit exécuter des reconnaissances sur les deux rives du Rhin, sans se dispenser d'aller lui-même visiter Mayence, Germersheim, Rastatt et d'autres places fortes voisines des frontières. Observateur sagace et profond, il rendait fidèlement compte au gouvernement de ce qu'il avait vu et des dangers qui menaçaient la France, mais — le croirait-on ? — l'Empereur et son entourage ne répondaient aux efforts de son zèle patriotique que par une complète indifférence ou par des railleries.

« L'Empereur étant à Strasbourg, le général le mena sur les hauteurs de Schiltigheim et au Wacken, et lui montra les emplacements d'où les Prussiens pourraient foudroyer la ville..... Quelle note fausse dans le concert optimiste qui était de rigueur autour de Sa Majesté ! « On n'est pas plus maladroit », se disaient entre eux les courtisans en souriant.

« On cherchait à le tourner en ridicule à la table même du souverain. Comme un voisin lui faisait observer qu'il oubliait de boire : « Auriez-vous trouvé des Prussiens jusque dans votre verre ? » lui demanda un convive au milieu des éclats de rire.....

« Tandis qu'il était tout entier à l'exécution de son devoir de commandant d'un poste d'avant-garde, de petits complots se tramaient à Paris pour le lui enlever. Tantôt on feignait de croire lui être agréable en le nommant à Bourges ;

---

[1] Colonel baron Stoffel, *Rapports militaires*, p. 315.

tantôt on parlait de lui donner une division de la garde..... Ce qu'on voulait, c'était qu'il quittât Strasbourg et qu'il cessât ses lugubres prédictions.

« Cette lutte ingrate, entreprise pour faire entendre la vérité, fut pour le

Le général Ducrot (en novembre 1870).

général Ducrot une épreuve des plus douloureuses. Il la continua cependant sans la moindre faiblesse[1]..... »

Écrivant au général Trochu, qui venait de publier un mémoire sur l'organisation de l'armée, dans lequel il disait de dures vérités, dont l'Empereur se montra

---

[1] *La vie militaire du général Ducrot d'après sa correspondance (1859-1871) publiée par ses enfants.* Librairie Plon, à Paris, tome second, p. 122 et s. — Le portrait ci-dessus est emprunté à cet ouvrage, avec l'autorisation de la famille et des éditeurs.

fort contrarié, le général Ducrot s'exprimait, le 5 décembre 1866, en ces termes :
« Puisque tu es en train de faire entendre de bonnes vérités aux illustres personnages qui t'entourent, ajoute donc ceci : « Pendant que nous délibérons pompeusement et longuement sur ce qu'il convient de faire pour avoir une armée, la Prusse se propose tout simplement et très activement d'envahir notre territoire. Elle sera en mesure de mettre en ligne six cent mille hommes et douze cents bouches à feu, avant que nous ayons songé à organiser les cadres indispensables pour mettre en ligne trois cent mille hommes et six cents bouches à feu.

« De l'autre côté du Rhin, il n'est pas un Allemand qui ne croie à la guerre dans un avenir prochain. Les plus pacifiques, qui, par leurs relations de famille ou leur intérêt, sont plus Français, considèrent la lutte comme inévitable et ne comprennent rien à notre inactivité. Comme il faut chercher une cause à tout, ils prétendent que notre empereur est tombé en enfance[1]. »

Dans une lettre au général Faure, datée du 26 février 1867, le général Ducrot pousse le même cri d'alarme : « Pendant que nous délibérons et discutaillons, nos bons voisins les Allemands se préparent avec une ardeur fébrile ; dès aujourd'hui ils sont en mesure de mettre en ligne huit cent mille hommes et douze cents bouches à feu[2]. »

Mais arrivons à la partie de la correspondance du général qui a directement trait à l'Alsace et à Strasbourg. Voici tout d'abord une note sur la défense de notre place qu'il a adressée, en avril 1867, au général Frossard :

« Pour investir la place de Strasbourg et tenter quelque chose de sérieux contre, il faut au moins cent mille hommes[3].

« Or, au début des hostilités, l'ennemi ne peut songer à une pareille entreprise ; tout ce qu'il peut faire, c'est de détacher un ou deux corps, c'est-à-dire trente à cinquante mille hommes, pour resserrer la garnison dans ses ouvrages, s'emparer de tous les riches villages qui en forment en quelque sorte les faubourgs, rendre ainsi l'investissement complet, et, dans cette situation, un bombardement a toutes chances de réussir et d'amener la prompte reddition d'une ville de quatre-vingt mille âmes.

« Il en serait tout autrement si nous nous mettions en mesure d'occuper for-

---

[1] *La vie militaire du général Ducrot*, tome second, p. 145 et s.
[2] *Ibidem*, p. 154.
[3] Nous avons vu que l'armée assiégeante ne comptait, en 1870, que soixante mille hommes. Mais le général avait sans doute en vue une attaque prompte, formidable, devant amener la capitulation immédiate. C'est évidemment là ce qu'il appelle « quelque chose de sérieux ». Mais nous avons trouvé suffisamment « sérieux » le bombardement, dont, à l'alinéa suivant, il prédit si justement la réussite.

tement les hauteurs d'Osbergen [1], de Mundolsheim, et la tête des principaux villages qui entourent la place et se relient avec elle par d'excellentes voies de communication concentriques.

« Ces dispositions rendent l'investissement impossible, permettant de faire concourir à la défense toute la population de ces villages, qu'il sera facile d'exalter, de passionner, puisqu'elle combattra pour la défense du foyer et de la famille.

« Cinq mille hommes suffisent pour remplir ce rôle, à savoir : quinze cents répartis dans trois bons ouvrages de campagne sur les hauteurs d'Osbergen [1bis]; cinq cents au village d'Eckbolsheim ; cinq cents en tête du village de Hohenheim [2]; deux mille cinq cents pour la défense de l'île des Épis et de la ligne du canal.

« La population du village de Schiltigheim se barricadera dans ses maisons, toutes en état de défense ; quelques réserves seront disposées dans des points particulièrement préparés ; de même à Eckbolsheim, Kœnigshofen, Nieder-, Mittel- et Oberhausbergen. Nous tiendrons six mille hommes en réserve dans la place, prêts à se porter au point où l'attaque se montrera sérieuse.

« La tâche de l'ennemi ne sera pas aussi facile qu'on peut le supposer au premier abord : sans matériel de siège, il aura peine à faire taire notre artillerie bien établie dans de bons ouvrages de campagne ; s'il veut tenter un sérieux effort sur un des villages, il trouvera partout des coups de fusil ; les premières maisons enlevées, il s'engagera dans un labyrinthe de rues bien barricadées, mises en bon état de résister, et viendra tout à coup se heurter contre un obstacle sérieux qui l'arrêtera de front, pendant que de tous côtés, sur ses flancs, ses derrières, éclatera une fusillade puissante ; les réserves arriveront alors et il sera forcé de battre en retraite après avoir éprouvé de grosses pertes [3]. »

Il y a une certaine dose d'imagination dans ces combinaisons stratégiques du général Ducrot. Ces rues et ces maisons barricadées, ces habitants de nos villages tirant de leurs fenêtres sur les Prussiens et ceux-ci battant en retraite devant quelques mille hommes de réserve, tout cela appartient un peu au domaine de la fantaisie. Si l'un ou l'autre des villages en question avait tenté une résistance armée, une batterie d'artillerie allemande l'aurait promptement réduit en un monceau de ruines et ses habitants auraient été fusillés en vertu de cette jurisprudence des guerres modernes, qui a décidé qu'un citoyen n'a pas le droit de défendre le

---

[1] et [1bis] C'est « Hausbergen » que le général veut dire.
[2] Le général écrit « Hohenheim » pour « Hœnheim ».
[3] *La vie militaire du général Ducrot*, tome second, p. 105 et s.

FRANCS-TIREURS, GARDE NATIONALE MOBILE, GARDE NATIONALE SÉDENTAIRE, SUR LA PLACE D'AUSTERLITZ

sol natal, de défendre sa patrie s'il n'a pas endossé d'uniforme. Mais le point capital de la note du général Ducrot, c'est le sage avertissement qu'il donne au sujet des hauteurs qui dominent Strasbourg et dont il prévoit que l'ennemi tirera des avantages considérables. C'est là qu'il a été stratégiste et prophète clairvoyant, et l'on demeure stupéfait en lisant la réponse que le général Frossard lui a adressée à ce sujet. Cet officier supérieur avait peu de jours auparavant, dans une tournée d'inspection, passé *quelques heures* à Strasbourg ; il avait eu une conversation avec le colonel Sabatier, directeur des fortifications, et dès lors il estimait connaître suffisamment la place et ses besoins.

« En ce qui concerne la place de Strasbourg, mon cher général, écrivait-il à la date du 12 avril 1867, je crois devoir vous présenter quelques observations. Si elle était, comme Metz, entourée de hauteurs très rapprochées et très dominantes, il faudrait sans doute les occuper par des forts pour que l'ennemi ne s'y vînt pas établir de prime abord, et si surtout ces forts devaient être des points d'appui et de protection pour une armée défensive qui aurait intérêt à s'y rattacher, ainsi qu'il en serait à Metz.

« Mais telle n'est pas la situation de Strasbourg. *Cette place n'a pas de hauteurs dangereuses sur son pourtour.* »

« Si on la canonnait de loin, ce serait au juger, et la garnison riposterait avec égalité de chances ; si les projectiles ennemis allumaient quelques incendies, on les éteindrait ; l'eau et les pompiers ne manqueraient pas..... »

Eh ! bien, ce sont précisément ces hauteurs « non dangereuses » qui ont permis à l'artillerie allemande de bombarder Strasbourg à l'aide de batteries volantes d'abord, puis avec des pièces de siège de gros calibre, qui plongeaient dans la ville et y exerçaient aussi facilement que méthodiquement les ravages voulus par les assiégeants.

A la date du 17 février 1868, le général Ducrot écrivait à son frère, le commandant Ducrot, pour lui annoncer l'arrivée du maréchal Bazaine à Strasbourg.

« Parti à cheval de Nancy, mardi dernier, il a couché à Lunéville, le lendemain à Sarrebourg, le jeudi à Saverne, et est arrivé à Strasbourg vendredi.

« Cette première journée avait été employée aux réceptions officielles, visites, etc. ; le soir au théâtre[1]. Le lendemain, nous avons visité les fortifications et les

---

[1] Le maréchal Bazaine a été, durant cette visite, très froidement accueilli par la population. La façon dont il avait fait la guerre au Mexique ne lui avait conquis aucune sympathie, et puis, qui sait ? — les foules ont parfois de ces instincts mystérieux — on pressentait peut-être en lui un des auteurs des désastres de 1870. Il nous

environs de la place; le maréchal a dîné à la division. La matinée du dimanche, visite de l'hôpital et des principaux établissements, messe à la Cathédrale, etc.

« J'avais dix bataillons et huit batteries, et nous avons pu exécuter quelques jolis mouvements avec beaucoup d'ensemble et de précision.

« Le maréchal considère la guerre comme inévitable et très désirable pour sortir de la triste situation dans laquelle nous ont placés les événements de 1866. Il ne paraît pas croire qu'elle éclate au printemps de cette année, cependant il ne considère pas la chose comme impossible.

« A l'appui de cette opinion, il me citait ce qui s'est passé en 1859. Jusqu'au dernier moment, disait-il, on a protesté d'intentions pacifiques, d'espérances, d'arrangements; le ministre de la guerre ne prenait aucune disposition, ne voulait en prendre aucune; puis, un beau matin, les uns et les autres, nous avons reçu l'ordre par le télégraphe de nous mettre en route pour Gênes, par Lyon, par Grenoble.....

« Les choses peuvent donc se passer encore ainsi; l'Empereur, se croyant beaucoup mieux préparé qu'il ne le sera réellement, peut très bien prendre une résolution subite, et alors il faudra encore une fois nous débrouiller[1]. »

Le maréchal Bazaine a été bon prophète, lui aussi. Un beau matin, en 1870, les uns et les autres ont reçu l'ordre de se mettre en route pour le Rhin. Seulement, comme on était encore moins préparé qu'en 1859, on n'a pas réussi, cette fois, à *se débrouiller*.

Dans une lettre du 6 mai 1868 au maréchal Bazaine, le général Ducrot, avec une précision presque mathématique, prédit la marche des opérations que l'armée allemande exécutera au début d'une guerre avec la France.

« De Rastatt à Coblence, dit-il, la Prusse possède une magnifique base d'opération qui lui permet, à volonté, de prendre l'offensive ou de rester sur la défensive entre le Rhin et la Moselle. Trois corps d'armée, les 7e, 8e et 11e, placés à cheval sur le Rhin et dans un état permanent de concentration, forment l'avant-garde de ces nombreuses armées qui[2], en quelques jours, peuvent venir se masser sur notre frontière par les trois grandes voies ferrées de Stettin à Düsseldorf par

---

souvient de son entrée au théâtre, dans une loge construite spécialement au milieu de la première galerie. La salle était à moitié vide et l'on jouait *Crispin et la commère*, opéra bouffe des frères Ricci. Le maréchal apparut au moment où le ténor chantait cette phrase : «Ah! le barbare!.... » Pas une acclamation ne s'éleva dans le public; les spectateurs se dispensèrent même de se lever de leurs sièges et le maréchal, visiblement froissé de cette réception, s'assit d'un air fort maussade sur son fauteuil, qu'il n'occupa que pendant le temps moralement nécessaire.

[1] *La vie militaire du général Ducrot*, tome second, p. 218 et s.
[2] En 1870, ces trois corps ont en effet marché à l'avant-garde de l'armée d'invasion.

Schwerin et Hanovre ; de Kœnigsberg à Cologne par Danzig, Bromberg, Berlin, Magdebourg; de Breslau à Coblence et Mayence par Dresde, Cassel et Francfort, avec bifurcation, à partir de Cassel ou Leipzig, vers Darmstadt, Heidelberg et Carlsruhe, de telle sorte que nous sommes également menacés sur notre front entre la Meuse et le Rhin, sur notre flanc entre Bâle et Lauterbourg. La droite de l'ennemi étant couverte par la Moselle et la Sarre, appuyée par les postes de Pellingen, Trarbach, Berncastel, Wittlich et probablement Birkenfeld, Kirchsberg et Stromberg, sa gauche couverte par le Rhin et la Queich, appuyée par les postes de Germersheim, Landau, Neustadt et Kaiserslautern, une grosse armée peut en toute sécurité envahir notre territoire par les trois routes de Sarrelouis à Château-Salins, de Sarrebrück à Dieuze, de Deux-Ponts à Sarrebourg. Au moment même où cette formidable démonstration attire la majeure partie de nos forces disponibles entre la Moselle et les Vosges, deux grosses colonnes franchissent le Rhin à Münchhausen et Markolsheim, se portent rapidement vers les crêtes des Vosges, se reliant par des corps secondaires, entre Mutzig et Wasselonne, chargés en même temps de bloquer ou d'observer Strasbourg, de telle sorte que, à un moment donné, toutes les armées actives de la Prusse viennent converger avec un ensemble parfait sur Lunéville et Nancy, absolument comme en 1866 les trois armées parties des bords de l'Elbe et de la Neiss venaient converger vers Gitchin, après avoir franchi les difficiles défilés des montagnes de la Bohême[1]. »

Et le commentateur de la correspondance du général Ducrot ajoute : « Comme l'indique le général, les 1re et 2e armées ont commencé, en 1870, par opérer vers la Sarre une formidable démonstration, tandis que l'armée du Prince royal envahissait l'Alsace. Des fractions de cette armée ont passé le Rhin à Münchhausen. Quant au passage prédit à Markolsheim, les Allemands, jugeant l'opération trop hasardeuse, y ont renoncé, mais ils ont fait en ce point de faux préparatifs qui ont paralysé le 7e corps et l'ont empêché d'arriver à Frœschwiller. L'ensemble de la prédiction s'est vérifié. Il en est de même de la marche convergente sur Nancy. »

Nous pourrions multiplier presque à l'infini ces citations de la correspondance du général Ducrot, où nous trouvons à chaque page des avertissements adressés de la façon la plus pressante au gouvernement, avertissements basés sur ses observations personnelles, sur les rapports des officiers qu'il avait envoyés en

---

[1] *La vie militaire du général Ducrot*, tome second, p. 240 et s.

Allemagne pour y recueillir des renseignements relatifs à la situation politique, les préparatifs militaires, l'état de défense des forteresses, sur des conversations qu'il a eues avec les personnages les plus autorisés (le baron de Dalwick, premier ministre du grand-duc de Hesse, le grand-duc lui-même, etc. [1]). Et l'on continuait à lui répondre par des railleries, bien plus, par des humiliations. Les généraux qui caracolaient autour de l'Empereur voyaient d'un mauvais œil ce prophète de malheur, ce soldat qui prenait son rôle au sérieux et dont les cris d'alarme venaient les troubler dans leur quiétude et leurs plaisirs.

D'abord on fait une nouvelle tentative pour l'éloigner de Strasbourg en lui offrant le commandement de la 19ᵉ division militaire à Bourges ; puis le maréchal Niel, ministre de la guerre, lui fait infliger (26 février 1869), par l'entremise du maréchal Bazaine, commandant le 3ᵉ corps à Nancy, un blâme officiel, parce que, « dans une opération de petite guerre, il avait cru, sans qu'il y eût *cas extraordinaire* ou *motifs de sécurité publique*, devoir prescrire d'urgence à la direction d'artillerie de délivrer au 5ᵉ régiment d'artillerie un certain nombre de charges à poudre »!..... Dix-huit jours après, le 16 mars 1869, nouveau blâme officiel, envoyé directement par le ministre, parce que des manœuvres militaires qui sont exécutées dans les forêts voisines de la ville, ont eu « l'inconvénient de disperser le gibier au préjudice des locataires de la chasse, en même temps que d'endommager les plantations et les routes »!..... Est-il vraiment possible de comprendre de cette façon l'instruction et l'entraînement d'une armée!.... On lui avait refusé le droit d'envoyer directement, sans passer par l'assentiment du génie, des officiers en mission. Maintenant on lui défend, même en passant par cet intermédiaire, de faire reconnaître les places allemandes. On lui dit que les frontières ont été l'objet d'études spéciales et que les travaux qu'il pourrait ordonner de son côté seraient désormais, « sinon sans objet, tout au moins d'un intérêt de beaucoup diminué »......

Plus il multiplie ses avis et plus il ameute contre lui la coterie des courtisans et des généraux de parade. Comme le colonel Stoffel, il n'a pas été écouté une seule fois lorsqu'il a parlé des dangers que courait la France, et ce n'est qu'après le désastre qu'on a rendu justice à sa clairvoyance et à son patriotisme.

---

[1] Il cite aussi, à la date de novembre 1868, Mᵐᵉ la comtesse de Pourtalès, qui avait toujours été d'un optimisme que rien ne troublait, qui avait prétendu que rien ne pouvait motiver une guerre entre la Prusse et la France, que les deux pays étaient faits pour s'entendre, et qui subitement changeait d'opinion. « Voilà, dit-il, que cette adorable comtesse me déclare qu'elle arrive de Berlin la mort dans l'âme, que la guerre est inévitable, qu'elle ne peut manquer d'éclater au premier jour, que les Prussiens sont si bien préparés, si habilement dirigés qu'ils sont assurés du succès. » Et le général ayant fait remarquer qu'on ne parle que des intentions pacifiques des Allemands. « Oh ! général, s'écria la comtesse, c'est ce qu'il y a d'affreux, c'est qu'ils nous trompent indignement et comptent bien nous surprendre au premier jour. »

Au point de vue politique, le général Ducrot n'avait point les sympathies de la libérale population de Strasbourg. Et il le lui rendait bien, du reste. C'était un réactionnaire endurci qui s'était assimilé rapidement les haines et les méfiances politiques et religieuses de la préfecture et qui n'aurait pas mieux demandé que de faire sabrer un peu les électeurs qui avaient, en mai 1869, voté contre le candidat officiel et, en mai 1870, contre le plébiscite. Mais nous n'avons affaire ici qu'au soldat, au vaillant soldat qu'était le général Ducrot et qui, fils et petit-fils de militaire, avait gagné ses grades sur les champs de bataille d'Algérie, de Crimée, d'Italie et de Syrie, donnant à ses subordonnés l'exemple constant du devoir accompli et d'un indomptable courage.

CHAPITRE VI.

Proclamation du roi Guillaume. — La loi martiale. — Une recommandation du général de Beyer aux habitants de l'Alsace. — Le palissadement de la place. — Arrêté du maire sur les précautions à prendre contre les incendies. — Les premières rencontres entre les assiégeants et les assiégés. — Les premières bombes.

Le 11 août. Le roi Guillaume, qui a suivi ses troupes sur le territoire français, fait publier la proclamation suivante :

PROCLAMATION AU PEUPLE FRANÇAIS.

Nous, Guillaume, roi de Prusse, aux habitants des portions du territoire français occupées par les armées allemandes, faisons savoir ce qui suit : Lorsque l'empereur Napoléon attaqua sur terre et sur mer la *nation allemande*, qui voulait et qui veut encore vivre en paix avec le peuple français, j'ai pris le commandement en chef des armées allemandes pour repousser cette attaque. Les événements militaires m'ont conduit à franchir les frontières de la France. *Je fais la guerre aux soldats français et non pas aux habitants* dont les personnes et les biens seront en sûreté tant qu'ils ne m'enlèveront pas, par des agressions contre les troupes allemandes, le droit de les protéger. Les généraux qui commandent chaque corps feront connaître au public les mesures qu'ils sont autorisés à prendre contre les communes et les particuliers qui se mettraient en contravention avec les lois de la guerre. Ils règleront également tout ce qui concerne les réquisitions nécessaires aux besoins des troupes, et, pour faciliter les transactions entre les troupes et les habitants, ils fixeront la différence du cours entre les monnaies allemandes et françaises.

Saint-Avold, le 11 août 1870.

Signé : Guillaume.

D'autres avis ou proclamations sont répandus dans les villages du Bas-Rhin que les troupes allemandes occupent l'un après l'autre. Un avis annonce que la loi martiale est proclamée et que, par conséquent, chaque habitant qui sera rencontré avec une arme « devra être fusillé ». Le général de Beyer, le chef de la division badoise qui a commencé l'investissement de Strasbourg, fait afficher le document suivant :

UN AVIS ET UNE RECOMMANDATION AUX HABITANTS DE L'ALSACE.

« Il est nécessaire que je vous adresse une parole sérieuse. Nous sommes voisins, nous avons eu pendant la paix de cordiales relations et nous parlons la même langue ; je vous adjure par conséquent de laisser pénétrer en vous la voix du cœur, la voix de l'humanité. L'Allemagne est, sans l'avoir voulu, en guerre avec la France et nous avons été forcés d'entrer dans votre pays. Mais chaque vie humaine, chaque propriété qui pourra être épargnée sera considérée par nous comme un gain que bénissent la religion et l'humanité.

« Nous sommes en guerre. Des hommes armés combattent en bataille rangée et loyale des hommes armés. Nous voulons épargner les citoyens sans armes, l'habitant des villes et des villages.

« Nous veillons sévèrement à l'observation de la discipline parmi nos troupes, mais en revanche nous devons nous attendre — et par les présentes je l'exige avec la plus grande rigueur — que les habitants de ce pays s'abstiennent de tout acte d'hostilité ouvert ou caché.

« A notre grand regret, des excitations, des actes de cruauté et de brutalité nous ont contraints à sévir rigoureusement. Je compte donc que les municipalités, les ecclésiastiques, les instituteurs recommanderont à leurs communes et que les chefs de famille recommanderont à leurs proches et à leurs domestiques de s'abstenir de tout acte d'hostilité contre mes soldats.

« Chaque misère qui peut être évitée est un bienfait aux yeux du juge souverain qui veille sur tous les hommes. Je vous adresse ces recommandations ! Je vous avertis ! Ne l'oubliez pas !

« Le commandant de la division badoise
« Lieutenant-général DE BEYER.

« *P. S.* J'ordonne que cet avis soit affiché aux mairies des villes et villages, et il sera bon de l'envoyer aussi aux régions voisines. »

Elles sont horribles et barbares, les lois de la guerre.....

Une dépêche annonce, que le ministère Ollivier est tombé. Le général Palikao a pris le portefeuille de la guerre, M. de Latour d'Auvergne celui des affaires étrangères.

La succursale de la Banque de France annonce qu'elle n'escomptera plus provisoirement que le papier sur Strasbourg.

Le 12 août. Le Conseil de défense se réunit à 7 heures du matin ; le général donne l'ordre de pousser le palissadement et de dégager rapidement les glacis des plantations qui peuvent masquer à la place les opérations de l'ennemi. La guerre était déclarée depuis près d'un mois et l'on plaçait encore des palissades, travail bien inutile du reste, et que les approvisionnements n'ont même pas permis d'exécuter d'une manière complète. Il y avait 30,000 palissades dans les magasins, juste de quoi garnir les chemins couverts devant les entrées de la ville. Il en aurait fallu 70,000 de plus pour en mettre sur tous les points menacés d'être attaqués. On a cherché, il est vrai, à en fabriquer encore, et la scierie à vapeur Gœrner et celle de l'arsenal en ont livré quelques milliers, que de nombreux ouvriers civils et militaires ont dressées tant bien que mal[1]. Ils en dressaient encore au commencement de septembre. Mais le 4 de ce mois le Conseil de défense décide que l'opération doit cesser. « Les commandants des arrondissements de la défense entendus, dit le procès-verbal de la séance, il est admis que la poursuite des travaux de palissadement n'est pas opportune, le canon ennemi détruisant les palissades au fur et à mesure qu'elles sont placées, et que l'avantage à retirer de ce palissadement ne correspond pas au danger couru par les travailleurs. En conséquence, le travail de palissadement ne sera pas continué. » Le Conseil d'enquête devant lequel le général Uhrich a du passer, comme tous les commandants des places qui ont capitulé, a cru devoir lui infliger un blâme spécial au sujet de ce palissadement. Il ne voyait que le règlement qui ordonnait, en cas de guerre, de munir de palissades les ouvrages de défense des forteresses. Il oubliait que ces planches terminées en pointe ne sont utiles que si l'on peut mettre derrière elles des tirailleurs qui font le coup de feu contre un ennemi tendant à attaquer de vive force et à s'approcher des murs de la place. Dans ce cas les palissades peuvent constituer un certain élément

---

[1] Le commandant du génie avait adressé aux ouvriers civils un appel ainsi conçu :
AVIS
« Vu les circonstances difficiles où on se trouve, le lieutenant-colonel, commandant le génie, fait un appel au patriotisme des ouvriers de la ville de Strasbourg et les engage à se mettre à la disposition de l'entrepreneur des fortifications, afin de lui permettre d'exécuter le plus tôt possible les travaux de mise en état de défense de la Place.
« S'adresser rue du Noyer, 1.
« MARITZ. »

de résistance ; mais le général Uhrich n'avait pas assez d'hommes pour peupler les chemins couverts, et les assiégeants ne songeaient pas à gaspiller leurs troupes dans des escarmouches livrées des deux côtés d'une clôture en planches. Ils avaient rapidement pointé des canons pour enfiler ces chemins couverts et leur artillerie, dit le général Uhrich, ne laissait debout ni un homme, ni un morceau de bois [1].

« Il n'y aurait eu aucune palissade sur les chemins couverts, ou dix fois plus, a écrit le lieutenant-colonel Maritz, chef du génie pendant le siège, dans une lettre adressée au général Uhrich à propos du blâme que ce dernier avait eu à encourir de la part du Conseil d'enquête, et ces palissades eussent-elles été placées avant la déclaration de guerre, que l'assiégeant n'aurait été ni plus ni moins vite, du moment où l'assiégé n'occupait pas les chemins couverts [2]. »

A la date du 12 août le maire rend l'arrêté suivant, qui n'est, du reste, affiché que quelques jours plus tard :

MAIRIE DE LA VILLE DE STRASBOURG.

« Nous, maire de la ville de Strasbourg, considérant que la ville est exposée à être bombardée par l'ennemi, et qu'en vue de cette éventualité, il convient de prendre des mesures de précaution extraordinaires,

« Arrêtons :

« I. Les propriétaires ou principaux locataires des maisons sises dans l'intérieur de la ville placeront aux rez-de-chaussée, aux différents étages et surtout sur les greniers, des cuves remplies d'eau, des linges ou des éponges imprégnés d'eau, ainsi que de la terre et du sable non mouillé, afin de pouvoir immédiatement éteindre les commencements d'incendie qui pourraient se produire.

« La quantité de cuves, de linges, etc., sera en proportion de l'importance des propriétés ou des dépôts inflammables qui s'y trouvent.

« II. Pour assurer une surveillance toujours active, il sera organisé dans chaque maison, à tour de rôle, entre les propriétaires et locataires, ou de toute autre manière, une garde permanente de nuit, qui agira aussitôt sur les points menacés et donnera l'éveil aux autres habitants de la maison.

« III. Aussitôt qu'un incendie se sera déclaré dans une maison, les habitants ou

---

[1] *Documents relatifs au siège de Strasbourg*, publiés par le général Uhrich, p. 17.
[2] *Ibidem*, p. 16.

les voisins en préviendront les pompiers de service au dépôt le plus rapproché. L'emplacement des dépôts à incendie sera publié à la suite du présent arrêté.

« Approuvé : « Strasbourg, le 12 août 1870.
« Le Général Commandant supérieur
de la 6ᵉ division militaire, « Le Maire,
« UHRICH. » « HUMANN. »

Emplacement des Dépôts à Incendie.

1ᵉʳ dépôt, rue Kageneck; 2ᵉ, rue de la Fontaine; 3ᵉ, impasse du Jeu-des-Enfants; 4ᵉ, quai Saint-Thomas; 5ᵉ, Mairie; 6ᵉ, place du Château; 7ᵉ, rue des Bateliers; 8ᵉ, rue des Planches.

Cet arrêté reproduisait en grande partie les dispositions d'un autre arrêté pris le 15 février 1814, par le maire Brackenhoffer, dans des circonstances analogues, et approuvé par le général Broussier, commandant de la place alors en état de siège et de blocus.

Le lieutenant-colonel badois, des troupes assiégeantes, baron de Lassolaye, avait fait jeter, le 13 février 1814, un certain nombre d'obus sur la ville. Plusieurs de ces projectiles étaient tombés au pied des remparts; trois d'entre eux étaient arrivés jusqu'au faubourg de Saverne et l'un des engins avait frappé une borne du quartier, en éclatant, mais sans blesser personne[1]. Cet acte d'intimidation n'avait pas été renouvelé, mais le maire n'en avait pas moins prescrit des mesures que nous avons vu remettre en vigueur, dans leurs parties essentielles, par la municipalité de 1870.

L'initiative privée des citoyens devait, du reste, largement compléter les ordonnances administratives, et c'est ainsi que les habitants ont organisé, quartiers par quartiers, rues par rues, des services de surveillance et des postes de nuit qui ont fonctionné jusqu'à l'heure de la reddition et ont prévenu de nombreux et de graves sinistres. C'est du faubourg de Pierres qu'est partie l'idée première de cette organisation, ainsi qu'il résulte d'une lettre qu'un des habitants du faubourg a adressée à ce sujet au *Courrier du Bas-Rhin* et dont voici le texte :

« Monsieur le rédacteur,

« Les habitants du faubourg de Pierres viennent de prendre l'initiative d'une

---

[1] Nous verrons tout à l'heure qu'un des premiers obus tombés à l'intérieur de la ville, en 1870, a frappé un des candélabres-bornes du même quartier.

mesure importante, en organisant dans leur quartier, pendant l'état de siège, un service de surveillance et de premiers secours en cas d'incendie.

« A cet effet, 140 citoyens, répartis en sections de 15 hommes, ont établi un poste de volontaires dans la maison de l'un d'eux, M. Lipp, où sont déposées plusieurs pompes et une voiture chargée de tonneaux remplis d'eau. Plusieurs des associés se sont engagés à tenir également prêtes à être attelées des voitures chargées de tonneaux d'eau, et ceux qui possèdent des pompes à incendie, que le relevé a fait connaître au nombre de 14, les ont mises à la disposition du poste.

« Chaque nuit, un piquet de 15 hommes non armés se réunit et surveille par de fréquentes patrouilles tout ce qui pourrait donner lieu à un sinistre. En cas d'incendie, il se transporte immédiatement sur les lieux avec une ou plusieurs pompes, donne l'éveil, et est remplacé au poste par un nouveau piquet.

« A l'arrivée des pompiers de la ville, l'association s'efface pour ne plus agir que sous la direction du chef de ce corps.

« Dans l'association du faubourg de Pierres, les initiateurs de cette organisation n'ont pas perdu leur temps; ils se sont souvenus de la devise : *Aide-toi, le ciel t'aidera;* et, imitant l'exemple de leurs pères, ils ont commencé par agir, par organiser.

« On nous apprend que l'exemple donné par les habitants du faubourg de Pierres a déjà trouvé des imitateurs et que des services analogues sont en voie d'organisation dans le faubourg de Saverne et la rue d'Austerlitz.

« Agréez, etc.

« Un habitant du faubourg de Pierres. »

Un service identique s'organisa rapidement sur tous les points de la ville et chaque nuit l'on a vu circuler ces patrouilles de veilleurs volontaires qui, jusqu'au matin, montaient une garde vigilante.

On ne saurait s'empêcher ici, à moins de faire une infidélité à l'histoire, de constater que la municipalité n'a pas mis en pratique, quant aux biens dont elle avait la garde, les précautions qu'elle recommandait aux habitants. On n'a rien fait pour préserver de la destruction le musée des tableaux, installé à l'Aubette, les inappréciables trésors de la Bibliothèque municipale, les archives de la ville, les collections, uniques au monde, du Musée d'histoire naturelle, la très-riche bibliothèque musicale du théâtre. Sauf le Musée d'histoire naturelle et les archives, les incendies allumés par les bombes des assiégeants ont tout détruit.

Qu'il nous soit permis à ce propos, d'emprunter à un journal du siège, rédigé heure par heure, par un de nos concitoyens, un passage relatif aux archives de la ville : « Le mardi 30 août — J'apprends que ce matin le maire a fait descendre les meubles dans les caves de la mairie. Quelqu'un l'ayant prié de songer aux archives, le maire..... l'a lestement éconduit[1]. Aussitôt André prit l'affaire en main avec Rodolphe Reuss, Lehr[2] et quelques autres. Je les rejoins à 2 heures et aide au transfèrement des volumes et des cartons les plus précieux dans les caves. Le gros de la collection reste dans une salle du rez-de-chaussée. André avait demandé à un officier du génie mille petits sacs à terre pour blinder les fenêtres de cette salle. L'officier refusa très durement et, André ayant insisté, lui cria : « Si vous ajoutez un mot..... je vous.....[3] » ....André trouva le commandant de place plus abordable et bientôt vingt soldats travaillèrent à remplir les sacs et à les placer dans les embrasures des fenêtres. »

Dans ce même journal, nous trouvons à la date du 31 août, une note à peu près ainsi conçue : « André s'est occupé ce matin même, des collections de l'Académie. Le recteur n'avait rien fait. Walluitte, secrétaire, a éconduit André d'une façon ..... non polie. »

Dans la soirée du 12 août les premiers coups de feu sont échangés entre les assiégeants et les assiégés. Une reconnaissance allemande se dirige vers le front nord pour surprendre les défenseurs des ouvrages avancés et des coups de fusil sont tirés des deux côtés.

Le 13 août. Une de ces nouvelles à sensation, comme il en est souvent entré en ville pendant l'investissement et le bombardement, venue on ne sait d'où, colportée de bouche en bouche et grossissant à mesure qu'elle circulait, s'est répandue dans le public. On raconte qu'une formidable canonnade a été entendue dans la direction des Vosges, qu'une bataille victorieuse pour l'armée française a été livrée entre Saverne et Phalsbourg, que les routes sont encombrées de convois transportant des blessés et que les troupes allemandes campées près de Strasbourg ont subitement plié bagage. Quelques heures après la nouvelle est reconnue fausse et de tous points inventée.

Du haut des remparts et du haut de l'Observatoire installé depuis le 9 août dans la tour de la Cathédrale, on signale depuis quelques jours l'approche de nom-

---

[1] Ici nous ne citons pas textuellement.
[2] André, industriel, plus tard adjoint au maire ; Rodolphe Reuss, professeur au Gymnase protestant ; Lehr, instituteur.
[3] Ici encore nous ne citons pas le texte authentique.

breux détachements allemands. Schiltigheim, Bischheim, Oberhausbergen, Mittelhausbergen, Niederhausbergen, Eckbolsheim, Kœnigshofen sont successivement occupés par les bataillons de la division badoise du lieutenant-général de Beyer. A Kœnigshofen le chemin de fer est coupé et les fils du télégraphe sont rompus. La ville est donc privée maintenant de tout service télégraphique.

Pour la première fois quelques rencontres sérieuses ont lieu entre les troupes allemandes et les troupes françaises ; pour la première fois le canon retentit du haut des remparts.

Le matin, le général Uhrich, qui a appris que l'ennemi envoie de tous côtés, même au sud, de la cavalerie pour enlever des vivres, ordonne une reconnaissance de deux escadrons appuyés sur deux compagnies d'infanterie. Un des deux escadrons est envoyé sur le pont d'Illkirch, l'autre fouille le Neuhof et le Neudorf. Ce dernier escadron traversant le bois du Neuhof rallie l'autre et tous deux rentrent, ayant vu de loin seulement quelques cavaliers allemands, et ramenant une centaine de têtes de bétail et des approvisionnements.

De ce côté-là la poudre n'a donc pas parlé, mais sur d'autres points, où les ouvriers civils et militaires, protégés par l'infanterie, procèdent aux abatis et au montage des palissades, l'on échange des coups de feu. Vers 5 heures du soir des cavaliers et des fantassins badois tirent sur ces ouvriers, mais sont dispersés par quelques coups de canon et le feu des tirailleurs. Vers 7 heures du soir une affaire plus sérieuse s'engage du côté du cimetière Sainte-Hélène, hors la porte de Pierres. Pendant toute la journée, de petits détachements du 2ᵉ régiment d'infanterie badoise s'étaient postés derrière le cimetière ou dans les houblonnières voisines, tiraillant sur les ouvrages avancés. Le soir une compagnie tout entière vient prendre position près du cimetière, une autre se place à quelque distance en arrière, près du couvent Saint-Charles. Une vive fusillade et quelques bordées de mitraille partent des remparts et font plusieurs victimes dans les rangs badois.

C'était la deuxième fois que le cimetière Sainte-Hélène, à cheval sur deux routes et faisant face à une porte de la forteresse, était le théâtre d'une action militaire. Lors du blocus de Strasbourg, en 1814, le général Broussier, qui commandait la place, avait transformé le cimetière en un ouvrage retranché et l'avait entouré d'un fossé qui subsistait encore en partie il y a quelques années. La garde nationale y faisait alors un service très actif, car le général Broussier n'avait à sa disposition que 7000 hommes, affaiblis par les maladies, surtout par le typhus. Une batterie de la garde nationale occupait le cimetière et les avant-postes étaient établis sur la route même de Schiltigheim. Strasbourg alors, nous l'avons vu dans un précédent chapitre, n'a pas été forcé de se rendre.

Vers 9 heures du soir, deux détachements du régiment de grenadiers badois de la garde du corps, conduits chacun par un lieutenant, se dirigent vers le bâtiment des Rotondes, qui servait de remise et de magasins à la Compagnie des chemins de fer de l'Est, et mettent le feu aux wagons qu'on n'a pas pu faire rentrer en ville. En même temps deux autres détachements d'infanterie s'avancent rapidement jusqu'à la contrescarpe du fossé des fortifications et déchargent leurs fusils sur les hommes qu'ils voient apparaître au haut des remparts. Une batterie d'artillerie de campagne qui s'est approchée à environ 2500 pas de la place, tire sur les ouvrages qu'éclairent les wagons en flammes, pendant que les assiégés, également guidés par l'incendie, ripostent avec vigueur.

Vers 1 heure du matin, une compagnie d'infanterie badoise s'approche du front nord pour déloger les soldats de l'infanterie française qui se sont avancés jusqu'aux bords des glacis. Une vive fusillade s'engage, — qui met toute la ville en émoi, — et finalement les Badois se retirent, poursuivis par les balles et les obus, ayant 3 morts et 11 blessés, parmi lesquels un officier [1].

Le soir de ce 13 août, un homme déguisé en marchand de bestiaux réussit à pénétrer dans la place, où on l'arrête aussitôt comme espion, pour le relâcher immédiatement. C'est le général d'artillerie Barral, qui vient remplacer le général Joly-Frignola, appelé au début des hostilités, ainsi que nous l'avons vu, à suivre l'armée. Ce même soir aussi, un autre inconnu franchit l'enceinte de la place : le premier boulet, le premier obus ennemi tombe dans la ville, traversant le pignon et la cheminée d'une maison de la rue du Marais-Vert et venant éclater dans une cuisine, en exerçant des ravages que tout le quartier vient contempler avec étonnement. Comment ! les batteries établies à Hausbergen pourraient lancer des projectiles à cette distance !.... Hélas ! ces batteries devaient nous donner de tout autres preuves de leur savoir-faire.....

Le 14 août. La ville, à son réveil, trouve affichée sur les murs la proclamation suivante :

SIXIÈME DIVISION MILITAIRE.

« Des bruits qui ont pris une certaine consistance semblent indiquer que quelques personnes préparent une manifestation hostile pour le 15 août.

---

[1] *Der Festungskrieg im Feldzuge gegen Frankreich 1870-1871*, von B. v. Tiedemann, kgl. Preuss. Ingenieur-Oberst a. D., p. 46.

« Il n'y a que deux positions possibles dans les graves circonstances où nous sommes : Ami de la France ou son ennemi ; tout le reste est effacé.

« Le général commandant supérieur croit de son devoir de prévenir plutôt que de sévir.

« En conséquence, il fait savoir que toute personne qui tenterait de troubler l'ordre sera arrêtée et traduite devant un conseil de guerre, qui rendrait son jugement dans les quarante-huit heures.

« Cet avis et le patriotisme de l'immense majorité de la population strasbourgeoise suffiront sans doute pour faire abandonner des projets coupables autant qu'insensés.

« Fait au quartier-général de Strasbourg, le 13 août 1870.

« Le général de division, commandant supérieur,
« UHRICH. »

« Le préfet du Bas-Rhin,
« Signé : Baron PRON. »

Cet avis, où l'on sent l'inspiration de la préfecture, provoque un profond étonnement au sein de la population. Personne ne songeait à faire une manifestation quelconque, et le général Uhrich avait encore une fois été l'instrument des rancunes de l'administration impériale.

Le général Uhrich organise une nouvelle sortie. A 3 heures et demie de l'après-midi, il fait partir, sous les ordres du lieutenant-colonel du génie Maritz, deux bataillons d'infanterie, de 450 hommes chacun, 50 cavaliers et deux bouches à feu. La reconnaissance sort par la porte des Pêcheurs, détache une compagnie chargée de détruire le pont de fil de fer sur l'Ill, et, traversant le vaste faubourg suburbain de la Robertsau, arrive jusqu'au village de la Wantzenau, où se trouve un autre pont qu'elle a ordre de couper. Aussitôt qu'elle se met à la besogne, les Badois apparaissent sur l'autre rive et la fusillade s'engage, sans résultat de part et d'autre. La reconnaissance rentre en ville vers 7 heures, sans avoir réussi à détruire le pont, n'ayant pas un homme blessé, mais ramenant cinq soldats badois, avec un officier, qu'elle a capturés en route. Le général Uhrich interroge les prisonniers, qui portent tous le brassard de la Société de secours aux blessés et, reconnaissant qu'il a devant lui un médecin militaire et des infirmiers, il leur fait passer la nuit à son quartier-général et les fait reconduire le lendemain à la porte de Pierres, d'où ils regagnent librement l'armée d'investissement.

Un jeune homme de 19 ans, nommé Édouard Maller, est blessé, le matin, à

9 heures, sur la route de Kœnigshoffen, par un soldat allemand qui passe, à une distance de 80 mètres, dans les champs. Maller est atteint, à l'épaule gauche, d'une balle qui lui laboure le dos et vient se loger au-dessous de l'omoplate droite. Transporté d'abord à l'ambulance de la Halle-Couverte, puis à l'hôpital, il subit une opération qui permet d'extraire la balle.

Plusieurs obus tombent sur le faubourg de Saverne, sur la rue Moll, sur le Mont-de-Piété (quai Saint-Jean), sur la gare du chemin de fer de l'Est. L'un des projectiles brise un candélabre à gaz placé au coin du faubourg de Saverne et de la rue Kuhn, frappe l'angle d'une maison voisine, fait explosion et blesse deux femmes qui passent, ainsi qu'un ouvrier nommé Ulrich, âgé de 47 ans, qui était occupé à transporter des sacs de grains. On conduit les blessés à l'hôpital civil, dans une des salles du professeur Rigaud, où il est constaté que les deux femmes ne sont que légèrement atteintes, tandis qu'Ulrich a, dans la cuisse, un fragment d'obus que les médecins parviennent à extraire, mais qui produit une plaie à laquelle le malheureux succombe deux jours après. C'est la première victime!..... Il en devait suivre des centaines.

La population fut effrayée par ce malheur, mais elle se dit qu'après tout quelques obus dirigés sur les remparts pourraient bien s'égarer encore dans les faubourgs, tandis que l'intérieur de la ville n'avait absolument rien à craindre. D'abord les canons allemands ne pourraient porter aussi loin et, en second lieu, il ne pouvait être question de bombarder autre chose que les ouvrages militaires.

Le général Uhrich fait afficher dans la journée l'arrêté suivant :

SIXIÈME DIVISION MILITAIRE.

ARRÊTÉ.

« Dans le délai de quarante-huit heures, tous les étrangers non naturalisés ou autorisés à demeurer en France, se présenteront devant le commissaire de police de leur quartier et recevront, s'il y a lieu, un permis de séjour.

« Ceux des étrangers qui n'optempéreraient pas au présent ordre seront exposés à être incarcérés ou expulsés de la ville.

« Fait à Strasbourg, le 14 août 1870.

« Le préfet du Bas-Rhin,
« Baron PRON. »

« Le général de division, commandant supérieur,
« UHRICH. »

Le 12 août, le maire avait publié un avis ainsi conçu :

Éclairage municipal.

MESURES EXTRAORDINAIRES.

AVIS.

« L'administration a prescrit au directeur de l'usine à gaz de faire évacuer, en cas de nécessité, tout le gaz contenu dans les gazomètres. En prévision de cette cessation de l'éclairage municipal, les habitants sont invités à se munir, dès à présent, d'appareils d'éclairage et à les accrocher aux façades de leurs maisons, aussitôt que les gazomètres cesseront de fonctionner.

« Strasbourg, le 12 août 1870.

« Le maire, Humann. »

Le 14, au matin, le crieur public annonce que les gazomètres étant vidés, les habitants sont invités à se conformer, à dater de ce jour, aux instructions du maire. Et le soir chaque maison portait une lanterne à sa façade, n'éclairant que faiblement, piquant comme une vague lueur dans l'obscurité. Elles étaient de toutes les formes et de tous les âges, ces lanternes, les unes pendues au rez-de-chaussée, les autres accrochées aux étages supérieurs, et dans les vieux quartiers, dans les ruelles étroites, en voyant ces antiques façades effleurées d'un tremblottant rayon de lumière, on pouvait, en imagination, se reporter aux années lointaines.

Une grande partie des habitants de la Robertsau, fuyant devant les Badois, se réfugient en ville, amenant sur de frêles barques de pêcheurs quelques meubles et un peu de literie qu'ils déchargent sur les chemins de halage, pour s'en aller ensuite de par les rues, traînant leurs enfants derrière eux, afin de chercher un asile. Quelques propriétaires aisés de la Robertsau opèrent un déménagement plus considérable et amènent des mobiliers complets sur de grands bateaux de transport. On fait du reste rentrer toutes les embarcations qui pourraient servir aux assiégeants pour aborder les ouvrages inondés de la place.

CHAPITRE VII.

La fête du 15 août. — Te Deum. — L'artillerie badoise « inquiète » la ville. — La sortie du 16 août. — Le colonel Fiévet. — Prorogation des pouvoirs du Conseil municipal. — Destruction du couvent du Bon-Pasteur. — La sortie du colonel Blot. — Le bombardement du 18 août. — Nombreuses victimes.

Le 15 août. Strasbourg investi, Strasbourg, qui a déjà eu un léger avant-goût de ce que les assiégeants lui réservent, Strasbourg, qui, depuis le 6 août, passe par les plus cruelles angoisses, Strasbourg célèbre le 15 août, jour de fête de Napoléon III. La Cathédrale, les édifices publics et quelques maisons particulières sont ornés de drapeaux tricolores et le cortège officiel des fonctionnaires de l'ordre administratif et de l'ordre judiciaire se rend avec des détachements de la garnison à la Cathédrale pour y assister au *Te Deum* traditionnel. La voix des prêtres s'élève vers le ciel pour louer Dieu et lui demander de nous conserver « notre empereur »..... *Domine salvum fac imperatorem nostrum.....* Dans la foule qui regarde défiler le cortège, on ne songe pas au personnage pour lequel va brûler l'encens, pour lequel les orgues vont entonner des hymnes. Les yeux et les cœurs vont aux bataillons qui passent, en tenue de guerre, aux artilleurs, aux cavaliers, aux lignards, aux marins, aux douaniers, aux mobiles faisant escorte aux drapeaux, devant lesquels les têtes se découvrent, parce qu'ils représentent la patrie.

Du matin au soir, la population se promène dans les rues, calme, sans songer à une démonstration quelconque, comme si elle voulait, par cette journée qu'inondait le soleil, faire provision d'air et de lumière pour les heures sombres qui allaient venir.

De réjouissances publiques il n'était pas question, naturellement. Ni joûtes devant le Palais, ni mâts de cocagne, ni feu d'artifice sur la place Lenôtre, où tous les 15 août, quand la nuit était tombée, une N gigantesque, entourée d'une couronne de lauriers, flanquée de la croix de la Légion d'honneur et de la médaille militaire, scintillait de mille feux, pendant que les canons tonnaient et que des batteries de fusées, de bombes et de chandelles romaines envoyaient vers les nues d'éblouissants jets d'étoiles multicolores, encadrant l'initiale napoléonienne comme d'une magique apothéose.

Les troupes badoises qui nous investissaient avaient annoncé qu'elles nous serviraient, pour le 15 août, un feu d'artifice de leur façon. Déjà le matin elles nous avaient donné une sorte d'aubade en faisant sauter, à formidables coups de mine, le pont à colonnes qui traversait le canal de la Marne-au-Rhin conduisant de la promenade Lenôtre à la Robertsau, et dont la disparition privait la place des denrées qui lui arrivaient chaque jour de cette partie de la banlieue. Mais c'est à 11 heures et demie du soir, alors que la ville était plongée dans un silence plein d'angoisse, que la sinistre plaisanterie devait se réaliser. Tout à coup on voit briller un éclair à l'horizon, suivi d'une détonation effrayante. Un strident sifflement traverse les airs et un obus vient s'abattre contre une maison dont il défonce le mur en éclatant avec fracas. Un autre projectile suit aussitôt, puis un autre encore, et pendant une demi-heure c'est au-dessus de nos têtes un infernal tapage, les obus sifflant de tous côtés, faisant explosion, crevant les toits et les murs, pendant que les canons des remparts répondent au feu de l'ennemi, que les promeneurs attardés dans les rues courent affolés pour chercher un abri et que dans chaque maison les habitants sont debout, terrifiés, se demandant si la ville va être anéantie cette nuit.....

A minuit le silence redescend sur la cité, les assiégés estimant sans doute que la démonstration a été suffisante. Leurs bouches à feu avaient exercé des ravages dans une espèce de demi-cercle tracé autour de la Cathédrale et allant depuis la place Broglie jusque vers la place Saint-Thomas. Un des premiers obus était tombé sur la Banque de France et avait effondré la toiture vitrée qui couvrait la cage de l'escalier; des poutres avaient été brisées, les carreaux étaient réduits en poussière et les débris encombraient l'escalier à ce point qu'ils obstruaient le passage aux habitants qui se hâtaient de descendre pour se réfugier dans les caves. Un autre obus avait frappé le café Bauzin, situé en face de la Banque, y avait enfoncé un mur et brisé la cage vitrée de la terrasse. Dans la rue des Échasses, un projectile était tombé sur un toit, avait brisé une lucarne en tôle, des poutres, des tuiles, une malle placée sous le toit; un éclat avait frappé plus loin la corniche en pierre de la porte d'une autre maison et ricoché sur la maison d'en face, dont il avait troué le mur et brisé les vitres. Rue du Dôme, une cheminée avait été abattue par un projectile qui était allé briser ensuite la corniche de la porte du Grand-Séminaire, contigu à la Cathédrale, et où était établie une ambulance.

Dans la rue des Hallebardes, deux magasins avaient eu les devantures trouées ; dans la rue du Chaudron, une maison avait été endommagée. Au Vieux-Marché-aux-Poissons, des volets étaient brisés au premier et au troisième étage de la maison Martin Müller, horticulteur, et deux chambres complètement dévastées par les éclats d'un projectile.

Un obus était tombé au pied de la statue de Gutenberg, l'œuvre de David d'Angers, dont il avait écorné le socle en éclatant; des fragments lancés contre le magasin Robert, fabricant de parapluies, place Gutenberg, avaient enfoncé les volets et brisé les glaces de la devanture.

Dans la rue des Serruriers, un obus avait abattu la cheminée de la maison Œsinger et était tombé sur la brasserie du *Léopard,* située en face. Un projectile était tombé sur la Monnaie, près de la place Saint-Thomas; un autre avait enfoncé la toiture de l'École israélite des arts et métiers, rue de la Demi-Lune, et lancé des débris dans le dortoir du deuxième étage, qui, par le plus heureux des hasards, était vide ce soir-là, le surveillant ayant fait coucher les élèves au premier.

Rue des Chandelles, un projectile était entré par la façade dans une chambre du quatrième étage, pour y exercer de terribles ravages. Un tambour de la garde nationale sédentaire, nommé Umhœfer, était couché dans cette chambre avec sa femme; l'obus, tombé près du lit, avait éclaté et brisé tout le mobilier qui se trouvait dans la pièce; les époux Umhœfer étaient blessés tous les deux à la tête et tout leur petit avoir se trouvait perdu. Pendant la journée du lendemain, on venait visiter la chambre que le projectile avait dévastée, et les visiteurs déposaient dans une tire-lire placée dans la rue un peu d'argent pour venir en aide au pauvre ménage.

Rue des Sept-Hommes, un projectile entré par le grenier avait détruit les marchandises d'un pauvre colporteur, du nom de Blum, et allumé un tas de linge et de papier. Un incendie allait immédiatement éclater, lorsqu'un des habitants, le seul qui eût encore sa présence d'esprit, se précipita au grenier et éteignit le feu. Là aussi les curieux affluaient le lendemain et déposaient dans une assiette une obole au profit de Blum, père de sept enfants.

Dans la rue du Saumon, sur la place Kléber, différentes maisons étaient atteintes. Rue du Jeu-des-Enfants, un obus avait frappé, dans son lit, une pauvre femme et lui avait coupé les deux cuisses. Transportée à l'hôpital, cette femme mourut sans être sortie d'un état de profonde stupeur. Deux obus étaient tombés sur le Lycée, à côté de la Cathédrale, transformé en ambulance; l'un d'eux avait brisé une corniche, à 50 centimètres au-dessus des fenêtres d'une salle remplie de blessés; l'autre avait mis en pièces une dalle, une porte et des fenêtres. On s'était empressé de faire évacuer les salles et de transporter les blessés dans la cave.

Mais ce n'étaient là que des accidents ou des incidents plus ou moins fâcheux, comparativement aux malheurs qui, pendant de longues semaines, allaient s'abattre sur la population de Strasbourg.

Les assiégeants appelaient cela tout simplement « inquiéter » la ville. Nous lisons en effet dans l'ouvrage du major Reinhold Wagner que le 15 août, à 11 heures du soir, « la 4ᵉ batterie de siège reçut enfin l'ordre du général commandant l'artillerie d'inquiéter la forteresse », et que 36 obus furent lancés en l'espace d'environ une demi-heure[1].....

Le 16 août. Vers 1 heure de l'après-midi, le général Uhrich envoie au sud, sur le Neuhof et sur Illkirch, une reconnaissance composée de 800 hommes d'infanterie, principalement des fuyards de Frœschwiller, de deux escadrons de cent chevaux, de deux sections d'artillerie avec quatre canons et d'une section d'infirmiers, le tout sous le commandement du colonel Fiévet, du régiment d'artillerie pontonniers.

François Fiévet, brave soldat en même temps que parfait homme du monde, se trouvant à son aise dans un salon autant qu'au milieu de ses batteries, habitué fidèle de nos soirées artistiques, théâtre et concerts, était lieutenant-colonel de la garde impériale lorsqu'il fut appelé à commander le 6ᵉ régiment d'artillerie-pontonniers, à Strasbourg, en remplacement du colonel de Berckheim, promu général de brigade.

Le colonel Fiévet.

« De taille élevée, le buste développé, la tête haute, les cheveux tout courts, tout drus, tout blancs, regardant toujours droit devant lui, de ce regard perçant, fier, un peu dur, que donne l'habitude du commandement, le colonel Fiévet était bien l'âme de ce régiment laborieux, dévoué, indépendant, qui n'avait pas son égal dans l'armée. Il aimait ses « canards du Rhin » comme un père aime ses

---

[1] Reinhold Wagner, *Geschichte der Belagerung von Strassburg im Jahre 1870*, p. 163. — « Endlich erhielt Abends gegen 11 Uhr die 4. schwere Batterie vom Commandeur der Artillerie Befehl, die Festung zu *beunruhigen*. »

enfants. Il avait pour eux des brusqueries aimables, des paroles familières qui mettaient à l'aise tous ces vétérans pour qui la discipline était chose inviolable, mais de qui l'on obtenait plus par un bon mot, un « Hardi, mon vieux », que par une injonction autoritaire et guindée.

« Quand Strasbourg fut investi par l'armée allemande, le colonel Fiévet fut désigné par le général Uhrich pour commander l'artillerie de la place, tâche aussi délicate qu'ardue. Il ne s'agissait de rien moins que de diriger l'armement de tous les ouvrages de défense intérieurs et extérieurs : de plus de vingt bastions avec leurs courtines et leurs demi-lunes, de plus de cinquante lunettes, ouvrages à cornes, contregardes et redoutes. Et cela sans délai, sous le feu des tirailleurs ennemis, avec des ressources très restreintes.....

« .....Chaque jour le colonel Fiévet inspectait une zone de défense et chaque jour aussi il tâchait de remédier à l'état délabré de l'armement de la place. Membre du Conseil supérieur de la défense, il rendait compte à cette assemblée des progrès réalisés. On en était là lorsque, le 14 août, le général Barral réussit à franchir la ligne d'investissement et à pénétrer dans Strasbourg, sous un déguisement. Le colonel Fiévet remit aussitôt le commandement de l'artillerie au général Barral et fut désigné pour diriger les sorties en cas d'éventualité[1]. »

Il dirigea donc cette sortie, cette malheureuse sortie du 16 août, qui devait lui coûter la vie. Le général Uhrich se tenait à la porte de l'Hôpital pour voir passer et encourager les soldats. « Je vous confie quatre canons, mes garçons, dit-il, jurez-moi de les ramener ! »..... « Nous le jurons », s'écrièrent les hommes. Pendant qu'une partie des troupes, dirigées par le commandant de Momigny, se dirigeait vers le Neudorf pour y surprendre l'ennemi et, au besoin, appuyer le flanc gauche de la reconnaissance, le colonel Fiévet se dirigeait vers Illkirch avec le gros de la colonne, mélange disparate de zouaves, turcos, chasseurs à pied, infanterie de ligne, commandés par le capitaine Taillard; chasseurs à cheval, cuirassiers, lanciers, commandés par le chef d'escadron de Serlay; vingt-quatre artilleurs commandés par le capitaine Touche.

Après avoir passé le Rhin-Tortu près du moulin appelé Schachenmühl, le colonel Fiévet déploie ses troupes et rencontre, à la hauteur de la Hohwarth, les avant-postes allemands, qui se retirent, tout en faisant feu, vers le pont du canal du

---

[1] Alph. Maire, *Les Pontonniers au siège de Strasbourg en 1870* (Souvenirs), p. 26 et s. — M. Maire, secrétaire général des hôpitaux d'Avignon, auquel nous devons l'obligeante communication de l'ouvrage que nous venons de citer était, en 1870, enfant de troupe au régiment des pontonniers, dont son père, aujourd'hui retraité à Avignon, était le chef-armurier. Il a consacré à son ancien régiment plusieurs brochures où respire un attachement passionné au corps d'élite dont il a fait partie.

Rhône-au-Rhin. Pendant ce temps, une compagnie du 3ᵉ régiment badois, accourue d'Illkirch et que viennent renforcer, quelques instants après, trois autres compagnies et une batterie d'artillerie, s'est embusquée derrière le talus et le pont du canal, ainsi que dans des bois et taillis voisins, et, lorsque la colonne Fiévet est presque à bout portant, tire des feux de salve qui jettent aussitôt le désordre dans les rangs français. Le colonel Fiévet fait mettre en batterie trois canons (le quatrième, ayant un timon cassé, était resté en arrière) qui lancent de la mitraille dans la direction du pont et permettent aux tirailleurs, qui se sont brusquement arrêtés, de reprendre leur tir. En même temps, le colonel essaye d'entraîner le reste de l'infanterie, mais la mauvaise qualité des soldats et le manque d'officiers font échouer cette tentative. Exaspéré, le colonel jette à la cavalerie l'ordre d'attaquer. Les lanciers s'avancent, flanqués des cuirassiers, et dépassent d'une dizaine de pas le front des canons, mais reçus par des salves nourries, ils tournent bride à droite et à gauche, entraînant le reste des troupes à leur suite. En vain le colonel Fiévet leur donne l'exemple de la bravoure, en vain le général Barral, qui avait accompagné la reconnaissance en tenue civile, à pied, essaye, après avoir sauté sur le cheval d'un sous-officier d'artillerie, de les ramener au devoir, cavaliers, fantassins et artilleurs se replient en désordre, laissant trois pièces de canon sur la route. L'infanterie jette ses cartouches dans les fossés, pour pouvoir dire qu'elle a brûlé toutes ses munitions et abandonne une partie de ses armes.

Pendant ce temps, le colonel Fiévet est atteint d'une balle à la jambe, un autre projectile coupe le fourreau de son sabre, un troisième larde son cheval et le brave colonel s'abat sur la route. Les soldats le relèvent et le transportent en ville, avec neuf autres blessés. Neuf morts et huit blessés français sont restés sur la route. Les Badois, qui ont eu un mort, un blessé et un disparu, ont en outre fait trois prisonniers et se sont emparés des trois canons abandonnés, ainsi que des armes laissées sur le terrain. La quatrième bouche à feu, qui était restée en arrière de l'engagement, n'a pas été prise, les Badois redoutant peut-être un guet-apens, et a été ramenée en ville vers le soir.

Le bruit de la fusillade et de la canonnade ayant fait penser au général Uhrich qu'un combat sérieux était engagé et que l'ennemi était en nombre considérable, deux compagnies du 87ᵉ de ligne, sous la direction du commandant Rousseau, avaient été envoyées au Neudorf pour aller appuyer de là la colonne Fiévet. Ces deux compagnies, incomplètement instruites sans doute, s'étaient avancées jusqu'au Polygone et y avaient trouvé au repos le détachement commandé par le chef de bataillon de Momigny, et qui s'était arrêté là sur un avis qui lui disait que le Neuhof était occupé par des forces ennemies redoutables. Le commandant Rousseau avait continué toutefois sa marche en avant et s'était porté jusqu'au Neuhof sans rencontrer un soldat allemand. On lui apprit que les troupes du colonel Fiévet étaient rentrées depuis une heure, et au même moment un cavalier lui apportait l'ordre de se replier vers la ville.

Le général Uhrich n'a pas cru devoir sévir contre les fuyards et les faire fusiller, comme il en avait le droit. Il craignait, en faisant passer des compagnies entières devant le conseil de guerre, d'ébruiter les détails, assez peu connus d'abord, de la sortie et de produire sur la population un effet démoralisant, en lui faisant voir de quels tristes éléments se composaient en partie les troupes de la défense.

« J'aurais voulu, pour cette reconnaissance, dit-il dans ses *Documents relatifs au siège de Strasbourg*, employer des troupes plus solides ; mais le bataillon du 21e était à la citadelle ; le brave 87e, du colonel Blot, tenait le front d'attaque ; les détachements des 74e et 78e étaient trop peu nombreux et j'espérais aguerrir les régiments de marche..... »

Un modeste monument a été élevé au bord de la route d'Illkirch à la mémoire des morts de cette journée.

D'autres reconnaissances, moins fortes, avaient été dirigées dans la journée du côté de l'Orangerie et du côté de Kœnigshoffen ; mais c'est à peine si elles avaient eu à brûler quelques cartouches.

Dans la séance du Conseil de défense, tenue le 16 août, le général fait décider que la place est considérée comme investie et que par conséquent, ne pouvant plus communiquer avec le ministre, il est autorisé à nommer des officiers et des sous-officiers pour compléter les cadres et pourvoir aux vacances.

Deux actes de l'administration préfectorale sont affichés le 16 août : Le premier d'entre eux proroge à titre provisoire les pouvoirs du Conseil municipal.

PROROGATION DES POUVOIRS DU CONSEIL MUNICIPAL.

ARRÊTÉ.

« Au nom de l'Empereur, Nous Préfet du Bas-Rhin,

« Vu les lois des 5 mai 1855 et 22 juillet 1870 ; vu l'état de siège :

« Considérant que les circonstances de la guerre n'ont permis ni aux citoyens de procéder aux élections municipales de la ville de Strasbourg, ni au gouvernement de réorganiser l'administration ;

« Arrêtons :

« Art. 1er. Les pouvoirs du corps municipal de la ville de Strasbourg sont prorogés jusqu'à nouvel ordre.

« Art. 2. M. le Maire est chargé de l'exécution du présent arrêté.

« Fait à Strasbourg, le 15 août 1870.

« Le préfet, baron PRON.

« Vu et approuvé :

« Le général de division, commandant supérieur,

« Signé : UHRICH. »

Le deuxième interdit à la population de monter sur les édifices publics :

DÉFENSE DE MONTER SUR LES CLOCHERS ET EDIFICES PUBLICS.

AVIS.

« Il est expressément interdit, sous aucun prétexte, de monter ou de stationner sur les tours des églises ou sur les plates-formes des édifices publics de la ville, à moins d'une permission personnelle délivrée par le général commandant supérieur ou par le préfet.

« Tout individu surpris en contravention au présent ordre sera incarcéré.

« Strasbourg, le 16 août 1870.

« Le préfet, baron PRON. »

Le 17 août. L'investissement de la ville faisait maintenant de rapides progrès et du haut de l'Observatoire de la Cathédrale on voyait les troupes allemandes grossir en nombre d'heure en heure et s'établir sur des points d'attaque distants de quelques kilomètres à peine de la place. Le général Uhrich s'occupa donc, autant qu'il le pouvait avec ses faibles ressources, de les déloger.

Le couvent du Bon-Pasteur, situé derrière l'Orangerie, près du canal, lui semblant avoir été occupé par l'ennemi, il résolut de lui enlever cet abri et en même temps de démolir les bâtiments du couvent qui gênaient le tir de la citadelle et du rempart de la porte des Pêcheurs. A deux heures et demie du matin, la 3e compagnie du 4e bataillon du 18e de ligne, quittait les ouvrages avancés de la citadelle et se dirigeait vers l'Orangerie, une section en avant, commandée par le lieutenant Luya, une autre section en soutien, sous les ordres du capitaine Laporte et du sous-lieutenant Leroy. On cerne le couvent, mais on s'aperçoit aussitôt qu'il n'est pas occupé et au même instant, une salve part d'une maison située de l'autre côté du canal, où les Badois s'étaient abrités. Trois escouades sont déployées en tirailleurs, le sous-lieutenant Leroy à gauche, le lieutenant Luya au centre, le sergent Jerôme à droite, pendant que le reste de la compagnie garde le couvent — où se trouvent encore quelques sœurs — sous les ordres du capitaine Laporte.

Ces escouades s'avancent résolument, presque sans tirer en s'abritant par les arbres et la berge, et se postent derrière la digue du canal et les débris d'un pont détruit, qui les protègent assez efficacement. Une fusillade très-vive s'engage entre les Français et les Badois qui viennent de recevoir du renfort, et qui ont pris position maintenant sur la digue opposée. Après avoir échangé des coups de feu pendant près d'une heure, les deux colonnes se retirent, les Français ayant sept blessés, les Badois un nombre à peu près égal d'hommes mis hors de combat.

Le Bon-Pasteur est évacué par les dernières sœurs qui étaient restées à leur poste, le bétail de l'établissement est ramené en ville, et, dans l'après-midi, le rempart de la porte des Pêcheurs essaye de détruire les bâtiments. Les boulets pourtant ne réussissent à démolir que l'église, construite en pierres de taille; quant au couvent même, qui est en torchis, il est criblé de trous, mais ne s'écroule pas et, pour en avoir raison, il faut y mettre le feu.....

Grande rumeur de par toute la ville. Les troupes allemandes campées à Illkirch, Eckbolsheim, Lingolsheim, Mundolsheim, Holtzheim se sont concentrées rapidement dans la direction de Geispolsheim. Un corps d'armée français s'avance à marches forcées vers Strasbourg; nous allons entendre la terrible canonnade d'une grande bataille et dans quelques heures peut-être nous serons délivrés!.... La concentration, le corps d'armée, l'espoir en la délivrance..... pures chimères!

Informé qu'une des premières maisons de Schiltigheim, du côté de Strasbourg, semblait transformée en ambulance, puisque le drapeau de la Croix-Rouge flottait sur son toit, le général Uhrich écrit au commandant en chef de l'armée assiégeante et lui signale cette position si anormale pour une accumulation de blessés :

« Monsieur le Commandant supérieur,

« Il m'est rendu compte que la maison située à droite et sur la route de Strasbourg à Schiltigheim, un peu au delà du cimetière, est surmontée d'un drapeau de l'Internationale et que, de cette maison, sont partis des coups de fusil dirigés sur les défenseurs des ouvrages détachés de la place confiée à mon commandement.

« Si cette maison est une ambulance, c'est une ambulance placée en première ligne. D'un autre côté, dans l'intérêt de ma mission, je puis être appelé à en prescrire la destruction. Je ne voudrais cependant pas aggraver la situation malheureuse de blessés ou malades appartenant à l'armée dont vous faites partie, ou à l'armée française.

« J'ai la ferme conviction que cette simple observation vous engagera à supprimer le drapeau de l'Internationale sur la maison dont je viens de vous entretenir, en portant plus en arrière l'ambulance qui y est établie.

« Recevez, Monsieur le Commandant supérieur, l'assurance de ma haute considération.

« UHRICH. »

Le lendemain l'ambulance avait disparu.

Le 18 août. Le général, qui veut dégager autant que possible le front nord, organise une sortie chargée d'abattre les grands arbres du cimetière Sainte-Hélène et les bâtiments qui forment l'entrée de la commune de Schiltigheim, distants de quelques centaines de mètres à peine des murs de la place.

Au point du jour, le colonel Blot, avec quatre compagnies de son 87ᵉ de ligne (400 hommes), sous les ordres directs du commandant Rousseau, et 200 travailleurs du 21ᵉ de ligne, sort par la porte de Pierres et arrive à l'entrée de Schiltigheim sans d'abord rencontrer de résistance de la part de l'ennemi, qui s'est retranché dans l'intérieur du bourg.

Deux compagnies sont alors employées, l'une (lieutenant d'Arcine), avec les travailleurs du 21ᵉ, à abattre les arbres du cimetière Sainte-Hélène, condamnés par les intérêts de la défense, l'autre (capitaine Chavent), à mettre le feu aux bâtiments dont la destruction a paru nécessaire. Des brasseries, des malteries, des maisons de campagne, d'énormes hangars se trouvent bientôt en flammes.

Pour protéger l'opération des travailleurs, la 1ʳᵉ compagnie du 1ᵉʳ bataillon avait été lancée en avant, en tirailleurs, et la 6ᵉ compagnie du même bataillon occupait à l'entrée de Schiltigheim, à gauche, la route de Wissembourg. Cette dernière compagnie part de là, dirigée par le colonel Blot, pour faire la reconnaissance du couvent Saint-Charles, situé un peu plus loin, à droite de la route, et qu'on suppose occupé par l'ennemi ; ce mouvement est appuyé, à droite, par la 1ʳᵉ compagnie qui, conduite par le commandant Rousseau, s'avance sur la route de Soufflenheim, jusqu'à la hauteur du bâtiment de la gendarmerie ; elle trouve là une barricade en planches que les assiégeants abandonnent aussitôt pour se réfugier derrière un second retranchement plus fort, élevé à 60 ou 80 mètres en arrière. Un feu des plus vifs s'engage alors sur ce point ; la 1re compagnie se maintient derrière la barricade jusqu'à ce que, la reconnaissance du couvent Saint-Charles étant terminée sans qu'on y ait rencontré l'ennemi, l'ordre lui est donné de se replier ; elle opère sa retraite en échelons par sections, en continuant à tirailler jusqu'à la sortie de Schiltigheim, accompagnée des feux des assiégeants, mais non poursuivie par ces derniers. Les différents détachements qui ont pris part à la sortie se réunissent au-dessous du cimetière Sainte-Hélène et rentrent à huit heures et demie dans la place, ayant eu quatre hommes tués, un officier (le sous-lieutenant Petit, du 87e) et dix-neuf sous-officiers et soldats blessés. Les assiégeants n'accusent qu'un seul blessé.

Ce cimetière mutilé, les peupliers qui l'entouraient, les allées de sapins qui l'entrecoupaient, les grands saules qui pleuraient sur les tombes, abattus par la hache..... et ces pierres tumulaires ébranlées par la chute des arbres, et ces morts troublés dans leur sommeil..... quelle affliction !.....

Le fossoyeur, le père Geiss, une physionomie populaire à Strasbourg, qui était resté à son poste sans souci du feu croisé des assiégés et des assiégeants, rentra ce jour-là en ville, emportant ses registres d'inhumation et abandonnant sa pauvre maisonnette avec sa treille légendaire..... Il avait planté contre sa demeure un pied de vigne qui portait chaque année des quantités extraordinaires de raisins. On venait les admirer de tous les points de la cité et de la banlieue..... En 1870, pour la première fois, on n'a pas fait le pèlerinage à la treille du père Geiss.

Nous avons vu que huit blessés français étaient restés sur la route, lors de la sortie du 16 août, en même temps que neuf morts, tombés sous les balles badoises. Ces derniers ont été enterrés dans les champs voisins et plus tard, ainsi que nous l'avons dit, on a élevé, par voie de souscription, un modeste monument à ces obscurs héros du devoir, sur le bord même du chemin où ils avaient été frappés.

Quant aux huit blessés, on les transporta à Ostwald, où le maire de la commune, M. Heydt, improvisa une ambulance dans la maison d'école des filles. Quatre d'entre eux succombèrent quelques heures après le combat, tandis que Messiat, sergent de chasseurs ; Martin, chasseur à pied ; Jourdain, soldat d'infanterie de ligne ; Grau, artilleur, d'Eichhoffen (aujourd'hui maire de cette commune), survécurent à leurs blessures. Soignés d'abord par des médecins de l'armée badoise, assistés des sœurs institutrices, qui n'eurent pas de peine à se transfor-

Monument élevé à la mémoire des soldats français tombés dans la sortie du 16 août 1870.

mer en sœurs de charité, ils furent remis peu de jours après, par le médecin en chef, docteur Fleig, à M. le docteur Goldschmidt, médecin à Illkirch-Grafenstaden, qui ne se fit pas prier, comme l'on pense, pour prendre ce service. On lui délivra, pour lui permettre de circuler librement sur la route, un certificat ainsi conçu :

« Le soussigné a chargé le docteur Goldschmidt, de Grafenstaden, de soigner les blessés français qui se trouvent à Ostwald.

« FLEIG, médecin en chef du 3ᵉ régiment d'infanterie. »
(Timbre du régiment.)[1]

Et, muni de cette attestation, le docteur Goldschmidt put se rendre chaque jour auprès de ses blessés, qu'il réussit à remettre sur pied tous les quatre. Le sergent Messiat se sauva, aussitôt guéri ; l'artilleur Grau, qui était dans un état d'autant plus grave qu'à ses blessures vinrent se joindre des accès tétaniques, ne se releva qu'au bout de longues semaines de souffrances et put rentrer chez lui ; les deux autres furent emmenés en captivité dès qu'ils purent quitter l'ambulance.....

Nous donnons ici la parole au général Uhrich pour qu'il nous conte une partie de cette journée du 18, qui devait être si fertile en événements.

« Ce même jour, 18 août, l'ennemi ouvrit la tranchée en avant d'Eckbolsheim, derrière la Chartreuse, sur le front ouest, à près de 4 kilomètres des ouvrages avancés, du fort Blanc et de la porte Nationale. Il profita des obstacles artificiels, constructions, plantations, etc., pour se dérober à nos vues. Au nord, à Bischheim, à 1 kilomètre au delà de Schiltigheim, à 3 kilomètres de la place, il construisit un retranchement palissadé et, sur plusieurs points, il établit des ateliers de fascinages. Enfin, un corps nombreux se montra sur la rive droite du Rhin, au sud-est, s'élevant vers le nord.

« Tous ces renseignements m'étaient fournis par le poste d'observation de la Cathédrale, mais ce que ce poste voyait était complètement dérobé aux regards des défenseurs placés dans les bastions. Les obstacles matériels en avant de notre front ne permettaient qu'un tir incertain.

« Défense m'avait été faite, on l'a vu, avant l'arrivée de l'ennemi, de rien jeter à bas et de mettre en conséquence la place en état de résister régulièrement. Le moyen, avec une garnison de 11,000 hommes, dont 4000 à peine de soldats solides, le moyen de faire des sorties assez nombreuses, assez fortes, devant une

---

[1] Plus tard, pour circuler dans les localités du Neuhof et du Neudorf, le Dʳ Goldschmidt dut se faire délivrer un laissez-passer spécial, rédigé dans les termes suivants :

« LAISSEZ-PASSER
« (Valable jusqu'à nouvel ordre)
« délivré au médecin-praticien, le Dʳ Goldschmidt, pour se rendre dans les localités du Neuhof et Neudorf, en deçà de la chaîne des avant-poste.

« Le commandant des avant-poste
« Colonel MÜLLER. »

armée de 65,000 hommes, pour détruire les obstacles de la zone militaire de défense?....

« L'ouvrage 37, à l'ouest, près de la porte Nationale, paraissait le plus sérieusement menacé par le feu de l'ennemi. Ce bastion était pour ainsi dire choisi par l'armée assiégeante comme point d'attaque. Je donnai l'ordre d'en déblayer les approches et de mettre à nu le terrain, coûte que coûte. Vers midi, l'opération commença et donna lieu à une forte fusillade et canonnade. Le pont, sur la route, fut rompu, les plantations furent abattues et six maisons détruites par l'incendie. Les fronts ouest et nord étant en butte à des attaques incessantes, j'en renforçai les défenseurs avec deux bataillons du régiment de marche (infanterie). Je décidai ensuite, d'accord avec le Conseil, l'armement de la garde nationale sédentaire.

« Un mot me paraît nécessaire pour expliquer ma conduite à l'égard de la garde nationale :

« Le 6 août au soir, après la bataille de Frœschwiller, une foule de soldats sans armes, sans sacs, se précipitèrent en désordre dans Strasbourg. Ils y causèrent l'émoi le plus vif et le plus naturel. Deux à trois cents individus de la basse classe se ruèrent sur la Mairie, envahirent la cour, demandèrent à grands cris des armes pour marcher à l'ennemi.

« Le maire était alors M. Humann, dont j'aurai l'occasion de parler de nouveau.

« M. Humann vint à la hâte avec ses adjoints et plusieurs membres du conseil municipal à mon quartier général. Ils étaient tout émus, et le maire me demanda de faire délivrer des armes à la population. Je m'y refusai nettement et répondis :

« Que la garde nationale sédentaire de Strasbourg serait organisée dès qu'on aurait établi des contrôles, qu'alors je lui ferais immédiatement et avec grand plaisir distribuer le nombre de fusils qui me serait demandé.

— « J'ai fait la promesse à ces hommes de leur donner des armes demain, me dit M. Humann, il faut que je les donne.

— « Vous avez eu tort de promettre, répondis-je au maire. Encore une fois, les armes ne seront distribuées que d'une façon régulière. »

« M. Humann ayant répliqué : « Il est à craindre que demain matin on ne se porte à l'Arsenal. »

— « J'y serai, répondis-je, et l'on me passera sur le ventre avant de toucher à un fusil. »

« Le lendemain, 7 août, le matin, un fort brave homme, adjoint à la mairie de Strasbourg, vint de nouveau, d'un air effaré, me prier de livrer des armes à la populace[1], me disant que des menaces, qui se reproduisirent contre moi le 30 août, ainsi que je le dirai, avaient été proférées.

« Je ne crus pas devoir faire plus de cas de cette nouvelle démarche que de celle de la veille.

« Dès qu'on m'eut fourni les contrôles, je formai régulièrement 3000 hommes de gardes nationales sédentaires. J'en tirai une batterie d'artilleurs volontaires qui rendirent de bons services. Cette batterie, mise à la disposition du général Barral, fut placée d'abord au bastion 12, — le poste le plus périlleux. Elle y perdit du monde[2]. »

Ainsi que le général Uhrich le constate, les assiégeants avaient commencé, dans la journée du 18, à creuser des tranchées du côté de l'ancien couvent de la Chartreuse, à Kœnigshofen. Mais c'est pour la nuit qu'ils s'étaient réservé leur principale opération, c'est-à-dire l'occupation complète et définitive de ce faubourg extra-muros, excellent point d'attaque du côté ouest de la place.

Pour donner le change sur ces travaux, il avait été décidé de soumettre la ville à un nouveau bombardement nocturne, et deux batteries, installées au nord-est d'Ostwald et à la ferme du Murhof, plus tard une batterie placée devant Wolfisheim, furent chargées de s'acquitter de la besogne[3].

A 9 heures du soir, une terrible détonation retentit au centre de la ville. Une bombe venait d'éclater sur la place Gutenberg; puis les projectiles se suivirent d'intervalles en intervalles pendant la nuit presque tout entière. Les sifflements stridents se croisaient dans les airs et les obus éclataient dans les rues, sur les maisons, dans les cours, avec un bruit épouvantable qui se répétait sourdement dans le silence de la nuit.

A minuit, une vive lueur illumina subitement le ciel du côté du faubourg National; un immense incendie venait d'éclater dans la rue Sainte-Aurélie, allumé par une bombe tombée dans une grange remplie de foin. Le feu fit des progrès rapides, et en quelques instants une dizaine de bâtiments, composant six ou sept propriétés, ne formèrent plus qu'un seul brasier. On évita de sonner le tocsin, mais l'organisation du service des incendies permit d'amener promptement des

---

[1] Ce « fort brave homme d'adjoint » avait certainement parlé de la « population » et non de la « populace ».

[2] *Documents relatifs au siège de Strasbourg*, par le général Uhrich, p. 25 et s. — Les derniers passages de cette citation nous montrent éloquemment la méfiance qu'on avait su implanter dans l'esprit du général Uhrich à l'égard de la population civile. Plus tard son opinion s'est modifiée et il a été fier d'être nommé *citoyen* d'honneur de la courageuse ville de Strasbourg.

[3] *Geschichte der Belagerung von Strassburg im Jahre 1870*, von Reinhold Wagner, p. 182.

secours, et on se mit courageusement à attaquer les flammes. Les habitants des maisons en feu essayaient encore de sauver leur mobilier; quelques-uns d'entre eux réussirent à transporter dans la rue une partie de leur avoir; mais bien des objets précieux ou chers durent être abandonnés; des bestiaux, des provisions nombreuses, des marchandises de toute espèce devinrent la proie du feu.

Les propriétés de MM. Federlin, jardiniers-cultivateurs; la maison Schott; la maison Freysz; la maison de MM. Lévy frères, marchands de chiffons; la maison Kirrmann, d'autres immeubles encore furent détruits de fond en comble. Une vaste étendue comprise entre la rue Sainte-Aurélie et le faubourg National ne présenta plus, au bout de quelques heures, qu'un monceau de ruines.

La garde mobile, des détachements de troupes, la population prêtèrent un énergique concours aux pompiers, qui maîtrisèrent les flammes vers le matin, entre quatre et cinq heures.

Les obus continuèrent à pleuvoir pendant toute la nuit, et à chaque instant il y avait quelque nouveau désastre ou quelque malheur à signaler.

La maison Carré, place Gutenberg, eut les glaces de son 1er étage brisées par un obus; un projectile entra, sur la même place, dans la terrasse de la maison Sick et Marckert; rue des Serruriers, 15, au coin de la rue de la Chaîne, un obus démolit un mur et une cheminée et brisa les fenêtres d'une maison contiguë; la maison Masson, rue des Serruriers, eut deux plafonds percés; dans la rue de l'Épine, la rue de l'Ail et la rue des Tonneliers des projectiles tombèrent sur les bâtiments en démolissant les toitures et les murs; un obus éclata au milieu de la rue du Bateau; un autre fut lancé sur la maison de MM. Dietrich frères, quai Saint-Nicolas; devant l'estaminet Schützenberger, rue du Vieux-Marché-aux-Poissons, un obus éclata sur le pavé; six maisons du quai des Bateliers furent atteintes; un projectile tomba dans la cour du quartier Saint-Nicolas.

La brasserie des *Deux-Cognées*, le *Poêle-des-Jardiniers*, au faubourg National; la maison Schæffer, l'*Hôtel d'Angleterre*, au Vieux-Marché-aux-Vins, reçurent des projectiles. La Cathédrale elle-même ne fut pas épargnée, et une des galeries de la façade principale fut ébréchée par un projectile. Un obus tomba sur un bateau amarré devant le chemin de halage du quai des Bateliers, le troua en éclatant avec fracas et le fit sombrer; dans la rue des Pucelles, la maison Momy reçut un obus.

La maison Bach, rue des Juifs, construite en pierre de taille de 70 centimètres d'épaisseur, eut sa façade éventrée par un obus, qui éclata dans un appartement et dévasta tout le mobilier. Dans la rue des Charpentiers, un obus tomba sur la maison de Dartein; un officier d'artillerie qui était en observation sur la Cathédrale vit le projectile s'abattre sur cette maison qu'il habitait; il ne quitta point son poste, mais envoya immédiatement prendre des informations: l'obus était tombé sur le lit occupé par sa femme dix minutes auparavant, et avait, en éclatant, tout brisé dans l'appartement, sans faire de blessure à personne.

Dans la rue de l'Arc-en-Ciel, horrible catastrophe. Un obus tomba vers le matin sur un pensionnat tenu par des Sœurs, pendant que les enfants étaient en prière; six jeunes filles furent tuées sur le coup; cinq autres, dont l'une mourante, furent transportées aussitôt à l'ambulance du Petit-Séminaire. M. le docteur Hergott, médecin en chef, donna les premiers soins à ces malheureuses enfants; quand il arriva, les pauvres petites filles étaient pâles, tremblantes, affolées dans leurs lits, au milieu des soldats blessés. Trois d'entre elles furent amputées de la jambe, une autre de la cuisse. Les quatre amputations achevées, le docteur Hergott s'approcha d'une cinquième victime qui s'écria: « Oh! Monsieur, ne me coupez pas les jambes! » et le docteur eut la joie de pouvoir lui dire qu'une opération n'était pas nécessaire. En même temps on apportait à l'ambulance un ouvrier mortellement frappé.....

Empruntons à un « Journal » de l'ambulance du Petit-Séminaire un passage relatif à cet émouvant drame du pensionnat de la rue de l'Arc-en-Ciel : « A sept heures du matin, un obus éclate dans l'ouvroir de l'asile Saint-Antoine, dirigé par Mlle Glaysal. Deux jeunes filles sont tuées sur le coup; neuf sont horriblement blessées et mutilées[1]. Des gendarmes, des infirmiers militaires, des civils les transportent à l'ambulance du Petit-Séminaire, où leur vue, leurs gémissements et leurs cris de douleur font naître parmi les blessés une émotion mêlée d'indignation et de colère. Sœurs de charité, aides-chirurgiens et professeurs s'empressent autour des victimes pour les consoler, les encourager, les confesser. M. le docteur Hergott, chargé des deux ambulances du Grand- et du Petit-Séminaire, accourt et procède à d'urgentes opérations, assisté de deux élèves externes de l'hôpital civil et de six élèves de l'École de santé militaire..... Tout le plancher du grand dortoir est rougi de flots de sang et, pendant les opérations et les pansements, les obus ne cessent de siffler et d'éclater sur les toits, dans les cours et autour de l'établissement, brisant de tous côtés carreaux et fenêtres, tuiles et ardoises. Après quelques heures de repos, les pauvres enfants sont transportés à l'hôpital civil; car il ne doit y avoir à l'ambulance du Petit-Séminaire que des soldats blessés[2]. »

Dans la rue Saint-Guillaume, une grande maison nouvellement construite à

---

[1] Nous croyons que nos chiffres sont plus exacts.
[2] *Revue catholique de l'Alsace*, numéro de septembre à décembre 1870, p. 493.

BOMBARDEMENT DE LA CITADELLE PAR LES BATTERIES DE MORTIERS DE KEHL
(Porte de France, vers l'Esplanade)

côté du Jardin botanique fut fortement endommagée ; le presbytère de l'église Saint-Guillaume eut une partie de son toit enlevée ; deux bombes tombèrent sur la Manufacture des tabacs, qui fut immédiatement évacuée. Dix-sept maisons furent atteintes dans le quartier de la Krutenau.

La Citadelle était le point de mire principal d'une batterie établie à Kehl, près du Rhin. Là, le bombardement semblait ne plus devoir cesser. Les obus et les bombes y tombaient comme la grêle, blessaient, tuaient, brûlaient, brisaient et dévastaient. Un turco eut les jambes coupées ; des soldats de toutes armes, des gardes mobiles furent atteints par des éclats. Des femmes, des enfants, des militaires s'étaient réfugiés dans une casemate ; les femmes et les enfants priaient, pleuraient, accroupis dans le souterrain qui lui-même n'était pas à l'abri des projectiles, car deux obus y pénétrèrent. Tout à coup un artilleur se précipite dans la casemate : « Vous êtes sous une poudrière, s'écrie-t-il, et l'ennemi semble viser cet endroit ! »..... La poudrière heureusement était bien garantie. Les malheureux réfugiés profitèrent d'un instant de répit pour courir s'abriter ailleurs.

La tour de l'église de la Citadelle, le bâtiment des officiers supérieurs, les casernes, l'arsenal avaient été gravement endommagés par les projectiles.

Les bombes qui arrivaient du côté de Kehl sur la porte des Pêcheurs firent plusieurs victimes parmi les ouvriers qui travaillaient, près de cette porte, à démolir quelques constructions. Un ouvrier occupé à la démolition du restaurant du *Petit-Moulin* fut mortellement atteint par deux éclats. Des obus furent lancés en grand nombre sur le chemin de halage en amont de la porte des Pêcheurs, sur les chantiers où des ouvriers chargeaient dans des bateaux d'énormes quantités de bois qui, par ordre supérieur, devaient être rentrées à très bref délai en ville.

Des projectiles tombèrent sur la place au Sable ; d'autres éclatèrent contre la muraille du quai, aux abords du pont Saint-Étienne ; un obus vint frapper le bâtiment du Petit-Séminaire, où se trouvaient de nombreux blessés.....

Le capitaine de vaisseau Bergasse du Petit-Thouars, qu'un hasard providentiel avait enfermé dans Strasbourg avec l'amiral Excelmans et une poignée de marins, nous a laissé de cette nuit sinistre un tableau rapide et saisissant :

« Le 18, on sut qu'il se passerait quelque chose de sérieux le soir. Je m'étais rendu, comme de coutume, au Contades, où nous étions fort en l'air ; la nuit se faisait sombre, et nous attendions, l'œil ouvert sur ces immenses masses de verdure qui nous entouraient, pensant plutôt à une attaque de vive force qu'à un bombardement, quand tout à coup l'horizon s'illumina et une grêle de projectiles, passant par-dessus nos têtes, alla s'abattre sur la ville. Il en pleuvait de tous côtés, et la distance des batteries était telle qu'on ne voyait que la lueur du coup et qu'il fallait prendre une montre à secondes pour se rendre compte qu'elles étaient à environ 3000 mètres.

« Au silence qui régnait succéda une immense rumeur venant de la ville, plongée encore dans l'obscurité ; puis des lueurs parurent, puis des flammes s'élevèrent de tous côtés, puis la flèche de la Cathédrale, reflétant ces teintes fantastiques, commença à flamboyer, et au-dessus du fracas de l'artillerie, du crépitement de l'incendie, des voix qui s'appelaient, on entendit la note aiguë des cris d'enfants qui dominaient tout le reste.

« Ce fut un spectacle horrible : nous étions là, ne pouvant rien, car nous sentions que tirer au jugé, à la lueur des coups, à une distance incertaine, c'était brûler des munitions inutilement. D'un autre côté, il fallait être prêt à tout, puisque ce pouvait n'être qu'une feinte destinée à attirer l'attention sur la ville, tandis que les Allemands auraient tenté quelque part un coup de main sérieux. Mais, quand de tous les côtés les incendies furent allumés, le tir s'abaissant, nous couvrit d'une grêle de projectiles, comme pour nous montrer qu'on pensait aussi à nous, je dois le dire, ce fut un soulagement !

« Telle a été la première nuit du bombardement, et bien d'autres lui ont ressemblé jusqu'au jour où, comprenant que l'intimidation ne pouvait suffire, le général Werder se décida à commencer les travaux du siège[1]. »

---

[1] *Le siège de Strasbourg*, par B. du Petit-Thouars, tome XLIX du *Correspondant*, p. 996.

CHAPITRE VIII

Les ambulances du Grand- et du Petit-Séminaire. — Un épisode du bombardement de la Citadelle. — Ordre du jour félicitant la garde mobile. — Correspondance du général Uhrich et du général de Werder. — Un parlementaire blessé.

Le 19 août. Nous avons dit plus haut que le docteur Hergott, médecin en chef de l'ambulance du Petit-Séminaire, avait donné ses soins aux malheureuses jeunes filles du pensionnat de la rue de l'Arc-en-Ciel, frappées par les éclats d'une bombe pendant qu'elles étaient agenouillées, priant Dieu..... Qu'il nous soit permis de reproduire ici une lettre que le savant et sympathique professeur de notre Faculté de médecine française, — aujourd'hui à la Faculté de Nancy, — a adressée au sujet de son ambulance à un de ses amis de Strasbourg, par l'intermédiaire duquel nous lui avons demandé quelques détails sur les événements auxquels il a été mêlé à cette époque, où nos médecins ont fait preuve de tant d'héroïsme et d'abnégation..... :

« Nancy, le ..... 1895.

« Cher ami,

« En commençant cette lettre, il me revient à l'esprit ce passage du 2ᵉ livre de l'*Énéide*:

> « Quamquam animus meminisse horret, luctuque refugit
> « Incipiam..... »

« Oui, douloureuse a été l'exhumation de ces papiers funestes où sont consignées de si amères tristesses.....

« Comme vous le savez, tout le monde parlait d'ambulances à créer, mais au moment voulu, c'est-à-dire le 6 août, quand arrivèrent les premiers convois de blessés de Wissembourg et de Frœschwiller, j'ai été heureux de disposer des meilleurs locaux, le Grand- et le Petit-Séminaire, transformés en ambulances par Mgr Ræss, et dont j'ai été chargé comme chirurgien en chef. C'est à ces deux locaux si spacieux et pouvant si bien s'aérer que je dois d'avoir pu conserver la vie à un certain nombre de blessés. J'avais comme aides, au Petit-Séminaire,

M. Hutel, de Saint-Dié, et d'autres élèves bénévoles, restant au Petit-Séminaire avec le supérieur, M. Pantaléon Mury. M. le professeur de rhétorique Polin (qui est allé mourir en Irlande) et plusieurs de ses collègues s'occupaient des écritures, tenues très exactement, avec tables alphabétiques pour pouvoir retrouver les blessés. Même disposition pour le Grand-Séminaire, où les écritures étaient tenues par des volontaires ; mon fils Alphonse, élève en 2ᵉ année de médecine, faisait fonctions d'aide avec quelques amis.

« J'établis d'avance un registre d'ordre pour les deux établissements, si bien que quand arrivèrent, le soir vers 6 heures, les blessés dans un certain nombre d'omnibus, j'en pus recevoir 110, dont 89 furent logés au Grand- et 21 au Petit-Séminaire. Ces registres sont restés en mes mains, et c'est d'après eux que je vais vous donner quelques détails, par conséquent absolument exacts.

Le professeur Hergott,
Médecin en chef des ambulances du Grand- et du Petit-Séminaire.

« Le nombre des blessés soignés dans ces ambulances depuis le 6 août, au commencement de novembre (6 novembre pour le Grand-Séminaire, 3 novembre pour le Petit-Séminaire), s'est élevé, au Grand-Séminaire, à 262 blessés ; au Petit-Séminaire, à 240 ; ensemble, 502.

« La grandeur des salles, la possibilité d'en changer pour les nettoyer et les aérer a été la cause essentielle des succès qui y ont été obtenus ; mais je ne puis assez louer mes aides et les infirmiers volontaires (séminaristes, toujours prêts à se soumettre à toutes les exigences). Dans le corridor du Petit-Séminaire se trouvait l'indication des salles et le numéro de chaque malade ; au Grand-Séminaire, ils étaient moins dispersés, plus faciles à trouver. Les élèves du Service de santé militaire venaient chaque matin suivre la visite et se mettre à ma disposition pour les opérations à faire dans la journée.

« Je faisais la visite le matin et le soir régulièrement et, dans la journée aussi bien que pendant la nuit, chaque fois qu'un accident récent ou ancien réclamait mon intervention.

« J'ai été obligé de pratiquer un nombre considérable de grandes opérations : ligatures d'artère, amputation de la cuisse, de la jambe, partielle du pied, resection de la tête de l'humérus enlevée en partie, etc., etc.

« J'ai eu la satisfaction de pouvoir montrer à un chirurgien étranger des amputés de la cuisse parfaitement guéris ; il a fallu à l'incrédule confrère qu'il défît le pansement pour bien s'en assurer ; s'il m'avait accompagné à mon service de l'hôpital civil, j'aurais pu lui en montrer trois. C'étaient ces pauvres petites orphelines de la rue de Arc-en-Ciel, dont six ont été tuées par un obus pendant leur prière du matin ; les cinq autres me furent apportées au Petit-Séminaire. Chez trois d'entre elles l'amputation de la cuisse fut nécessaire et pratiquée ; à la quatrième je coupai la jambe, et quand on m'apporta la cinquième, elle me supplia de ne rien lui couper. Je constatai heureusement qu'aucune opération n'était nécessaire ; j'en fus bien heureux pour elle et aussi pour moi.

« Il est bien difficile, dans une circonstance pareille, d'établir une statistique, et elle ne prouverait pas grand'chose.

« Je me suis trouvé souvent en présence de délabrements considérables, incompatibles avec la vie. La résorption purulente, ce spectre hideux des salles de chirurgie que des travaux récents ont banni, m'a enlevé un certain nombre d'amputés et de blessés qui aujourd'hui pourraient être guéris. Le tétanos est venu quelquefois aussi emporter des blessés et des opérés sur la guérison desquels j'avais cru pouvoir compter.

« J'ai pu démontrer l'excellence des appareils à fraction confectionnés avec du linge plâtré pour en faire une gouttière. C'est au moyen de cet appareil, dont j'ai été heureux de doter la pratique chirurgicale, que j'ai soigné et guéri le brave suisse de la Cathédrale, Antoine, qui a eu la jambe brisée par des éclats d'obus, au moment où il fermait son église. C'est dans la crypte que je dus lui mettre le premier appareil. Il n'y resta pas longtemps, car dans la nuit suivante (25 août) eut lieu l'incendie de la toiture de la Cathédrale, et, par suite, la chute du grand lustre et l'incendie des bancs du chœur, allumé par le cuivre fondu qui était tombé de la voûte. On songe à l'angoisse des malheureux réfugiés dans cette église souterraine, dans laquelle ils ont craint un instant d'être ensevelis !......

« Un membre des chevaliers de Saint-Jean, M. de Hohenlohe, est venu voir le suisse transporté dans une chambre du Grand-Séminaire et m'a fait l'honneur de demander à assister le lendemain au renouvellement de l'appareil plâtré, auquel il paraissait fortement s'intéresser.

« J'ai été bien heureux après quelques mois de revoir ce brave serviteur de l'Église à la tête de la procession.

« Mais, je vous fatigue, veuillez m'excuser.

« Bien à vous,

« HERGOTT. »

Deux jours avant le 18 août, le *Courrier du Bas-Rhin* avait dit que la situation des ambulances de Strasbourg était toujours excellente. « Il n'y a eu jusqu'à présent, ajoutait-il, qu'un décès. Un jeune soldat, blessé à la main, a succombé au tétanos. Les autres sont la plupart en bonne voie de guérison. Plusieurs d'entre eux ont déjà pu quitter les salles où des soins leur ont été prodigués. Tous se louent de la sollicitude dont ils ont été ou sont encore l'objet de la part des chirurgiens et des personnes attachées à divers titres aux ambulances.

« L'entrain militaire et le désir d'une revanche sont revenus à tous nos braves soldats, même à ceux qui avaient été le plus rudement atteints. Les turcos seuls conservent un air de tristesse. Ils ne peuvent se consoler, la plupart, de leur défaite. Et cependant ils se sont battus avec une bravoure à laquelle l'ennemi lui-même a rendu hautement justice. Le champ de bataille de Frœschwiller en portait d'ailleurs un irrécusable témoignage. On nous a rapporté, en effet, qu'en visitant le champ de bataille de Frœschwiller, le lendemain de l'action, près de chaque turco mort on était certain de trouver quatre ou cinq Prussiens qui étaient tombés sous ses coups avant qu'il succombât lui-même sous le nombre.....

« Beaucoup de nos blessés ont la permission de se promener en ville pendant quelques heures, et on en a vu hier un certain nombre circuler dans nos rues par le beau soleil qui les inondait. Ceux qui ne sont pas assez valides ont de grandes cours ou même des jardins attenant aux établissements dans lesquels ils sont traités, et passent ainsi une partie de la journée en plein air. Au Petit-Séminaire, tous ceux qui étaient transportables ont été déposés hier, pendant une partie de la journée, sur la terrasse du côté de l'eau.

« C'est grâce à toutes ces bonnes conditions médicales et hygiéniques que l'on n'a vu surgir aucune de ces complications qui rendent la guérison des blessures plus difficile.

« L'hôpital militaire n'a guère reçu de blessés jusqu'à présent ; et s'il devait en arriver encore à Strasbourg, à la suite de quelque nouvel engagement qui aurait lieu à proximité, de vastes salles sont prêtes pour eux. »

Et à propos de nos médecins, le *Courrier du Bas-Rhin* citait M. Hirtz, professeur à la Faculté de médecine, qui était parti quelques jours auparavant pour conduire sa famille à Boulogne-sur-Mer, et qui venait de rentrer, non sans peine, à Strasbourg. « Il y est revenu, disait le *Courrier*, s'acquitter de ses devoirs de médecin et de citoyen. La place du chirurgien et du médecin est, en effet, sur le champ de bataille pendant l'action, et après le combat, dans les ambulances et dans les hôpitaux, où sont recueillis les blessés et les malades. Les chirurgiens et les médecins ont à remplir alors les devoirs les plus sacrés de leur profession, ceux qui les honorent aux yeux de tous.

« La place du citoyen est là où il y a un péril à affronter, de rudes épreuves à traverser, la patrie à défendre de ses conseils ou de sa personne, là où il y a des exemples de fermeté, de dévouement, de sacrifice à donner et à relever par ces exemples les natures timides et les courages défaillants..... »

Nous avons vu que la citadelle avait été bombardée sans trêve ni merci, du soir au matin, par les batteries de Kehl et que des malheureux, réfugiés dans une casemate, avaient subi les plus terribles angoisses. Nous croyons devoir reproduire, à ce propos, une lettre qui nous a été adressée au *Courrier du Bas-Rhin*, dans la matinée du 19, sur ce dramatique épisode du bombardement de notre forteresse, par un ami et un confrère du barreau, M. Paul Pfortner, l'avocat aussi distingué que populaire, le sympathique Strasbourgeois que l'émigration nous a enlevé avec tant d'autres concitoyens éminents, et qui a retrouvé à Besançon, où le suffrage de ses confrères l'a élevé à la dignité de bâtonnier, l'estime personnelle et la considération professionnelle dont il jouissait dans sa ville natale. Voici sa lettre :

« Mon cher ami,

« Quelques renseignements sur ce qui s'est passé ce matin à la citadelle ; jamais je n'ai éprouvé émotion pareille, car jamais je n'ai vu la mort d'aussi près.

« J'étais parti ce matin à 6 heures et demie pour le Conseil de guerre, où je devais défendre un jeune homme de Mulhouse, accusé de voies de fait et d'injures à l'encontre de son supérieur. Au moment où j'entre à la citadelle, un obus éclate à côté de ma voiture ; je descends et vois deux militaires, atteints par les éclats, tomber ; je me réfugie dans une maisonnette où je ne puis rester, car les vitres volent en éclats et les tuiles dégringolent dans la rue. On m'indique une casemate où, me dit-on, je serai à l'abri. Avant d'y arriver, les projectiles sifflent à mes oreilles, un turco a les deux jambes emportées, quatre autres militaires tombent également ; j'ai appris plus tard que deux étaient morts immédiatement. J'arrive dans la casemate, qui est encombrée; on y voit beaucoup de militaires, surtout des zouaves, des artilleurs de la garde mobile, et les femmes et les enfants habitant la citadelle; c'est un spectacle bien navrant que de voir ces pauvres créatures, accroupies dans ce souterrain qui, malheureusement, n'était pas à l'abri des projectiles, car deux biscaïens y entrèrent.

« Ces femmes et ces enfants priaient et se lamentaient; on entendait d'horribles détonations précédées du sifflement des boulets; au dehors, le fracas des tuiles et des pierres; les cris, les vociférations; les boulets et les bombes de l'ennemi (car il y a eu des bombes) pleuvaient, et cette affreuse situation a duré pendant quatre heures, de 7 à 11 heures.

« Enfin, vers 11 heures, un artilleur vient dire que l'ennemi ne tire plus; je me fie à la garde de Dieu et je rejoins mon cocher, qui me ramène en ville sain et sauf; mais sur mon passage j'assiste au plus affligeant spectacle. La citadelle est encombrée de tuiles, de pierres, de débris de toute sorte; plusieurs maisons ont été atteintes et en partie démolies; beaucoup de blessés et quelques morts. La tour de l'église a été endommagée par un obus; il en est tombé plusieurs dans la cour du bâtiment des officiers supérieurs, dans les bâtiments et cours des casernes; sur l'esplanade, j'ai vu quelques hommes couchés; près de l'arsenal, on ne voit que des débris de projectiles.....

« Je vous envoie ce récit écrit à la hâte et sous le coup des terribles émotions que je viens de traverser.

« Votre bien dévoué
« Paul Pfortner. »

« *P. S.* Au moment où je quittais la citadelle, Kehl était en feu. »

« Il est midi et le bruit a cessé en ce moment, ajoutions-nous en publiant cette lettre dans le *Courrier*. Peut-on espérer que c'est la fin ou n'est-ce qu'une trêve? Qu'est-ce qui nous attend encore? En tous cas : courage! »

La garde mobile, qui avait été réunie et formée quand l'ennemi se trouvait déjà aux portes de la place, s'était rapidement aguerrie et prenait part, avec un courage digne d'éloges, aux opérations de la défense. Aussi le général Uhrich lui adressa-t-il, dès le 19 août, un ordre du jour qui témoignait éloquemment de la valeur qu'il attachait aux services rendus par ces jeunes gens improvisés soldats, et chez lesquels l'inexpérience des armes était compensée, dans une large mesure, par le patriotisme le plus sincère.

Voici la proclamation du général commandant :

ORDRE DE LA DIVISION.

« Officiers, sous-officiers, caporaux et brigadiers de la garde nationale mobile,

« Les opérations relatives à la formation des bataillons ou batteries de la garde nationale mobile étant terminées, mon intention était de vous laisser acquérir, sous la direction de vos chefs, un certain degré d'instruction, et ensuite de vous convoquer pour vous passer en revue et apprécier vos efforts à devenir rapidement des soldats initiés au métier des armes.

« Les circonstances ne me permettent pas de réaliser ce projet. L'ennemi a fait son apparition autour des murs de la place. Votre présence sur les remparts et dans les ouvrages détachés est une nécessité de tous les instants ; j'ajourne donc le moment de vous voir sous les armes. Il m'est rendu compte de votre attitude devant l'ennemi. Chaque jour vous vous montrez plus familiers avec les exigences du service et plus solides en présence des dangers qui se produisent.

« Vous serez bientôt complètement aguerris, vous et vos chefs ; je vous remercie de vos efforts pour atteindre ce but..... Persévérez ! !

« Fait au quartier général à Strasbourg, le 19 août 1870.

« Le général de division, commandant supérieur,
« Uhrich. »

Nous aurons à revenir sur le rôle de tous points honorable que la garde mobile, si vaillamment commandée par le comte de Pourtalès et si dignement conduite par tous ses officiers, a joué pendant le siège de Strasbourg.

Vers minuit, le canon et une vive fusillade se font entendre du côté de la porte Nationale ; le bruit se répand que l'ennemi, monté dans des barques, s'est approché des Ponts-Couverts pour en forcer l'entrée, et que l'artillerie de la place l'avait décimé, en coulant une partie des embarcations..... Aucune tentative pourtant n'avait été faite de ce côté de l'Ill. C'était le petit fort désigné sous le nom de *Pâté,* situé hors la porte Nationale, que les assiégeants, protégés par une batterie établie près du cimetière Saint-Gall, avaient essayé de surprendre. Ce fortin, planté à l'angle de deux routes, entouré d'eau, casematé, couvrait à la fois la porte Nationale et les abords de la ville par la rive gauche de l'Ill. C'était un point tout spécialement visé par l'ennemi, qui, s'il avait réussi à y prendre pied, se serait trouvé au niveau des remparts du faubourg National et aurait battu en brèche ce côté de l'enceinte comme il aurait voulu..... Quant au cimetière Saint-Gall, dont le terrain est accidenté, et que les Français avaient occupé pendant les blocus de 1814 et 1815, il constituait pour les assiégeants une position importante. Du haut du fort Blanc, l'artillerie française démolit la batterie que les Allemands y avaient établie et qui couvrait les mouvements des troupes assaillant le *Pâté*. Des deux côtés, quelques morts et blessés.

Dans cette journée du 19, les assiégeants avaient activement travaillé à la construction et à l'armement de six batteries de siège : « Une, à deux kilomètres de l'ouvrage à cornes, à droite de la porte de Saverne, à la croisée du chemin de fer et de la route de Schiltigheim à Mittelhausbergen, au nord ; une entre Nieder- et Mittelhausbergen, à trois kilomètres au nord-ouest ; la troisième, à gauche d'Oberhausbergen, à trois kilomètres à l'ouest ; les trois autres, aux mêmes distances, l'une de 40 mètres de développement, derrière le couvent de Saint-Charles, une autre derrière la douane française, à l'est, au bord du Rhin ; enfin une dernière, à 500 mètres de Kehl [1].

..... « Malheureusement avec l'artillerie peu nombreuse et presque toute de faible calibre dont nous disposions, et à cause des obstacles qui n'avaient pas été rasés (on a vu pourquoi), dans la zone de défense, nous ne pouvions pas même nous opposer à la construction des batteries d'attaque, *excepté du côté de Kehl*, où ces batteries étaient beaucoup plus rapprochées de nous, et sur la rive droite du Rhin. Les Allemands, du reste, avaient une façon ingénieuse de construire leurs batteries. Ils les élevaient derrière un obstacle, un mur, et, la batterie terminée, ils abattaient l'obstacle [2]..... »

Le 20 août. Le général Uhrich et le général de Werder commencent à échanger une correspondance qui, dans la suite, deviendra très active..... Pour répondre au bombardement acharné de la citadelle par les canons de Kehl, le commandant de la forteresse avait donné l'ordre de tirer sur la petite ville badoise, « qui ne tarda pas à être incendiée [3] ». Cet acte de représailles a été vivement critiqué par les auteurs allemands qui ont écrit l'histoire du siège de Strasbourg, et qui ont reproché au général Uhrich d'avoir dirigé son feu sur une ville ouverte. Mais le major Reinhold Wagner lui-même, qui commente le fait avec beaucoup d'amertume, reconnaît qu'il était impossible de voir, de la citadelle, les batteries badoises ;

---

[1] Il y a là, dans le calcul des distances, quelques inexactitudes qu'il n'est pas indispensable de rectifier.
[2] *Documents relatifs au siège de Strasbourg*, par le général Uhrich, p. 28.
[3] *Ibidem*, p. 29. — Quatorze maisons ont été détruites ce jour-là par le feu, dans Kehl-ville et un certain nombre de maisons dans Kehl-village.

BOMBARDEMENT DE KEHL

que du haut de la Cathédrale on ne pouvait apercevoir que l'une des batteries nord et une faible partie de la batterie sud de Kehl, et que, du reste, un projectile allemand avait, dès le début de l'engagement, détruit la communication télégraphique établie entre le poste d'observation de la Cathédrale et la citadelle[1].....

Le général Uhrich devait-il rester les bras croisés devant la canonnade de Kehl, qui s'attaquait non seulement aux ouvrages de défense, mais encore aux bâtiments civils et à la population inoffensive?..... Il n'est pas un soldat, quelle que soit la nation dont il relève, qui, en bonne conscience, nous répondrait par l'affirmative.

Quoi qu'il en soit, voici la lettre que le général de Werder écrivit au commandant de la place assiégée :

Le général de Werder au général Uhrich.

« Mundolsheim, le 19 août 1870.
(Expédiée le 20 août, à 6 heures du matin.)

« Contrairement à tout droit international et sans avertissement préalable, vous avez incendié, avec vos canons, la ville de Kehl, qui est ouverte et qui n'est pas fortifiée.

« Une pareille manière de faire la guerre, qui est inouïe chez une nation civilisée, m'oblige à vous rendre personnellement responsable des suites de cet acte. En outre, je fais estimer les dégâts causés et chercherai une indemnité par des contributions frappées en Alsace. Par la même occasion, je vous invite, Monsieur, à faire évacuer l'hôpital militaire situé au nord de la citadelle, cet hôpital se trouvant sur nos lignes de tir et ne pouvant suffisamment être vu. Si cet hôpital est établi dans les environs de l'hospice civil et surmonté d'un grand drapeau, j'espère ne pas y faire de dégâts.

« Le général commandant le corps de siège,
« DE WERDER, lieutenant-général. »

Réponse du général Uhrich :

Le général Uhrich au général de Werder.

« Strasbourg, le 20 août 1870.

« Monsieur le Lieutenant-Général,

« Je ne m'attendais pas, je l'avoue, à être accusé d'avoir contrevenu aux lois de la guerre et aux usages des peuples civilisés.

[1] *Geschichte der Belagerung von Strassburg im Jahre 1870*, von Reinhold Wagner, p. 185 et s.

« Sans aucun but militaire, et sans aucun avertissement préalable, des batteries assiégeantes ont lancé, le 15 août d'abord et le 18 ensuite, des boulets incendiaires sur les habitations de Strasbourg.

« Des bourgeois inoffensifs, des femmes et des enfants ont été tués ou blessés. Notamment, onze jeunes orphelines, qui occupaient une même chambre dans un couvent de sœurs, ont été frappées d'une manière bien cruelle. Six sont mortes et les cinq autres laissent peu d'espoir de guérison.

« Un incendie considérable, allumé par vos projectiles, a réduit à la misère un certain nombre de familles, et cela, je le répète, sans autre but possible que celui de la destruction, et de frapper, dans leurs intérêts ou dans leurs personnes, de simples et bien inoffensifs bourgeois.

« Je n'accepte donc pas et je vous retourne, au contraire, l'accusation que vous essayez de faire peser sur moi.

« Si Kehl n'est pas une place forte, elle est, tout au moins, un poste militaire, entouré de deux forts et soumis conséquemment à tous les dangers résultant de la guerre. C'est de là, d'ailleurs, que sont partis un grand nombre des coups qui ont été dirigés sur la citadelle.

« Dans les événements qui se sont succédé depuis quelques jours, je n'ai qu'un seul regret, c'est de vous avoir fourni un prétexte pour frapper d'une nouvelle contribution la malheureuse Alsace, si épuisée déjà.

« Dans le but de bien préciser la position de l'hôpital militaire, je vais faire placer, sur la partie de la fortification à laquelle il est adossé, le drapeau national et celui de la Société de Genève.

« Permettez-moi maintenant, Monsieur le Lieutenant-Général, de faire appel à votre humanité en faveur de trois femmes d'officiers du 20° d'artillerie. L'on est sans nouvelles de leurs maris, qui ont participé à la bataille de Wœrth.

« Ces dames vous prient de les autoriser à quitter Strasbourg avec leurs enfants pour retourner dans leurs familles. Elles prennent, à l'avance, l'engagement d'honneur de n'emporter aucun document relatif à la guerre.

« Leurs noms sont :

« Mme de Carmejane, avec deux enfants. — Le mari est chef d'escadron.

« Mme Thévenin, grossesse avancée. — Le mari est chef d'escadron.

« Mme Mourin, avec un enfant. — Le mari est capitaine.

« Je vous serais reconnaissant si vous vouliez bien accorder à ces dames des sauf-conduits pour se rendre à la plus prochaine gare libre sur le chemin de fer de

Colmar, et une autorisation à la voiture qui les conduirait, pour rentrer librement à Strasbourg, sa mission terminée.

« Le général de division, commandant supérieur de la 6ᵉ division militaire,
« Uhrich. »

La réplique du général de Werder ne devait pas se faire attendre. Elle arriva le même jour, conçue en ces termes :

Le général de Werder au général Uhrich.

« Mundolsheim, le 20 août 1870.

« J'ai l'honneur de répondre à votre lettre du 20 août, qu'une capitulation a déjà été offerte le soir du 8 août par le major d'Amerungen et qu'un bombardement a été mis en perspective. Je suis donc obligé de nier qu'ici on ait méconnu les lois de la guerre et du droit international.

« Veuillez, en outre, considérer que Strasbourg est une forteresse, Kehl par contre une ville ouverte, qui n'a aucun rapport avec les batteries du pont du Rhin.

« Quant aux désirs exprimés par vous relativement au départ de trois familles d'officiers, soyez à l'avance assuré que ces dames et les leurs peuvent non seulement passer, mais que je leur prêterai tout l'appui qu'il sera dans mon pouvoir de leur donner. Ces dames sont priées d'aller jusqu'aux avant-postes sur la route d'Illkirch.

« J'ai l'honneur de vous informer en outre qu'après deux batailles l'armée impériale a été attaquée à l'ouest de Metz par Sa Majesté le Roi de Prusse et totalement battue. L'armée impériale a été refoulée de sa ligne de retraite et rejetée vers la frontière belge.

« Vous êtes donc libre de vous assurer sur place des faits avancés, par un officier auquel je promets un sauf-conduit, et je vous invite, dans l'intérêt de l'humanité, à éviter une effusion de sang inutile et à sauver de la ruine imminente la belle ville de Strasbourg, pour laquelle nous sommes toujours animés de sentiments de voisinage amical.

« Vous êtes également autorisé à vous assurer par vous-même qu'à cette date du 20 courant je suis posté devant la forteresse avec 65,000 hommes et 320 pièces d'artillerie.

« Je ne demanderai rien qui soit contraire à la réputation honorable de bons officiers, mais je dois faire observer qu'avec le commencement du siège des conditions de capitulation et le ménagement de la place ne seront plus possibles.

« de Werder. »

Cette réplique du général de Werder ne devait pas épuiser la correspondance échangée le 20 août entre les commandants des deux armées. Un incident assez grave devait en effet provoquer un nouvel envoi de lettres.

A 4 heures de l'après-midi, le capitaine-adjudant de place Rœderer, accompagné du trompette Hœltzel, était sorti par la porte de Pierres, se rendant au quartier général badois, à Schiltigheim, pour y apporter la communication du général Uhrich relative au bombardement de Kehl. Le capitaine et son trompette, qui avaient déjà plusieurs fois fait le trajet pour remplir des missions de même nature, revenaient par la petite route de Schiltigheim, lorsqu'à quelques centaines de mètres de la place ils furent assaillis par des coups de feu partis d'une houblonnière voisine. Le capitaine fut atteint par une balle au mollet, par une autre au cou; son cheval s'abattit sous lui; le trompette eut le képi traversé et le crâne effleuré par une balle; un autre projectile lui traversa la paroi gauche de la poitrine, sans occasionner de lésions graves. Les deux cavaliers tombèrent et furent transportés en ville sur des brancards, par des ouvriers qui travaillaient dans les environs.....

Informé du fait, le général de Werder ouvrit une enquête, et les soldats qui avaient tiré sur le parlementaire et sur son trompette affirmèrent que le capitaine Rœderer ayant passé devant eux au galop, ils n'avaient pas pu distinguer sa qualité. Le soir même, le commandant de l'armée de siège écrivait au général Uhrich la lettre suivante :

Le général de Werder au général Uhrich.

« Mundolsheim, le 20 août 1870, 10 heures du soir.
(Expédiée le 21 août, à 5 heures du matin.)

« A mon sincère regret j'ai à vous annoncer que, d'après un rapport reçu à l'instant de Schiltigheim, on a tiré sur un parlementaire impérial par une méprise qui n'est pas encore tout à fait éclaircie.

« Une patrouille revenant de la ligne des avant-postes a vu sur la route deux cavaliers se dirigeant au galop vers la forteresse et ne remarqua pas le drapeau. Les coupables passeront devant un conseil de guerre et seront punis selon toute la rigueur de la loi.

« Veuillez recevoir mes plus grands et plus sincères regrets et soyez convaincu que dans toute l'armée on est très affecté de cette regrettable erreur.

« Je vous prie enfin de vouloir instruire les parlementaires de revenir au pas et de faire sonner le clairon à l'aller et au retour. « DE WERDER. »

Cette lettre arriva au moment même où le général Uhrich expédiait la dépêche suivante :

Le général Uhrich au général de Werder.

« Strasbourg, le 21 août 1870.

« Monsieur le Lieutenant-Général,

« Je dois d'abord vous remercier de la courtoisie avec laquelle vous avez accueilli la demande de sauf-conduit que j'ai eu l'honneur de vous adresser en faveur des trois femmes d'officiers du 20° d'artillerie. Elles me chargent de vous en exprimer leur reconnaissance.

« Vous avez appris, sans doute, que le parlementaire qui a remis hier à vos avant-postes la lettre que je vous avais écrite, et le trompette qui l'accompagnait ont été blessés l'un et l'autre, à leur retour dans la place, par des coups de fusil partis de la maison peinte en vert clair et à toit jaune, située sur la partie du village à droite de la route. Loin de moi la pensée d'accuser l'armée prussienne d'avoir méconnu le caractère sacré d'un parlementaire ; mais il y a eu dans ce fait une bien regrettable erreur que je dois vous signaler.

« J'ai été, en effet, informé que, le 8 au soir, un officier ennemi s'était présenté aux avant-postes, y avait rencontré un officier de la garnison, lui avait fait une sommation verbale de se rendre à discrétion et était parti immédiatement.

« J'avoue que j'ai regardé ce fait comme une plaisanterie d'un goût assez douteux et que je ne m'en suis pas occupé autrement.

« Maintenant, Monsieur le Lieutenant-Général, venons aux affaires sérieuses.

« La proposition que vous me faites l'honneur de m'adresser a un côté humanitaire, je me plais à le reconnaître ; mais l'accepter, ce serait prendre implicitement l'engagement de rendre la place de Strasbourg, si les faits avancés par vous étaient reconnus vrais par l'officier que j'enverrais sur les lieux.

« Je ferais de grands sacrifices pour sauver Strasbourg des effets du bombardement et d'un siège ; mais je ne puis lui sacrifier mon honneur et mon devoir : votre cœur de soldat le comprendra, et je suis certain que dès ce moment, quoique je n'aie pas l'honneur d'être connu de vous, vous aurez quelque estime pour moi et pour les braves officiers qui m'assistent.

« En terminant, j'ai deux grâces à vous demander :

« 1° D'autoriser les femmes, les enfants et les vieillards à sortir de la ville. La sympathie que vous professez pour Strasbourg me fait espérer que vous accueillerez cette prière.

« 2° Ma seconde demande m'est toute personnelle. J'ai ici un domestique auquel je suis fort attaché et qui m'a suivi par dévouement. Il est père de famille et je désirerais pouvoir le soustraire aux dangers que nous allons courir. Auriez-vous la bonté, Monsieur le Lieutenant-Général, de lui accorder un sauf-conduit pour retourner près de sa famille à Paris ? Sur mon honneur, il n'emportera aucun document écrit, pas même une lettre pour ma femme, ni pour mon fils. Il se nomme Lepauvre Pierre.

« Et maintenant, Monsieur le Lieutenant-Général, il ne me reste plus qu'à prendre congé de vous. Je serai heureux, si je survis à cette guerre, de connaître un ennemi aussi courtois que vous.

« J'attendrai votre réponse à mes deux demandes. « UHRICH. »

« *P. S.* Je reçois votre lettre relative au regrettable incident qui s'est produit hier, au moment de la rentrée du parlementaire que je vous avais envoyé.

« L'officier blessé a eu le tort de revenir au galop ; vos soldats se sont trompés ; je vous demande leur grâce comme dernière faveur. « UHRICH. »

Nous devons ajouter que le capitaine Rœderer a toujours protesté contre le reproche d'être revenu au galop après avoir accompli sa mission auprès du général de Werder. Dans des lettres publiques et privées, il a catégoriquement déclaré qu'il n'avait en aucune façon pressé l'allure de son cheval et que celui-ci marchait au pas.

Un arrêté municipal prescrit la fermeture des lieux publics pour 10 heures du soir.

Le *Courrier du Bas-Rhin* reçoit, à la date du 20 août, de M. l'abbé Mury, supérieur du Petit-Séminaire, le livret annuel de la distribution des prix qui a eu lieu le 1er août dans cet établissement. « On comprendra, dit le *Courrier* à ce propos, que nous réservions à un moment plus favorable la reproduction des noms des jeunes lauréats dans nos colonnes. Mais nous nous plaisons à donner notre publicité à la note suivante que nous trouvons au commencement de ce livret :

« Les élèves du Petit-Séminaire ont des premiers renoncé à leurs prix, demandant comme une grâce que la valeur en fût appliquée aux blessés de l'armée. Il n'y a donc pas eu de distribution des prix ; mais le lundi, 1er août, la proclamation en a été faite à la chapelle de l'établissement, et l'on a remis aux lauréats des bulletins constatant leurs succès.

« Le gymnase catholique de Colmar et le Petit-Séminaire de Zillisheim ont également fait le sacrifice des prix : c'est plus de 2000 fr. que les établissements diocésains de l'Alsace ont versé à l'évêché pour notre vaillante armée. »

CHAPITRE IX

Le général de Werder refuse de laisser sortir de la place les vieillards, les femmes et les enfants. — Le Jardin botanique transformé en cimetière. — Le monument du Jardin botanique. — Les accapareurs de bétail. — La situation commerciale de la ville. — Les compagnies franches. — Le capitaine Liès-Bodard. — Les élèves de l'École de santé militaire. — Le bombardement régulier est officiellement annoncé. — La mission du pasteur Schillinger.

Le 21 août. Dans la lettre qu'on vient de lire, le général Uhrich demandait au commandant de l'armée assiégeante de laisser sortir de la place les femmes, les enfants et les vieillards..... Voici la réponse du général de Werder :

Le général de Werder au général Uhrich.

« Mundolsheim, le 21 août 1870.

« Votre très honorée lettre du 21 a trouvé toute mon approbation et je la comprends parfaitement.

« Je conçois fort bien les douloureux sentiments dans lesquels se rencontrent les devoirs du soldat et l'inquiétude sur le sort de 80,000 citoyens sans abri.

« Ce sont pour les fortifications des grandes villes un élément de faiblesse, que les souffrances de leurs populations, qui sont exposées aux boulets ennemis, surtout quand, comme à Strasbourg, celles-ci n'ont pas de souterrains.

« La sortie demandée par vous d'une partie de la population augmenterait donc la force de résistance de la forteresse ; et c'est pourquoi il m'est impossible, malgré la douleur que j'en éprouve, de donner à votre désir la suite que, dans l'intérêt de l'humanité, je voudrais lui donner.

« Si quelques personnes isolées, notamment des étrangers, devaient avoir toutefois des considérations particulières à faire valoir, je suis disposé à les laisser passer après vérification de la situation.

« Quant à ce qui vous concerne, je crois pouvoir conjecturer que vous désirez peut-être envoyer des lettres à votre famille, à Paris. Je vous prie donc de me les faire parvenir, car je suis persuadé que leur contenu sera tout à fait personnel et privé.

« Je veux bien accorder à votre domestique Pierre un sauf-conduit pour une ville quelconque de l'Allemagne.

« Les instructions que vous donnerez à cet homme suffiront pour qu'il ne quitte plus l'endroit choisi.

« En terminant, je me réserve de vous indiquer l'époque à laquelle le plein poids de l'attaque s'abattra sur Strasbourg.

« Croyez à ma considération particulière avec l'assurance que j'ai le désir le plus vif de faire concorder autant que possible ma mission avec vos sentiments.

« DE WERDER. »

Après avoir reçu cette lettre, qui indiquait très clairement que la population de Strasbourg n'était qu'au début de ses souffrances, le général Uhrich, qui avait été prévenu en outre par l'observatoire de la Cathédrale que de grands mouvements de troupes s'opéraient à six kilomètres au nord, entre Mundolsheim et Unterhausbergen, réunit les membres du conseil de défense en une séance de nuit. « Je lui donnai connaissance des lettres du général de Werder, dit-il dans ses *Documents*[1]. Je demandai à chacun de vouloir bien réfléchir jusqu'au lendemain et me faire connaître ensuite de quelle manière la situation était envisagée par eux, en raison des informations que nous avions pu nous procurer. Je les prévins que les documents relatifs à cet incident seraient déposés dans mon cabinet et resteraient confidentiels.

« Je dis à mon chef d'état-major, le colonel Lesieur, et à lui seul, que pour moi, ma résolution était la défense à outrance. »

Le conseil, réuni de nouveau, déclara unanimement et énergiquement que l'on ferait passer l'ennemi par tous les travaux d'attaque suivis dans un siège, sans s'inquiéter des menaces du bombardement, et le général Uhrich fit expédier, en conséquence, la lettre que voici :

Le général Uhrich au général de Werder.

« Monsieur le Lieutenant-Général,

« J'ai l'honneur de vous accuser réception de votre lettre du 21 de ce mois et de vous remercier des sentiments que vous y manifestez.

« Votre devoir devra s'accomplir dans son entier, je le comprends, de même que vous comprenez que, sous ce rapport, ma position est identique à la vôtre.

---

[1] *Loc. cit.*, p. 37 et s.

BOMBARDEMENT DE LA CITADELLE PAR LES BATTERIES DE MORTIERS DE KEHL
(Porte de France, vers l'Esplanade)

« Ils devront, après ce laps de temps, démolir eux-mêmes les maisons et clôtures, sinon la démolition sera faite d'office et à leurs frais, conformément à la loi.

« Strasbourg, le 21 août 1870.

« Le lieutenant-colonel commandant le génie,
« MARITZ. »

On profita du délai de 48 heures pour rentrer en ville tous les meubles et toutes les provisions que l'on put, et la pioche, l'incendie et le canon commencèrent l'œuvre de destruction.

Cependant, les assiégeants rétrécissaient chaque jour, on peut dire chaque heure, le cercle de fer dans lequel ils nous enserraient, et du côté sud seul on pouvait encore tenter de sortir de la place pour arriver jusqu'aux localités de la banlieue les plus proches. Le maire se vit donc obligé de publier un arrêté pour avertir la population que les cimetières de la ville, tous situés en dehors du mur d'enceinte, n'étaient plus accessibles, et qu'un emplacement était assigné à l'intérieur de la cité pour enterrer les morts. Voici cet arrêté :

MAIRIE DE LA VILLE DE STRASBOURG.

ARRÊTÉ.

« Nous Maire de la ville de Strasbourg,

« Vu l'état de siège,

« Considérant que le cimetière de Sainte-Hélène est occupé pour la défense de la ville; que le cimetière de Saint-Gall vient d'être envahi par l'ennemi, et que le cimetière Saint-Urbain, dont le sous-sol est rempli par les eaux d'inondation et qui n'offre plus beaucoup de terrains disponibles pour de nouvelles tombes, est également exposé à être occupé par l'ennemi;

« Que dans ces circonstances il y a lieu de recourir à une mesure exceptionnelle et de faire provisoirement les inhumations à l'intérieur de la ville;

« Avons arrêté ce qui suit :

« Art. 1er. Les inhumations se feront provisoirement au Jardin botanique.

« Toutes les précautions seront prises à l'effet de prévenir les exhalaisons insalubres.

« Après la cessation de l'état de siège, les corps pourront être exhumés et transportés aux anciens cimetières.

« Art. 2. Le présent arrêté sera soumis à l'approbation de M. le Préfet et de M. le Général de division commandant l'état de siège.

« Fait à Strasbourg, à l'Hôtel-de-Ville, le 20 août 1870.

« Le maire, HUMANN.

« Vu et approuvé :
« Le général de division, commandant supérieur,
« Le préfet du Bas-Rhin, « UHRICH. »
« Baron PRON. »

Le Jardin botanique, que les dures nécessités de la guerre transformaient en cimetière, était situé dans le quartier de l'Académie, en face de l'École de pharmacie, et c'est là, dans un de ses coins, qu'on creusa une large fosse pour y déposer, pendant de longues semaines, ceux que les obus ennemis ou les maladies venaient enlever, le riche et le pauvre, le vieillard et l'enfant, l'officier et le simple soldat..... Chaque jour l'énorme trou s'élargissait pour donner asile à la dépouille de nouvelles victimes, et les petites croix de bois, sur lesquelles on traçait hâtivement les noms des morts, se multipliaient avec une triste rapidité.....

Sous l'impulsion donnée par quelques habitants du quartier du Finckwiller, un Comité s'est formé, après la guerre, pour élever un monument commémoratif à ceux qui reposaient — qui reposent encore aujourd'hui — au Jardin botanique.

Le Comité se composait de MM. Louis Henry, président; Édouard Kolb, vice-président; Seyboth, trésorier; Bürgi fils, secrétaire; André Hœrter, Ph. Stoll, Rœthlisberger, Conrath, Ruhlmann, Weyer, E. Dietrich, Charles Schützenberger, Jean Burger, J. Kablé, G. Barth, Huck, Brunschwig et J. Wagner.

Chacun des membres du Comité se chargea de faire circuler des listes de souscription et l'on recueillit 8580 fr., auxquels vinrent s'ajouter 2200 fr. envoyés par MM. Butte, Gougunheim, Réaux et Fraisse, de Nancy, au nom d'un certain nombre d'habitants de cette ville et accompagnés d'une lettre à M. Ernest Lauth, maire de notre cité, où l'on rappelait que la sympathie des populations lorraines pour Strasbourg ne datait pas seulement des désastres de 1870.

« Il nous souvient encore, disaient les signataires, de cette mémorable journée de l'année 1848, où nos délégués nancéens et messins célébrèrent avec vous, dans vos murs, le second centenaire de la réunion de l'Alsace à la France. Quelle joie ! quels transports! quelle explosion d'enthousiasme dans cette fête, consacrée à la patrie et à la liberté !

« De tels souvenirs sont impérissables, mais dans quelles circonstances reparaissent-ils dans notre mémoire ! Qui nous eût dit alors que cette énergique et magnifique affirmation de la nationalité strasbourgeoise serait suivie d'un tel lendemain ! Qui nous eût dit que vingt-deux ans plus tard cette ville française entre

Le monument commémoratif du Jardin botanique.

toutes serait sacrifiée au salut commun après avoir tant souffert au nom de la France et pour la France ! ».....

Au mois d'octobre 1872, quand il eut recueilli la somme nécessaire à la réalisation de son projet, le Comité adressa aux artistes de Strasbourg une circulaire pour les inviter à présenter des esquisses. Il leur disait en même temps qu'il croirait douter de leur patriotisme « en leur offrant des honoraires qui ne pourraient être prélevés que sur le montant de la souscription ».

Nos artistes se mirent rapidement à l'œuvre, et le 20 novembre 1872, M. Édouard Rœderer — aujourd'hui architecte-inspecteur des travaux de la ville —

CHAPITRE VIII

Les ambulances du Grand- et du Petit-Séminaire. — Un épisode du bombardement de la Citadelle. — Ordre du jour félicitant la garde mobile. — Correspondance du général Uhrich et du général de Werder. — Un parlementaire blessé.

Le 19 août. Nous avons dit plus haut que le docteur Hergott, médecin en chef de l'ambulance du Petit-Séminaire, avait donné ses soins aux malheureuses jeunes filles du pensionnat de la rue de l'Arc-en-Ciel, frappées par les éclats d'une bombe pendant qu'elles étaient agenouillées, priant Dieu..... Qu'il nous soit permis de reproduire ici une lettre que le savant et sympathique professeur de notre Faculté de médecine française, — aujourd'hui à la Faculté de Nancy, — a adressée au sujet de son ambulance à un de ses amis de Strasbourg, par l'intermédiaire duquel nous lui avons demandé quelques détails sur les événements auxquels il a été mêlé à cette époque, où nos médecins ont fait preuve de tant d'héroïsme et d'abnégation..... :

« Nancy, le ..... 1895.

« Cher ami,

« En commençant cette lettre, il me revient à l'esprit ce passage du 2ᵉ livre de l'*Énéide*:

« Quamquam animus meminisse horret, luctuque refugit
« Incipiam..... »

« Oui, douloureuse a été l'exhumation de ces papiers funestes où sont consignées de si amères tristesses.....

« Comme vous le savez, tout le monde parlait d'ambulances à créer, mais au moment voulu, c'est-à-dire le 6 août, quand arrivèrent les premiers convois de blessés de Wissembourg et de Frœschwiller, j'ai été heureux de disposer des meilleurs locaux, le Grand- et le Petit-Séminaire, transformés en ambulances par Mgr Ræss, et dont j'ai été chargé comme chirurgien en chef. C'est à ces deux locaux si spacieux et pouvant si bien s'aérer que je dois d'avoir pu conserver la vie à un certain nombre de blessés. J'avais comme aides, au Petit-Séminaire,

« Défense expresse est faite à qui que ce soit d'aller au devant des cultivateurs qui amènent du bétail en ville, dans le but de les engager à traiter pour la vente de leurs animaux, à ne pas se rendre au marché public, ou à ne vendre qu'à un certain prix.

« 2° Le présent arrêté sera soumis à l'approbation de M. le général de division commandant supérieur.

« M. le commissaire central est chargé d'en assurer l'exécution.

« Strasbourg, le 20 août 1870.
 « Le maire, HUMANN.

« Vu et approuvé :
« Le général de division, commandant supérieur,
« UHRICH. »

Journée relativement calme, quant aux coups de feu échangés entre les deux armées. A peine quelque insignifiante escarmouche d'artillerie ou d'infanterie, un canon de la place essayant de démolir les travaux des assiégeants ou un avant-poste tirant sur une patrouille allemande. Mais nous approchons du moment solennel..... C'est l'angoissant silence qui précède l'orage.

Avant d'aborder toutefois le récit des journées qui vont suivre, nous voulons consacrer une page à la situation commerciale de notre ville pendant le siège et à l'organisation des compagnies franches qui sont venues apporter leur concours à la défense de la place.

Le 10 août paraissait l'avis suivant :

AVIS AU COMMERCE.

« Un certain nombre de commerçants sont indécis sur les mesures à prendre pour conserver leur garantie en cas de non-paiement d'effets de commerce.

« Nous croyons pouvoir les rassurer en disant qu'ils peuvent se dispenser de tous protêts ou autres actes de conservation et que la présente situation constitue un cas de force majeure qui sauvegarde suffisamment leurs intérêts.

« Strasbourg, le 10 août 1870.
 « Le préfet, A. PRON. »
« Le président du tribunal de commerce,
« GROUVEL. »

Le 14 août, le *Courrier du Bas-Rhin* consacrait à la situation de notre commerce un article dont voici les termes :

« Dès la déclaration de la guerre, la situation commerciale de la ville de Strasbourg, placée au premier plan des événements, est apparue critique.

« Lorsque les hostilités ont éclaté, elle est devenue menaçante, et aujourd'hui elle est lamentable. La ville est cernée par l'ennemi ; les relations avec le reste de la France et avec l'Allemagne sont interrompues ; Strasbourg est en ce moment réduit à lui-même, il faut donc qu'il se suffise et qu'il trouve en lui-même, jusqu'à ce que sonne l'heure de la délivrance, les moyens de faire face aux exigences du moment.

« Les paiements sont difficiles, parfois impossibles ; les maisons les plus solides peuvent se trouver dans l'embarras, parce que les effets qu'elles ont en portefeuille, et dont l'échéance arrive, ne sont pas soldés et qu'elles se voient ainsi hors d'état de solder leurs propres effets échus. La gêne des uns crée la gêne des autres, et une ruine peut entraîner une autre ruine. Nul ne peut se croire à l'abri du péril commun. Il y a une véritable solidarité de malheur pour les maisons commerciales aux époques de crise, comme il y a une solidarité de bonnes chances aux époques de prospérité.

« Un certain nombre d'honorables négociants de Strasbourg l'ont compris ainsi, et, convaincus qu'un effort commun est nécessaire pour prévenir des catastrophes, ils se sont réunis hier et ont décidé la création immédiate d'un comptoir et d'un sous-comptoir d'escompte à Strasbourg, afin de faciliter les opérations et d'aider les commerçants dans les embarras où ils se trouvent par suite des circonstances actuelles.

« Nous recevons à ce sujet la note suivante :

AVIS AU COMMERCE.

« Pour venir en aide à la situation commerciale de la place, il a été décidé de
« créer un comptoir et un sous-comptoir d'escompte au capital de 500,000 fr. chacun.

« Les personnes qui voudraient souscrire trouveront tous les renseignements
« chez MM. les banquiers et négociants de la ville.

« La souscription sera ouverte dimanche et lundi, de 10 heures à 11 heures
« du matin, et les jours suivants de 9 heures à midi et de 2 heures à 4 heures, chez
« tous les banquiers de Strasbourg. »

« On ne peut que savoir gré aux promoteurs de cette mesure, comme à tous ceux qui en seconderont la prompte réalisation. On nous dit que 160,000 fr. sont déjà souscrits avant que la liste de souscription soit publiquement ouverte. C'est un bon exemple, et il trouvera, il faut l'espérer, des imitateurs parmi les capitalistes et les personnes qui ont des fonds disponibles. Il importe que le capital nécessaire soit promptement constitué, afin que les opérations du comptoir d'escompte puissent commencer à bref délai, et que la situation soit allégée.

« Il ne s'agit point là d'une spéculation commerciale, mais d'une assistance intelligente, d'un concours de dévouement en même temps que d'un concours pécuniaire, d'un sacrifice peut-être. Eh bien ! l'heure du dévouement et du sacrifice a sonné pour tout le monde, pour les citoyens de toute condition sociale, et c'est en apportant un contingent de dévouement en temps utile que l'on se préserve souvent soi-même et les autres de plus grandes catastrophes. »

Ce projet de création d'un comptoir et d'un sous-comptoir d'escompte, qui semblait en bonne voie de réalisation, n'aboutit pas à un résultat définitif. Les événements marchèrent trop vite pour que l'on conservât le sang-froid nécessaire à une organisation financière de cette nature et l'on s'aida le mieux qu'il fut possible, chacun y mettant un peu du sien, les établissements de crédit alliant une certaine dose de complaisance à la prudence qui leur était commandée, les négociants et les commerçants s'efforçant, en grand nombre, de ne pas aggraver la crise en faisant cesser toute circulation monétaire.

Le 19 août, la Banque de France publiait un avis ainsi conçu :

BANQUE DE FRANCE. — SUCCURSALE DE STRASBOURG.

AVIS AU PUBLIC.

« Vu l'état de siège et le cas de force majeure, en attendant la promulgation de la loi rendue dans le but de prolonger les délais de protêt, la succursale de la Banque ne fera pas présenter les effets échus ces jours derniers et ceux à échoir, mais elle informe les personnes qui désirent se libérer qu'elle est prête à recevoir le paiement de leurs effets.

« Ce 18 août 1870. »

Le lendemain, 19 août, nouvel avis de la Banque.

BANQUE DE FRANCE. — SUCCURSALE DE STRASBOURG.

AVIS AU PUBLIC.

« Strasbourg, le 19 août 1870.

« La succursale de la Banque, conformément au texte de la loi, qui lui était encore inconnu hier, modifie ses dispositions au sujet de la présentation des effets de commerce de la manière suivante : La Banque fera présenter, comme d'habitude, les effets à l'échéance, pour donner à ceux qui veulent se libérer la faculté de le faire.

« Quant aux personnes qui désireront profiter de la latitude que la loi leur accorde, elles auront à payer leurs effets 30 jours après l'échéance, capital et intérêts. »

La loi à laquelle cet avis fait allusion avait été votée par le Corps législatif, promulguée le 16 août, et accordait pour le paiement de tous les effets de commerce un délai d'un mois pendant lequel aucun protêt ne pouvait être fait ni aucune poursuite exercée[1]. Cette sage mesure législative évita bien des catastrophes et Strasbourg se tira honorablement d'une situation qui présentait de multiples dangers et de dures menaces.

La lettre suivante, publiée dans le *Courrier du Bas-Rhin*, le 14 août, a été le point de départ de la création, à Strasbourg, d'un corps de francs-tireurs volontaires, dont l'organisation avait été prescrite par M. le ministre de la guerre dès le 28 juillet :

« A Monsieur le rédacteur en chef du *Courrier du Bas-Rhin*.

« Monsieur le rédacteur,

« La France est envahie, l'Alsace est occupée par les Allemands, les Prussiens entourent Strasbourg.

« De l'autre côté du Rhin, chaque homme en état de porter les armes l'a fait sans hésiter ; nous autres, dont le pays est en danger, nous ne pouvons rester inactifs.

« Une garde nationale vient d'être organisée à Strasbourg, et l'on a même déployé pour sa création une grande activité. Cette garde nationale sédentaire rendra de bons services, j'en suis sûr, en maintenant l'ordre dans la ville et en défendant les remparts, si cela est nécessaire. Mais elle n'est pas organisée, elle

---

[1] Voici le texte de la loi telle qu'elle fut promulguée par sa publication dans le *Moniteur* du 16 août :

PROMULGATION DE LA LOI SUR LES EFFETS DE COMMERCE.

« ARTICLE 1er. Les délais dans lesquels doivent être faits les protêts et tous actes conservant les recours, pour toute valeur négociable souscrite avant la promulgation de la présente loi, sont prorogés d'un mois.

« Le remboursement ne pourra être demandé aux endosseurs et aux autres obligés pendant le même délai.

« Les intérêts seront dus depuis l'échéance jusqu'au paiement.

« ART. 2. Aucune poursuite ne pourra être exercée, pendant la durée de la guerre, contre les citoyens appelés au service militaire, en vertu de l'article 2 de la loi du 11 août 1870, et les gardes mobiles présents sous les drapeaux. »

n'est pas instruite et elle n'est pas équipée pour rendre de vrais services militaires, il faut bien en convenir. Beaucoup de nos gardes nationaux n'ont jamais tiré un coup de fusil; de plus, on leur a donné l'ancien fusil à piston. L'armement seul de la garde nationale, à défaut de toute autre chose, ne lui permettrait pas de lutter contre des troupes armées de fusils se chargeant par la culasse.

« On vient de créer la garde nationale, c'est bien, mais ce n'est pas tout.

« La situation du pays est critique, les Prussiens sont aux portes de Strasbourg.

« Il y a dans notre ville des hommes habitués au maniement du fusil et exercés au tir, qui pourraient être fort utiles à la défense s'ils étaient groupés, réunis.

« Je demande donc à l'autorité militaire d'organiser la formation d'un *corps de tireurs strasbourgeois*.

« Ces volontaires se nommeraient les francs-tireurs ou les défenseurs de Strasbourg; ils défendraient une partie des ouvrages avancés, feraient des sorties, iraient en reconnaissance, enfin *leur mission serait : Tout ce qui concerne la défense de Strasbourg*.

« Ces tireurs seraient munis de chassepots. Les chefs, choisis par l'autorité militaire, seraient des officiers expérimentés.

« Les événements se succèdent avec une rapidité effrayante, le temps des paroles est passé, il nous faut des actes virils.

« Que le général commandant supérieur décrète la formation d'un corps de tireurs strasbourgeois, et en huit jours, si on le veut, cette compagnie peut être formée et occuper de suite des postes de combat.

« Tous ces volontaires seront des chasseurs, des hommes ayant une grande habitude du tir ; il n'y aura donc qu'à donner un peu d'ensemble à leurs mouvements et à leur improviser un costume commode.

« Que l'autorité militaire autorise la formation des défenseurs de Strasbourg, et je m'inscris le premier.

« Strasbourg, ce 12 août 1870.

« Signé : RENÉ SERRAND. »

Le lendemain, 15 août, le général Uhrich faisait publier l'avis suivant :

Sixième division militaire.

COMPAGNIES FRANCHES DE STRASBOURG.

« Il sera formé pour la défense de la ville des batteries et compagnies franches, composées d'artilleurs, de cavaliers et de tirailleurs volontaires.

« Ne seront admis dans ces batteries et compagnies que des hommes ayant plusieurs années de services militaires.

« Pas d'uniforme : un brassard pour signe de ralliement.

« Les enrôlements seront reçus à la Préfecture. Ils reposent essentiellement sur l'honneur des volontaires quant à la durée et à la nature du service.

« Fait à Strasbourg, le 14 août 1870.

« Le général de division, commandant supérieur,

« Le préfet du Bas-Rhin, « UHRICH. »

« Baron PRON. »

Nouvelle lettre adressée à la presse au sujet des compagnies franches :

« A Monsieur le rédacteur du *Courrier du Bas-Rhin*.

« Monsieur le rédacteur,

« L'autorité militaire, en ordonnant la formation de compagnies franches, a décidé de n'y admettre que des hommes ayant servi dans l'armée, et je crois qu'elle a bien fait. Pour faire des reconnaissances, des sorties, pour livrer de vrais combats d'avant-poste, il faut des gens rompus au métier. Le courage personnel ne suffit pas dans ces occasions, où la moindre panique serait dangereuse ; il faut y joindre l'habitude de la discipline et de l'obéissance militaires, mais qui ne s'acquiert pas en un jour et qui seule peut donner de la solidité à une troupe d'enfants perdus.

« Mais ces réserves une fois faites, je réfléchis que nous avons à Strasbourg un certain nombre de braves gens, étrangers, il est vrai, à toute instruction militaire, mais qui possèdent des armes de précision et qui savent s'en servir. Convient-il de négliger cette ressource dans les jours d'épreuves que va traverser notre cité, quand toute force disponible, si modeste soit-elle, devrait être utilisée, dans la limite du possible, pour le salut commun ? Je ne le pense pas.

« Que l'autorité militaire demande à tous ceux qui ont l'habitude de la carabine de faire ce qu'ils savent faire, et je ne doute pas qu'ils ne répondent à cet appel. On sait tirer à la cible ; eh bien ! la cible sera la vedette ennemie. Peu ou point d'organisation ; il n'en coûtera à l'administration ni un chassepot, ni une cartouche. Qu'on permette aux volontaires de passer la journée dans les ouvrages avancés, sous les ordres de l'officier qui y commande, chacun muni de l'arme qu'il possède et dont il a de longue main l'usage, et je suis certain que plus d'une paire de bras, en ce moment inactive, s'emploiera à aider de son mieux nos braves soldats à nettoyer les abords de la place. Que faut-il pour cela ? un appel, un registre ouvert, un insigne quelconque pour régulariser la situation selon les lois de la guerre, et en moins de 24 heures, sans perte de temps, sans exercice ni dressage préparatoire, la chose fonctionnera.

« Le temps est aux propositions et aux projets : en voici un de plus. Est-il impraticable ? il lui en adviendra comme à d'autres et il n'en sera plus question. Renferme-t-il, au contraire, quelque chose d'utile et de pratique, j'ai la ferme confiance qu'on voudra bien en tirer parti.

« Agréez, etc. « X..... »

Le temps n'était pas seulement aux « propositions », il était aussi aux organisations, et le même jour paraissait un avis signé de M. Mallarmé, adjoint au maire, à la suite duquel se forma une nouvelle compagnie de francs-tireurs (appelés les *Chasseurs volontaires*) et qui paya largement de son courage :

Mairie de la ville de Strasbourg.

FRANCS-TIREURS D'ALSACE.

« Répondant à un vœu généralement exprimé pour la formation d'une compagnie de francs-tireurs volontaires, le Maire prévient les habitants que le registre d'inscription est, à dater de demain mercredi, ouvert à la Mairie, bureau de l'état civil, de 8 heures du matin à 5 heures du soir.

« Tous les citoyens faisant partie d'une société de tir ou habitués à l'exercice du tir, sont invités à se faire inscrire dans les 48 heures.

« Strasbourg, le 16 août 1870.

« Pour le Maire :
« L'adjoint délégué, MALLARMÉ. »

Le 19 août, les chasseurs volontaires communiquaient à la presse la note suivante :

« La première réunion des chasseurs volontaires de Strasbourg (francs-tireurs) a eu lieu hier jeudi, à 4 heures, à l'Hôtel-de-Ville, sous la présidence d'honneur de M. Mallarmé.

« Les cent vingt-deux membres inscrits ont arrêté les bases des statuts de la compagnie et proposé pour leurs chefs quatre personnes, bourgeois de Strasbourg, dont la notoriété et la position sont des garanties morales de la compagnie auprès du public.

« Ces chefs ont présenté ce matin les décisions prises par l'assemblée à M. le préfet, qui a bien voulu proroger l'autorisation des enrôlements, lesquels continuent à l'Hôtel-de-Ville jusqu'à nouvel avis. »

Quant au rôle joué par ces compagnies franches, quant au sang-froid et au dévouement dont elles firent preuve, nous ne pouvons invoquer de juge plus compétent que le général Uhrich lui-même, qui leur consacre dans ses *Documents relatifs au siège de Strasbourg*, les lignes élogieuses qu'on va lire :

« Un mot sur les compagnies de francs-tireurs, dont les hommes ont été si braves, si admirables et ont rendu, pendant le siège, tant de bons services.

« Le 12 août 1870, dès que l'ennemi eut investi Strasbourg, un habitant de la ville, nommé René Serrand, fit insérer dans le *Courrier du Bas-Rhin*, un article proposant la formation d'un corps de tireurs volontaires strasbourgeois.

« Beaucoup de tireurs, de chasseurs de la ville, ayant donné leur adhésion à ce projet, chargèrent M. Serrand d'adresser une demande en ce sens au préfet pour obtenir l'autorisation nécessaire.

« Leur demande me fut communiquée le 15 août. Je chargeai aussitôt M. Serrand d'organiser une compagnie franche.

« Le 18 août, près de 200 hommes s'étaient inscrits. M. Serrand vint chez moi et me remit un projet accepté par les francs-tireurs et dont voici les dispositions :

« 1° La compagnie est exclusivement composée d'hommes habitués au maniement du fusil, faisant partie de sociétés de tir ou de chasse et d'anciens militaires ;

« 2° La compagnie prend le nom de Corps spécial des chasseurs volontaires de Strasbourg ou francs-tireurs ;

« 3° Le but de cette compagnie est de concourir, sous la direction de l'autorité militaire, à la défense de la ville, de ses remparts et ouvrages avancés ; cette compagnie prend part aux sorties, fait des reconnaissances ; sa mission est tout ce qui concerne la défense de Strasbourg ;

« 4° A tour de rôle, la moitié de la compagnie est de service pendant vingt-quatre heures. En cas d'urgence, la totalité du corps est convoquée ;

« 5° Point de solde, point de corvées ;

« 6° Pour armes, le fusil Chassepot avec sabre-baïonnette, giberne et munitions.

« L'intendance fournit les couvertures, tentes, bidons, marmites, objets de campement ;

« 7° Pour signe de ralliement, un brassard bleu foncé portant un petit cor brodé en argent pour les officiers, en drap blanc pour les sergents, jaune pour les caporaux et rouge pour les chasseurs;

« 8° Les officiers de la compagnie seront nommés par le général commandant supérieur; ils recevront les ordres d'un officier supérieur délégué à cet effet par l'autorité militaire;

« 9° Les chasseurs volontaires contracteront un engagement pour la durée de la guerre;

« 10° L'autorité militaire désignera à la compagnie un lieu d'exercice et de ralliement.

« Vu la gravité des circonstances, la compagnie émet le vœu que l'autorité militaire veuille bien lui faire remise de ses armes aussitôt qu'elle aura agréé les présentes dispositions, qui ont été votées à l'unanimité des 120 membres, dont la liste est ci-jointe.

(Suivent les signatures.)

« J'acceptai les propositions des tireurs strasbourgeois.

« L'Hôtel-du-Commerce fut désigné comme lieu de ralliement à cette compagnie, qui fut mise sous les ordres du colonel Saglio, commandant la garde nationale de Strasbourg.

« Je nommai des officiers et fis délivrer à l'arsenal 150 chassepots à ces hommes, qui occupèrent de suite des postes de combat.

« M. H. Geisen fut chargé de former une autre compagnie des tirailleurs de Strasbourg, et qui, comme la précédente, fut armée de chassepots et mise immédiatement en ligne.

« Ces compagnies franches firent leur service depuis le jour de leur formation jusqu'au moment de l'entrée de l'armée allemande à Strasbourg.

« Elles occupèrent l'ouvrage 56 avec les marins du contre-amiral Excelmans, ainsi que le Contades, et envoyèrent des détachements, sur la demande du colonel Blot, en avant de la porte de Pierres, au front d'attaque.

« Presque chaque jour, ces compagnies exécutèrent des reconnaissances, tantôt du côté du Wacken et de la Robertsau, tantôt du côté du Neudorf. Dans ces sorties, habilement conduites, leurs tireurs purent surprendre l'ennemi et lui firent du mal.

« Ces compagnies furent fort éprouvées, et, dès la première sortie, un officier distingué des chasseurs volontaires, le lieutenant Cavelier-Joly, fut blessé mortellement d'un coup de feu.

LES FRANCS-TIREURS SUR LA ROUTE DE COLMAR

« Par ordre du jour, en date du 9 septembre 1870, le colonel Saglio félicita ces compagnies franches.

« J'ai déjà parlé de la batterie d'artilleurs volontaires qui se recruta dans la garde nationale sédentaire.

« Tous ces corps rivalisèrent avec la garnison pour la défense de Strasbourg; les francs-tireurs, outre leur service dans les ouvrages avancés, faisaient de fréquentes sorties partielles, dans lesquelles ils infligèrent à l'assiégeant des pertes sensibles; de là la colère du général de Werder contre ces compagnies.

« Le 9 septembre, je chargeai le colonel commandant la garde nationale d'être mon interprète auprès de ces utiles auxiliaires, et je lui écrivis à ce sujet :

« Mon cher colonel,

« Messieurs les commandants des arrondissements de défense m'entretiennent chaque jour des services rendus par les compagnies franches et des tirailleurs volontaires, ainsi que par la batterie d'artilleurs volontaires de la garde nationale.

« Chacun se loue de ces bons services, que je me plais moi-même à reconnaître, et je remercie chacun du concours énergique et dévoué prêté par ces corps à la défense générale de la place.

« Je voudrais être à même de récompenser immédiatement de si nobles sentiments et de pouvoir soulager des malheurs qui ne manqueront pas d'exciter l'admiration du pays. « Général UHRICH. »

Voici les noms des officiers des compagnies franches :

1re Chasseurs : Liès-Bodard, capitaine; Cavelier-Joly, lieutenant, grièvement blessé lors de la première sortie, remplacé par M. Léon Ungemach; René Serrand, sous-lieutenant. — 120 hommes.

2e Tirailleurs : Louis Geisen, capitaine; Treit, lieutenant; Boulot, sous-lieutenant. — 100 hommes.

Le 15 septembre, il y eut trois compagnies franches :

1re Chasseurs : Léon Ungemach, ex-lieutenant, capitaine ; René Serrand, ex-sous-lieutenant, lieutenant; Nesberschnée, sous-lieutenant. — 104 hommes.

2e Tirailleurs : Louis Geisen, capitaine; Treit, lieutenant; Boulot, sous-lieutenant. — 100 hommes.

3e Francs-tireurs : Liès-Bodard, capitaine; Page, lieutenant; Clerc, sous-lieutenant. — 100 hommes[1].

[1] *Documents relatifs au siège de Strasbourg*, par le général Uhrich, p. 78 et s.

Parmi les officiers qui ont commandé les compagnies franches figure, avec le grade de capitaine, M. Liès-Bodard. C'était — tous ses collègues l'affirmeraient avec nous — la figure la plus populaire parmi ces combattants improvisés, qui, de même que les jeunes soldats de la garde mobile, allaient faire le coup de feu avec les troupiers chevronnés.

Né dans une petite commune du département de la Moselle, élève de l'École normale primaire d'Helfédange, transférée plus tard à Metz, Liès-Bodard débute comme instituteur, devient ensuite chef d'institution, puis préparateur des cours de chimie à l'École polytechnique et obtient enfin, à la Faculté des sciences de Strasbourg, la chaire de chimie, qu'il occupe jusqu'en 1870.....

La guerre lui faisant des loisirs, il se consacre corps et âme à la défense de Strasbourg, et nous le voyons, lui que la carrière de l'enseignement a toujours tenu éloigné du métier des armes, se sangler dans un uniforme, prendre un sabre et un képi, et marcher à la tête d'une compagnie de francs-tireurs, dont il gagne rapidement l'affection par son affabilité et son entrain sans cesse en éveil. Les services qu'il a rendus avec son corps franc lui valent, après la guerre, la rosette d'officier de la Légion d'honneur.

En 1871, il est nommé inspecteur d'Académie à Bordeaux, puis inspecteur général de l'Enseignement primaire, et c'est en cette qualité qu'il prend sa retraite, pour mourir à Paris en 1893, à l'âge de 82 ans.

Le professeur Liès-Bodard,
Capitaine de francs-tireurs.

Sa vie peut servir d'exemple. Sans être doué de ces facultés exceptionnelles qui font de tout labeur un jeu facile, mais avec de l'esprit de conduite, un travail soutenu, dirigé, sans défaillance, vers un but déterminé, il est arrivé, du poste le plus modeste de l'Enseignement primaire, aux fonctions les plus élevées de cette branche de l'Instruction publique en France, en passant par l'Enseignement supérieur.

Les circonstances l'ont servi sans doute; mais son ardeur à la besogne, son désir de parvenir lui ont fait entreprendre à un âge où la plupart d'entre nous ont terminé leurs études professionnelles, la conquête successive du baccalauréat, de la licence et enfin du doctorat ès-sciences. Tant d'énergique volonté méritait une récompense et Liès-Bodard a eu la satisfaction de voir ses efforts couronnés par le succès. Sa personne était d'ailleurs très sympathique ; il avait, nous l'avons dit, un inépuisable entrain ; il avait de l'imagination aussi et, si l'homme vous attirait par son caractère, le professeur vous charmait par un esprit qui lui permettait de rendre la science aimable.

Une mention spéciale est due aussi au sergent Louis Picot, qui s'intitulait à juste titre le doyen des francs-tireurs d'Alsace. Ancien soldat, il s'est fait enrôler dans les compagnies franches qui ont contribué à la défense de Strasbourg, alors qu'il avait 65 ans. Et il allait bravement à l'ennemi, faisant le coup de feu avec adresse et sang-froid. Après la guerre il a été décoré de la médaille militaire et, pendant une série d'années encore, il a vécu dans nos murs, où la verve avec laquelle il racontait ses campagnes faisait la joie des cercles qu'il fréquentait, et où sa figure joviale, son fez rouge et son pantalon à la houzarde avaient acquis une légendaire popularité.

Dans ses *Souvenirs du bombardement de Strasbourg*, M. Raymond Signouret raconte qu'un officier de cavalerie en retraite, domicilié à la Ziegelau, M. Imler, avait proposé, le 18 août, d'organiser une forte compagnie de volontaires à l'aide des anciens militaires, des gardes-chasse et des braconniers domiciliés dans les maisons éparses ou agglomérées hors des murs, aux environs du Polygone, et de sauvegarder ainsi les localités de la Musau, du Neudorf et de la Ziegelau, *qui peuvent approvisionner Strasbourg*. Cette proposition fut soumise au général Uhrich et au préfet, qui refusèrent d'y donner suite[1].

Le sergent Picot.

Et pourtant le préfet avait envoyé aux maires une circulaire dans laquelle il les engageait « à faire un appel pressant à tous nos braves habitants du département, en les invitant à contribuer activement à la défense de notre territoire gravement menacé par un État voisin, et à *se constituer en compagnies de francs-tireurs* pour la durée de la guerre »…..

Nous verrons plus tard les membres des compagnies franches donner une

[1] *Loc. cit.*, p. 73.

preuve, plus éclatante que toutes les autres, de leur patriotisme, lorsque le général de Werder, refusant de les reconnaître comme belligérants réguliers, déclarera qu'il fera passer par les armes tous ceux d'entre ces volontaires qui tomberaient en son pouvoir.

Le 22 août. La Société de secours aux blessés fait afficher l'avis suivant :

SOCIÉTÉ DE SECOURS AUX BLESSES.

« Le Comité central de la Société de secours aux blessés a l'honneur d'informer le public qu'en vue de donner les premiers soins aux personnes qui seraient atteintes par des projectiles, sa section médicale a établi six postes de secours, situés : 1° à l'hôpital civil ; 2° à l'hôpital militaire ; 3° à l'hôtel de la Ville-de-Paris ; 4° à l'École de médecine militaire ; 5° au Petit-Séminaire ; 6° à l'ambulance du Séminaire protestant.

« Les six postes précédemment établis aux portes de la ville continueront à fonctionner simultanément ; ils sont situés : 1° à la porte de Pierres ; 2° à la porte de Saverne ; 3° à la porte Nationale ; 4° à la porte des Pêcheurs ; à la porte d'Austerlitz ; 6° à la porte des Juifs.

« Strasbourg, le 22 août 1870. « *Le Comité central.* »

Les ouvriers civils qui travaillaient devant le mur d'enceinte à abattre les bâtiments et les arbres qui pouvaient gêner le tir de la défense eurent à recourir plusieurs fois à ces postes de secours ; ils allaient à leur besogne, courageusement, comme des soldats, et, comme des soldats, ils étaient frappés par les balles ennemies.

Le *Courrier du Bas-Rhin* rend hommage aux actes d'initiative privée qui viennent en aide à la défense.

« Nous apprenons chaque jour de nouveaux faits, écrit-il, lesquels témoignent de l'excellent esprit qui règne dans la population de Strasbourg. Les citoyens se pénètrent de plus en plus de la conviction que, dans les moments critiques surtout, il ne faut pas se laisser aller au découragement ou à l'indolence, mais se réunir, se prêter une mutuelle assistance, fondre toutes les forces individuelles, impuissantes dans l'isolement, en une grande force collective qu'anime le même esprit.

« Ainsi la garde nationale sédentaire, malgré l'insuffisance de son armement, se livre chaque jour à l'apprentissage du fusil et des exercices militaires, avec le même zèle que si elle devait être appelée demain à prendre part à quelque opération active.

« Ceux des gardes nationaux qui ont servi dans un des régiments d'artillerie de l'armée ont été réunis en une batterie sous les ordres d'un ancien capitaine, M. Hering, et ils font le service du rempart[1].

« La garde nationale sédentaire remplit aussi très utilement une de ses missions, celle d'assurer le maintien de l'ordre et d'être une garantie de sécurité intérieure pour la cité, en même temps qu'elle se prépare à l'autre mission à laquelle elle peut être appelée, celle d'être un auxiliaire de l'armée active.

« Une autre organisation, émanant de l'initiative des citoyens, gagne de proche en proche, et elle aura bientôt embrassé toute la ville : c'est celle des pompiers et des sauveteurs volontaires.

« On sait que c'est au faubourg de Pierres qu'a surgi d'abord l'idée de former une sorte d'association entre les habitants d'un même quartier pour veiller à tour de rôle, pendant la nuit, se tenir prêts au premier signal d'un incendie, et porter secours immédiatement en attendant l'arrivée des pompiers. Depuis, cette idée a fait son chemin comme toutes les idées simples, utiles et pratiques. Elle s'est propagée d'un quartier à l'autre.....

« .....On ne peut que féliciter la population de toutes ces mesures de prévoyance, de tous ces actes de véritable solidarité civique, qui ont d'abord un premier effet matériel, celui de contribuer à la sécurité publique, et qui ont, en outre, un résultat moral dont il faut tenir compte, celui de rapprocher les citoyens, d'établir entre eux des relations personnelles, de leur apprendre à se connaître et à s'estimer, à se tenir plus solides par ce contact et cette communauté d'efforts dans un même intérêt général. »

Le Conseil de défense, réuni sous la présidence du général Uhrich, décide, entre autres, qu' « en raison des services rendus par les élèves de l'École de santé militaire dans les ambulances et à l'hôpital, ceux-ci toucheraient, outre leurs rations, une indemnité mensuelle de 30 francs..... » Un franc par jour pour passer les jours et les nuits à soigner les blessés aux postes les plus dangereux de la ville assiégée!..... C'était une solde dérisoire, mais c'était une solde, et nos vaillants « carabins », — c'est ainsi qu'on les désignait dans le langage populaire des Strasbourgeois, — s'en montraient fiers, puisqu'elle attestait leur entrée officielle au service actif, leur nomination de membres réguliers du corps médical de l'armée française.

---

[1] Nous verrons plus tard la Commission municipale rendre un hommage unanime aux artilleurs de la Garde nationale sédentaire, qui ont vu tomber plusieurs des leurs pendant qu'ils étaient aux bastions.

« Dès les premiers jours du siège, dit le général Uhrich dans ses *Documents*[1], ces braves jeunes gens s'étaient mis à ma disposition. Les congrégations religieuses, le Petit- et le Grand-Séminaire, le Gymnase protestant, le Lycée m'avaient offert leurs locaux. Les élèves de l'École de médecine avaient montré une bonne volonté admirable. J'avais distribué dans les ambulances, dans les ouvrages avancés, auprès des portes, tous ces jeunes gens dont le zèle, le courage, l'abnégation ne se démentirent en aucune circonstance pendant les terribles phases que nous eûmes à traverser. Plusieurs d'entre eux payèrent de leur sang les services qu'ils rendirent à la ville, à la patrie, aux habitants et à nos soldats. »

Tout ce que Strasbourg a souffert jusqu'à ce jour n'a été que le vague prélude du drame dont les péripéties commenceront à se dérouler demain. Nous avons eu des incendies, des blessés, des morts ; mais nous avons pu compter les catastrophes et les victimes. Demain nous ne les compterons plus.

A cette date du 22 août, le général Uhrich reçoit le billet suivant :

Le général de Werder au général Uhrich.

« Le 22 août 1870.

« J'ai l'honneur de vous annoncer que vous pouvez maintenant vous attendre au bombardement de la ville et de la forteresse.

« Le général commandant le corps de siège,
« DE WERDER. »

« *P. S.* Prière d'accuser réception de cette communication. »

Le général Uhrich envoie le capitaine de cavalerie comte de Berthier, fils du général de Berthier, apporter au commandant de l'armée assiégeante un accusé de réception de cet avis :

Le général Uhrich (personnel) au général de Werder.

« Strasbourg, le 22 août 1870.

« Reçu de Monsieur le Lieutenant-Général commandant la 3ᵉ armée l'avis que le bombardement de la ville et de la citadelle de Strasbourg est imminent.

« Le général de division commandant supérieur de la 6ᵉ division militaire,
« UHRICH. »

---

[1] *Loc. cit.*, p. 39.

Le capitaine de Berthier revient à 1 heure du matin avec un récépissé accompagné d'une observation ainsi conçue :

Récépissé donné au comte de Berthier :

« Je fais la remarque que je me crois dispensé de donner tout autre avertissement sur l'époque du bombardement, qui peut survenir maintenant à tout instant.

« Mundolsheim, le 22 août 1870.
           « DE WERDER. »

En même temps, le capitaine de Berthier rapportait, pour le général Uhrich, un billet conçu en ces termes :

« J'annonce les médicaments désirés au commandant impérial français de Strasbourg.

« Dès que le chargement de glace se mettra en mouvement pour Hœnheim et passera la ligne des avant-postes, on mettra en route pour Strasbourg la voiture aux médicaments.

« Le pasteur profitera un autre jour de la permission qui lui est accordée[1].

  « *Le lieutenant-colonel commandant le 30ᵉ régiment d'infanterie.* »

Ce billet provoqua de la part du général Uhrich l'envoi des deux lettres suivantes :

  « Monsieur le colonel,

« J'ai l'honneur de vous informer que je donne des ordres pour que les voitures chargées de glace qui doivent remonter de Schiltigheim vers Mundolsheim ne soient pas inquiétées dans leur marche par notre artillerie. La voiture de médicaments entrera librement dans Strasbourg.
           « UHRICH. »

Le général Uhrich au général de Werder.

  « Monsieur le Lieutenant-Général,

« J'ai reçu cette nuit le billet que vous avez confié à mon parlementaire et j'y réponds.

« L'avis que vous m'avez fait l'honneur de me donner hier relativement à un bombardement imminent a été considéré par moi comme définitif et n'ayant pas besoin d'être renouvelé.

---

[1] Permission de rentrer en ville.

« Je recevrai très volontiers les médicaments apportés par un pasteur de Strasbourg, et je vous remercie de l'offre que vous me faites de les laisser entrer en ville. L'accès de Strasbourg est accordé au pasteur.

« Vous avez tout droit et facilité, Monsieur le Lieutenant-Général, pour faire prendre à Schiltigheim toute la glace dont vous pouvez avoir besoin. Schiltigheim ne sera pas inquiété par nous aujourd'hui, s'il ne nous attaque pas.

« Mon parlementaire se loue beaucoup de l'accueil que vous avez bien voulu lui faire. Je vous remercie, comme si c'était à moi que cet accueil eût été fait.

« UHRICH. »

Cette question des médicaments à faire entrer dans la place demande quelques explications :

Dès les premiers jours de l'investissement, quand les blessés de Frœschwiller furent répartis dans les ambulances et quand la perspective d'un siège prolongé se dressa devant les yeux de nos médecins, ceux-ci constatèrent qu'on n'avait pas plus songé à approvisionner la place des médicaments qu'une agglomération de malades pouvait rendre indispensables, qu'à prendre n'importe quelle autre précaution contre les éventualités d'une guerre. C'est à peine si l'on avait du chloroforme pour faire les opérations chirurgicales.

Le pasteur Schillinger, de l'église Saint-Nicolas, que M. A. Zopff d'abord, puis M. J. Kablé, tous deux membres du Comité de la Société internationale de secours aux blessés, avaient entretenu de cette situation, offrit d'aller à Paris, au siège central de la Société pour essayer d'y obtenir les médicaments nécessaires..... On demandait 60 kilogr. de chloroforme, 100 gr. de musc en vessie, 500 gr. de morphine, 25 kilogr. de sous-nitrate de bismuth, 20 kilogr. de sulfate de quinine, du coton soluble, du calomel à la vapeur, de l'acide phénique, du chloral hydraté, de l'opium, de l'iode, du permanganate de potasse, etc.

Le pasteur Schillinger se met donc en route et arrive sans encombre, en passant par les lignes allemandes, jusqu'à Mulhouse, où il trouve encore un train partant pour Paris. Aussitôt débarqué, il se rend au Palais de l'Industrie, où la Société internationale a établi ses quartiers. Reçu par le comte de Flavigny, président, par M. de Billy, inspecteur général des ponts et chaussées, et d'autres membres du Comité central, il obtient, après de longues négociations, quatre caisses de médicaments, près de 200 kilogr., avec lesquelles il reprend le chemin de Strasbourg. A Belfort, il rencontre M. Doll, qui, avant la guerre, a été consul de Bade, de Bavière et de Wurtemberg à Mulhouse, et qui s'offre de l'accompagner jusqu'à Strasbourg, dont l'accès lui sera peut-être facilité, à lui, s'il se recommande de son ancienne qualité de représentant de trois États de l'Allemagne. M. Doll[1] fait, en effet, parvenir son compagnon jusqu'au quartier du général de Werder; mais ici les difficultés commencent. Le chef de l'armée assiégeante, qui ne veut pas laisser sortir de Strasbourg les vieillards, les femmes et les enfants, ceux-ci constituant un élément de faiblesse pour la place, se dit que la privation de médicaments diminuera, elle aussi, la force de résistance de la malheureuse cité, et ce n'est qu'après de pénibles négociations que le pasteur Schillinger obtient enfin de faire entrer dans la forteresse l'inappréciable trésor qu'il est allé conquérir à Paris.

Mais écoutons Albert Schillinger lui-même. Celui d'entre tous nos écrivains alsaciens qui a mis et qui met encore le plus de soins et de piété à perpétuer les grandes dates de notre histoire et la mémoire des Alsaciens dont le nom mérite d'être honoré, M. Rodolphe Reuss, a consacré au pasteur Schillinger un de ses ouvrages les plus empreints de cœur et de patriotique émotion[2]. Il nous raconte avec une éloquente simplicité cette existence toute de dévouement et d'abnégation. Puis, laissant la parole à Schillinger lui-même, il emprunte à son « journal » le récit des épreuves que le jeune pasteur a dû traverser pour accomplir la mission dont il s'était chargé, malgré les dangers que pouvaient présenter son passage à travers les lignes allemandes pour gagner Paris, et surtout sa rentrée à travers les mêmes lignes pour regagner notre pauvre ville bombardée.....

« M. Zopff, écrit le pasteur Schillinger dans les pages citées par M. Rod. Reuss, me remet le brassard de la Société internationale et une lettre pour la Société de Paris, demandant des fonds. Ceux dont on disposait sont épuisés.....

« ..... M. Kablé me remet 500 francs pour mon voyage. On voulait me louer une voiture jusqu'à Schlestadt, mais le propriétaire demande cent francs et la garantie du cheval. Un associé de la maison Hayem, de Paris, M. Jolly, nous tire d'embarras. Il vient de Haguenau, où sa maison a une succursale, et il a amené son cheval et sa voiture avec un homme qui les reconduira à Haguenau. Il m'offre une place jusqu'à Schlestadt. Nous ferons route ensemble. Aux yeux des Prussiens, il sera censé m'escorter pour me faciliter ma mission à Paris[3]..... »

Les deux voyageurs arrivent jusqu'à Schlestadt, où le sous-préfet leur procure avec empressement le moyen d'aller le soir même à Colmar. De Colmar ils peuvent

---

[1] Âgé de 65 ans aujourd'hui, M. Doll habite Bordeaux où une distinction viendra peut-être le récompenser encore de son dévouement.....
[2] A. Schillinger — Souvenirs pour ses amis, par Rod. Reuss, 1883.
[3] Loc. cit., p. 92 et s.

encore gagner Mulhouse en chemin de fer et ils arrivent à Paris le 17 août, vers 8 heures du matin.

« Je me fais conduire chez Fischbacher[1], car il est encore trop tôt pour me présenter à l'Internationale. Fischbacher me reçoit avec sa cordialité habituelle; je déjeune avec lui et lui donne des nouvelles de Strasbourg. Vers 10 heures, je me rends au Palais de l'Industrie, où est installée la Société internationale. On ne veut pas me laisser entrer dans la salle du conseil; je me fais annoncer comme délégué de Strasbourg et j'entre. Le comte de Flavigny prend connaissance de ma lettre et me reçoit très courtoisement. Mais il est interrompu à tout moment. Dans la nuit il est arrivé un convoi d'environ quatre-vingt-dix blessés qui sont restés plusieurs heures à la gare sans recevoir de soins. L'autorité militaire est jalouse de l'Internationale et lui prépare des entraves où elle peut. Le désordre qui règne dans les délibérations, les discussions interminables qui se succèdent au sujet des plus minces détails, montrent à quel point fait défaut l'esprit pratique. Si on l'avait sérieusement voulu, on aurait pu expédier mon affaire dans l'espace d'un quart d'heure; je serais reparti le soir même et probablement rentré à Strasbourg sans trop de difficultés..... »

A 4 heures, le pasteur Schillinger retourne au Palais de l'Industrie, où on le retient longtemps dans l'antichambre, « ces messieurs étant trop occupés pour le recevoir ».

« .....M. Léon de Bussierre me demande des nouvelles de son frère; le lendemain il me remet des lettres pour lui..... Ayant su à Mundolsheim[2] que M. Alfred Renouard de Bussierre avait été arrêté comme espion, je déchirai les lettres qui étaient pourtant bien inoffensives[3].....

« Enfin je pénètre dans la salle du conseil. Le docteur Chenu examine ma demande de médicaments. Il la trouve exagérée pour les quantités. « On traiterait avec cela toutes les armées de France pendant des années. A chaque article il se récrie et pousse des éclats de rire. Je réponds que, n'étant pas médecin, je ne saurais défendre les demandes de mes amis de Strasbourg, que cependant ils devaient savoir ce qu'ils faisaient; qu'il fallait considérer que Strasbourg était un pays de

---

[1] L'éditeur aujourd'hui domicilié rue de Seine, 33, et que l'Alsace et la France scientifiques entourent d'une si juste considération.

[2] En revenant de sa mission.

[3] M. le baron de Bussierre, ancien directeur de la Monnaie de Paris, ancien député du Bas-Rhin, un des hommes les plus estimés de notre pays pour sa droiture, sa bienveillance et sa générosité, qui dès le début de la campagne avait établi une ambulance dans son château de la Robertsau, a été effectivement arrêté comme espion et transporté dans la forteresse de Rastatt. Jamais il n'a su de quels actes d'espionnage il avait bien pu se rendre coupable et ceux qui l'ont arrêté ne le savaient certainement pas davantage.

flèvres et que nous allions en avoir plus que de coutume, vu l'inondation des fossés ; que l'Internationale aurait à fournir l'intendance militaire ; que nous aurions peut-être à subir un blocus de plusieurs semaines. Finalement, il fut arrêté que M. Chenu s'entendrait avec M. Dorvault, de la Pharmacie centrale, pour la réduction des quantités et que je devais revenir le lendemain à 10 heures. On passa à la demande d'argent. Le président est assez peu disposé à l'accorder, sous prétexte que M. de Bussierre a reçu, il y a peu de temps, un bon de cinquante mille francs. Je réponds que je n'ai pas connaissance que cette somme ait été versée. M. de Bussierre n'a pas paru en ville depuis huit jours ; il lui a sans doute été impossible de toucher la somme en question, car sa campagne doit être occupée par les Prussiens. Je prie de porter l'allocation de cinquante à cent mille francs. M. de Vogué[1] me soutient chaleureusement. Il rappelle que Strasbourg s'est admirablement montré jusqu'ici ; nos infirmiers ont été les premiers sur le champ de bataille et aucun d'eux n'est rétribué ; Strasbourg s'est organisé très rapidement.

« .....MM. de Bussierre et de Billy appuient. La première ambulance de la Société, qui est en campagne, coûte chaque jour huit mille francs et n'a pas encore servi ! Enfin, la somme est votée, et comme l'on pense que je ne puis pas prendre d'argent,

Le pasteur Schillinger.

on me remet une déclaration constatant le vote. C'est une garantie suffisante pour trouver de l'argent à Strasbourg, en attendant que les communications soient rouvertes. Je serre la main à M. de Vogué en le remerciant chaleureusement. Il me prie de faire rechercher à Wœrth la place où est enterré son frère qui est tombé dans la bataille..... »

Le 19 août, le pasteur Schillinger arrive à quitter Paris avec ses médicaments. A Belfort, il est abordé par M. Doll, le consul badois, bavarois et wurtembergeois dont nous avons parlé plus haut et qui jure de le faire entrer à Stras-

---

[1] M. le marquis de Vogué, plus tard ambassadeur de France à Vienne et à Constantinople.

bourg. M. Doll, en effet, exhibant ses parchemins diplomatiques, déclinant ses titres, payant d'habileté et d'audace, ouvre la route à son compagnon jusqu'à Schæffolsheim, où ils pensent être, tous deux, au bout de leurs pérégrinations. « Nous demandons le général, écrit Schillinger, mais nous ne réussissons à voir qu'un adjudant et un petit « auditeur » (fonctionnaire de la justice militaire) très vif, qui nous accable de théories. « Les médicaments, disent-ils, ne peuvent pas entrer ; nous voulons exercer une pression sur les habitants, et le manque de médicaments viendra à notre aide. »

Les deux voyageurs arrivent à Mundolsheim, où le général de Werder a établi son quartier. « Tout près de la maison où il demeure, nous sommes accostés par M. de Lepel, son adjudant. L'accueil n'est rien moins que gracieux. Ni nos caisses ni nous n'entrerons en ville ; si nous nous hasardons au delà des avant-postes, nous serons infailliblement fusillés..... Nous allons trouver le pasteur, M. Beck. Il m'accueille fort bien. » M. Doll, qui est sorti pour se procurer un laisser-passer qui lui permette de retourner à Mulhouse, revient. « Il a pu voir M. de Werder et a obtenu l'entrée à Strasbourg de mes caisses et de ma personne. Le général a déclaré que la place d'un pasteur était en ce moment au milieu de sa paroisse. Cette nouvelle me remplit de joie. Trois médecins allemands viennent visiter le contenu des caisses, mais ils n'ouvrent que les plus petites. Plus tard ils reviennent pour transporter les caisses dans leur propre logement, afin de les mettre en sûreté ».

Le lendemain 23 août, le pasteur Schillinger croit enfin pouvoir se mettre en route avec son précieux fardeau..... Il se rend chez le général de Werder, qui soulève de nouvelles objections. Au courant de la conversation il lui demande pourquoi les Allemands tenaient tant à s'emparer de notre ville. « S'ils remportaient encore une victoire à Paris, les portes de Strasbourg ne tarderaient pas à s'ouvrir..... » — « Tant que nous n'aurons pas Strasbourg, on nous objectera que nous ne possédons pas l'Alsace, et quand nous serons maîtres de la ville, nous n'en sortirons plus..... »

L'après-midi, nouvelle entrevue, nouvelle autorisation de partir, deux ou trois fois modifiée, retirée, rendue. Enfin les caisses sont chargées sur une voiture de paysan, qu'un soldat badois, muni d'un permis, conduira jusqu'aux avant-postes. Le pasteur Schillinger monte sur la banquette, le véhicule s'ébranle, part au trot. Cette fois, la cause est gagnée..... Pas encore. Un dragon arrive au galop, derrière les voyageurs : « Halte !..... » C'est une ordonnance du général qui somme le pasteur de descendre, la voiture seule devant poursuivre sa route..... Il rentre à Mundolsheim, à côté du dragon, escorté comme un véritable prisonnier, et se voit forcé de réintégrer le presbytère..... Mais les médicaments pénètrent dans la place.

«.....Mercredi matin, 24 août, j'allai au bureau de l'état-major. J'y trouvai MM. de Lepel et de Lescinski. Ils me dirent que je n'entrerais pas en ville. J'objectai la promesse du général. On me répondit que M. de Werder, dans « son amabilité extrême », n'avait pas osé me donner un refus, que la situation militaire était changée et que je n'entrerais à aucune condition, qu'on ne me laisserait même plus parler au général..... »

Le pasteur Schillinger reste à Mundolsheim jusqu'au 2 septembre, et se rend à Hürtigheim chez le pasteur Erichson[1], où il commence à se reposer des émotions et des tracasseries par lesquelles il a passé à Mundolsheim, lorsqu'un soir il est accosté par une dame qui, fuyant Strasbourg assiégé, lui jette ces mots en guise de bonjour : « Eh bien! on vous blâme d'avoir quitté votre troupeau..... » Cet injuste reproche va droit au cœur de Schillinger. Avoir tant souffert pour être accusé de lâcheté!..... Il retourne brusquement à Mundolsheim, où il espère trouver, malgré tout, une occasion de rentrer à Strasbourg, avec ou sans permission, et où il continue à s'épuiser en de vains efforts. Il assiste chaque soir au spectacle de Strasbourg en flammes et essaye, en s'associant à une noble démarche, de faire cesser les souffrances des assiégés, ses concitoyens d'adoption.....

Il rédige et signe, avec les pasteurs Beck, de Mundolsheim, Gerold, de Vendenheim, Heinrich, de Lampertheim, et Horning, de Pfulgriesheim, une adresse au grand-duc de Bade, le suppliant d'intervenir en faveur des victimes qui succombent dans la forteresse bombardée. Cette démarche est demeurée à peu près ignorée du public et des historiens du siège de Strasbourg, et nous savons gré à M. Rod. Reuss de l'avoir préservée d'un injuste oubli. Voici, d'après les pages qu'il a consacrées à Albert Schillinger, la traduction de la supplique remise au souverain badois[2] :

« Altesse Royale,

« Depuis un mois l'armée allemande cerne Strasbourg. Une grande partie de cette ville autrefois si florissante est en ruines ; sa prospérité est détruite, ses établissements publics, ses collections scientifiques et littéraires, ses fondations charitables, monuments du passé, ont été anéantis par le feu des canons. La ville de nos pères a péri; nous la cherchons et nous ne la trouvons plus !

---

[1] Aujourd'hui directeur de l'Internat du collège Saint-Guillaume (Séminaire protestant) à Strasbourg.
[2] *Loc. cit.*, p. 183 et s.

« Mais des événements plus terribles se sont passés. Le sang des femmes, des enfants et des vieillards a coulé ; chaque jour nous voyons succomber d'innocentes victimes dans cette lutte terrible et l'on nous menace, comme punition d'une si longue résistance, de ne plus garder désormais les derniers ménagements qu'on observait encore contre des citoyens inoffensifs.

« Au milieu de si indicibles souffrances, le sentiment sacré du devoir nous pousse à élever notre voix comme serviteurs de l'Évangile, au nom de notre Dieu, qui est un Dieu de paix et de miséricorde ; nous sentons notre faiblesse, mais nous sommes aussi pleins de confiance en Celui qui se montre puissant dans les faibles, et nous nous présentons devant Votre Altesse Royale, la suppliant de témoigner quelques ménagements aux habitants d'une ville si lourdement éprouvée par tous les fléaux de la guerre et d'accorder la libre sortie des murs aux femmes, aux enfants, aux vieillards de Strasbourg!

« Puisse le Tout-Puissant, qui répand sa miséricorde sur tous les peuples, puisse-t-il ouvrir le cœur de Votre Altesse à nos paroles et la pousser à transmettre notre prière au commandant supérieur des armées alliées et l'appuyer auprès de S. M. le roi de Prusse! »

Le grand-duc de Bade habitait alors la maison de M. Bauer, à Lampertheim. Son secrétaire particulier, M. de Sternberg, avait promis aux pasteurs de leur ménager une entrevue avec son souverain. Après une longue attente, ils sont introduits chez le grand-duc, et M. Gerold, le respectable pasteur de Vendenheim, lit l'adresse, en sa qualité de doyen d'âge. Mais le souvenir de tous les dangers auxquels sont exposés en ce moment ses enfants, ses petits-enfants et tous les amis qu'il compte à Strasbourg a ébranlé les forces du vieillard, les larmes lui montent au visage et les paroles s'étranglent dans sa gorge ....

Le grand-duc, qui connaissait d'ailleurs l'objet de la démarche, répondit, — ce qui était vrai, bien qu'on eût quelque peine à le croire alors, — qu'il ne pouvait donner aucun ordre devant Strasbourg, qu'il transmettrait l'adresse au roi, mais qu'il avait trop peu d'influence au quartier général pour promettre quoi que ce fût. Il fut d'ailleurs d'une urbanité parfaite avec ses interlocuteurs et leur adressa la parole à chacun. L'un d'eux lui ayant parlé des malheureuses femmes et des nombreux enfants qu'avaient déjà tués les obus, il lui répondit ces propres paroles : « *Es ist das Kriegsrecht; es könnte noch übler zugehen* »[1]. (« C'est la loi de la guerre ; il pourrait arriver pis encore »).

---

[1] *A. Schillinger — Souvenirs pour ses amis*, par Rod. Reuss, p. 184 et s.

Le 12 septembre enfin, le pasteur Schillinger obtenait le sauf-conduit qu'il convoitait depuis des semaines et le 13, au matin, il entrait à Strasbourg, heureux de se retrouver au milieu de ses amis, pour partager leurs souffrances.

Les émotions par lesquelles il avait passé avaient achevé de miner sa santé, chancelante depuis sa jeunesse. Il continua pourtant à exercer son ministère jusqu'au 16 juin 1872, jour où il occupa pour la dernière fois cette chaire de l'église Saint-Nicolas, autour de laquelle il avait si souvent groupé des auditoires compacts que sa parole remuait jusqu'au fond du cœur.

Dans la matinée du 19 juin, il se rendait au Directoire pour savoir s'il était arrivé une réponse à la demande qu'il avait faite de conserver ses fonctions pastorales à Saint-Nicolas, tout en optant pour la France. Cette réponse n'étant pas favorable, il alla chez son collègue, le pasteur Eschenauer, pour lui rendre compte du résultat de sa démarche. A peine arrivé, il fut pris de faiblesse et d'étouffements. Des soins empressés lui firent reprendre ses sens, et quoique souffrant, il partit pour rentrer chez lui. Passant dans la rue d'Or, il monta au Casino théologique, soit qu'il voulût y serrer la main à quelques amis, soit qu'il sentît ses forces lui manquer. Il était onze heures du matin. Aussitôt entré dans la salle de lecture il s'affaissa de nouveau, pris par des suffocations et des angoisses indicibles. Les quelques membres du cercle qui étaient présents s'empressèrent autour de lui; on courut chercher le médecin le plus proche. Tentatives inutiles. Le mal implacable qui minait Schillinger l'avait terrassé cette fois. Après une agonie d'un quart d'heure, il avait cessé de souffrir. Au milieu des spasmes qui l'étouffaient, il avait balbutié ces dernières paroles : « Je me meurs..... il est doux de mourir..... adieu, mes amis, adieu !....

« Oui, certes, il était doux pour lui de mourir, car la mort, de sa faux rapide, l'enlevait à jamais à ses anxiétés et à ses tristesses, à ses fatigues et à ses douleurs [1]. »

Né en 1839 à Muhlbach (Haut-Rhin), fils du pasteur de cette petite commune, Albert Schillinger mourait à l'âge de 33 ans, ayant derrière lui une carrière fertile en nobles et généreux enseignements.

Le 21 juin on lui rendait les derniers devoirs dans l'église où son court passage devait laisser des traces si profondes. La Société chorale et l'Union musicale interprétèrent une composition de Kastner, et le pasteur Eschenauer prononça l'éloge du collègue et de l'ami qu'il venait de perdre. Puis un long cortège

---

[1] *A. Schillinger — Souvenirs pour ses amis*, par Rod. Reuss, p. 283 et s.

funèbre se groupa derrière le cercueil de Schillinger, qui fut conduit au cimetière Saint-Gall et descendu dans une fosse que de pieuses mains avaient jonchée de fleurs. Après un chœur chanté par les élèves en théologie de la Société l'*Alsatia*, M. le pasteur Gérold adressa au défunt un éloquent adieu, interrompu à plusieurs reprises par les sanglots de l'assistance; M. Rodolphe Reuss parla ensuite au nom des professeurs du Gymnase, dont Albert Schillinger avait été le collègue durant les derniers mois de son existence; les larmes étranglaient sa voix; enfin M. le pasteur Leblois, qui était revenu hâtivement de voyage et qui arrivait au cimetière à l'instant où la tombe de Schillinger allait se fermer, put encore joindre l'hommage de sa parole aux honneurs qu'on venait de rendre au jeune prédicateur, trop tôt disparu.

Un monument a été érigé à la mémoire de Schillinger, par souscription publique, dans l'oratoire de Saint-Nicolas.

FIN DE LA PREMIÈRE PARTIE

DEUXIÈME PARTIE

STRASBOURG PENDANT LE SIÈGE

CHAPITRE PREMIER

« Le moment solennel est arrivé ». — Encore une fausse joie. — Le bombardement régulier commence. — Trois proclamations du général de Werder. — La nuit du 24 août. — Destruction du Temple-Neuf, de la Bibliothèque de la ville, du Musée des Beaux-Arts. — Une démonstration. — Démarche de l'évêque de Strasbourg. — La nuit du 25 août. — Incendies à la Cathédrale, à l'Hôpital civil, à la Gare, au Gymnase protestant.

Le 23 août. Des rumeurs inquiétantes avaient circulé la veille au sein de la population. On racontait que le commandant de l'armée assiégeante avait envoyé au général Uhrich un nouvel ultimatum, — d'autres affirmaient que c'était un sec et bref avis annonçant le bombardement régulier de la ville, — et de nombreux habitants s'étaient rendus, vers le soir, à la Mairie pour avoir des informations précises. On ne leur donna aucune réponse catégorique.

L'aube du 23 août devait, du reste, dissiper toutes les incertitudes. En se réveillant, la population vit affichée sur les murs une proclamation ainsi conçue :

SIXIÈME DIVISION MILITAIRE.

« Habitants de Strasbourg.

« Le moment solennel est arrivé.

« La ville va être assiégée et soumise aux dangers de la guerre.

« Nous faisons appel à votre patriotisme, à votre virile énergie, afin de défendre la capitale de l'Alsace, la sentinelle avancée de la France.

« Des armes seront délivrées aux citoyens désignés par M. le Maire à l'effet de concourir à la protection de nos remparts.

« Amis ! courage ! La patrie a les yeux sur nous !

« Fait au quartier général à Strasbourg, le 22 août 1870.

« Le Général de division, commandant supérieur,
« Uhrich. »

« Le Préfet du Bas-Rhin,
« Baron Pron. »

« Le Maire de Strasbourg,
« Humann. »

Nous laissons à penser l'effet que produisit cet avis sur une population qui, depuis le 6 août, passait par les émotions les plus douloureuses, traversées, de temps à autre, par quelque rayon d'espoir aussitôt éteint, et dont la disparition brusque ne rendait nos angoisses que plus poignantes. Chacun rentre chez soi, ramasse les objets les plus précieux, serre ses papiers dans une cachette qu'il croit sûre et se prépare, dans les rez-de-chaussée voûtés et dans les caves, un asile pour la nuit.....

Mais subitement, comme par un effet magique, la physionomie de la ville se transforme. Ce ne sont plus les mines inquiètes de tout à l'heure; ce sont des figures presque radieuses que l'on rencontre dans les rues, et des groupes se forment, qui discutent bruyamment, sur un ton qui n'a rien d'affligé, et les passants se serrent fiévreusement les mains..... Déjà la sinistre proclamation du matin est oubliée; tout s'explique: la délivrance est proche.

L'*Impartial du Rhin,* en effet, a reçu un numéro du *Moniteur du soir,* qu'un voiturier a réussi à apporter de Colmar, et qui contient la narration d'une grande victoire remportée par l'armée française. L'*Impartial* se hâte de reproduire ce récit, et comme il a eu la courtoisie de communiquer ses épreuves au *Courrier du Bas-Rhin,* celui-ci fait tirer une édition spéciale pour répandre, lui aussi, l'heureuse nouvelle. Les imprimeries des deux journaux sont littéralement prises d'assaut; on se bat devant leurs portes et devant les kiosques pour enlever les numéros de l'une ou de l'autre feuille, et l'heureux conquérant d'un de ces bulletins de victoire est aussitôt entouré d'une foule compacte qui lui demande, à grands cris, de lire à haute voix l'histoire du combat..... C'est le maréchal Bazaine qui est le héros de cet important fait de guerre; les mitrailleuses françaises ont décimé l'ennemi; de la splendide armée du prince Frédéric-Charles il ne reste plus que des débris; la Bourse de Berlin a baissé de deux francs et la Prusse appelle à son aide les garnisons de toutes ses forteresses..... Trochu est nommé gouverneur de Paris et la capitale sera imprenable..... Dans les départements de l'Est, les corps francs ont commencé à opérer et délivrent le pays des rôdeurs prussiens qui rançonnent les campagnes.

Bazaine victorieux, l'armée de Frédéric-Charles détruite, c'est un revirement de fortune qui va infailliblement faire lever le siège de Strasbourg, et ce n'était franchement pas la peine d'inquiéter la population en faisant annoncer le matin que de grands malheurs étaient imminents.....

C'est ainsi que les habitants raisonnent dans leur ardent désir de prendre leurs vœux pour la réalité, et nul ne songe à mettre en doute l'authenticité des informations que le hasard vient de nous apporter. Bonne nouvelle, donc nouvelle vraie.....

La nuit s'avance et tout reste calme et silencieux. Il est évident que les assiégeants songent à présent beaucoup plus à se défendre contre l'armée française, qui marche sans doute sur Strasbourg pour délivrer la forteresse, qu'à entreprendre un bombardement régulier.....

Mais le général de Werder va se charger de mettre à néant ces rêves et ces illusions. Toutes ses troupes sont arrivées, toutes ses batteries sont dressées, toutes ses tranchées sont creusées; chaque soldat, artillerie et infanterie, occupe la place qui lui a été mathématiquement assignée. Strasbourg est maintenant assiégé dans la force du terme, d'après les règles les plus classiques de la science militaire. Une sonnerie de clairon et les canons et mortiers désignés pour ouvrir le feu commenceront la destruction de la place.

Vers 9 heures, un éclair brille à l'horizon, aussitôt suivi d'une détonation. C'est le signal..... Et à partir de ce moment, jusqu'à 8 heures du matin, la ville est bombardée sans trêve. C'est un continuel roulement de tonnerre, ce sont des sifflements qui s'entrecroisent, des murs qui s'abattent avec un bruit d'avalanche et, de temps en temps, des cris de douleur ou des imprécations qui percent l'infernal concert.

Les obus arrivent de tous côtés et tombent partout. Les assiégeants tirent au hasard, espérant sans doute qu'en frappant tous les quartiers, ils affoleront la population et précipiteront la reddition de la place.....

Au faubourg de Pierres, au faubourg de Saverne, au faubourg National, dans le quartier de la Grand'rue, place Kléber, rue de la Mésange, dans le quartier du Finckwiller, place Saint-Thomas, place des Moulins, rue des Serruriers et environs, Marché-aux-Poissons, rue des Sœurs, rue des Frères, sur les quais, rue des Maisons-Rouges, place Saint-Nicolas, rue Neuve-des-Pêcheurs, dans le quartier de l'Arsenal, les maisons sont criblées de boulets.

Sept projectiles s'abattent sur l'Hôpital civil, sans y blesser personne heureusement; des obus tombent sur le Grand- et le Petit-Séminaire, qui, nous l'avons vu, renferment des ambulances; en toute hâte on transporte les blessés dans les caves; le Séminaire protestant, également transformé en ambulance, est atteint; dans l'ambulance des Petites-Sœurs, rue Saint-Louis, un projectile tue un zouave blessé. Au faubourg National, une femme a les deux bras enlevés; dans la rue des Balayeurs, une autre femme a l'épaule fracassée; rue des Maisons-Rouges, deux enfants sont tués.

La caserne Saint-Nicolas est fortement endommagée; la toiture de l'Arsenal démolie; la Cathédrale, l'église Saint-Pierre-le-Vieux, l'église Saint-Thomas, la Monnaie, le Temple-Neuf sont atteints. Rue du Jeu-des-Enfants, place Saint-Nicolas (au restaurant Vasbender), rue des Dentelles (maison Knoderer), à l'église Saint-Thomas, où le chef-d'œuvre de Pigalle, le monument du maréchal de Saxe, est menacé d'être détruit par des fragments d'obus, des incendies éclatent, mais les postes de secours, organisés par les habitants, et sur le zèle et le dévouement desquels on ne saurait assez insister, s'en rendent maîtres avec rapidité.

Pendant ce temps, les batteries établies au bord du Rhin, à Kehl, bombardent la citadelle, qui est couverte de projectiles, sans pouvoir répondre efficacement aux pièces badoises, bien abritées par des blindages et des travaux en terre.

Le général de Werder, qui est investi des pouvoirs de commandant de l'armée assiégeant Strasbourg, est revêtu en même temps de fonctions plus étendues et rend des arrêtés qui s'appliquent à toutes les parties de l'Alsace occupées par les troupes allemandes. C'est ainsi qu'à la seule date du 23 août il publie trois proclamations, qui, quoique ne se rattachant pas directement à l'histoire du siège de notre ville, sont intéressantes à connaître, parce qu'elles dépeignent éloquemment la situation imposée alors à notre malheureux pays.

Voici le premier de ces documents :

PROCLAMATION.

« En vertu de l'article 4 de l'ordonnance du 21 juillet 1870, la loi martiale est instituée dans toutes les parties de l'Alsace occupées par les troupes allemandes.

« Cette loi entrera en vigueur avec la publication, par voie d'affichage, de la présente proclamation.

« Ses dispositions seront applicables à tous ceux qui, sciemment, auront causé un préjudice aux troupes de S. M. le roi de Prusse ou de ses alliés, ou qui, sciemment, auront prêté aide à l'armée et au gouvernement français.

« La peine de mort sera spécialement applicable à

« 1° Ceux qui serviront d'espions à l'armée et au gouvernement français ou qui donneront l'hospitalité à des espions, les cacheront ou leur prêteront assistance;

« 2° Ceux qui serviront volontairement de guides à l'armée française ou qui, intentionnellement, auront égaré les troupes allemandes;

« 3° Ceux qui, par esprit de haine ou de lucre, auront tué, blessé ou pillé des personnes appartenant aux troupes allemandes, ou les gens de leur suite;

BATTERIE DE KEHL

« 4° Ceux qui auront détruit des ponts et des canaux, des chemins de fer et des télégraphes, qui auront rendu des routes impraticables, qui auront mis le feu aux munitions et autres provisions de guerre ou aux quartiers des troupes ;

« 5° Ceux qui auront pris les armes contre les troupes de S. M. le roi de Prusse ou de ses alliés.

ANNEXE.

« 1° Cette proclamation s'applique à tous ceux qui ne font point partie de l'armée française et qui ne feront point connaître leur qualité de soldat par des signes extérieurs ;

« 2° Les communes auxquelles les coupables appartiendront et celles sur le territoire desquelles le crime aura été commis seront passibles, pour chaque cas isolément, d'une amende égale au montant annuel de leur contribution foncière.

« Mundolsheim, le 23 août 1870.

« Le commandant de l'armée de siège,
« DE WERDER,
« lieutenant-général. »

Un deuxième arrêté du général de Werder est ainsi conçu :

PROCLAMATION.

« En exécution de la proclamation de S. M. le roi de Prusse, du 13 août 1870, j'ordonne ce qui suit :

« Art. 1er. La conscription est abolie dans tout le territoire français occupé par les troupes allemandes.

« Art. 2. Les fonctionnaires de l'administration civile qui, au mépris des dispositions de l'article ci-dessus, procéderont au tirage au sort ou favoriseront cette opération, soit en délivrant des feuilles de route aux conscrits, soit de toute autre manière, seront destitués et retenus prisonniers en Allemagne, jusqu'à ce qu'il soit statué autrement sur leur sort.

« Art. 3. Cet arrêté entrera en vigueur pour toute l'Alsace le jour même où il aura été affiché publiquement.

« Mundolsheim, le 23 août 1870.

« Le commandant de l'armée de siège,
« DE WERDER,
« lieutenant-général. »

Enfin, troisième proclamation.

A TOUTES LES ADMINISTRATIONS EN ALSACE.

« L'autorité française est abolie en Alsace.

« Resteront cependant en fonctions les préfets, sous-préfets, maires, etc., dans les parties du pays occupées par mes troupes.

« Ils seront soumis à mes ordres et auront à donner suite, jusqu'à nouvel avis, à mes injonctions et à celles de mes lieutenants.

« Toute résistance ou désobéissance de la part d'un fonctionnaire français entraînerait pour celui-ci la destitution, l'arrestation et l'internement dans une forteresse allemande.

« Mundolsheim, le 23 août 1870.

« Le commandant de l'armée de siège,
« DE WERDER,
« lieutenant-général. »

Ces trois proclamations n'ont pas besoin d'être commentées.

Le 24 août. Un petit fait d'armes marque le commencement de cette journée. Les assiégeants avaient commencé, la veille, à élever près des Rotondes, du côté de la porte de Saverne, des travaux d'attaque, pendant que des ouvriers français étaient occupés, à peu de distance de là, à des opérations nécessaires à la défense. Pour protéger ces ouvriers et, en même temps, harceler l'ennemi, on avait envoyé, en avant des fortifications, un piquet de vingt douaniers, appuyé sur un autre piquet d'une vingtaine de gardes mobiles, et durant toute la nuit, ces quarante hommes avaient échangé des coups de fusil avec les tirailleurs allemands. Le matin du 24, le colonel Blot, qui commande ce front de défense, vient voir les douaniers à l'œuvre, et les voyant faire le coup de feu avec audace et sang-froid : « Allons, douaniers, en avant », se met-il à crier. Et les voilà qui s'élancent avec une telle fougue qu'ils coupent et enveloppent un groupe de Prussiens. Avec quelques travailleurs des fortifications qui leur prêtent main-forte, ils s'emparent de neuf soldats du régiment poméranien n° 34, dont deux légèrement blessés, et les conduisent à l'état-major de la place.

Mais voici venir l'une des nuits les plus épouvantables que Strasbourg ait passées dans cette longue période de souffrances. Dès 8 heures du soir, le bombardement commence et il semble que toutes les bouches à feu braquées sur la ville

LE COLONEL BLOT ET LES DOUANIERS AUX ROTONDES

soient parties au même signal. Car c'est, immédiatement, une pluie de fer et de feu qui tombe sur tous les points de la place à la fois, et dans chaque quartier, dans chaque rue, les obus sifflent, hurlent et détonnent, lançant des éclats anguleux et tordus, qui coupent l'air avec des ronflements sinistres..... Dans les caves, les femmes et les enfants pleurent et prient; les hommes veillent, anxieux et maudissant leur impuissance à conjurer ces horreurs; dans les hôpitaux, dans les ambulances, les malades et les blessés sont dans une indescriptible agitation; dressés sur leurs lits, secoués par la terreur, ils se voient déjà atteints par les bombes ou l'incendie, et supplient qu'on les mette en lieu sûr..... C'est comme un infernal cauchemar qui s'est abattu sur quatre-vingt mille créatures humaines.....

A 10 heures, au milieu du fracas des obus, on entend le cri de : « Au feu! au feu!..... poussé par les gardiens de la Cathédrale..... « Au feu! Temple-Neuf », puis « Au feu! rue du Dôme! »..... « Au feu! place Broglie! ».... « Au feu! rue de la Mésange! »..... « Au feu! place Kléber! » « Au feu! quai de la Finckmatt! »..... « Au feu! rue du Bouclier! »..... Et toute la nuit nous entendons retentir ce cri funèbre pendant que la lueur des flammes nous enveloppe comme d'un immense manteau rouge.....

Les édifices flambent comme des meules de paille, s'allumant l'un l'autre, et dès que les flammes ont jailli, les projectiles tombent plus nombreux encore, blessant, tuant ceux qui veulent tenter un sauvetage..... Dans les rues on voit des gens qui fuient éperdus, des femmes à peine vêtues, serrant des enfants dans leurs bras, chassées de maison en maison par l'incendie qui marche, rapide et implacable; elles avancent, mais les obus qui pleuvent sur le pavé leur barrent le passage; elles reculent, mais un bâtiment qui s'écroule leur coupe la retraite; quelques-unes d'entre elles, perdant la tête, se jettent sur le sol, couvrant de leur corps leurs pauvres petits, glacés par la peur..... Ici ce sont des vieillards, des malades qu'on emporte sur un matelas, dans un fauteuil; là c'est un blessé étendu sur un brancard qu'on abrite pendant un instant sous une voûte, dans un corridor, pour le transporter plus loin lorsque les bombes menacent de le foudroyer..... Quelquefois, des fenêtres, partent des cris déchirants; ce sont des malheureux, prisonniers dans leurs demeures parce que les escaliers de leur maison sont détruits ou en flammes; et toujours les cheminées s'abattent, les toits s'effondrent, les murs se renversent, et quelquefois, lorsqu'une maison entière ou l'un de nos édifices publics s'écroule, des nuages noirs teintés de reflets rouges s'élèvent jusqu'au ciel et le sol s'ébranle, comme secoué par un tremblement de terre.

L'église du Temple-Neuf, la Bibliothèque municipale, de nombreuses propriétés particulières, des rues presque complètes, le Musée de peinture de la ville sont détruits en quelques heures. Des édifices historiques que les siècles ont respectés, des trésors que les générations ont légués aux générations, en les augmentant chacune du fruit de ses recherches et de son labeur, ont disparu, écrasés, anéantis, brûlés par les boulets de l'artillerie allemande..... Dans la rue du Dôme, les maisons Sutterlin, Laroche et Flach; sur la place Broglie, la maison Scheidecker, superbe propriété, renfermant le Cercle du Broglie et les plus beaux magasins de la ville[1]; la moitié de la rue du Temple-Neuf; la maison Lichtenfelder, quai de la Finckmatt, sont détruites de fond en comble; une partie de la caserne de la Finckmatt; rue du Bouclier, la toiture de la maison Kampmann; place du Temple-Neuf, une partie du Gymnase protestant sont incendiées..... La Mairie est criblée de projectiles; la Cathédrale elle-même et, en face d'elle, la vieille maison de l'Œuvre Notre-Dame ne sont pas épargnées. Le bombardement, du reste, exerce des ravages dans presque toutes les rues de la ville et l'on marche partout sur des débris de pierres, de briques, de tuiles, de bois et de verre.

La Bibliothèque de la ville se composait de plus de 200,000 volumes; elle était une des plus riches de l'Europe et la plus riche de France, après la Bibliothèque nationale de Paris..... Elle renfermait plusieurs milliers de manuscrits, plusieurs milliers d'incunables; un *Hortus deliciarum*, par l'abbesse Herrade de Landsberg, fondatrice du couvent de Sainte-Odile, gros manuscrit in-folio, datant du XIIe siècle, tracé sur parchemin, enrichi de miniatures charmantes et de dessins enluminés qui constituaient de véritables trésors pour l'histoire de l'ornement et du costume; un recueil des lois canoniques, fait par Rachio, évêque de Strasbourg, en 788; un recueil de prières en caractères d'or et d'argent sur vélin pourpré, du VIIIe siècle; un missel avec les armes de Louis XII et signé par l'évêque François de Lyon, du XVIe siècle; la collection des Constitutions de Strasbourg; les actes du procès de Gutenberg avec les héritiers de son ancien associé Dritzehn; une collection d'antiquités gallo-romaines, des armes, des urnes, des cercueils; un plan en relief de la ville et de ses fortifications fait en 1574; les instruments de torture autrefois en usage à Strasbourg; la marmite en bronze dans laquelle les Zurichois apportèrent, en 1576, une bouillie restée chaude depuis Zurich; le bonnet rouge placé sur la Cathédrale au temps de la Terreur; le sabre de Kléber; puis toute l'histoire de l'Alsace, puis des médailles, des vitraux, des portraits,

---

[1] Une partie de l'hôtel du Crédit foncier d'Alsace-Lorraine s'élève aujourd'hui sur son emplacement.

L'INCENDIE DE L'AUBETTE DANS LA NUIT DU 24 AOUT 1870

des collections uniques, que le monde savant de l'Europe venait sans cesse consulter....

Nous empruntons au *Siège de Strasbourg* d'Alfred Marchand[1] quelques détails sur ces trésors, dont la guerre, aveugle et barbare en ses ravages, n'a laissé subsister qu'un peu de cendre et quelques feuillets de papier noirci, que le vent a dispersés.....

« La Bibliothèque était formée, à vrai dire, de trois collections, dont la plus ancienne était celle du Séminaire protestant. Le fonds en était composé de la bibliothèque de l'Université, établie en 1631 par le Magistrat de Strasbourg. Elle avait été augmentée considérablement, dans la suite, par des achats, des dons faits surtout par des professeurs de l'Université.

« Au mois de mai 1803, à la suite de la nouvelle constitution des Églises, elle passa définitivement en la possession et sous la direction du Séminaire protestant. Elle avait été, presque dès le début, installée dans le chœur du Temple-Neuf, vaste local séparé de la nef par un mur construit à cet effet.....»

Le Temple-Neuf et la Bibliothèque, avant l'incendie du 24 août 1870.

Parmi ceux qui contribuèrent le plus puissamment à enrichir la collection, Alfred Marchand nomme Jérémie-Jacques Oberlin, frère du vénérable et célèbre pasteur du Ban-de-la-Roche. D'après le catalogue dressé par lui, le nombre des imprimés dont la date était antérieure à 1520, est de 4300 environ..... Parmi les livres tirés en Alsace se trouvaient 600 volumes de la première période de l'imprimerie, d'un prix inestimable.

Parmi les manuscrits de cette première bibliothèque, Alfred Marchand cite, outre ceux que nous avons énumérés tout à l'heure, un dictionnaire ou une clef très complète des notes tyroniennes ou caractères sténographiques usités dans la chancellerie des rois carlovingiens; un bréviaire avec des miniatures remarquables, entourées d'arabesques d'un goût parfait; un *Corpus juris*, avec la glose de Bologne, ayant appartenu au célèbre Reuchlin; des manuscrits de différents Codes de lois barbares, des sermons de maître Eckart et de Jean Tauler; les poésies de

---

[1] *Le siège de Strasbourg, 1870 — La bibliothèque — La Cathédrale*, par Alfred Marchand, rédacteur du *Temps*, Paris, 1871, p. 123 et s.

Gotfried de Haguenau, les fables de Bosser ; les chroniques de Kœnigshoven dans une version allemande et dans une version latine ; des documents attestant que les premiers essais d'impression avec des caractères mobiles avaient été faits dans nos murs, documents d'une valeur inappréciable, véritables titres de noblesse pour la ville de Strasbourg..... Parmi les portraits qui appartenaient à la première collection, il y en avait deux du fondateur de la Bibliothèque, le stettmeister

Les ruines de la Bibliothèque et du Temple-Neuf.

Jacques Sturm de Sturmeck, celui de Gustave-Adolphe, celui de Jean Képler, et ceux d'une série de professeurs de l'Université.....

La seconde collection, celle de la ville, était plus considérable encore. Elle était due en grande partie aux efforts d'Oberlin. Lors de la révolution de 1789, les différentes bibliothèques des couvents de Strasbourg menaçaient d'être dispersées. Oberlin sut empêcher cette perte et fit réunir promptement tous les volumes, auxquels vinrent se joindre peu à peu les ouvrages provenant de dons et d'achats et qui, dans le domaine des sciences historiques surtout, présentaient au chercheur des ressources considérables.

L'INCENDIE DU GYMNASE PROTESTANT, DANS LA NUIT DU 24 AOUT 1870
(Évacuation de l'Ambulance)

« Enfin, à cette bibliothèque se rattachait une troisième collection qui portait le nom de Schœpflin. L'illustre historiographe de l'Alsace, Jean-Daniel Schœpflin, avait donné, de son vivant, sa riche bibliothèque et sa précieuse collection d'antiquités égyptiennes, grecques, romaines et allemandes, fruit d'un travail intelligent et persévérant poursuivi pendant quarante-sept ans, à la ville de Strasbourg. Il disait, dans ses dispositions, que Strasbourg, « œil de l'Alsace », devait posséder tout ce qui pouvait donner quelque lumière, porter quelque honneur à l'Alsace. Il n'avait réservé pour lui-même et, après sa mort, pour sa sœur, qu'une rente de 2400 fr..... »

Qu'est-il resté de tous ces joyaux, nous l'avons dit : quelques pelletées de cendre et quelques feuillets calcinés..... On a, s'il nous en souvient bien, retrouvé dans les décombres un débris informe qu'on a pris pour le fourreau du sabre de Kléber..... Quant à ces centaines de mille volumes, rien n'a été sauvé.....

Le Temple-Neuf, qui a péri en même temps que la Bibliothèque de la ville, installée dans le chœur de la vieille église, datait de 1260 et avait été érigé par les Dominicains. Quand ceux-ci quittèrent leur couvent et leur église (en 1531), cette dernière servit de magasin à la ville pour le matériel des fortifications jusqu'à l'époque de l'*Intérim*[1] (1549-1559), où la Cathédrale fut rendue au culte catholique. « Pendant ce laps de temps, ses paroissiens y tinrent leurs cérémonies religieuses et leurs prêches; mais elle fut encore abandonnée lorsque les protestants furent rentrés en possession de l'église métropolitaine, jusqu'en 1681, époque où cette dernière leur fut définitivement enlevée en vertu de l'article 3 de la capitulation. Depuis ce temps, l'ancienne église des Dominicains était restée la principale église protestante de la ville, sous le nom de Temple-Neuf, qu'elle reçut à cause de sa nouvelle destination [2].

L'orgue qui ornait le Temple-Neuf était un chef-d'œuvre des célèbres facteurs Jean-André et Jean-Daniel Silbermann, et avait été inauguré en 1749. Des monuments funéraires étaient disséminés dans l'église; une pierre sépulcrale s'y trouvait appliquée contre un mur, en souvenir du chevalier Louis Sturm et de son épouse Anne d'Endingen, qui ont vécu au XVI° siècle [3]; une autre pierre rappelait la mémoire du Dominicain Jean Tauler, un prédicateur célèbre du XIV° siècle; une autre encore était consacrée à l'évêque suffragant Ortwin, mort en 1514, et

---

[1] Règlement provisoire des affaires religieuses, jusqu'à la décision définitive d'un concile général de l'Église.
[2] *Strasbourg illustré*, par Frédéric Piton, tome I, p. 294
[3] *Ibidem*, p. 295.

représenté sur cette dalle, en habits sacerdotaux et les pieds posés sur un lion. Parmi les monuments commémoratifs plus modernes, qui avaient été érigés au Temple-Neuf, figurait en première ligne celui du professeur en théologie Laurent Blessig, qui, en 1777, s'était signalé comme orateur entraînant, lors de la translation des cendres du maréchal de Saxe du Temple-Neuf à l'église Saint-Thomas, et qui treize ans plus tard, à la plaine des Bouchers, lors de la fête de la Fédération,

L'intérieur du Temple-Neuf après l'incendie du 24 août.

célébrait avec un pur et ardent patriotisme l'aurore de la liberté qui luisait sur le peuple français..... Jean-Laurent Blessig, après avoir occupé pendant trente-cinq ans la chaire que Tauler avait illustrée, mourut en 1816, perpétuant lui-même son nom par une fondation philanthropique qu'il dota de sa fortune et qui répand aujourd'hui encore ses bienfaits sur une partie de la population protestante de Strasbourg[1]. En 1832 et 1835, le Temple-Neuf reçut les monuments commémoratifs de deux autres membres éminents de la paroisse: celui du baron Bernard-Frédéric de Türckheim, président du Consistoire général de la Confession d'Augsbourg, maire de Strasbourg, né le 3 novembre 1752, mort le 10 juillet 1831, et celui de François-Henri Redslob, pasteur et professeur de théologie, né le 25 mai 1770, mort le 23 novembre 1834[2]. Ces monuments ont échappé en partie à la destruction et se trouvent installés aujourd'hui dans le bel édifice que M. l'architecte Salomon a élevé sur les ruines de l'ancienne église. Mais une œuvre d'art d'un autre genre a été, sauf un fragment de peu d'importance, anéantie par l'incendie du Temple-Neuf. C'est une *Danse des morts,* peinture à fresque, que M. Aug.

---

[1] *Strasbourg illustré,* par Frédéric Piton, tome I, p 295.
[2] *Le Temple-Neuf à Strasbourg,* par Aimé Reinhard, p. 43.

L'INCENDIE DE LA BIBLIOTHÈQUE DE LA VILLE

Arnold, architecte, chargé de badigeonner l'intérieur de l'église, avait découverte, en 1824, sous une épaisse couche de couleur et qu'on était parvenu à remettre au jour d'une façon assez complète. Cette *Danse des morts* ou *Danse macabre*, vestige du moyen âge, représentait l'égalité devant la mort et nous montrait, dans une série de tableaux, dont les figures étaient plus grandes que nature, des rois, des papes, des évêques, des cardinaux, des reines et des bourgeoises, des vieillards et des adolescents, entraînés dans la ronde fatale par un personnage au corps amaigri et recouvert d'un linceul, aux traits sévères et impassibles, c'est-à-dire par la Mort inexorable..... Les flammes ont dévoré ces fresques saisissantes..... Mais le Temple-Neuf avait, pour la ville de Strasbourg, un puissant intérêt aussi par les cérémonies historiques dont il avait été le théâtre, entre autres par le service solennel, célébré le 8 février 1751 en l'honneur des cendres de Maurice de Saxe, qui y restèrent déposées dans une chapelle spéciale pendant vingt-six ans, jusqu'à l'achèvement de l'admirable monument de Pigalle à l'église Saint-Thomas; par la cérémonie funèbre qui y eut lieu le 18 janvier 1766 en souvenir du Dauphin, fils aîné de Louis XV; et par un autre service organisé le 27 juin 1774 en mémoire du roi Louis XV lui-même; par le service célébré en septembre 1824, à l'occasion de la mort de Louis XVIII; par la cérémonie qui s'y déroula le 13 août 1838, pour le troisième centenaire de la fondation du Gymnase; par les concerts de musique sacrée enfin que nos sociétés de chœur mixte donnèrent de 1840 à 1869 dans l'austère et vénérable enceinte où les orgues des frères Silbermann leur fournissaient un si majestueux accompagnement.....

Le Musée de peinture de la ville, que cette même nuit du 24 août a vu dévorer par les flammes, avait été installé, depuis un an à peine, au premier étage de l'Aubette [1], un bâtiment à façade en pierre de taille, érigé sur la place d'Armes, plus tard place Kléber, et qui comprenait, au rez-de-chaussée, le principal corps de garde, une écurie militaire, un bureau de commissaire de police, le tribunal de police simple et les bureaux de l'état-major de la place. Au premier étage, un industriel hardi, M. J. Cadé, avait établi, en 1845, un immense café, qui, vingt-deux ans plus tard, se transforma temporairement en café-concert, et où on logea finalement les tableaux et sculptures composant le Musée des beaux-arts de la ville. Au deuxième étage il y avait des appartements loués à des particuliers; au troisième, les frères Gerschel avaient installé leur atelier de photographie, un des premiers qui aient connu la vogue à Strasbourg.

« Aubette », bâtiment où se donnaient, à l'aube, les ordres pour la garnison.

Le Musée contenait des œuvres du Corrège, de Ribéra, du Tintoret, du Guide, d'Alexandre Véronèse, de Schœngauer, de Hans Hemling, de Jacob Jordæns, de Pierre de Hooch, de Philippe de Champaigne, d'Arnauld van Gueldre, *la Dispute dans un cabaret flamand*, un petit chef-d'œuvre d'Adrien Van Ostade; des tableaux de Claude le Lorrain, de Laurent de la Hire, de Rigaud, de Charles Le Brun, de Troy, de Jean-Baptiste Oudry; puis des toiles signées Brion, Zix, Gimpel, Gabriel Guérin, Beyer, Lix, Schützenberger, Ehrmann, Holtzapffel, Théophile Schuler, Jundt, des peintres strasbourgeois; des bustes de Houdon, de Lemoyne, de Bouchardon; deux statues d'Ohmacht; deux statues de Grass, dont un *Icare* magnifique; des ciselures de Kirstein; des dessins, des gravures, des copies nombreuses... Ici l'anéantissement a été complet. Les projectiles s'étaient abattus sur l'Aubette comme une grêle, et les habitants du vaste édifice n'avaient eu que le temps de fuir, sans pouvoir songer à emporter une parcelle de leur bien ou à sauver l'une ou l'autre des œuvres qui constituaient le patrimoine artistique de la ville. Les pompiers essayèrent de combattre le feu, mais d'après le système suivi par les assiégants, les obus tombèrent plus nombreux encore, une fois que les flammes eurent jailli, et rendirent vaine toute tentative de sauvetage.

Le 25 août. Malgré le bombardement qui continue, la population se répand dans les rues dès les premières heures du matin et contemple, muette et bouleversée, les ruines que la nuit a accumulées, se demandant si elle n'est pas le jouet d'une hallucination. Mais ce n'était que le début des grands désastres qui devaient fondre sur Strasbourg. Dans la matinée du 25, de nouveaux incendies éclatent. Des obus mettent le feu au moulin des Huit-Tournants, situé à l'intérieur de la porte Nationale et adossé au rempart. Ce moulin, qui servait à moudre le grain pour la garnison et qui était construit avec une solidité exceptionnelle, est brûlé jusqu'au sol et trois maisons voisines deviennent également la proie des flammes. Au Marais Kageneck, huit maisons avec granges et écuries; rue Moll, deux maisons sont détruites..... Un épais nuage de fumée s'étend sur la ville, tel un immense voile funèbre, et une âcre et lourde odeur de brûlé pénètre dans toutes les maisons, comme pour y répandre une atmosphère de deuil.

Une émotion indicible s'est emparée de la population, qui se dit que deux ou trois nuits comme celle qui vient de s'écouler suffiront pour anéantir toute la cité, et se demande s'il n'y a pas au monde un moyen de prévenir de nouvelles catastrophes. Il y en avait un, un seul : la reddition de la place. Mais il n'est pas un Strasbourgeois qui songe à ce moyen-là..... Instinctivement les habitants se portent

Le corps de garde de la porte Nationale et le moulin des Huit-Tournants.

vers la place Broglie, dans les environs de la Mairie et de l'hôtel de la Division militaire..... Des groupes se sont formés et commentent la situation avec une vivacité extrême. Les gardes nationaux déclarent qu'ils sont prêts à marcher contre les assiégeants et demandent à échanger contre des chassepots les fusils à piston dont ils sont armés..... « Qu'on nous permette, s'écrie un citoyen, de mettre les femmes et les enfants à l'abri dans les casemates. » — « Oui, s'écrie un autre, mais alors il faut sommer le général de nous ouvrir les portes pour que nous fondions sur l'ennemi..... » Un officier de la garde nationale émet l'avis qu'il vaut mieux s'adresser d'abord au maire, intermédiaire naturel entre la population et l'autorité militaire. La proposition est acclamée et l'on se rend en colonne dans la cour de la Mairie. MM. Belley, maître tailleur, E. Lehr, capitaine de la garde nationale, rédacteur à l'*Impartial de l'Est*, A. Schnéegans, rédacteur du *Courrier du Bas-Rhin*, sont délégués pour transmettre au premier magistrat municipal les vœux des citoyens. M. Théodore Humann les reçoit immédiatement et, avec quelques conseillers municipaux qui se trouvent à l'Hôtel-de-Ville, les accompagne auprès du général Uhrich. En même temps arrive à l'hôtel de la Division, Mgr Ræss, évêque de Strasbourg, qui vient demander un sauf-conduit et un parlementaire pour se rendre au quartier général ennemi et, au nom de la religion chrétienne, adjurer le grand-duc de Bade de faire diriger sur les remparts seulement le feu des canons. Les trois délégués et les conseillers municipaux appuient la demande de l'évêque, et le général n'hésite pas à l'accorder..... Mgr Ræss s'en va et le général, retenant les représentants de la population, leur expose qu'il ne peut pas ouvrir de casemates, attendu qu'il en a quelques-unes à peine pour abriter les soldats. « La population, ajoute-t-il, fait preuve d'un noble courage. Quant à moi, je saurai faire mon devoir jusqu'au bout. Si je ne donne pas des armes à tous les citoyens, c'est que je le trouve inutile à la défense de la place. Vous n'avez aucune chance de succès, et je ne veux pas vous envoyer à la boucherie. Quant à faire plus de sorties avec mes troupes, je ne le puis, puisqu'il me faut ménager le sang de mes soldats. » Le général raconte alors qu'il a demandé au commandant de l'armée assiégeante de laisser sortir les femmes, les enfants et les vieillards et que M. de Werder lui a répondu par un refus catégorique (on a vu plus haut la correspondance échangée à ce sujet entre les deux officiers)..... On quitte la Division et le maire vient apporter à la foule qui stationne devant l'Hôtel-de-Ville la réponse du général Uhrich. Il ajoute que la place est en état de se défendre et que la délivrance est peut-être plus proche qu'on n'ose l'espérer.....

La délivrance!..... Elle n'était ni proche ni lointaine..... La France n'avait plus de soldats pour délivrer Strasbourg et les lueurs des incendies qui ravageaient notre cité et qui répandaient, à dix lieues à la ronde, comme des appels muets et désespérés, ne devait pas nous amener l'armée libératrice.

Pendant ce temps, l'évêque a franchi l'enceinte fortifiée, précédé du drapeau parlementaire. Il arrive aux avant-postes, où il compte trouver le grand-duc de Bade, qu'il connaît personnellement et auprès duquel il veut invoquer, pour être entendu, les amicales relations, les rapports de longue date qu'il a eus avec le père du souverain badois. On lui répond que le grand-duc se trouve à quelques lieues de Strasbourg. Il veut parler au général de Werder, mais le colonel de Leczinsky, chef d'état-major, seul le reçoit, l'écoute avec déférence et lui répond que les ordres sont formels quant au bombardement de la ville et que rien n'y peut être changé....

Le prélat revient sur ses pas, en proie à une émotion qui le met à deux doigts de la tombe.....

A 7 heures du soir, le feu des assiégeants recommence, plus effrayant, s'il est possible, que la nuit précédente. Et aussitôt dix, quinze, vingt brasiers s'allument à la fois. Rue de la Mésange, cinq maisons sont détruites; trois vers la place Kléber, les deux autres du côté de la place Broglie, et parmi elles la belle propriété Benjamin Lévy; tout un côté de la rue des Récollets, la rue du Fort tout entière, le quai Schœpflin tout entier, deux maisons de la rue des Frères, deux maisons de la place de la Cathédrale (dont une contiguë au vieil édifice à façade en bois sculpté, qui est au coin de la place et qui est préservé comme par miracle), cinq maisons du faubourg National, l'école Sainte-Aurélie, le presbytère de l'église Sainte-Aurélie, détruit de fond en comble. Sur certains points, le feu jaillit de centaines de fenêtres au même instant; les murs, les toits s'abattent avec fracas sur le pavé, blessant les malheureux qui fuient, à peine vêtus, des enfants dans leurs bras et traînant derrière eux quelques hardes ramassées au hasard; dans les souterrains les mieux abrités, dans les caves les plus solidement voûtées, on n'est plus à l'abri de la mort, car des bombes ont pénétré dans plusieurs maisons par le toit, ont traversé trois ou quatre étages et ont éclaté dans le sous-sol..... Aussi toute la population est-elle debout, chacun s'apprêtant à fuir à la première alerte..... Vers minuit, la Cathédrale s'éclaire subitement d'une lueur fantastique. Est-ce le reflet d'un incendie voisin? Non, c'est la Cathédrale elle-même qui brûle! Et du haut de la plate-forme les gardiens jettent la nouvelle dans la cité terrifiée..... « La Cathédrale est en feu!..... Au secours! la Cathédrale est en feu ! »..... C'est la toiture de la nef qui est en flammes. Les obus l'ont traversée, ont allumé la charpente, et maintenant les plaques de cuivre de la couverture sont entrées en fusion..... Pendant que d'énormes langues rouges montent vers le ciel, léchant la flèche, une masse incandescente aux reflets bleus et verts, tombe par coulées dans l'intérieur de l'église, allumant les bancs du chœur, affolant les

La galerie de la tour du Nord après le bombardement du 25 août.

malades et les blessés qu'on avait transportés dans l'édifice, avec la conviction que la sainteté du lieu les garantirait de toute atteinte.....

Mais tout à coup un appel nouveau retentit du haut de la plate-forme..... « L'hôpital est en feu ! »..... Et, en effet, les boulets ont allumé l'église de notre vaste hospice, où des centaines de malades, d'impotents, de vieillards, que la canonnade a tenus éveillés toute la nuit, poussent des cris de terreur en voyant la lueur des flammes éclairer leurs salles et empourprer leurs lits..... Le personnel de l'hôpital et les pompiers font des efforts désespérés et l'on arrive à circonscrire l'incendie dans son foyer. L'église est détruite, mais les malheureux pensionnaires ont tous la vie sauve.....

En même temps que la Cathédrale et que l'église de l'hôpital, la gare du chemin de fer est en feu; et le Gymnase protestant — pour la deuxième fois en 24 heures — et les bâtiments de la citadelle..... La façade de la Mairie est ravagée, de même que la Banque de France, les deux cafés de la place Broglie et une dizaine d'autres maisons voisines. La Préfecture, la rue des Juifs, l'imprimerie Berger-Levrault surtout, le pont du Théâtre sont saccagés par les projectiles.

La Cathédrale n'a pas seulement la toiture de sa nef détruite; mais des sculptures, des colonnettes, des statues sont brisées, l'orgue est mutilé, des vitraux dévastés..... A l'intérieur et à l'extérieur de l'édifice, auquel Erwin de Steinbach, le plus célèbre maître de l'Allemagne du moyen âge, a attaché son nom, le sol est jonché de débris de pierres et de verre. L'horloge astronomique heureusement n'est pas atteinte.

En cette seule nuit du 25 août, des centaines de familles ont perdu tout ce qu'elles possédaient et se sont brusquement trouvées sans abri. Dans certains quartiers, des groupes d'hommes, de femmes et d'enfants ont erré, pendant des heures, à travers les rues, comme frappés de stupeur et d'hébétement, ne sachant où ils allaient, n'ayant pas l'idée ou le courage de frapper aux portes de ceux dont les demeures étaient restées debout. Au faubourg National, les habitants des maisons en flammes s'étaient d'abord réfugiés au corps de garde près de la porte; mais chassés par les projectiles, dispersés par les obus à balles qui pleuvaient au milieu d'eux, ils ont couru, les uns se blottir dans une petite casemate, les autres se coucher sur la terre nue, le long des remparts ou sous les ponts..... Dans le désordre et l'affolement, des mères avaient perdu leurs enfants, pour ne les retrouver, en larmes et malades d'angoisse, qu'au lever du jour.....

CHAPITRE II.

Nouvelle sommation. — Fausse nouvelle et fausse joie. — Incendie du quartier des jardiniers-cultivateurs du Marais-Kageneck, du faubourg de Pierres, de la Cour Marbach. — Perte de 35,000 fusées. — Suppression du poste d'observation de la Cathédrale. — Incendie du Palais-de-Justice. — Promesse de dédommagement faite aux habitants. — Portes de secours et abris. — Encore le drapeau du 2ᵉ turcos. — Le Conseil municipal est remplacé par une Commission municipale. — Premières séances de la Commission. — Une manifestation sur la place publique.

Le 26 août. Le général de Werder, estimant sans doute que le coup qu'il a frappé a porté juste, et que le commandant de Strasbourg a subi une pression de la part des habitants terrorisés, demande encore une fois la reddition de la place, par une lettre ainsi conçue :

Le général de Werder au général Uhrich.

« Mundolsheim, le 26 août 1870.
(Expédié à 6 heures du matin.)

« Vous avez vu pendant deux jours les dégâts que j'ai faits avec une faible partie de mon artillerie, à la ville et à ses moyens de défense, ainsi qu'à la forteresse.

« Avec le commencement du jour je fais cesser le feu pour vous donner le temps de voir si vous voulez maintenant accorder la reddition de la place.

« Dans le cas affirmatif, je vous prie de m'envoyer, d'ici à midi, vos propositions concernant la reddition ou toute autre réponse.

« DE WERDER. »

Le commandant de l'armée assiégée répond aussitôt en ces termes :

Le général Uhrich au général de Werder.

« Strasbourg, le 26 août 1870.

« Monsieur le Lieutenant-Général,

« Nos murs sont encore debout et je ne puis songer à rendre une place que l'honneur comme l'intérêt de la France m'ordonnent de défendre jusqu'à la dernière extrémité.

« UHRICH. »

, Donc, ce n'est qu'une « faible partie de son artillerie » que le général de Werder a fait opérer jusqu'à présent. Qu'adviendra-t-il de nous quand toutes ses batteries seront mises en activité?

Faut-il parler de l'émotion joyeuse qui, de nouveau, s'est emparée de la population, sur la foi d'une heureuse nouvelle répandue — on l'a su plus tard — par le chef de la police, pour faire diversion aux angoisses qui nous étreignaient?..... Oh! cette fois-ci la chose est certaine et les plus sceptiques sont convaincus..... Ce n'est pas une simple rumeur, c'est un fait réel qu'on a vu, constaté, vérifié du haut de la Cathédrale. Une armée de 40 à 50,000 hommes marche sur Strasbourg. C'est le corps du général Dumont qu'on a fait venir à toute vapeur d'Afrique. Déjà l'avant-garde est entrée en ville. Comment, par où? on ne songe pas à le demander. Mais on vu des soldats portant au képi le numéro d'un régiment qui n'est pas de la garnison..... Que ces soldats pourraient bien n'être que des débandés de Frœschwiller, l'idée n'en vient à personne..... C'est l'avant-garde de Dumont, il n'y a pas à en douter..... Et, du reste, n'entendez-vous pas le bruit du canon et de la fusillade? C'est la bataille engagée entre les assiégeants et le corps de délivrance..... Le bruit de la canonnade se rapproche. Werder et son armée sont repoussés vers les murs de la place et vont être pris entre deux feux..... Il faut ouvrir les portes de la ville, faire une sortie en masse, troupes régulières, francs-tireurs, garde nationale. Il faut que nous ayons notre part dans l'œuvre de salut..... Il faut recevoir les vainqueurs sur le terrain même du combat..... « Enfin ils arrivent. » — « Oui, mais il était temps! » — « Quoi! n'ai-je pas toujours dit qu'ils viendraient! »..... « Mais, on a sans doute des détails précis à la Mairie, à la Division militaire..... » Et la foule s'y précipite en criant: « Vive le général Dumont!»..... Dumont, l'armée de secours, la bataille : mirage et hallucination..... C'est le commissaire central qui avait inventé l'histoire. Il nous en souvient, comme si c'était d'hier..... La joie folle qui s'était emparée de tous les esprits, les citoyens qui couraient enfiévrés dans les rues; les femmes et les enfants qui se tenaient sur le pas des portes; les gens « bien informés », les gens « renseignés de source certaine », qui allaient de l'un à l'autre, colportant les nouvelles les plus précises et les plus minutieuses, indiquant l'heure où Dumont ferait son entrée dans les murs, racontant le chiffre exact des Allemands tombés dans la bataille..... Puis, tout à coup, comme une masse, un démenti catégorique s'abat sur la cité en délire..... De toutes les douleurs qui nous ont assaillis pendant ces longs jours de souffrances, je crois que celle-ci a été la plus cruelle..... Quel rêve et quel réveil!.....

La nuit vient à peine de tomber que l'artillerie du général de Werder reprend son œuvre de destruction, et au bout d'une heure des rues entières sont en flammes. Dans les villages voisins — on nous l'a raconté plus tard — on a cru que toute la ville ne formait plus qu'un seul brasier, dans lequel allaient s'abîmer les biens et la vie de quatre-vingt mille créatures humaines.....

Le faubourg National prend feu de nouveau, et l'un de ses côtés est à moitié détruit; de là le sinistre s'étend aux rues voisines et bientôt tout un quartier flambe comme une meule de paille. C'est le quartier des jardiniers-cultivateurs, une population laborieuse, riche, qui a sa page dans l'histoire de la cité, et dont chaque famille habite une maison installée comme les grandes fermes de nos villages, avec écurie, étable, grange, basse-cour et jardin. La Petite-rue-de-la-Course, la Grande-rue-de-la-Course, la rue Déserte, la rue des Païens, qui couvrent presque toute l'étendue comprise entre le faubourg National et le faubourg de Saverne, sont anéanties..... L'incendie a couru comme une traînée de poudre, et avec les maisons, les récoltes, les provisions, les meubles, le bétail sont détruits. Des hommes, des femmes, des enfants sont tués ou blessés. Une malheureuse femme, entre autres, mère de famille, est décapitée à sa fenêtre par un obus et son corps est rejeté dans le feu, où il est réduit en cendres.....

La chaleur qui se dégage du brasier dessèche littéralement le Marais Kageneck, le quartier contigu, rempli de familles ouvrières, et la première étincelle que le vent y fait tomber amène un nouveau désastre. Au faubourg de Pierres, une longue rangée de maisons est dévorée par les flammes; dans la rue Thomann, un groupe d'une vingtaine d'habitations, connu sous le nom de Cour Marbach, est rasé jusqu'au sol..... Sur ce seul point, deux cents habitants sont jetés sur le pavé.....

Au conseil de défense, réuni dans la matinée, les commandants d'arrondissement avaient été d'accord pour reconnaître que la place était impuissante à répondre efficacement à la formidable artillerie des assiégeants, que la garnison était trop faible pour permettre de fréquentes sorties, mais qu'il fallait, malgré tout, chercher à maintenir la ville.....

On avait discuté aussi, dans cette séance, la question de savoir comment on remplacerait 35,000 fusées qui avaient été détruites avec l'arsenal de la citadelle, et le général Barral avait proposé d'informer — si possible — le ministre de cette perte grave et de lui demander un nouvel approvisionnement de fusées, qu'on enverrait à Schlestadt. De là, un batelier intrépide devait les prendre dans son

Le faubourg National après le bombardement du 26 août.

bateau, descendre nuitamment le Rhin et aborder près de la porte de secours de la citadelle.....

Le général Uhrich envoya un télégramme dans ce sens à Paris, et son émissaire ayant réussi à franchir les lignes ennemies, le ministre répondit à sa demande par une dépêche qui arriva également à sa destination.

« Je compte sur le patriotisme de la population de Strasbourg, disait cette dépêche, et sur votre énergie. Vous savez que les Prussiens commencent toujours par un bombardement, espérant démoraliser la ville. Ce n'est qu'après cette tentative que commence un siège régulier, dont la place souffre moins. Je vous envoie de Besançon à Schlestadt un approvisionnement de fusées percutantes de vingt-cinq et de trente millimètres. »

Les fusées furent effectivement expédiées; mais elles tombèrent entre les mains de coureurs allemands, avant d'être parvenues à Schlestadt.

« Le général de Werder se fit un malin plaisir de m'apprendre cette capture, écrit le général Uhrich..... On essaya, mais en vain, de faire fabriquer d'autres fusées à Strasbourg, et nous fûmes contraints d'en revenir aux fusées en bois abandonnées depuis bien des années. Leur emploi fut mauvais[1]. »

Ce même jour, le général Uhrich donna l'ordre de faire disparaître le poste d'observation qu'il avait établi sur la Cathédrale et qui communiquait avec l'hôtel de la Division à l'aide d'un fil électrique. L'ennemi ayant pris prétexte de l'existence de ce poste pour diriger son feu sur l'admirable église, il se décida à renoncer à ce moyen d'exploration extérieure, qui lui avait été souvent utile. Et la Cathédrale n'en continua pas moins à être criblée de projectiles.

Le 27 août. Le général Uhrich fait partir deux émissaires, chargés chacun d'une dépêche chiffrée, l'une pour le ministre de la guerre, à Paris, l'autre pour le général Douai, qu'il suppose encore à Belfort. Dans la dépêche au ministre il signale le bombardement qui a commencé pour ne plus discontinuer. « Très nombreux incendies et démolitions, écrit-il. — Nombreuse population sans abri et sans vivres dans Strasbourg, — Cathédrale très endommagée, — Citadelle entièrement brûlée, — Travaux d'approche commencés, — Situation très grave; devient inquiétante. »

C'est encore par Schlestadt que cette dépêche est expédiée à Paris. Elle reste naturellement sans réponse, le ministre de la guerre ayant des soucis autrement sérieux que le sort de la ville de Strasbourg.

---

[1] *Documents relatifs au siège de Strasbourg*, publiés par le général Uhrich, p. 8.

Vers le matin du 27, le Palais-de-Justice prend feu et bientôt le vaste bâtiment est embrasé tout entier. On réussit à sauver quelques papiers du greffe. Tout le reste est détruit. Les registres de l'état civil et du casier judiciaire, les dossiers et les archives deviennent la proie des flammes.

Parmi les archives se trouvaient les actes de naissance, mariage et décès des communes de l'arrondissement de Strasbourg, des XVII° et XVIII° siècles ; les actes de naissance, mariage et décès inscrits dans les paroisses de Strasbourg depuis la moitié du XVIII° siècle jusqu'en 1792; les actes de procédure des bailliages, protocoles d'audience, etc.; les registres d'audience de la chancellerie princière de Bischwiller de 1745 à 1790 (trente-deux volumes); les actes du Sénat de Molsheim et du Sénat de Mutzig ; les actes de procédure de diverses seigneuries ; les actes du Grand-Sénat de Strasbourg, de 1692 à 1787; les actes de la justice criminelle du Magistrat de Strasbourg; les protocoles contenant les interrogatoires sur le pillage de l'Hôtel-de-Ville, en 1789; le Mémorial du Tribunal matrimonial (*Ehegericht*) du Grand-Sénat, 1630 à 1784; le Registre des jugements prévôtaux de la Basse-Alsace, 1725 à 1790; les actes de la chambre de justice de la municipalité de Strasbourg, 1779 à 1790; les protocoles de l'Ammeister, 1600-1790 (deux cent vingt volumes); les protocoles d'audience du Petit-Sénat; les Procédures criminelles relatives à la fabrication et émission de faux billets de banque de Vienne, 1806; les Affaires révolutionnaires de 1791 à 1793; les listes des émigrés; les actes de la Commission révolutionnaire de Saverne; la Procédure contre la municipalité de Schlestadt en l'an III, et d'autres documents, perdus à jamais pour l'histoire de notre pays.

Contigu au tribunal, le pensionnat Fuchs, une institution pour jeunes filles, très recherchée par les familles de Strasbourg et du dehors, devient également la proie des flammes.

Un obus tombe dans la cour du Grand-Séminaire et y fait trois victimes. L'abbé Wintz, séminariste, infirmier volontaire, reçoit à la tête un éclat qui lui fracture l'os molaire et le crâne; la fusée du projectile s'enfonce dans le nez du malheureux et y produit d'affreux ravages; l'abbé tombe, privé de ses sens, et meurt le lendemain; un autre éclat frappe la sœur Landeline, qui expire dans les plus cruelles douleurs; enfin, Jean Moos, réfectorier du Séminaire depuis quarante ans, a le crâne enfoncé et succombe deux jours après.

Pendant toute la journée le feu continue son œuvre, saisissant à chaque instant une proie nouvelle. Une belle maison de la place Broglie, à côté des ruines de la propriété Scheidecker, s'embrase et se consume; la place Broglie tout entière du reste, et surtout la Mairie, ainsi que le quartier du Finckwiller et des Ponts-Couverts sont bombardés sans relâche.....

La nuit tombée, un incendie éclate dans la rue du Coq et détruit plusieurs bâtiments; le faubourg National, le Marais Kageneck continuent à brûler; la rue du Bouclier, la place Saint-Thomas, la rue des Serruriers, la Grand'rue, la place d'Austerlitz, l'église Saint-Nicolas sont atteintes par de nombreux obus.

On affiche sur les murs de la ville la proclamation suivante :

SIXIEME DIVISION MILITAIRE.

« Habitants de Strasbourg,

« Depuis trois jours la ville est bombardée à outrance.

« Votre héroïsme, à cette heure, est la patience. C'est pour la France que vous souffrez. La France entière vous dédommagera de vos pertes.

« Nous en prenons l'engagement au nom du gouvernement que nous représentons.

« Fait au quartier général, le 26 août 1870, 1 heure après-midi.

« Le général de division, commandant supérieur,
« Le maire de Strasbourg,   « UHRICH. »
« HUMANN. »   « Le préfet du Bas-Rhin,
                      « Baron PRON. »

Oui, on la possédait cette patience, qui était de l'héroïsme, et les esprits n'avaient pas besoin de cette promesse de dédommagement pour rester fermes. Chacun avait fait, à cette heure-là, le sacrifice de ses biens et de sa vie, mais l'on s'obstinait, malgré tout, à espérer.....

Nous avons vu que des centaines de familles avaient été privées de tout asile, et malgré l'esprit de charité des particuliers, il était impossible de les recueillir toutes dans les maisons que le feu n'avait pas encore détruites. L'autorité militaire se préoccupa donc du soin de les loger et annonça, par un premier avis, qu'on allait leur construire des abris :

SIXIEME DIVISION MILITAIRE.

AVIS.

« Préoccupé de la position qui est faite à la population de Strasbourg par le feu de l'ennemi, le général de division, commandant supérieur, fait connaître :

« 1° Que des postes de secours pour les blessés sont établis : à l'hôpital militaire; au Palais impérial, place du Château; au Lycée; au Grand-Séminaire; au Petit-Séminaire; au Séminaire protestant, quai Saint-Thomas; sur la place Broglie, à l'ancienne Fonderie.

« Après avoir reçu sur ces points les premiers secours, les blessés seront transportés dans les établissements où ils doivent être soignés.

« 2° Que des abris, destinés aux incendiés, vont être construits le long des

Le pont du faubourg de Pierres et la caserne de la Finckmatt.

remparts de la porte Nationale à la porte de Saverne, de la porte de Saverne à la porte de Pierres et près la porte des Pêcheurs pour le quartier Saint-Nicolas.

« Les habitants sont engagés à prendre part à ces travaux, qui sont entièrement exécutés dans leur intérêt.

« Strasbourg, le 27 août 1870.

« Le général de division commandant supérieur,
« UHRICH. »

Un autre avis, celui-ci émanant du colonel Ducasse, commandant de place, engagea « la population privée de logements par suite des incendies, à se construire des abris sur le chemin de halage du canal des Faux-Remparts, en appuyant des bois contre le mur du quai». Et l'on vit alors des malheureux ramasser quelques pierres et des planches dépareillées pour improviser, au bord de l'eau, de misérables réduits, où ils s'installèrent avec leurs familles, couchant sur la paille, sur un vieux sac, sur la terre dure, faisant leur cuisine en plein vent, résignés, prenant leur mal en patience, s'égayant quelquefois de ce campement à l'instar des tribus bohémiennes.

Le 28 août. L'histoire d'aujourd'hui ressemble à l'histoire d'hier. La ville est couverte de projectiles et le chiffre des habitants blessés ou tués s'accroît douloureusement d'heure en heure.

Un de ces épisodes qui, pour un instant, font oublier aux assiégés le bombardement et ses terribles dangers, signale cette journée. Vers 3 heures et demie de l'après-midi, une vive et alerte sonnerie de clairon retentit dans les rues, et l'on voit passer, d'une allure pleine de martiale crânerie, les débris du 2° régiment de turcos. Avec eux, le sous-lieutenant Valès, porte-drapeau, le sous-lieutenant Bontoux et le sergent Abd-el-Kader-Ben-Dakich, les trois braves qui ont sauvé le drapeau du régiment à Frœschwiller, et l'ont ramené, le 7 août, à Strasbourg, au milieu des acclamations de la foule.

Les turcos, qui sont à la citadelle, c'est-à-dire à l'un des postes d'honneur — puisque c'est là, entre autres, que l'artillerie allemande fait le plus de ravages — veulent combattre à l'ombre de leur étendard. Ils viennent chercher leur drapeau, qui, depuis le 7 août, était resté sous la garde du commandant de place, et, une fois la précieuse relique placée au milieu d'eux, ils reprennent le chemin de la citadelle, les clairons sonnant le pas accéléré, et la population leur faisant la conduite en criant : « Vive la France ! Vivent les turcos ! » A la citadelle, les honneurs sont rendus au drapeau, devant la tranchée, sous le feu même de l'ennemi[1].

A 8 heures et demie du soir, une vive fusillade se fait entendre du côté de la porte de Saverne et du côté de la porte de l'Hôpital. Les postes des ouvrages avancés et des remparts échangent des coups de feu avec de forts détachements ennemis qui se sont approchés de la place. On entend les balles siffler dans les

---

[1] Je relate cet épisode d'après une lettre qui m'a été adressée le 30 novembre 1870, de Mayence, par les lieutenants Valès et Bontoux, et le sergent Abd-el-Kader-Ben-Dakich. Ces trois vaillants soldats, auxquels leur colonel avait recommandé le drapeau du régiment, sur le champ de bataille de Frœschwiller, où il est tombé vers la fin du combat, pour ne plus se relever, étaient prisonniers de guerre dans cette forteresse allemande et, avec une modestie touchante, ils me remerciaient d'avoir cité leur régiment dans une relation sur le Bombardement de Strasbourg, que j'avais publié à cette époque. « Notre régiment, disaient-ils à la fin de cette lettre, qui a eu le bonheur d'être représenté à la défense de Strasbourg, tiendra à honneur d'inscrire dans ses fastes la part qu'il y a prise, et l'accueil sympathique et généreux fait par la population strasbourgeoise à son drapeau et à ses enfants. »

airs et des projectiles oblongs, en acier, lancés par les assiégeants à l'aide de fusils de rempart, tombent jusque dans la ville, où ils cassent des tuiles sur les toits. Les canons de la porte d'Austerlitz et de la porte de l'Hôpital mêlent un instant leurs voix terribles au crépitement de la mousqueterie, mais le silence se rétablit assez promptement et le reste de la nuit est relativement calme.

Le 29 août. Le nombre des familles sans logis augmentant sans cesse, la Mairie organise des asiles dans différents édifices municipaux et publie l'avis suivant :

MAIRIE DE LA VILLE DE STRASBOURG.

AVIS.

« Le maire de la ville de Strasbourg a fait informer hier soir à son de cloche ses concitoyens que les familles sans asile seront recueillies au Théâtre, dans les écoles communales, au Château impérial, à la Halle-Couverte, à l'ancienne et à la nouvelle Douane, à l'hospice des Orphelins.

« Les familles ruinées par le bombardement recevront, à partir du mardi 31 août, des secours en pain au bureau de bienfaisance, rue Saint-Marc.

« Une Commission est formée pour établir des fours économiques, afin de distribuer des soupes aux indigents.

« Un nouvel avis indiquera le jour où cette Commission commencera à fonctionner.

« Strasbourg, le 29 août 1870.

« Le maire, HUMANN. »

Pour la première fois, depuis le 8 août, le Conseil municipal est appelé à siéger et à s'occuper des affaires de la ville. Voici le procès-verbal de cette séance, dont le compte rendu détaillé n'a jamais été publié :

CONSEIL MUNICIPAL DE STRASBOURG.

Séance du lundi 29 août, à 3 heures de relevée.

Présidence de M. Théodore Humann, maire. Présents : MM. Mallarmé, Kampmann et Leuret, adjoints ; Bœrsch, A. Cailliot, R. Cailliot, Clog, Destrais, Flach, Hœrter, Huck, Kratz, Lemaistre-Chabert, Momy, Oberlin, Silbermann, Stoltz et Stromeyer. M. Huck est appelé à remplir les fonctions de secrétaire.

« Depuis plusieurs jours déjà, dit M. le maire en ouvrant la séance, j'ai voulu vous réunir, mais les événements ont marché vite, les communications devenaient peu sûres, difficiles et même dangereuses, et cependant il est grandement temps de nous occuper de la situation pénible qui nous afflige. Je remercie donc du fond du cœur les conseillers qui, au milieu des maisons écroulées et des projectiles, sont venus ici remplir leur devoir[1]. A la dernière séance, vous nous avez donné une espèce de blanc-seing, nous avons noté des décisions prises et nous venons les soumettre à votre approbation. »

MM. les conseillers déclarent adhérer aux mesures prises par l'administration et qui leur sont connues.

« Nous avons cherché, reprend M. le maire, à parer aux actes d'inhumanité dont nous sommes les victimes. La ville croule sur tous les points, mais l'autorité militaire tient haut le drapeau national. L'insistance qu'on met à soulever contre nous notre excellente population dénote les projets de l'ennemi; on espère qu'à force de nous fatiguer on nous amènera à nous rendre. Jamais, pour ma part, je n'y consentirai! Nous devons résister dans l'intérêt national; admettons même pour un moment que nos armes ne fussent pas victorieuses et qu'on nous dictât les conditions d'un traité de paix, même dans une situation aussi pénible, la question sera toute autre, si la ville de Strasbourg, défendant ses remparts, est restée française ou si elle est tombée au pouvoir de l'ennemi.

« J'ai refusé de m'associer à toutes démarches dénotant un but aussi honteux. Si le général faisait son devoir, il ferait fusiller l'auteur d'une pareille proposition; j'aime mieux mourir sous un projectile prussien qu'ignominieusement et à juste titre sous des balles françaises. »

M. Momy demande la parole. « J'entends partout, dit-il, dans la foule exprimer le désir qu'on adjoigne au Conseil municipal un certain nombre de citoyens jouissant de l'estime générale. »

M. Bœrsch appuie la proposition; l'arrêté par lequel M. le préfet a prorogé les pouvoirs du Conseil lui semble insuffisant. « Nous sommes dans une situation anormale, exceptionnelle, qui n'est pas du ressort des délibérations ordinaires d'un Conseil municipal, dit M. le conseiller; nous devons être en mesure de nous assurer du concours de personnes qui puissent nous assister. »

M. le conseiller rappelle le précédent de 1848, et il affirme que les adjonctions de conseillers faites à cette époque ont beaucoup contribué au maintien de l'ordre public. Il s'agit également aujourd'hui de conserver les membres actuels du Conseil, avec l'adjonction d'autres personnes jouissant de la considération publique, exerçant de l'influence dans leurs quartiers.

[1] Ils étaient dix-neuf, le maire et les adjoints compris, sur vingt-sept en exercice.

« Je suis très conservateur, dit-il, je veux renforcer la représentation de la cité. La mesure peut se faire par une voie parfaitement légale. Le préfet est investi de pouvoirs extraordinaires ; il peut dire que le Conseil actuel est dissous, qu'il sera remplacé par une commission municipale, faire entrer dans cette commission les 27 conseillers en exercice et un certain nombre de citoyens qui lui seraient désignés par le Conseil. »

M. le maire craint que cette mesure ne donne lieu à une dissidence avec l'administration supérieure, alors que plus que jamais l'union est indispensable, et il fait ressortir la nécessité de maintenir l'unité d'action et les bons rapports entre les autorités.

Après une courte discussion, M. le maire annonce l'intention de conférer avec M. le préfet sur la proposition de M. Bœrsch et la séance est suspendue.

Au retour de M. le maire, le Conseil rentre en séance. M. le maire annonce que M. le préfet reconnaît l'opportunité de mesures exceptionnelles appliquées à des circonstances anormales. M. le maire adhère donc à cette proposition et prie dès lors le Conseil de procéder à cette désignation de vingt nouveaux membres, cinq par canton.

La proposition est adoptée et le Conseil désigne, pour entrer dans la Commission municipale avec les vingt-sept conseillers en exercice, qui sont :

MM. Bœrsch, A. Cailliot, R. Cailliot, Clog, Destrais, Flach, Gérard, Hatt, Hirtz, Hœrter, Huck, Humann, Imlin, Kampmann, Kratz, J. J. Lauth, Lemaistre-Chabert, Mallarmé, Momy, Oberlin, Petiti, Sengenwald, Silbermann, Stæhling, Stoltz, Stromeyer et Wenger,

Pour le canton Nord : MM. Leuret, adjoint au maire ; Kablé, directeur d'assurances ; Klein, pharmacien ; Alphonse Saglio, propriétaire ; Henri fils, pâtissier.

Pour le canton Sud : MM. Küss, professeur à la faculté de médecine ; Kolb, constructeur-mécanicien ; Ernest Lauth, négociant ; Schott, brasseur ; Edmond Klose, banquier.

Pour le canton Est : MM. Charles Schützenberger, brasseur ; Jean Burger, brasseur ; Guillaume Hatt, ancien brasseur ; Gœrner, commandant des pompiers ; Schmitt, boulanger.

Pour le canton Ouest : MM. Lipp, brasseur ; Lichtenfelder fils, serrurier ; Ch. Grün, négociant ; Lauer fils, entrepreneur ; Ruhlmann, syndic des jardiniers.

Avant de se séparer, le Conseil s'ajourne à demain mardi, à 2 heures ; les nouveaux membres seront convoqués pour cette réunion, si M. le préfet adopte la combinaison proposée. — La séance est levée.   Le maire, HUMANN.

Le bombardement du centre de la ville est moins intense. Toutes les rues sont encore atteintes, mais ce n'est plus, comme les premiers jours, une grêle ininterrompue de projectiles. Du côté du faubourg National, au Marais Kageneck, l'incendie continue ses ravages; il ne s'éteindra qu'après avoir dévoré la dernière maison du quartier. Une escarmouche s'engage, dans la nuit, entre les avant-postes des assiégeants et les ouvrages avancés de la place; on entend près d'une heure le bruit de la fusillade et le sifflement des balles.

Le 30 août. Le maire fait afficher l'avis suivant:

MAIRIE DE LA VILLE DE STRASBOURG.
AVIS.

« Le maire rappelle à ses concitoyens les dispositions de l'arrêté pris au sujet de l'éclairage des rues par chaque propriétaire de maison.

« Les habitants auront donc, dès la tombée de la nuit, à y pourvoir au moyen de lanternes accrochées aux façades des maisons.

« Strasbourg, le 29 août 1870.

« Le maire, HUMANN. »

Le Conseil municipal est dissous et remplacé par une Commission municipale qui se réunit pour la première fois en une séance, dont voici le procès-verbal:

COMMISSION MUNICIPALE DE STRASBOURG.
Séance du mardi 30 août, à 2 heures de relevée.

Présidence de M. Théodore Humann, maire.

Présents: MM. Mallarmé, Kampmann et Leuret, adjoints; Bœrsch, Burger, A. Cailliot, R. Cailliot, Clog, Destrais, Flach, Gérard, Gœrner, Henri, Hœrter, Huck, Kablé, Kampmann, Klein, Klose, Kolb, Kratz, Küss, E. Lauer, E. Lauth, Lemaistre-Chabert, Lipp, Momy, Oberlin, Ruhlmann, Alphonse Saglio, Schmitt, Schott, Schützenberger, Silbermann et Stromeyer.

M. le maire a ouvert la séance par l'allocution suivante:

« Le Conseil municipal, dont les pouvoirs devaient être renouvelés il y a trois semaines, se trouvait déjà réduit par des démissions et des décès. Il l'a été davantage par des départs assez nombreux, et c'est ainsi qu'hier 19 membres seulement assistaient à la séance.

« Dans cette séance, on a exprimé la pensée que les pouvoirs qui nous étaient conférés pour les temps ordinaires et pour les attributions assez restreintes qui sont énumérées dans le Code municipal, étaient insuffisants et conférés depuis trop longue date en face de la grande crise nationale que nous sommes appelés à traverser. Dans cette situation, l'autorité supérieure a accepté la proposition que je lui ai faite au nom du Conseil réuni hier. Elle a renforcé les conseillers en exercice par l'adjonction de citoyens jouissant de la confiance de la population et ayant dans une sphère plus ou moins étendue une légitime influence.

« Je prie nos nouveaux collègues ici présents d'accepter l'expression de ma reconnaissance pour l'empressement qu'ils ont mis à accepter courageusement une bien lourde mission et à venir, au milieu des ruines et des projectiles, se rendre avec patriotisme à ma convocation.

« Votre appui, votre bon, et permettez-moi d'ajouter, amical concours, nous sont bien précieux et renforcent notre courage, quand nous nous voyons entourés de concitoyens que leur position sociale, leur patriotisme et leur influence appelaient à partager nos travaux et notre responsabilité. En toutes occasions, je compte sur leur dévouement à la cité et à la patrie. Nul de nous ne reculera devant un sacrifice, quel qu'il soit, pour sauvegarder notre population, dont une partie est ruinée déjà par des actes de cruauté inutiles ;

« De même qu'en dignes et courageux enfants de Strasbourg nous soutiendrons tous et jusqu'au bout l'honneur de la cité. »

Les paroles de M. le maire ont été accueillies par les marques d'un assentiment unanime.

M. le maire a ensuite donné lecture de l'arrêté par lequel M. le préfet vient d'instituer la commission municipale et qui est ainsi conçu :

PREFECTURE DU BAS-RHIN.

ARRÊTÉ.

« Nous préfet du Bas-Rhin,

« Vu l'état de siège,

« Vu notre arrêté du 16 août, par lequel les pouvoirs du Corps municipal de la ville de Strasbourg ont été prorogés ;

« Considérant qu'un certain nombre de conseillers municipaux sont absents ou empêchés ; que dès lors il importe, eu égard à la gravité des circonstances, de réorganiser la représentation de la cité ;

« Arrêtons :

« Art. 1ᵉʳ. Le Conseil municipal est dissous.

« Art. 2. Il est institué, pendant la durée du siège, une Commission municipale, composée de 47 membres, en vue de gérer et de défendre les intérêts de la ville.

« Art. 3. Sont nommés membres de la Commission :

« MM. Bœrsch, Charles, docteur en médecine, ancien conseiller municipal; Burger, Jean, brasseur (*Ville-de-Paris*); Cailliot, Amédée, professeur à la Faculté de médecine, ancien conseiller municipal; Cailliot, René, propriétaire, idem; Clog, propriétaire, idem; Destrais, professeur à la Faculté de droit, idem; Flach, notaire, idem; Gérard, président d'honneur du tribunal civil, idem; Gœrner, entrepreneur; Grün, Charles, négociant; Hatt, brasseur, ancien conseiller municipal; Hatt, Guillaume, propriétaire, ancien commandant de la garde nationale; Henry fils, pâtissier; Hirtz, professeur à la Faculté de médecine, ancien conseiller municipal; Hœrter, marchand de bois, idem; Huck, idem; Humann, Théodore, propriétaire, idem; Imlin, idem; Kablé, directeur d'assurances; Kampmann, fabricant, ancien conseiller municipal; Klein, pharmacien; Klose, Edmond, banquier; Kolb, constructeur-mécanicien; Kratz, ancien notaire, ancien conseiller municipal; Küss, professeur à la Faculté de médecine; Lauth, Ernest, banquier; Lauth, Jean-Jacques, ancien brasseur, ancien conseiller municipal; Lauer fils, entrepreneur; Lemaistre-Chabert, propriétaire, ancien conseiller municipal; Leuret, ancien médecin principal des armées; Lichtenfelder fils, serrurier; Lipp, brasseur; Mallarmé, avocat, ancien conseiller municipal; Momy, notaire, idem; Oberlin, professeur à l'École de pharmacie, idem; Petiti, entrepreneur, idem; Ruhlmann, syndic des jardiniers-cultivateurs; Saglio, Alphonse, propriétaire; Schott, brasseur (à la *Chaîne*); Schmitt, boulanger, quai des Bateliers; Schützenberger, Charles, brasseur; Sengenwald, Jules, négociant, ancien conseiller municipal; Silbermann, imprimeur, idem; Stæhling, négociant, idem; Stoltz, professeur à la Faculté de médecine, idem; Stromeyer, négociant, idem; Wenger, entrepreneur, idem.

« Art. 4. M. le maire et MM. les adjoints sont maintenus dans leurs fonctions.

« Art. 5. M. le maire est chargé de l'exécution du présent arrêté.

« Fait à Strasbourg, le 29 août 1870.

« Vu et approuvé par nous, « général de division, commandant supérieur,

« Uhrich. »

« Le préfet du Bas-Rhin,

« A. Pron. »

A l'occasion de cette lecture, M. le maire se félicite d'avoir vu entrer au sein de la Commission municipale MM. Gœrner et Kolb, officiers d'un corps qui depuis longtemps déploie un dévouement exemplaire et une haute intelligence dans la direction des secours; il les prie d'être auprès du corps des sapeurs-pompiers l'interprète des sentiments de toute la population, qui apprécie le courage et l'activité du personnel que l'heureuse influence de son commandant a en grande partie renouvelé et rendu apte à rendre des services signalés.

M. le maire donne aussi lecture de la lettre par laquelle M. Grün refuse de faire partie de la Commission municipale et qui est ainsi conçue :

« Monsieur le Maire,

« Par votre lettre de ce jour, vous me prévenez que je fais partie d'une Commission municipale de 47 membres, nommée par arrêté de M. le préfet du Bas-Rhin.

« Je n'ai jamais compris le mandat de représentant de la commune qu'en étant élu librement par mes concitoyens; aussi, quoique tout dévoué aux intérêts de ma chère ville de Strasbourg et de ses habitants, et malgré la gravité des événements, je trouve agir conformément à mes principes, en déclinant le mandat de siéger dans cette Commission.

«Veuillez agréer, M. le Maire, l'assurance de ma parfaite considération.

« Signé Ch. Grün. »

M. le maire est d'avis de provoquer le remplacement de M. Grün auprès de M. le préfet et de lui désigner M. Zopff, dont depuis longtemps et plus encore aujourd'hui il apprécie le zèle, l'intelligence, le patriotisme et l'initiative.

Le Conseil adhère à cette proposition. M. Flach est d'avis de remplacer non seulement M. Grün, mais aussi tous les membres qui sont absents. Au lieu de 47 membres, dit-il, nous ne sommes que 35; ceux qui ne se présenteront pas demain devraient être déclarés démissionnaires.

M. Destrais fait remarquer qu'il faut tenir compte des empêchements légitimes et qu'on ne peut remplacer sans une mise en demeure formelle.

Un de MM. les conseillers dit que M. Imlin a conduit hier sa famille hors ville et qu'il reviendra.

On préviendra les personnes absentes, dit M. le maire. Quant aux personnes ici présentes, il est convenu qu'on se réunira demain, sans convocation écrite, à 2 heures de relevée.

NOMINATION DE COMMISSIONS.

« Ce qu'il y a de plus urgent, dit M. le maire, c'est de nous occuper de nos pauvres victimes du bombardement, qui sont privées d'abri. Je propose de nommer trois Commissions. L'une s'occupera de l'alimentation; elle fera marcher des fourneaux, distribuera des vivres. La seconde s'occupera des logements, la troisième des subsistances. »

Une série d'observations sont renvoyées à l'examen de ces trois Commissions.

« Il y a une grave mesure à prendre, dit M. le maire; il y a des logements dont les propriétaires ou locataires ont quitté la ville; y loger les incendiés constitue sans doute une mesure un peu révolutionnaire, mais c'est un moyen de sécurité; tout brûle dans les logements qui ne sont pas habités, qui ne sont pas surveillés et secourus à temps par les habitants, et une telle situation est un danger pour tous. »

M. Gœrner appuie cette remarque. Les pompiers ont trouvé des maisons à trois étages où il n'y avait pas même un domestique.

M. Küss critique une publication faite par l'autorité militaire, qui invite les incendiés à s'établir sur la berge du canal des Faux-Remparts. Le chemin de halage est battu en plein par le canon de la batterie de l'Elsau.

M. Oberlin conseille d'établir, dans les locaux qui s'y prêtent, 80 à 100 personnes sous la direction d'un homme qui sera leur intermédiaire auprès du bureau de bienfaisance. Le bureau est débordé, il lui faut un contrôle. Des explications sont échangées au sujet des casemates, du Haras, du Château impérial.

M. Kampmann donne des renseignements sur les distributions de soupe, qui ont été organisées dès aujourd'hui par les soins de MM. Zopf et Kablé. M. le maire donne aussi des renseignements au sujet des mesures prises pour assurer la mouture des grains. Il a traité avec M. May, meunier, à l'effet d'installer dans son usine une machine à vapeur pour remplacer l'eau qui a été détournée pour la défense de la place. La machine qui devait y être adaptée ayant été détruite dans un des incendies, nous avons dû en rechercher une autre. On est parvenu à en trouver une. M. le maire est aussi en négociations pour obtenir d'autres machines.

M. Schützenberger indique la machine de la manufacture des tabacs, dont la force est de 40 chevaux.

M. Momy demande la parole et propose la nomination d'une 4ᵉ Commission, appelée à recevoir les déclarations des propriétaires dont les bâtiments ou les meubles ont été incendiés. Le général commandant l'état de siège a promis, au nom du gouvernement, qu'ils seront indemnisés; il importe de constater dès à présent le dommage.

M. Flach est d'avis que l'indemnité sera allouée par une loi, mais que la mesure proposée par M. Momy peut faire croire aux incendiés que la municipalité prend à leur égard un engagement; ce serait une promesse fallacieuse.

M. Kablé appuie la proposition.

M. Saglio fait remarquer que la nouvelle Commission nommée n'entravera pas le travail des autres Commissions. Dans sa pensée, la ville n'assume aucun engagement au milieu de l'émoi grave qui s'est produit au sein de la population, émoi qui tient à beaucoup de causes ; tout ce qui peut amoindrir cet émoi doit être accueilli. Les incendiés, sachant que les représentants de la ville font leur possible pour faire régler les indemnités, trouveront dans ces démarches une consolation. A ce point de vue, la mesure a une portée politique, elle calmera les esprits.

La proposition est accueillie et il est procédé à la désignation des membres qui feront partie des Commissions.

Commission d'alimentation : MM. Kratz, Oberlin, Kablé, Alph. Saglio, Zopff.

Commission des subsistances : MM. Schmitt, Klose, Henri, Ruhlmann et Hœrter.

Commission des abris : MM. Lauth, Lichtenfelder, Schützenberger, Flach, René Cailliot.

Commission de l'enregistrement des sinistres : MM. Burger, Clog, Lemaistre-Chabert, Momy et Stromeyer.

INTERPELLATIONS.

Des interpellations adressées à M. le maire par MM. Henry, E. Lauth, Klein, Lichtenfelder et Stromeyer provoquent des explications confidentielles sur les approvisionnements et les moyens de défense de la place, sur des nouvelles arrivées dans la matinée et sur une démarche tentée par Mgr l'évêque auprès du général commandant l'armée ennemie, à l'effet d'obtenir des adoucissements aux rigueurs de l'état de siège.

Sur la proposition de M. Lipp, appuyée par MM. Henry, Kablé, Lauth, Lichtenfelder et Bœrsch, M. le maire est autorisé à accorder une récompense de 500 fr. et même une prime plus élevée à la personne qui traversera l'armée de siège et rapportera à M. le maire de Strasbourg l'un des derniers journaux sérieux de Paris.

M. Ruhlmann réclame des mesures énergiques pour empêcher les soustractions d'effets déposés sur la voie publique par les victimes du bombardement, et signale plusieurs vols commis au préjudice de malheureux incendiés.

« M. le maire ne peut que regretter ces désordres. Nous n'avons que 40 agents de police, dit-il, ils ne peuvent être partout.

« Nous sommes dans une situation exceptionnelle, malheureuse et imprévue, pour laquelle nos moyens de défense sont évidemment insuffisants ; nous ferons notre possible pour prévenir la répétition des faits signalés par M. Ruhlmann. »

M. le maire a ensuite donné lecture d'une lettre par laquelle MM. Carré et consorts demandent que la Commission municipale s'enquière de la situation des armées belligérantes, de l'état des approvisionnements en vivres et en munitions.

M. le maire, se référant aux explications confidentielles qui viennent d'être données, propose l'ordre du jour pur et simple. Cette proposition est adoptée. La séance est levée.

Une manifestation, dont le sens n'a pas été établi d'une façon précise, s'est produite dans la journée. Quelques centaines de personnes se sont attroupées sur la place Gutenberg et, après avoir discuté avec animation, se sont séparées aux cris de : «Vive la République!»..... Il y avait là avant tout une protestation contre le régime impérial, auquel on devait toutes les souffrances qui s'abattaient sur Strasbourg depuis plus de trois semaines, et aussi les indices d'une certaine animosité contre le général Uhrich, auquel une partie de la population, — la minorité, nous nous hâtons de l'ajouter — semblait reprocher de prolonger inutilement la résistance, dans l'intérêt de sa popularité personnelle. Des paroles de menaces contre le commandant de l'armée de défense ont été prononcées, mais sans trouver d'écho parmi les assistants. Mais le patriotisme et le calme inné des Strasbourgeois ont eu le dessus sur tous les sentiments que les douleurs de la situation pouvaient provoquer parmi les habitants. Le maire, les adjoints et quelques membres du Conseil municipal se sont rendus chez le général pour l'informer de cet incident et l'engager, dit-il dans ses *Documents relatifs au siège de Strasbourg*[1], à prendre quelques mesures de précaution.

« Je répondis, ajoute le général, que j'avais assez de l'extérieur et que je ne voulais pas m'occuper de l'intérieur ; que je n'augmenterais pas mon poste d'un seul homme ; que les portes de mon quartier général resteraient ouvertes de nuit comme de jour, et que j'étais convaincu qu'il était inutile d'agir autrement. Je terminai ainsi : « Messieurs, faites savoir à ces pauvres égarés que je suis à leur disposition et que, quoi qu'il arrive, il n'y aura entre ma poitrine et eux, ni une balle ni une baïonnette françaises. »

« Le lendemain, je tins le même langage au Conseil de défense. Les choses

---

[1] *Loc. cit.*, p. 54.

rentrèrent dans le calme, et depuis il n'y eut plus la moindre émotion populaire : preuve suffisante que cette agitation était toute à la surface et n'avait aucune racine dans la grande majorité de la population. »

Oh! ce n'est pas sans lutter avec ses sentiments d'humanité, ce n'est pas froidement que le général persistait à laisser les habitants dans leur détresse ; mais seul son honneur devait lui dicter ses actes.

La tour de la porte de Saverne.

« Tant que je vivrai, a écrit le général lui-même à l'auteur de ces pages, je verrai ces femmes sans asile portant leurs pauvres petits enfants dans leurs bras ; je verrai ces figures hâves, ces yeux égarés, ces physionomies où le désespoir, la misère et la terreur étaient empreints. Mon devoir le plus strict était de continuer à les laisser tuer, à laisser brûler leurs demeures ; et là, mon cœur battait avec force ; ah! comme le soldat alors s'effaçait devant l'homme ! »

Les assiégeants poussent avec énergie leurs travaux d'approche. Ils viennent d'ouvrir une première parallèle, appuyant sa gauche au coude de l'Ill, entre le

Wacken et Schiltigheim, passant au-dessus du cimetiére Sainte-Hélène, embrassant les Rotondes et allant appuyer sa droite sur Kœnigshoffen. Près de neuf bataillons d'infanterie, dirigés par quelques centaines de pionniers, avaient travaillé dans les tranchées, tandis que 3000 artilleurs avec 800 chevaux et un formidable matériel de canons et de voitures étaient occupés à construire les batteries, sous la protection de $9\ ^1/_4$ bataillons d'infanterie, d'une batterie d'artillerie de campagne et d'un détachement de cavalerie[1]. Commencée dans la journée, la parallèle était achevée à 3 heures du matin, sans que les assiégés, privés de leur poste d'observation de la Cathédrale, aient troublé les travailleurs d'une façon sérieuse. L'opération s'était du reste accomplie dans le silence le plus profond, et ce n'est que dans la séance du Conseil de défense tenue le 30 que le général Uhrich put informer ses collègues que l'ennemi avait pratiqué cette énorme tranchée à 800 mètres des ouvrages avancés de la place.

Le matin, à 7 heures, l'attaque générale des ouvrages de défense est ordonnée et 64 canons rayés, 24 mortiers et 25 fusils de rempart se mettent à l'œuvre pour démolir les remparts, démonter les batteries des assiégés et en tuer les servants. Les tours qui garnissent chacune des portes de la ville fournissent un point de mire commode à l'artillerie allemande et sont détruites l'une après l'autre; les pièces françaises, de leur côté, trop en vue sur leurs affûts élevés, guident complaisamment le pointage de l'ennemi.

Le 31 août. La COMMISSION MUNICIPALE tient une séance dont voici le procès-verbal, en ses points principaux :

Présidence de M. Théodore Humann, maire.

Présents : MM. Mallarmé, Kampmann et Leuret adjoints; Bœrsch, Burger, A. Cailliot, Clog, Destrais, Flach, Hœrter, Henry, Huck, Imlin, Kablé, Klein, Klose, Küss, Kratz, E. Lauth, Lauer, Lichtenfelder, Lipp, Lemaistre-Chabert, Momy, Oberlin, Ruhlmann, Saglio, Schott, Schützenberger, Silbermann, Stromeyer et Stoltz.

M. le maire donne lecture de la lettre par laquelle M. Schmitt, boulanger, donne sa démission et qui est ainsi conçue :

« Monsieur le maire,

« J'ai l'honneur de vous prier d'accepter ma démission de membre de la

---

[1] *Geschichte der Belagerung von Strassburg im Jahre 1870* von Reinhold Wagner, Major im Stabe des Ingenieur-Corps, p. 378.

BATTERIE DE SIÈGE AU WACKEN

Commission municipale, les occupations de mon état ne souffrant pas l'absence du maître.

« Recevez, Monsieur le maire, mes sentiments de la plus haute considération.

« Votre serviteur

« M. Schmitt. »

M. Silbermann appelle l'attention de M. le maire sur le cabinet d'histoire naturelle, dont la conservation ne lui semble pas suffisamment assurée.

M. le maire répond : « Il y a été pourvu par une mesure très récente. Le musée, qui est l'une des gloires de notre cité, était pour ainsi dire abandonné. M. le recteur a quitté l'Académie, en y laissant le secrétaire, qui a logé ses amis dans le bâtiment et a voulu écarter les hommes de la ville. J'avais donné des ordres qui n'ont pas été exécutés. J'ai cru dès lors devoir en référer à M. le préfet, qui a pris un arrêté ainsi conçu :

« Nous préfet du Bas-Rhin ;

« Vu l'état de siège ;

« Attendu que les bâtiments et collections de l'Académie sont propriétés municipales, que les locaux sont dépourvus de surveillance et de garde,

« Arrêtons :

« Art. 1ᵉʳ. Conformément à l'ordre donné par M. le maire de Strasbourg, les deux conservateurs du musée sont chargés de la garde de l'Académie. Toute autre personne qui voudra s'immiscer dans le service sera expulsée.

« Art. 2. Les individus qui se sont introduits dans les locaux et caves de l'Académie sont tenus de déguerpir immédiatement.

« Art. 3. Les gendarmes casernés dans le local prêteront à l'occasion mainforte aux conservateurs. M. le maire de Strasbourg est chargé de l'exécution du présent arrêté.

« Fait à Strasbourg, le 31 août 1870. « A. Pron.

« Approuvé :

« Le général de division, commandant supérieur,

« Uhrich. »

A la suite de cette communication, l'incident est déclaré clos.

REMPLACEMENT DE DIX MEMBRES.

M. Mallarmé propose de remplacer M. Schmitt, démissionnaire. M. Flach demande la parole. « Le Conseil, dit-il, a décidé qu'on remplacerait les membres qui n'assisteraient pas aux deux premières séances, et témoigneraient par cette abstention de leur refus d'accepter les fonctions qui leur sont déférées par le récent arrêté de M. le préfet. Nous ne pouvons laisser dix vacances; nous avons besoin d'être renforcés. »

M. Mallarmé appuie la proposition, en faisant ressortir « qu'il ne s'agit plus d'anciens conseillers, ni de membres adjoints; l'ancien conseil est dissous, les membres de l'ancien Conseil ne sont plus rien; ils sont membres de la nouvelle Commission; ils devraient accepter leurs fonctions et être à leur poste. Il s'agit en ce moment de désigner des membres nouveaux à la place de ceux qui n'ont pas accepté; il n'y a pas de personnalité; nous n'avons pas à rechercher pourquoi un membre n'est pas à Strasbourg; la mesure n'a rien qui puisse entacher l'honorabilité des membres non acceptants. »

M. le maire a donné lecture de la liste des membres de la Commission, et l'on a déclaré non acceptants :

MM. Gérard, Hatt, brasseur, Hatt, ancien commandant de la garde nationale, Hirtz, J. J. Lauth, Petiti, Schmitt, Sengenwald, Stæhling et Wenger.

Il a été convenu ensuite de procéder à un scrutin pour la désignation des citoyens qu'il s'agit de présenter à la nomination de M. le préfet.

Le dépouillement des suffrages a donné les résultats suivants :

Nombre de votants, 31; nombre de bulletins, 31, égal à celui des votants.

MM. Weyer fils, architecte, a réuni 31 voix; Eissen fils, négociant, 21; Aug. Schnéegans, rédacteur du *Courrier du Bas-Rhin*, 20; Füllhardt, ancien boulanger, 20; Oscar André, négociant, 19; Kreitmann, négociant, 18; Wolff, avoué, 18; Lips, marchand de draps, 18; Belley, marchand-tailleur, 17; Bergmann, négociant, 16; Schneider, 15; Grouvel, banquier, 13; Laugel, serrurier, 12; Krafft, ingénieur civil, 12; Dubocq, ingénieur des mines, 11; Arthur Fæs, négociant, 11; Heydenreich, pharmacien, 11; Schott, brasseur, 10; Carré, négociant, 9; Masse, avocat, 5; Mewes, négociant, 4; Schnéegans, avoué, 3; Seyboth, entrepreneur, 2. — Voix perdues, 14.

En proclamant ce résultat, M. le maire annonce qu'il désignera au choix de M. le préfet MM. Weyer, Eissen, Schnéegans, Füllhardt, André, Kreitmann, Wolff, Lips, Belley et Bergmann, en remplacement de MM. Schmitt, Gérard, G^{me} Hatt, A. Hatt, Hirtz, J. J. Lauth, Petiti, Sengenwald, Stæhling et Wenger.

INTERPELLATIONS.

M. Imlin demande la parole : « Il existe, dit-il, un nombre considérable de chevaux qui peuvent fournir une excellente alimentation. Il s'en est perdu, l'administration devrait y veiller et ne pas permettre que les chevaux qui ont péri par un simple accident fussent perdus pour la consommation. »

M. le maire répond : « A la dernière séance j'ai signalé quatre chevaux qui ont péri dans l'incendie du faubourg National, et je n'ai pas connaissance d'autres chevaux perdus. J'ai ajouté que les incendiés avaient dépecé les chevaux morts et en avaient consommé toutes les chairs ; s'il y a d'autres pertes, qu'on me les signale. »

M. Zopff recommande à M. l'adjoint chargé de la police de surveiller les dépôts de suif dans les boucheries. « Le locataire du troisième étal à droite, dans les Petites-Boucheries, conserve un amas de suif qui répand une odeur infecte. Dans un moment où l'on se préoccupe des maladies qui peuvent envahir notre population, un dépôt insalubre ne doit pas être toléré. »

M. l'adjoint a pris note de ce renseignement.

M. le maire ajoute : « Je suis reconnaissant lorsqu'on me signale des abus ; notre police laisse à désirer, mais ce n'est pas faute de bon vouloir de la part de ceux qui sont appelés à la diriger. »

M. Henry dit que, par un égoïsme inconcevable, beaucoup de personnes ferment les portes de leurs maisons. « Or, nous sommes accablés de projectiles, lorsqu'un commencement d'incendie se déclare, il est indispensable de pénétrer immédiatement dans les maisons, et la fermeture des portes occasionne des retards qui peuvent devenir une cause de ruine pour le voisinage. On devrait prescrire aux propriétaires de tenir les portes ouvertes. »

« Nous sommes aussi infestés de voleurs, répond M. le maire. Les maisons habitées par des personnes peu valides seraient fort exposées si les portes ne pouvaient être fermées. »

M. Henry borne sa proposition au jour et admet que les portes puissent être fermées la nuit.

M. Bœrsch appuie la proposition de M. Henry. « Il y a de l'inconvénient, dit-il, à donner à la foule l'habitude de briser les portes pour éteindre les incendies ; il faudrait recommander aux propriétaires de ne pas fermer les portes. »

M. Schott dit qu'un service de sûreté a été organisé dans la Grand'rue par une espèce d'association ; que l'on s'est réuni pour faire des patrouilles et qu'on a prévenu à la fois les vols et les incendies. M. Kratz dit qu'une organisation analogue existe dans son quartier. M. le maire annonce qu'il compte publier un avis pour inviter les habitants à ne pas fermer leurs portes pendant le jour.

M. Imlin demande que les familles incendiées soient logées dans les appartements dont les propriétaires ou locataires ont quitté la ville.

M. le maire répond : « La mesure a déjà été discutée dans la séance d'hier. Je dirai à cette occasion qu'on m'avait signalé deux propriétés situées au faubourg National et renfermant des fourrages, comme appartenant à des personnes absentes.

« Par suite de ce renseignement, j'avais cru devoir engager l'autorité militaire à prendre ces fourrages, et c'est à cet avis que s'appliquait l'expression de procédé quelque peu révolutionnaire dont je me suis servi dans la discussion d'hier. »

La séance est levée et la Commission s'ajourne au lendemain, 1er septembre.

La canonnade dirigée contre les remparts est d'heure en heure plus intense et les bâtiments militaires sont bombardés avec acharnement. Il s'agit maintenant, pour les assiégeants, de rendre la position insoutenable à la garnison, de la décimer sur les remparts, de détruire toutes les casernes et tous les édifices qui pourraient lui servir d'abri. Les obus à balles pleuvent sur les batteries; ils sont lancés avec une étonnante précision, éclatent au-dessus des pièces, ou, passant par-dessus toute la ville, viennent frapper par derrière les canonniers à leur poste. Il n'y a pas, sur la ligne de défense, une seule batterie efficacement couverte. Et vingt fois par jour, on voit passer dans les rues les brancards sur lesquels se tordent les blessés ou les cacolets sinistres qui transportent les morts.

Mais les défenseurs des murs de Strasbourg, les soldats de la garde mobile comme les artilleurs et pontonniers de l'armée régulière, vont bravement au feu. Quand ils quittent la caserne pour aller relever les détachements qui ont passé la nuit ou la journée sur les remparts, ils répartissent à l'avance leur fortune, — la fortune du troupier! — entre les camarades qui restent au quartier.... « Si je ne reviens pas vivant, tu prendras ma pipe..... Et toi, mon couteau..... Toi, ma bourse avec tous ses trésors, la solde de toute une semaine! » A la cantine, ils achètent, pour un sou, une feuille de papier à lettres et une enveloppe et ils écrivent à ceux qu'ils ont laissé là-bas, bien loin, aux quatre coins de la France, au père, à la mère, à la fiancée, à la petite sœur qu'ils ne verront peut-être plus. Ils confient ces lettres aux camarades aussi, avec mille recommandations touchantes : « Tu sais, ne la perds pas, ne l'oublie pas; porte-la toi-même, si tu rentres au pays..... » Puis ils se raidissent contre l'émotion et descendent se ranger dans la cour du quartier. Un officier commande : « En avant, marche! » et la tête droite, l'œil brillant fiévreusement, à pas secs et cadencés, ils vont où les appelle la défense de la patrie.

Quand ils reviennent, les autres, ceux qui, dans quelques heures, partiront à leur tour, les reçoivent avec effusion, et l'on s'embrasse comme le soir d'une bataille. Mais il y a des vides dans les rangs et l'un des soldats porte quatre, cinq,

Caserne de la Finckmatt et rue Militaire-de-la-Trompette.

six mousquetons, sabres et gibernes. C'est le compte laconique et exact de ceux qui sont tombés devant l'ennemi.

Si la garnison est décimée par les projectiles des assiégeants, la population civile, de son côté, voit s'accroître le nombre de ses morts. Et, presque toujours, ce sont d'affreuses blessures auxquelles les victimes succombent..... Sous le pont du Théâtre, où s'est réfugiée une famille, le père, la mère, une fille et un fils, un obus vient frapper ce dernier et le coupe en deux. Dans une maison de la rue du Finckwiller, un obus entre par la fenêtre, au second étage, et tue une femme avec l'enfant que celle-ci tient dans ses bras..... La tête de l'enfant tombe d'un côté, le tronc et les jambes sont lancés dans la rue.....

Le général Uhrich fait afficher l'arrêté suivant :

SIXIÈME DIVISION MILITAIRE.

ARRÊTÉ.

« Nous général de division, commandant supérieur,

« Vu l'état de siège ; sur le rapport qui nous a été fait qu'une réunion de 300 personnes aurait été tenue hier matin, place Gutenberg, et que des motions illégales y auraient été formulées,

« Arrêtons,

« Art. 1er. Tous attroupements ou réunions publiques quelconques sont interdits.

« Art. 2. Les contrevenants seront déférés au Conseil de guerre.

« Fait au quartier-général, le 31 août 1870.

« UHRICH. »

Les faubourgs continuent à brûler. Le faubourg de Pierres surtout, qui subit plus directement le choc du principal front d'attaque, est ravagé par l'incendie.

CHAPITRE III.

Étrange dépêche du ministère de la guerre. — Les voleurs. — Mort du colonel Fiévet. — La sortie du 2 septembre. — Le lieutenant d'Arcine et le sous-lieutenant Philip tombent devant l'ennemi. — Le 87ᵉ de ligne et le colonel Blot. — Le régiment des pontonniers.

Le 1ᵉʳ septembre. Le général Uhrich est arrivé à faire passer, la veille, au ministre de la guerre, le télégramme suivant :

« L'ennemi me dit que l'armée impériale a été battue le 18, et m'offre de faire vérifier le fait par un officier, qui recevrait un sauf-conduit. J'ai refusé, bien résolu à m'ensevelir sous les ruines de la ville dont le commandement m'a été confié. J'ai beaucoup d'officiers énergiques ; ce que des hommes de cœur peuvent faire, nous le ferons. »

Et le 1ᵉʳ septembre, le sous-préfet de Schlestadt fait parvenir au général commandant la place de Strasbourg la dépêche suivante qui lui a été envoyée de Paris, par le ministère de la guerre :

« Tenez le plus longtemps possible. Bataille vers Metz est imminente et l'on a tout lieu d'espérer un bon résultat. Comme dernière ressource, que la garnison doit exécuter peut-être dans la nuit, franchir le Rhin, se jeter dans le pays de Bade, où il ne se trouve que fort peu d'ennemis, et repasser le Rhin plus haut. Faites le possible et promptement. »

Cette dépêche est une monstruosité à tous les égards, au point de vue du bon sens, au point de vue stratégique et au point de vue de l'honneur militaire..... Le général doit tenir le plus longtemps possible, mais d'un autre côté il doit « faire promptement » ! Faire quoi ?..... Abandonner la forteresse qu'on lui a donné mission de défendre !..... Puis, se jeter dans le duché de Bade et repasser le Rhin plus haut ?..... Où cela, plus haut ?..... Où l'on voudra, sans doute, puisqu'il n'y a, d'après le général comte de Palikao, ministre de la guerre, que « fort peu d'ennemis » sur le territoire badois !..... Et quand on aura repassé le fleuve « plus haut », que faudra-t-il entreprendre ?..... On ne le dit pas ; mais peut-être pourrait-on redescendre sur Strasbourg et, par un habile coup de main, débloquer la place !.... Quelle pitié !..... Et l'on a taxé de caricaturistes les auteurs qui, visant quelques généraux du deuxième Empire, ont écrit pour la scène certaines bouffonneries militaires !

Le général Uhrich lui-même n'a pu se défendre de consigner, dans ses *Documents relatifs au siège de Strasbourg*[1], les réflexions que lui a inspirées le stupéfiant document du ministre. « Cet ordre singulier, dit-il, me surprit à un point extrême. Abandonner Strasbourg, le livrer dans ces conditions à l'ennemi? Jamais! Mais eussé-je pu m'arrêter un seul instant à ce projet chimérique?.... Comment et avec quoi traverser le Rhin dont le pont était rompu, dont la rive droite était armée de puissantes batteries; comment, dans une seule nuit, et en admettant que nous eussions eu assez de bateaux pour embarquer plus de 11,000 hommes en une seule fois, aurions-nous pu accomplir une action aussi délicate, devant une armée ennemie forte de 65,000 hommes, dont les détachements les plus éloignés de nous n'étaient qu'à quelques kilomètres?.....

« Cette armée, nous l'eussions eue promptement sur le dos et elle nous aurait jetés dans le Rhin. J'avoue que cette fausse appréciation de notre situation me causa une impression douloureuse. Je pus répondre le 2 septembre :

« Situation empirée. — Bombardement sans trêve. — Artillerie foudroyante. — Je tiens et tiendrai jusqu'au bout. — Comment pourrais-je passer le Rhin, sans pont, sans bateaux? Abandonnez cette idée impraticable. — Colonel Fiévet mort de ses blessures. — Sortie honorable ce matin, mais chère et sans résultat autre que le respect imposé à l'ennemi[2]. »

Le général Uhrich reçoit dans la journée du 1er septembre, de la part du général de Werder, la lettre suivante :

Le général de Werder au général Uhrich.

« Mundolsheim, le 1er septembre 1870.

« Monsieur,

« Je vous envoie ci-joint un certain nombre de lettres et de laisser-passer, en vous priant de vouloir bien les faire remettre aux personnes intéressées.

« J'attendrai sur la route de Lingolsheim la sortie de ces personnes, ainsi que celle des parlementaires que vous aurez à m'envoyer dans la suite.

« Ainsi qu'on me l'annonce, il y a sur la caserne de la Finckmatt un drapeau d'ambulance, mesure qui, cela va sans dire, ne peut être respectée de notre côté, car il n'est pas d'usage d'établir des lazareths en première ligne.

« Je ne vous dissimulerai pas que le maréchal de Mac-Mahon a été battu, le 25 août, à Beaumont et qu'il a été rejeté de l'autre côté de la Meuse, avec des pertes considérables à Mouzon.

---
[1] *Loc. cit.*, p. 53 et s.
[2] Nous reviendrons plus loin sur la mort du colonel Fiévet et sur cette sortie.

« L'armée du prince royal de Prusse continue sa marche en avant. Le maréchal Bazaine est enfermé dans Metz. Si dans cette situation, que vous pouvez vérifier chaque jour, la cessation de la défense de Strasbourg est non seulement justifiée au point de vue militaire, mais commandée encore au point de vue de l'humanité, c'est ce que j'abandonne à votre examen.
« DE WERDER. »

Profitant de l'abandon dans lequel se trouvaient un certain nombre de maisons ou de la panique qui régnait dans les propriétés, lorsque le feu y éclatait, les habitants ne cherchant qu'à fuir au plus vite et à mettre leur vie en sûreté, des voleurs avaient organisé un pillage en règle sur tous les points de la ville. Ils brisaient les meubles, fouillaient les moindres recoins, visitaient surtout les caves, dont ils creusaient le sol pour y chercher les objets précieux qu'ils supposaient enfouis, et opéraient avec une sécurité presque complète, la police ayant à peu près cessé de fonctionner, et les soldats de la garnison ne pouvant être que difficilement distraits de la défense pour un service intérieur. Le général Uhrich prit, à l'effet de supprimer ces vols, un arrêté dont voici le texte :

SIXIÈME DIVISION MILITAIRE.

ARRÊTÉ.

« Nous général de division, Commandant supérieur,

« Vu l'état de siège,

« Considérant que des malfaiteurs profitent des incendies allumés par l'ennemi et de l'infortune des habitants pour voler et piller les propriétés particulières ;

« Arrêtons :

« Tout individu surpris en flagrant délit de vol ou de pillage sera immédiatement jugé selon les lois militaires.

« Fait au quartier général de Strasbourg, le 1ᵉʳ septembre 1870.

« UHRICH. »

Les dévaliseurs opèrent avec moins d'audace à la suite de la publication de cet arrêté, mais bien des habitants qui avaient caché, dans un endroit qu'ils croyaient sûrs, des objets précieux ou des souvenirs chers, ne trouvèrent plus que la place vide. Un exemple sévère, donné à l'aide du peloton d'exécution, aurait seul réprimé complètement ces actes de brigandage, doublement criminels.

Le colonel Fiévet, blessé dans la sortie du 16 août, succombe à ses blessures, et ce qui reste à Strasbourg de son vaillant régiment de pontonniers s'apprête à lui faire de dignes funérailles.

Nous avons vu que la Commission municipale a discuté la question de savoir si les habitants ne devraient pas être tenus de laisser les portes des maisons ouvertes pendant le jour. Le maire publie à ce sujet l'avis suivant :

MAIRIE DE LA VILLE DE STRASBOURG.

AVIS.

« Le maire de la ville de Strasbourg recommande à ses administrés de ne pas fermer les portes de leurs maisons pendant le jour. Les incendies allumés par les projectiles de l'ennemi sont très fréquents ; l'intérêt général exige dès lors que l'accès des maisons ne soit pas entravé et que les secours puissent être apportés sans le moindre retard.

« Fait à Strasbourg à l'Hôtel-de-Ville, le 1er septembre 1870.

« Le maire, HUMANN. »

Un autre arrêté municipal, affiché dans la journée, et que l'on peut s'étonner de voir signé seulement par l'autorité civile, est ainsi conçu :

MAIRIE DE LA VILLE DE STRASBOURG.

AVIS.

« La porte d'Austerlitz ne s'ouvrira plus que pour un service militaire.

« La porte de Saverne est également condamnée.

« Le passage par la porte de Pierres sera interdit aux piétons, aux chevaux et aux voitures pendant les journées du 1er et du 2 septembre, pour cause de réparations aux ponts-levis.

« Strasbourg, le 1er septembre 1870.

« Le maire, HUMANN. »

Le *Courrier du Bas-Rhin,* qui a ouvert une souscription pour les familles indigentes, victimes du bombardement, verse environ 2700 fr. entre les mains de la Commission des subsistances que la Commission municipale a instituée dans sa séance du 30 août. La charité traditionnelle de la population de Strasbourg ne se dément même pas au moment où chacun est frappé par la calamité, et ceux qui ne sont que relativement malheureux n'oublient pas qu'il en est d'autres, encore plus dignes de pitié.

La Commission municipale, qui prend sa tâche fort à cœur, s'est réunie dans l'après-midi, sous la présidence de M. Théodore Humann, maire. Voici un extrait du procès-verbal de la séance :

COMMISSION MUNICIPALE DE STRASBOURG.

Séance du jeudi 1er septembre 1870, à 2 heures de relevée.

M. Huck est nommé secrétaire du Conseil à titre définitif.

Nomination de dix nouveaux membres.

M. le maire informe le Conseil qu'à la suite de la non-acceptation de dix membres, M. le préfet admet les dix candidats proposés par la Commission dans sa séance d'hier. M. le maire regrette de n'avoir pu les convoquer tous pour la présente réunion.

Nomination de M. Zopff en qualité d'adjoint. « L'administration, dit M. le maire, s'est enquis de chercher deux adjoints; après différentes tentatives, nous avons été heureux de trouver un collègue dont le zèle infatigable nous sera d'un grand secours. Nous remercions M. Zopff du concours qu'il veut bien nous prêter. »

M. Zopff exprime sa reconnaissance pour l'accueil bienveillant fait à sa candidature. La désignation d'un cinquième adjoint a été ajournée à l'une des prochaines séances.

APPROVISIONNEMENTS. — ÉTABLISSEMENT DE LOCOMOBILES POUR LA MOUTURE DES GRAINS.

M. le maire, en se référant aux explications données dans les dernières séances au sujet des approvisionnements, fournit quelques indications complémentaires à ce sujet. M. le préfet a autorisé l'administration à se servir des machines à vapeur de la manufacture des tabacs.

L'établissement d'une locomobile au moulin May a provoqué une protestation dont M. le maire donne lecture. Les voisins expriment la crainte que la fumée ne devienne un point de mire pour les batteries ennemies. M. Oberlin fait remarquer que, si on chauffe au moyen de coke, on évitera la grande fumée. M. Kolb ajoute que la fumée ne dépassera pas le faîte des maisons voisines.

M. le maire reprend : « En présence du sérieux intérêt de l'alimentation publique, je suis d'avis de ne pas tenir compte de la réclamation. » La Commission adopte cet avis.

COMMUNICATIONS DIVERSES.

M. le maire communique à la Commission : 1° Une dépêche de M. le préfet qui met le magasin des tabacs dit Herrenstall à la disposition du comité des abris. 2° Une dépêche de M. le général commandant supérieur de l'état de siège, annonçant que la locomobile de l'arsenal, que M. le maire avait demandée pour la mouture des grains, a été envoyée à Paris pour être réparée. 3° Une autre dépêche du même fonctionnaire, en réponse aux plaintes portées à la suite de vols commis sur quelques points.

M. le général a prescrit à la gendarmerie de faire des patrouilles, jour et nuit, dans la ville, d'arrêter et de conduire à la place les délinquants, qui seront traduits devant un conseil de guerre et jugés dans les 24 heures. M. le maire ajoute que le matin même il avait vu conduire à la Mairie quatre individus qui avaient volé des couverts en argent.

4° Une lettre de M. le président de la Commission administrative des hospices civils. Il se plaint de l'ordre qui a été donné de retirer de l'hôpital le poste de quatre pompiers et la pompe de la ville qui s'y trouve.

M. Gœrner, commandant des pompiers, explique que les pompes doivent toujours être réintégrées dans les dépôts, afin que l'on sache où les trouver; que le dépôt du quai Saint-Thomas possède trois pompes seulement et doit desservir un quartier fort étendu; que le corps des pompiers n'a pas les auxiliaires que l'on comptait trouver parmi les ouvriers de la marine et les employés du chemin de fer; qu'il se trouve réduit à deux cents hommes, parmi lesquels il y a plus de vingt blessés.

A la suite d'observations présentées par MM. Bœrsch et Schott, qui voudraient laisser les frais de surveillance au compte des hospices, dont le budget est largement doté, M. Saglio insiste pour que le poste soit conservé par mesure transitoire. « La Commission, dit-il, a organisé un service de surveillance intérieure; en ce moment, il lui est impossible de faire fournir une pompe à bref délai. »

M. le maire clôt la discussion en donnant pouvoir à M. le commandant des pompiers, de prendre des dispositions propres à concilier tous les intérêts engagés dans la question.

INTERPELLATIONS.

A la suite d'une observation présentée par M. Flach, des explications confidentielles sont échangées sur les attributions du comité de défense et du comité militaire des approvisionnements.

M. Ruhlmann se plaint de ce que les fourrages placés dans deux maisons du faubourg National aient été enlevés par l'autorité militaire. Il signale la pénurie des fourrages pour la nourriture des bestiaux et il regrette que l'on n'ait pas fait des meules sur un terrain inoccupé. M. le maire justifie la mesure, qu'il a jugée indispensable et urgente pour empêcher les incendies. M. Mallarmé fait remarquer qu'il s'agit d'un fait accompli sur lequel il n'y a plus à revenir et l'incident est vidé.

M. Oscar André demande qu'une Commission soit instituée à l'effet d'aviser aux mesures propres à sauver les derniers débris de nos richesses scientifiques. Il donne des détails fort circonstanciés sur la situation de l'Académie et des Archives départementales, ainsi que les moyens, selon lui tout à fait insuffisants, qui ont été adoptés pour préserver le cabinet d'histoire naturelle et les titres déposés aux Archives. Dans sa pensée, il faudrait établir un poste permanent de 30 gardes nationaux, qui feraient des rondes dans les bâtiments de l'Académie et des Archives, et éteindraient les incendies dès leur début.

M. le maire annonce qu'il se propose de conférer avec M. le préfet au sujet des Archives départementales, et la discussion est ajournée.

En réponse à une demande de M. Mallarmé, M. le maire autorise le transfert, dans une cave voûtée, des Gobelins placés dans les grands appartements de la Mairie.

M. Zopff présente des observations au sujet des opérations de la caisse d'épargne; il regrette que les remboursements aient été retardés de huit jours et émet l'avis qu'il conviendrait, au contraire, de faciliter les remboursements, en les faisant à deux ou trois jours d'intervalle.

MM. Clog et Kreitmann justifient l'ajournement dont il est question et qui a été motivé par l'impossibilité matérielle d'établir tous les comptes, et en dernier lieu par la nécessité de mettre les registres à l'abri du bombardement.

M. le maire clôt la discussion en déclarant que l'administration ne peut rien y faire; elle n'a pas d'employés à mettre à la disposition des administrateurs et elle ne dispose pas de localités convenablement appropriées.

« Si la caisse d'épargne, ajoute M. le maire, n'avait pas été détournée de sa destination, nous ne serions pas en face des embarras qu'on signale. Des familles riches y ont fait des placements par l'entremise de prête-noms. Le gouvernement ne l'ignorait pas, mais c'était pour lui un moyen facile d'augmenter sa dette flottante. Nous subissons les conséquences de ces combinaisons. »

M. Clog ajoute : « Sans la banque, nous ne pourrions rien payer. »

La séance est levée.

Le 2 septembre. Le Conseil de défense discutait depuis plusieurs jours le plan d'une sortie qui devait être opérée sur le front Nord de la place pour tenter de détruire, dans la mesure du possible, les travaux d'approche des assiégeants.....

Il est évident que le Conseil n'attendait pas de cette sortie des résultats bien importants et, personnellement, le général Uhrich connaissait trop bien la force numérique et stratégique des troupes qui entouraient Strasbourg, pour s'imaginer qu'avec la poignée d'hommes qu'il pouvait distraire de son effectif pour l'envoyer tirailler aux avant-postes, il réussirait à entraver, d'une façon sérieuse, les opérations de l'armée du général de Werder. Mais il fallait donner à la fois une satisfaction à l'impatience des troupes et à l'opinion publique, qui s'étonnait, dans son ignorance de la réalité, de ce que la défense se bornât à répondre par quelques coups de canon au formidable bombardement de l'artillerie allemande. Il fallait prévenir aussi les reproches que le ministère de la guerre pourrait être tenté d'adresser aux défenseurs de Strasbourg sur leur attitude presque exclusivement passive, et ne pas s'exposer à voir tomber la place sans avoir tenté une action d'un certain éclat.

On choisit donc l'élite de la garnison, c'est-à-dire le 87° régiment de ligne, pour opérer cette sortie, la dernière qui devait être entreprise.

Il avait été décidé que l'effort principal serait dirigé sur les batteries de Cronenbourg, faubourg extra-muros au nord de la ville, où l'ennemi était fortement établi, pendant que deux attaques de flanc partiraient du Wacken et de Kœnigshofen pour donner le change aux assiégeants. C'est du côté du Wacken et du Contades surtout que l'engagement latéral fut sérieux. Le capitaine de vaisseau Du Petit-Thouars et le lieutenant de vaisseau Humann, qui commandaient les troupes dans ces parages, menèrent vaillamment leurs hommes au feu, et un officier blessé, Bruno de Versen, ainsi que plusieurs fusiliers du 30° régiment de ligne prussien, tombèrent entre leurs mains.

Quant à l'action principale, voici comment elle nous a été racontée par un des officiers qui ont pris part à la sortie : Le 87° avait donc reçu l'ordre d'opérer sur le faubourg extra-muros de Cronenbourg, et ce fut le colonel Blot lui-même qui commanda l'opération. A 4 heures du matin, les troupes occupaient leurs emplacements et le mouvement commençait. Les éclaireurs volontaires du 1er bataillon s'élançaient des Rotondes, et leurs tirailleurs, conduits par le lieutenant d'Arcine et le sous-lieutenant Philip, débordaient de la droite de la localité et pénétraient jusqu'à la rue principale, où arrivaient en même temps les éclaireurs volontaires des 2° et 3° bataillons; les premiers, partis de la porte Nationale, avaient pénétré par la gauche dans l'agglomération suburbaine de Cronenbourg, tandis que les autres, suivant la route, y étaient entrés par le centre.

L'attaque fut immédiatement appuyée par le colonel Blot, conduisant en arrière des volontaires du 2° bataillon, la 3° et la 6° compagnie de ce bataillon, dont la 4° compagnie, se plaçant en soutien, sous les ordres du lieutenant-colonel de Polhès, prenait position à la contre-escarpe du fossé de la lunette 44, voisine du champ de l'opération.

LA SORTIE DU 2 SEPTEMBRE 1870

L'élan de l'attaque fut tel que la colonne française pénétra jusqu'au milieu du faubourg, bien que l'ennemi la reçût avec des forces considérables, massées des deux côtés de la rue principale. Elle ne put toutefois, malgré ses efforts, aborder les batteries des assiégeants; elle fut soudain enveloppée de toutes parts, pendant qu'un détachement prussien refoulait à droite, au delà des Rotondes, la compagnie d'éclaireurs du 1er bataillon et la 2e compagnie du 2e bataillon, qui ne purent se maintenir.

Le colonel Blot, qui soutenait avec ses soldats une lutte corps à corps, s'aperçut que l'ennemi cherchait à tourner sa droite. Il ordonna la retraite, qui s'effectua pied à pied, sans que le combat cessât. Aux troupes du colonel Blot avait été jointe une escouade de marins, sous le commandement d'un second maître, avec charge d'enclouer les pièces des batteries dans lesquelles on pénétrerait. Ne trouvant pas à remplir cette mission spéciale, les marins combattirent avec l'infanterie et se firent remarquer par leur élan; avec leurs sabres d'abordage ils firent de larges trouées.

La 4e compagnie du 2e bataillon, embusquée au fossé de la lunette 44, appuya la retraite par un feu bien dirigé.

Le colonel Blot.

La 1re compagnie du 1er bataillon fut encore lancée en avant sur la route de Saverne pour soutenir les troupes engagées, tandis que la 2e compagnie du même bataillon prit position de chaque côté de la route, à hauteur de la double caponnière qui conduit à la lunette 44, jusqu'à ce que la colonne tout entière se fût ralliée en arrière d'elle.

Les troupes rentrèrent dans la place à 8 heures du matin, ayant fait éprouver aux assiégeants des pertes fort sérieuses. Du côté des Français, 2 officiers et 13 sous-officiers et soldats étaient tués, 70 soldats étaient blessés et 22 hommes avaient disparu, sans compter 3 soldats tués, 2 officiers et 18 hommes blessés, et 5 disparus dans l'engagement du Contades. Les deux officiers tués aux Rotondes étaient le lieutenant d'Arcine et le sous-lieutenant Philip, qui avait vingt ans, et qui s'était battu avec l'insouciance d'un enfant et le courage d'un vieux soldat[1].

---

[1] Le sous-lieutenant Philip est certainement un des officiers les plus jeunes qui aient participé à la guerre de 1870 et il comptait aussi parmi ceux dont l'avenir promettait d'être exceptionnellement brillant. A 17 ans il était bachelier ès-lettres et bachelier ès-sciences; à 18 ans il entrait à Saint-Cyr, où, témoignant d'une rare force

Les deux officiers blessés au Contades étaient le comte des Isnards, sous-lieutenant au 16ᵉ bataillon de chasseurs, et M. Costa, lieutenant au 1ᵉʳ bataillon du régiment de travail, il étudia le droit, tout en préparant sa carrière militaire. A vingt ans, il était licencié en droit et sous-lieutenant. Quand la guerre éclate il écrit à sa famille : « Enfin !.... J'espère que mercredi nous prendrons le chemin de fer qui doit nous emporter vers le Rhin ! Je n'éprouve qu'un regret, qui fait ombre au tableau, c'est de ne pouvoir vous embrasser tous encore une fois, avant de partir.

« Je ressens même un serrement de cœur en pensant que j'en ai peut-être pour bien longtemps avant de vous revoir ; mais je ne veux pas vous attrister. Ne pensez qu'à une chose, c'est que je reviendrai lieutenant. Qui sait ?.... peut-être décoré..... Oh ! je comprends la rage des officiers qui ne peuvent partir. Combien envient mon sort !.... La campagne sera sérieuse ; je crois que des deux côtés on est bien animé. Ai-je de la chance d'arriver au régiment dans un moment pareil !

« Allons, mon cher papa, au revoir ; j'espère vous revenir lieutenant. En tout cas, je ferai tout mon possible pour gagner mon changement d'épaulette et que vous puissiez parler de moi avec orgueil »…..

Le 2 septembre quand on demande des hommes de bonne volonté pour les compagnies de tirailleurs, Philip et le lieutenant d'Arcine sollicitent l'honneur d'être au premier rang..... Dès le début de l'engagement le lieutenant tombe pour ne plus se relever ; le sous-lieutenant se précipite vers l'ennemi, pour lui enlever une batterie, sans souci des balles et des éclats d'obus..... « Courbez-vous donc, lieutenant, courbez-vous », lui crie un vieux sergent. Mais Philip ne veut rien entendre ; raidissant au contraire son corps élancé, il brandit son épée et marche encore, en criant : « En avant ! » L'élan qu'il a pris le sépare de ses soldats, une balle le frappe en pleine poitrine et il est renversé tout de son long dans un champ, au moment où le colonel Blot fait sonner la retraite..... On le croit blessé seulement et l'on compte que les infirmiers allemands viendront le relever. Mais il a succombé sur place et pendant que son régiment le croit prisonnier dans quelque ambulance, il est étendu mort dans un sillon, sans que des mains pieuses viennent l'ensevelir. Le 4 octobre seulement une garde champêtre découvre dans les champs de Cronenbourg, trois cadavres, horriblement défigurés par la décomposition et qu'on ne reconnaît pour être ceux d'un sous-lieutenant et de deux soldats du 87ᵉ, que grâce aux boutons des uniformes et aux galons d'une tunique.....

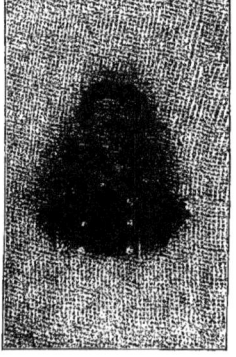

Le sous-lieutenant Philip.

On les enterre au Jardin botanique, après les avoir transportés d'abord à l'Hôpital militaire.

M. Philip père, notaire au Puy, qui nous a communiqué ces tristes détails dans une lettre datée du 1ᵉʳ décembre 1870, était resté de longues semaines sans nouvelles de son fils et cherchait à se consoler en pensant que celui-ci était blessé, incapable d'écrire, ou prisonnier dans une forteresse lointaine..... Informé de la découverte du cadavre d'un sous-lieutenant, sur le terrain du combat livré le 2 septembre devant les murs de Strasbourg, il arrive en notre ville. Avec l'autorisation de la Mairie, il fait exhumer et ouvrir au Jardin botanique une quarantaine de cercueils — tous ceux qu'on y avait inhumés du 2 au 9 octobre — pour chercher à reconnaître la dépouille de son enfant et la ramener vers le sol natal. Mais les cadavres sont nus et le malheureux père est obligé de s'éloigner sans avoir seulement trouvé la place où dort son petit officier.... Il se rend à Rastatt, où les camarades du défunt lui disent combien celui-ci était aimé, combien il était courageux et comment il avait fait son devoir dans la sortie du 2 septembre. M. Philip trouve à Rastatt la cantine de son fils, que l'on avait emportée avec les bagages des autres officiers et met la main sur un album à photographies, contenant le portrait dont nous offrons la reproduction au lecteur.

Dans sa touchante lettre, M. Philip nous dit qu'il envie le « bonheur » de Mᵐᵉ d'Arcine, qui a pu retrouver le corps de son fils, « honoré par les Prussiens d'une sépulture spéciale »..... Et plus tard, le 4 janvier 1871, il m'écrit encore pour m'envoyer le portrait que je publie aujourd'hui, après l'avoir conservé pendant vingt-cinq ans..... « La mort de mon fils est un coup terrible pour nous, répétait-il. Un père, une mère inconsolables à tout jamais, et un jeune frère à l'École navale, qui a fait le sacrifice de sa carrière pour venir pleurer avec nous »…..

Le sous-lieutenant Philip avait tenu parole, en faisant « tout son possible pour que les siens puissent parler de lui avec orgueil »…. . Mais que peut l'orgueil sur le cœur affligé d'une mère ?....

de marche. Outre ces pertes, les Français avaient encore eu 16 blessés à la lunette 44.

Les troupes allemandes avaient eu un officier tué (le lieutenant de Kellermann, du bataillon de la landwehr de la garde), deux officiers blessés (le lieutenant en second Chorus, du même corps, et le lieutenant en second de Versen, du 30ᵉ régiment d'infanterie prussienne), 21 soldats tués et 68 soldats blessés ou disparus.

Dans ses *Documents*, le général Uhrich donne un récit très sommaire de cette sortie, mais constate que « l'engagement du 2 septembre a été, tout entier, à l'honneur du 87ᵉ et de son chef ». Il signale en outre un fait grave qui s'est passé au début de l'engagement[1] : « Au moment, dit-il, où la colonne dirigée par le colonel Blot arrivait à Cronenbourg, un gros détachement ennemi déboucha tout à coup et se trouva face à face avec les nôtres. Dès les premiers coups de feu, les soldats allemands mirent la crosse en l'air, et les nôtres crièrent aussitôt : « Ne tirez plus, ils se rendent. » A peine le feu cessé, les Allemands abaissèrent leurs armes et tirèrent presque à bout portant sur nos hommes, qui se précipitèrent sur eux à la baïonnette et les mirent en fuite.

« Dans la confusion qui résulta de cet incident, le colonel Blot allait être frappé par le sabre d'un officier allemand, lorsqu'un soldat du 87ᵉ se précipita, tua l'officier d'un coup de baïonnette et sauva ainsi le colonel[2]. »

« .....Lorsque le colonel Blot rentra en ville, ajoute le général Uhrich, je descendis du bastion 10, j'allai au devant de lui avec les officiers qui m'avaient accompagné et je le félicitai sur l'intelligence et la vigueur avec lesquelles l'affaire avait été conduite. »

Outre l'incident qui faillit coûter la vie au colonel Blot, on en signale un qui occasionna la mort d'un marin, tué par une baïonnette française..... C'est le capitaine Du Petit-Thouars qui nous raconte le fait. « .....On était bien arrivé jusqu'à une batterie, mais on avait dû se retirer immédiatement sous peine d'être cerné, et deux de nos marins avaient été blessés mortellement. Dans leur élan, ils avaient précédé les soldats du 87ᵉ, et ceux-ci, arrivant après eux dans la batterie, avaient percé l'un d'eux de coups de baïonnette, le prenant, dans l'obscurité, pour un Allemand, à cause de la couleur de son vêtement et de la forme de son béret[3]. »

Autre incident : C'est en voulant couper à l'aide de son sabre un fil télégra-

---

[1] *Documents relatifs au siège de Strasbourg*, publiés par le général Uhrich, p. 62.

[2] Le récit n'est pas tout à fait exact. L'officier allemand fut renversé mais non tué par le soldat du 87ᵉ. Mais il n'en est pas moins vrai que le petit troupier sauva son colonel.

[3] *Le siège de Strasbourg*, par B. du Petit-Thours, tome XLIX du *Correspondant*, p. 1001.

phique qui pendait à terre et qui le gênait dans ses mouvements que le lieutenant prussien de Kellermann fut tué par une balle au cœur.....

Les assiégeants avaient-ils été avertis des préparatifs de la sortie?..... Le général Uhrich tend à le croire. Il a fait, dit-il, arrêter et juger par le Conseil de guerre plusieurs individus suspects, mais sans arriver à trouver jamais une preuve.....

Un des combattants (il habite encore Strasbourg) affirme que l'ordre avait été donné aux troupes qui se dirigeaient vers les Rotondes de ne pas tirer avant le commandement et que, malgré cet ordre, un coup de feu, parti du côté français, est venu donner l'éveil aux Allemands. On a prétendu alors que c'était un ancien soldat de la légion étrangère qui avait tiré..... Était-ce avec intention?..... En tous cas, dit notre homme, ce coup de fusil a empêché le colonel Blot de surprendre l'ennemi et de lui infliger des pertes plus considérables.....

Au moment où le colonel Blot faisait sonner la retraite, les batteries des assiégés commencèrent à tirer, avec une vigueur qu'elles n'avaient pas encore déployée, sur les travaux de l'assiégeant. « Toutes les batteries de siège furent violemment bombardées, dit le major Reinhold Wagner, les coups partant de lignes de défense qui jusqu'alors n'avaient pas été armées, surtout de la face droite du bastion 11 et de la face gauche du bastion 12. Outre les canons rayés, les canons lisses furent mis en activité, couvrant les travaux d'attaque de boulets pleins, de boulets à mitraille, de shrapnels et de bombes; et quoique la plupart de ces projectiles ne vinssent s'abattre que devant ou derrière les batteries, il y en eut un nombre beaucoup plus grand que d'habitude qui portèrent juste, malgré le brouillard et la fumée qui pendant plusieurs heures rendirent le pointage fort difficile.

« Une bombe tombée dans la batterie n° 2 abattit, en éclatant, les gabions qui protégeaient un blindage derrière lequel un certain nombre d'hommes s'étaient abrités. Dans la batterie 3, les gabions furent également détruits, et dans la batterie 14 une pièce de 12 fut démontée. Les batteries 5, 7, 8, 22 et 23 furent sérieusement endommagées sans pourtant qu'il y eût perte d'hommes. Par contre, il y eut quatre blessés et un mort dans la batterie 27. Là un éclat d'obus pénétra dans un baril rempli de cartouches et y mit le feu. L'explosion déchira littéralement un des servants et lança son corps déchiqueté à trente pas de distance. Dans la batterie 28, il y eut deux blessés.

« Les emplacements des fusils de rempart furent violemment éprouvés; un officier (le lieutenant de Sack) et un soldat furent blessés. Dans les tranchées, occupées par les pionniers et par l'infanterie, il y eut treize blessés et deux morts, dont le capitaine Gräff, auquel un boulet plein fracassa la tête.

« Mais des pertes plus cruelles devaient être infligées aux Allemands dans la deuxième parallèle, qui, par un vice de construction, pouvait, sur une certaine étendue, être enfilée par les canons de la place. Un seul boulet y tua le lieutenant-colonel de Gayl, le capitaine Hertzberg et plusieurs soldats; d'autres projectiles firent des victimes, et l'on compta, sur ce point, six morts et vingt-huit blessés[1]. »

Le 87ᵉ régiment d'infanterie de ligne, qui a joué un rôle si important dans la défense de Strasbourg, rattache son origine au régiment de Dillon[2], dont les innombrables faits d'armes sont intimement liés, pendant plus d'un siècle, à l'histoire nationale de la France. A Fontenoy (11 mai 1745), le régiment de Dillon décida du succès de la journée par une charge furieuse contre les Anglo-Hanovriens. Le maréchal Macdonald servit dans les rangs de Dillon de 1787 à 1793. Depuis 1789, le 87ᵉ revendique les hauts faits de la 87ᵉ demi-brigade de ligne, de la 12ᵉ demi-brigade d'infanterie légère, et du 12ᵉ régiment léger.

La 12ᵉ demi-brigade d'infanterie légère, après s'être vaillamment conduite à la bataille de Castiglione (5 août 1796), prit une part décisive à la victoire de Rivoli (15 janvier 1797), en venant, par une audacieuse marche de nuit à travers les défilés du Monte-Baldo, tomber sur les derrières des Autrichiens. Sous les ordres du général Desaix, elle se couvrit de gloire en Valteline, au combat de Taufers (25 mars 1798), où l'ennemi laissa entre ses mains ses drapeaux, 18 canons et 4800 prisonniers, dont 200 officiers; puis elle se signala à la bataille de Zurich (1799).

La 87ᵉ demi-brigade de ligne, formée en 1799, cessa d'exister en 1803; avec elle disparut dans l'infanterie le n° 87, qui ne reparut qu'en 1855. Cette demi-brigade se distingua en Italie, au cours de la campagne défensive du général Suchet, pendant l'hiver 1799-1800. Le 20 avril 1800, réduite à 400 combattants, elle enlève à la baïonnette, au milieu des neiges et des glaces, la redoute de Feligno, près de Tende, défendue par les Autrichiens.

Sous le premier Empire, le 12ᵉ régiment d'infanterie légère continue les glo-

---

[1] *Geschichte der Belagerung von Strassburg im Jahre 1870*, von Reinhold Wagner, p. 424 et s.

[2] Le régiment Dillon tenait son nom du comte Arthur de Dillon, d'une famille noble d'Irlande, né en 1670 dans le comté de Roscommon, mort en 1733, qui prit du service en France, où il fut nommé colonel d'un régiment que son père avait levé à ses frais. Maréchal de camp à 34 ans, lieutenant général à 36, il fit avec gloire les campagnes de Vendôme en Espagne, de Villeroi en Italie, servit sous Villars (1708), sous Berwick (1709) et s'empara en 1713 de Kaiserslautern. Deux de ses petits-fils servirent également dans les armées de France.

rieuses traditions de la 12ᵉ demi-brigade légère. En 1805, il est à Austerlitz; au siège de Danzig (avril-mai 1807), il est plusieurs fois cité au bulletin de la Grande-Armée, et les actions d'éclat des Fortunas et des Vallée ajoutent à sa réputation un cachet d'héroïsme légendaire. A Weilsberg (10 juin 1807) et à Friedland (14 juin 1807), il se distingua par sa brillante conduite sous les ordres du général Schramm.

De 1807 à 1814, en Portugal et en Espagne, le 12ᵉ léger ne cesse de se signaler. Commandé par le colonel Dulong de Rosnay, il se fait remarquer à la bataille d'Almonacid (août 1809), à l'enlèvement des défilés fortifiés de la Sierra Morena (janvier 1810), et se couvre de gloire par la ténacité dont il fait preuve, en soutenant, à Albuéra, la retraite de l'armée française, accablée par le nombre (mai 1811). Cette seule journée lui coûte 6 officiers tués, 21 officiers blessés et plus de 250 hommes hors de combat, dont 164 morts.

En 1855, le 12ᵉ léger devient le 87ᵉ régiment de ligne. Moins favorisé que ses devanciers, il n'a pas l'occasion de s'illustrer sur les champs de bataille du second Empire, et ce n'est qu'en 1870, à Strasbourg, qu'il peut montrer ce dont il est capable. Seul corps constitué de la garnison, il supporte, pendant les quarante-cinq jours du siège, la plus lourde part de fatigues et de dangers et déploie des qualités de bravoure, de dévouement et d'énergie, dont son chef, le colonel Blot, ne lui ménage pas les exemples[1]. ...

Quelques jours après la déclaration de la guerre, les 21 et 22 juillet, le 87ᵉ se concentre à Montpellier. On s'occupe activement à le mobiliser et, grâce à l'arrivée des hommes de la réserve, son effectif atteint rapidement le chiffre de 2200 hommes.

Le 24 juillet, les trois bataillons de guerre, comprenant chacun six compagnies, sont dirigées par les voies ferrées sur Strasbourg, où ils arrivent le matin du 27. Le régiment forme, avec le 3ᵉ tirailleurs algériens, la 2ᵉ brigade (général Lacretelle) de la 4ᵉ division (général Lartigue) du 1ᵉʳ corps (maréchal de Mac-Mahon).

Le 4 août, toute la division Lartigue est en marche sur la route de Wissembourg, lorsqu'une dépêche vient apporter au 87ᵉ l'ordre de rétrograder et de rentrer à Strasbourg, qui est sans garnison.

Quelques jours après la bataille de Frœschwiller, le général, ainsi que nous l'avons vu précédemment, divise la place en quatre arrondissements de défense. Le troisième, qui allait du bastion 6 au flanc 13, était compris en entier dans le front d'attaque et constituait un des postes les plus périlleux. La défense en reve-

---

[1] Ces notes sur le 87ᵉ sont empruntées aux *Tableaux historiques des régiments de l'armée française*, l'originale et populaire publication de MM. Armand Colin et Cⁱᵉ, éditeurs, 5, rue de Mézières, à Paris.

naît de droit à la troupe la plus solide, au 87°, auquel on adjoint le 4° bataillon de la garde mobile.

Le colonel Blot prend le commandement de cet arrondissement, qui est lui-même subdivisé, pour la défense, en trois secteurs, relevant chacun d'un chef de bataillon du 87°, MM. Rousseau, Guilhaumin et Gandon. Le lieutenant-colonel de Polhès a la surveillance d'ensemble du service de l'infanterie. La répartition du régiment dans le troisième arrondissement est complètement terminée le 12 août, et à partir du 14 jusqu'à la fin du siège, tous les ouvrages avancés sont occupés par les hommes du 87°, sans qu'aucun d'eux soit enlevé de vive force par l'ennemi.

A dater du 20 août, la caserne de la Finckmatt ayant été brûlée et le quartier de Saverne étant devenu inhabitable, le premier et le deuxième bataillon se trouvent sans abri. Trois compagnies sont alors logées dans une poudrière abandonnée, en arrière du bastion 11; quatre compagnies du deuxième bataillon s'abritent sous les voûtes de sortie du chemin de fer et sous le long passage couvert de la porte de Saverne. Pour le surplus, on pratique sur le chemin de ronde intérieur, dans le terre-plein des remparts, des excavations que l'on ferme avec des madriers placés suivant l'inclinaison du talus et recouverts de la terre provenant du creusement de ces refuges. On obtient par là une espèce de blindage préservant, sinon des bombes, au moins des éclats et des projectiles de petit calibre.

Dans chacun de ces terriers, vingt à vingt-cinq hommes s'enfouissaient avec armes et bagages et, pendant toute la durée du siège, les officiers du 87°, y compris le colonel Blot, constamment retenus près de l'enceinte fortifiée par les nécessités du service, n'ont eu d'autre logement que les abris malsains occupés par les soldats.

On a remarqué que les postes, aussi bien que les bâtiments assignés au 87°, à l'exception de l'abri casematé de l'entrée de l'Ill, aux Ponts-Couverts, où logeait le 3° bataillon et qui, par hasard, a été singulièrement ménagé, ont figuré, dès le début du siège, parmi les principaux points de mire des coups de l'assiégeant. Aussi le régiment n'a-t-il eu, à vrai dire, aucune heure de trêve ou de repos, sans compter qu'outre son service régulier il a été appelé à faire des besognes auxquelles les troupes d'infanterie ne sont guère préparées. Les ponts et passages qui assuraient la communication entre les remparts et les ouvrages extérieurs n'ayant pas tardé à être détruits, on se servit de barques pour se rendre au dehors; mais ce mode de transport devint si périlleux que les bateliers civils, qui faisaient ce service, refusèrent, même à prix d'or, de le continuer. Des soldats du 87ᵉ s'offrirent aussitôt à les remplacer et exercèrent jusqu'à la fin du bombardement le métier, fort périlleux alors, de passeur. En une seule journée il y eut jusqu'à onze bateaux coulés par les projectiles ennemis. De même, le régiment fournit des canonniers volontaires pour renforcer les artilleurs et les pontonniers qui servaient les pièces de la défense.

Voici, du reste, un document qui prouve, mieux que tous les récits, la part que le 87ᵉ a prise à la résistance de Strasbourg. C'est le tableau des pertes subies par le régiment :

Trois officiers tués : MM. Collomb d'Arcine, lieutenant; Philip, sous-lieutenant, tombés le 2 septembre, Gerbaut, lieutenant, blessé le 6 septembre, mort le 30.

Dix-huit officiers blessés : le colonel Blot (atteint deux fois); les commandants Rousseau et Guilhaumin; les capitaines Marie, Loyer, Pelletier, Favreaux, Senès et Pessonneaux; les lieutenants Mattei, Soret, Joffroy et Canson; les sous-lieutenants Petit, Bertonière, Léger, Aubriot, Colonna d'Istria. Sous-officiers et soldats tués, 222; disparus, 24; blessés, 446; total, 692. Cette liste se passe de commentaires.

De nombreuses promotions et décorations sont venues, pendant et après le siège de Strasbourg, récompenser le 87ᵉ de son dévouement à la patrie. Le colonel Blot a été nommé général de brigade; les commandants Rousseau et Guilhaumin lieutenants-colonels; les capitaines adjudants-majors Gaveau et Hugot, chefs de bataillon; les lieutenants de Coatgourden, Favreaux et Laffont, capitaines; les sous-lieutenants Caoudal, Soret, Morel, de Lacolombe, lieutenants; l'adjudant Dangles, les sergents-majors Lemaître, Perrin, Pietri, Paillon, Colonna d'Istria, sous-lieutenants.

MM. Gandon, chef de bataillon, et Maud'huit, médecin-major de 1ʳᵉ classe, ont été faits officiers de la Légion d'honneur; la croix de chevalier a été décernée au capitaine adjudant-major Bruneau, aux capitaines Moulinier, Loyer, Pelletier et Weil, au lieutenant Noirot et aux sous-lieutenants Gillon, Petit et Léger.

Les sergents Foudras, Cuny, Gras, Étienne, Gauthier, de Benedetti, les caporaux Marchal, Sabatier, Chauchard, le sapeur Combes, les soldats Blanc, Dunouau, Cercin et Duteil ont reçu la médaille militaire.

Plus tard, le 17 août 1871, un nouveau décret a complété ces nominations, en décernant le grade d'officier de la Légion d'honneur au capitaine Perry; la croix de chevalier aux capitaines Joly et Lafon; la médaille militaire au sergent-major Jarlan, aux sergents Leconte et Lapierre, au caporal Laborde, au sapeur Perret et au soldat Charmes [1].

Le maire fait publier l'avis suivant :

MAIRIE DE LA VILLE DE STRASBOURG.

AVIS.

« Les personnes ruinées par le bombardement trouvent dès à présent des abris à la Grande-Boucherie, à l'école Saint-Guillaume, au magasin des tabacs, rue du Finckwiller (Herrenstall), et au théâtre.

« Elles pourront prendre leur nourriture à l'établissement Saint-Joseph, impasse de l'Ancre, à l'estaminet Piton, rue du Vieux-Marché-aux-Grains, à la Halle-Couverte, chez les diaconesses, rue Saint-Marc, et à l'établissement de Sainte-Marie, rue de l'Écrevisse.

« Strasbourg, le 2 septembre 1870.

« Le maire, HUMANN. »

En réponse à la communication qu'il a reçue la veille du général de Werder, le général Uhrich adresse à ce dernier la lettre suivante :

Le général Uhrich au général de Werder.

« Strasbourg, le 2 septembre 1870.

« Monsieur le Lieutenant-Général,

« J'ai reçu les sauf-conduits et les lettres que vous m'avez fait l'honneur de m'adresser. J'ai fait porter les uns et les autres à leurs adresses.

« Je ferai conduire, par un parlementaire, jusqu'à vos avant-postes de Lingolsheim, les personnes autorisées à sortir et qui pourront être prêtes aujourd'hui à 4 heures de l'après-midi.

« Les autres seront conduites demain.

« Aucun drapeau n'a été placé sur la caserne Finckmatt ; si de l'extérieur il a pu en être aperçu un, ce ne peut être qu'un habitant qui aura voulu tenter de protéger sa propre maison, située en arrière de la caserne.

« Après l'engagement de ce matin, j'ai tenté de faire sortir des voitures por-

---

[1] Nous devons tous ces renseignements, si intéressants et si précis, ainsi que le portrait du colonel Blot, à M. Gosset, premier commis des hypothèques à Avesnes (département du Nord), ancien sergent-major d'infanterie, ancien fourrier au 87e, 3e bataillon, 4e compagnie. Nous adressons à M. Gosset l'expression de notre sincère gratitude pour sa part de collaboration.

tant le drapeau de neutralité, pour aller recueillir les morts et les blessés restés sur le terrain ; mais le feu a continué de votre côté, par inadvertance sans doute, et la mission n'a pu être accomplie. Trois quarts d'heure après une nouvelle tentative a eu lieu, sans succès également.

« J'espère en conséquence, Monsieur le Lieutenant-Général, que vous avez fait ensevelir nos morts et recueillir nos blessés, et que ces derniers trouveront dans vos ambulances des soins égaux à ceux que vos blessés trouveraient chez nous.

« S'il en était autrement, je vous demanderais une suspension d'armes qui me permît d'envoyer chercher nos soldats tombés sur le champ de bataille.

« Agréez, etc.
« Uhrich. »

La Commission municipale se réunit sous la présidence de M. Th. Humann et discute longuement une proposition présentée par M. Henry à l'effet de faire placer dans chaque rue de petits postes de gardes nationaux armés, chargés de prévenir les incendies et les déprédations.

Les hommes de garde seraient choisis dans les rues où ils sont logés ; ils s'abriteraient dans un couloir.

MM. Silbermann et Imlin rappellent que, dans un grand nombre de quartiers, les citoyens veillent eux-mêmes, la nuit, sur leurs maisons et qu'il est à désirer que partout on suive cet exemple ; ils ajoutent que, quant aux armes, elles seraient gênantes pour prêter secours en cas d'incendie.

M. Eissen croit, au contraire, qu'il est fort utile d'armer les citoyens qui veillent au maintien de l'ordre public.

M. Schnéegans est d'avis qu'il y aurait une mesure plus radicale à prendre ; la garde nationale est désorganisée ; elle se retremperait d'une façon heureuse si on lui donnait le droit d'élire ses officiers.

M. le maire regrette que la garde nationale ne soit pas constituée plus solidement ; c'est la conséquence de la précipitation avec laquelle il a fallu opérer, presque sous le feu de l'ennemi. Mais il faut faire usage de l'instrument, quelque imparfait qu'on nous l'ait donné. Procéder en ce moment à des élections n'aurait pour effet que de la désorganiser davantage.

M. Henry expose que quatre artilleurs de la garde nationale sédentaire viennent d'être blessés pendant le service. Ce sont MM. Andrex, contre-maître chez M. Kolb, constructeur-mécanicien ; Auer, propriétaire de lavoir ; Degay, employé de l'usine à gaz (amputé) ; Gentil, étudiant. M. Henry désire que la Commission décerne à ces honorables citoyens des éloges pour le courage qu'ils ont montré et qu'après la guerre les représentants de la ville s'intéressent à eux pour leur faire obtenir des pensions. Les propositions de M. Henry sont adoptées à l'unanimité.

M. Henry, rapporteur de la Commission des approvisionnements, a fait l'exposé suivant :

« Messieurs,

« La Commission des subsistances que vous avez bien voulu nommer dans une de vos dernières séances, a l'honneur de vous présenter, sous forme de rapport, le résultat des démarches qu'elle a faites, afin de s'assurer les denrées nécessaires pour alimenter la partie malheureuse de notre population. Dès l'abord, elle a pu constater que, sauf le sel, dont il sera bon d'user avec une grande économie, la ville est largement pourvue de farine, de riz, de café, de sucre et même de légumes secs.

« Votre Commission a cru devoir acheter une certaine quantité de kirsch, qui, versé dans le café, offrira un réconfortant à des estomacs déjà débilités. Elle recommande à l'attention des citoyens qui dirigent avec tant de dévouement les restaurants populaires ou les établissements qui dirigent les distributions de soupe, l'emploi de ce mélange. Votre Commission s'est déjà pourvue de notables quantités de graisse, destinées à la cuisson des soupes. Elle se fera de plus un devoir de se mettre en rapport avec les propriétaires de chevaux pour obtenir la préférence en cas de vente. Elle compte à cet égard avec la plus ferme assurance sur le concours de MM. les vétérinaires de la ville. Votre Commission a cru agir conformément à vos intentions, en n'accumulant pas dans un magasin central les provisions, mais en les faisant tenir à sa disposition par les fournisseurs, sa tâche étant d'éviter toute perte occasionnée par suite d'incendie.

« Elle compte aussi sur l'influence de l'administration municipale pour obtenir la suppression de tous droits de régie ou autres sur les matières passibles de ces droits, qui seraient achetées pour l'alimentation des personnes nécessiteuses ; ce dégrèvement est d'autant plus nécessaire que la perception de ces droits entraînerait à des longueurs qu'il faut éviter. »

La Commission a donné acte de cette communication.

M. Stromeyer appelle l'attention de ses collègues sur la pénurie des provisions de fourrages, qui aura pour conséquence de faire abattre les bestiaux et amènera le manque complet de viande fraîche.

M. Stromeyer croit savoir que l'administration militaire possède des approvisionnements considérables de fourrage, et il réclame l'intervention de M. le maire à l'effet de faire obtenir aux propriétaires de bestiaux des fourrages à prix d'achat.

M. le maire refuse de faire une démarche qui ne peut avoir aucun résultat.

« L'administration de la guerre, dit-il, a un troupeau de vaches et un troupeau de moutons ; c'est pour les nourrir qu'elle réservera ses fourrages. »

M. le maire communique à la Commission une lettre adressée par MM. Belley et consorts à la Commission des approvisionnements, à l'effet d'obtenir la délivrance d'une certaine quantité de denrées. Il y est dit que M. le maire aurait refusé d'acquérir des sels qui lui avaient été offerts en vente.

M. le maire déclare cette assertion inexacte et donne des renseignements sur les démarches faites au contraire par l'administration municipale auprès de l'autorité militaire à l'effet d'obtenir la cession du sel nécessaire à la boulangerie, démarches qui ont abouti à un résultat favorable, mais pour une petite quantité. La crainte de manquer de sel préoccupe, au contraire, l'administration depuis plus d'un mois, alors que tous les transports et tous les convois étaient exclusivement réservés aux besoins de l'armée. Nous espérons toutefois pouvoir parer à cette situation, et je viens de demander itérativement le solde des approvisionnements de la manufacture des tabacs, qui doit avoir encore 150 sacs de sel.

L'assemblée est informée de ce que les quatre Commissions nommées à la dernière séance ont désigné comme présidents : la Commission des subsistances, M. Henry ; la Commission des abris, M. Flach ; la Commission d'alimentation, M. Saglio ; la Commission des indemnités, M. Momy.

M. Kreitmann demande si les bureaux de la mairie continuent à fonctionner. M. le maire répond : « L'état de siège a nécessairement modifié le travail. Les services des domaines et du contentieux, de l'instruction primaire, par exemple, sont fort réduits. Mais l'état civil continue à fonctionner ; les services du secrétariat et de la police ont acquis plus d'importance et réclament plus de travaux. Ce sont à peu près les seuls bureaux qui travaillent.

Quant au personnel, quelques employés sont ou se disent malades, mais les services marchent, grâce à l'activité des autres employés. M. le maire fait notamment l'éloge de MM. G. Spach, secrétaire en chef, Th. Ræuber, chef de la 2º division, et Fréd. Kieffer, chef de bureau de la comptabilité.

Dans la matinée, on a rendu les derniers honneurs au colonel Fiévet, du 16º d'artillerie-pontonniers, qui a succombé la veille à la blessure qu'il a reçue le 16 août, lors de la sortie d'Illkirch. Six trompettes, les instruments enveloppés de crêpe, et la musique du régiment précédaient le corbillard, sur lequel s'étalaient

LE CONVOI FUNÈBRE DU COLONEL FIÉVET PASSANT SUR LE PONT SAINT-GUILLAUME

l'uniforme et les décorations du défunt; derrière le corbillard on conduisait à la main le cheval du défunt; un grand nombre d'officiers et une centaine de soldats en tenue de campagne composaient le cortège, qui s'est rendu à l'église Saint-Étienne d'abord, puis au Jardin botanique, où le corps du malheureux officier a été inhumé. Et pendant que la musique jouait des marches funèbres, les bombes éclataient au-dessus du convoi, et pendant que le cercueil du colonel Fiévet était descendu dans la fosse, le canon tonnait avec rage sur les fronts d'attaque et de défense, comme pour saluer le vaillant soldat qui allait dormir du dernier sommeil.

Sur le bord de la tombe, le général Barral a prononcé les paroles suivantes :

« Messieurs,

« La solennité du triste devoir que nous venons remplir emprunte bien moins sa grandeur à mes paroles qu'au bruit du canon de l'ennemi, qui se fait entendre pour célébrer la mort glorieuse du colonel Fiévet.

« Je n'ai point à vous faire ici son éloge; l'émotion que je vois sur vos visages dit assez quelle perte nous avons faite. Cette tombe va se refermer sur l'un des plus braves parmi nos camarades et sur l'un des officiers les plus distingués de l'armée.

« Nous venons lui dire un suprême adieu avant de retourner nous dévouer à la défense des intérêts les plus sacrés de la France.

« Adieu Fiévet! Adieu cher colonel! Ta récompense, c'est que tu as donné ta vie à la patrie.

« Au nom de ta famille, au nom de tes amis, au nom de l'armée qui honorera ta mémoire, reçois le dernier hommage de notre affection et de notre profonde estime. Adieu, mon ami ! »

Une fois de plus, on a fait courir le faux bruit d'une victoire remportée par les Français. Failly et Douai étaient vainqueurs à Toul; Mac-Mahon avait réuni une nouvelle armée, forte de 400,000 hommes, les Allemands étaient en pleine déroute. L'Alsace sera évacuée dans huit jours..... Ces nouvelles ont été apportées par une dépêche qu'un médecin, dont on ne pouvait dire le nom, avait réussi à faire entrer à Strasbourg! Au bout d'une heure, des milliers de gens se racontaient l'histoire de la dépêche; au bout de deux heures on en rencontrait des centaines qui affirmaient l'avoir lue..... Ces récits glorieux étaient colportés le jour de Sedan!..... En même temps on annonçait que Paris avait proclamé la République et que Trochu et Jules Favre étaient au pouvoir. La nouvelle de la proclamation de la République était vraie deux jours plus tard.

Le 3 septembre. Le général de Werder fait adresser au général Uhrich la lettre suivante :

Au général Uhrich.

« Mundolsheim, le 3 septembre 1870.

« Son Excellence le Lieutenant-Général de Werder me charge de répondre à votre honorée lettre d'hier, que nous regrettons vivement que des soldats allemands aient tiré sur des troupes d'ambulance.

« Nous avons ici plusieurs rapports disant qu'on a dû commettre la même erreur dans la forteresse, plusieurs de nos soldats d'ambulance ayant été blessés dans l'exercice de leurs fonctions.

« Pour aller néanmoins au devant de votre demande, le Général a ordonné de faire cesser le feu sur toute la ligne de 10 à 11 heures.

« Des soldats d'ambulance exploreront pendant cette heure de répit le terrain qui est en avant des ouvrages fortifiés.

« Le chef de l'état-major,
« DE LECZINSKY, lieutenant-colonel. »

On a vu, par la correspondance échangée les jours précédents entre les deux commandants, que le général de Werder avait envoyé au général Uhrich des sauf-conduits et des lettres au nom d'un certain nombre d'habitants de la place. Ces sauf-conduits avaient été délivrés sur la prière de personnes notables, de pasteurs surtout, des villages occupés par les troupes allemandes. Des vieillards, des femmes et des enfants purent quitter ainsi, le 3 septembre, la ville assiégée et bombardée ; mais avec eux on vit partir aussi quelques hommes valides, que leurs fonctions et leur situation auraient dû attacher au sol de la cité et qui n'hésitèrent pas à se mettre à l'abri du danger que leurs concitoyens affrontaient avec abnégation et courage.

Vers le soir, le général de Werder envoya encore la lettre suivante :

Le général de Werder au général Uhrich.

« Mundolsheim, le 3 septembre 1870.

« J'ai l'honneur de vous communiquer les dépêches suivantes de Sa Majesté le Roi, mon gracieux souverain, à Sa Majesté la Reine :

« 1° Sur le champ de bataille de Sedan, le 1er septembre, à 3 heures et quart de l'après-midi — Depuis 7 heures et demie, bataille victorieuse autour de Sedan ;

la garde, 4°, 5°, 11°, 12° corps d'armée et les Bavarois. L'ennemi presque entièrement rejeté dans la ville.

« 2° Malancourt, le 2 septembre, à 11 heures 20 minutes du matin — Depuis le matin du 31 août jusqu'au 1er septembre, à midi, le maréchal Bazaine a presque continuellement essayé de sortir de Metz, vers le nord, avec plusieurs corps d'armée. Sous le commandement supérieur du prince Frédéric-Charles, le général de Manteuffel a repoussé toutes ces sorties, que nous nommons la bataille de Noisseville. L'ennemi rejeté dans la forteresse. Ont pris part aux combats les 1er et 9e corps d'armée, la division Kummer (ligne et landwehr) et la 28° brigade d'infanterie. Les principaux engagements ont eu lieu autour de Servigny et de Retonfait.

« Des attaques nocturnes ont été repoussées à coups de crosses et de baïonnettes par les troupes de la Prusse orientale. Nos pertes, qui ne sont relativement pas grandes, ne peuvent pas encore être évaluées. Celles de l'ennemi très importantes.

« 3° Devant Sedan, le 2 septembre, à 1 heure et demie de l'après-midi : La capitulation, par laquelle toute l'armée est prisonnière de guerre à Sedan, vient d'être décidée avec le général Wimpffen, qui avait le commandement à la place du maréchal Mac-Mahon, blessé. L'empereur ne s'est rendu qu'à moi, parce qu'il n'a pas le commandement et qu'il abandonne tout à la régence à Paris. Je déterminerai son lieu de séjour, après lui avoir parlé dans un rendez-vous qui aura lieu à l'instant. »

« J'ai l'honneur de vous prier en même temps de me faire savoir, si vous voulez consentir à un échange de l'officier et des soldats blessés, tombés entre vos mains pendant le combat d'hier matin, contre un officier non blessé et un nombre égal de soldats non blessés qui sont entre mes mains.

« Mais cet échange de prisonniers ne pourrait avoir lieu que s'il était constaté par un médecin que le transport de l'officier, le lieutenant Versen, et des autres soldats blessés ne porterait aucun préjudice à leur santé.

« Le général commandant le corps de siège,
« DE WERDER. »

La COMMISSION MUNICIPALE tient une séance au cours de laquelle M. Humann, maire, donne lecture d'une lettre par laquelle l'Intendant militaire demande que la ville mette à sa disposition la salle des actes de l'Académie pour y emmagasiner les approvisionnements en blé de la troupe, et il fait connaître les motifs pour lesquels il n'a pas cru devoir accueillir cette demande.

« En effet, dit le maire, ce bâtiment renferme une bibliothèque qui n'est pas sans valeur, ainsi que notre riche musée d'histoire naturelle ; il importe dès lors d'en écarter tous les dangers d'incendie. Or, on sait combien l'ennemi est instruit de ce qui se passe en ville, et il suffirait qu'il apprît que l'Académie renferme des approvisionnements pour qu'il y dirigeât ses feux. Ce motif a déjà décidé l'administration à ne pas tirer parti de cet immeuble pour y déposer ses propres approvisionnements. »

Le maire donne lecture d'une lettre de M. Belley, maître-tailleur, nommé membre de la Commission municipale, et qui refuse de faire partie de cette assemblée, parce qu'il n'entre pas dans ses vues « d'accepter aucune fonction officielle ». Il continuera, du reste, dit-il, à consacrer tout son temps aux œuvres de bienfaisance, aux ambulances, aux restaurants, etc.

M. le maire donne ensuite communication d'une dépêche qu'il vient de recevoir de M. le préfet au sujet des nouvelles du théâtre de la guerre.

Cette dépêche est ainsi conçue :

« Monsieur le Maire,

« Diverses dépêches télégraphiques et autres ont été colportées dans la ville depuis trois jours. Ces dépêches annoncent d'éclatants succès pour nos armées.

« Je suis bien loin de mettre en doute la véracité de ces nouvelles ; mais comme ni M. le général commandant supérieur, ni moi, n'en pouvons garantir l'authenticité officielle, je me suis abstenu de vous les communiquer.

« Veuillez croire, une fois de plus, que si nous avions reçu des documents certains, nous n'aurions eu garde de les tenir secrets, quelle qu'en dût être la nature ou la portée.

« Je vous serais donc reconnaissant d'affirmer que nos renseignements indirects et extra-officiels sont tous très-favorables, mais que nous ne pouvons publier rien de positif, faute de communications gouvernementales à cet effet.

« Recevez, Monsieur le maire, l'assurance de ma considération très distinguée.
« A. Pron. »

Le bombardement des ouvrages de défense continue sans relâche, et le faubourg de Pierres, qui est le plus directement exposé, est devenu à peu près inhabitable. Et pourtant le service de surveillance qu'un certain nombre de citoyens y ont organisé fonctionne en dépit des bombes et des obus. Grâce à ces hommes courageux, quelques maisons sont restées debout sur le côté gauche du faubourg.

Pour venir en aide aux familles plus ou moins aisées, n'ayant plus d'abri pour faire leur cuisine, et se trouvant momentanément sans grandes ressources pécuniaires, un comité, à la tête duquel se trouve M. Molck, pharmacien, organise à l'estaminet de l'Ours-Blanc, place Kléber, un restaurant économique, où tous les jours, à 1 heure de l'après-midi, on met à la disposition du public, au prix de 50 centimes, un repas composé de soupe, légume, pain et vin et — si possible —

Une partie du faubourg de Pierres.

de viande. Cette cuisine économique a rendu de grands services, et bientôt une série d'établissements analogues ont été ouverts sur différents points de la ville, de sorte que, grâce à cette organisation, personne n'a souffert de la faim durant les longues semaines du siège.

Nous avons dit, dans un précédent chapitre, que de toutes les curiosités et de tous les trésors entassés dans la Bibliothèque de la ville, rien n'avait subsisté que le fourreau du sabre de Kléber. C'est le 3 septembre, en opérant, sous la direction de M. Saum, bibliothécaire, le déblaiement des décombres, qu'on a retrouvé cette relique, en même temps que quelques médailles de peu de valeur.

Le soir, à la tombée de la nuit, un formidable orage éclate sur la ville et les environs. Pendant une heure le grondement du tonnerre se mêle à la voix des canons et les éclairs se confondent avec la lueur des pièces. Cet épouvantable tapage au ciel et sur la terre, ces décharges simultanées de la poudre et de l'électricité produisent un effet d'une grandiose horreur.

Le 4 septembre. Le bombardement est d'une intensité extraordinaire. Les quartiers du centre de la ville sont, de nouveau, beaucoup plus cruellement atteints, et la place Broglie, la rue des Juifs et la place de la Cathédrale sont couvertes de projectiles. La Cathédrale elle-même est cruellement mutilée; deux obus atteignent la couronne et, en éclatant, lancent des débris à des distances incroyables.

Quant à la Citadelle, les assiégeants continuent à la bombarder à outrance. Une bombe s'abat dans la cuisine de la prison militaire, y tue deux hommes et brise une marmite remplie d'eau bouillante, qui, en se répandant, brûle gravement un troisième soldat. En sortant du Conseil de guerre, le greffier Prudent, officier d'administration, est blessé par un éclat d'obus; on l'installe dans une voiture pour le transporter à l'hôpital, et pendant le trajet, un boulet le tue net. Un sous-officier d'artillerie de la garde mobile, Jules Kolb, est frappé à mort en traversant l'Esplanade..... C'était un courageux et brave jeune homme, qui, en 1869, avait sauvé son père et sa mère, menacés de périr dans un incendie, à Strasbourg. Des officiers, des sous-officiers, des membres de la société de gymnastique la *Fraternelle*, dont il avait été le président, lui ont rendu les derniers honneurs, et M. de Bécourt, fourrier dans l'artillerie de la garde mobile, a prononcé sur sa tombe l'allocution suivante:

« Messieurs, chers camarades,

« Le culte du souvenir est un grand soulagement à l'affliction de ceux qui survivent. Permettez-moi d'être l'interprète de vos sentiments aujourd'hui. L'émotion que nous éprouvons tous auprès de cette tombe à peine fermée est profonde. Celui que nous voyons ici, c'est Kolb, notre camarade, un enfant de Strasbourg, qui, avant-hier encore, était parmi nous. Le voilà enlevé à l'affection de ses parents, de ses amis.

« Nous avions apprécié son heureux caractère, ses précieuses qualités; nous espérions le conserver au milieu de nous longtemps encore; mais puisque le doigt de Dieu en a décidé autrement, nous ne pouvons, hélas! qu'exprimer les regrets et l'estime que laisse après lui notre camarade.

« Des vides se font dans nos rangs; chaque jour voit une nouvelle victime;

BOMBARDEMENT DE LA CITADELLE — ASPECT DE L'ÉGLISE

ne perdons pas courage pour cela. Serrons, serrons nos rangs, et faisons notre devoir à la face de notre pays.

« Et si nous sommes frappés, on dira de nous ce que l'on dit de Kolb : « Il est mort en faisant son devoir ! »

« Adieu Kolb, adieu ! »

Le corps de l'artillerie éprouve une nouvelle perte. Le lieutenant Nicolas, du

Les ruines de la Citadelle.

16° d'artillerie-pontonniers, qui a été frappé, le 2 septembre, en pleine poitrine, est mort des suites de sa blessure, et voici l'hommage funèbre que lui a rendu son capitaine au bord de la fosse où le défunt a été provisoirement enterré, le 4 septembre :

« Messieurs,

« Il y a deux jours, une triste cérémonie nous réunissait autour de la tombe de notre si bon et si regretté colonel Fiévet. Aujourd'hui une cérémonie, non moins triste, non moins pénible, nous réunit de nouveau pour rendre les derniers honneurs à un autre frère d'armes, au lieutenant Nicolas. Cet excellent camarade, victime de son trop grand courage, a été frappé mortellement par un éclat d'obus au moment même où, au milieu d'une épouvantable canonnade, il allait, pour la troisième fois, pointer lui-même sur l'ennemi une des pièces de l'ouvrage avancé où il se trouvait de service.

« Messieurs, le corps de l'artillerie vient de faire une perte irréparable ; car il est rare de trouver réunies en une seule personne toutes les qualités militaires et autres que le lieutenant Nicolas possédait à un si haut degré et que chacun de nous se plaisait à lui reconnaître. Mais si la perte est grande et douloureuse, il nous reste une consolation qui en sera également une pour sa famille absente : c'est de savoir que notre ami, que leur enfant, après avoir vécu en brave, est mort de même, sur le champ d'honneur, pour la défense de la patrie.

« Adieu Nicolas, adieu ! »

C'est ici le lieu, pensons-nous, de parler de ce régiment de pontonniers qui, dans l'histoire militaire de la France ainsi que dans celle de Strasbourg, compte tant de pages glorieuses, et dans les rangs duquel tant d'enfants de notre ville ont payé la dette du sang à la patrie.

Avant les grandes guerres de la Révolution, le service des ponts était fait par des bateliers du Rhin, parmi lesquels figuraient de nombreux Strasbourgeois, recrutés au hasard et qui d'habitude se livraient aux métiers les plus aventureux. Réorganisés ou, plutôt, organisés régulièrement en mai 1795 et placés sous la direction énergique du général Eblé, ils fonctionnent en septembre de la même année pour forcer le passage du Rhin à Urdingen, Dusseldorf et Neuwied, ouvrant à l'offensive de Jourdan la rive droite du fleuve. C'est à Neuwied que le pontonnier Mourgue se jette à la nage et malgré la rapidité du courant, arrive au pont volant le plus exposé et l'amarre, empêchant ainsi qu'il ne soit pris par l'ennemi. Deux fois encore il répète cette opération et reçoit le don patriotique de 2500 fr. promis au soldat de l'armée de Sambre-et-Meuse qui accomplirait la plus belle action d'éclat. Mourgue touche cette récompense des mains mêmes de Jourdan et celui-ci, pour l'honorer davantage, le fait placer à sa droite lorsque l'armée défile devant lui.

Les pontonniers prennent part aux sièges de Saint-Jean-d'Acre, de Jaffa et d'Aboukir; en Suisse, avec Masséna, ils traversent la Limatt sous le feu des Russes et leur audace contribue à la victoire de Zurich; on les voit, en 1809, se distinguer dans les campagnes de Prusse, de Pologne, de Silésie et d'Autriche.

Wagram ! L'armée vient de subir l'échec partiel de l'île Lobau. L'empereur, hors de lui, ordonne aux pontonniers d'arriver coûte que coûte à jeter instantanément un pont sur le Danube. On vit alors un fait unique dans l'histoire! Dans un petit bras du fleuve éloigné du point de passage futur, on forma contre le rivage un pont d'une seule pièce, de 162 mètres de longueur, dont toutes les parties étaient reliées entre elles par des cordages formant articulation. Voici ce qu'il s'agissait de faire. Descendre, en maintenant cet immense serpent, le long de la berge jusqu'à ce que la tête en fût arrivée au point de passage. Là, fixer cette tête et faire tourner le tout autour de ce point fixe, malgré l'effroyable courant, l'autre extrémité allant justement se jeter à l'autre rive, puisque la largeur du fleuve était précisément de 162 mètres.

Sur la rive droite, le capitaine Heckmann attendait des ordres pour faire descendre le pont: « Combien de temps vous faut-il pour jeter le pont? » lui demanda nerveusement l'empereur.

« Un quart d'heure, sire », répondit-il.

« Je vous donne cinq minutes. Berthier! votre montre! » dit-il en se tournant vers son chef d'état-major.

Le capitaine Heckmann donna le signal de la conversion et arma son pistolet, prêt à se faire sauter la cervelle... La manœuvre n'exigea que quatre minutes!

La Bérésina! Oh! que de gloire pour les pontonniers! A 8 heures du matin, le 26 novembre 1812, Napoléon donne l'ordre de jeter les ponts. A 1 heure de l'après-midi, un des ponts était achevé. L'eau gelait et il se formait autour des épaules des pontonniers, de leurs bras, de leurs jambes, des glaçons qui s'attachaient aux chairs, causant les plus vives douleurs. Ils souffraient sans se plaindre, sans même paraître affectés, tant leur ardeur était grande. A 8 heures du soir, le pont se rompt. Il fallut briser la glace à coup de hache, se plonger dans l'eau et replacer les chevalets après les avoir consolidés. A 2 heures du matin, le pont se rompit encore; on entendait distinctement le canon des Russes sur les derrières de l'armée. Le général Lauriston serrait, en pleurant, les mains du général Eblé et lui disait: « De grâce, hâtez-vous, car ce retard nous menace des plus grands dangers! » et le vieil Eblé lui répondait avec douceur: « Vous voyez ce que nous faisons..... » et retournait encourager ses braves. A l'exception d'un très petit nombre, tous les pontonniers moururent. Entre ces martyrs du devoir, un seul nom est resté dans l'histoire, celui du général Eblé, mort aussi un mois après[1].

Plus tard nous les voyons en Espagne, en Algérie, à Rome, en Crimée, en

---

[1] Le journal *La République française*, septembre 1894.

Italie, en Chine[1], au Mexique et après 1870, au Tonkin, au Dahomey, à Madagascar (où ils figurent non plus comme pontonniers, mais comme troupes du génie). En 1870, ils font héroïquement leur devoir à Metz, à Paris, à Orléans, à Besançon et à Strasbourg où ils sont assimilés à l'artillerie proprement dite pour le service des remparts, et où une centaine d'entre eux tombent en défendant le poste avancé de la France.

Le 16ᵉ régiment d'artillerie pontonniers jouissait à Strasbourg d'une popularité qui se traduisait chaque jour par des manifestations de la plus vive sympathie. C'est dans ce régiment que les conscrits strasbourgeois entraient de préférence; c'est lui qui avait les cortèges les plus nombreux quand il traversait la ville pour aller aux manœuvres ou en promenade militaire; c'est sa musique, avec son excellent chef Tillé, qui avait le plus de succès à Strasbourg, non seulement parce qu'elle était l'une des meilleures de l'armée française, mais aussi parce que c'était la musique des pontonniers; c'est elle dont on sollicitait surtout le concours pour les fêtes de charité ou autres solennités locales..... Et quand les pontonniers allaient, à titre d'exercice, jeter un pont de bateaux sur le Rhin, entre la rive française et la rive badoise, tout près de Kehl (un pont que les officiers de la garnison de Strasbourg traversaient pour passer devant le front de la garnison de Kehl et serrer la main au commandant Weiler) des milliers de spectateurs allaient se masser sur le bord du fleuve pour assister à l'intéressant et pittoresque spectacle. Et nous avons vu, au début de cet ouvrage, les enthousiastes démonstrations auxquelles la population s'est livrée en juillet 1870, lorsqu'une partie du régiment a traversé la ville pour se rendre à la gare et entrer en campagne.

Quel a été le rôle des pontonniers pendant le siège de Strasbourg? C'est encore au travail de M. Alphonse Maire *Les pontonniers au siège de Strasbourg en 1870* — un petit volume écrit avec une généreuse ardeur et un grand talent descriptif[2], que nous nous adresserons surtout pour répondre à cette question.

« Dès le 15 juillet, l'ordre de replier le pont de Kehl était arrivé au quartier général de Strasbourg. Le lendemain, le régiment, en tenue de travail, quitte la caserne à 4 heures du matin..... Le colonel Fiévet commande en personne cette

---

[1] A son retour de Chine, la 12ᵉ compagnie, commandée par le capitaine Ploton, avec le lieutenant Fichaux, emmena un jeune Chinois du nom de Suinsa Lahi-too, qui fut adopté par le régiment, dont il devint l'enfant gâté. A Strasbourg, il fut baptisé et eût pour parrain le capitaine Ploton et pour marraine Mᵐᵉ de Berckheim, femme du colonel du régiment. Suin Louis, ainsi que fut traduit son nom, fréquenta le lycée de Strasbourg, fut emmené prisonnier à Coblentz, s'engagea à Avignon après la guerre et devint, plus tard, adjudant au 2ᵉ régiment à Angers, où il ne tarda pas à être médaillé. Il mourut, retraité, il y a quelques années.

[2] Nous l'avons déjà cité à la page 94. Paris, librairie militaire de L. Baudoin et Cⁱᵉ, 30, rue et passage Dauphine.

Les pontonniers en manœuvre jettent un pont de bateaux sur le Rhin, près de Strasbourg.

opération à laquelle assiste tout l'état-major du corps : le lieutenant-colonel de Rollepot, les commandants Carré, Simon, Hurstel, d'Huart, Bergère et Cournet de Boblaye ; le médecin-major Martin et son aide-major Cortis, le vétérinaire Caillet. Les capitaines Epp, Nussbaum, Pepin, Griset, Mortet, Deschamps, Denis-Laroque, Chaulet d'Outremont, Brouet, Desnos, Serraz, Patillon, Flye Sainte-Marie, marchent avec leurs compagnies, de concert avec les lieutenants Reibel, Noblet, Arnold, Klein, Gauthier, Brice, Banceron, Bedel, Delfosse et Nicolas. Parmi les sous-officiers les plus connus on remarque les adjudants Arnould, Cognier, Laseube, Colin, Donard, Méeus, Lespérance, Zimmermann, Butz, Marnet, Chevalier, et les chefs Eberlin, Salomon, Seibert qui vient de remplacer le chef Teufel, nouvellement promu sous-lieutenant, Fassel, Gaudelette, Klein, Prost, Fornès, Dieckmann, Schall, Boulay, Muraire..... Enfin les maréchaux-des-logis Gouget, Kræmer, Boisson, Gloire, Lapp, Angst, Burlet, Leroy, Taillefer, Deleau, Toulouse, Wolf, Artaud, Pelletier, Kubler, Chamand, Grange, et le jeune brigadier Baffrey [1]..... Derrière le régiment, assise dans une prolonge du train, la mère Vogelé, cantinière, dispose ses tonneaux de bière et ses bouteilles de liqueur qui encombrent le lourd véhicule.

« Sur les glacis, le maréchal-des-logis Chaissé, son brigadier Barisel et leurs trompettes entament les fanfares du régiment. Et quand vibre le vieux refrain : *« Oui, j'attends, j'attends, j'attends, celle que j'aime.....* » toutes les lèvres fredonnent en chœur cet air que l'écho répercute dans le silence matinal des bois voisins.....

« Bientôt on arrive au pont où le régiment est promptement réparti en sections ; et la démolition commence au vingt-deuxième bateau qui marque la limite du côté français. Garde-fous, guindages, crampons, cordages, tout est successivement scié, dénoué, arraché, tiré, ficelé [2]..... »

Quelques pages plus loin [3] M. Maire nous décrit avec une vibrante éloquence les obsèques du colonel Fiévet, dont nous avons parlé sous la date du 2 septembre, et nous n'hésitons pas à lui emprunter quelques passages de cette description, quoique nous dérogions ainsi à la règle que nous avons adoptée, de raconter les événements au jour le jour :

« Tout l'état-major de la place et des différentes armes suit le cercueil. Le

---

[1] Alph. Maire, *Les Pontonniers au siège de Strasbourg*, p. 11 et s.
[2] *Ibidem*, p. 36.
[3] Son père, M. Baffrey, négociant, fut blessé en même temps que le Suisse de la cathédrale, pendant qu'il dirigeait le sauvetage des personnes qui s'y étaient réfugiées au moment où elle fut incendiée.

général Uhrich conduit le deuil en personne. Nous le voyons encore avec sa large face pleine d'énergie et de résolution, le sourcil froncé, la barbiche grise, petit de taille, carré, portant la plaque de grand commandement. Derrière lui, à côté du préfet et du maire Humann, arrivent le général Barral, le colonel Ducasse, commandant de place ; l'amiral Excelmans ayant à ses côtés son chef d'état-major, le capitaine de vaisseau Dupetit-Thouars qui domine tout le monde de la hauteur de sa tête ; le colonel du génie Sabatier, directeur des fortifications, affecté d'une légère claudication et qui s'appuie sur une canne ; le lieutenant-colonel Maritz, chef du génie ; le colonel Petitpied du 20e d'artillerie ; les officiers supérieurs et subalternes des pontonniers : d'Huart, Simon, Bergère, Cournet de Boblaye, Serraz, Desnos, Denis.

« Le cortège défile lentement le long de la façade du Petit-Séminaire, traverse le pont Saint-Guillaume constamment balayé par les projectiles allemands. A chaque pas les chevaux du corbillard se cabrent au bruit des explosions, à la vibration des éclats d'obus qui sillonnent l'air et vont tordre les bordures de fer des garde-fous. On eût dit que les Prussiens connaissaient le lieu et l'heure de la cérémonie. On arrive ainsi au Jardin botanique dont les serres sont brisées, les larges carrés bouleversés, les plantes foulées aux pieds.....

« De larges tranchées sont toujours prêtes à recevoir les nombreuses victimes. Plusieurs voitures d'ambulance stationnent là. On en retire une dizaine de cercueils dont les uns, incomplètement fermés, laissent passer un pan de tunique ou une loque rouge. Un prêtre ou un pasteur récite, à la hâte, quelques prières et le fourgon noir, surmonté de la bannière de Genève, roule en cahotant sur le pavé pour recommencer sa lugubre besogne.

« Les troupes se rangent en bataille autour d'une fosse que vient de désigner le gardien du cimetière. On descend la bière, tandis qu'un officier commande : « Portez..... armes ! Présentez..... armes ! » et que le drapeau se place d'un côté de la tombe ouverte, penché vers la dépouille du colonel.

« Le général Barral s'avance alors lentement sur un bourrelet de terrain, tenant à la main son képi à six rangs de galons, sans broderies. D'une voix émue et pénétrante, il retrace la vie du colonel Fiévet..... A ce moment les trompettes sonnent aux champs, l'adjudant Chevalier incline, sur la tombe encore béante, le drapeau du régiment dont les plis ont comme des frissons de pleurs. Et tandis que, sur les remparts, le canon tonne et rugit, que les obus sifflent au-dessus de nos têtes, abattant des arbres, éventrant nos demeures, écrasant les habitants inoffensifs, tandis que des sanglots convulsifs agitent plusieurs de ces rudes combattants, on peut lire au travers des ondulations de l'étoffe et des scintillements des franges de l'étendard, cette longue série de noms épiques se détachant sur le fond tricolore en gros caractères d'or resplendissants de victoire, de conquête, de triomphe, de gloire, d'héroïsme : « Arcole, Rivoli, Austerlitz, Iéna, Friedland, Essling, Wagram, La Bérézina, Sébastopol, l'Alma, le Pô, le Mincio, l'Adige, Solférino, Pékin, Mexico, Puebla! »…..

Huit compagnies du régiment des pontonniers étaient restées dans la place : les 1re, 3e, 6e, 9e, 13e, 14e, 15e ou dépôt et la compagnie hors rang….. Les ouvrages qui furent principalement défendus par les pontonniers sont les bastions 7, 8 et 9, situés au-dessus de la porte Nationale et la Courtine qui reliait celle-ci à la porte de Saverne. En avant, sur la droite de la route conduisant à la Montagne-Verte, s'élevait la lunette 37 connue sous le nom de Pâté ; enfin, perdue à plus de 300 mètres des avancés, se trouvait la lunette 44 masquant le tunnel par où la voie ferrée pénétrait dans les remparts de la place. Le service de ces ouvrages fut assuré par les 1re et 9e compagnies. Au-dessus de la porte de Pierres étaient les bastions 11 et 12 couvrant les fameuses lunettes 52 et 53, desservies par les 3e, 13e et 14e compagnies….. C'est ce front que l'ennemi a choisi pour l'attaque. C'est dans les faces des bastions 11 et 12 que les artilleurs allemands ouvriront la brèche d'assaut….. Depuis la porte des Juifs jusqu'à la citadelle s'étendait une série d'ouvrages que défendait la 6e compagnie. Parmi ceux-ci se trouvait la demi-lune 63 couvrant le barrage principal sur lequel les Allemands tirèrent avec acharnement pendant tout le siège, mais sans réussir à le détruire[1]…..

« Vers la fin du mois d'août, le moulin militaire des Huit-Tournants, situé au pied du rempart, près de la porte Nationale, devient la proie des flammes. Soudain, on entend des cris désespérés : « Au feu ! Au feu ! La poudrière brûle !…… » Le magasin à poudre des bastions 7 et 8, touchant le moulin venait d'être gagné par l'incendie.

« Alors se déroule un drame émouvant. Aux cris poussés par le factionnaire, tous les hommes disponibles accourent. Mais les projectiles arrivent drus comme grêle sur le toit de la poudrière. A l'horreur du feu s'ajoute l'horreur de la tuerie, car à chaque instant un homme tombe mort ou blessé. Déjà les flammes courent en serpentant le long des murs du bâtiment dont elles lèchent les énormes pierres de taille qui semblent frémir sous leurs caresses torrides. Les solides portes en tôle doublée se replient sur elles-mêmes en grinçant sur leurs gonds ; les barreaux

---

[1] Alph. Maire, *Les Pontonniers au siège de Strasbourg*, p. 42 et s.

de fer des croisées se tordent en arrachant le mortier qui les retient et qui s'effrite. C'est avec peine que l'on peut approcher.

« Le lieutenant Arnold, le maréchal-des-logis Burlet, les pontonniers Thomas, Nickel, Auguste Maire, Lavanant et tous leurs camarades sont sur les lieux. On fait la chaîne. On inonde d'eau et de sable le brasier incandescent. Une lutte opiniâtre, terrible, grandiose, s'engage entre les éléments et les hommes..... Là nos pontonniers sont superbes. Suffoqués par une fumée intense, roussis par le feu, ruisselants de sueur, inondés d'eau, ils renversent, frappent, coupent, scient, hachent, piétinent, arrachent, écrasent, détruisent tout ce qui pourrait alimenter ce redoutable foyer! Par intervalles, on entend des craquements horribles, les souffles puissants de la poudre qui fait long feu et l'on peut croire à l'explosion finale, à l'extermination générale. Tous ces hommes savent — on le leur a dit — que d'une seconde à l'autre ils peuvent sauter, être réduits en atomes, mais pas un d'eux ne bronche d'une semelle. Ils sont au devoir, au sacrifice. Ils y restent..... Après plusieurs heures d'un travail herculéen, la poudrière est protégée.....

« Maintenant les pontonniers sont là-haut, dans le bastion 7. Le capitaine Serraz va d'une pièce à l'autre, en s'écriant de sa bonne grosse voix : « Hardi, les enfants ! Feu à volonté !..... En action..... » Et tandis que nos hommes répondent, coup pour coup, aux artilleurs allemands, l'obusier du saillant et les mortiers de la courtine grondent furieusement en bondissant d'aise ! [1] »

Dans ses *Pontonniers au siège de Strasbourg*, M. Alph. Maire nous parle ensuite du chef d'escadron d'Huart, du « petit capitaine Kessler », de la 3ᵉ, du « grand Desnos », capitaine de la 13ᵉ, du « grand Plarr », capitaine en second de la 3ᵉ (qui, venant de Lyon, n'est arrivé à Strasbourg que le 30 juillet), du lieutenant Roswag (aujourd'hui colonel-directeur de l'artillerie du gouvernement militaire à Lyon), du lieutenant Bourgeois, du capitaine Epp, du capitaine Denis, qui, au milieu des obus qui pleuvaient autour de lui, scandait ces mots, « avec un sentiment de bien-être indéfinissable » : « Ton....ner....re.... de.... Dieu ! Voilà.... qui.... me rappelle.... ma vieille.... Crimée ! »..... Et il nous cite les noms du capitaine Joly, du 18ᵉ de ligne, de l'adjudant Chevalier, de l'adjudant Marnet, du chef armurier Maire, actuellement en retraite à Avignon (un des hommes les plus aimés du régiment), de l'adjudant Merle, du capitaine Gaillard, des sous-chefs de musique Schultz [2] et Griset, des vieux musiciens Decamps, Caron, Fimbel, du grand trombone Primot, du petit flûtiste Bertheux, du lieutenant Brice, des maréchaux-des-

---

[1] Alph. Maire, *Les Pontonniers au siège de Strasbourg*, p. 56 et s.
[2] Aujourd'hui directeur du Conservatoire au Mans.

logis Hopp et Poncet, qui tous ont accompli leur devoir sur les remparts, y laissant les uns leur vie, les autres un bout de membre, tous faisant héroïquement et simplement face au danger..... Nous les rencontrerons encore au cours de ces pages. Après le colonel Fiévet et le lieutenant Nicolas, d'autres officiers tombent au champ d'honneur. Plusieurs sous-officiers périssent aussi, et une seule compagnie, la 1re, perd quatre-vingts hommes en quinze jours!....

Voici, du reste, la liste des officiers et sous-officiers de pontonniers tués, telle que nous avons pu la dresser d'après les documents épars et incomplets que nous avions à notre disposition :

Morts : le colonel Jacques-Augustin-Constant-François Fiévet; le lieutenant Edmond-Marie-Joseph Nicolas ; le capitaine Constant-Alfred Epp ; le chef d'escadron Philippe-Hercule-Charles d'Huart; les sous-officiers Taillefer, Angst, Lapp et Burlet. Blessés : le chef d'escadron Simon; le capitaine Plarr ; le capitaine Serraz; le lieutenant Roswag (promu capitaine pendant le siège); le lieutenant Delfosse. Les noms des sous-officiers blessés n'ont figuré dans aucune publication. Ils se confondent avec ceux des simples soldats, héros obscurs dont les actions d'éclat ne sont perpétuées le plus souvent que dans les souvenirs des familles.

Nous ne clorons pas ces pages sans citer les principales récompenses décernées aux officiers et sous-officiers de pontonniers pour actions d'éclat pendant le siège :

Les capitaines Desnos et Kessler furent promus officiers de la Légion d'honneur; la croix de chevalier fut décernée à l'adjudant Marnet, aux maréchaux-des-logis Poucet et Pelletier. Une dizaine de soldats reçurent la médaille militaire.

Aujourd'hui les pontonniers ne sont plus qu'un souvenir dans l'armée française. Reformé à Lyon, après la guerre de 1870, le 16e régiment d'artillerie-pontonniers fut envoyé, le 30 août 1870, à Avignon, qui devint pour ce corps un autre Strasbourg. Dédoublé en 1878, il forma deux régiments, le 1er qui resta à Avignon, et le 2e qui eût pour garnison Angers. En 1880, lors de la distribution des drapeaux, chacun d'eux reçut un nouvel étendard, sur lequel étaient inscrites les journées glorieuses des soldats du général Eblé..... En 1894, une loi vint décider que les pontonniers étaient rayés de l'Annuaire et qu'ils seraient remplacés par les 6e et 7e régiments du génie en voie de formation. Le 2 octobre de cette même année, leurs drapeaux étaient remis solennellement au général commandant l'hôtel des Invalides.....

Le grand portail de l'hôtel avait été pavoisé et dans la cour d'honneur les invalides, sabre au côté, lance à la flamme tricolore à la main, avaient été groupés sous les ordres de leur capitaine. La musique de l'École d'artillerie de Vincennes, des délégations des régiments d'artillerie et du génie du gouvernement de Paris, ainsi que des officiers de toutes armes, assistaient à la cérémonie. Les généraux Ladvocat, Paucelier, Deloye, directeur de l'artillerie au ministère de la guerre, et Delambre, directeur du génie, accompagnaient le ministre.

Les étendards des 11ᵉ, 12ᵉ, 13ᵉ et 22ᵉ d'artillerie, ainsi que les drapeaux du 1ᵉʳ et du 5ᵉ génie, avec leur escorte réglementaire, avaient été commandés pour saluer une dernière fois les étendards qu'on allait déposer au musée d'artillerie. Ceux-ci, tenus par les adjudants Rouge[1] et Machard, portaient inscrits sur l'étoffe :

PASSAGE DU RHIN

PASSAGE DE L'ADIGE

PASSAGE DU DANUBE

PASSAGE DE LA BÉRÉSINA

En outre, l'étendard du 1ᵉʳ régiment avait cette inscription supplémentaire :

EXTRÊME ORIENT

Le colonel Moriau, du 1ᵉʳ régiment de pontonniers, le lieutenant-colonel de Taffard de Saint-Germain, commandant le 2ᵉ, ainsi que les chefs d'escadron Waldeck, Pinet, Noblet et le capitaine Seibert représentaient leurs régiments à la cérémonie.

Pendant que les tambours battaient aux champs et que la musique jouait la *Marseillaise*, le général Mercier, ministre de la guerre, s'est avancé vers le centre de la cour, où les étendards se trouvaient placés. Il a passé tout d'abord la revue des invalides, puis il est allé saluer les drapeaux, qui se sont inclinés devant le chef de l'armée.

A ce moment, la musique d'artillerie a joué « Au drapeau », les tambours ont battu aux champs, les invalides ont présenté les armes et le général Mercier a prononcé une allocution dans laquelle il a dit au gouverneur des Invalides que les drapeaux qu'il lui remettait resteront au musée d'artillerie pour perpétuer la mémoire de l'existence presque séculaire des corps de l'artillerie-pontonniers et pour dire combien glorieuse fut leur histoire.

Après avoir rappelé leurs actes d'héroïsme à Dietikon, à Wagram, à la Bérésina, en Algérie, en Chine, au Mexique, au Tonkin, le ministre de la guerre dit que « rentrés dans le service général de leur arme, ils continueront à déployer sur

---

[1] L'adjudant Rouge (Charles), qui sera chevalier de la Légion d'honneur le 14 juillet 1896, est un ancien enfant de troupe du régiment. Il est né à Strasbourg et a fait toute sa carrière aux pontonniers. Pendant le siège il était brigadier et fut nommé maréchal-des-logis pour sa belle conduite lors de la défense de la lunette 53.

un autre terrain les admirables qualités que ce rapide historique vient de mettre en relief et les occasions de le faire ne leur manqueront pas. Leur héritage professionnel sera pieusement recueilli par l'arme chargée désormais d'assurer un service dans lequel les artilleurs-pontonniers n'ont jamais connu de défaillance. Elle conservera fidèlement leurs traditions de discipline et d'abnégation. Elle saura maintenir le renom des vaillants devanciers qui partout et toujours ont bien mérité de la patrie et ont porté haut et si fièrement les nobles emblèmes que nous saluons ici d'un dernier et respectueux adieu. »

Après l'allocution du général Mercier, le général Arnoux, gouverneur des Invalides, s'est avancé et le ministre de la guerre a fait la remise des étendards. Ceux-ci, portés par deux invalides, ont été déposés au musée, pendant que, de nouveau, les tambours battaient et que la musique d'artillerie jouait « Au drapeau ».....

Avant d'être expédié à Paris, le drapeau du 1er régiment d'artillerie-pontonniers avait été salué, à la gare d'Avignon, par les Alsaciens-Lorrains habitant cette ville, et M. Alph. Maire, l'ancien « enfant de troupe » que nous avons déjà plusieurs fois présenté au lecteur, prononçait à cette occasion une allocution où il célébrait, en termes éloquents, les braves dont cet étendard rappelait la fidélité et les sacrifices.

Un petit incident au sein de la garde nationale..... Nous en trouvons la relation dans le *Courrier du Bas-Rhin* du 4 septembre :

« L'opinion s'est montrée peu satisfaite, dès le commencement, du mode de nomination des officiers et sous-officiers de la garde nationale sédentaire. On trouvait, et avec raison, que dans chaque compagnie, ceux qui étaient appelés à commander aux autres devaient tenir leur grade de la confiance et des suffrages des citoyens, et non seulement d'un arrêté d'en haut, quelque légal qu'il fût d'ailleurs. Aussi est-on fondé à dire que la manière dont il a été procédé à l'organisation de la garde nationale sédentaire est en grande partie cause de l'hésitation qui s'est manifestée dans ses rangs ces jours derniers, en même temps que l'insuffisance de ses armes était un motif de mécontentement parmi les hommes.

« Il y a trois jours, les anciennes armes ont été échangées contre des fusils d'un bon modèle, et les gardes nationaux ont reçu des munitions.

« En même temps, plusieurs officiers n'ont voulu accepter définitivement les grades qui leur avaient été conférés que s'ils les tenaient du libre choix de leur compagnie. Ainsi, ce matin, à la réunion de la 5e compagnie du 4e bataillon, M. Lehr, qui avait été présenté capitaine par le commandant du bataillon, a déclaré qu'il n'accepterait que si la compagnie le confirmait dans ce grade. Les autres officiers et les sous-officiers ont fait la même déclaration, et les gardes nationaux ont procédé à une élection qui a eu pour résultat la nomination des chefs proposés..... » Cet exemple a été suivi par d'autres compagnies, qui ont confirmé la nomination de leurs officiers par un vote en bonne forme.

Les deux généraux échangent la correspondance suivante :

Le général Uhrich au général de Werder.

« Strasbourg, le 4 septembre 1870.

« Monsieur le Lieutenant-Général,

« Les nouvelles que vous m'avez données par votre lettre en date d'hier soir seront bien douloureuses pour nous, si elles se confirment dans leur entier.

« Vous m'avez offert, il y a quelque temps, d'envoyer un ou deux officiers sur les lieux pour s'assurer de la situation. Aujourd'hui, c'est moi qui vous demande cette même autorisation. Je désignerais deux officiers qui, au moyen d'un sauf-conduit délivré par vous, pourraient aller assez loin pour connaître la vérité d'une manière certaine.

« Pour ne pas augmenter les malheurs de Strasbourg, une suspension d'armes existerait entre nous pendant l'absence de ces officiers : les négociations commenceront dès le lendemain de leur retour.

« J'accepte très volontiers l'échange de prisonniers que vous me proposez; les blessés sont examinés avec soin en ce moment, et je vous ferai connaître le résultat de cet examen dans la journée.

« Je ferai remettre aux intéressés les sauf-conduits que vous m'avez fait l'honneur de m'adresser : ceux qui seront prêts sortiront ce soir, à 5 heures, par la route de Lingolsheim.

« Ci-joint deux lettres écrites par M. le lieutenant Versen. Je vous prie de les faire parvenir aux intéressés.

« Agréez, etc. « Uhrich. »

Le général Uhrich au général de Werder.

« Strasbourg, le 4 septembre 1870.

« Monsieur le Lieutenant-Général,

« Je vous serais très reconnaissant s'il vous était possible de me faire avoir des nouvelles de mon fils Albert Uhrich, capitaine d'état-major, faisant partie de l'état-major particulier du maréchal de Mac-Mahon.

« D'après la dépêche télégraphique que vous m'avez communiquée, le corps entier du maréchal, passé sous les ordres du général de Wimpffen, aurait capitulé, et mon fils, s'il vit encore, serait prisonnier de guerre.

« Si vous êtes père, vous comprendrez mon anxiété et vous la ferez cesser, s'il y a lieu.

« Veuillez agréer, etc. « UHRICH. »

Le général de Werder au général Uhrich.

« Mundolsheim, le 4 septembre 1870.

« Je réponds à votre honorée d'aujourd'hui qu'avant tout je suis très volontiers disposé à recevoir deux officiers dans mon quartier-général pour m'entendre avec eux au sujet de vos désirs.

« Je suppose que cette mission aurait surtout pour but, après constatation de l'authenticité des nouvelles que je vous ai transmises, de commencer les négociations.

« Mais je déclare dès aujourd'hui que la libre sortie de la garnison ne peut plus être accordée.

« Je regrette de ne pouvoir faire cesser le feu; je ne m'y déciderai qu'après que des pourparlers formels auront été entamés.

« Si vous préfériez un entretien personnel avec un officier désigné par moi, je suis prêt à en déléguer un; dans les circonstances actuelles, je trouve que ce serait le meilleur parti à prendre.

« Quant à l'échange du lieutenant Versen, je vous prie de m'informer si cet officier est transportable, et de lui faire parvenir la lettre ci-jointe.

« Agréez, etc. « DE WERDER. »

La société des Cuisines économiques, qui devaient rendre des services si exceptionnels pendant le siège et qui subsiste encore aujourd'hui, est fondée à la date du 4 septembre, ainsi qu'il résulte de l'avis suivant :

Ville de Strasbourg.

SOCIÉTÉ DES CUISINES ÉCONOMIQUES.

« Le but de cette Société est de fournir des repas à bon marché aux familles qui se trouvent éprouvées par les événements et dépourvues de provisions.

« MM. les présidents de section, à leur domicile personnel, et les commissions spéciales, installées dans les locaux des cuisines économiques, seront chargés de délivrer des cartes donnant droit aux repas.

LE RESTAURANT POPULAIRE DE LA HALLE-COUVERTE

« Présidents de section : 1re section, M. Grün, négociant, faubourg de Saverne, n° 25 ; 2e, M Hubert, fabricant de registres, faubourg de Pierres ; 3e, M. N. N... ; 4e, M. Weisé, confiseur, rue du Dôme ; 5e, M. Lambert, conseiller général, rue du Dôme, n° 5 ; 6e, M. Reeb, pharmacien, Grand'rue ; 7e, M. Carré, négociant, place Gutenberg ; 8e, M. Artzner, marchand de gibier, rue Finckwiller, 9e, M. Burger, J., brasseur de la Ville-de-Paris ; 10e, M. Burger, C., brasserie des Quatre-Vents ; 11e, M. Mèves, rue des Balayeurs ; 12e, M. N...

« Le dîner à midi (carte rouge) se composera : D'un plat chaud, d'une portion de pain, d'un verre de vin. Prix : 25 centimes.

« Le souper, à 6 heures du soir (carte bleue), se composera : D'une soupe, d'une portion de pain, d'une tasse de café noir. Prix : 15 centimes.

« Des aliments pourront être emportés pour les vieillards et les personnes malades.

« Les cuisines économiques sont installées : à l'école Saint-Jean, rue Kuhn ; à la brasserie de l'Ours-Blanc, place Kléber ; à la brasserie Viennoise, rue de l'Outre ; à la salle de la Réunion-des-Arts, rue des Balayeurs ; à la salle Roth, rue du Puits, n° 1.

« Strasbourg, le 4 septembre 1870.

« Pour le Comité central :

« Ch. Lehr. »

Et d'autres établissements s'ouvrent encore sous la direction de quelques citoyens dévoués, à l'école de la rue des Tanneurs, à la brasserie du Soleil, au Kuppelhof, à l'estaminet Piton, à l'Éléphant-d'Or, au théâtre, à Sainte-Marie, à la Halle-Couverte, sous la direction de MM. Hauss, Brunschwig, Molk, Villard, Belley, Piton, Krafft, Arlen, Krempp, qui distribuent une moyenne de 8600 rations par jour.....

Le restaurant populaire de la Halle-Couverte a été la plus importante de ces institutions. Durant le siège, il a nourri environ 2500 personnes par jour. Après la capitulation, il continuait à fonctionner aux frais de la ville, lorsque, dans le courant d'octobre, la municipalité prévint les administrateurs des restaurants populaires qu'elle se voyait obligée de leur supprimer ses subventions. Cette décision était prise à un moment où il fallait, plus que jamais, secourir les victimes du bombardement, puisque l'approche de l'hiver, la prolongation de la guerre et le manque de travail allaient fatalement augmenter la misère. Ces considérations déterminèrent M. Molk à solliciter de la ville l'autorisation de continuer, à ses risques et périls, sans subvention, l'œuvre commencée sous les auspices de l'administration municipale. Il demandait seulement la jouissance gratuite de la Halle-Couverte et l'abandon des marchandises en magasin. Ces conditions furent acceptées et M. Molk garda la direction du restaurant populaire, en s'adjoignant M. Villard, négociant, qui, déjà, pendant le bombardement, l'avait efficacement assisté.

A partir du 31 octobre, le restaurant de la Halle s'administre donc à ses frais. On sert trois fois par jour des repas à 15 centimes sans vin et 20 centimes avec un verre de vin..... Dix-huit cents consommateurs se présentent en moyenne, chaque jour, durant tout l'hiver. La modicité des prix n'empêcha pas les administrateurs de réaliser des économies assez sérieuses pour permettre de varier la nourriture : ils purent donner de la viande trois ou quatre fois par semaine. Leur but était de traverser l'hiver, et ils pensaient qu'au printemps, grâce à la reprise du travail, la misère disparaîtrait et que leur établissement deviendrait inutile.....

On était ainsi arrivé au commencement de mars, quand quelques malheureux prisonniers, après un voyage de plusieurs centaines de lieues, fait à leurs frais, arrivèrent à Strasbourg, privés de toutes ressources, ne sachant comment rentrer en France. Ils avaient compté trouver à Strasbourg une intendance française ; ils ne savaient pas que la frontière était reculée. C'était le 10 mars 1871 [1].

MM. Molk et Villard décidèrent immédiatement que le restaurant populaire de la Halle-Couverte, avec les ressources dont il disposait et avec le concours que leurs concitoyens ne manqueraient pas de leur apporter, recevrait tous les prisonniers de guerre français de passage à Strasbourg.

Ici nous laissons la parole à MM. Molk et Villard eux-mêmes : « A partir du 10 mars, nous recevons tous les jours les prisonniers à la gare et nous les conduisons à la Halle-Couverte, où ils reçoivent leurs repas et des billets de logement. Au premier appel fait à leur patriotisme, les habitants s'étaient empressés de mettre des lits à notre disposition. Notre plus douce satisfaction a été de voir le bonheur et le contentement de ces malheureux qui, après quelques mois de captivité, se sentaient revivre d'une vie nouvelle en entendant leur langue maternelle et en revoyant du pain français. Plus d'une fois nous avons dû partager les émotions qu'éprouvaient nos pauvres prisonniers, qui, les larmes aux yeux, refusaient toute nourriture, étouffés qu'ils étaient du bonheur de se voir entourés de soins si sympathiques. Et, le cœur gros, la tristesse mêlée d'une certaine joie dans l'âme,

---

[1] *Compte rendu des opérations du restaurant populaire, et réception des prisonniers de passage à Strasbourg, à la Halle couverte, 1870-71*, p. 5.

ils se cotisaient avant le départ et venaient offrir un bouquet aux couleurs nationales aux dames et aux demoiselles qui les avaient consolés, qui les avaient servis..... Ces passages de prisonniers durèrent près de quatre mois; le 3 juillet, les autorités allemandes défendirent subitement l'entrée en ville des soldats français. Depuis le 10 mars, nous avons accueilli environ *cinquante-cinq mille deux cents* prisonniers et nous leur avons distribué gratuitement plus de quatre-vingt-deux mille repas..... »

Si nous avons reproduit ces détails relatifs, en grande partie, aux opérations du Restaurant populaire après le siège, c'est pour rendre hommage au généreux dévouement de MM. Molk et Villard et à tous les Strasbourgeois qui, comme eux, ont contribué, pendant la guerre, à épargner les souffrances de la faim à tant de milliers de malheureux.

CHAPITRE IV.

Nombreuses victimes. — Terrible accident à la caserne des pontonniers. — La caserne de la Finckmatt. — Strasbourg reste sans nouvelles de l'extérieur. — La mort du capitaine Epp. — Le capitaine Desnos. — La lunette 54. — L'approvisionnement de sel. — L'*Internationale*. — Organisation de la correspondance avec le dehors par M. Alfred Ritleng.

Le 5 septembre. Journée particulièrement funeste. Le matin, deux habitants du Marais Kageneck sont frappés à mort dans un des derniers bâtiments que le feu n'a pas encore dévorés dans ce quartier; des femmes et des enfants sont blessés.

Léon Lacour.

Deux élèves de l'École de médecine militaire sont atteints par les éclats d'une même bombe et tombent tous les deux, pendant que, dans le corps de garde du faubourg de Pierres, ils soignent un blessé. Un projectile pénètre dans le petit bâtiment, éclate, atteint tous les hommes du poste, tue le blessé et frappe mortellement les deux élèves en médecine. L'un d'eux, Léon Lacour, fils d'un industriel de Sainte-Marie-aux-Mines, a une cuisse emportée, et pendant qu'on le transporte à l'hôpital il succombe à l'hémorrhagie qui s'est déclarée. Il avait 19 ans!

Son camarade, François-Joseph Combier, fils d'un commandant d'artillerie en retraite, habitant Mont-de-Marsan, a également une cuisse déchirée, mais on a quelque espoir de le sauver en pratiquant une amputation. Il subit héroïquement l'opération, mais succombe à son tour..... Avant d'entrer en agonie, il apprend que le général Uhrich l'a proposé pour la croix de la Légion d'honneur. Il sourit au milieu de ses souffrances, puis il perd connaissance et s'éteint. Il avait 20 ans!

Vers le soir, un obus tombe sur une maison de la place Gutenberg..... On s'empresse de monter dans les combles pour éteindre l'incendie qui va prendre naissance, lorsqu'au même moment un autre projectile arrive, éclate et fait cinq victimes. Parmi elles, un père de famille, qui meurt dans la nuit, laissant quatre orphelins. Un peu plus loin, près des Arcades, un enfant, une petite fille, court insouciante sur le trottoir. Un obus la coupe en deux..... Un autre obus tombe, sans éclater, dans la cour du quartier des pontonniers. Quelques soldats s'en emparent, essayent de le décharger pour en étudier le mécanisme. Un maréchal-des-logis se place devant le projectile et commence l'opération ; les autres se groupent autour de lui et se penchent pour le regarder faire..... L'obus éclate : deux militaires sont mortellement frappés ; six autres sont blessés, mutilés ou défigurés pour la vie..... Dans ses *Pontonniers au Siège de Strasbourg*[1], M. Alph. Maire nous raconte cet horrible accident : « Ce jour-là — le 5 septembre — vers 6 heures du soir, un pontonnier traversait la cour en portant un obus prussien de *vingt-cinq* qui n'avait pas éclaté et que le soldat avait ramassé non loin du quartier. Il était superbe à voir, ce grand diable d'artilleur, large d'épaules, blond, solide et rayonnant d'une joie naïve, presque enfantine. Il paraissait fier de son fardeau que chacun admirait avec une curiosité mêlée de défiance, car il était rare que les obus allemands n'éclatassent point, leur structure étant soignée et les fusées bien réglées. On se passait ce *pruneau* de cinquante livres et chacun de faire ses réflexions sur sa pesanteur, son aspect, sa forme oblongue, sa gaine de plomb.....

« Voici qu'arrive le maréchal-des-logis Foltête de la 6º compagnie : jeune homme châtain, élancé, mince, à l'air fin et intelligent, mais d'une imprudence rare. A peine a-t-il aperçu l'obus qu'il conçoit la pensée bizarre d'en enlever la fusée afin d'examiner l'intérieur du projectile. Il se procure des outils clandestinement, porte l'obus sur le banc qui embrasse la base du tilleul, et, là, aidé du brigadier Hetzel, de la 9º compagnie, Foltête essaie d'entamer l'acier de la fusée au moyen d'un burin. Plusieurs curieux les entourent et notamment le sous-officier Hopp et le maître-ouvrier Kœhler. Hetzel soutient l'obus, tandis que Foltête, le burin d'une main, le marteau de l'autre, frappe à coups redoublés. Soudain une gerbe de feu éblouit les assistants et l'obus éclate avec une explosion qui fait trembler le sol et cliqueter toutes les vitres des maisons environnantes. Une fumée blanche, épaisse, âcre, la fumée de la poudre mêlée à de la roche à feu, obscurcit un instant la base de l'arbre dont l'écorce est lacérée. La plupart des hommes présents sont renversés par la force de la commotion, tandis qu'on perçoit des cris terribles, des hurlements effrayants qui vous remuent les entrailles.

---

[1] *Loc. cit.*, p. 20 et s.

« A mesure que la fumée se dissipe, un spectacle apparaît horrible, déchirant. Un malheureux pontonnier passant là, par hasard, avait reçu la charge en pleine poitrine. — C'était le nommé Nervé, de la 9ᵉ compagnie. — Tous l'ont vu tournoyer sur lui-même, battant l'air de ses bras, tomber, se relever, chercher un appui, essayer de marcher, puis retomber encore, cette fois masse inerte, en moins de temps qu'il n'en faut pour le raconter. Foltête avait les cheveux brûlés, roussis, la figure toute noire, ensanglantée et incrustée de grains de poudre, les habits déchiquetés. Hetzel était dans un état semblable; mais il avait, en outre, une blessure hideuse : sa main droite était comme broyée par les dents d'un engrenage; elle offrait l'aspect d'une plume d'oiseau dont on aurait pressé le tuyau pour en extraire le sang; ses chairs étaient pantelantes et le malheureux bondissait de douleur. D'autres, enfin, étaient blessés plus ou moins grièvement. Cette minute de panique écoulée, Hopp, Kœhler, ainsi que l'ordonnance du colonel du génie Sabatier, se précipitent sur les pauvres victimes dont ils enlèvent les vêtements qui flambaient en différents endroits. On leur jette de l'eau par tout le corps et on les conduit à l'infirmerie, où l'aide-major Cordier leur fait un premier pansement avant de les diriger sur l'ambulance du Petit-Séminaire.

« Le soldat Nervé venait de succomber. Le brigadier Hetzel mourait deux jours après. Quant au maréchal-des-logis Foltête, il guérit après avoir subi l'ablation d'un œil..... »

Et d'autres blessés, provenant des journées précédentes, succombent en ce fatal 5 septembre..... Vers le soir, l'amphithéâtre de l'hôpital civil compte vingt cadavres.

Au cours de la séance de la COMMISSION MUNICIPALE, le maire donne des renseignements sur le prix du pain. Il a fait venir le syndic des boulangers, et celui-ci lui a déclaré que, sauf pour deux boulangeries, qui n'ont acheté leurs approvisionnements qu'en dernier lieu, ce prix s'est maintenu à 1 fr. 30 c. les six livres de pain bis. Dans cette même séance, M. Henry appelle l'attention de la Commission municipale sur la situation qui est faite aux ouvriers de la manufacture des tabacs. La manufacture a réalisé de très grands bénéfices, bénéfices usuraires, puisqu'elle jouit d'un monopole. Or, aujourd'hui que la situation devient critique, elle a subitement interrompu tout travail; 300 à 400 ouvriers sont sur le pavé. Dans les moments de crise, les grandes industries devraient s'ingénier à trouver du travail pour leurs ouvriers et non pas leur retirer celui qu'ils ont. Les bénéfices réalisés dans les moments de prospérité le leur permettraient et leur en feraient un devoir.

M. Henry demande donc que l'administration municipale exerce une pression sur l'administration des tabacs pour faire cesser cet état des choses.

M. Oberlin, sans contester l'exactitude des renseignements de M. Henry, fait observer que l'administration des tabacs a déclaré payer aux ouvriers les trois quarts de leur salaire, tout en les dispensant de venir travailler.

M. Zopff dit que l'intention de cette administration a sans doute été excellente, mais que les résultats auxquels elle arrive sont mauvais. L'ouvrier doit gagner son pain et non pas recevoir l'aumône. M. Zopff se rallie donc à la proposition de M. Henry et demande que des démarches soient faites dans le sens indiqué.

Le général Uhrich adresse au commandant de l'armée assiégeante la lettre suivante :

Le général Uhrich au général de Werder.

« Strasbourg, le 5 septembre 1870.

« Monsieur le Lieutenant-Général,

« La proposition que j'ai eu l'honneur de vous adresser hier avait un double but :

« 1° Acquérir une appréciation exacte des faits portés par vous à ma connaissance.

« 2° Obtenir quelques jours de répit pour la ville de Strasbourg.

« Cette proposition ne pouvant être acceptée par vous dans son entier, je suis dans l'obligation de la retirer et de rentrer dans la situation où nous nous trouvions avant-hier.

« Agréez, etc. « UHRICH. »

Le général de Werder écrit au commandant de l'armée assiégée :

Le général de Werder au général Uhrich.

« Mundolsheim, le 5 septembre 1870.

« En vertu d'un ordre supérieur basé sur les nouvelles que je vous ai communiquées hier, j'ai l'honneur de vous sommer derechef de peser la question de la capitulation et de me communiquer vos propositions éventuelles.

« J'ajouterai que S. M. l'Empereur Napoléon va se rendre comme prisonnier de guerre à Cassel.

« Veuillez être assuré que moi et tout mon corps d'officiers nous apprécions à toute sa valeur la résistance que vous nous opposez avec vos faibles moyens.

« Vous disiez déjà, à la date du 27 août, dans une dépêche au ministre de la guerre et au général Douay, que vous considériez Strasbourg comme perdu si on ne vous envoyait pas de secours immédiat.

« Il vous paraîtra sans doute impossible d'obtenir ce secours de votre armée dans les circonstances actuelles.

« Agréez l'assurance, etc. « DE WERDER. »

Les assiégants ont achevé la 2ᵉ et la 3ᵉ parallèle, et la *Badische Landeszeitung* croit pouvoir écrire que « le drame de Strasbourg touche à sa fin. »

Le 6 septembre. A la lettre qu'on vient de lire, le général Uhrich répond en ces termes :

Le général Uhrich au général de Werder.

« Strasbourg, le 6 septembre 1870.

« Monsieur le Lieutenant-Général,

« Quel que soit mon désir d'épargner aux habitants de Strasbourg les malheurs résultant du bombardement auquel ils sont soumis, je ne puis songer à rendre la ville dont la défense m'a été confiée.

« Mon gouvernement seul pourrait, dans la situation où je me trouve, m'autoriser à entrer en composition, et je doute fort que vous consentiez à me permettre de le consulter.

« Agréez, etc. « UHRICH. »

La COMMISSION MUNICIPALE tient une séance fort intéressante. Le maire y rend compte des résultats de la mission dont il a été chargé relativement à la cessation du travail des ouvriers et des ouvrières de la manufacture des tabacs. « J'ai entretenu, dit-il, M. le préfet de cette affaire et il m'a été objecté que les ouvriers de la manufacture sont payés par l'État, que s'ils reçoivent en ce moment, bien que ne travaillant pas, les trois quarts de leur salaire à titre de secours, cette question non plus que celle du maintien ou de la reprise du travail ne sauraient être de la compétence de la Commission municipale.

« Mais, dit M. Schnéegans, puisque, aux termes mêmes de son institution, la Commission municipale est chargée de gérer et de représenter les intérêts de la cité, n'est-il pas de notre compétence de nous préoccuper de la situation et des besoins d'une nombreuse classe d'ouvriers ? »

M. le maire ne pense pas que jamais l'autorité supérieure ait entendu étendre à ce point les attributions de la Commission municipale.

M. Kablé proteste contre cette fin de non-recevoir opposée par M. le préfet :

on devrait avoir plus d'égards pour les vœux émis par la Commission municipale, surtout dans les circonstances critiques et douloureuses où Strasbourg se trouve placé. M. Kablé demande l'insertion de sa protestation au procès-verbal.

M. André dit, de son côté, qu'ayant été, il y a quelques jours, chez M. le préfet pour le prier de prendre des mesures pour la sécurité des archives départementales, il a été éconduit par ce magistrat en des termes qui l'ont vivement blessé. Il y a lieu de protester contre de semblables façons d'agir, et M. André demande que sa protestation soit jointe à celle de M. Kablé.

M. Imlin est d'avis que la Commission peut exiger l'enlèvement des meubles qui sont dans les caveaux du bâtiment des archives et le dépôt en cet endroit des archives départementales.

M. le maire dit qu'il sait que les plans du cadastre et les matrices des rôles des contributions directes ont été placés dans le sous-sol de la Préfecture; des biscuits de l'administration de la guerre y ont aussi été remisés; on lui a assuré qu'aucun meuble n'y avait été encavé, et ce serait une opération vraiment périlleuse en ce temps de bombardement, que d'extraire tout ce qui a été enfoui, et de tenter un nouvel emménagement pour en retirer un secrétaire ou une armoire enserrés par mégarde.

« Le préfet, fait observer M. Saglio, a seul la responsabilité des archives; on fait bien d'appeler son attention sur l'urgence des mesures à prendre pour pourvoir à leur sécurité; mais vous ne pouvez aller plus loin sans vous heurter à un conflit d'attributions.

« C'est le Conseil général, dit M. Momy, qui est le représentant légal du département; c'est aux conseillers généraux en ce moment à Strasbourg qu'il appartient d'agir auprès de M. le préfet pour la sauvegarde des archives.

« Le nombre des conseillers présentement à Strasbourg est très restreint, dit M. le maire; ils sont bien loin de former une majorité. Comme membre de ce Conseil, je m'associerais à leur démarche s'ils la jugeaient utile, mais en ce moment je me rallie à l'opinion qui vient d'être exprimée par M. Saglio; la question n'est pas du domaine de la Commission municipale.

« Les archives départementales, dit M. Bœrsch, ont pour l'histoire de Strasbourg une importance majeure; la ville a certes plus d'intérêt à leur conservation que M. le préfet, qui, s'il vient un jour à nous quitter, se souviendra tout au plus de leur existence. » M. Bœrsch prie donc M. le maire d'intervenir pour que les mesures propres à assurer la sécurité des archives départementales soient prises sans retard. Il demande à la Commission de se rallier à sa proposition par un vote formel.

La Commission donne son adhésion pleine à la motion de M. Bœrsch.

C'est ici que vient se placer le principal incident de la séance :

M. Schnéegans demande à poser une question : « Je sais, dit-il, que quelqu'un est arrivé hier de Colmar, porteur de plusieurs lettres adressées à des particuliers; il n'est pas admissible que l'administration n'ait point reçu de dépêches; la Commission s'occupe sans doute de questions importantes, mais il en est une qui prime toutes les autres : Quelle est la situation de notre armée ? quelle est la situation politique ? des bruits de diverse nature circulent à cet égard. Il est matériellement impossible que le préfet n'ait pas de renseignements.

« Nous demandons à M. le maire d'agir auprès de ce magistrat afin d'obtenir communication des nouvelles qu'il a reçues. Nous avons le sentiment de la responsabilité qui pèse sur nous, mais pour que nous soyons en mesure de la porter tout entière, il faut absolument que l'on nous renseigne. »

« Je vous ai donné communication, dit M. le maire, de la lettre par laquelle M. le préfet nous promet de nous faire part de toutes les nouvelles, favorables ou non, qui lui parviendraient; je sors de chez lui pour lui en demander; or, il m'a déclaré n'avoir, jusqu'à ce moment, rien à nous communiquer. »

« Verriez-vous un inconvénient, demande M. Imlin, à ce que la Commission se transportât en corps auprès de M. le préfet ? »

« Je n'en vois pas, répond M. le maire; mais à quel résultat aboutirait cette démarche, en présence des déclarations explicites que M. le préfet nous a adressées et de ce qu'il vient de me dire ? »

M. Bœrsch est convaincu que la demande qui vient d'être faite à M. le maire n'est qu'un écho fidèle de l'opinion publique. « La situation de Strasbourg est des plus pénibles; voilà trois semaines que la ville subit l'épreuve douloureuse d'un bombardement cruel; la population est jusqu'ici courageuse et résignée; mais si elle est condamnée à rester sans nouvelles, il est à craindre que sa patience ait un terme; il faut que l'administration supérieure se décide à sortir du mutisme absolu dans lequel elle s'est renfermée jusqu'à ce jour. » Aussi M. Bœrsch voudrait-il que la Commission donnât à M. le maire, par un vote exprès, la mission de se rendre, comme organe de la Commission et de la population, chez M. le préfet, afin d'obtenir de ce dernier la communication des dépêches sur la situation, pour pouvoir en donner connaissance à la Commission à l'ouverture de chaque séance.

M. le maire répond qu'il a déjà été chargé de cette mission, qu'il s'en est acquitté à plusieurs reprises, mais sans résultat; qu'il ne refuse pas de renouveler sa démarche, mais à condition, cette fois, d'être accompagné de quelques membres de la Commission.

Après une discussion à laquelle prennent part MM. Schnéegans, Mallarmé et Saglio, la Commission décide qu'une députation sera nommée pour accompagner M. le maire chez M. le préfet. Elle désigne à cet effet MM. Bœrsch, Küss, Clog, Lauth et Saglio.

M. Henry dit qu'il croit avoir remarqué que, depuis que l'état-major de la place est installé à la mairie, l'Hôtel-de-Ville est plus exposé aux projectiles de l'ennemi; il serait d'avis, en conséquence, de faire des démarches pour obtenir la translation de l'état-major à l'hôtel de la division.

M. le maire croit que les bâtiments de l'Hôtel-de-Ville sont plus particulièrement en butte aux projectiles de l'assiégeant, d'abord à cause de leur élévation, ensuite par la situation même qu'ils occupent au milieu d'une série d'édifices publics, tels que la Banque, la Direction d'artillerie, le Quartier-général.

M. le maire fait observer d'ailleurs que le déplacement de l'état-major aurait pour conséquence celui du poste militaire et des chevaux d'artillerie; ces chevaux, qui sont d'un grand secours pour le transport des tonneaux affectés au service des incendies et, quant au poste, il ne serait pas tenable pour la garde nationale.

« Vous voyez bien que les militaires se tiennent dans les cours, sans abris et sans cesse exposés aux projectiles. »

La caserne de la Finckmatt, qui, depuis le commencement du siège, était bombardée à outrance et qui était en partie détruite, ne fut plus qu'un monceau de ruines le soir du 6 septembre. Le feu y avait pris dès le matin avec violence, et, malgré la grêle d'obus, qui tombait au milieu et autour du brasier, on avait essayé d'éteindre l'incendie. Mais il fallut renoncer finalement à toute tentative de sauvetage et les flammes achevèrent leur œuvre, consumant un des plus vastes bâtiments militaires de la place, construit de 1746 à 1756 et pour l'édification duquel la ville de Strasbourg avait versé dans les caisses de l'État une subvention de 760,000 livres..... C'est dans la cour de cette caserne qu'un tambour-major mit la main au collet de Louis-Napoléon, lorsque, le 30 octobre 1836, le neveu du grand Bonaparte essaya de soulever le 46° régiment de ligne, — il avait déjà gagné le 4° d'artillerie, au quartier d'Austerlitz, — pour se faire proclamer empereur. C'est à Strasbourg que débuta l'homme qui devait faire perdre l'Alsace et la Lorraine à la France!..... Le ministère Molé-Guizot n'essaya même pas de le mettre en jugement et le fit partir pour l'Amérique; et le jury du Bas-

Rhin acquitta ses complices, ne voulant pas condamner les comparses quand le principal acteur était soustrait à la justice. Le ministère paya de son existence cet acte de faiblesse..... Si l'aventure n'avait pas eu d'autres conséquences!.....

Le faubourg de Pierres après le bombardement.

La rue de la Soupe-à-l'Eau, parallèle à la caserne de la Finckmatt, flamba en même temps que cette dernière.

Le 7 septembre. Le quartier de la place Broglie, et principalement la Mairie, ainsi que ses environs immédiats, sont criblés de projectiles.

Un incident émouvant se passe dans la cour de la Mairie. Un garde national, qui se tient près de la loge du portier, est frappé par un éclat d'obus à la jambe. Il tombe et deux jeunes médecins qui passent par hasard lui donnent les premiers soins. L'un d'eux lui ouvre la botte à l'aide d'un bistouri et l'on constate que le pied est fracassé. Le blessé est mis sur un brancard et, pour cacher aux passants l'horrible blessure et le sang qui coule, on lui couvre le bas du corps, faute d'un drap, avec un vieux drapeau tricolore qui traine dans un coin et qui servait dans les fêtes publiques. On emporte le brancard et, au moment de sortir de la cour de la Mairie, le garde national a la force de se soulever un peu, de lever son képi et de crier : « Vive la France ». Puis il s'évanouit et deux minutes après, pendant le transport, il expire.

Deux obus tombent dans l'infirmerie du quartier Saint-Nicolas et y tuent plusieurs blessés et malades. Un vieillard de 72 ans, M. Pélissier, est tué par une bombe dans son logement, situé au deuxième étage de l'ancien hôtel Neuwiller, rue du Vieux-Marché-aux-Vins. Frère du maréchal Pélissier, il avait été chimiste dans la maison Haussmann, au Logelbach, près Colmar. Depuis le décès de sa femme, survenu deux ou trois ans auparavant, il était venu demeurer près de sa fille, Mme Charles de Langenhagen. Au moment où il était frappé à mort, la fabrique de chapeaux de paille de son gendre, située au faubourg de Pierres, achevait de s'effondrer dans les flammes.

La COMMISSION MUNICIPALE tient une séance au cours de laquelle le maire l'informe du résultat de la mission qui lui a été donnée relativement aux archives départementales. M. le préfet a déclaré que tous les titres et documents d'une valeur historique réelle ont été renfermés dans des caisses en fer, qui ont été placées dans le sous-sol du bâtiment des archives. Toutes les précautions ont été prises contre le danger du bombardement et de l'incendie.

M. le maire prie ensuite M. Bœrsch de vouloir bien se faire l'organe de la députation qui s'est rendue auprès de M. le préfet pour lui demander, au nom de la Commission, communication des nouvelles de l'extérieur.

« Le résultat de notre entrevue avec M. le préfet, dit M. Bœrsch, peut se résumer en deux mots : M. le préfet a déclaré sur l'honneur n'avoir rien appris depuis le 29 août et n'avoir, dès lors, rien à nous communiquer touchant les événements qui ont pu se passer depuis cette époque. »

« M. le préfet a ajouté, observe M. le maire, que, pour répondre à un vœu émis par la Commission municipale, il m'écrirait journellement pour faire savoir s'il a ou non reçu des nouvelles de nature à intéresser la population. »

« On a le droit de se demander, dit M. Schnéegans, comment le gouvernement peut laisser Strasbourg sans secours et sans nouvelles : la population de notre ville a déployé et continue à déployer une grande énergie, mais il faut que le gouvernement la soutienne, et le gouvernement l'a abandonnée dès le commencement. Si Strasbourg venait à tomber aux mains de l'ennemi, ce n'est pas Strasbourg, mais l'empereur et les membres du gouvernement qui devraient en être rendus responsables. »

M. Bœrsch tient à faire savoir à la Commission que le langage de la députation à M. le préfet a été inspiré par les mêmes réflexions : « Il n'est pas admissible, avons-nous dit, qu'un gouvernement qui connaît la situation critique dans laquelle se trouve par son fait la capitale de l'Alsace, n'ait pas tenté l'impossible pour faire parvenir à la population au moins quelques informations et une parole d'encouragement et de réconfort. »

M. Hœrter demande que le corps des sapeurs-pompiers soit doublé ; il est devenu tout à fait insuffisant en présence du grand nombre d'incendies qui éclatent sur tous les points de la ville. Ne serait-il pas urgent d'autoriser le commandant du corps d'enrôler 100 ou 200 volontaires ?

M. Gœrner rend hommage aux efforts déployés par les hommes placés sous son commandement; ils luttent de leur mieux contre des sinistres sans cesse renaissants; mais leur énergie et leur bonne volonté ont nécessairement des limites. M. le commandant s'est vainement adressé, pour avoir des renforts, à la Compagnie du chemin de fer et aux ouvriers de la marine, qui tous cependant avaient promis leur concours.

M. Lichtenfelder dit, qu'antérieurement à l'état de siège la garnison concourait avec le corps des pompiers à l'extinction des incendies ; le général devrait actuellement encore affecter une partie de ses troupes à ce service, d'autant plus que ces sinistres ont lieu par le fait de l'ennemi.

M. le maire répond qu'en temps de paix les secours prêtés par la garnison sont chose naturelle; mais comment demander aujourd'hui une telle assistance de l'autorité militaire qui emploie à la défense de la place toutes les forces dont elle peut disposer ?

S'adressant à M. Gœrner, M. le maire lui demande combien d'hommes il croit utile d'annexer à son bataillon. M. Gœrner pense qu'un renfort d'une centaine d'hommes suffirait pour faire face aux exigences du moment.

M. le maire propose d'abandonner la question, quant au choix du personnel et quant au nombre, à M. le commandant, qui en référera à l'administration. Cette proposition est acceptée.

Une note de l'administration militaire rend hommage au dévouement des ouvriers civils qui travaillent à la mise en défense de la place. On y travaillait encore le 7 septembre !....

« La population ouvrière, disait cette note, a répondu avec le plus louable empressement à l'appel que le génie lui avait fait de concourir aux travaux de la mise en défense de la place.

« Malgré les dangers qui souvent menaçaient les travailleurs, il a été constaté qu'ils ont en toute circonstance fait preuve du plus grand dévouement.

« Malheureusement un certain nombre d'entre eux ont été atteints par les projectiles de l'ennemi. Depuis le 15 août on compte 6 morts et 13 blessés sur 8 à 900 ouvriers. Il est pris soin des familles des victimes, en attendant que l'administration puisse décider de leur sort. »

Un arrêté du général Uhrich, pris en vertu de l'état de siège et basé sur la cherté des denrées de première nécessité dans la ville de Strasbourg, décide que l'autorité municipale ayant, dans l'intérêt des classes pauvres et de l'alimentation publique, renoncé aux droits d'octroi dont elle est bénéficiaire sur les vins et spiritueux, les droits que le Trésor touche sur ces liquides cesseront d'être perçus.

Une lettre adressée par le commandant supérieur de la place aux journaux demande au public d'envoyer à la direction des ambulances militaires des livres (romans, voyages, etc.) qui pourront être mis à la disposition des blessés. A partir de ce jour-là, les pauvres soldats ont eu de la lecture en abondance.

Un arrêté du général Uhrich décide que les élèves de 1re et 2e années de l'École de santé militaire, étant appelés à rendre des services comme officiers de santé aux postes de secours des portes et dans les ambulances, sont commissionnés sous-aides-majors, afin qu'ils soient traités, le cas échéant, sous le rapport de la pension, comme sous-lieutenants.

Le 8 septembre. La nuit a été affreuse. La citadelle a été bombardée avec un redoublement de vigueur et la ville criblée d'obus et de bombes incendiaires. Entre le faubourg de Saverne et le faubourg National, les flammes ont dévoré quatre maisons, c'était à peu près tout ce qui restait debout dans ce quartier.....

La journée est meurtrière pour les défenseurs de la place. Des gardes mobiles, des soldats d'infanterie, des marins sont blessés ou tués. Le soir, à 7 heures, un obus à balles éclate sur une pièce de douze du bastion 9, entre Kœnigshoffen et Schiltigheim, qui, défendu par la 1re compagnie du régiment des pontonniers, tirait à toute volée sur la brasserie Gruber et Reeb, où les Badois avaient établi un parc du génie. Lorsque la fumée se dissipe, un affreux spectacle apparaît : le capitaine Epp, un enfant de Strasbourg, le maréchal des logis Angst, le vieux brigadier Weiss, les pontonniers Dubois et Levrien sont étendus sans vie sur le sol. Deux pontonniers, Marquis et Galley sont grièvement blessés et se tordent dans les douleurs..... Le bastion 9 a été l'un des plus exposés du siège, et des hommes de la 1ʳᵉ compagnie, qui avaient été à Sébastopol, à Magenta, à Solférino et au Mexique, déclaraient qu'ils n'avaient rien vu d'aussi terrible que le bombardement de Strasbourg[1].

La 13ᵉ compagnie du régiment de pontonniers, qui défend les ouvrages 54 et 55, à droite de la porte de Pierres, ainsi que la contregarde 12 *bis,* voit également ses rangs décimés en cette funeste journée, et le capitaine Desnos, qui la com-

Le capitaine Epp. Le capitaine Desnos.

mande, voyant ses hommes tomber autour de lui, l'un après l'autre, aide lui-même à traîner les blessés dans la casemate où on les abrite en même temps que les munitions.....

Une sympathique et populaire figure, que le capitaine Desnos. Grand, à l'allure décidée, à la physionomie énergique et intelligente, tenant la tête haute avec le képi en arrière, le visage relevé par une moustache vigoureuse et une barbiche grisonnante..... Adoré de ses hommes, malgré sa passion pour la discipline. Lui seul pouvait et savait parler à ses pontonniers sur ce ton familier et goguenard : « Allons, tas de cosaques ! Appuyez donc sur ce levier..... Vous voyez bien

---

[1] Alph. Maire, *Les Pontonniers au siège de Strasbourg*, p. 92 et s.

Un pontonnier jette une bombe allemande tout allumée dans le fossé.

cette pièce prussienne, là-bas ?..... Eh bien !...... f...ez-la-moi par terre !...... Une... deux... trois !..... »

Le 8 septembre, nous le disions tout à l'heure, ses soldats sont moissonnés autour de lui. Le maître-ouvrier Laurière, entre autres, un vieux retraité qui a repris du service pour la durée du siège, a une jambe emportée par un obus et meurt quelques heures après..... Le maréchal-des-logis Toulouse échappe, comme par miracle, à une mort certaine : un projectile lui enlève son képi de la tête et lui brûle les cheveux !.....

C'est ce jour-là aussi, ou le lendemain, qu'un des pontonniers du capitaine Desnos donna une preuve de courage et de sang-froid extraordinaires.... La vaillance du capitaine était contagieuse..... Une bombe venait de tomber sur le terre-plein du rempart..... Le terrible engin n'éclate pas, mais la mèche fuse tandis que la bombe roule, roule lentement..... Les soldats, comprenant l'imminence du danger, sont là, accroupis, le cou tendu, les traits contractés, les yeux rivés sur le projectile, quand un des leurs s'élance, saisit la bombe et la jette dans le fossé, en s'écriant : « Tu ne nous tueras pas, toi !..... vingt dieux !..... » Le nom de ce héros ? Il n'est pas resté..... Mais on affirme que le brave homme était le perruquier de la 3ᵉ compagnie[1].

Et chaque jour, des actes valeureux s'accomplissaient sur ce point de la défense. Souvent le capitaine Desnos et quelques officiers et sous-officiers assuraient seuls le service, les hommes étant hors de combat, et remplissaient le rôle de simples canonniers.

Les lieutenants Bedell et Donet, les adjudants Butz et Zimmermann, le maréchal-des-logis-chef Gentil, les maréchaux-des-logis Deleau, Toulouse et Grange pointaient les pièces et « tiraient la ficelle » comme au temps de leur arrivée au régiment.

Peu à peu, toutes les pièces de l'ouvrage 54 sont démontées, et seul un petit canon de montagne tire encore par intervalles ; à bras d'hommes on en apporte un autre, qui est bientôt démonté en même temps que le premier..... On va chercher quelques mortiers d'une courtine voisine et l'on continue la lutte..... Un matin, on voit que les assiégeants ont construit un pont de tonneaux pour franchir le fossé et occuper la lunette 52, et, à l'aide de ces mortiers, on démolit le pont. Mais les Allemands, furieux de cette résistance acharnée, couvrent les ouvrages avancés d'un feu si violent que toute l'artillerie du front Nord est paralysée et

---

[1] Alph. Maire, *Les Pontonniers au siège de Strasbourg*, p. 76 et s.

que les hommes sont frappés jusque dans leurs abris. En moins d'une heure, trente d'entre eux sont hors de combat.....

Vers la fin du siège, la 13ᵉ compagnie reçut l'ordre d'évacuer les lunettes 54 et 55 et de se replier sur les bastions 11 et 12, qu'elle allait désormais disputer à l'ennemi avec les débris de la 3ᵉ et de la 14ᵉ..... C'est la première fois que le capitaine Desnos et ses soldats ont murmuré en exécutant un ordre. Ils auraient voulu tenir leur lunette 54 jusqu'au dernier homme et jusqu'à la dernière gargousse.

La COMMISSION MUNICIPALE est avisée par le maire que le général commandant ayant aboli les droits perçus par le Trésor sur les vins et les spiritueux, il a pris, lui, un arrêté supprimant les droits d'octroi en ce qui concerne ces mêmes liquides, ainsi que le bétail et la viande.

Le maire donne ensuite lecture d'une lettre qu'il a reçue du préfet à propos de la réserve de sel et qui est conçue dans les termes suivants :

« Monsieur le Maire,

« Lorsque le siège de la ville a commencé, la manufacture de tabacs possédait une réserve de sel s'élevant à 200 quintaux.

« M. le général de division, sur votre première demande, a disposé de 100 quintaux en faveur des boulangers civils.

« L'hospice ayant sollicité à son tour une part de sel, M. le général a donné 600 kilogr.

« Il reste donc aujourd'hui une réserve de 9400 kilogr., à laquelle M. le général compte d'autant moins toucher que, dans l'intérêt de l'alimentation de tous, il a réduit les rations militaires.

« M. le général, à qui j'ai donné connaissance de votre lettre en date de ce jour, me charge de vous dire qu'il vous livrera le reliquat de l'approvisionnement de la manufacture de tabacs dès que celui dont vous disposez sera épuisé.

« Recevez, Monsieur le Maire, l'assurance de ma considération distinguée.

« A. PRON. »

Le maire ajoute qu'à cette quantité de 9400 kilogr. réservée à l'administration municipale s'ajoute un approvisionnement de 6000 kilogr., qui est directement à la disposition de la ville.

« Vous voyez donc, continue M. le maire, qu'en ce qui concerne notre approvisionnement de sel, la situation est loin d'être désespérée ; je suis heureux de le dire à la Commission, car cette question faisait et fait encore l'objet de mes plus vives préoccupations. »

M. Kampmann, adjoint, soumet à la Commission un état des approvisionnements dont la ville a fait l'achat. Ces approvisionnements, qui consistent en farine et en riz, représentent une quantité d'environ 220,000 kilogr. et ont coûté 106,353 fr. 90 c.

« Le sel livré ou à livrer par l'administration des tabacs ne figure pas dans ce compte, attendu que cette administration nous a laissés libres de l'indemniser en argent ou par équivalent. »

Après ces explications, M. Kampmann propose à la Commission de ratifier les achats qui ont été faits et d'ouvrir à l'administration un crédit de 180,000 fr. destiné à pourvoir au payement, tant des approvisionnements déjà faits que de ceux que des besoins à venir pourront encore rendre nécessaires. Cette proposition est adoptée par la Commission.

M. le maire expose que le séjour prolongé dans les caves développe le principe morbide qui plane depuis quelque temps sur la France entière; l'affection variolique menace de se répandre à Strasbourg; les hospices se sont inquiétés de cette situation; il avait d'abord été question de placer à l'école Saint-Louis les personnes atteintes de cette maladie; mais cette mesure n'eût pas été sans présenter de graves inconvénients; la Commission des hospices, au zèle et au dévouement de laquelle on ne saurait décerner trop d'éloges, l'a compris, et il est entendu que l'on ne déversera à l'école communale que des convalescents de maladies non contagieuses.

« Il est, continue le maire, un certain nombre d'indigents, clients de Saint-Marc, qui reçoivent aujourd'hui leur nourriture dans les restaurants populaires, dont la création et l'excellent fonctionnement sont dus à l'initiative personnelle d'un groupe d'hommes énergiques et dévoués au bien public, au nombre desquels il n'est que juste de citer notre honorable collègue, M. Zopff; or, il est naturel et légitime de penser que le bureau de bienfaisance tiendra compte à ces établissements d'alimentation populaire des frais d'entretien qui, dans les circonstances normales, auraient été à sa charge. »

Un membre demande si M. le préfet a communiqué quelque nouvelle sur la situation.

Le maire répond que le préfet est venu en personne le trouver à l'Hôtel-de-Ville et lui a renouvelé sa déclaration d'hier, à savoir qu'il n'a reçu aucune dépêche officielle ni officieuse. Il lui a annoncé, en outre, qu'aujourd'hui-même il a expédié un émissaire chargé de transmettre de nos nouvelles et de nous en rapporter de l'intérieur.

A propos d'une observation de M. Lipp, concernant la Société de secours l'*Internationale* et les médecins strasbourgeois retenus à Haguenau, M. Schnéegans proteste énergiquement contre les accusations dont l'*Internationale* est l'objet de la part de certaines personnes. Sans elle, dès avant l'investissement de la place, les blessés étaient à peu près abandonnés. « Nous avons vu venir M. l'intendant militaire dans le sein de notre comité, dit M. Schnéegans, quelques jours avant la bataille de Frœschwiller et nous demander 200 lits pour les fiévreux de l'armée, qu'à ce moment déjà l'intendance n'était pas en mesure de loger. Si nous n'avions pas établi les ambulances, qui aujourd'hui fonctionnent encore, les blessés n'auraient pas d'abri ; car rien, absolument rien n'était préparé. Sans l'*Internationale*, le typhus serait à Strasbourg. Depuis des semaines, les services que l'*Internationale* a rendus, nous demandons qu'on les reconnaisse ; nous demandons qu'on nous accorde la justice qui nous est due. Quant aux médecins de Strasbourg qui sont en ce moment à Haguenau, ils ont quitté notre ville le lendemain de la bataille de Frœschwiller, alors qu'il n'était pas encore question de l'investissement de la place.

« Ils allaient, sous la protection de la convention de Genève, soigner les blessés sur le champ de bataille. Plus tard, l'armée prussienne ayant avancé, ces médecins ont été retenus au mépris de cette convention internationale, et aujourd'hui encore il leur est interdit de sortir des lignes prussiennes.

« Cette situation, ce n'est pas la Société de l'*Internationale* qui l'a créée, mais, au contraire, le refus des autorités prussiennes de respecter les stipulations de cette convention de Genève, à laquelle le gouvernement prussien avait pourtant adhéré. »

M. A. Saglio demande à ne citer qu'un fait, en témoignage des services rendus par l'*Internationale* à l'autorité militaire. « Depuis la bataille de Frœschwiller, l'intendance s'est vue dans la nécessité de recourir à la Société pour lui demander de la quinine, dont elle était tout à fait dépourvue et qui lui était indispensable pour combattre les nombreuses fièvres intermittentes par lesquelles nos soldats d'Afrique ont dû payer leur tribut à l'humidité de notre climat. L'*Internationale* a pu procurer des médicaments à l'intendance, en envoyant à Paris, à travers les lignes ennemies, une personne dévouée, M. le pasteur Schillinger, qui, à son retour, a été arrêté par les Prussiens et n'a pu rentrer à Strasbourg. »

« Il se peut, dit M. Lipp, que, dans les commencements, quelques abus aient été commis sous le manteau du brassard de la Société ; mais je lui rends pleinement justice depuis qu'elle a son cachet purement strasbourgeois. »

« Le principe de l'institution peut être mis en discussion, c'est possible, dit M. Bœrsch, mais assurément les circonstances ne sont pas propices pour un semblable débat; en présence de ce qui se passe sous nos yeux, on ne saurait contester les services signalés dus à l'*Internationale;* sachons donc en profiter et continuer à nous en servir pour le plus grand bien des malades et l'honneur de l'humanité. »

Le maire incline à penser que l'*Internationale* a eu deux phases : il ne veut pas rechercher si quelques reproches ne peuvent pas s'appliquer à la première; mais quant à la seconde période de l'existence de cette Société, il la tient bien haut dans son estime. « Ceux de nos compatriotes qui se sont consacrés à cette œuvre éminemment philanthropique méritent la reconnaissance et le respect publics; on ne saurait assez les louer de leur zèle et de leur dévouement. »

« Je fais partie de la Société, dit M. Saglio; j'ai assisté aux séances du comité, je sais ce qui s'y est passé; je crois pouvoir dire que l'opinion publique lui rend justice, cela doit suffire pour la récompenser de ses efforts. Écartons donc les récriminations qui peuvent se produire, le moment n'est pas opportun pour leur livrer accès; nous n'avons que faire des critiques; laissons-les de côté, sans nous y arrêter; c'est un nouveau service que nous rendons dans ces temps d'agitation; qu'il nous suffise de pouvoir nous rendre le témoignage d'avoir utilement rempli notre mission, en concourant par la bonne organisation de nos ambulances au soulagement d'un grand nombre de malheureux blessés. »

Nous avons donné, au commencement de cet ouvrage, la composition du comité auxiliaire de l'*Internationale,* fondé à Strasbourg dès le début de la guerre, et dont on s'est entretenu si vivement dans la séance de la Commission municipale dont on vient de lire le compte rendu. Ce comité de la « Société française de secours aux blessés et malades militaires », — c'était là le sous-titre de l'*Internationale,* — avait chargé son vice-président, M. Alfred Ritleng, notaire, de la mission spéciale de s'occuper de la correspondance entre les assiégés et leurs parents et amis du dehors. M. Ritleng s'était installé, pour remplir ces fonctions délicates, à l'hôtel de la Ville-de-Paris, où chaque jour il se tenait à la disposition de ses concitoyens. C'est là qu'il recevait les correspondances ouvertes, et y biffait tout ce qui pouvait avoir le caractère d'un renseignement militaire, pour n'y laisser que les passages relatifs à la santé de leurs auteurs. Travail fatigant et difficile, que M. Ritleng a eu l'ingénieuse idée de simplifier en faisant imprimer des cartes postales portant la Croix-Rouge, sur lesquelles on inscrivait quelques lignes rapides, et qu'il réussissait ensuite à expédier hors la ville assiégée, soit par l'intermédiaire de citoyens courageux qui arrivaient à franchir les lignes ennemies, soit par des parlementaires, soit encore en les confiant à de petits ballons qu'on abandonnait au gré des vents.

M. Ritleng pensait, non sans raison, que le respect dû à la Croix-Rouge, dont

ces cartes étaient revêtues, ainsi que le caractère inoffensif et purement privé de leur contenu, devaient ouvrir les voies à ces messages d'une population séparée du reste du monde par un cercle de feu.....

Ci-dessus le spécimen d'une de ces cartes, adressée le 13 septembre 1870 par le commandant d'artillerie de Cournet de Boblaye à son beau-frère, à Quimperlé (Finistère), et parfaitement arrivée à destination ; et voici une reproduction de la Croix en bronze, l'insigne qui avait été distribué aux membres du comité de l'*Internationale*, et qui portait, gravé sur le revers, le nom du titulaire.

Par son infatigable dévouement, par son habileté et par cet esprit serviable dont il donne, aujourd'hui encore, des preuves quotidiennes à ses concitoyens, M. Alfred Ritleng est parvenu, en expédiant, de la ville bombardée, ces cartes de l'*Internationale* à travers la France, à sécher bien des larmes et à calmer bien des angoisses.

Voici un autre document de l'*Internationale*; un certificat délivré à M. Ch. Frédéric Kettner et dont le texte indique suffisamment le caractère:

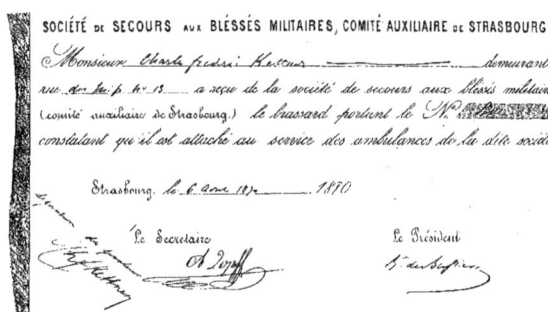

CHAPITRE V.

Les obsèques du capitaine Epp et de trois ouvriers de la marine. — Incendie du Théâtre. — Fausses nouvelles. — Le commissaire central est cité devant la Commission municipale. — La Suisse vient secourir les habitants de Strasbourg. — Arrivée des délégués suisses. — Récits de leurs démarches et de leur voyage.

Le 9 septembre. Les casernes continuent à être bombardées avec acharnement. A 10 heures du matin, un des bâtiments du quartier Saint-Nicolas, si mutilé déjà, prend feu; mais, grâce à des efforts héroïques, on parvient à circonscrire le foyer de l'incendie. Un malheureux sous-officier des ouvriers d'artillerie périt victime de son dévouement; il tombe dans les flammes et l'on ne peut retirer que son corps informe de dessous les décombres.

La Mairie est également l'objectif constant du tir des assiégeants, et dans la matinée du 9 septembre, en l'espace d'une heure, elle est atteinte par quatorze obus, dont l'un frappe mortellement le nommé Legler, préposé au service de la salubrité, blesse un autre employé de la ville, Desroches, et contusionne à la tête M. Conrath, architecte municipal.

On rend les derniers honneurs à deux francs-tireurs, Piot et Flach, blessés à mort l'avant-veille, dans une sortie. Et au moment où toute leur compagnie, des marins, des gardes mobiles, des élèves de l'École de santé militaire, des gardes nationaux sont groupés autour de leur tombe pour écouter les paroles de regret que le commandant Liès-Bodard consacre à ces deux victimes du devoir, deux autres jeunes gens, Théodore Frey, franc-tireur, et Ernest Fischer, brigadier de l'artillerie de la garde mobile, succombent aux blessures qu'ils ont reçues devant l'ennemi.

La COMMISSION MUNICIPALE tient séance, comme chaque jour. Le maire l'informe qu'il a été voir, peu d'instants avant la réunion, M. le préfet, qui lui a déclaré n'avoir aucune communication à lui faire. Après de vaines tentatives pour se frayer un passage, l'émissaire envoyé hier, pour traverser les lignes ennemies, a été forcé de revenir.

Après discussion sur le point de savoir s'il ne serait pas opportun de choisir pour siège des séances de la Commission un local moins exposé aux projectiles, la Commission décide qu'elle continuera à se réunir au local actuel.

M. Henry demande s'il ne serait pas utile de faire faire un recensement des vaches qui se trouvent à Strasbourg, pour arriver à assurer journellement une certaine quantité de lait aux enfants et aux malades.

« C'est une proposition à renvoyer à la Commission d'alimentation, dit M. Zopff. »

Théodore Humann, Maire de Strasbourg [1].

« Comment voulez-vous réaliser une telle proposition, dit M. le maire; qui nourrira et entretiendra ces vaches? Le particulier qui a chez lui une vache laitière a quelques approvisionnements de fourrages pour l'entretien de cette vache, mais l'administration ne saurait que bien difficilement s'en procurer en ce moment; ce serait, en outre, imposer à l'administration une tâche hérissée d'une foule de détails qui vraiment ne sont pas de son domaine. »

« Le lait n'est pas gaspillé, fait remarquer M. Imlin; les personnes bien portantes s'en privent volontiers pour le réserver aux enfants et aux malades; la mesure proposée, outre qu'elle pourrait être une atteinte aux droits des propriétaires, ne modifierait donc guère la situation, qui malheureusement ne peut être elle-même que provisoire, vu le nombre réduit de vaches et la quantité restreinte de fourrages. »

« Je suis d'avis, dit M. Bœrsch, qu'il ne faut pas endosser à l'administration une besogne qui n'est pas de sa compétence; elle a le devoir de pourvoir aux

---

[1] Ce portrait est reproduit d'après une grande photographie que Mme veuve Amand Hervé a bien voulu nous communiquer, et que M. Humann avait offerte à M. Amand Hervé, receveur municipal, en y inscrivant cette dédicace :

« A mon brave, excellent et fidèle collaborateur, M. Amand Hervé, souvenir d'amitié de son ancien Receveur général et, plus encore, de son ancien Maire. Souvenir du sinistre bombardement que nous avons, côte à côte, bravé à l'Hôtel-de-Ville. « HUMANN. »

nécessités et aux besoins de la population en général, et sa mission ne saurait être de se préoccuper en détail des convenances ou des besoins de certaines catégories d'habitants.

« La Commission a voté hier un crédit de 180,000 fr., destiné à mettre l'administration en mesure de faire des achats pour la subsistance de la population en général.

« Vouloir aujourd'hui imposer à la municipalité l'obligation de procurer du lait aux malades et aux enfants, c'est l'exposer pour demain à d'autres demandes particulières plus difficiles à satisfaire encore ; c'est faire sortir l'administration de ses attributions normales et régulières et ouvrir la voie à quantité d'inconvénients et d'abus ». Après ces observations, la Commission décide qu'il n'y a pas lieu de donner suite à la proposition.

Le général de Werder adresse au général Uhrich la lettre suivante :

Le général de Werder au général Uhrich.

« Mundolsheim, le 9 septembre 1870.

« J'ai l'honneur de vous envoyer ci-joint un certain nombre de sauf-conduits, en vous abandonnant le soin de les faire parvenir aux intéressés et de laisser sortir ceux-ci par la porte d'Austerlitz, s'il vous convient.

« Ci-joint ensuite les décorations d'un officier tué aux avant-postes le 2 du mois. Sa tombe, qui est située à côté d'une fosse commune dans laquelle sont enterrés 6 soldats prussiens et 8 soldats français, est marquée spécialement.

« J'ai reçu par la légation grande-ducale de Bade la lettre ouverte ci-jointe de Mme la générale Uhrich.

« Les coupures de journaux ci-incluses vous donneront un aperçu de la situation politique.

« Je regrette de ne pouvoir encore vous transmettre une dépêche relative à l'état de santé de votre fils.

« Le transport de munitions envoyé de Neuf-Brisach à votre destination est entre mes mains.

« Je vous prie enfin, Monsieur le Général, de ne pas vouloir cacher à la population de Strasbourg la vérité et l'état désespéré de la situation politique ; la vérité peut faire valoir ses droits dans un combat loyal et chevaleresque.

« Agréez, Monsieur le Général, l'assurance de ma haute considération.

« DE WERDER. »

Le 10 septembre. On célèbre, dans la matinée, les obsèques du capitaine Epp, l'officier tombé le 8 septembre, au milieu de sa batterie. Un grand nombre de ses camarades, surtout des officiers du régiment des pontonniers, l'accompagnent à sa dernière demeure..... Derrière le cercueil, à côté du pasteur, marche le fils du défunt, un jeune enfant tout en larmes, dont la douleur fait peine à voir[1]. Au moment où la tombe du capitaine Epp est fermée on amène au Jardin botanique, qui sert de cimetière, trois bières contenant les restes de soldats de la marine. Le premier, Auguste Viallon, charpentier du service des constructions navales, avait été frappé mortellement, dans la rue Sainte-Élisabeth, par un éclat d'obus ; les deux autres étaient des enfants de l'Alsace, incorporés comme apprentis marins au détachement que la marine avait envoyé à Strasbourg. Ils avaient trouvé la mort devant l'ennemi.

Le Théâtre.

Vers 11 heures du matin, une énorme et épaisse colonne de fumée s'éleva du côté de la place Broglie. C'était le théâtre qui brûlait..... Strasbourg était si fier de son théâtre, un des plus beaux de France!.... Construit sous la direction de l'architecte Villot, il s'élevait sur l'emplacement de l'ancienne salle de spectacle, détruite par le feu au commencement du siècle.....

On luttait depuis plusieurs heures contre les flammes qui, à peine éteintes, étaient rallumées par une nouvelle pluie de projectiles. A la fin, il fallut abandonner la résistance. L'incendie avait gagné la scène, encombrée de décors, et se communiqua aussitôt aux frises et à l'énorme poutrage du toit. Puis subitement la flamme, rouge, formidable, happa, d'un seul coup, tout le bâtiment, qui ne forma plus alors qu'une effrayante fournaise.

De nombreuses familles (plusieurs centaines de malheureux) s'étaient réfugiées au théâtre et y avaient transporté les quelques hardes et objets de literie qu'elles

---

[1] Cet enfant est aujourd'hui officier dans un régiment de la garnison de Lunéville.

INCENDIE DU THEATRE, LE 10 SEPTEMBRE 1870

avaient pu sauver des incendies des jours précédents. Il y avait surtout beaucoup de femmes et d'enfants, des malades aussi, qui poussaient des cris de désespoir et que des soldats, des pompiers enlevèrent dans leurs bras pour les porter, à travers les nuages de fumée, jusque dans la rue et de là dans quelque bâtiment voisin..... Plusieurs de ces sauveteurs furent blessés..... Le concierge du théâtre, Jean-Jacques Siffert, fut mortellement atteint par un éclat d'obus ; un autre éclat frappa le commandant d'artillerie Bélu, qui avait pris part au sauvetage des pauvres réfugiés.

Un garde national avait arraché quelques partitions d'opéra au feu. C'est tout ce qui échappa au sinistre. La magnifique bibliothèque du théâtre, les décors, les costumes, le mobilier du cabinet de la direction[1] furent dévorés.... Le grand lustre, dont la verroterie s'était fondue sous l'effet de la chaleur et tombait comme des stalactites irisés, s'abîma tout à coup avec fracas dans la salle, puis tout s'effondra, la toiture, les plafonds, les galeries, formant entre les quatre murs un amoncellement sinistre[2]....

Les ruines du Théâtre : la cage d'escalier et les couloirs.

Cette journée du 10 septembre devait être l'une des plus fertiles en émotions de toute cette longue période d'angoisse. Dès le matin, une agitation joyeuse avait régné dans les rues. Le commandant des francs-tireurs venait de lire à sa compagnie une dépêche annonçant que le général Dumont — encore une fois ! — marchait sur Strasbourg avec un corps de 25,000 hommes et qu'il serait sous les murs

[1] Le directeur était M. Émile Marck, un Strasbourgeois, qui, plus tard, fut nommé directeur de l'Odéon.
[2] Les murs ont été conservés lors de la reconstruction du théâtre, en 1872.

avant quarante-huit heures. « Les Français sont vainqueurs, disait la dépêche; Colmar a illuminé. »

La garde nationale reçut communication des mêmes nouvelles et, dans les casernes, elles circulaient de bouche en bouche, transmises, affirme-t-on, par l'état-major de la place. Des officiers de la garnison colportèrent des copies de la dépêche, qui furent affichées dans les cafés, et devant la précision de ces renseignements, l'opinion publique, si souvent désabusée pourtant, se refusa à hésiter. Cette fois-ci, ce n'était plus une fausse joie...

Les ruines du Théâtre : la salle.

D'un autre côté, un habitant de la ville avait réussi à se procurer un numéro de la *Gazette de Carlsruhe,* annonçant la chute de l'Empire, la proclamation de la République et la composition du nouveau gouvernement. L'avènement de la République, c'était la fin de la guerre; la victoire des troupes françaises, c'était Strasbourg conservé à la France.....

La séance que la COMMISSION MUNICIPALE tient en ce jour est particulièrement intéressante, émouvante même par instants. Laissons parler le procès-verbal :

« Ce matin, dit M. le maire, vers 11 heures, alors que j'étais ici, occupé à rendre compte au conseil d'administration du dévouement de M. Krempp, caissier du théâtre, et de M. Bouiller, peintre-décorateur du théâtre, la salle de spectacle a été mise en feu par les projectiles ennemis, et les moyens de sauvetage ont été bientôt impuissants à enrayer ce nouveau sinistre. Le théâtre de Strasbourg n'est plus qu'un monceau de ruines..... »

M. le maire annonce qu'il sort de la Préfecture, où M. le préfet a dit « n'avoir rien à lui communiquer ».

« Il circule pourtant, fait observer M. Schnéegans, il circule depuis ce matin une dépêche que l'on doit avoir transmise à M. le préfet. »

M. le maire répond : « J'en ai parlé à M. le préfet, qui m'a dit que le fait est inexact. »

« On nous a promis, dit M. Kablé, une communication quotidienne de M. le préfet; il serait à désirer qu'elle nous fût faite par écrit. »

Cette observation est appuyée par plusieurs membres. M. le maire en prend note.

M. Eissen porte à la connaissance de la Commission que M. Liès-Bodard a lu ce matin aux chasseurs volontaires et, au nom du préfet, la dépêche dont il a été question.

« M. le préfet, réplique le maire, dénie à pur et à plein avoir fait cette communication à M. Liès-Bodard.

M. Schnéegans dit que le commissaire central aurait, de son côté, communiqué la même nouvelle à M. Morin, lieutenant des pompiers.

« Il est vivement à désirer, ajoute-t-il, que l'on sache à quoi s'en tenir au sujet de ces nouvelles qui éclosent on ne sait où, et qui ont pour effet, alors que le lendemain vient les démentir, de déconcerter et de décourager la population. Je propose que l'on invite M. le commissaire central à se rendre au sein de la Commission. »

Cet avis est partagé. En conséquence, M. le commissaire central est invité à se présenter. La séance continue.

Plusieurs membres signalent de nouveau le danger auquel sont exposées les personnes qui ont à se rendre à la Mairie depuis que l'Hôtel-de-Ville est devenu le point de mire des projectiles de l'ennemi, et notamment celles qui ont à faire des déclarations à l'état civil.

M. Bœrsch fait à ce sujet la proposition suivante : « Dans l'intérêt de la sécurité des citoyens, la Commission invite M. le maire à prendre les mesures nécessaires pour que, dans chaque canton, un registre soit ouvert pour recevoir les déclarations de naissances et de décès, sauf à régulariser cette situation par telle voie que de droit, s'il le faut, après la levée de l'état de siège et le rétablissement de la paix. »

Cette proposition, à laquelle M. le maire se rallie avec empressement, est adoptée par la Commission, qui s'en remet, pour les détails d'exécution, à la sagesse de M. le maire.

A ce moment de la séance, M. le commissaire central est introduit.

M. le maire lui fait connaître le motif pour lequel il a été prié de se présenter devant la Commission. « On prétend, dit M. le maire, que vous auriez communiqué, ce matin, à M. Morin, lieutenant des pompiers, certaine nouvelle, arrivée de Colmar, et annonçant une grande victoire de notre armée et l'approche de nos murs d'un corps de 25,000 hommes. »

M. le commissaire central répond : « Je ne me souviens pas d'en avoir parlé à M. Morin ; j'en ai parlé à quelques personnes comme d'un bruit qui courait en ville, mais sans donner à penser à n'importe qui que cette nouvelle avait un caractère officiel.

« Il est profondément regrettable, dit M. Bœrsch, que M. le commissaire central se fasse l'organe de semblables bruits, quand il sait qu'ils n'ont rien de fondé. Revêtu d'un caractère officiel, il a une responsabilité qui lui impose de la réserve et de la discrétion ; et en propageant, même de bonne foi, des nouvelles inexactes, il engage et il compromet l'autorité supérieure dont il est l'agent. Je demande que la Commission exprime sa désapprobation ; la sécurité publique est intéressée à ce qu'on ne leurre pas la population au moyen de faux bruits. »

M. le commissaire central répond : « Il ne serait pas juste de m'imputer la responsabilité de bruits qui n'émanent pas de moi. Je connais les devoirs qui incombent à un agent de l'administration ; je crois être très prudent et très réservé dans l'exercice de mes fonctions, et si, dans mes relations privées, il m'est arrivé de dire : « Tel bruit, telle nouvelle circule », je ne crois pas avoir de faute à me reprocher. » M. le commissaire central se retire.

M. Bœrsch ayant déclaré maintenir sa proposition, M. Saglio s'exprime ainsi : « Si vous voulez formuler un blâme, il faut une enquête ; je n'ai nulle mission de défendre M. le commissaire central, mais dans des circonstances difficiles comme celles où nous nous trouvons, une assemblée se doit à elle-même d'être juste envers tout le monde et de n'accuser qu'en parfaite connaissance de cause. »

M. le maire se joint à M. Saglio pour demander à la Commission de ne pas faire d'injustice. Le Commissaire central lui paraît avoir agi avec une entière bonne foi. « Ce n'est pas l'homme, c'est la fonction qu'on me semble vouloir atteindre ; je crains dès lors que la passion ne vous entraîne à manquer de justice et d'équité, et je vous prie de remettre votre détermination à demain. »

M. Mallarmé fait remarquer que la Commission est en présence d'une double proposition. M. Bœrsch propose d'exprimer un blâme, M. Saglio, d'ouvrir une enquête, laquelle de ces propositions doit-elle avoir la priorité ? C'est à la Commission de statuer.

« Je comprendrais, dit M. Bœrsch, qu'il y eût lieu à une enquête, s'il y avait des faits à rechercher; mais non, je ne m'occupe que des paroles prononcées dans cette enceinte par M. le commissaire central; il a déclaré qu'il avait propagé des bruits circulant ce matin en ville, et c'est là précisément la faute que je lui reproche. Je formule ainsi qu'il suit la proposition que j'entends soumettre au vote de la Commission :

« La Commission, après avoir entendu les paroles prononcées devant elle
« par M. le commissaire central, exprime le regret qu'un agent officiel et intime de
« l'autorité supérieure se soit fait l'organe ou le propagateur de nouvelles de la
« véracité desquelles il ne pouvait répondre, et qui sont de nature à nuire à la
« population et à compromettre l'autorité supérieure. »

Après quelques moments de discussion, cette motion, mise aux voix, est adoptée.

Ici se place l'incident capital de la séance..... Un rayon de soleil vient éclairer la nuit; un sourire perce à travers les larmes..... Après un mois de souffrances, voici enfin un instant de joie sincère.... La Suisse vient au secours de Strasbourg, non pas les armes à la main, mais pour délivrer de leurs tortures les vieillards, les femmes, les enfants captifs dans la forteresse en feu.

Le maire, après que la légère émotion produite par l'incident du commissaire central s'est apaisée, prend la parole et s'exprime en ces termes :

« Messieurs,

« Le général commandant la division vient, à l'instant, de me faire remettre une lettre qui m'est adressée par M. le président de la *Confédération suisse,* au nom du *Conseil fédéral,* et qui renferme une communication d'une grande importance; en voici la teneur :

« Berne, le 7 septembre 1870.

« Monsieur le Maire,

« Il vient de se former en Suisse une Société qui s'est donné pour mission de procurer à la ville de Strasbourg, si cruellement éprouvée, et à laquelle se rattachent pour la Confédération tant de beaux souvenirs historiques, l'aide et le secours que permettent les circonstances; la Société désire surtout préparer un asile, sur le territoire neutre de la Suisse, aux habitants auxquels la sortie de la ville sera permise, notamment aux femmes, enfants, en général aux personnes hors d'état de se défendre.

« Pour atteindre ce but aussitôt que possible, la Société a résolu de nommer une délégation spéciale composée de MM. le docteur Rœmer, président de la commune de Zurich; le colonel de Büren, président de la commune de Berne, et le secrétaire d'État docteur Bischoff, à Bâle, en la chargeant de se mettre en relation tant avec son Exc. M. le général de Werder, qu'avec les autorités compétentes de Strasbourg, et d'entamer les négociations nécessaires pour la réussite et l'accélération de l'œuvre d'humanité dont il s'agit.

« Eu égard au caractère de cette mission, le Conseil fédéral n'hésite pas, Monsieur le Maire, à recommander cette députation à votre bienveillant accueil en vous priant de la mettre autant que possible en rapport avec les personnes de votre ville dont la coopération serait de nature à assurer la réalisation du projet en question.

« En même temps, le Conseil fédéral suisse saisit cette occasion pour vous offrir, Monsieur le Maire, l'assurance de sa considération distinguée.

« Au nom du Conseil fédéral suisse,

« Le président de la Confédération,
« Le chancelier de la Confédération, « Dubs. »
« Schiess. »

La lecture de cette lettre est accueillie par l'assemblée avec des transports d'enthousiasme et de reconnaissance pour le noble et généreux peuple suisse.

M. le maire dit, avec un sentiment de vive émotion, que cette œuvre d'humanité tentée au profit de Strasbourg est bien digne de la nation helvétique et que la cité tout entière sera pénétrée envers ce généreux pays de la plus profonde gratitude.

M. Bœrsch propose de prendre, dans la prochaine séance, une délibération pour remercier la République suisse des témoignages de sympathie et d'assistance qu'elle offre spontanément à la population de Strasbourg, si cruellement éprouvée par les suites lamentables du bombardement. Des acclamations accueillent cette motion.

M. Zopff prononce les paroles suivantes :

« La Suisse, la première, a couvert de sa bannière l'œuvre humanitaire entreprise en faveur des soldats blessés sur le champ de bataille; aujourd'hui elle donne au monde un plus noble exemple encore, en venant au secours de nos femmes et de nos enfants, exposés aux coups impitoyables de l'ennemi; nous lui devons toute notre reconnaissance, et c'est du plus profond de mon cœur que je m'associe à la résolution qui vient d'être prise sur la proposition de M. Bœrsch. »

« Je demande, dit M. Küss, à qui s'adjoint M. Lichtenfelder, que dès ce soir des affiches portent à la connaissance des habitants de Strasbourg la lettre de M. le président de la Confédération suisse. »

M. le maire déclare qu'il avait bien l'intention de le faire et que ses ordres sont déjà donnés.

M. Schnéegans demande que la Commission soit convoquée d'urgence dès que la députation sera arrivée.

M. le maire répond : « Je tiens à l'honneur de me présenter devant elle, à votre tête, Messieurs, vous qui m'aidez tous, avec un dévouement dont je vous remercie, à porter dans ces temps difficiles le lourd fardeau de l'administration. »

La séance est suspendue pendant un quart d'heure.

M. le maire, de retour du quartier général, où il s'était rendu pendant la suspension de la séance, annonce qu'il vient d'apprendre que les trois membres formant la députation suisse seront à Eckbolsheim demain à 11 heures et que probablement, à 11 heures et demie, ils arriveront à Strasbourg par la porte Nationale.

M. le maire propose donc à la Commission de se réunir demain dimanche, à 11 précises, pour se rendre à la porte Nationale. Les membres non présents à la séance seront convoqués à domicile.

M. Imlin dit qu'il serait bon de faire les démarches nécessaires pour obtenir un armistice d'une durée suffisante pour permettre à la députation de pénétrer dans l'intérieur de la ville à l'abri des projectiles.

M. le maire répond qu'il ne demande pas mieux que d'en parler au général de division; mais, dit-il, cette démarche me semble puérile, tellement le fait de la cessation temporaire du feu pendant le passage par la ville de la députation du gouvernement fédéral lui semble commandé par le respect dû au drapeau helvétique.

M. Kolb annonce que le sieur Charles André, pompier, a péri victime de son dévouement dans l'incendie du quartier Saint-Nicolas. Il pense que la Commission voudra bien, sur la proposition de M. le maire, allouer une pension à la veuve de ce malheureux, et il espère, en attendant que la liquidation puisse en être établie, que l'administration continuera à la femme les appointements de son mari.

« Cela ne fait pas doute », répond M. le maire, et la séance est levée.

Donc, les délégués arriveraient le lendemain. Ils avaient écrit au général Uhrich pour lui demander l'autorisation d'entrer dans la place, et le général leur avait répondu dans les termes suivants :

SIXIÈME DIVISION MILITAIRE.

« 10 septembre 1870.

« Messieurs,

« L'œuvre qui vous conduit dans les murs de Strasbourg est si honorable qu'elle vous assurera à jamais la reconnaissance de la population de notre cité comme celle de ses autorités civiles et militaires.

« Pour ce qui me concerne en particulier, je ne puis assez vous témoigner ma reconnaissance pour votre noble et généreuse initiative. Je me fais un devoir de vous dire d'entrée et dès l'abord combien je suis touché de la grandeur de vos nobles intentions.

« Un parlementaire se rendra demain à Eckbolsheim, vers les onze heures, avec ordre de vous accompagner jusqu'à Strasbourg.

« Agréez, Messieurs, l'assurance de ma plus haute estime.

« Le général de division, commandant la 6ᵉ division militaire,
« UHRICH. »

« A MM. les délégués de Zurich, Berne et Bâle »

Le soir même, la population était informée de la démarche faite en sa faveur par le peuple suisse et un sentiment de profond soulagement se répandit dans les cœurs..... Une fois les femmes et les enfants à l'abri du danger, les hommes valides seraient délivrés de leurs plus cruels soucis, et l'on pourrait continuer la résistance avec une nouvelle vigueur et un nouveau courage..... C'est ainsi que l'on raisonna tout d'abord; puis il germa un doute dans les esprits, trop souvent dupés par les faux bruits, et se refusant à croire maintenant qu'une bonne nouvelle pût être vraie..... Si ces émissaires qui se disent envoyés par la Suisse n'étaient que des émissaires des assiégeants! S'ils ne tentaient de pénétrer dans nos murs que pour étudier la situation de la place et pour en rendre compte ensuite à l'état-major allemand !..... C'est à faire ces réflexions que l'on passa la nuit, pendant que le bombardement faisait rage, semant la mort et la dévastation.....

Les deux généraux avaient échangé dans la journée la correspondance suivante :

Le général de Werder au général Uhrich.

« Mundolsheim, le 10 septembre 1870.

« J'ai l'honneur de vous envoyer ci-joint deux lettres qui m'ont été remises par une députation de citoyens suisses dans l'intérêt des habitants de Strasbourg. La demande de ces messieurs, qui sont officiellement accrédités par le Conseil de la Confédération suisse, me semble être, dans l'intérêt de l'humanité, digne de la plus grande considération. Veuillez donc avoir la bonté de permettre leur entrée à Strasbourg, pour qu'ils se mettent là en relation avec les autorités. Je serais très volontiers prêt à écouter les propositions de cette délégation et vous prie de lui accorder le meilleur appui.

« La députation en question sera demain, le 11, à 11 heures du matin, à Eckbolsheim et attendra là un de vos parlementaires, pour être conduite par celui-ci dans la place.

« En même temps je dois ajouter que le lieutenant de chasseurs qui doit être échangé, a déjà été rappelé d'Ingolstadt par le télégraphe.

« DE WERDER. »

Le général Uhrich au général de Werder.

« Strasbourg, le 10 septembre 1870.

« Je viens de recevoir votre lettre, en date de ce jour, et j'ai l'honneur de vous en accuser réception. La députation des citoyens suisses sera reçue à Strasbourg avec la plus grande cordialité. J'enverrai demain, à 11 heures du matin, un parlementaire pour la recevoir à Eckbolsheim et la conduire en ville. Lorsqu'elle se sera entendue avec l'autorité civile, pour arrêter la liste des personnes qui voudront se réfugier en Suisse, j'aurai l'honneur de vous demander les sauf-conduits nécessaires.

« Je vous remercie de m'avoir renvoyé les décorations de l'officier mort dans l'engagement du 2 de ce mois et d'avoir fait marquer sa tombe d'une manière particulière.

« Il ne m'est pas permis de faire connaître à la population de Strasbourg les nouvelles politiques contenues dans les journaux que vous m'avez adressés; notre règlement sur le service des places est très précis à cet égard, et je crois que celui de l'armée prussienne l'est tout autant.

« J'ai en outre à vous remercier pour la lettre de ma femme, que vous avez bien voulu me faire parvenir.

« Veuillez agréer, etc. « UHRICH. »

Le 11 septembre. La bonne nouvelle était bien fondée cette fois. Les Suisses s'étaient souvenus de l'amitié qui avait lié autrefois les républiques helvétiques et Strasbourg, ville libre et indépendante; ils s'étaient rappelé que dans les jours de malheur leurs cités et Strasbourg s'étaient prêté assistance. Un jour, les Zurichois chargèrent une marmite de millet bouillant sur un bateau qui, monté par un grand nombre de citoyens, descendit le Rhin et entra à Strasbourg, où la population l'accueillit avec enthousiasme..... Le millet était encore chaud, et les Zurichois prouvèrent ainsi qu'ils pourraient, en cas de danger, être arrivés au secours des Strasbourgeois avant qu'une bouillie ait eu le temps de refroidir[1].

Ce fut le Dr Bischoff, secrétaire d'État de Bâle, qui conçut d'abord le projet de venir en aide aux bombardés de Strasbourg. Comment? il ne s'en rendait pas bien compte lui-même, et il sentait fort bien que ce projet n'était point un de ceux que l'on exécute sans peine. Mais quoi! il y avait là d'horribles souffrances à soulager; et les anciens Strasbourgeois n'avaient-ils pas secouru Bâle ruiné par un tremblement de terre?.....

« Les relations entre Bâle et Strasbourg étaient plusieurs fois séculaires. Les deux villes s'étaient déjà alliées jadis pour protéger le commerce sur leur territoire et pour combattre des ennemis communs. De date immémoriale elles étaient les deux grandes cités du Rhin supérieur et elles sentaient qu'elles étaient faites pour s'entr'aider..... Après l'entrée de Bâle dans la Confédération helvétique, cette amitié subsista, et avec elle un certain sentiment de solidarité qui persista malgré les changements qui s'opérèrent sur le domaine de la politique et de l'Église. Les relations intellectuelles ne furent jamais interrompues; les deux villes continuèrent leurs échanges commerciaux, et c'est avec Strasbourg tout d'abord que Bâle fut relié par le chemin de fer[2].

M. Bischoff, obsédé par son idée, s'en ouvrit au magistrat de Bâle, puis à M. Dubs, président de la Confédération. Il ne pouvait guère être question d'une démarche officielle de la République helvétique; mais ce que l'État n'aurait pas voulu entreprendre, une société privée, agissant sous sa protection et sa recommandation, le pouvait. Le 3 septembre, le Dr Bischoff se rend à Berne, confère avec le président Dubs et le conseiller fédéral Schenk, gagne à sa cause M. Rodolphe Brunner, président du Grand Conseil, et le professeur Walther Munzinger. Rentré à Bâle, il y forme, d'accord avec M. le conseiller Alphonse Kœchlin et le président du Conseil communal, Jérôme Bischoff, un comité local[3], qui s'occupera

---

[1] Un tableau de Théophile Schuler, représentant l'arrivée des Zurichois, a été brûlé, le 24 août, avec le Musée de peinture, et la marmite a été détruite, le même jour, avec tous les trésors de la Bibliothèque.

[2] *Denkschrift zur Feier der Enthüllung des Strassburger Denkmals in Basel*, Bâle, 1895, p. 6 et s.

[3] Ce comité se composait de MM. Alphonse Kœchlin, président; Jérôme Bischoff; Théophile Bischoff; Auguste Burckhardt-Iselin; Dr Jean Burckhardt; Fr. de Bary; Georges Fürstenberger; Théodore Hoffmann-Merian; Rodolphe Kaufmann-Neukirch; Albert Lotz-Holzach; Pierre Oswald; Oscar Schlumberger; Charles Stæhling (qui se retira plus tard); Charles Stehlin; Dr J. J. Witz; Rodolphe Frey et J. J. Schuster-Burckhardt (ces deux derniers entrèrent au moment où M. Stæhling donna sa démission).

quelques jours plus tard de toute la partie matérielle de l'œuvre; et le lendemain, nous le trouvons à Zurich, où il obtient le concours de MM. le Dr Melchior Rœmer, président de la commune, le conseiller d'État Jean-Henri Müller, le Dr Georges Mousson et le professeur Charles Keller.

On rédige une pétition au Conseil fédéral pour demander son appui. Ce document est conçu dans les termes suivants :

« Les soussignés adressent à la haute assemblée un appel en faveur de notre voisine, la ville de Strasbourg, accablée de souffrances inouïes. Pourra-t-on, aujourd'hui déjà, pendant que le siège dure encore, mettre en lieu sûr une partie de la population ? C'est ce qu'il sera impossible de savoir avant que les démarches nécessaires aient été commencées. Mais une chose est certaine, c'est que, après la catastrophe qui s'abat en ce moment sur la malheureuse ville, un grand nombre de ses habitants seront dans la misère et auront besoin d'assistance. La ville de Strasbourg ne peut rien faire pour eux ; le pays est occupé par l'ennemi ; les Badois, voisins directs, sont devenus des ennemis. Et, de la sorte, il ne reste plus que nous, les Suisses, qui soyons en état de leur tendre la main. Nous avons été épargnés jusqu'à présent par les horreurs de la guerre ; agissons par conséquent avec un redoublement de sollicitude.

« Les soussignés se sont réunis pour mettre en œuvre tout ce dont l'initiative des particuliers est capable. Mais si nos efforts doivent être couronnés de succès, il est nécessaire qu'en bien des points le Conseil fédéral nous prête son appui.

« Signé : Pour Bâle, H. BISCHOFF, A. KŒCHLIN et le Dr G. BISCHOFF ; pour Berne, OTTO DE BÜREN, R. BRUNNER et le professeur MUNZINGER ; pour Zurich, le D^r RŒMER, le Dr G. MOUSSON et le professeur KELLER. »

Le Conseil fédéral se déclare prêt à donner son appui au Comité et promet le concours pécuniaire de l'État pour le cas où la charité et l'esprit hospitalier de la population suisse ne suffiraient pas aux besoins. Quant au reste, le Conseil fédéral abandonnait au Comité le soin d'envoyer des délégués au chef des troupes allemandes postées devant Strasbourg afin de s'entendre avec lui.

Le Comité s'occupa immédiatement d'étudier les voies et moyens pour arriver à ses fins. Des conférences eurent lieu à Berne, à Olten..... Il ne s'agissait pas seulement de faire sortir de la ville ceux qui pouvaient en sortir; il fallait encore les loger et les nourrir. De toutes parts, en Suisse, les offres arrivèrent au Comité. Des souscriptions s'ouvrirent. Jusque dans les hameaux reculés, chacun donna ;

les enfants des écoles organisèrent des quêtes et des loteries pour « les frères de Strasbourg »; des logements se préparèrent dans les villes et dans les villages ; ce fut un mouvement d'émulation humanitaire, tel que rarement un peuple en vit un plus grand [1].

Les bases de l'entreprise étant jetées, MM. Rœmer et de Büren, présidents des communes de Zurich et de Berne, et M. le secrétaire d'État Bischoff furent chargés de l'exécuter. A eux se joignirent M. Hans de Wattenwyl, officier fédéral, et M. Stæhling, banquier, de Strasbourg. La délégation quitta Bâle le 8 septembre, munie d'une recommandation de M. de Rœder, ambassadeur de Prusse à Berne, pour le comte de Bismarck-Bohlen, installé comme gouverneur en Alsace.....

Donc le dimanche 11 septembre, à 11 heures et demie du matin, la délégation suisse arrive devant les murs de Strasbourg. Une foule d'habitants se sont portés à sa rencontre et l'attendent au milieu des décombres et des débris fumants du faubourg National, par où elle doit entrer. La Commission municipale, le maire en tête, se rend à la porte extérieure pour recevoir les délégués..... Quand le pont-levis s'abaisse, toutes les têtes se découvrent ; et au milieu de l'émotion poignante des assistants, secoué lui-même par l'émotion, le maire s'avance et prononce l'allocution suivante :

« Messieurs,

« L'humanité, la charité chrétienne vous amènent au milieu d'une ville ravagée au nom d'un prétendu droit de la guerre. Soyez les bienvenus, et recevez l'expression de notre profonde reconnaissance. Bien des souvenirs historiques nous rattachent à vous ; vous venez les resserrer encore, et nous trouvons toujours des amis dans les nobles citoyens de la République helvétique, qui jadis étaient les alliés de Strasbourg, et qui, sous nos rois, n'ont jamais cessé d'être avec la France dans les termes d'une étroite alliance.

« Oui, Messieurs, soyez les bienvenus, dans ces jours si douloureux pour notre cité ; vous qui venez pour sauver des femmes, des enfants, des vieillards, que n'avaient pu soustraire aux horreurs de la guerre ni le général gouverneur de la place ni l'évêque vénéré du diocèse.

« Rapportez à l'Europe le spectacle dont vous allez être témoins dans nos murs ; dites ce qu'est la guerre au dix-neuvième siècle.

« Ce n'est plus contre des remparts, contre des soldats que le feu est dirigé ;

---

[1] A. Schnéegans, *La guerre en Alsace*, Strasbourg, p. 186 et s.

ENTRÉE DES DÉLÉGUÉS SUISSES A STRASBOURG, PAR LA PORTE NATIONALE, LE 11 SEPTEMBRE 1870

c'est contre les populations qu'elle se fait; ce sont des femmes et des enfants qui en sont les principales victimes.

« Nos remparts, comme vous l'avez vu, sont intacts, mais nos demeures sont incendiées. Nos églises, monuments séculaires et historiques, sont indignement mutilées ou détruites, et notre admirable Bibliothèque est à jamais anéantie par la savante et religieuse Allemagne.

« La conscience de l'Europe du dix-neuvième siècle admettra-t-elle que la civilisation recule à ce point de vandalisme et que nous retombions sous l'empire des codes de la barbarie ?

« Vous pourrez dire tout cela à l'Europe, mais dites également que ces cruautés, ces dévastations, ces actes renouvelés des musulmans et des barbares sont inutiles, qu'ils n'ont point dompté nos courages, et que nous restons ce que nous avons toujours été, ce que nous voulons rester toujours, de courageux et fermes Français, et comme vous, Messieurs, des citoyens dévoués et fidèles à la patrie. »

A ce discours, qui a remué les cœurs de tous les assistants, le Dr Bischoff répond en quelques mots simples et touchants : « Je ne suis pas éloquent, dit-il; je vous remercie, au nom de mes concitoyens, de l'accueil qui nous est fait; nous vous répondrons par des actes. »

Le colonel de Büren
l'un des trois délégués suisses.

La députation, guidée par la Commission municipale, se dirige alors vers l'intérieur de la ville. En passant par le faubourg National et par la Grand'rue, elle est accueillie par les cris mille fois répétés de « Vive la Suisse », et de toutes parts on se presse pour serrer la main de ces généreux amis. Les délégués se rendent à l'Hôtel-du-Commerce, où ils exposent le but de leur démarche, qui consiste à faire partir, en toute sécurité, les femmes et les enfants. Dans l'après-midi, ils confèrent avec le général Uhrich et vers 4 heures ils quittent la place, laissant derrière eux comme un sillage de consolation et d'espérance.

La COMMISSION MUNICIPALE ne chôme même pas le dimanche. Les questions à traiter sont, du reste, trop importantes, pour qu'on puisse en remettre la discussion d'un seul jour. Au commencement de la séance et sur la proposition de M. le maire, M. Stæhling est maintenu en qualité de membre de la Commission.

M. le maire rend compte des circonstances qui ont empêché M. Stæhling de rentrer en France; il déclare que l'intervention des délégués suisses est due en grande partie aux efforts de cet honorable citoyen et il fait remarquer que M. Stæhling revient dans sa cité natale au moment critique.

M. le maire informe la Commission qu'il s'est rendu avec les délégués suisses chez M. le général commandant l'état de siège. Les conditions de départ ont été fixées.

Les personnes qui auront obtenu des sauf-conduits devront se rendre à Plobsheim, où l'on peut passer le Rhin sur un pont volant; de là elles se rendront à Dinglingen, station du chemin de fer badois; chaque courrier suisse emmènera 500 personnes.

M. Kratz appelle l'attention de M. le maire sur la nécessité de procurer aux émigrants des moyens de transport; il demande si des chevaux et des voitures sortant de Strasbourg seront autorisés à rentrer.

« La question, répond M. le maire, n'a pas été débattue. Évidemment le général français ne fera pas de difficultés; quant au général allemand, nous ne pouvons rien garantir.

« La garantie sera demandée, dit M. Saglio, mais la question n'est pas vidée. »

M. Schnéegans demande si M. le maire n'a pas de nouvelles de la situation politique.

« J'ai demandé aux délégués un journal français, répond M. le maire, personne n'en avait.

Plusieurs membres ayant invité M. Schnéegans, qui a été en conférence avec M. le colonel de Büren, à donner des nouvelles, M. Schnéegans dit que, d'après le colonel, il n'y a plus d'armée française; les derniers 90,000 hommes auraient déposé les armes près de Sedan, l'empereur serait interné à Cassel, l'impératrice serait en Belgique, les Prussiens seraient sous les murs de Paris et l'on aurait proclamé la République.

Une discussion s'engage sur une proposition de M. Klein, tendant à faire mettre au compte de la caisse municipale les frais de voyage et de séjour des indigents qui doivent partir pour la Suisse.

M. le maire craint pour la caisse municipale des dépenses trop élevées.

M. Klein réplique que ce sera, au contraire, une décharge pour la ville; il rappelle que les Suisses sont très versés dans les questions d'alimentation publique, et dans sa pensée un Comité suisse entretiendra nos pauvres à bien meilleur marché que nous ne pourrons le faire.

M. Zopff rappelle des précédents qu'il a été à même de voir de près.

« En Allemagne, lorsqu'on a imposé aux caisses municipales l'obligation d'entretenir les pauvres, beaucoup de communes ont préféré voter des fonds pour fournir à ceux-ci les frais de voyage pour l'Amérique et l'entretien pendant un temps plus ou moins long. Il est évident qu'il ne serait pas digne de la ville de Strasbourg de demander l'aumône à la Suisse. »

M. le maire propose le renvoi à une Commission.

M. Zopff appuie cette proposition. « Nous devons organiser une émigration en masse, dit-il ; il y a des personnes aisées et des personnes nécessiteuses, enfin des personnes d'une catégorie intermédiaire, et il s'agit de faire un classement. »

Après une assez longue discussion, on décide de renvoyer la question à une Commission composée de MM. Flach, Kreitmann, Oberlin et Jules Klein.

A la suite de cette séance, et le soir même, le maire fait publier l'avis suivant:

MAIRIE DE LA VILLE DE STRASBOURG.

AVIS.

« Les personnes qui désirent obtenir, pour elles et pour leurs familles, un sauf-conduit pour quitter la ville sous les auspices des délégués de la Confédération suisse, sont invitées à se faire inscrire au bureau qui sera établi à l'Hôtel-du-Commerce (local de la Bourse, rue des Serruriers), à partir de lundi 12 septembre courant, à 8 heures du matin.

« Strasbourg, le 11 septembre 1870.

« Le maire, HUMANN. »

Mais revenons aux délégués suisses. Nous avons vu qu'ils ont quitté la ville dans l'après-midi pour faire entrer dans la période d'exécution leurs projets humanitaires..... Et ici nous allons leur demander à eux-mêmes de nous dire l'histoire de leur œuvre depuis sa genèse jusqu'au jour où la première colonne d'émigrants strasbourgeois a quitté la ville sous la bannière helvétique..... En rentrant chez eux, ils ont publiquement rendu compte à leurs compatriotes de la façon dont ils avaient rempli leur mission et c'est à leur récit que nous empruntons les pages qui vont suivre :

« De Bâle nous était arrivée la nouvelle de la détresse de Strasbourg, la vieille ville alliée des cantons suisses, soumise aux terribles épreuves d'un bombardement et d'un long siège, en même temps qu'un appel à porter aide et secours à ses misères.

« Qui pouvait le faire de préférence ? N'est-ce pas la plus belle mission des États neutres que de prendre une part des souffrances de ceux qui sont visités par le fléau de la guerre ? C'est, en effet, de ce côté-là que peut venir une assistance libre de toutes préoccupations accessoires et n'ayant pour objet que d'adoucir ces souffrances. Il nous a donc paru que le plus urgent était de chercher à ouvrir une issue hors de leur ville aux Strasbourgeois le plus profondément atteints par les calamités du siége, et de leur offrir l'hospitalité de la Suisse.

« La Conférence d'Olten (7 septembre), rapidement réunie avec la coopération du Conseil fédéral, décida d'envoyer immédiatement sur les lieux une délégation, afin d'obtenir la sortie de la population assiégée, en même temps que, dans notre patrie, on se préparerait à la recevoir.

« Cette délégation a été composée de trois membres, un de chacune des trois villes représentées à la Conférence ; savoir : M. Bischoff, de Bâle, de qui était partie l'initiative ; M. le D^r Rœmer, président du Conseil de la ville de Zurich, et M. le colonel de Büren, de Berne.

« Pleine de confiance dans la coopération de ses concitoyens, la délégation partit pour Strasbourg. Comment serait-elle accueillie par les assiégeants ? Aurait-elle accès dans la ville assiégée ? Dans quel état la trouverait-elle ? Dans quelle mesure pourrait être efficace le secours apporté ?

« Ces questions ne nous causaient pas peu d'inquiétude. Mais il ne pouvait être question d'autre chose pour le moment que d'arriver sur place le plus promptement possible, pour attendre des faits eux-mêmes une réponse positive. Nous devions croire avec une pleine confiance que Dieu nous assisterait et nous ouvrirait la voie.

« Nous étions nantis de lettres de recommandation du Conseil fédéral ainsi que du ministre à Berne de la Confédération du Nord, M. le général de Rœder, et, dès le lendemain du jour où s'était tenue la conférence, les trois membres de la délégation se réunissaient à Bâle, qu'ils quittaient aussitôt pour arriver encore le même jour à Fribourg en Brisgau.

« Sur une communication que je lui avais adressée, M. le lieutenant d'état-major H. de Wattenwyl, qui avait déjà précédemment témoigné le désir de voir le siége, s'était joint à nous, et nous fûmes aussi accompagnés de M. le banquier Stæhling, de Strasbourg, qui se trouvait à Bâle déjà depuis plusieurs semaines. Comme ancien membre du Conseil municipal de sa ville natale, il était mieux placé que personne pour nous orienter exactement sur les choses de Strasbourg, et de bonnes connaissances de M. le Dr Bischoff dans le grand-duché de Bade nous ont été très-utiles pour atteindre le but de notre voyage.

« Pour arriver devant la forteresse, nous quittâmes, le 9, le chemin de fer badois à Dinglingen, où nous attendait une voiture, et, dans cette localité, nous reçûmes deux ordonnances à cheval pour nous accompagner. Nous passâmes le Rhin sur le pont volant entre Ichenheim et Plobsheim, et nous nous trouvâmes bientôt dans le rayon de l'armée assiégeante.

« De bien loin nous avions déjà vu se dresser devant nous le clocher de la Cathédrale, et nous entendions maintenant le tonnerre de l'artillerie. Le temps était pluvieux et orageux.

« Vers le soir seulement, nous arrivâmes au quartier-général de la division badoise à Oberschäffolsheim. Nous nous annonçâmes aussitôt au commandant de la division, général de la Roche. Sur sa recommandation et avec l'aide et la bonne volonté du maire, nous trouvâmes, non sans peine, avec de l'argent et de bonnes paroles, une petite place chez un habitant de confession israélite, puis une très-amicale réception chez un notaire demeurant en face, M. Ammann. L'espace n'était pas grand, car le général de brigade de Degenfeld avait déjà son quartier dans la maison du notaire; mais nous y reçûmes du moins un abri et des places pour y coucher. A défaut de lits, nous nous tirâmes d'affaire avec les couvertures que nous avions apportées, et l'endroit fut aussitôt désigné comme le quartier-général de la *délégation suisse*, ou le quartier des *commissaires internationaux*.

« Le jour suivant, 10 septembre, notre premier soin fut de nous rendre à Mundolsheim, au quartier-général de l'armée assiégeante, et de nous présenter au commandant en chef, M. le général de Werder. Il nous reçut avec beaucoup d'amabilité, nous indiqua les raisons d'ordre militaire qui s'opposaient à nos demandes, mais finit cependant par y accéder facilement.

« Quant aux négociations qui y étaient relatives, il nous renvoya au chef de son état-major général, M. le lieutenant-colonel de Leszcinsky, avec lequel nous eûmes dès lors des entretiens multiples et qui se montra toujours sympathique à notre entreprise et disposé à nous venir efficacement en aide.

« Aussitôt il se chargea de faire annoncer notre visite à Strasbourg, au commandant de la place et de faire parvenir dans la ville la lettre du Conseil fédéral au maire de Strasbourg; par la voie d'un parlementaire, notre admission dans la place fut demandée pour le lendemain.

« Nous fûmes reçus surtout avec une chaleureuse sympathie par S. A. le grand-duc de Bade, qui avait établi son quartier-général dans le village voisin, Lampertheim, et nous ne fûmes pas peu encouragés par l'excellent accueil que nous trouvâmes auprès de lui. Cependant il s'agissait toujours de savoir comment se résoudrait la question principale, celle de notre admission dans la forteresse. Quelque favorable que fût le but de notre mission pour les intérêts des assiégés, nous ne pouvions nous empêcher d'éprouver certaines craintes en songeant à tout ce qui nous avait été dit du caractère du général Uhrich. Mais combien la réalité se présenta d'une manière différente !

« La réponse du général, apportée par un parlementaire, était conçue dans des termes si reconnaissants et si cordiaux que toute incertitude disparut de notre esprit. Nous étions tombés d'accord avec le commandant de l'armée allemande pour huit heures, mais le commandant de la forteresse nous assignait onze heures. Dans le doute où nous nous trouvions de savoir laquelle des deux indications serait en définitive maintenue, dès huit heures du matin nous nous trouvions auprès du colonel de Kenz, commandant des avant-postes, et là nous attendîmes jusqu'à onze heures, après avoir reçu l'hospitalité d'un fabricant, M. Minder[1]. Du petit belvédère de sa maison, nous embrassions du regard toute la contrée environnante. Le ciel s'était éclairci depuis la veille, mais de Kœnigshoffen il s'élevait une colonne de feu et d'épaisse fumée ; un violent incendie y avait été allumé par les projectiles de la forteresse. Sur les remparts, comme sur les ouvrages des assiégeants, roulaient les nuages blanchâtres des batteries avec le bruit du tonnerre.

« A l'heure dite, se présenta l'officier prussien qui devait nous accompagner comme parlementaire ; il était avec son trompette. Nous le suivîmes sur la route qui, par Kœnigshoffen, arrive à la porte Nationale, d'abord en voiture, puis à pied lorsque nous fûmes dans le voisinage de la place. Sur ce point, la batterie des assiégeants avait interrompu son feu, et celui de la forteresse se tut également en face de nous. Un parlementaire français sortit à notre rencontre sur le glacis, monté sur un beau cheval arabe. Les deux officiers échangèrent les papiers dont ils étaient porteurs, et nous suivîmes le parlementaire français. On nous fit un chemin par dessus un parapet en terre pour que notre voiture pût passer ; les portes étaient ouvertes. Quelle entrée dans cette ville livrée à toutes les angoisses !

« Un Monsieur vêtu de noir vint à nous, et à la porte même nous attendait la Commission municipale de Strasbourg, en habits noirs, le maire et ses adjoints

---

[1] A Eckbolsheim.

en tête, avec l'écharpe tricolore. Plus loin, de nombreux groupes d'habitants. Nous fûmes accueillis par des cris de : *Vive la Suisse!* etc. Des larmes d'émotion coulaient sur toutes les joues. C'était la première fois depuis le commencement du siége, depuis les jours et les nuits terribles du bombardement, que du dehors des amis pénétraient dans la ville si rigoureusement éprouvée, lui apportant leur sympathie et leur aide. Quel cœur n'eut été profondément touché! Et que vîmes-nous tout aux alentours? Une affreuse destruction : le quartier au travers duquel passait la rue était en grande partie brûlé, et le spectacle que j'avais sous les yeux m'a rappelé les ruines de Glaris lorsque je les visitai quelques jours après la catastrophe. A l'adresse qui nous fut lue par le maire au nom de la Commission municipale, M. Bischoff répondit brièvement que, trop peu éloquents, nous chercherions à faire parler les faits pour nous.

« Nous arrivâmes après cela par le pont sur l'Ill dans l'intérieur de la ville. Là la destruction était beaucoup moindre. Au milieu des quartiers on voyait çà et là quelques maisons brûlées jusqu'au rez-de-chaussée. Beaucoup d'autres pouvaient être endommagées, mais en somme il n'y avait rien d'extraordinaire. Ce qui frappait plutôt, c'est que, se sachant dans une ville populeuse, on ne voyait que des magasins fermés, des fenêtres en partie barricadées, des soupiraux de caves bouchés. Mais une grande foule de peuple étroitement pressée nous attendait au passage. M. le maire voulut l'éviter et nous faire prendre une autre rue, mais cédant aux acclamations qui se faisaient entendre, il continua à suivre la même route que précédemment.

« La Commission municipale a établi son siége à l'Hôtel-du-Commerce. La mairie, en effet, avait été fort maltraitée. On s'y sert, comme salle des séances, d'un local voûté dans lequel on nous fit entrer. Nous nous étions attendus à ce que nous fussions avant tout conduits au commandant de la forteresse, mais la préséance fut, en cette affaire, entièrement et sans contestation laissée à l'autorité communale.

« L'officier qui nous avait introduits resta avec nous ; nous refusâmes les rafraîchissements qui nous furent offerts ; il y avait de plus urgente besogne à faire. M. Bischoff exposa succinctement le programme que nous nous étions donné, les mesures qu'il y aurait à prendre, en particulier en ce qui concernait l'établissement d'un rôle de toutes les personnes qui seraient dans le cas de faire usage de l'autorisation éventuelle de sortie des deux commandants militaires. On nous demanda quel pourrait en être le nombre. Nous ne pûmes donner une réponse précise, n'ayant nous-mêmes aucune indication à cet égard. Avant tout, il fallait constater les cas où la sortie était nécessaire ; dans ce but, la mairie devait faire une publication dans laquelle chacun pouvait se faire annoncer, les femmes et les enfants, les vieillards et les malades devant naturellement être pris particulièrement en considération ; on recommandait d'user de discrétion dans l'établissement de cette liste, puisque ce n'était pas à nous qu'il appartenait de prononcer en dernier ressort. Dans tous les cas, cette tâche devait incomber aux autorités communales, puisque, ne connaissant ni les personnes ni les circonstances, nous ne pouvions nous-mêmes y coopérer.

« Après cela vint le tour de la visite au commandant de la place, le général Uhrich ; son quartier-général se trouve dans la ville, dans l'hôtel même qu'il occupe en raison de ses fonctions. Les boulets n'avaient pas épargné cet hôtel, mais il présentait encore une belle apparence. Le général s'était arrangé au rez-de-chaussée un bureau de travail et une chambre à coucher. La réception qu'il nous fit fut tout à fait conforme à la lettre qu'il nous avait envoyée. Il se déclara parfaitement d'accord avec notre programme et fit preuve de la meilleure volonté pour nous aider à le réaliser.

« Le maire nous accompagna et le préfet fut appelé ; nous échangeâmes aussi quelques mots avec lui sur l'attitude excellente et le dévouement des habitants, ainsi que sur leur immuable attachement à leur patrie.

« Le général Uhrich ne nous adressa pas une seule question sur les événements qui se passaient au dehors, et il va sans dire que, de notre côté, nous ne voulions pas sortir des termes de notre mission. En revanche, l'amiral Excelmans, qui était venu à Strasbourg pour y prendre le commandement d'une flottille de chaloupes canonnières sur le Rhin et qui, tout en se trouvant maintenant sur la terre ferme, rend de bons services à la défense de la place, adressa une série de questions successivement à chacun de nous pour obtenir des informations sur l'état des choses.

« Fait singulier ! On avait à peine un soupçon dans la forteresse des terribles revers qui avaient frappé l'armée française durant ces derniers temps, ou bien l'on ne pouvait ou ne voulait pas croire aux nouvelles contenues dans les journaux et les dépêches d'Allemagne que, de temps à autre, les assiégeants communiquaient au commandant de Strasbourg. Nous confirmâmes la pleine authenticité de la catastrophe de Sedan, et nous répondîmes de la manière la plus négative à la question qui nous fut posée à l'égard de succès remportés par l'armée française et de l'approche de Strasbourg d'une armée de secours.

« On a souvent fait au commandant le reproche d'avoir laissé les habitants, comme aussi d'ailleurs ses troupes, dans l'ignorance absolue de ce qui se passait au dehors, et de les avoir même entretenus de fausses espérances sur l'arrivée prochaine d'une armée française, les trompant ainsi, afin de les exciter à la résistance. Je dois dire qu'à notre égard il ne montra pas la moindre trace de défiance, et nous laissa la plus complète liberté de circuler dans la ville et de converser avec les habitants. Mais nous n'en eûmes que plus scrupuleuse attention à ne pas abuser de cette confiance.

« Une promenade au travers de la ville nous permit de visiter spécialement la Cathédrale. Il est vrai que sur le sol gisent quelques débris. Un boulet qui a atteint la lanterne, l'a quelque peu endommagée, et plusieurs boulets ont traversé des vitraux. La toiture en bois de la nef a été brûlée, mais au-dessous subsistent toujours les voûtes intactes. L'imposant édifice reste debout dans toute sa majesté. Son admirable horloge n'a point été détruite non plus; seulement on ne la remonte plus. Ce n'est pas sans peine que nous avons obtenu la permission de pénétrer dans l'intérieur; les portes étaient closes; dans une des chapelles latérales officiait un ecclésiastique; sauf lui et nous, l'église était vide.

« Maintenant, du reste, les batteries allemandes ont l'ordre exprès de respecter la Cathédrale; les habitants nous ont fait remarquer que cependant, le matin même, elle avait encore été atteinte par un projectile. A ce que nous avons appris, il s'agissait d'un shrapnel qui y avait été envoyé comme avertissement, parce que les assiégeants avaient vu monter quelqu'un au clocher, qui est un superbe observatoire pour examiner toute la campagne aux environs et en particulier tous les travaux du siège. Les assiégeants disent avec raison que, s'ils s'imposent l'obligation d'épargner ce monument, il faut qu'à leur tour les assiégés renoncent à en tirer parti pour leur défense.

« La perte la plus irréparable est celle de la Bibliothèque, qui a été complètement brûlée; les pistolets de Kléber et quelques autres curiosités qui ont été sauvées ou retrouvées[1] sont bien peu de chose à côté des trésors perdus irrévocablement pour la science. Mais pourquoi n'a-t-on rien fait pour les mettre à l'abri, par exemple dans les caves, dit-on dans le camp allemand, puisque vingt-quatre heures à l'avance le bombardement avait été annoncé au commandant de la place? Il paraît que celui-ci, d'après ce qui nous a été indiqué, n'avait point donné aux habitants communication de cet avis de l'ennemi.

« L'incendie du Temple-Neuf et d'une partie du Gymnase appartenant aux

---

[1] C'est le fourreau du sabre de Kléber qui a été retrouvé.

protestants constitue aussi une lourde perte, et le jour avant notre entrée dans Strasbourg le théâtre avait été détruit. Ce désastre est surtout sensible en ce moment, parce que le théâtre servait de refuge à beaucoup de personnes qui avaient été privées de leur logement par le bombardement. On ne tirait plus sur la ville elle-même, mais seulement sur les remparts et les bâtiments militaires; mais les boulets ne vont pas toujours à leur adresse, et pendant que nous nous trouvions dans la ville, nous en avons entendu siffler et éclater plus d'un.

« Les habitants croyaient que, pendant notre présence, le feu serait interrompu et qu'ils pourraient respirer pendant quelque temps, et ils n'ont guère été satisfaits lorsqu'ils ont vu qu'il n'en était tenu nul compte. Quant à nous, nous ne nous étions point attendus à cette suspension du feu, et nous comprenions parfaitement que le siège ne pouvait être interrompu pour nous. Il nous suffisait pleinement d'avoir pu entrer facilement et sans danger dans la place.

« Sur notre chemin, nous rencontrâmes çà et là des personnes de connaissance. M. Stæhling, notre compagnon, avait fait préparer dans sa maison une collation à notre intention. Ses fils et ses domestiques étaient restés au logis et avaient élu domicile dans les caves; on y faisait même la cuisine. Il avait pu se procurer au dehors un peu de viande, qui coûte en ce moment dans la ville 3 fr. la livre, — la viande de cheval moitié de ce prix. Il ne paraît pas, du reste, qu'il y ait manque de subsistances. Nous reçûmes chez M. Stæhling la visite de plusieurs personnes. Deux aimables jeunes filles nous présentèrent un bouquet colossal; ce sont les nièces du frère du maréchal Pélissier, qui, il y a peu de jours, a été tué par un obus dans sa maison, située vis-à-vis de celle où nous nous trouvions. Cette famille de L..... a quitté peu après Strasbourg avec notre première colonne d'émigrants.

« Vers quatre heures, nous nous trouvâmes de nouveau à la Mairie pour opérer notre retour. Le même parlementaire qui nous avait reçus nous accompagna hors de la forteresse; on nous avait donné beaucoup de lettres à remettre à leur destination; au quartier-général allemand, on voulut bien se charger de les faire parvenir.

« Nous revenions pénétrés de profondes impressions et reconnaissants du fond du cœur pour la cordiale réception des habitants, pour le bon accueil du commandant et pour la providence qui nous avait préservés de tout accident.

« Le jour suivant, nous nous rendîmes de nouveau au quartier-général allemand. Il fallait concilier l'exécution des mesures avec le délai nécessaire pour dresser les listes de sortie. Nous n'avions encore aucune notion du nombre de ceux qui pouvaient se présenter pour quitter la ville; mais le général de Werder paraissait disposé à se montrer large. Déjà, sur l'intervention du grand-duc de Bade, un certain nombre de personnes et de familles avaient pu être successivement renvoyées de la place. Maintenant le commandant allemand mit à notre disposition environ trente chars par colonne d'émigrants, pour les recevoir aux portes de la place et les conduire de là jusqu'au pont de bateaux de Rhinau. Là, d'autres voitures devaient les prendre et les amener au chemin de fer badois, qui, à son tour, devait les expédier sur Bâle, gratuitement, par un train spécial. Le général de Werder attachait une certaine importance à ce que les émigrants se rendissent en Suisse; il paraît que quelques-uns, antérieurement, avaient occasionné des plaintes par suite de leur conduite vis-à-vis des Allemands.

« Notre intention était d'organiser à Lahr et à Dinglingen une étape où les émigrants pussent passer la nuit suivant leur sortie de Strasbourg, pour repartir le lendemain matin, de telle façon que ce jour-là ils pussent arriver en Suisse jusqu'au lieu de leur destination. MM. Bischoff et de Wattenwyl se rendirent par conséquent, le 13 au matin, à Lahr pour y préparer tout en conséquence. Ils y trouvèrent beaucoup de bonne disposition à leur prêter assistance, mais il ne leur fut pas possible d'y établir un gîte pour la nuit. Il fallut donc activer autant que possible la traversée de Strasbourg jusqu'au chemin de fer badois, afin que celui-ci pût au moins dans la même journée porter ses passagers jusqu'à Bâle. Les habitants de Lahr se sont prêtés avec beaucoup d'hospitalité à la réception des malheureux Strasbourgeois, et leur ont, entre autres, préparé des rafraîchissements.

« Tous ces préliminaires absorbèrent du temps, et ce ne fut que le jeudi 15 septembre, à dix heures du matin, que put avoir lieu la sortie de la première colonne des émigrants de Strasbourg se rendant en Suisse. »

Le général de Werder écrit au général commandant la place de Strasbourg la lettre suivante :

Le général de Werder au général Uhrich.

« Mundolsheim, le 11 septembre 1870.

« J'ai l'honneur de répondre à votre lettre d'hier que, alors même que vos instructions ne vous permettent pas de faire aux habitants des communications sur la situation extérieure, je pense que dans le cas présent il y a lieu de déroger à la règle.

« Je n'attacherais pas autant d'importance à cette affaire s'il n'était pas avéré maintenant de toutes parts que des habitants de Strasbourg participent comme francs-tireurs à la défense de la forteresse. Par ce fait, la situation est complètement changée à mes yeux. Je n'ai donc plus seulement le droit, mais le devoir de faire aux habitants de Strasbourg une guerre que j'aurais volontiers évitée dans l'intérêt de l'humanité.

« J'ai en outre l'honneur de vous informer que, d'après un ordre suprême, les francs-tireurs ne seront pas traités comme soldats, mais seront passibles de la loi martiale.

« Je vous prie d'avoir l'obligeance d'en informer ces hommes. Si, dans l'espérance folle d'être débloqués et sauvés, des citoyens de Strasbourg se trouvent poussés à livrer combat à mes troupes, il est bon qu'ils sachent aussi que c'est à eux-mêmes qu'ils auront à imputer la perte de la ville et leur propre ruine.

« DE WERDER. »

Le général Uhrich répond en ces termes :

Le général Uhrich au général de Werder.

« Monsieur le Lieutenant-Général,

« En réponse à votre lettre en date du 11 septembre, j'ai l'honneur de vous faire connaître que, d'après les lois militaires françaises et la dernière organisation de l'armée, la garde nationale française est considérée comme une force belligérante régulière ; qu'une loi a appelé sous les drapeaux tous les hommes valides de 25 à 35 ans ; que les francs-tireurs font partie de la garde nationale et qu'ils sont sous les ordres directs du colonel commandant les bataillons organisés suivant la loi.

« Je ne puis donc admettre l'interprétation suivant laquelle les francs-tireurs ne seraient pas des partisans réguliers, ne devant pas être traités comme des soldats, pas plus que je ne serais en droit de considérer la landwehr prussienne comme un corps irrégulier.

« Je livre ces observations à vos plus sérieuses réflexions, bien persuadé qu'elles suffiront pour vous faire revenir de l'erreur dans laquelle vous êtes tombé.

« Veuillez agréer, etc.

« UHRICH. »

CHAPITRE VI.

La nouvelle de la proclamation de la République. — La ville se pavoise sous le feu de l'ennemi. — Proclamation du préfet et du général commandant la place. — Motions présentées à la Commission municipale tendant à la destitution du commissaire central et à la retraite immédiate du préfet. — Adresse de remercîments au Conseil fédéral suisse. — Démission de M. Th. Humann, maire. — Récits des deuxième et troisième voyage des délégués suisses. — Notice biographique sur M. Th. Humann.

Le 12 septembre. De grand matin les habitants se pressent devant l'Hôtel-du-Commerce pour se faire inscrire à l'effet d'obtenir des sauf-conduits, et plusieurs milliers de demandes sont déposées en l'espace de quelques heures.

Mais les délégués suisses n'avaient pas seulement apporté l'offre de la plus généreuse hospitalité; ils avaient apporté aussi la confirmation des nouvelles, les unes affligeantes, les autres réconfortantes, qui circulaient dans la ville depuis plusieurs jours. Ils avaient annoncé que l'empereur Napoléon était prisonnier; que 80,000 soldats français avaient capitulé à Sedan, que l'armée allemande était près de Paris et que la République était proclamée en France.

Le *Courrier du Bas-Rhin,* qui connaissait ces faits depuis plusieurs jours, mais qui n'avait pas voulu les lancer dans le public faute de confirmation positive, n'hésita plus à les communiquer à la population. Il fit donc savoir que le général Palikao avait, le 3 septembre, dans une séance de nuit du Corps législatif, annoncé la capitulation de Sedan, que Jules Favre avait présenté une motion déclarant l'empereur et sa dynastie déchus de tous leurs droits et demandant la nomination d'une Commission gouvernementale ayant mission de « chasser l'ennemi de la France »; que le lendemain, 4 septembre, la déchéance avait été prononcée et qu'un gouvernement de défense nationale avait été institué, en même temps que le général Trochu était maintenu dans ses pouvoirs de gouverneur de Paris et nommé ministre de la guerre en remplacement de Palikao.

La Commission municipale vient à peine de se réunir et de décider la nomination d'une Commission, composée de MM. Bœrsch, Kablé, Küss, Momy et Saglio, avec mission de se rendre chez le général Uhrich pour se concerter avec lui sur la situation politique de la France, lorsque le préfet, baron Pron, entre dans la salle des séances, prend place au bureau et demande à donner communication d'importantes dépêches qu'il vient, dit-il, de recevoir du sous-préfet de Schlestadt.

Ces nouvelles consistent dans la déchéance de la dynastie napoléonienne, dans la proclamation de la République et dans la constitution d'un Gouvernement de défense nationale.

Le préfet donne ensuite lecture d'une proclamation qu'il adresse aux habitants de Strasbourg, pour leur annoncer que dès hier soir, sur le bruit apporté par des

Les hangars du chemin de fer de l'Est.

étrangers honorables, que la République était proclamée à Paris, il s'était empressé d'écrire aux membres du gouvernement provisoire qu'il résignait son mandat et se bornerait, en attendant l'arrivée de son successeur, à assurer la tranquillité publique et à garantir devant l'ennemi la dignité du drapeau national.

Le préfet fait encore la communication suivante : « Il résulte d'une lettre particulière reçue par lui que le Corps législatif a déclaré que « *Strasbourg, ses soldats et ses citoyens ont bien mérité de la Patrie.* »

Après avoir donné ces communications, M. le préfet se retire.

M. Bœrsch propose aussitôt à la Commission de faire acte d'adhésion aux grandes résolutions du peuple de Paris. Cette proposition est accueillie aux cris de « Vive la République ! »

Une discussion s'engage ensuite sur la question de savoir si, après les communications reçues, il y a lieu de maintenir le vote relatif à l'envoi d'une députation de la Commission auprès du général.

La Commission décide que cette députation remplira sa mission dans les termes précédemment posés.

La séance, suspendue pendant une heure, est reprise à 5 heures et demie.

La députation est de retour du quartier-général et le maire l'invite à rendre compte du résultat de son entrevue avec le général Uhrich.

M. A. Saglio, au nom de ses collègues, fait connaître la réponse du général, qui peut se résumer ainsi : « C'est une chose grave de proclamer un gouvernement nouveau; la gravité augmente lorsqu'un chef militaire n'a pas reçu de son supérieur hiérarchique de communication officielle; je me trouve dans cette position; personnellement je n'éprouverai aucune répugnance à la démarche qui m'est demandée; déjà j'ai servi la République, et je l'ai servie avec loyauté ; mon désir, en accomplissant mes devoirs, est de marcher d'accord avec cette population qui s'est si noblement conduite et avec ses représentants. Vous comprendrez néanmoins, qu'avant de prendre une résolution aussi importante, j'examine de nouveau les dépêches arrivées à la Préfecture et que je prenne l'avis de mon conseil de défense. Veuillez venir me trouver demain, à 10 heures.

M. Bœrsch complète cette relation : « J'ai demandé au général, dit-il, s'il ne comptait pas, dès à présent, annoncer à la ville de Strasbourg la proclamation de la République, et le général a répondu qu'il ne lui serait possible de le faire que quand il en aurait reçu l'ordre officiel de son supérieur, le ministre de la guerre, mais il a ajouté qu'il acceptait comme un fait réel l'événement politique dont la députation venait de lui donner la nouvelle.

M. le maire dit qu'il n'est pas étonné des paroles prononcées par le général Uhrich, qui est un brave et digne citoyen, un bon Français, plein de loyauté et de patriotisme.

La séance est levée au milieu d'une émotion considérable et, quelques minutes après, les nouvelles apportées à la Commission municipale sont connues de toute la population.

La France est délivrée des Bonaparte !..... Et alors cette pauvre et malheureuse ville de Strasbourg, qui brûle aux quatre coins, dont les rues sont sillonnées du matin au soir par les corbillards qui portent des morts et les brancards sur lesquels gémissent des blessés, Strasbourg, qui semble à l'agonie, Strasbourg, fait unique dans l'histoire, se pavoise sous le feu de l'ennemi, et le drapeau tricolore flotte aux façades de la cité bombardée, pour fêter l'avènement de la République !.....

Un affreux malheur, rappelant celui qui a ensanglanté la caserne des pontonniers, est arrivé le matin du 12 septembre dans la rue de la Demi-Lune. Les enfants d'un sieur Ludwig, marchand de vin et loueur de voitures, avaient ramassé un obus non déchargé et s'amusaient, dans la cour, à jouer avec le dangereux engin en cherchant à dévisser la fusée. Tout à coup l'obus éclate avec un bruit qui met tout le quartier en émoi, et deux enfants, Émile Ludwig, âgé de 12 ans, et Augustine Ludwig, âgée de 8 ans, sont étendus morts sur le sol; la cervelle de la petite fille a jailli contre les murs ; un troisième enfant est grièvement blessé et une jeune fille de 18 ans, Julie Kuborn, qui s'était trouvée là par hasard, a les mains et les jambes littéralement coupées. Elle meurt après une courte agonie.....

Le 13 septembre. De grand matin, deux proclamations sont affichées sur les murs. L'une, émanant du préfet, est conçue dans les termes suivants :

PRÉFECTURE DU BAS-RHIN.

Strasbourg, 12 septembre 1870, 4 heures du soir.

« Habitants de Strasbourg,

« Pour la première fois, après douze jours d'angoisses, je reçois des nouvelles de Paris, nouvelles que j'ai lieu de croire officielles, malgré la voie détournée par laquelle elles m'arrivent de Schlestadt.

« Ces nouvelles, les voici :

« Paris, 4 sept. 1870, 6 h. du soir.

« A MM. les Préfets, Sous-Préfets, au Gouverneur général de l'Algérie et à toutes les stations télégraphiques de France.

République Française.

MINISTÈRE DE L'INTÉRIEUR.

« La déchéance a été prononcée au Corps législatif, la République a été proclamée à l'Hôtel-de-Ville. Un gouvernement de défense nationale, composé de onze membres, tous députés de Paris, a été constitué et ratifié par l'acclamation populaire.

« Les noms sont : Emmanuel Arago, Crémieux, Jules Favre, Ferry, Gambetta, Garnier-Pagès, Glais-Bizoin, Pelletan, Picard, Rochefort, Jules Simon.

« Le général Trochu est à la fois maintenu dans ses pouvoirs de gouverneur de Paris et nommé ministre de la guerre en remplacement du général Palikao.

« Veuillez faire afficher immédiatement et, au besoin, proclamer la présente déclaration.

« Pour le gouvernement de la défense nationale,

« Le ministre de l'intérieur,

« Léon Gambetta. »

« Paris, 4 septembre 1870, à six heures du soir.

« Pour copie conforme :

« Le chef de service,

« Weck. »

« Sans attendre cette dépêche et sur le bruit apporté hier dans la ville par des étrangers honorables que la République était proclamée à Paris, je me suis empressé d'écrire à MM. les membres du gouvernement provisoire que je résigne mon mandat et me borne désormais, en attendant, soit la levée du siège, soit l'arrivée de mon successeur, à assurer la tranquillité publique et à garantir devant l'ennemi la dignité du drapeau national.

« Habitants de Strasbourg, je vous devais la vérité ; je vous l'apporte dès qu'elle me parvient.

« J'ajoute que d'une lettre particulière il résulte que le Corps législatif a déclaré que *Strasbourg, ses habitants et ses autorités ont bien mérité de la Patrie !*

« Dans ces heures de souffrances patriotiques, laissez-moi vous donner le conseil de rester calmes, de respecter les autorités et de soutenir noblement le drapeau de la France.

« En vous quittant, j'emporterai le souvenir de vos nobles et solides qualités, de vos bons sentiments à mon égard. Je n'oublierai jamais, ni votre excellente ville, ni ce beau département qu'il m'a été doux d'administrer pendant cinq années.

Strasbourg, le 12 septembre 1870, quatre heures du soir.

A. Pron.

L'autre proclamation, lancée par le général Uhrich, est conçue comme suit :

SIXIEME DIVISION MILITAIRE.

« Habitants de Strasbourg, officiers, sous-officiers et soldats de la garnison !

« La République a été proclamée à Paris. Un gouvernement de défense nationale s'est constitué. En tête de son programme il a mis l'expulsion de l'étranger du sol français. Nous nous rallierons tous à lui, nous, chargés de la défense de Strasbourg, chargés de conserver à la France cette noble et importante cité.

« Unissons donc nos volontés et nos forces pour atteindre ce but et pour concourir ainsi au salut de la patrie.

« Habitants de Strasbourg,

« Par vos souffrances, par votre résignation, par le courage de ceux d'entre vous qui prennent part à la défense de la ville, par votre patriotisme, vous avez secondé l'armée dans les efforts qu'elle a eu à accomplir. Vous resterez dignes de vous-mêmes.

« Et vous soldats !

« Votre passé répond de l'avenir ; je compte sur vous, comptez sur moi.

« Au quartier-général à Strasbourg, 12 septembre 1870.

« Le général de division, commandant supérieur,

« UHRICH. »

Si ces deux documents sont lus et commentés, nous le laissons à penser..... Et, de temps en temps, des groupes qui se pressent devant les affiches s'élève le cri de « Vive la République ! »

Le général de Werder a envoyé au commandant de l'armée assiégée la lettre suivante :

Le général de Werder au général Uhrich.

« Mundolsheim, le 12 septembre 1870.

« Je vous envoie ci-joint une lettre de la députation suisse.

« J'ai décidé avec ces messieurs que vous aurez la bonté de me faire parvenir la liste de ceux des habitants auxquels vous donnez la permission de sortir de la place.

« En m'envoyant cette liste, vous voudrez bien m'informer combien vous désirez qu'il y ait de voitures à la porte d'Austerlitz pour le transport des habitants sortants. Environ dans les 24 heures après l'arrivée de cette indication, j'enverrai les voitures demandées avec quelques médecins, sous drapeau parlementaire, à la porte d'Austerlitz, ou en ville, pour conduire les habitants au pont près de Rhinau. De là un comité de secours accompagnera les personnes à Lahr et Kenzingen, et, aidé d'un comité badois, leur fournira le transport libre par le chemin de fer vers la Suisse.

« Quant à l'échange du lieutenant de Versen, j'ai l'honneur de vous informer que l'officier du 1er bataillon de chasseurs ne peut malheureusement être trouvé, mais que, pour le remplacer, l'ex-commandant de la forteresse de Lichtenberg, le lieutenant Archer, a été envoyé d'Ingolstadt.

« En terminant, je regrette d'être obligé de revenir sur votre écrit d'hier ; la garde nationale et la garde mobile seront respectées comme soldats, mais les francs-tireurs tombent sous le coup de la loi martiale et sont, d'après des ordres supérieurs, passibles de la peine de mort.

« Votre comparaison avec la landwehr prussienne n'est pas admissible, et je dois supposer que l'organisation de l'armée prussienne ne vous est pas complètement connue.

« La différence entre les deux catégories m'est parfaitement connue, à moi, et d'après les usages généralement reçus en temps de guerre, il ne peut y avoir, pour les armées allemandes, aucun doute sur la question de savoir si, oui ou non, les francs-tireurs peuvent être assimilés à la garde nationale.

« Je mets à votre disposition les lettres et les sauf-conduits ci-inclus, pour que vous en fassiez l'usage qui vous conviendra.

« Avec l'assurance, etc.

« DE WERDER. »

Le général Uhrich rédige et fait expédier aussitôt la réponse suivante :

Le général Uhrich au général de Werder.

« Strasbourg, le 13 septembre 1870.

« Monsieur le Lieutenant-Général,

« Je suis tellement occupé aujourd'hui qu'il ne m'est pas possible de traiter la question des francs-tireurs ; permettez-moi donc de la réserver pour un autre jour.

« Je viens de voir la députation suisse. Il a été convenu avec elle que les personnes autorisées par vous à se rendre en Suisse formeraient des convois de 4 à 500 au maximum.

« Ne connaissant pas la contenance des voitures, il ne m'est pas possible de déterminer le nombre qui en sera nécessaire, mais plusieurs familles aisées se feraient conduire par des voitures prises à Strasbourg, si vous consentiez à accorder à ces dernières des autorisations de rentrer en ville. Vous pourriez même, si vous aviez confiance en moi, m'envoyer quelques laisser-passer en blanc, mais signés par vous, pour être remis aux conducteurs des voitures.

« Croyez bien que je n'en ferais pas un mauvais usage.

« Si vous préférez faire entrer les voitures par la porte d'Austerlitz, je n'ai aucun motif pour m'y opposer ; mais alors il serait nécessaire de faire cesser le feu pendant quelques heures, sans quoi les chevaux pourraient être blessés ou tués et, par suite, les voitures mises hors de service.

« M. le lieutenant de Versen partira aujourd'hui à 4 heures avec la députation suisse et sera échangé aux avant-postes avec le lieutenant Archer.

« Le fusilier Giesser du 2ᵉ régiment de grenadiers badois n'est pas encore transportable. Je vous tiendrai au courant de sa situation.

« Je joins à mon envoi un certain nombre de lettres que M. le maire de Strasbourg m'a prié de vous faire parvenir.

« Veuillez agréer, etc. « UHRICH. »

Dès le début de la séance de la COMMISSION MUNICIPALE, le professeur Küss demande qu'avant la lecture du procès-verbal, la Commission veuille bien s'occuper d'une question très urgente et qui ne permet pas le moindre retard. Cette question résulte de l'entrevue que la délégation de la Commission a eue ce matin avec M. le général commandant supérieur de la place.

M. Bœrsch rend compte de cette entrevue.

« Quand, dit-il, nous nous sommes présentés ce matin à l'hôtel de la division, nous avons appris de la bouche du général Uhrich qu'il était allé au devant de nos vœux, en prenant les dispositions nécessaires pour annoncer aux habitants de Strasbourg la proclamation de la République à Paris, en même temps que son adhésion personnelle, franche et loyale à cette transformation politique, ainsi que celle de tout son Conseil de défense.

« Le but de la démarche dont nous étions chargés disparaissait donc et nous n'aurions plus eu lieu de demander quoi que ce fût, s'il ne nous avait paru évident qu'aux yeux de la population le fait seul de la proclamation du gouvernement était chose insuffisante. Il lui faut une autre satisfaction en compensation des souffrances qu'elle subit, c'est que le pouvoir central soit mis au courant de notre situation. Nous avons donc demandé au général si, eu égard aux exigences de la défense, il verrait un inconvénient à ce que nous proposions à la Commission d'envoyer à Paris deux délégués officiels, chargés de mettre le gouvernement au courant de notre véritable situation et de lui demander des instructions sur la conduite à tenir. Le général a répondu que non seulement il ne s'y opposait pas, mais qu'il adhérait pleinement à cette proposition; qu'en ce qui le concerne, il procurera toutes facilités pour la réalisation de ce projet et enverra dès aujourd'hui, à 3 heures, la proposition au général de Werder, si elle lui est faite en temps utile par la Commission.

« Cette demande, ajoute M. Bœrsch, exercerait une influence salutaire sur la population, et au point de vue de la situation générale, le gouvernement puiserait dans la connaissance exacte de l'attitude énergique de Strasbourg une force de nature à peser officiellement dans la balance des négociations.

La Commission, consultée par M. le maire, décide qu'il y a lieu de faire les démarches nécessaires pour pouvoir envoyer à Paris deux délégués avec la mission qui vient d'être définie.

Passant ensuite à la désignation des deux membres qui seront chargés de cette mission, la Commission arrête son choix sur MM. Küss et Kablé, qui tous les deux ont des relations personnelles avec plusieurs membres du gouvernement provisoire, dont ils sont assurés d'avance de posséder la confiance politique.

MM. Küss et Kablé veulent bien accepter la délégation qui leur est offerte.

« Il est tout naturel, dit M. Bœrsch, que le voyage de MM. les délégués se fera au compte de la cité », et, sur sa proposition, la Commission décide qu'ils sont pleinement autorisés à faire tous les frais nécessaires pour remplir leur mandat le plus promptement et le plus sûrement possible.

M. le maire adresse, séance tenante, à M. le général communication de la résolution qui vient d'être prise au sujet de l'envoi à Paris de deux délégués de la Commission municipale.

La question de la destitution du commissaire central, déjà agitée dans la séance d'hier, est remise en discussion.

M. le maire annonce qu'il a vu ce fonctionnaire ce matin et qu'il lui a déclaré que ses fonctions municipales cessaient à dater de ce jour; il lui a dit en même temps que la Commission consentait à lui allouer son traitement jusqu'à la fin du mois.

« Ce n'est pas assez, dit M. Bœrsch, il faut des solutions nettes et tranchées. De même qu'un arrêté a investi le commissaire central des fonctions de diverse nature, administratives, judiciaires et politiques, de même un arrêté est nécessaire pour lui retirer ces fonctions.

« Je demande donc qu'il soit pris, à l'encontre du commissaire central, une décision spéciale de révocation, ayant pour effet de lui interdire l'exercice de fonctions quelconques à Strasbourg. »

La Commission adopte cette motion.

M. Klein soulève la question du préfet, qui, elle aussi, avait occupé la Commission dans la séance de la veille. A la suite de la défense chaleureuse de ce fonctionnaire par M. le maire, qui le tient pour un courageux et loyal citoyen, M. Klein et d'autres de ses collègues n'ont pas insisté. Cependant, en présence du sentiment général de la population, il croit de son devoir de déclarer que l'ordre et la tranquillité publics sont intéressés à ce que le préfet, qui, du reste, est démissionnaire, cesse immédiatement ses fonctions, sans attendre le moment plus ou moins éloigné de l'arrivée de son successeur.

M. Bœrsch appuie ces observations. « C'est, dit-il, une question d'ordre et de sécurité et on ne peut se dissimuler que le préfet a perdu la confiance de la population ; or, la continuation de ses fonctions pendant un temps indéfini serait inévitablement une cause de trouble et un affaiblissement de la défense ; il ne faut pas qu'en un pareil moment il y ait un intermédiaire gênant entre la Commission municipale et le chef du pouvoir militaire, et, d'ailleurs, il n'est pas admissible qu'un fonctionnaire politique de cette importance puisse rester, même momentanément, au service d'un gouvernement nouveau.

La Commission s'associant à ces considérations, M. le maire dit : « Il faut bien que, cette fois encore, je m'incline devant la volonté de la grande majorité de l'assemblée, mais je me refuse complètement à faire semblable communication à M. le préfet. On ne saurait m'imposer et je n'accepterais pas d'ailleurs une telle mission. Quant au général, il sera officiellement informé. »

M. le maire soumet à l'adhésion de la Commission le projet de réponse suivant à faire au Conseil fédéral suisse : « La Commission municipale de Strasbourg, fidèle interprète des sentiments de ses concitoyens, a éprouvé le besoin d'exprimer sa vive et profonde gratitude au Conseil fédéral helvétique, qui a bien voulu accorder sa protection aux délégués de la généreuse association qui poursuit en faveur de notre malheureuse cité un adoucissement aux rigueurs d'un siège barbare.

« Cette généreuse démarche a ravivé les liens de fraternité et d'assistance réciproque qui, pendant des siècles, ont uni la ville libre de Strasbourg à la Confédération helvétique et rappelé des traditions locales qui sont gravées dans toutes les mémoires.

« Puissent les bénédictions des malheureux que les efforts des délégués vont arracher aux tortures d'un bombardement incessant, être acceptées par la nation suisse comme une récompense de sa généreuse intervention.

« Permettez-moi de vous réitérer, au nom de notre population entière, aux nobles représentants de la nation helvétique, l'expression de notre vive et profonde reconnaissance.

« Humann. »

Cette rédaction est approuvée.

M. le maire dit qu'il a reçu ce matin une lettre, en texte allemand, de MM. les délégués suisses; il s'empresse d'en faire connaître le contenu à la Commission. En voici une traduction faite à la hâte:

« Mundolsheim, 12 septembre.

« Revenus heureusement de votre ville, nous nous sommes mis en rapport avec Son Exc. le général de Werder et avec son chef d'état-major, le colonel Leczinsky, pour les mesures à prendre. Nous devons particulièrement répéter que nous avons trouvé auprès du commandement de l'armée de siège le concours le plus empressé pour faire réussir notre projet.

« Il en est de même de la part de S. A. R. le grand-duc de Bade, en tant que nous avons besoin du concours des autorités badoises.

« En conséquence et conformément aux communications faites par le commandement prussien à M. le général Uhrich, nous avons l'honneur de vous faire savoir ce qui suit : Le premier point sur lequel nous désirons être fixés le plus tôt possible, c'est le nombre total des personnes qui, dans un délai de trois jours à peu près, se seront présentées pour faire le voyage en Suisse.

« Le général de Werder et nous-mêmes nous aurons ainsi une idée du nombre approximatif des émigrants. Si, lors de ces premières inscriptions, il y avait des individus qui ne rempliraient pas les conditions voulues pour être accueillis en Suisse, les triages à faire ultérieurement seront d'autant plus faciles.

« Ensuite il faudra la liste nominative des 400 personnes qui passeront les premières, avec la mention de leur position de fortune, mention qui n'est à considérer que comme confidentielle.

« Nous désirons instamment que la première liste ne comprenne que des personnes ayant des ressources suffisantes pour vivre en Suisse. Le premier transport est un essai qui réussira le mieux avec des personnes de cette catégorie.

« Ensuite devraient suivre les listes des personnes souffrantes et ayant grandement besoin d'être transportées. On écartera absolument les individus indignes, car nous ne pourrions les recommander à nos compatriotes.

« En général, il a été convenu que le transport s'appliquera d'abord aux femmes, aux enfants et aux vieillards, ainsi qu'aux malades.

« Vingt-quatre heures après le renvoi de la liste approuvée par le général de Werder, ce dernier tiendra prêtes les voitures nécessaires devant la porte d'Austerlitz; ensuite on se mettra en marche à l'heure fixée, sous la conduite d'un officier allemand, pour se diriger au pont du Rhin près de Rhinau. De là le convoi sera dirigé par l'autorité badoise à Dinglingen et Lahr, où les émigrants seront recueillis le mieux possible, pour continuer ensuite le voyage en Suisse, chaque fois le lendemain.

« Pour faciliter leur répartition dans les différentes villes de la Suisse, il faut mentionner sur la liste si quelques personnes désirent se fixer dans des endroits déterminés. En principe, cela ne pourra se faire que pour l'intérieur de la Suisse et non pour les frontières.

« Nous vous prions maintenant instamment de nous faciliter notre mission si difficile par l'observation de toutes nos instructions.

« En même temps, nous ajoutons à notre communication l'expression de la joie que nous éprouvons d'avoir pu contribuer à diminuer votre misère. En vous priant de nous faire parvenir vos communications ultérieures par l'intermédiaire du général de Werder, nous vous prions d'agréer, etc.

« D^r Rœmer, Bischoff. »

« Mon premier mot, après la lecture de cette lettre, dit M. le maire, doit encore être une parole de profonde reconnaissance pour le noble pays et les généreux citoyens qui sont venus au secours de notre malheureuse population.

« J'ajouterai maintenant que la Commission que vous avez spécialement chargée de présider au travail des inscriptions remplit sa mission d'une manière qui mérite tous les éloges. Conformément aux instructions de MM. les délégués, elle a réparti en trois catégories les habitants inscrits. La première comprend ceux qui sont à même de subvenir aux frais de voyage et de séjour, la seconde comprend ceux dont les ressources sont limitées, la troisième est réservée à ceux qui sont dépourvus de toute ressource. Ce n'est pas la Commission qui a établi le groupement des inscrits; cette tâche eût été bien difficile et bien délicate, elle a laissé aux déclarants le choix de la catégorie dans laquelle ils entendaient être placés. Les renseignements qu'on nous demande sur la position de fortune des personnes inscrites, nous n'avons pas pu les donner, pour des motifs faciles à comprendre.

« La Commission a remarqué, dit M. le maire en terminant, que la question des moyens de transport, qui n'était pas sans présenter de grosses difficultés, paraît se trouver heureusement résolue. Des voitures en nombre suffisant se trouveront, par les ordres du général prussien, à la porte d'Austerlitz, à l'heure indiquée pour le départ du convoi, et transporteront les voyageurs jusqu'à Dinglingen par Rhinau. »

M. Saglio demande si, arrivés en Suisse, les émigrés pourront pénétrer en France.

« Cela ne paraît pas douteux », répond M. le maire.

M. Zopff demande à faire connaître le résultat de la conférence des membres de la Commission avec MM. les délégués suisses, revenus aujourd'hui même à Strasbourg, pour se concerter au sujet des mesures définitives à prendre. Ces messieurs ont obtenu du général de Werder, que tous les jours un convoi de 500 personnes pourrait passer, mais probablement parviendra-t-on à former deux convois de 500 personnes par jour; M. le Dr Bischoff est parti pour Lahr dans le but d'organiser, de concert avec les notables de cette ville, les moyens d'y loger convenablement les émigrés pendant la première nuit, afin de leur éviter les fatigues d'un long voyage.....

M. Momy cite plusieurs faits de maraudage et de vol qui ont été commis tant à l'intérieur qu'au dehors de la ville; il supplie l'autorité compétente de veiller à la répression sévère des infractions de ce genre.

M. Schnéegans propose à la Commission de prendre une délibération relative à elle-même. Instituée sous un régime qui n'existe plus, elle est dans des conditions tout à fait anormales. Les principes républicains demandent avant tout que les représentants de la population soient issus du suffrage de leurs concitoyens, mais des élections sont impossibles dans les circonstances actuelles; il est dès lors de notre devoir, dit M. Schnéegans, de déclarer que si, dans le but d'être utiles à l'intérêt général, nous conservons nos fonctions et notre responsabilité, le jour où des élections pourront avoir lieu, nous déposerons notre mandat entre les mains de nos concitoyens. M. Schnéegans propose donc à la Commission de prendre une délibération ainsi formulée :

« Instituée dans un moment de crise pour gérer et défendre les intérêts de la cité, la Commission municipale a accepté la lourde responsabilité dont on l'avait chargée, dans l'espoir de rendre service à ses concitoyens. Cette responsabilité, elle ne la repoussera pas plus aujourd'hui qu'elle ne l'a repoussée hier, elle restera à son poste jusqu'au dernier moment; elle ne reculera devant rien pour remplir son devoir jusqu'au bout.

« Mais le jour où les circonstances permettront de procéder à des élections, la Commission s'empressera de déposer son mandat entre les mains de ses concitoyens et les conviera à procéder régulièrement à la nomination d'un Conseil municipal.

« Jusqu'à ce moment, elle se croit engagée d'honneur à conserver intact son mandat et elle fera tous ses efforts pour le remplir de manière à justifier la confiance que la population de Strasbourg a mise en elle. »

La Commission donne son adhésion pleine et entière à la motion de M. Schnéegans.

M. Bœrsch donne lecture à la Commission de plusieurs extraits du *Journal des Débats* du 8 septembre, et notamment de la circulaire du ministre des affaires étrangères, M. Jules Favre, aux agents diplomatiques de la France attachés aux cours étrangères.

Ces communications sont écoutées avec le plus vif intérêt, M. le maire et la Commission remercient M. Bœrsch.

M. le maire s'exprime ensuite en ces termes:

« Le voile qui nous séparait de notre malheureuse patrie s'est soulevé hier, et en même temps que nous apprenons de nouveaux désastres, nous apprenons la proclamation de la République à Paris et l'installation d'un nouveau gouvernement provisoire chargé de la défense nationale.

« L'Empire a succombé sous le poids de ses fautes. Je ne m'étais rattaché à ce gouvernement que par les fonctions municipales et par le désir d'être utile à notre chère cité.

« Tout mon passé, ainsi que celui de mon père, appartenait au régime constitutionnel représenté par la famille d'Orléans.

« J'étais resté, même dans leur exil, confident des douleurs patriotiques de la duchesse d'Orléans et de ses fils.

« Aujourd'hui la République est proclamée, je l'accepte et je lui donnerai mon loyal concours, mais je ne suis plus l'homme de la situation, et à Strasbourg cette situation est tellement critique et tendue qu'elle réclame impérieusement l'homme qui y réponde pleinement et puisse la dominer au besoin.

« J'ai l'honneur, en conséquence, de vous remettre ma démission de maire, mais je tiens à l'honneur et je vous demande de rester membre de la Commission municipale pour tout le temps de sa durée. »

M. Mallarmé demande que, dans l'intérêt même de la cité, M. le maire ajourne sa démission.

Un grand nombre de membres expriment le même avis. « Il y aurait quelque danger, dit M. Zopff, à accepter, en un tel moment, la démission de M. le maire. Tout autre, quels que fussent d'ailleurs son talent et ses capacités, serait peut-être, abstraction faite de la question politique et au point de vue du fonctionnement régulier des rouages administratifs, impuissant dans les circonstances actuelles. »

M. Zopff demande instamment à M. le maire de conserver ses fonctions jusqu'à l'expiration du mandat de la Commission.

« Malgré les sentiments de profond respect et de grande estime que j'éprouve pour M. le maire, dit M. Schnéegans, je crois que nous ne devons pas mettre obstacle à la résolution qu'il vient de nous annoncer. C'est avec une vive émotion que j'exprime en ce moment ma pensée, mais je suis convaincu que M. le maire est dans la vérité de la situation qui nous domine ; nous ne pouvons pas le méconnaître, bien qu'à contre-cœur : il faut en ce moment que l'administration soit républicaine. »

« M. Schnéegans a parfaitement répondu à ma pensée, dit M. le maire, et je l'en remercie ; je me retire pour le bien de la cause commune, mais, je le répète, je tiens à l'honneur de rester, jusqu'aux prochaines élections, membre de la Commission. »

« Le moment n'est pas arrivé, réplique M. Mallarmé, où vous pouvez, sans danger, donner votre démission, il faut maintenant plus que jamais une administration ; de nouveaux membres ne pourraient suffire à la tâche et nous serions forcés de nous retirer avec vous.

« Les fonctions municipales sont plus administratives que politiques ; c'est au nom de l'intérêt de la cité que je vous conjure de revenir sur votre détermination. »

« Je veux, répond M. le maire, me retirer avec honneur, et avec l'estime de mes concitoyens, à laquelle je tiens par-dessus tout, et je dois le faire aujourd'hui, car je ne puis être sous un gouvernement républicain l'homme de la situation. L'intérêt de la situation me paraît se borner exclusivement en ce moment à notre nationalité, et les considérations administratives développées par M. Mallarmé me semblent très accessoires.

« Les inconvénients que vous prévoyez ne sont pas à redouter ; les services, un instant désorganisés, seront reconstitués, et je garantis qu'une administration nouvelle serait parfaitement en mesure de conduire les affaires administratives.

« N'insistez pas davantage, mon parti est irrévocablement pris.

« Je présiderai demain la séance, mais je vous supplie de procéder le plus tôt possible au choix de la nouvelle administration. »

Sur ces paroles, cette séance, si fertile en incidents, est levée.

Nous avons vu, au cours des débats de la Commission, que les trois délégués suisses étaient revenus dans la place, ce 13 septembre, pour y prendre les dernières dispositions nécessaires au succès de leur entreprise. Ils reviendront une dernière fois le 17 septembre, et c'est encore à l'un d'eux que nous allons emprunter le récit de ce second et de ce troisième voyage :

« Au moment où nous allions quitter le quartier-général allemand pour nous rendre à Strasbourg, nous fûmes arrêtés par un incident ; c'était l'arrivée, au quartier général, du capitaine Archer[1], Français, prisonnier de guerre, commandant de la place de Lichtenberg dans les Vosges, qu'il avait dû rendre aux Prussiens parce qu'elle était intenable. Il devait être échangé, devant les remparts de Strasbourg, contre un officier allemand blessé et prisonnier des Français, le lieutenant de Versen. Il fut décidé que l'échange aurait lieu, aussitôt que les pièces officielles seraient rédigées par le parlementaire qui devait nous accompagner nous-mêmes, et, de notre côté, nous offrîmes une place dans notre voiture à l'officier français pour aller à Strasbourg, et à l'officier allemand pour en revenir, ce qui fut accepté avec empressement.

« Notre excursion ce jour-là fut plus triste que la précédente. Il s'écoula un assez long temps avant que l'on eût fait taire toutes les batteries qui sillonnaient de leurs boulets l'espace que nous avions à parcourir, et je trouvai plus lugubre le résonnement de la trompette du parlementaire au travers des ruines de Kœnigshoffen. Nous avions laissé l'officier français et la voiture en arrière, à Eckbolsheim; nous dûmes approcher assez près des fortifications avec l'officier allemand qui nous accompagnait, jusqu'à ce que nous eûmes rencontré une patrouille française, commandée par un officier qui nous arrêta par ces mots : « Que voulez-vous, Messieurs? » Le parlementaire lui remit les papiers dont il était porteur; nous nous présentâmes comme les délégués suisses à Strasbourg, et là-dessus, sans que nous eussions à attendre devant les remparts, comme nous l'avions craint, l'autorisation d'entrer dans la ville, nous y fûmes conduits immédiatement. Il est vrai que, n'étant pas régulièrement annoncés, ce ne fut pas par le pont-levis et la porte principale que nous y entrâmes, mais par un chemin bien plus pittoresque, par dessus les parapets, montant et descendant les escaliers étroits qui font communiquer les ouvrages avec les fossés par de petites passerelles, enfin par des passages souterrains, jusqu'à ce que, plus tôt que nous nous y attendions, nous nous trouvâmes tout à coup dans l'enceinte, en dedans de la porte Nationale.

« Ce jour-là, d'ailleurs, nous venions tout à fait *incognito*, et nous étions seulement préoccupés de terminer notre affaire. Notre première visite fut pour le général Uhrich, qui nous était venu en aide autant qu'il était en lui, et avait déjà préparé la liste d'émigrants qui devait être soumise à l'approbation du général de Werder. De chez le général Uhrich, nous nous rendîmes à l'Hôtel-du-Commerce, où avait lieu précisément une séance orageuse de la Commission municipale. En effet, la situation avait fort changé depuis dimanche : la République avait été

---

[1] M. Archer n'était que sous-lieutenant.

proclamée; M. Humann ayant donné sa démission, un nouveau maire était à élire; une partie des rues était pavoisée. Avec quelques-uns des membres qui avaient été constitués en comité pour notre affaire, nous prîmes alors les mesures nécessaires pour la formation de la première colonne du jeudi ; car, d'après ce que nous avions appris à Mundolsheim, il ne pouvait être question de mercredi. Ce jour-là nous trouvâmes déjà plus d'animation dans la ville; le sentiment que les communications étaient en quelque sorte rétablies avec le dehors, et que le terme de leurs misères était proche pour tant de malheureux, avait jeté un nouvel élément de vie dans la population.

« Nous employâmes le reste du temps dont nous pouvions disposer à quelques visites, en particulier dans les caves transformées en habitations ; leur aspect et leur arrangement seraient dignes du pinceau d'un peintre. Il est d'ailleurs difficile de s'en faire une idée sans les avoir vues de ses yeux.

« Des tonneaux, des provisions, des caisses fermées renfermant quelques objets précieux, des lits, des meubles, tout y est entassé, tout s'y condense; un peu plus loin, c'est un foyer provisoire pour la cuisson des aliments, et l'escalier de la cave sert à la fois de cheminée et de ventilateur pour les odeurs de cette cuisine souterraine, attendu que tous les soupiraux, pour plus de sûreté, ont été fermés avec des pierres et garnis de fumier en dehors. Et dans ces trous, combien de malheureux habitants de Strasbourg ont déjà passé de longues et terribles semaines ! Il n'y aurait rien d'étonnant à ce que beaucoup d'entre eux dussent, au moment d'en sortir, habituer de nouveau leurs regards à la lumière du soleil. Un autre spectacle étrange était celui que présentaient les fenêtres de toutes les façades des maisons exposées au feu de l'ennemi, avec leur véritable armement de matelas, de sacs de paille, etc., destiné à arrêter autant que possible les boulets ou à en amortir le choc. Bref, tout portait la trace d'un siège et d'un siège rigoureux.

« L'heure du retour vint enfin, et nous dûmes attendre près de la porte Nationale — souvent inquiétés par les obus dont plusieurs éclatèrent à une proximité peu rassurante — le prisonnier allemand qui devait être échangé; au bout d'une demi-heure, il arriva sur une voiture d'ambulance française fort bien disposée, car il était grièvement blessé. Cette fois, la porte principale s'ouvrit de nouveau pour nous ; l'appel de la trompette, le drapeau blanc parlementaire et celui de la Convention de Genève annoncèrent aux batteries allemandes notre sortie, et leur feu fut promptement arrêté. Nous fîmes halte au premier avant-poste, pour que l'on fît venir d'Eckbolsheim M. Archer; dans l'intervalle s'entama la conversation la plus amicale entre les officiers français et allemands; ils échangeaient des cigares, et, à les entendre se dire « mon camarade », on oubliait presque complètement que l'on voyait là en face les uns des autres des ennemis acharnés. Enfin arriva l'officier allemand chargé d'opérer l'échange; ce fut un nouveau tableau de genre que la présentation mutuelle des deux officiers prisonniers qui allaient redevenir libres et rejoindre chacun les siens. L'Allemand blessé se saisit avec un véritable sentiment de triomphe de son sabre placé jusque-là à côté de lui sur le lit où il était couché; tous deux se donnèrent cordialement la main avant de se séparer. Comme l'état du lieutenant de Versen ne lui permettait pas d'être transporté dans la voiture qui nous avait amenés, l'officier parlementaire français, le capitaine Farre, offrit à l'officier allemand, avec une courtoisie toute française, de prendre avec lui la voiture d'ambulance jusqu'au plus prochain hôpital allemand, ce qui fut accepté aussitôt avec gratitude.

« Les deux soldats français qui la conduisaient firent place à deux Allemands, et furent menés, les yeux bandés, avec la voiture, jusqu'à ce qu'ils eussent dépassé les avant-postes allemands.

« A Kœnigshoffen on leur rendit l'usage de leurs yeux, et on leur servit à boire et à manger en attendant que leur char d'ambulance revînt de l'hôpital d'Eckbolsheim; puis, ils furent, avec leur char, reconduits, de nouveau les yeux bandés, jusqu'aux avant-postes de la forteresse.

« De semblables petites scènes peuvent paraître insignifiantes à bien des gens. Mais pour ceux qui y ont assisté, elles jettent, dans le sombre tableau de la guerre, quelques rayons de lumière bienfaisante qu'ils ne sauraient aisément oublier ensuite.

« Il nous restait encore à terminer notre travail à Mundolsheim avec M. de Leszcynski, tâche qui nous fut rendue plus agréable par les cigares de réquisition que les Allemands appellent pittoresquement des *requirados*.

« Nous tombâmes d'accord que, le jeudi à dix heures, une première colonne de 500 personnes serait reçue à la porte d'Austerlitz avec des voitures de réquisition, le choix des autorisations à donner, sur les 4000 demandes de sortie formulées, devant être laissé au chef de l'état-major général de l'armée de siège.

« Par une nuit obscure qu'éclairaient seulement les incendies allumés à Strasbourg et dans les environs par les obus et les bombes, nous partîmes armés des mots d'ordre et de ralliement pour arriver à Oberschæffolsheim au travers des postes de l'armée de siège, toujours sur le qui-vive le plus actif.

« Le jour suivant, mercredi 14, nous nous rendîmes à Lahr pour y rejoindre nos collègues et y préparer la réception des fugitifs à Rhinau et Orschweyer. A

UN ÉCHANGE DE PRISONNIERS AUX AVANT-POSTES DE KŒNIGSHOFFEN

notre arrivée à Lahr, tout était déjà prêt, grâce à la manière digne de toute reconnaissance dont les habitants avaient prêté leur concours aux délégués suisses.

« Le jeudi, à dix heures précises, je me réunissais à mes collègues en avant de la porte d'Austerlitz. Le général Uhrich lui-même avait accompagné, avec quelques notabilités militaires, la colonne des émigrants jusque hors de la forteresse. En deçà des barricades de la porte attendaient 60 chars bourrés de paille. Un certain nombre d'officiers contemplaient le spectacle qu'offrait la caravane à son départ. Et en vérité quel coup d'œil lorsque l'on vit s'ébranler lentement une longue file de voitures, d'omnibus d'hôtels et de chemin de fer, etc., tous chargés d'autant de personnes qu'il était possible d'y en entasser, suivis d'une foule de femmes et d'enfants à pied ; quant aux hommes, on n'en avait point laissé sortir, sauf quelques vieillards. Tous ces visages rayonnaient de joie et de gratitude, et le soleil lui-même semblait prendre plaisir à éclairer cette scène de bonheur au milieu de tant de sombres tristesses ? Pour laisser passer les voitures sortant de Strasbourg, une partie des barricades établies dans la campagne par les avant-postes badois durent être démolies par ceux-ci, ce qui ne fut pas fait sans un peu de mauvaise humeur par les officiers allemands, attendu que ce ne devait pas être une tâche agréable de les rétablir plus tard sous le feu de la place. Aussitôt un membre de notre légation adressait au général Uhrich la demande qu'un délai fût donné jusqu'à midi pour rétablir les travaux dont le passage des émigrants exigeait la démolition. « Oh ! répondit aussitôt le général de la manière la plus aimable, non pas jusqu'à midi, jusqu'à une heure et plus tard s'il le faut ; on leur laissera tout le temps nécessaire. »

« Lorsque tout fut emballé et que chaque char eut été pourvu d'une garde militaire, la colonne se mit en route avec une escorte de cavalerie vers Rhinau. Encore un dernier serrement de main, un dernier adieu aux Strasbourgeois et nous partîmes à notre tour, profondément heureux d'avoir pu mener à bonne fin notre mission, et convaincus d'avance de la cordiale réception qui attendait ces étrangers fugitifs dans notre chère patrie suisse.

« Le samedi 17 septembre, après avoir pris, la veille, congé du général de Werder, ainsi que du chef d'état-major de Leszcynski, et envoyé aux Strasbourgeois une dernière et chaleureuse parole d'adieu, nous quittâmes nos collègues qui devaient prolonger leur séjour à Lahr pour attendre les colonnes suivantes. Cette fois notre route ne nous ramenait pas au lugubre concert des pièces de siège, mais elle nous conduisait en Suisse, et dès le lendemain nous allions entendre les sons paisibles des cloches annonçant le jeûne fédéral, qui, en de pareilles circonstances, avaient, dans nos cœurs pénétrés de reconnaissance, un écho plus solennel que jamais.

« Et en vérité nous avions bien des motifs de reconnaissance. C'est assurément un fait qui n'est pas ordinaire que de trouver, ainsi que cela nous était arrivé, un accueil également bienveillant auprès de deux armées en pleine guerre l'une contre l'autre. Notre attente à cet égard avait été dépassée de beaucoup, bien que le résultat de l'évacuation de Strasbourg n'ait pas été atteint dans les proportions que nous eussions désirées. Néanmoins la possibilité donnée à ceux qui ont pu quitter Strasbourg de sortir d'une manière sûre et commode de ce lieu de lamentations ne se mesure pas par des chiffres. En outre il ne faut pas oublier que depuis nos négociations avec le grand-duc de Bade et le général de Werder, à diverses reprises, une centaine de personnes qui s'étaient enfuies au Neudorf ont été mises en liberté par l'armée allemande. Si d'ailleurs une partie des Strasbourgeois émigrés de leur ville ont préféré chercher un asile chez leurs amis et connaissances de l'Alsace et de Bade, au lieu de venir en Suisse, nous devons nous en réjouir dans leur propre intérêt.

« Mais, avant tout, ce que l'on ne saurait apprécier à une trop haute valeur, c'est l'effet moral et le résultat pratique de l'intervention toute chrétienne de la Suisse neutre en faveur de malheureux arrivés à l'extrême de l'affliction. Notre réception à la porte Nationale nous a montré que la Suisse avait été bien comprise par Strasbourg, et nous n'attachons pas une moindre signification morale à la sympathique bienveillance que nous ont témoignée les chefs de l'armée allemande auxquels incombe la dure et lourde tâche d'un semblable siège.

« Une seule pensée pèse encore sur nos cœurs, au milieu de tous nos motifs de reconnaissance pour ce que nous avons pu obtenir, c'est celle de l'effroyable calamité que le dernier acte militaire de ce siège, l'assaut de Strasbourg, va attirer soit sur la malheureuse cité, soit sur les soldats qui l'assiégent. Nos vœux les plus ardents sont pour que cette terrible catastrophe puisse être évitée, et pour que la ville, si cruellement éprouvée aujourd'hui, puisse dans un avenir prochain retrouver des jours heureux et bénis par la paix ! »

M. Théodore Humann, maire de Strasbourg, a donc — on l'a lu quelques pages plus haut — déclaré à la Commission municipale que, pour des motifs de haute convenance politique, et par suite d'une inébranlable fidélité aux convictions de toute sa vie, il se démettait de ses fonctions.

M. Louis-Joseph-Théodore Humann était le fils de Jean-Georges Humann, membre de la Chambre des députés, ministre des finances, et de Madeleine-Barbe Heiligenthal. Il naquit à Landau (alors français) le 19 prairial de l'an XI (8 juin 1803) et se maria à Strasbourg, le 22 avril 1825, avec Mlle Marie-Joséphine-Florentine Saglio. Il a été député du Bas-Rhin, receveur général de ce département, conseiller général, président du tribunal de commerce de Strasbourg. De 1843 à 1848 et de 1852 à 1864 il a été conseiller municipal, et, en 1864 enfin, il fut nommé maire de notre cité, qu'il administra avec dévouement, avec sagesse et une grande prudence financière. C'était un homme aimable, d'un esprit fin et cultivé, d'une conversation originale et piquante.

Officier de la Légion d'honneur avant 1870, il fut promu commandeur après la guerre; il était, en outre, décoré de l'ordre du Lion de Zæhringen et de l'ordre de François-Joseph d'Autriche. Ayant opté pour la nationalité française, il quitta Strasbourg pour aller vivre à Paris, au milieu de sa famille; mais à soixante dix ans on ne s'arrache pas impunément du sol où l'on a vécu le plus beau temps de sa vie, où l'on a dépensé ses forces et son travail, où l'on a conquis l'estime et la sympathie publiques, où l'on a contracté de nombreuses et solides amitiés. Les malheurs de sa patrie et de la ville de Strasbourg l'avaient cruellement abattu; la nostalgie fit le reste, et lorsqu'au mois de mai 1873 une maladie vint l'atteindre, il n'y résista pas et s'éteignit après quelques jours de souffrances, demandant, comme faveur suprême, à dormir dans la terre d'Alsace.

Théodore Humann, Maire de Strasbourg, en costume officiel.

Le mardi 15 mai, sa dépouille mortelle arrivait à Strasbourg et, suivie de plusieurs milliers de Strasbourgeois, était portée à la Cathédrale d'abord, puis au cimetière Sainte-Hélène, où le D^r d'Eggs rendit hommage à la mémoire du défunt par cette simple et touchante allocution:

« Messieurs,

« Ce n'est pas l'heure des longs discours; d'autres, plus tard, sauront retracer les services que M. Humann a rendus à notre malheureuse cité. Bornons-nous aujourd'hui, en peu de mots, à rendre hommage au magistrat courageux qui, dans

un jour de danger, au milieu du feu et du fer, dit à ses honorables collègues :
« Messieurs, sachons mourir sur nos chaises curules ! »

« Nobles sentiments, belles paroles que l'histoire municipale de Strasbourg ne manquera pas d'enregistrer et de transmettre à la postérité !

« L'immense concours de citoyens empressés autour de cette tombe est la preuve la plus éclatante des sympathies et de la considération respectueuse dont jouissait notre maire, qui a dignement rempli sa mission dans les circonstances les plus difficiles.

« Ici-bas, nous ne pouvons que rendre justice à son patriotisme, à son énergie, à son ardent amour pour notre ville natale ; dans un monde meilleur, Dieu lui accordera, sans doute, des récompenses plus durables que les conquêtes des hommes !

« Adieu, cher et honoré maire, reposez en paix ; vos nombreux compatriotes me chargent de vous dire leurs sentiments de reconnaissance. Adieu. »

La ville de Strasbourg a gardé et gardera toujours un reconnaissant souvenir à Théodore Humann, son avant-dernier maire français.

CHAPITRE VII.

Refus du général de Werder de laisser passer les délégués de la Commission municipale. — Démission des adjoints au maire. — La situation financière de la ville. — La Commission déclare que M. Th. Humann a bien mérité de la cité. — Déclaration d'indignité des individus valides qui ont quitté Strasbourg depuis le commencement de la guerre. — M. le professeur Émile Küss est nommé maire de Strasbourg. Départ du premier convoi d'émigrants pour la Suisse. — M. Charles Bœrsch est nommé préfet.

Le 14 septembre. La canonnade est formidable pendant la journée tout entière, et les remparts répondent vigoureusement à l'artillerie allemande. A de certains moments toutefois, tout bruit cesse brusquement et alors l'imagination des habitants, sans cesse en fièvre, échafaude des combinaisons qui prouvent que, malgré tout, on espère encore et, aussi, que la soif de la délivrance commence à se faire sentir plus vivement..... On croit à un armistice, négocié peut-être par les délégués suisses, ou motivé par le fait que l'Empire, qui a déclaré la guerre à la Prusse, étant tombé, le roi Guillaume ne voudra pas continuer la guerre contre le gouvernement républicain et la nation française..... Mais aussitôt les obus recommencent à siffler dans les airs et le fracas des explosions nous ramène bien vite à la réalité : nous ne sommes pas au bout de nos peines.....

Le courage et la fermeté morale de la population n'ont jamais faibli durant les longues semaines du bombardement, mais on se sentait envahi peu à peu par la lassitude physique. Les hommes veillaient toutes les nuits, ne se déshabillant plus et ne se couchant que quelques heures dans la journée, sur un matelas jeté dans un coin. Malgré l'abondance des denrées de première nécessité, ils étaient soumis à un régime alimentaire peu fortifiant, la viande étant devenue un article de luxe que ne pouvaient plus se permettre que les familles aisées [1].....

La COMMISSION MUNICIPALE se réunit pour la dernière fois sous la présidence de M. Théodore Humann, qui lui communique la réponse faite par le général de Werder à la demande d'un laisser-passer pour deux délégués que la Commission se proposait d'envoyer à Paris.

---

[1] Le bœuf coûtait alors 3 fr. le demi-kilo; le cheval, vendu d'abord 25 cent., atteignit le prix de 1 fr. 50 c. et 2 fr. le demi-kilo; du beurre, il n'y en avait qu'à de rares intervalles et il coûtait 5 fr. le demi-kilo; le demi-litre de lait valait 50, 75 c., même 1 fr.; un œuf se payait 25 c.; le sac de pommes de terre, 60 fr.; un oignon, 10 c., etc. Le sucre, le riz, le café n'avaient pas augmenté sensiblement. Le pain se vendait au prix ordinaire, ainsi que le vin, qui se trouvait en abondance dans la place.

Voici la lettre que le maire avait fait parvenir au général de Werder :

Le maire de Strasbourg au général de Werder.

« Monsieur le Général,

« La Commission municipale de Strasbourg, dans sa séance d'aujourd'hui, vient d'exprimer le désir que deux de ses membres puissent se rendre à Paris à l'effet de s'entendre avec le gouvernement provisoire de la République sur les moyens de faire cesser la situation pénible que la guerre et l'état de siège ont faite à notre population civile ; organe de mes collègues, j'ose espérer que vous voudrez bien accorder aux délégués des représentants de la ville de Strasbourg les sauf-conduits qui leur sont indispensables pour l'accomplissement de leur mission.

« Permettez-moi d'ajouter mes instances à celles de mes collègues et de vous offrir à l'avance l'expression de ma vive gratitude pour l'accueil favorable que, j'ose l'espérer, vous voudrez bien faire à notre demande.

« Voici les noms des délégués : M. Küss, professeur à la Faculté de médecine ; M. Kablé, avocat et directeur d'assurances.

« Je suis avec un profond respect, Monsieur le Général, votre très humble serviteur.

« Le maire de Strasbourg,
« HUMANN. »

Et voici la réponse du général :

A la Mairie de Strasbourg.

« Mundolsheim, le 14 septembre 1870.

« J'éprouve le regret de ne pouvoir répondre au désir que la Commission municipale m'a fait l'honneur de m'exprimer au sujet de l'envoi de deux délégués à Paris.

« Dans les circonstances présentes, je puis d'autant moins accueillir cette demande que l'armée allemande, placée sous les ordres de Sa Majesté le Roi, est arrivée devant Paris.

« Malgré mon vif désir de préserver la ville de Strasbourg, qui tient de si près à l'Allemagne, de désastres ultérieurs, je crois que la prise, aujourd'hui plus prochaine, de la forteresse, amènera nécessairement sur elle de nouveaux et de plus grands malheurs.

« J'ai l'honneur de signer, avec la plus parfaite considération,

« DE WERDER, lieutenant-général. »

Voici, dit le maire, une autre lettre du général de Werder, laquelle a trait aux personnes qui seront autorisées à quitter Strasbourg :

« Mundolsheim, le 14 septembre 1870.

« A M. le général de division Uhrich, commandant supérieur,

« J'ai l'honneur de vous envoyer les sauf-conduits pour la première série des personnes qui pourront sortir de Strasbourg. Le 15 de ce mois, à 10 heures du matin, le capitaine d'état-major de Friedeburg, avec six gendarmes et le drapeau parlementaire, se trouvera à la porte d'Austerlitz. Cet officier est porteur des instructions suivantes qui seront applicables aux émigrants :

« 1° Chaque émigrant devra présenter un sauf-conduit muni d'un cachet dont ci-contre je vous donne l'empreinte.

« 2° Les hommes qui sont désignés sur les sauf-conduits comme accompagnant d'autres personnes seront provisoirement rayés.

« 3° Les voitures venant de Strasbourg seront escortées par des militaires prussiens jusqu'à Rhinau ; là les émigrants descendront de voiture et des véhicules seront préparés par les soins d'un comité badois, pour la continuation du voyage.

« 4° Les voitures venant de Strasbourg s'arrêteront pendant deux heures à Rhinau et seront ramenées en ville immédiatement après.

« 5° Les personnes qui ne pourront pas se procurer de voitures à Strasbourg, trouveront 50 voitures de paysans avec des sièges de paille au Neudorf ; ces voitures ont été requises par les soins de M. le commandant de Friedeburg. Ces voitures ne sont pas couvertes ; elles iront jusqu'à Lahr, où un comité *ad hoc* se charge de les remiser pour la nuit.

« 6° Ceux des émigrants qui auraient le désir de rester en Alsace devront préalablement en faire la demande au quartier-général de Mundolsheim par les soins de l'administration municipale de Strasbourg, afin d'obtenir un autre sauf-conduit ; ces personnes ne pourront donc pas sortir de la forteresse le 15.

« 7° Les personnes se trouvant désignées sur le même sauf-conduit devront être réunies dans la même voiture. Ordre est donné à l'artillerie d'éviter pendant le temps de la sortie, avec un soin particulier, le tir qui pourrait endommager la ville ; une cessation complète du feu ne peut être accordée.

« Le général commandant le siège,
« Signé : DE WERDER, lieutenant-général. »

« *P. S.* Les sauf-conduits de la prochaine série vous parviendront vendredi matin ; le second départ s'effectuera le 17, à 10 heures du matin, dans les mêmes conditions. »

M. le maire dit qu'il n'a reçu aujourd'hui de sauf-conduits que pour une partie des personnes qui se sont fait inscrire le premier jour; le second envoi est annoncé pour vendredi.

Le maire donne lecture des lettres suivantes qui lui sont adressées par ses adjoints:

« Strasbourg, le 14 septembre 1870.
« Monsieur le Maire,

« Votre retraite me semble devoir entraîner tout naturellement celle de vos adjoints; je vous prie donc de vouloir bien faire agréer ma démission d'adjoint au maire par M. le général commandant supérieur et par la Commission municipale de Strasbourg.

« Recevez, etc.   « KAMPMANN. »

« Monsieur le Maire,

« La situation qui nous est faite à mes collègues et à moi par votre démission m'oblige à vous suivre dans votre retraite.

« Je vous prie, dès lors, de vouloir bien faire savoir à la Commission municipale que je résigne mes fonctions d'adjoint au maire de la ville de Strasbourg.

« Je reste membre de la Commission municipale, car je tiens à l'honneur de partager les pénibles et dangereux travaux qui découleront des événements graves survenus dans notre malheureux pays.

« Veuillez agréer, etc.   « LEURET. »

« Monsieur le Maire,

« La position qui m'est faite par suite de votre démission m'oblige à suivre votre exemple.

« Je vous prie, dès lors, de vouloir bien faire savoir à la Commission municipale que je résigne mes fonctions d'adjoint au maire de la ville de Strasbourg, qui m'ont été attribuées par arrêté préfectoral en date du 3 septembre courant.

« Républicain par conviction depuis mon jeune âge, je reste membre de la Commission municipale, car je tiens à l'honneur de partager ses pénibles et dangereux travaux, avec le dévouement et le patriotisme qu'exige la situation présente de notre malheureux pays.

« Recevez, etc.   « ZOPFF. »

« Monsieur le Maire,

« La démission que vous avez donnée d'une manière si inopinée dans la séance de la Commission d'hier ne me permet à moi, qui ne suis pas plus républicain que vous, de conserver les fonctions d'adjoint qui m'ont été conférées pendant l'état de siège et qui ne devaient cesser qu'avec cet état.

« Je regrette vivement la détermination que vous me forcez de prendre en face du danger et décline toute responsabilité en raison des conséquences que la dissolution de l'administration pourrait entraîner.

« J'ai l'honneur de vous prier de vouloir bien faire connaître à M. le général commandant l'état de siège et à la Commission municipale que je résigne mes fonctions d'adjoint à partir de ce jour.

« Néanmoins je resterai à mon poste jusqu'à la remise du service entre les mains de la nouvelle administration municipale.

« Veuillez, etc. « MALLARMÉ, avocat. »

« La lettre de M. Mallarmé, dit M. le maire, paraît contenir une insinuation contre laquelle je proteste hautement. Ce n'est certes pas le manque de courage, vous le savez bien, qui m'a inspiré la détermination de me démettre de mes fonctions; ce n'est pas le danger que je redoute, mais la crainte d'un affaiblissement; j'accepte la République, je la servirai loyalement, mais je ne suis pas républicain de la veille, et ce sont ceux-là qui sont les hommes de la situation.

« Le grand intérêt du moment, c'est le salut de la patrie, l'honneur du drapeau national. Or, dans les circonstances présentes, cette grande cause ne peut être utilement défendue que par des républicains.

« A cette insinuation qui tendrait à me montrer comme désertant mon poste en face du danger, je réponds donc que l'on s'honore toujours en faisant son devoir, et mon premier devoir aujourd'hui, c'est de ne pas manquer à mes convictions. »

« Avant de se retirer, dit M. le maire, l'administration tient à soumettre à la Commission un aperçu de la situation financière de la ville; cette situation, qui était excellente avant les événements, est encore bonne. Les fonds déposés au Trésor se montent à 676,000 fr., les fonds en caisse à la recette municipale à 188,000 fr., ensemble 864,000 fr. »

M. Kampmann ajoute quelques explications: « Ce chiffre de 864,000 fr. représente la situation de la caisse, mais une partie de cette somme est affectée à des engagements résultant de nos budgets.

« Le budget primitif de 1870 a été réglé avec un excédent de recette de 205,488 fr. 53 c. Le projet de budget supplémentaire avec un excédent actif de 284,136 fr. 34 c., ensemble 489,624 fr. 87 c., soit en chiffres ronds 490,000 fr., qui forment la somme disponible, tous les services étant assurés.

« Mais il faut en déduire encore : 1° le crédit voté par la Commission le 8 du mois pour les approvisionnements pendant le siège, 180,000 fr. ; 2° les frais nécessités jusqu'à ce jour par le bombardement, 30,000 fr. (environ 10,000 fr. par semaine) ; 3° les dépenses de la garde nationale, 13,000 fr., au total 223,000 fr.,

Les ruines de l'Usine à gaz.

qui, déduits de l'excédent libre de 490,000 fr., donnent net, comme somme réellement disponible, 267,000 fr. »

M. Bœrsch ajoute que pour se faire une idée entièrement exacte de la situation il y a lieu de tenir compte des moins-values qui résulteront du chef de l'octroi et des fermages, en sorte qu'il est prudent de n'évaluer qu'à une centaine de mille francs la somme véritablement disponible.

M. Schnéegans dit que la démission de M. Humann de ses fonctions de maire ne doit pas être acceptée en silence. Il est persuadé d'être l'organe de la Commission tout entière, en exprimant à M. le maire les sentiments de reconnaissance pour les grands services qu'il a rendus à la cité.

La Commission s'associe unanimement à ces hommages.

M. le maire se déclare profondément touché de cette marque de sympathie et il en remercie M. Schnéegans et la Commission.

« Malgré tout mon désir, dit-il, d'être utile à ma chère cité, j'ai compris que l'heure était venue où je devais céder à un autre la direction et le fardeau du pouvoir municipal. »

M. Bœrsch voudrait que la Commission déclarât, par un vote solennel, que par le zèle, les efforts et le dévouement déployés par M. le maire, surtout dans les circonstances difficiles qui viennent d'être traversées, celui-ci a bien mérité de la ville de Strasbourg.

La Commission vote par acclamation la motion de M. Bœrsch.

M. Schnéegans demande ensuite la permission de soumettre à la Commission une proposition d'une nature bien différente. « Vous savez, dit-il, qu'un trop grand nombre de citoyens ont quitté Strasbourg quand la situation de la ville est devenue critique. Parmi eux il en est beaucoup qui avaient des fonctions publiques ou une situation personnelle qui leur imposait le devoir de demeurer au milieu de nous. En quittant leur poste au milieu du danger, alors que nos femmes et nos enfants n'abandonnaient pas leurs foyers, ces citoyens ont mal mérité de Strasbourg ; je demande que la Commission le déclare par une délibération formelle dont voici la teneur et qui sera affichée :

« La Commission municipale de Strasbourg, considérant que dans les circonstances critiques où se trouve la cité de Strasbourg, le poste de chaque citoyen est à Strasbourg ; considérant que, depuis le commencement de la guerre et plus particulièrement depuis la bataille de Frœschwiller, un certain nombre de citoyens que leur position devait faire rester à Strasbourg, ont lâchement abandonné leurs concitoyens pour mettre en sécurité leur personne ; considérant que des exemples doivent être statués, déclare : « Les individus valides qui, sans raison majeure, ont quitté Strasbourg depuis l'ouverture de la guerre, sont déclarés indignes de remplir aucune fonction publique. »

M. Saglio prie la Commission de réfléchir aux conséquences de la résolution qu'on lui demande de prendre.

« C'est, dit-il, un arrêt fâcheux, en ce qu'il ne tient pas compte des circonstances particulières qui ont pu motiver et légitimer le départ de plusieurs de nos concitoyens ; il n'est pas juste de les frapper sans les avoir préalablement entendus, surtout de les frapper d'une manière si absolue et si rigoureuse. Quel intérêt, d'ailleurs, avez-vous à vous substituer à l'opinion publique, qui doit être le véritable juge de ceux que vous voulez condamner? Je ne voterai pas une semblable mesure, contraire à mes sentiments. »

M. Lemaistre-Chabert s'associe à ces réflexions et cite comme preuve des inconvénients de la mesure proposée l'exemple de M. Stæhling, « cet honorable citoyen » que des « raisons majeures » ont tenu éloigné de Strasbourg ; parmi les absents, il peut s'en trouver dans le même cas.

« A ceux-là, réplique un membre, il sera loisible de se justifier. »

La motion de M. Schnéegans, mise aux voix, est adoptée et affichée sur les murs de la ville.

M. Humann propose à la Commission de procéder à un scrutin pour la désignation du nouveau chef de l'administration municipale.

Le dépouillement des bulletins de vote donne à M. le professeur Küss 35 suffrages. La publication de ce résultat est saluée par les applaudissements de l'assemblée. Les applaudissements redoublent à la vue de M. Humann, allant donner l'accolade à son successeur, auquel il exprime ensuite ses plus cordiales félicitations.

Puis une vive discussion s'engage sur le point de savoir s'il sera procédé immédiatement à la désignation des adjoints. Après un échange d'observations, un scrutin est ouvert pour la désignation de quatre adjoints. Les suffrages se sont portés sur

MM. Leuret, qui a obtenu 38 voix ; Flach, 37 ; Weyer, 37 ; Zopff, 36.

M. Humann dit qu'il transmettra dès ce soir le résultat des élections auxquelles il vient de procéder à M. le général commandant supérieur, investi du pouvoir de les confirmer.

Sur le désir exprimé par M. Küss, de n'être installé qu'après la confirmation par M. le général, M. Humann conserve la présidence jusqu'à la fin de la séance.

M. Klein demande la parole pour faire proposer que M. Bœrsch, conseiller général, qui a rendu de si grands services à sa ville natale, soit, en tant que membre de la Commission municipale, délégué pour la gestion des affaires du département. La discussion est renvoyée au lendemain.

Le professeur Émile Küss, que la Commission municipale vient de désigner pour remplir les fonctions de maire de Strasbourg, était né en cette ville le 1er février 1815. En sortant du Gymnase il suivit les cours de la Faculté de médecine et trouva là deux hommes qui lui témoignèrent une affection particulière et exercèrent une influence décisive sur sa carrière. Le premier, Lobstein, était le créateur de l'anatomie pathologique; le second, Ern. A. Lauth, héritier d'un nom illustre, illustré déjà lui-même par des travaux personnels, était chef des travaux anatomiques et agrégé à la Faculté; il représentait les tendances vers les récentes découvertes de l'Allemagne dans le domaine de l'anatomie et de la physiologie. C'est à ce maître qu'il s'attacha de préférence à tout autre. Il se livra avec ardeur à l'étude de l'anatomie, dans laquelle il ne tarda pas à faire de grands progrès, si bien que, peu de temps après, il se présenta devant les médecins de l'hôpital civil à un concours à la suite duquel il fut nommé interne surnuméraire. En 1835, il devenait interne titulaire.

A cette époque, son maître et protecteur Lauth fut prié par une des sommités scientifiques de Paris de lui envoyer un jeune homme habile à manier le scalpel et familiarisé avec la littérature allemande, pour l'assister dans des travaux qu'il avait entrepris et qui devaient lui ouvrir à quelque temps de là les portes de l'Institut. Le choix ne fut pas longtemps douteux; Lauth proposa cette situation à Küss, qui l'accepta avec empressement. En effet, quoi de plus séduisant pour un jeune homme de vingt ans aimant l'étude et les arts, que la perspective du séjour de Paris et la participation aux études d'un homme célèbre, avec l'espoir d'arriver dans son orbite à la fortune et à la gloire! Mais une triste réalité fit évanouir rapidement les rêves de sa confiante jeunesse. Au lieu d'un maître et d'un protecteur il trouva un homme qui n'avait qu'un but: s'assimiler le plus complètement possible les travaux de Küss sans laisser à son nom la part la plus restreinte. Küss comprit bientôt que ni sa dignité, ni son intérêt ne pouvaient se prêter à une pareille exploitation; il rompit son engagement et revint à Strasbourg[1]. Le 10 janvier 1836, il concourut pour la place de prosecteur à la Faculté de médecine et fut nommé à l'unanimité. En 1841 il soutient sa thèse de docteur; en 1843 il est chef des travaux anatomiques, ce qui lui permet de révéler son talent dans cette branche de la médecine et d'enrichir notre musée d'anatomie de pièces qui aujourd'hui encore sont admirées par le monde savant. En 1844, il est agrégé en chirurgie et en 1846, la chaire de physiologie étant vacante, il se met sur les rangs et sort vainqueur d'un des plus brillants concours que la Faculté de Strasbourg ait jamais vus. Quand il quitte la salle du jury, on lui fait une véritable ovation: médecins, étudiants, amis sont là pour lui serrer la main et le féliciter. Et alors commence pour Küss cette longue période de professorat, durant laquelle des cen-

---

[1] Le professeur Küss, *Notice nécrologique*, par le professeur Hergott, Gazette médicale de Strasbourg, année 1871, n° 6.

taines d'élèves viennent se grouper autour de sa chaire, avides de sa science, avides de sa parole simple et originale, récompensant le dévouement du maître par une affection sincère, et allant répandre ensuite aux quatre coins de la France les fruits de son fécond enseignement.

Mais Küss avait un esprit trop actif pour se consacrer aux seules études médicales. Il avait une âme patriote qui aspirait au bonheur du peuple et par lui à la grandeur de la patrie, et ses convictions politiques lui faisaient voir la république comme la forme de gouvernement la plus juste et la plus apte à réaliser ces aspirations.

A cette époque, cette forme idéale n'était entrevue que dans le lointain; on l'attendait avec patience et confiance, comme un résultat des progrès de la civilisation; mais la Révolution qui proclama subitement la République en 1848 semblait imposer à ceux qui avaient ces convictions, plus qu'à tous les autres citoyens, le devoir de la soutenir et de la fortifier[1].

Küss n'eut garde de transiger avec ce que ses convictions lui indiquaient comme un devoir strict. Dans ce gouvernement de tous par tous, il se jeta hardiment dans la mêlée et fut porté par les suffrages de ses concitoyens au conseil de la commune, à celui du département et à la tête d'une compagnie de la garde nationale. Il lui parut nécessaire, avant toutes choses, d'éduquer le peuple qui venait d'être émancipé d'une manière si inattendue et fonda avec quelques amis une édition hebdomadaire, en langue allemande, du journal le *Démocrate du Rhin*, dont il accepta la gérance responsable. « Le bien du peuple ne peut résulter que de l'égalité, disait-il dans l'article programme du premier numéro, non de celle qui conduit au communisme, qui est le néant, mais de l'égalité qui assure à chacun les mêmes droits politiques..... » Plus tard, le 20 juin 1851, Küss se sépara du *Démocrate*, puisque celui-ci « se mourait de socialisme » et fondait une nouvelle feuille, la *République populaire du Bas-Rhin*.....

.....Qui ne connaît les anxiétés patriotiques qu'avait inspirées aux républicains la faute d'avoir confié la présidence de la République à un prétendant dont les aspirations au trône s'étaient par deux fois manifestées d'une manière si imprudente et si malheureuse? Faut-il s'étonner des alarmes des républicains à chaque événement qui pouvait faire craindre une usurpation? Les occasions ne furent pas rares en ces temps agités. Le 13 juin 1849, le *Démocrate du Rhin*

---

[1] Par un sentiment que comprendront ceux qui connaissent les liens unissant l'auteur de cet ouvrage à la famille Küss, nous empruntons en partie les éléments de cette biographie à d'autres plumes et c'est la remarquable Notice de M. le professeur Hergott, déjà citée, qui nous fournit ces détails sur la carrière politique de Küss.

déclara la patrie en danger; le 14, Küss se rendit chez le préfet pour avoir des nouvelles de ce qui se passait à Paris, les républicains ayant observé des mouvements télégraphiques si expressifs qu'il leur semblait que quelque chose de grave avait dû arriver. Le mutisme du préfet augmentant leur défiance, ils se rendent auprès du général[1], demandent des armes et des cartouches pour la garde nationale et l'occupation par celle-ci de la citadelle, de concert avec l'armée. Ces incidents avaient déterminé l'autorité à convoquer la garde nationale. Küss, en sortant de la mairie, rencontre un tambour battant le rappel et lui ordonne (il était en uniforme) de battre la générale..... En peu de temps toute la ville est sur pied et attend les événements. Mais rien n'arrive et rien de sérieux n'est arrivé à Paris. Le gouvernement croit ou fait semblant de croire à un complot et l'on arrête Küss avec six de ses amis. Ils sont incarcérés dans la prison de la rue du Fil et Küss y occupe la cellule dans laquelle on avait enfermé, treize ans auparavant, le prince Louis Bonaparte, alors que celui-ci avait essayé de soulever la garnison pour se faire proclamer empereur.....

On ouvre contre Küss et ses amis une instruction pour attentat contre la sûreté de l'État et le gouvernement établi, et d'excitation à la guerre civile....

Le professeur Émile Küss
Dernier Maire français de Strasbourg.

La chambre des mises en accusation les renvoie devant le jury de la Moselle (le jury du Bas-Rhin était suspecté de complaisance) et le 19 octobre enfin les accusés comparaissent devant la Cour d'assises. Les débats durent cinq jours ; Küss est défendu par Jules Favre. Le jury ne reste que trois quarts d'heure en délibération pour répondre à plus de 150 questions et rapporte un verdict négatif, à la suite duquel Küss et ses amis sont acquittés..... Les démocrates de Metz leur font, ainsi qu'à Jules Favre, une enthousiaste ovation.

Küss rentre dans ses foyers, faisant marcher de pair son enseignement

---

[1] Tout comme en 1870.

médical avec les labeurs de la vie politique..... Mais le Coup d'État survient et son journal est supprimé. Il renonce à ses fonctions publiques, qu'il ne veut pas excercer sous le régime inauguré le 2 décembre et abandonne la politique militante, tout en continuant, avec ses amis, à propager les idées libérales, à répandre l'instruction dans le peuple, contribuant ainsi, à l'aide d'armes légales, à ébranler l'empire de Napoléon III et refusant toute distinction — deux fois on lui a offert la croix de la légion d'honneur — de la part d'un gouvernement qu'il détestait.

Quand la guerre éclate il est parmi ceux qui prévoient les catastrophes dont la France, dont l'Alsace seront accablées. Il connaît l'Allemagne; il sait quelles sont ses ambitions et comment elle s'est préparée à les satisfaire. Mais il demeure à son poste de citoyen et lorsqu'on vient faire appel à son dévouement il accepte d'abord le mandat de membre de la Commission municipale, puis les fonctions de maire, alors plus lourdes qu'à aucune autre époque de l'histoire de Strasbourg.

Sa nomination à ce poste avancé fut accueillie avec une vive satisfaction par l'opinion publique, et le *Courrier du Bas-Rhin* était certainement l'interprète de tous les Strasbourgeois lorsqu'il consacra à cet événement les lignes que voici:

« La Commission municipale de Strasbourg a pris hier une mesure qui, nous n'en doutons pas, sera ratifiée par toute notre population. La République ayant été proclamée, il était urgent que le premier magistrat de la cité fût un républicain, un homme éprouvé dans les luttes politiques, d'une conviction ferme, d'un caractère fortement trempé. La Commission, après avoir accepté la démission que M. Humann très spontanément avait donnée la veille, et avoir rendu hommage, par un vote unanime, au dévouement avec lequel le maire démissionnaire a rempli ses fonctions, a élu à sa place M. le docteur Küss. Le général gouverneur a ratifié le soir même cette décision et a pris un arrêté en conséquence.

« Il n'est personne à Strasbourg qui ne connaisse et n'honore les rares et nobles qualités qui font de M. le docteur Küss un citoyen hors ligne, un de ces hommes intègres, honnêtes jusqu'au fond du cœur, républicain de vieille roche, qui a fait ses preuves et donné des garanties alors que la génération présente était encore au berceau.

« M. Küss représente dans toute sa pureté le principe républicain qui triomphe aujourd'hui, ce principe qui inscrit sur son drapeau avant toutes autres choses la liberté. La République, comme l'entend M. Küss, comme nous l'entendons tous, est depuis la base jusqu'au sommet de l'édifice politique le gouvernement du pays par le pays, la liberté pénétrant et animant tout le corps social.

OBSÈQUES DE M. E. KÜSS, MAIRE DE STRASBOURG

« La nomination de M. Küss aux fonctions de maire de Strasbourg est un événement dont notre cité a le droit de se féliciter. Le régime républicain se trouve par cette nomination consacré et sanctionné[1]. »

Après la reddition de la place, les fonctions de maire devinrent plus difficiles et plus pénibles encore. Il s'agissait de lutter contre les exigences des vainqueurs, de leur disputer les finances de la ville, patiemment amassées, tout en n'oubliant pas que Strasbourg était en état de siège et qu'une résistance trop absolue pourrait amener de nouveaux malheurs sur la cité. Mais les soucis et les tracas qui venaient l'obséder chaque jour usèrent sa santé, déjà menacée depuis quelques années, et lorsque le département du Bas-Rhin l'envoya, par plus de 100,000 suffrages, siéger à l'Assemblée nationale de Bordeaux, qui devait ratifier les préliminaires de paix, il prédit à ses amis qu'il ne reviendrait pas..... Il partit durant ce mois de février 1871 si rigoureux et arriva, irrémédiablement atteint, à son poste. Il put signer encore la protestation que les députés d'Alsace et de Lorraine élevèrent contre l'acte qui séparait leurs départements de la mère-patrie, et mourut le 1ᵉʳ mars, le jour où l'Assemblée nationale accepta le traité déclarant que Strasbourg, Colmar et Metz cessaient d'être français.

Ce fut un deuil public lorsque la fatale nouvelle nous arriva, et l'on peut dire que tout Strasbourg a suivi le cercueil d'Émile Küss, sur lequel on avait déposé, — glorieux emblème, — une couronne civique. Au bord de sa tombe, des voix éloquentes rendirent hommage au savant, à l'homme, au citoyen, à l'ami, et plus tard une souscription publique lui érigea, au cimetière Sainte-Hélène, un monument simple et modeste, comme il avait été lui-même. Ennemi de toute ostentation, incapable d'une capitulation avec sa conscience et avec le devoir, il effaçait

---

[1] Voici la liste complète des hommes qui, jusqu'en 1873, ont rempli les fonctions de maire à Strasbourg, depuis qu'un décret de l'Assemblée nationale avait transformé l'organisation administrative de la France et qu'une nouvelle municipalité était venue remplacer l'ancien Magistrat de la cité :

1) Philippe-Frédéric de Dietrich, élu maire le 3 février 1790, installé le 18 mars de la même année, mort sur l'échafaud révolutionnaire à Paris, le 29 décembre 1793 ; 2 et 3) Lachausse et de Türckheim, maires provisoires en 1792 ; 4) Monet, 1793 ; 5) André, 1794 ; 6, 7 et 8) Mathieu, Keppler, Demichel, 1795 ; 8) Weyher, 1795 (sous le Directoire, les maires furent remplacés par des présidents de l'administration municipale) ; 10 et 11) Livio et Brackenhoffer, 1797 ; 12, 13 et 14) Laurent, Hirschel et Demichel, 1798 ; 15) Grandmougin, 1799 ; 16) Livio, 1799 (le Consulat réinstalle les maires) ; 17) Hermann, 1800 (l'auteur des Notices historiques, etc., sur la ville de Strasbourg) ; 18) de Wangen de Geroldseck, 1806 ; 19) Brackenhoffer, 1810 ; 20) de Kentzinger, 1815 ; 21) J. F. de Türckheim, 1830 ; 22) Lacombe, 1835 ; 23) Fréd. Schützenberger, 1837 ; 24) Guillaume Lauth, maire provisoire, du 2 mars au 20 avril 1848) ; 25) Kratz, adjoint faisant fonctions de maire, du 1ᵉʳ mai au 17 août 1848, nommé à titre définitif le 17 août 1848 ; 26) Chastelain, maire provisoire, du 24 mars 1851 au 23 octobre 1852 ; 27) Coulaux, 1852 ; 28) Th. Humann, du 19 décembre 1864 au 13 septembre 1870 ; 29) le Dʳ Émile Küss, 13 septembre 1870, mort député à l'Assemblée nationale à Bordeaux, le 1ᵉʳ mars 1871 (Jules Klein, adjoint, faisant fonctions de maire) ; 30) Ernest Lauth, du 9 octobre 1871 au 7 avril 1873 (Fr. Imlin, adjoint, faisant fonctions de maire pendant la maladie du titulaire).

sa personne pour faire triompher les idées et les principes, agissant selon la formule du poète :

« Ami, cache ta vie et répands ta pensée. »

Émile Küss a laissé à ses enfants un héritage impérissable : le nom d'un des hommes les plus respectés qui aient vécu sur la terre d'Alsace.

Le commandant de la forteresse adresse au général de Werder la lettre suivante :

Le général Uhrich au général de Werder.

« Strasbourg, le 14 septembre 1870.

« Monsieur le Lieutenant-Général,

« J'ai l'honneur de vous accuser réception de vos instructions pour la sortie de la première série des émigrants en Suisse. Je fais tout préparer pour que cette opération se fasse avec tout l'ordre et toute la régularité possibles.

« Il va de soi que le feu cessera sur tout le front sud jusqu'après le départ de la dernière voiture.

« J'ai fait prendre ce matin des nouvelles du soldat Giesser, du 2ᵉ régiment de grenadiers badois, dont vous m'avez parlé dans une de vos dernières lettres ; le médecin de l'hôpital me rend compte qu'il va beaucoup mieux et qu'il est transportable. Je suis disposé à l'échanger contre un de mes soldats prisonniers, lorsque vous le jugerez convenable.

« Je vous adresse ci-joint un deuxième envoi de listes de personnes qui désirent quitter Strasbourg pour se rendre en Suisse.

« Veuillez agréer, etc.   « UHRICH. »

Le 15 septembre. Le premier convoi d'émigrants se met en route dans la matinée, sous les auspices des délégués suisses. Plusieurs centaines de femmes et d'enfants s'étaient réunis sur la place d'Austerlitz et se tenaient près des voitures, chars-à-bancs, omnibus, qui devaient les transporter jusqu'à Rhinau. Lorsque le signal du départ fut donné, des scènes déchirantes se produisirent. Ceux qui restaient reverraient-ils jamais ceux qui s'en allaient ? N'est-ce pas le dernier baiser que ces enfants donnent à leur père, n'est-ce pas le dernier adieu que cette femme dit à son époux ?..... Dans différents groupes des hésitations se manifestent..... On ne veut plus partir, on ne veut pas se quitter..... Plutôt la mort commune que les angoisses de la séparation..... Mais les officiers français qui se tiennent près la porte d'Austerlitz pour vérifier les passe-ports s'impatientent et font

SORTIE D'UNE COLONNE D'ÉMIGRANTS POUR LA SUISSE

remarquer que les assiégeants n'attendront pas indéfiniment pour reprendre le tir qu'ils ont interrompu. Enfin, les véhicules s'ébranlent et s'éloignent lentement. Derrière eux marchent les émigrants qui n'ont pu se procurer de voitures et qui trouveront, à courte distance des murs, de grands chars avec sièges de paille que les Allemands ont réuni par voie de réquisition..... Aussi longtemps qu'il est possible on s'envoie des signes d'adieu, de douloureux baisers, et lorsque le cortège a disparu au tournant de la route, plus d'un cœur qui s'était contenu s'abandonne à sa peine et se répand en sanglots.

Vers midi, un obus lancé par une des batteries prussiennes installées au Wacken vient frapper la flèche de la Cathédrale juste au-dessous de la croix qui la surmonte. La croix fléchit, mais ne tombe pas, grâce au paratonnerre qui la retient, grâce aux nombreux crampons et à l'armature de fer dont l'édifice est garni à son sommet.... On dit que c'est à la suite d'un pari qu'un artilleur, désireux de montrer son habileté de pointeur, a réalisé cette prouesse. Il a fallu, après le siège, des prodiges de science et d'audace pour remettre la croix en place.

Vue photographique de la pointe de la Cathédrale, atteinte par un obus, le 15 septembre.

Le général Uhrich adresse au général de Werder la lettre suivante :

Le général Uhrich au général de Werder.

« Strasbourg, le 15 septembre 1870.

« Monsieur le Lieutenant-Général,

« Vous avez eu la bonté d'accorder un sauf-conduit aux religieuses de la congrégation de Notre-Dame (36 personnes en tout) ; leurs préparatifs n'ayant pas été terminés assez à temps, elles n'ont pas pu partir ce matin à 9 heures, mais elles le feront dimanche, à la même heure, avec les personnes pour lesquelles vous m'avez fait l'honneur de m'envoyer des sauf-conduits ce matin.

« Un aumônier d'Offenbourg et un autre de Rastatt sont venus au devant de ces dames à vos avant-postes, mais il est à craindre qu'ils ne les attendent pas jusqu'à dimanche.

« J'ose donc vous prier de vouloir bien faire parvenir la lettre ci-jointe à la supérieure du couvent d'Offenbourg, qui prendra des mesures pour faire recevoir les religieuses à leur sortie de la ville.

« Le départ du premier convoi des émigrants pour la Suisse s'est effectué, ce matin, avec ordre et facilité. Le jeune officier que vous avez chargé de cette mission s'en est acquitté avec infiniment de tact et de convenance.

« Ci-joint quelques lettres que diverses personnes m'ont prié de vous faire parvenir.

« Veuillez agréer, etc.

« UHRICH. »

Vue géométrale de la pointe [1].

Au début de la séance de la COMMISSION MUNICIPALE, M. le Dʳ Küss, maire, qui préside les débats pour la première fois, donne lecture de l'arrêté du commandant supérieur qui nomme membres de l'administration municipale MM. Küss, président, Leuret, ancien adjoint, Weyer, architecte, Flach, notaire, Zopff, ancien adjoint.

« Ainsi que vous avez pu le remarquer, dit M. le président, l'arrêté dont je

---

[1] Tirée du rapport présenté à M. Küss, maire, par M. Klotz, architecte de l'Œuvre Notre-Dame, sur la réparation des dégâts causés au sommet de la flèche par le bombardement. — Winter, éditeur-photographe.

vous donne lecture, porte qu'il a été pris par le général après s'être concerté avec le préfet intérimaire; or, me conformant en cela aux sentiments qui ont été exprimés dans notre dernière séance, je me suis rendu chez le général pour lui déclarer que le préfet n'avait pas la confiance de la population et que les vœux de la Commission municipale étaient de le voir cesser sans délai ses fonctions. Le général ayant fait part au préfet de ma démarche, celui-ci a, dans un but de conciliation, donné sa démission et renoncé aux fonctions qu'il exerçait par intérim. »

M. Humann annonce qu'il a fait remettre à M. Stæhling, ce matin, pour être expédié par ses soins, le pli contenant la démission officielle adressée par le préfet au gouvernement provisoire.

« Je complète ma communication, dit M. le président, en vous informant qu'il résulte d'une dépêche télégraphique, arrivée à Schlestadt le 5 de ce mois et parvenue depuis à M. Pron, que le gouvernement provisoire a nommé son successeur à la préfecture du Bas-Rhin, M. Edmond Valentin. »

« Dans la douloureuse situation imposée à Strasbourg depuis le commencement de la guerre, dit M. Schnéegans, et après les sacrifices immenses que notre vaillante population a faits à la patrie, je crois que le gouvernement, un gouvernement républicain surtout, doit plus qu'à un autre moment tenir compte des vœux des habitants de Strasbourg. Je ne connais pas M. Valentin, je n'ai aucune objection à faire contre sa nomination, mais je suis forcé de constater que depuis bien longtemps il est absent de Strasbourg, qu'il ne s'y trouve pas maintenant et qu'on ne saurait dire quand il lui sera possible d'y arriver à travers les lignes ennemies qui environnent la ville de toutes parts ; or ce n'est pas un préfet « extra-muros » qui peut nous convenir, il nous faut un homme prêt à prendre en main les intérêts du département et à pourvoir, de concert avec le général, et d'une manière pratique et incessante, aux rigoureuses exigences de la situation. Dans ces circonstances, je crois que la Commission ne devrait point s'arrêter à cette nomination, quitte à s'entendre plus tard avec le gouvernement et qu'elle devrait désigner un préfet de son choix en remplacement du préfet démissionnaire. »

Cet avis est adopté; la question de la désignation du préfet est renvoyée à la fin de la séance.

M. le maire a reçu de M. Musculus, brasseur, la lettre suivante, dont il donne lecture :

« Monsieur le Maire,

« J'ai l'honneur de vous exposer que l'administration des contributions indirectes prétend percevoir les droits de fabrication sur la bière fabriquée en ce moment, malgré l'arrêté de M. le général commandant supérieur qui suspend la perception des droits du Trésor sur les liquides, vins et spiritueux dans l'enceinte fortifiée de Strasbourg.

« La bière est une boisson qui entre dans la consommation journalière de notre cité, et, en raison des circonstances actuelles, il me paraît hors de doute que l'administration des contributions indirectes est mal fondée dans sa demande pour la perception des droits, vu que l'arrêté de M. le général commandant supérieur doit évidemment s'appliquer à toutes espèces de liquides.

« Ce ne serait, du reste, qu'une faible compensation accordée à la brasserie pour les pertes considérables qu'elle éprouve sur les bières se trouvant dans les caves situées hors ville et qui ont acquitté les droits du Trésor.

« J'ai l'espoir, Monsieur le Maire, qu'il suffit de vous signaler cet état de choses, pour qu'il vous plaise de vous entendre avec qui de droit, afin que les bières fabriquées pendant la durée du siège soient affranchies de tous droits quelconques.

« Dans l'attente d'une solution favorable, je vous prie d'agréer, Monsieur le Maire, etc.
« Aug. Musculus.

« Strasbourg, le 15 septembre 1870. »

« L'assemblée tout entière, dit M. le président, doit être d'accord pour reconnaître le bien-fondé de la demande de M. Musculus. »

Plusieurs membres pensent que c'est par suite d'un malentendu ou d'une fausse interprétation des instructions de l'administration que les agents du fisc ont exigé des droits sur la bière.

Quoi qu'il en soit, et sur la proposition de M. Kratz, M. le président priera le général de décider, par une note interprétative, que son arrêté suspendant la perception des droits du Trésor sur les liquides, vins et spiritueux doit être également appliqué à la bière.

M. Kratz dit encore que la bière fait à peu près complètement défaut depuis quelque temps en ville, et que c'est une privation à laquelle les habitants sont très sensibles.

M. Zopff dit qu'il s'est préoccupé de cette situation ; il a invité M. le syndic des brasseurs à s'entendre avec ses collègues pour la reprise, dans une certaine mesure, de la fabrication.

M. le syndic avait promis d'adresser à ce sujet à l'administration une note écrite, mais jusqu'à ce jour elle n'a reçu de lui aucune communication.

M. Henry, en son nom et au nom de plusieurs membres, propose à la Commission de s'adjoindre quelques collègues pris dans la classe ouvrière. Dans les circonstances actuelles, dit-il, notre responsabilité est grande ; elle sera moins lourde en se divisant davantage. Je suis convaincu que par l'adoption de la mesure proposée la Commission gagnera en force et en influence.

M. Saglio fait remarquer que la proposition émanée de M. Henry se recommande d'elle-même et n'a pas besoin d'être appuyée ; dans la situation actuelle surtout, elle a en sa faveur les motifs les plus sérieux.

« Mais, à un autre point de vue encore, dit M. Saglio, elle se justifie pleinement : voilà de longues années que je suis en relations avec les ouvriers, et il n'y a pas dans la population entière de classe où les principes salutaires de la famille et du travail soient plus profondément incrustés. Tant que la classe ouvrière restera attachée à ces principes, qui sont sa force et son honneur, la France n'est pas perdue. »

Après discussion, la Commission décide que, conformément à la proposition formulée, le conseil des prud'hommes sera invité à désigner quatre ouvriers, qui, après avoir été agréés par elle, seront proposés demain à la confirmation de M. le général en tant que membres nouveaux de la Commission municipale. Cette proposition est votée à l'unanimité.

Il est donné de nouveau lecture de la proposition faite, dans la séance d'hier, par M. Klein et tendant à investir M. Bœrsch, en tant que délégué de la Commission municipale, de la gestion des intérêts du département. Cette motion est vivement appuyée.

M. Bœrsch demande la parole. « Depuis hier, dit-il, je me suis interrogé sérieusement sur les conditions dans lesquelles je puis me trouver pour remplir les fonctions auxquelles votre confiance voudrait m'appeler ; le résultat de mon examen est que j'aurais tort de déférer à votre demande. Les fonctions du préfet sont de deux natures, politique et administrative ; cette dernière est fort secondaire en ce moment ; les fonctions politiques sont les principales ; or, je crois que dans la position où se trouvera celui que vous voudrez déléguer à l'administration départementale il faut, avant tout, un homme qui ne soit pas discutable. Il faudrait un homme tel que celui que vous avez placé à la tête de la Commission municipale, qui n'a pas été exposé depuis des années à la discussion quotidienne, dont la marche politique n'ait pas été sans cesse contestée et attaquée.

« Si ces qualités vous ont paru nécessaires pour le président de l'administration municipale, elles seront bien plus nécessaires encore chez celui qui sera délégué à l'administration départementale; or, je défie de trouver à Strasbourg un homme plus discuté et plus calomnié que moi, mais tenant ferme aussi contre l'injure et la calomnie.

« En temps ordinaire je pourrais déférer à votre désir sans inconvénient, mais dans un temps de fermentation comme celui où nous sommes, je trouve qu'il y aurait des inconvénients très grands et très sérieux à donner mon nom, alors que ce nom n'est peut-être pas le drapeau qu'il faut dans les circonstances actuelles; ma nomination pourrait être plutôt une cause d'affaiblissement que de force; ce serait donc commettre une faute contre l'intérêt de la cause commune, c'est ma conviction intime et profonde. »

« M. Bœrsch se trompe, dit M. le président, quand il suppose que je n'ai pas été discuté; moi aussi, j'ai été bafoué, vilipendé, calomnié; je le serai encore; il ne faudrait pas connaître les passions des partis pour ne pas le croire, j'ai néanmoins persisté. Vous voyez qu'il y a de grandes analogies dans nos situations. J'ai dédaigné les insultes, dédaignez-les aussi. »

« D'autres, reprend M. Bœrsch, ont pu se trouver momentanément en évidence sur la scène politique; je suis sous ce rapport dans une situation exceptionnelle, je n'ai pas disparu un moment de la scène depuis plus de trente ans, j'ai toujours été sur la brèche, et les attaques contre ma personne ou mes opinions n'ont pas cessé un jour. »

« Le temps pendant lequel on vous demande de vous dévouer ne sera pas long, n'hésitez pas, dit M. le président; vous êtes un homme dont les capacités hors ligne sont connues, vous êtes investi de la confiance unanime de la Commission.

« En ce qui concerne les fonctions administratives du préfet, elles seront bien faciles pour vous, et quant aux fonctions politiques, nous serons solidaires; car, ne l'oubliez pas, vous continuerez à siéger au milieu de nous, vous resterez membre de la Commission, où vous aurez toujours racine et dont la sève vous fortifiera. »

« Vous ne serez pas, dit M. Kablé, un préfet avec des pouvoirs extraordinaires, vous serez notre délégué et vous pourrez toujours compter sur notre appui le plus complet. »

« M. Bœrsch a bien tort, dit M. Schott, de douter de l'opinion publique; qu'il se souvienne des dernières élections législatives et de la belle majorité que Strasbourg lui a donnée sur le candidat officiel. »

Après cette discussion, la proposition de M. Klein est votée par acclamation.

LE BARRAGE DE L'ILL PRÈS DE LA PORTE DES PÊCHEURS.

Le quai des Pêcheurs, qui avait été passablement ménagé depuis le commencement du siège, est cruellement bombardé depuis quelques jours. La caserne des pontonniers, située dans le voisinage et sur laquelle l'ennemi tire avec acharnement, lui avait valu d'abord une grêle ininterrompue de projectiles. Maintenant les batteries prussiennes visent, sans discontinuer, le barrage établi près du pont Royal et retenant les eaux des fortifications. Il y a là, jour et nuit, une garde d'une quarantaine d'ouvriers qui, munis de sacs de terre, réparent les dégâts que les obus causent à chaque instant. Cinquante mille sacs de terre sont employés à maintenir ce barrage, dont la destruction aurait pu amener l'écoulement des eaux des fossés et faciliter aux assiégeants l'approche de la place du côté sud. Il est vrai que, pour plus de sécurité, on a établi deux autres barrages, l'un au pont du Contades, sur l'Aar, l'autre en amont du pont aux Anes; mais ce dernier n'a été terminé que le 27 septembre, c'est-à-dire le jour où la ville a capitulé. Une partie des projectiles dirigés sur ces travaux de défense tombaient donc sur le quai des Pêcheurs, dont plusieurs maisons furent tellement criblées d'obus qu'elles s'écroulèrent sur elles-mêmes.

Tout d'abord, on avait placé sur la tour carrée de la porte des Pêcheurs une sentinelle qui, chaque fois que des bombes partaient des batteries de Schiltigheim, donnait un signal d'avertissement, mais le poste était devenu trop dangereux et fut abandonné.

Le bombardement fait rage durant cette journée et, du matin au soir, on voit passer par les rues les brancards qui transportent les blessés et la voiture qui recueille les morts. Dans la rue de l'Outre, cinq habitants en train de causer devant la porte d'une maison, sont frappés par les éclats d'un obus à balles; deux d'entre eux devaient succomber à leurs blessures, entre autres M. Herbin, un jeune négociant, fort estimé et aimé, qui revenait de faire son service au restaurant populaire de la Halle-Couverte et qui avait reçu huit balles dans le corps. Son agonie dura jusqu'au 3 octobre. Sur la place Kléber, deux hommes tombent, qui ne sortiront plus vivants de l'ambulance où ils sont transportés. Au faubourg de Saverne, quatre militaires sont tués par les éclats d'une bombe. Puis des femmes, des enfants blessés.....

Dans la nuit du 15, la canonnade est plus épouvantable que jamais. Du haut des remparts, les pièces de 24 et de 48 répondent aux canons ennemis avec un fracas terrible et font trembler les maisons sur leur base. Le formidable tapage se prolonge à travers la nuit comme un interminable roulement de tonnerre, et l'on entend la canonnade jusqu'à Colmar, dans le Haut-Rhin, et jusqu'à Carlsruhe, dans le grand-duché de Bade..... Nuit d'indicibles souffrances pour les femmes, les vieillards, les enfants et les blessés qui encombrent l'hôpital et les ambulances.

Le 16 septembre. Nous avons vu que la Commission municipale avait délégué aux affaires départementales M. Charles Bœrsch, un de ses membres les plus distingués. Déléguer quelqu'un aux affaires départementales, c'était, en d'autres termes, le nommer préfet, et nous avons donc eu ce singulier spectacle : une représentation communale, une sorte de conseil municipal, nommant un préfet, c'est-à-dire l'administrateur du département.' Mais la Commission municipale était à peu près, à côté du gouvernement militaire, la seule autorité constituée qui subsistât encore, et le général Uhrich n'hésita pas à sanctionner, par un arrêté, le vote de la Commission, sans s'arrêter à ce qu'il pouvait avoir d'anormal et même d'illégal. En sa qualité de gouverneur militaire commandant la place assiégée, il avait, du reste, des pouvoirs discrétionnaires qui imprimaient la légalité à tous les actes émanant de son cabinet.

M. Charles Bœrsch, qui succédait à M. le baron Pron dans la direction des rares affaires départementales qu'il y avait à traiter encore, était un des hommes publics les plus connus de toute l'Alsace. Étudiant en médecine, il avait été mis en rapport, par les hasards d'une fête de charité, avec le propriétaire du *Courrier du Bas-Rhin,* auquel il fournit alors quelques articles jusqu'au moment où, ayant soutenu sa thèse de docteur, il entra définitivement à ce journal, dont il dirigea les destinées pendant plus de trente ans et dont il sut faire un des trois ou quatre organes les plus importants de la presse départementale de France.

Conseiller municipal de la ville de Strasbourg, adjoint au maire, conseiller général du département, membre du conseil départemental de l'instruction publique, rédacteur en chef du *Courrier du Bas-Rhin,* fondateur et rédacteur du *Bulletin académique* (organe qui jouissait d'une grande autorité dans le monde pédagogique), M. Charles Bœrsch était certainement l'un des hommes de notre pays qui, durant les trente ans qui ont précédé la guerre, ont été mêlés le plus activement aux affaires publiques de l'Alsace. Doué d'une haute intelligence et d'un jugement sain, esprit pratique, écrivain clair et correct, administrateur habile, il apportait dans l'exercice de ses multiples mandats une égale conscience et un égal dévouement. Mais c'est au service de sa ville natale surtout, à la gestion de son patrimoine, à l'amélioration de l'instruction populaire qu'il consacra ses rares aptitudes, et c'est grâce aux innovations provoquées par son initiative que les écoles communales de Strasbourg figuraient parmi les meilleures de la France tout entière.

Lorsque, en 1870, les premiers nuages montèrent à l'horizon politique, il ne cacha pas les angoisses que lui inspirait l'attitude du gouvernement français ; le *Courrier du Bas-Rhin* fut l'un des premiers journaux à signaler « la hâte avec laquelle l'empereur et ses ministres s'étaient engagés dans l'affaire du prince de Hohenzollern » et « la légèreté sans précédent avec laquelle ils s'étaient précipités dans une voie *qui peut aboutir à la guerre*. » Puis quand la guerre fut décidée, le *Courrier* publia cette patriotique déclaration :

« L'heure des discussions est maintenant passée. Le pays entre dans une période qui réclame de la part de tous les citoyens français l'union absolue et sans réserve autour du drapeau national ; l'oubli absolu et sans réserve de toutes les divergences d'opinion ; l'esprit de sacrifice absolu et sans réserve pour la sainte cause de la patrie.

« Au milieu du bruit de la guerre, il ne reste debout sur le territoire français que le drapeau français.

« Cette guerre entre la France et l'Allemagne, qui s'annonce terrible, nous aurions désiré de toute notre âme que l'on pût l'éviter, quoique depuis 1866 nous fussions résigné à la voir un jour ou l'autre s'imposer à nous. On voudra se souvenir qu'à l'époque où éclata la guerre entre la Prusse et l'Autriche, le *Courrier du Bas-Rhin* s'éleva énergiquement contre la Prusse et protesta de toutes ses forces contre des événements qui, il le prévoyait, allaient avoir pour conséquence fatale la

Charles Bœrsch
Préfet intérimaire.

suprématie militaire de la Prusse sur l'Allemagne et, par suite, une guerre inévitable entre la Prusse et la France. On se souviendra encore qu'en 1867, lors de l'affaire du Luxembourg, nul ne combattit avec plus de vigueur les prétentions de la Prusse que le *Courrier du Bas-Rhin*. Depuis lors, les événements prévus se sont réalisés. Un dernier incident a mis le feu aux poudres. La candidature du prince de Hohenzollern en Espagne a précipité la guerre.

« Nous avons pensé, et nous pensons encore, que le gouvernement français aurait pu agir dans cette affaire avec moins de précipitation, que, si l'attitude du roi de Prusse a fait déborder le vase, il était peut-être possible d'éviter cet éclat en ne portant pas les négociations sur le terrain le plus brûlant de tous. Nous pouvons estimer aussi, et nous estimons avec M. Thiers, que le gouvernement aurait pu laisser à la Chambre le temps d'examiner la situation, qu'il aurait pu lui soumettre tous les documents, dépêches et rapports. Mais ce n'est plus le moment de marchander son concours au gouvernement. Demain peut-être le canon grondera. Arrière donc les récriminations, les regrets, les dissidences ! et ne nous souvenons que d'une chose, à savoir que si la France est attaquée, nous sommes des Français !.... »

Voici la lettre par laquelle M. Küss, président de la Commission municipale, avait annoncé au général Uhrich que celle-ci avait désigné M. Bœrsch pour remplir les fonctions de préfet :

« Monsieur le Général,

« Dans sa séance d'hier, la Commission municipale, officiellement informée de la démission de M. le baron Pron, préfet du Bas-Rhin, a reconnu l'indispensable nécessité de vous soumettre une proposition pour le remplacement du démissionnaire. Dans la pensée de mes collègues, il importe à la sécurité publique, à la défense de la cité, que les fonctions préfectorales soient remplies par un citoyen dont la capacité inspire la confiance, dont le dévouement à la République et au pays ne saurait être douteux. Personne, à Strasbourg, ne réunit ces conditions au même degré que M. Charles Bœrsch, docteur en médecine, conseiller général. La Commission, à l'unanimité, l'a prié d'accepter la mission difficile et périlleuse qui lui était offerte. M. Bœrsch, après quelques hésitations, a fini par se rendre aux instances de ses concitoyens.

« Je suis heureux de ce consentement, et je m'empresse de vous prier de vouloir bien prendre un arrêté qui désigne M. Bœrsch pour remplir les fonctions de délégué pour l'administration du département.

« Veuillez agréer, monsieur le général, l'hommage de mon respect.

« Le Président de la Commission municipale,

« Küss. »

Le général Uhrich, ainsi que nous l'avons vu, s'empressa de ratifier le choix de la Commission, mais ce n'est pas sans quelque regret qu'il voyait partir le baron Pron, dont les opinions politiques et religieuses s'accordaient certainement mieux avec les siennes que celles de Charles Bœrsch. Il écrivit, en effet, au préfet démissionnaire la significative lettre que voici :

« Monsieur le Préfet,

« J'ai le regret bien grand et bien sincère de vous accuser réception de la lettre par laquelle vous déposez entre mes mains les pouvoirs que vous avez reçus comme préfet du Bas-Rhin.

« Je m'étais fait à la pensée que nous resterions à côté l'un de l'autre jusqu'à la fin de la crise que nous traversons, et je me félicitais d'avoir trouvé en vous le cœur d'un soldat en même temps que la tête d'un administrateur ferme autant que capable.

« Le sort en a décidé autrement et il faut que je me sépare de vous, qui avez été pour moi un conseiller bien souvent utile et un bon et aimable compagnon.

« La manière digne et noble avec laquelle vous vous retirez de la scène augmentera encore l'estime que vous avez inspirée dans ce département. Vous avez fait l'abandon de droits indéniables, pour ne pas fournir un prétexte aux hommes disposés à fomenter de l'agitation : pour ma part, je vous en remercie.

« J'espère que notre trop courte mais intime connaissance ne s'arrêtera pas ici, et que je pourrai encore vous serrer la main et vous renouveler l'expression de l'estime ainsi que de l'attachement que je vous ai voués.

« Agréez, je vous prie, Monsieur le Préfet, l'assurance de ma haute considération.

« Le général de division,
Commandant supérieur de la sixième division militaire,
« UHRICH. »

M. Charles Bœrsch ne resta pas longtemps au poste dont la Commission municipale l'avait investi, M. Edmond Valentin, le préfet du Bas-Rhin nommé par le Gouvernement de la défense nationale ayant réussi à entrer dans la place, en pénétrant, au péril de sa vie, à travers les lignes des assiégeants.

Lorsque les événements qui suivirent la reddition de Strasbourg dispersèrent tous les collaborateurs du *Courrier du Bas-Rhin*, M. Bœrsch se retira complètement de la vie publique. Les suffrages de ses concitoyens l'arrachèrent de sa retraite pour l'envoyer siéger à l'Assemblée nationale de Bordeaux, où il resta avec ses collègues jusqu'au jour où l'Alsace et la Lorraine perdirent le droit d'avoir leurs représentants au Parlement français. Il se reposa pendant quelque temps dans le Midi de la France, puis il revint à Strasbourg où, malgré tout, se trouvaient encore ses plus chères affections.

Si l'homme politique resta inactif, l'écrivain ne put se résoudre à un silence complet, et il commença au mois d'octobre 1871 dans les *Affiches de Strasbourg*, une remarquable série de « Causeries alsatiques », où il se complaisait à ressusciter les plus mémorables pages et les jours les plus glorieux de l'histoire strasbourgeoise. Il n'avait plus qu'une passion : les livres, les livres parlant de l'Alsace. Ses travaux administratifs, ses notes, ses souvenirs, c'étaient là ses amis ; il s'enfermait avec eux des journées entières, cherchant à oublier avec ces témoins du passé les amertumes présentes.

Il opta pour la France et alla se fixer à Nancy. Mais ce fut au prix de douloureux déchirements qu'il se rendit en « exil ». « Je suis un vieil arbre qu'on déracine », disait-il avec un sourire attristé. Nancy lui offrait, à la vérité, des ressources de bien-être et de vie intellectuelle ; des amis, émigrés comme lui, lui ouvraient leur cercle ; mais ce n'était pas l'air de Strasbourg, mais ce n'était pas le sol de Strasbourg, mais ce n'étaient pas ses rues, ses monuments, ses mœurs, tout ce qu'il avait vu et aimé depuis son enfance.....

Il voulait consacrer les forces qui lui restaient à écrire une histoire de l'Alsace durant les quarante dernières années, une sorte de chronique qui eût relaté tous les événements publics auxquels il avait assisté. Mais le livre resta inachevé. Vers la fin du mois de mai 1874 une maladie le saisit, et son tempérament, qui, autrefois défiait toutes les attaques, ne résista pas. Il s'éteignit au bout de quelques jours, le 26 mai, à l'âge de 63 ans, en demandant, comme Théodore Humann l'a fait, comme tant d'autres Alsaciens le font à l'heure suprême, à dormir dans la terre natale. Le 29 mai ses concitoyens accompagnaient sa dépouille au cimetière Saint-Gall, où le pasteur Beck[1] rendit hommage à sa vie tout entière consacrée au combat pour le progrès, pour la liberté, pour l'affranchissement des consciences.

[1] Aujourd'hui directeur de l'École alsacienne, à Paris.

CHAPITRE VIII.

Encore les restaurants populaires. — Adjonction à la Commission municipale de quatre membres de la classe ouvrière. — Le chef d'escadron d'Huart. — Revendication du Château par la municipalité. — Les pompiers de Strasbourg. — Réclamations et nouvelles menaces du général de Werder. — Le général Uhrich à la Commission municipale. — Il est nommé citoyen de Strasbourg. — Grave démarche de la Commission municipale.

Au début de la séance de la COMMISSION MUNICIPALE, M. Oberlin demande la parole pour réparer un oubli qui a été commis, dit-il, dans une précédente séance ; la Commission a été unanime pour voter chaleureusement des remercîments à M. le maire démissionnaire. M. Oberlin propose d'adresser également des remercîments à MM. les adjoints, qui, eux aussi, ont rendu à la ville de grands services par leur administration intelligente et dévouée. La commission s'associe unanimement à cet hommage.

M. le professeur Küss, président, donne lecture d'un arrêté du général commandant supérieur, qui affranchit, durant l'état de siège, la fabrication de la bière de tous droits de régie. Il informe ensuite la commission de la mort des sieurs Legler et Desroches, surveillants du service de la salubrité, blessés tous deux en concourant à l'extinction d'un commencement d'incendie qui s'était déclaré à l'Hôtel-de-Ville.

La veuve Legler, chargée d'enfants, expose dans une pétition qu'elle est dénuée de fortune et n'a jamais eu d'autres ressources que le traitement de son mari ; elle s'adresse à la générosité de la commission.

Sur la proposition du Président, la commission lui alloue un secours immédiat de 250 fr., équivalant à peu près au traitement de son mari pendant 3 mois $^1/_2$ jusqu'à la fin de l'année, et décide qu'à partir du 1er janvier prochain, elle recevra une pension dont le chiffre sera ultérieurement fixé.

La parole est donnée à M. Zopff, adjoint, pour la lecture d'un rapport sur l'organisation et le fonctionnement des restaurants populaires :

« Si beaucoup de nos concitoyens, dit-il, ont vu dans cette institution une œuvre purement charitable et d'assistance publique, la majorité de la population a mieux compris la mesure adoptée par la municipalité, approuvée par l'administration supérieure et provoquée par les motifs suivants :

« L'ennemi comptait sur des dissensions intestines pour se faire ouvrir les portes de la ville par la population civile, or, le meilleur moyen de provoquer ces dissensions était d'indisposer la population, de l'affamer, de la décimer par la maladie.

« Que fallait-il pour déjouer ces plans, sinon donner une nourriture saine et abondante à tout un monde privé de ressources et épuisé ? Ce n'était pas là, vous le reconnaîtrez avec moi, une pure œuvre de charité publique.

« Les autorités militaires l'ont reconnu dès le premier jour, et la mesure administrative que nous avons prise pour créer les restaurants populaires, a contribué pour une large part, en conservant la santé des habitants, non seulement au maintien de l'ordre, mais encore à la défense de la place. Secondés par la bonne volonté que nous avons rencontrée partout, nous avons été promptement à même de nourrir convenablement nos clients et, à l'aide de sacrifices pécuniaires que se sont imposés des citoyens de toutes les classes, nous avons même pu leur offrir du vin ; aussi le bon état sanitaire de la population s'est-il maintenu, à en juger par le mouvement des ambulances et des hospices.

« Le nombre des restaurants populaires est de sept. Le premier de ces établissements, créé avec le concours de quelques citoyens auxquels vous avez tous, lors de l'une de vos précédentes séances, rendu justice, a été l'établissement Belley-Piton, qui a distribué jusqu'à ce jour 21,130 rations, qui continue à en distribuer 1300 par jour, et qui est admirablement dirigé[1].

« A la Halle couverte on distribue journellement une moyenne de 2,069 rations ; le total jusqu'à ce jour est de 29,997. M. Molk et d'autres personnes du voisinage administrent et dirigent cet établissement avec un dévouement et un zèle remarquables.

« Viennent ensuite les fourneaux de Sainte-Marie et de Saint-Joseph ; ces deux établissements, créés par la Société de Saint-Vincent de Paul et dirigés, le premier par M. Krafft, le second par M. Berneck avec un zèle digne d'éloges, délivrent en moyenne 1833 rations ; le total, jusqu'à ce jour est de 20,131. Un établissement créé et dirigé par un de nos excellents instituteurs, M. Hauss, de l'école de la rue des Tanneurs, fournit par jour une moyenne de 2517 rations ; le total jusqu'à ce jour est de 32,557.

---

[1] Ce rapport confirme et complète les renseignements que nous avons donnés plus haut sur ces établissements.

« Il me reste à parler de deux établissements dont les administrations méritent les plus grands éloges pour leur zèle et leur dévouement à cette œuvre patriotique. Le premier, installé dans le local de la brasserie de l'Éléphant d'or et dirigé par M. Arlen, avec le concours de plusieurs citoyens du voisinage, fournit par jour environ 500 rations : le nombre de portions qu'il a distribuées jusqu'à ce jour est de 5318.

« Le deuxième, établi à la brasserie du Soleil, fondé et dirigé par M. Brunschwig et autres, distribue par jour environ 1434 rations ; total jusqu'à ce jour 15,439.

« La totalité des repas offerts en si peu de temps s'élève au chiffre de 126,088, en comprenant dans ce nombre les 1516 rations distribuées par le restaurant établi naguère au Théâtre, sous la direction intelligente et zélée de M. Krempp. Vous savez tous, Messieurs, par quel malheureux événement cet établissement a dû cesser de fonctionner ; mais toutes les personnes qui y trouvaient leur nourriture et leur abri ont été dirigées sur les autres établissements.

« Le menu des collations offertes à nos convives se compose 1° de pain à discrétion ; 2° de soupes variées autant que possible ; 3° d'un bon verre de vin, fourni non pas aux frais de la municipalité, mais à l'aide de souscriptions privées.

« A peine ces restaurants gratuits étaient-ils organisés, qu'il fallut songer à créer une deuxième classe d'établissements qui pourraient offrir, moyennant une légère rétribution, une nourriture un peu plus relevée aux personnes capables de gagner leur subsistance. Cette mesure devait avoir pour but, d'une part, de sauvegarder la dignité de la classe laborieuse, de l'autre, d'épargner les fonds de la ville.

« Une société privée, fondée sous les auspices et placée sous la direction de M. Lehr, instituteur communal, fondateur de la société de patronage des cours d'adultes et d'autres institutions du même genre, nous a facilité les moyens d'arriver à ce but. Sous son intelligente direction nous avons vu se fonder le restaurant de la rue de l'Outre (Brasserie viennoise), directeur M. Lambert, conseiller général ; celui de la salle Bello-Bedicam, directeur M. Mewes ; celui des deux Hallebardes, directeur M. Artzner, puis celui de Saint-Jean, bombardé jusque dans la cuisine (la cuisinière y a été blessée par un éclat d'obus), et celui de l'Ours blanc, créé par les administrateurs du restaurant de la Halle et placé d'abord sous leur propre direction.

« Cette société a pris en peu de temps un tel accroissement et la direction qu'elle a imprimée à ses établissements est si parfaite que, loin d'avoir recours à une subvention municipale, elle parvient par voie de souscription privée, à recueillir pour ses besoins une somme moyenne de 3000 francs par semaine. Cette société existant d'une manière complètement indépendante, il m'est impossible, et je le regrette beaucoup, de pouvoir vous détailler les opérations des établissements qu'elle a créés, comme j'ai pu le faire pour les restaurants populaires.

« J'ai l'honneur de vous proposer, Messieurs, de voter des remercîments à tous les honorables citoyens sans le concours desquels il nous eût été impossible d'accomplir notre œuvre, et j'espère, Messieurs, que vous approuverez la marche et l'organisation de cette institution fondée sous l'ancienne administration. Vous nous autoriserez en conséquence à en poursuivre le fonctionnement aussi longtemps que besoin en sera. »

Les conclusions de ce rapport sont adoptées.

M. le Président donne lecture de la lettre suivante qu'il a reçue de M. le Président du Conseil des Prud'hommes:

« Monsieur le Maire,

« J'ai l'honneur de vous informer que conformément au vœu de la Commission municipale, qui m'a été transmis par votre honorée d'hier, le Conseil des Prud'hommes réuni à cet effet aujourd'hui, a désigné pour faire partie de la Commission municipale, les Prud'hommes ouvriers ci-après désignés:

« MM. Gustave Poquet de Puilhéry de Saint-Sauveur, mécanicien, Théodore Schweighäuser, compositeur-typographe, Charles Lehr, tailleur, Weber miroitier.

« Veuillez agréer, M. le Maire, l'assurance de ma considération distinguée.

« Le Président du Conseil des Prud'hommes :
« J. ANDRÈS. »

« Conformément à votre délibération d'hier, dit M. le Président, ces noms seront proposés à la confirmation du général. »

M. Flach dans un rapport verbal, informe que par suite du départ de M. Hasselmanns, directeur du Conservatoire, il a fait transporter dans les caveaux de l'Hôtel-de-Ville la bibliothèque ainsi qu'un certain nombre d'instruments du Conservatoire de musique.

M. Flach ajoute, que lors de l'incendie du Théâtre, des partitions ont été sauvées par un M. Gnadig, garde national de service, dont le domicile n'a pas encore été trouvé; ces partitions seront également placées dans le sous-sol de l'Hôtel-de-Ville.

M. le Président annonce un deuxième envoi de sauf-conduits pour la Suisse. Leur nombre s'élève à 568, se répartissant ainsi qu'il suit: 380 délivrés à des personnes ayant déclaré voyager à leurs frais ; 78 à des personnes à ressources limitées, 110 à des personnes sans ressources. Ces sauf-conduits seront distribués dans la journée ; le départ aura lieu demain, à 8 heures.

Il est arrivé en outre, un certain nombre de laissez-passer prussiens ; le départ des personnes auxquelles ils sont destinés est fixé à après-demain matin, à 9 heures

M. le Président donne lecture de l'arrêté suivant qui vient de lui être remis :

République Française.
SIXIÈME DIVISION MILITAIRE.
ÉTAT-MAJOR.

« Nous, Général de Division, commandant supérieur de la sixième division militaire.

« Vu la lettre par laquelle M. le Baron Pron, Préfet du Bas-Rhin s'est démis de ses fonctions,

« Vu la lettre qui nous a été adressée au sujet de son remplacement, par M. le Président de la Commission municipale,

« Procédant en vertu des pouvoirs extraordinaires qui nous sont conférés par l'état du siège.

« 1° M. Charles Bœrsch, conseiller général, est délégué pour l'administration du département du Bas-Rhin.

« 2° M. le Président de la Commission municipale est chargé de l'exécution du présent arrêté.

« Le présent arrêté sera publié par voie d'affiches.

« Expédition en sera adressée à M. Bœrsch.

« Strasbourg, le 15 septembre 1870.

« Uhrich. »

La lecture de cet arrêté est accueillie par les applaudissements de l'assemblée.

M. le Président informe la Commission que le général lui avait spontanément offert d'assister à ses séances, afin de témoigner par là de l'union qui règne entre l'administration civile et l'autorité militaire. « J'ai vivement remercié M. le général, dit M. le Président, et lui ai dit que si les circonstances devaient rendre utile sa présence au milieu de nous, je serais heureux de lui rappeler sa promesse. »

L'assemblée reçoit cette communication avec les marques d'une vive satisfaction.

M. Lipp rend hommage aux élèves de l'école de santé militaire qui, avec un courage et un dévouement dignes des plus grands éloges, prodiguent leurs soins aux malades et aux blessés des faubourgs et de la ville. La commission s'associe à cet hommage bien mérité et vote des remerciments à MM. les élèves de l'école de santé.

On annonce la mort de M. Georges Rudolf, capitaine de la garde mobile et de M. de Beylié, sous-lieutenant de la garde mobile, tous deux frappés par les balles ennemies. M. de Beylié était un tout jeune avocat, attaché au parquet de Strasbourg ; il était petit-fils du général Dumoulin, dont la famille résidait en partie dans la Bavière et avait germanisé son nom en se faisant appeler Von der Mühl. Un officier fort distingué du régiment des pontonniers tombe aussi, mortellement frappé par un obus pendant qu'il se trouve au bastion 12 ; c'est le commandant baron d'Huart.

Le chef d'escadron d'Huart.

Charles-Philippe-Hercule, baron d'Huart, chevalier héréditaire du Saint-Empire, appartenait à une ancienne famille, d'origine luxembourgeoise et qui, établie en France, s'y était distinguée dans les carrières des armes, de la magistrature et des lettres[1]. Il avait été brillant élève à l'École polytechnique et avait fait les campagnes d'Italie et du Mexique. En garnison à Strasbourg depuis un an, il devait épouser une jeune fille de la ville lorsque la guerre éclata. Blessé à la jambe, il avait dû renoncer à faire son service sur les remparts, mais, poussé par le sentiment du devoir il était monté, le 16 septembre, sur le bastion 12, pour donner des instructions à l'officier qui le remplaçait, et au moment où il faisait pointer un canon, un projectile vint l'atteindre et le tua sur le coup. C'était un officier d'une rare énergie morale, un cœur droit et généreux, modeste autant qu'instruit.

Le 17 septembre. Le canon a tonné sans interruption durant la nuit. Deux

---

[1] Un de ses ancêtres, le chevalier Reinhart d'Huart, sire de Grimbiémont, était mort pour la France, à Crécy, en 1346. Sa mère, comtesse de Béthune Saint-Venant, descendait de la famille de Béthune, qui compte parmi ses illustrations Maximilien, duc de Sully, l'ami et le conseiller de Henri IV. La sœur de son père a épousé le comte de Serre, qui fut garde des sceaux et ambassadeur sous le règne de Charles X.

incendies ont éclaté dans le quartier de la Krutenau, un autre au faubourg de Pierres. Hors ville, entre la porte de l'Hôpital et la porte d'Austerlitz, les quelques maisons qu'on avait cru pouvoir laisser debout sans gêner la défense, sont incendiées par le canon de la place. Le feu avait donc sa proie quotidienne; la mort devait avoir les siennes. Un obus tombe sous le pont du faubourg national, où campent quelques malheureux; cinq d'entre eux sont tués ou blessés. Place Saint-Nicolas, un jeune garçon a la jambe fracassée. Un pompier, père de famille, est tué sur le coup par un obus, au moment où il se rend dans les combles de l'Hôtel de la Préfecture pour y éteindre un commencement d'incendie.

Un deuxième convoi d'émigrants s'est formé dans la matinée près de la porte d'Austerlitz; 568 habitants quittent la ville sous la protection de la bannière suisse.

La Commission municipale reçoit dans son sein les quatre nouveaux membres choisis parmi les assesseurs ouvriers du Conseil des prud'hommes. M. le président Küss leur souhaite la bienvenue. Il annonce ensuite qu'il a reçu de la part de M. Stromeyer une lettre par laquelle celui-ci donne sa démission de membre de la Commission, « des devoirs impérieux l'obligeant à quitter la ville. »

Le président donne lecture du projet de délibération suivant, qu'il propose à l'agrément de la Commission.

« Le Conseil, vu la délibération en date du 10 novembre 1852 qui a offert le Château à l'Empereur Napoléon III sous la condition que l'édifice servirait de Palais Impérial et ferait partie des biens de la liste civile, considérant qu'à la suite de la déchéance de la Dynastie napoléonienne et de la proclamation de la République, il n'existe plus de palais impériaux et que la liste civile a été supprimée, que dans ces circonstances la ville doit reprendre l'immeuble, mais qu'en raison de l'investissement de la place il est impossible d'introduire régulièrement une revendication, prend acte de l'événement et de la condition résolutoire insérée dans la donation de 1852, remet à une époque ultérieure l'introduction de la demande en revendication du Château et invite l'administration municipale à prendre dès maintenant, d'accord avec l'autorité militaire, telles mesures conservatoires que de raison. »

La commission, par un vote unanime, convertit en une délibération définitive le projet dont il vient d'être donné lecture. [1]

M. Eissen entretient la commission de certaines réclamations auxquelles

---

[1] Après l'annexion, l'administration allemande a voulu contester à la ville ses droits de propriété sur le Château (ancien palais des princes de Rohan), mais finalement la victoire est restée à la municipalité.

donne lieu la délivrance des sauf-conduits pour la Suisse. Quelques personnes accusent les membres de la Commission d'avoir fait sur les listes d'inscription un triage de nature à favoriser le départ de leur famille; or, je tiens à constater, dit-il, que bien au contraire, les parents des membres de la Commission ont été le moins privilégiés; ce point serait facile à démontrer par de nombreux exemples.

M. Eissen attache une grande importance à ce que ce fait soit bien établi afin que la Commission d'émigration et ses collaborateurs ne soient pas injustement accusés.

« Le public, dit M. Flach, n'est pas suffisamment instruit de la véritable marche des choses. Il y a eu le premier jour environ 1 400 inscriptions; le général prussien, a fait un premier envoi d'à peu près 600 sauf-conduits pour le départ du 15; puis un deuxième envoi de 568 sauf-conduits pour le départ qui s'est effectué ce matin.

« Or, ces 1 100 sauf-conduits ont été tous délivrés à des personnes inscrites le premier jour, sauf une dizaine peut-être qu'ont reçus des inscrits de la deuxième journée. Il reste dès lors environ 300 inscrits du premier jour, qui attendent l'arrivée de leurs sauf-conduits; on voit par ces explications que les réclamations du public sont mal fondées.

« L'administration et la Commission sont d'ailleurs complètement étrangères à ce fait qu'une dizaine d'inscriptions du deuxième jour ont eu la priorité sur des inscriptions de la veille.

« A ces explications il faut encore en ajouter une d'une grande portée, dit M. Saglio, c'est que s'il a été convenu que les inscriptions seraient faites par les soins de l'administration municipale, l'état-major prussien s'est expressément réservé le droit de désigner les personnes autorisées à partir.

« Ces explications, dit M. Klein, montrant avec la dernière évidence qu'il ne saurait dépendre de nous de délivrer des sauf-conduits aux uns plutôt qu'aux autres, je demande que la plus grande publicité soit donnée à ces faits, et je propose en conséquence que la Commission des départs soit invitée à publier, par voie d'affiches, toutes les explications propres à renseigner exactement la population. »

Cet avis est adopté et la publication demandée par M. Klein se fait le jour même.

M. le Président a le regret d'annoncer que deux braves sapeurs-pompiers, les sieurs Levert et Bisch, viennent de succomber en accomplissant leur devoir.

M. Gœrner, commandant du bataillon, donne d'intéressantes explications sur l'organisation du corps, qui est porté actuellement à un effectif de 240 hommes,

LE BATAILLON DES SAPEURS-POMPIERS EN 1870

formant 8 compagnies complètes. « On a dû s'apercevoir, dit-il, de la vigilance des sapeurs-pompiers, de leurs efforts, couronnés souvent de succès, pour maîtriser les commencements d'incendie. »

M. Gœrner annonce son intention de demander pour les veuves des deux nouvelles victimes un secours provisoire, en attendant la liquidation des pensions.

« Il ne suffit pas, dit M. Schnéegans, d'accorder des pensions aux familles des pompiers qui ont succombé en faisant bravement leur devoir, nous avons quelque chose de plus à faire : tout le corps rend des services qu'on ne peut assez reconnaître et la Commission se fera l'écho de la cité entière en déclarant que le corps des sapeurs-pompiers a bien mérité de Strasbourg. Cette motion est votée par acclamation.

M. Gœrner remercie au nom du bataillon, et, de son côté, il rend hommage aux services considérables rendus par les pompiers volontaires.

Nous venons d'entendre la Commission municipale décerner un légitime hommage au corps des pompiers. Avec quel courage ces braves gens allaient au devant du danger, on peut s'en rendre compte en faisant l'énumération de leurs morts et de leurs blessés, et cette énumération, nous la trouvons dans un rapport que le docteur Eissen, médecin du corps, a publié sur le « Service médical du bataillon de sapeurs-pompiers pendant le siège de Strasbourg[1] ».

« Ce brave bataillon, dit au début le docteur Eissen, composé de 200 hommes et porté à 240 pendant le siège, a eu d'innombrables occasions de prouver son dévouement à toute épreuve, en affrontant intrépidement la mort ou les plus cruelles blessures, renonçant pendant de longues semaines à tout repos, à toute quiétude et, l'on peut le dire, à toute ombre de bien-être. Constamment sur pied, les hommes qui le composaient désapprirent bientôt le repos dans un bon lit, en même temps que la plupart d'entre eux durent voir consumer par le feu des projectiles ennemis leurs modestes foyers. »

C'est le 26 août que le service médical est appelé, pour la première fois, à donner ses soins à un homme du corps. C'est un pompier, de garde à la Mairie, qui, couché sur le lit de camp, est couvert par les matériaux d'un mur démoli par un obus. Il est blessé à la jambe droite et au visage. Le même jour le sapeur-pompier Wolff tombe dans le feu, de la hauteur du premier étage, en voulant se garer d'un projectile qui est venu frapper et démolir le mur sur lequel il est posté. L'intensité du brasier est telle que, malgré les nombreux jets d'eau que ses cama-

---

[1] *Gazette médicale de Strasbourg* année 1871, n° 2, p. 17 et s.

rades dirigent sur lui, il est, en un instant, couvert de brûlures à la tête, aux deux bras, aux mains, aux cuisses, aux jambes et aux pieds, toutes brûlures du deuxième et du troisième degré, sans compter une plaie faite, à l'une des jambes, par un éclat d'obus. Il est transporté à l'ambulance de Saint-Thomas, où il est l'objet de soins intelligents et où, contre toute attente, on réussit à lui sauver la vie. En même temps que Wolff, on a transporté à l'ambulance le pompier Villain, frappé à la cuisse par un éclat d'obus.

Le 29 août, Durand, tambour-maître, est contusionné à l'épaule gauche par la chute de matériaux, au poste de la Mairie; le pompier Müller est touché à la figure et à la main gauche par des éclats d'obus; le pompier Lejeune est blessé à l'épaule droite.

Chaque jour apporte son contingent de blessés ou de malades aux médecins des pompiers; les hommes sont contusionnés par leurs propres engins, dans la fiévreuse hâte de leur service; ils sont atteints d'esquinancie par suite de fatigue ou d'une ophthalmie spéciale, due à l'éclat et à l'intensité des incendies. A partir du 8 septembre, on entre dans une série de lésions de plus en plus graves. C'est d'abord le sapeur-pompier Levert, frappé à la hanche droite et à la jambe gauche par des éclats d'obus, et qui, traité à l'ambulance de Saint-Thomas, succombe au tétanos; ce sont, pendant l'incendie de la caserne Saint-Nicolas, les pompiers Steffan et Simonin, contusionnés par la chute de matériaux et Andrès, frappé directement par un obus qui lui ouvre la poitrine et lui arrache le bras droit, affreuses blessures auxquelles le malheureux survit deux heures entières. C'est ensuite le pompier Nachmann, frappé au tibia droit, puis le clairon Dussart qui a l'articulation du coude droit fracassée. Le 12 septembre, le pompier Kauffer est frappé à la face et à la cuisse droite; durant l'incendie d'une maison du quai des Pêcheurs, des éclats d'obus atteignent les pompiers Bertrand et Schickler, ainsi que le tambour-maître Durand, blessé pour la troisième fois et qui, maintenant, est mis hors de service pour quinze jours; le pompier Fuchs est atteint d'une plaie à la jambe, pendant qu'il est de garde à la préfecture. A cette même époque, le médecin aide-major Dr G. Lauth tombe malade, par suite de fatigues et laisse toute la charge du service au Dr Eissen.

Le 20 septembre, le caporal Lejeune et le pompier Villain reçoivent, pendant un incendie au faubourg de Pierres, une deuxième et horrible blessure; deux autres pompiers, Necker et Dürrbach, ont l'un, la main gauche mutilée, l'autre, l'avant-bras gauche fracturé. Deux travailleurs auxiliaires sont atteints par le même projectile. Le caporal Lejeune qui a le pied gauche fracassé, subit une

Adjudant Kastner Lieutenant Frick Capitaine Koehren Lieutenant Schott Lieutenant Héölcum Capit. Adj. Major Camus
Capitaine Kastner Commandant Garner Médecin-Major Eissen Capitaine Kolb

LES OFFICIERS DU BATAILLON DES SAPEURS-POMPIERS DE STRASBOURG, EN 1870

amputation et meurt au bout de dix jours. Le pompier Bisch, ancien soldat du génie, est tué à la Préfecture, où il est de garde; le 25 septembre, au quartier Saint-Nicolas, où un incendie a éclaté, le sapeur Boudet a l'avant-bras droit traversé par une balle de shrapnel et le sergent Philippe Wolff, touché par un obus au sommet de son casque, a sa coiffure arrachée et s'abat sur le sol, où il reste étendu sans connaissance. Le commandant du corps, M. Gœrner, ainsi que plusieurs de ses officiers, et le médecin-major Eissen lui-même, sont touchés plusieurs fois par des éclats d'obus ou des matériaux, mais sans qu'il en résulte pour eux des conséquences graves.

Au total le bataillon, qui comptait 240 hommes, a eu 62 hommes blessés ou malades et 4 tués. Ces chiffres ont leur éloquence.

Le général Uhrich reçoit la lettre suivante :

Le général de Werder au général Uhrich.

« Mundolsheim, le 17 septembre 1870.

« J'ai l'honneur de vous informer que le 16, au matin, on a continuellement tiré avec des shrapnels sur l'ambulance provisoire, près de l'auberge de l'*Arbre-Vert*, du côté de Kehl, quoique le drapeau international soit fixé sur la maison et visible de loin.

« Je ne serais pas venu à parler de cette affaire, si, dans les derniers temps, on n'avait pas, à plusieurs reprises, tiré sur mes parlementaires, comme, par exemple, quand l'évêque de Strasbourg a été accompagné aux avant-postes et que Sa Grandeur eut quitté le parlementaire, et de même lors de l'échange du lieutenant de Versen.

« Votre infanterie commet ces actes chaque fois que les parlementaires retournent à mes avant-postes.

« Il m'est impossible de prendre en considération le grand nombre de sauf-conduits qui m'ont été envoyés par la mairie pour être signés par moi et j'ai le regret de ne plus pouvoir autoriser la sortie en masse des habitants de Strasbourg; je me réserve cependant d'autoriser dans quelques cas isolés, sur votre proposition, la sortie de la place.

« L'attaque est maintenant entrée dans une période telle que le bombardement de la ville en est inséparable.

« C'est pourquoi je vous prie de préparer de nouveau la population à cet acte de guerre et de vouloir bien prendre soin que tous les trésors d'art et objets de valeur soient, autant que possible, mis en sûreté.

« Je donnerai l'ordre à mon artillerie de ne pas tirer sur la Cathédrale et vous laisse libre de vous servir de cette église comme lieu de refuge.

« Veuillez avoir la bonté de me faire parvenir un reçu de cette communication.

« Je vous prie de désigner d'une manière plus reconnaissable les maisons contenant des malades et des blessés et surtout d'ordonner qu'il n'y ait pas d'hôpitaux dans la direction des lignes de tir connues par vous.

« En ce qui concerne la situation politique, j'ai l'honneur de vous annoncer que Colmar et Mulhouse sont occupés par mes troupes et que la population leur a remis les armes bénévolement, sans aucune résistance.

« Une république anarchique s'est établie à Lyon; l'armée de S. M. le roi est rassemblée maintenant devant Paris.

« DE WERDER. »

Le général Uhrich, en vertu de ses pouvoirs discrétionnaires, désigne M. Beunat, commissaire de police cantonal, pour remplir provisoirement les fonctions de commissaire central, en remplacement de M. Aymard, destitué.

Le 18 septembre. En réponse à la lettre du général de Werder qu'il a reçue hier, le général Uhrich répond dans les termes suivants :

Le général Uhrich au général de Werder.

« Strasbourg, le 18 septembre 1870.

« Monsieur le Lieutenant-Général,

« Je réponds successivement aux divers paragraphes de la lettre que vous m'avez fait l'honneur de m'adresser hier après midi.

« Il est possible que des projectiles soient tombés sur l'auberge de l'*Arbre-Vert* près de Kehl. Nos diverses ambulances ont été fréquemment atteintes par vos obus; quelques-unes en sont tellement criblées que l'on a été souvent obligé de descendre nos blessés dans les caves, à leur grand détriment. Je ne m'en suis jamais plaint, convaincu que j'étais que ce fait était indépendant de la volonté de vos canonniers. Je vais, cependant, recommander d'épargner l'*Arbre-Vert* autant que possible.

« Quant aux parlementaires, les miens, à leur rentrée, me font exactement les mêmes plaintes que les vôtres, et j'en ai eu un de blessé, ainsi que le trompette qui l'accompagnait et un des deux chevaux. Il n'y a certes, de part et d'autre, aucune mauvaise intention, et je renouvelle à ce sujet les ordres fréquemment donnés.

« Je cesserai de vous adresser les listes des habitants qui désireraient émigrer en Suisse. Ce sera une grande déception pour les Strasbourgeois. Mais en cela votre volonté est souveraine. Faudra-t-il aussi supprimer les lettres qui vous sont adressées ? Dans le doute, je vous expédie encore, aujourd'hui, celles qui m'ont été remises, et, pour l'avenir, je me conformerai à votre décision, que je vous prie de me faire connaître.

« Je vais faire mettre en évidence, autant que possible, les drapeaux indicateurs de nos ambulances; mais je ne puis en déplacer aucune, les emplacements convenables étant fort réduits par les incendies et les démolitions.

Le Dr Théophile Bischoff
le promoteur de l'intervention suisse.

« Cependant je vais faire examiner s'il est possible d'en placer un certain nombre dans la Cathédrale, dont une partie du toit a été brûlée. Il me faudrait, pour cette opération, 24 heures de tranquillité.

« Aujourd'hui, à 2 heures après midi, je me rendrai au sein de la Commission municipale pour lui faire part de l'avertissement que vous me donnez relativement au bombardement plus accentué que vous m'annoncez devoir commencer.

« Ci-joint le certificat attestant que vous m'avez prévenu de vos intentions.

« Les francs-tireurs ont contracté un engagement militaire pour toute la durée de la guerre et font partie, depuis plusieurs jours, de la garde nationale mobile, dont ils ont pris l'uniforme. Ils sont donc en règle vis-à-vis de tout le monde.

« Veuillez agréer, etc.

« Uhrich. »

Cette lettre est la dernière d'une certaine importance que le général Uhrich écrit au commandant de l'armée de siège avant la missive dans laquelle il lui annoncera que la ville ne peut plus se défendre.

Le général de Werder, on l'a vu, a annoncé qu'il ne permettrait plus à la population de sortir en masse pour émigrer en Suisse et qu'il n'accorderait plus d'autorisations que dans des cas spéciaux et isolés. Mais il ne fut pas aussi inflexible qu'il l'avait annoncé, et un certain nombre d'habitants, dont la plupart avaient du reste leurs laissez-passer déjà visés, purent encore quitter la place jusqu'au 22 septembre, jour où toute émigration dut cesser.

Le Conseil de défense s'occupa très longuement, dans sa séance du 18 septembre, de la lettre sèche et comminatoire du général de Werder, mais fut unanime à déclarer qu'il fallait continuer la lutte, la conservation de la place de Strasbourg pouvant avoir une haute importance lorsqu'on en viendrait à entamer des négociations pour la paix.

Pour la première fois, le général Uhrich se rend au sein de la Commission municipale pour se mettre en rapport direct avec elle. « Admis en présence de ces Messieurs, nous raconte-t-il dans ses *Documents*[1], je leur dis que je venais faire connaissance avec eux et leur exposer que le principe qui me guiderait dans nos relations se résumait en un seul mot : *Sincérité*. Sans doute, ajoutai-je, il pourra quelquefois m'être interdit de vous communiquer tout ce qui parviendra à ma connaissance ; mais du moins ne vous tromperai-je jamais et ce que je dirai devra être accepté par vous comme l'expression de la vérité. Cette assurance donnée par moi fut accueillie avec une vive satisfaction.

« Quelques questions relatives à la ville et à la situation furent traitées ensuite, et je me disposais à prendre congé de ces Messieurs pour les laisser à leurs travaux, lorsque l'un d'eux, M. Schnéegans, se levant, proposa à l'assemblée de me décerner, séance tenante, le titre de citoyen de Strasbourg. Cette motion fut adoptée par acclamation et à l'unanimité. Je reçus donc ce grand honneur de compter au nombre des enfants de Strasbourg et je me retirai profondément ému. »

Le général Uhrich ajoute à ce court récit de sa première entrevue avec la Commission municipale qu'en prenant l'engagement d'être sincère vis-à-vis d'elle, il obéissait d'abord à sa nature et avait ensuite un but.

« Dès les premiers jours de l'investissement, dit-il, des fausses nouvelles, des bruits de victoires remportées par nos armées, de secours extérieurs imminents, se répandaient périodiquement dans la population, la leurraient d'espérances que le malheur faisait accepter comme des réalités et produisaient une véritable fièvre d'anxiété. Puis arrivait la déception, et l'esprit public retombait plus bas qu'avant ces cruelles mystifications. *Je crois pouvoir affirmer que la police de Strasbourg n'était pas étrangère à ces faits, que j'ai toujours hautement et publiquement blamés.*

« En vain ai-je fait afficher un arrêté par lequel je menaçais d'un conseil de guerre les auteurs et les propagateurs de faux bruits ; les auteurs sont restés dans

---

[1] *Documents relatifs au siège de Strasbourg*, publiés par le général Uhrich, p. 104 et s.

l'ombre; quant aux propagateurs, c'était la ville entière, qui échappait ainsi, pendant quelques instants, au sentiment de sa terrible situation. Les habitants se grisaient en quelque sorte de ces fausses nouvelles, qui leur étaient servies par des mains coupables et cachées... »

Lorsque le général eut quitté la Commission municipale, celle-ci, émue par les communications qu'elle avait reçues de sa part au sujet des nouvelles menaces du général de Werder, ébranlée par les affreux malheurs qui depuis plus d'un mois s'abattaient sur la cité, prit une résolution d'une extrême gravité: elle rédigea une délibération qui ne demandait rien moins au défenseur de Strasbourg que de rendre la place. Cette délibération était conçue dans les termes suivants :

« La Commission municipale de Strasbourg, après s'être rendu compte, en son âme et conscience, de la situation que les malheurs de la guerre ont faite à notre cité; après avoir pris connaissance des renseignements positifs qui lui sont communiqués sur l'état intérieur de la France, estime que son premier devoir est de rendre un hommage unanime au dévouement patriotique avec lequel le général Uhrich, commandant supérieur, et la garnison sous ses ordres ont défendu pendant cinq semaines une place qui ne semblait pas, au premier abord, dans les conditions militaires nécessaires à une défense de quelque durée.

« Elle croit de toute justice d'associer à cet hommage la courageuse et patiente population de Strasbourg, qui, au prix des sacrifices les plus douloureux, au prix de la vie et de la fortune de chacun de ses concitoyens, a voulu remplir jusqu'au bout les devoirs que sa nationalité lui imposait.

« Mais elle se croit l'organe du sentiment *presque universel de la population* en exprimant l'avis qu'en l'absence de tout espoir de délivrance de la ville par une armée française, en l'absence d'un gouvernement en France qui puisse compter sur l'intervention efficace des puissances neutres, et dans la perspective de nouvelles catastrophes, plus graves que celles qu'elle a subies et stériles pour la patrie, il y a lieu de prier M. le général commandant la 6ᵉ division militaire d'entrer en négociation avec S. M. le roi de Prusse ou le général commandant l'armée assiégeante, pour traiter d'une capitulation qui sauvegarde les personnes et les intérêts des habitants de Strasbourg, ainsi que ceux des défenseurs de la place. »

Le général Uhrich communiqua aussitôt cette délibération au Conseil de défense et répondit ensuite au maire par une lettre ainsi conçue :

« Monsieur le Maire,

« J'ai communiqué au Conseil de défense la délibération prise par la Commission municipale.

« Le Conseil de défense, et je partage son avis, reconnaît que deux grands intérêts sont en présence : celui de l'humanité et celui de la patrie.

« Certes il est douloureux de voir une population souffrir dans ses biens et dans ses personnes comme le fait la population de Strasbourg depuis un mois. Mais le grand exemple que donne votre ville n'est pas stérile. Toul, Verdun, Montmédy ont énergiquement résisté et résistent peut-être encore aux armées prussiennes; Schlestadt, votre sœur cadette, se prépare à vous imiter. Paris, qui vous admire, vous acclame, couvre de fleurs la statue de Strasbourg sur la place de la Concorde; Paris, dis-je, s'inspirera de vous, acceptera la bataille et vaincra l'ennemi : tel est du moins notre espoir. Strasbourg, c'est l'Alsace; tant que notre drapeau flottera sur ses murs, l'Alsace sera française; mais Strasbourg tombé, l'Alsace deviendra fatalement prussienne. Et si nous sommes destinés à rester debout les derniers, un honneur impérissable en résultera pour la ville de Strasbourg, et l'année 1870 sera la plus glorieuse dans les fastes de son histoire.

« Le Conseil de défense vous demande encore un peu de patience, encore un peu de cette noble et courageuse résignation qui ne courbe pas les fronts, mais qui fait accepter sans fléchir les dangers et les privations.

« Souvenons-nous de la première République et des immenses efforts qu'elle a faits pour chasser l'étranger de son sol; souvenons-nous que l'Europe entière était coalisée contre elle; souvenons-nous enfin qu'en quelques mois elle a créé quatorze armées, qu'elle a vaincu et fait la France grande et puissante.

« Telle est, Monsieur le Maire, la pensée du Conseil de défense et la mienne propre. Je désire ardemment qu'elle soit appréciée et adoptée par la Commission municipale, car nous avons besoin de nous appuyer les uns sur les autres et de marcher du même pas sur cette route difficile, périlleuse peut-être, où les événements nous ont placés.

« Général UHRICH. »

La rédaction de cette lettre donna lieu, au sein du Conseil de défense, à quelques observations, mais l'avis général fut que la question du devoir militaire et l'intérêt de la France devaient être séparés de la question d'humanité; qu'en conséquence, comme le général Uhrich le demandait, la défense serait continuée. La lettre fut donc envoyée.

La Commission municipale toutefois voulut tenter une nouvelle démarche dans le sens de la délibération qu'elle avait prise, et le maire fit savoir au général qu'une députation avait été désignée et demandait à se présenter devant le Conseil de défense pour lui exposer verbalement la situation réelle de la ville de Strasbourg et les souffrances de ses habitants.

« En raison des circonstances tout exceptionnelles où nous nous trouvions, écrit le général Uhrich dans ses *Documents*[1], le Conseil crut devoir passer sur ce qu'une semblable démarche pouvait avoir d'irrégulier, et l'admission de la députation fut décidée. »

Laissons la parole au général pour raconter l'entrevue[2]: « Les personnes qui composaient la députation de la Commission étaient des plus honorables, très connues dans Strasbourg, et désignées même parmi les plus énergiques et les plus influentes.

« Introduites devant le Conseil, chacune d'elles, à commencer par M. Küss, fit un exposé de la situation. L'une dit les malheurs de la ville, l'autre traita la question politique, d'autres encore examinèrent les chances de réussite. Un membre du Conseil des Prud'hommes fit un tableau éloquent de la misère et des souffrances des classes pauvres. Tous enfin nous déclarèrent qu'au sentiment de résignation qui, jusqu'à ce moment, avait été observé dans la population, venait de succéder un sentiment de désespoir, et que, d'un instant à l'autre, on pouvait craindre un mouvement contraire à l'ordre, auquel la population ne serait peut-être pas *seule* à prendre part.

« La députation s'étant retirée, je consultai le Conseil, qui, à l'unanimité, fut de mon avis et décida la continuation de la défense. »

Ces démarches de la Commission municipale ont été longtemps ignorées par la population, au moins dans leurs détails, et ce n'est que par la publication des *Documents* du général Uhrich (en 1872) et le *Strasbourg*, d'A. Schnéegans, qu'elles ont été révélées au public d'une façon précise. Elles ne jettent aucune ombre sur la réputation de fermeté et de patriotisme que la Commission s'était acquise. Des centaines de maisons étaient brûlées, des centaines d'habitants étaient tués ou blessés, des milliers d'autres étaient sans asile ; les armées françaises essuyaient défaite sur défaite, et il ne pouvait être question de venir au secours de Strasbourg, qui maintenant risquait, d'une heure à l'autre, d'être livré aux horreurs d'un assaut. La Commission estimait donc qu'il y avait assez de ruines, assez de victimes, et que, sans manquer à ses devoirs, elle pouvait tenter d'éviter à la population des catastrophes plus terribles encore. L'histoire ne saurait lui reprocher ce mouvement de pitié.

---

[1] *Documents relatifs au siège de Strasbourg*, publiés par le général Uhrich, p. 112.
[2] *Ibidem*, p. 113.

A. Schnéegans nous a décrit dans son *Strasbourg*[1], l'état d'âme des membres de la Commission, au moment où ceux-ci risquèrent leur démarche auprès du général Uhrich :

« Une désespérance profonde, dit-il, commença, dès le 15 septembre, à s'emparer de la population[2]. On entrevoyait l'inutilité de tous nos efforts. On se disait que si notre résistance pouvait sauver la patrie, nous résisterions jusqu'à la mort, mais on ajoutait que cette résistance, hélas! devenait inutile et que nous étions perdus. Des pétitions circulèrent, demandant à la Commission municipale d'exposer au quartier général et les horribles malheurs qui désolaient la cité et l'inanité de notre dévouement. Longtemps la Commission résista à cette pression, ne jugeant pas qu'elle eût à intervenir dans une question que le gouverneur devait tenir à décider seul avec son Conseil de défense.

« Ce fut le général Uhrich lui-même qui, en prévision sans doute de l'imminence de la catastrophe, l'amena à s'occuper avec lui de la situation militaire et politique. Pour témoigner de l'union qui régnait entre l'administration civile et l'autorité militaire, il offrit à la Commission, le 16 septembre, d'assister à une de ses séances. La Commission accepta cette offre avec empressement, et, le général s'étant déclaré prêt à discuter avec elle, en toute franchise, la question de la situation de la ville, elle se constitua aussitôt en comité secret et la discussion s'ouvrit.

« Ce fut une séance solennelle entre toutes. Un profond silence se fit lorsque le général Uhrich entra dans la salle. Chacun sentait que de grandes catastrophes étaient proches.

« Autour de l'Hôtel-du-Commerce, quelques groupes stationnaient, s'abritant contre les projectiles le long des maisons; on avait vu le gouverneur se diriger vers le siège de la Commission municipale; les gardes nationaux de piquet dans la cour l'avaient vu prendre séance; la population se demandait quelles résolutions allaient s'ébaucher.

« Le général, avec cette rude loyauté qui jetait sur toutes ses paroles et sur tous ses actes un si particulier reflet d'honnêteté et de virilité, avait commencé par dire, en peu de mots, qu'il se mettait tout entier à la disposition de l'autorité municipale, avec laquelle il tenait à marcher toujours d'accord; qu'il était prêt à aborder toutes les questions que l'on voudrait entamer; qu'il ne répondrait jamais qu'avec la plus entière franchise; que son *oui* ne signifierait jamais que *oui*, que son *non* ne serait jamais que *non*. La discussion s'engagea alors. On examina la

---
[1] *Loc. cit.*, p. 273 et s.
[2] Cette désespérance n'était point générale, il convient de le dire.

situation de notre ville, au point de vue civil comme au point de vue militaire; on parla de l'état de la France, de l'espoir qui pouvait nous rester de voir arriver une armée de secours ou s'ouvrir des négociations. Dès les premiers moments, nous pûmes nous apercevoir que les appréciations et les impressions du général étaient les nôtres : les calamités qui s'accumulaient sur la population dans une progression croissante tous les jours, l'affaiblissement graduel de la garnison, les travaux de siège qui menaçaient à ce moment déjà le mur d'enceinte, l'abandon absolu dans lequel nous laissait la France, le refus enfin de la Prusse de traiter autrement que sur la base d'une cession de territoire, — tout annonçait notre fin. En présence d'une situation qui, fatalement, devait se résoudre par la chute de Strasbourg, la Commission municipale aurait pu se confiner strictement dans les limites de son mandat municipal, refuser de s'occuper de questions qui étaient du ressort du général, laisser à l'autorité militaire la responsabilité absolue et complète des résolutions qu'elle allait être forcée de prendre, lui abandonner, à elle seule, le soin de justifier, à ses propres yeux et devant le tribunal de la France, les mesures qui allaient devenir nécessaires. Si la Commission avait agi de la sorte, nul n'aurait pu lui en faire un reproche; au point de vue du droit strict, elle n'aurait fait qu'obéir à la lettre du décret de 1811, qui interdit aux citoyens d'une ville assiégée de se mêler de la question militaire. Mais, à un autre point de vue, n'eût-elle pas été blâmable de ne point s'associer à des déterminations dont elle prévoyait l'imminence, dont elle comprenait l'urgence? Repousser toute solidarité avec le pouvoir militaire, c'était sans doute se retrancher derrière le rempart d'une légalité stricte, et fort commode dans le cas spécial, puisque du coup c'était se garantir de tous reproches et de tous les dangers qui pouvaient naître d'une coopération plus étroite avec le gouverneur; mais était-ce faire acte de loyaux citoyens et, puisque de la discussion même avec celui qui présidait à notre défense, il résultait que la forteresse allait se trouver forcée de capituler, était-il courageux et digne de se taire et de repousser en fait une solidarité que moralement on devait assumer? La Commission ne le pensa pas et, le général s'étant retiré, elle décida, à l'unanimité moins deux voix, de prendre une délibération qui exposât au gouverneur son opinion sur la situation et qui pût, à l'avenir, couvrir jusqu'à un certain point sa responsabilité et la partager en tout cas.

« Une commission composée de cinq membres et du maire, MM. Küss, Saglio, Bœrsch, Momy, Klein et Schnéegans, fut désignée pour rédiger cet acte, qui, hélas ! devait être le premier aveu officiel de notre impuissance à résister davantage.

« Ah ! la triste tâche en vérité qui incomba à ceux que leurs concitoyens venaient de déléguer à ce lugubre travail! La détonation des obus au milieu de la ville et le sourd roulement de notre canon le long du front d'attaque accompagnèrent de leur bruit sinistre les délibérations de la Commission. Les larmes aux yeux et le désespoir au cœur, les commissaires rapportèrent à leurs collègues, convoqués en séance de nuit, leur funèbre document.

« La vaste salle était plongée dans l'obscurité; deux lampes éclairaient seules la table autour de laquelle siégeait le bureau; on entendait dans la rue le pas cadencé des factionnaires de la garde nationale qui se promenaient devant l'Hôtel-du-Commerce. Le maire lut, d'une voix tremblante d'émotion, le projet de délibération. Le secrétaire fit l'appel nominal des conseillers. Tous, sauf deux, répondirent: *oui*. Puis, le document ayant été déposé sur la table, l'un après l'autre, les membres de la Commission municipale le signèrent..... »

Les travaux des assiégeants avancent avec rapidité; les parallèles se rapprochent chaque jour des murs de la place, et la distance qui sépare les batteries ennemies de l'enceinte fortifiée est si restreinte maintenant que les défenseurs des ouvrages avancés entendent les officiers allemands donner des ordres dans les tranchées.

L'artillerie dont la défense dispose est impuissante à déloger les assiégeants; la plupart de ses batteries dominant le front d'attaque sont démontées; seuls quelques mortiers sont encore en service; les deux lunettes protégeant le front nord ont dû être abandonnées, le terre-plein en étant labouré à ce point qu'il est impossible d'y circuler; les batteries de brèche fonctionnent avec une incessante activité, et les officiers de la garnison eux-mêmes ne sont plus éloignés de croire à un prochain assaut. Les quarante-quatre canons de l'artillerie badoise, établis en batteries blindées à Kehl, continuent, de leur côté, à bombarder la citadelle et en démolissent méthodiquement tous les bâtiments. Un officier posté dans le clocher de l'église de Kehl communique avec ces batteries à l'aide d'un fil télégraphique et leur indique les vices de leur tir, qui est aussitôt rectifié.

Le magasin de bois de construction de l'Arsenal qui se trouvait entre la ville et la citadelle et qui, comme par miracle, était encore debout, flambe dans la nuit du 18 au 19 septembre et forme une mer de flammes dont les lueurs embrasent le ciel.

CHAPITRE IX.

La Cathédrale transformée en asile. — Pénurie de lait. — Mortalité des enfants. — Les convois funèbres. — Le capitaine Darcy. — Découverte d'une provision de sucre et de café. — Lettre du gouvernement de la Défense nationale au ministre de Suisse. — Manifestations autour de la statue de Strasbourg. — Edmond Valentin, préfet du Bas-Rhin. — Son épopée. — Son entrée dans la place. — Incendie de la préfecture. — Le baron Pron. — Un journal du siège. — Le diplôme du général. — Le lieutenant Helmstetter.

Le 19 septembre. Le général de Werder, nous le savons, a informé le général Uhrich qu'il défendrait désormais de tirer sur la Cathédrale. Le commandant de Strasbourg a immédiatement communiqué cette information à l'évêque, en lui demandant de permettre à la population sans abri de se réfugier sous les voûtes de la basilique. Mgr Ræss défère à cette demande et adresse au général Uhrich la lettre suivante :

« Monsieur le Général,

« Vous me faites l'honneur de me prévenir que M. le lieutenant-général de Werder fera désormais respecter notre belle Cathédrale par son artillerie, et vous me demandez en conséquence l'autorisation d'offrir ce monument pour asile à la partie de la population privée d'abri.

« Je ne puis qu'applaudir à vos sentiments d'humanité, Monsieur le Général, et je suis tout prêt à les seconder. Toutefois, je dois dire que la Cathédrale, quelque mutilée qu'elle soit, sert journellement au culte, et que le service religieux de la paroisse Saint-Laurent y continue sans interruption. Il sera donc nécessaire de concilier le double intérêt de la religion et du malheur; et, à mon avis, on le pourra facilement. On abandonnera aux indigents la chapelle Saint-Michel, isolée et commode, la chapelle Saint-André, le transept de l'horloge et, s'il est nécessaire, la chapelle de la Croix, le bas côté du sud et la haute nef, c'est-à-dire presque tout l'édifice. On ne réservera au culte que le bas côté de la chapelle Saint-Laurent et les sacristies, qu'on séparerait par une cloison en planches d'une certaine hauteur, capable de parer à tous les inconvénients.

« Je me permettrai aussi de vous prier, Monsieur le Général, de vouloir bien prescrire dans cette église, devenue l'asile du malheur, une surveillance active et constante, afin d'y assurer l'ordre, la moralité et, pendant les offices divins, le silence.

« Veuillez agréer, etc.

« † A. ANDRÉ, évêque de Strasbourg. »

Le lait, qui était devenu rare dès le commencement du siège, menaçait maintenant de manquer complètement, d'où une nouvelle cause d'épuisement pour les enfants malades et les vieillards. M. Zopff, adjoint au maire, adressa, au nom de l'administration municipale, un appel aux habitants pour prier ceux d'entre eux qui possédaient des vaches ou qui recevaient encore journellement une ration de lait, de réduire leur part et d'envoyer le surplus à la pharmacie la plus voisine, où ce lait serait délivré alors sur ordonnance médicale. Cet appel fut entendu et bien des santés affaiblies purent être réconfortées.

La mortalité des tout jeunes enfants, il est vrai, ne se ralentit pas sensiblement; les nouveaux-nés surtout périrent en grand nombre. De cérémonie funèbre, on n'en célébrait point pour ces pauvres petits êtres, et, à toute heure de la journée, on voyait des hommes et des femmes, une longue boîte jaune sous le bras, se diriger tristement vers le cimetière du Jardin botanique. Les enterrements des adultes ne se faisaient guère avec plus de solennité. Que de cercueils ont passé par les rues, sans prêtre, sans cortège! Un homme quelquefois, ou une femme, un enfant... C'était tout le convoi... Les projectiles pleuvaient du côté du cimetière, situé dans la direction de la Citadelle, et l'on hésitait à risquer sa vie pour honorer les morts. Parfois, il est vrai, un convoi plus important suivait une bière, et l'on assistait alors à un étrange spectacle : aux approches du Jardin botanique, quand les obus tombaient sur les toits ou sur le pavé, les rangs se débandaient, les porteurs déposaient leur charge sacrée sur le sol et se réfugiaient, avec les amis de la dernière heure, dans les corridors voisins, derrière une encoignure, ou se collaient instinctivement contre les façades des maisons, comme s'ils voulaient faire place à un ouragan qui passe... Puis on reprenait la marche vers la grande fosse commune, où les sanglots se mêlaient au grondement des canons et au fracas des bombes.

M. Edme Darcy, capitaine adjudant-major au 5ᵉ régiment d'artillerie, tombe sur les remparts, frappé par un obus. Des pompiers sont atteints pendant qu'ils font leur devoir, eux aussi.

Au début de la séance de la COMMISSION MUNICIPALE, M. Zopff, adjoint, rend compte du départ du troisième convoi d'émigrés pour la Suisse, départ qui a rencontré passablement de difficultés aux avant-postes allemands, les ordres ayant été mal donnés ou mal interprétés sans doute, mais qui, finalement, s'est effectué dans les conditions ordinaires.

Le président lit une pièce par laquelle le général Uhrich donne acte de la déclaration faite par la Commission relativement à la revendication du Palais impérial. Il lit également la lettre que l'évêque a adressée au général pour lui dire qu'il met la Cathédrale à la disposition des malheureux qui sont sans abri, et une lettre du directeur de l'École de santé militaire, ainsi conçue :

« Monsieur le Maire,

« J'ai l'honneur de vous accuser réception de l'extrait du registre des procès-verbaux des délibérations de la Commission municipale et de la lettre qui l'accompagne, que vous m'avez adressée. J'en ai donné connaissance aux élèves par la voie de l'ordre.

« Les élèves sont fiers des éloges que la Commission a bien voulu leur décerner par son vote, et je la prie de vouloir bien recevoir mes remerciments très sincères.

« Agréez, je vous prie, etc.
                              « Le médecin inspecteur, directeur de l'École,
                                              « Colmant. »

Le président fait connaître à la Commission la teneur d'une demande de secours adressée par la femme Schuler, veuve du sieur Desroches, employé de la ville, qui a récemment succombé dans les circonstances connues. La veuve Desroches est dénuée de ressources; pour toute famille, elle a un fils qui est soldat et dont elle est sans nouvelles. La Commission lui alloue un secours de 150 francs, en attendant la liquidation de sa pension.

M. Ch. Eissen expose qu'il existe en entrepôt 20,000 kilogr. de sucre en poudre et 15,000 kilogr. de café arrivés de Prusse avant la guerre et dont l'administration des chemins de fer voudrait se débarrasser. Mais la douane demande l'acquittement des droits pour ce lot de marchandises et semble ne pas vouloir se prêter à une transaction quelconque.

L'inspecteur principal de la Compagnie de l'Est voudrait profiter des offres d'achat qui lui sont faites et par suite desquelles on pourrait mettre en vente, au profit des habitants, du sucre en poudre à 60 c. le demi-kilo, du café à 1 fr. le demi-kilo, si, bien entendu, les droits n'étaient pas perçus. On décide de s'adresser au général de division pour lui demander de prendre un arrêté déclarant affranchi de tous droits de douane le lot de denrées dont il est question.

Le *Courrier du Bas-Rhin* a réussi à se procurer et publie la lettre que Jules Favre, ministre des affaires étrangères au gouvernement de la Défense nationale, a adressée à M. Kern, ministre de Suisse à Paris, pour le remercier de l'intervention de la Suisse à Strasbourg. Cette lettre est ainsi conçue :

« Paris, le 9 septembre 1870.

« Monsieur,

« Par la lettre que vous m'avez fait l'honneur de m'écrire en date d'hier, vous avez bien voulu me donner connaissance des marques de sympathie que provoque en Suisse la situation des habitants de Strasbourg, ainsi que de la décision prise par le gouvernement fédéral de seconder la formation des comités de secours et les efforts de la charité privée.

« Le gouvernement de la Défense nationale a été profondément touché de cette communication, et les sentiments qu'elle lui a fait éprouver seront partagés par la France entière. Quant à ceux que la noble conduite du peuple suisse et la généreuse démarche du Conseil fédéral inspireront à l'héroïque population de Strasbourg, je n'essaierai pas de les exprimer. De pareils actes font honneur à tous ceux qui en ont pris l'initiative : ils sont pour nous le plus précieux témoignage des dispositions amicales de la Suisse, et rien ne pouvait contribuer davantage à affermir les liens qui l'unissent depuis si longtemps à la France et à l'Alsace en particulier.

« Je vous prie, Monsieur, de vouloir bien vous faire l'interprète de notre vive reconnaissance auprès du Conseil fédéral et de tous ceux qui participent à l'œuvre des comités.

« Le vice-président du gouvernement, ministre des affaires étrangères,

« Jules Favre. »

Le *Courrier du Bas-Rhin* publie en même temps la lettre suivante, que M. Lissagaray, publiciste, a adressée aux journaux de Paris :

« Paris, 9 septembre 1870.

« Monsieur le directeur,

« A partir de demain, 10 septembre, à midi, au pied de la statue de la Ville de Strasbourg, place de la Concorde, un registre sera ouvert, sur lequel les citoyens sont invités à venir apposer leurs signatures.

« Les Parisiens

« *Honneur à nos frères défenseurs de Strasbourg et à leur brave général Uhrich.* »

« Suivront les signatures des membres du gouvernement de la Défense nationale.

« Ce registre, généreusement offert par quelques citoyens, sera richement relié aux armes de la ville de Strasbourg et envoyé à la municipalité de cette héroïque cité.

« Des citoyens de bonne volonté sont invités à se relayer deux par deux, d'heure en heure, pour garder ce registre d'honneur.

« Salut et fraternité,
« LISSAGARAY. »

Qu'est devenu ce registre où les Parisiens devaient rendre hommage à l'héroïsme de Strasbourg? Nous l'ignorons.....

Déjà un autre et solennel hommage lui avait été rendu à la séance du Corps législatif, le 31 août, où les députés debout, au milieu des applaudissements et des acclamations, avaient, sur la proposition de M. Keller, le patriotique député alsacien, déclaré unanimement que *l'héroïque population de Strasbourg avait bien mérité de la patrie et que jamais la ville de Strasbourg ne cesserait d'être française*[1]..... Et plus tard, le gouvernement de la Défense nationale décida que la Statue de Strasbourg serait coulée en bronze.....

La statue de Strasbourg, sur la place de la Concorde à Paris.

---

[1] C'est dans cette même séance que le général comte de Palikao, ministre de la guerre, pour répondre aux attaques qui pleuvaient sur le ministère, a osé dire qu'un « corps franc, composé de quelques français, avait pénétré sur territoire allemand et avait arrêté la circulation des trains badois » (!) et que les Prussiens, depuis leur entrée en France, avaient perdu « au moins 200,000 hommes » !

Le registre de la place de la Concorde a été égaré; Strasbourg a cessé d'être français et les événements n'ont pas permis que sa statue fût coulée en métal impérissable [1].....

Le 20 septembre. Le matin du 5 septembre, Gambetta avait fait appeler un républicain éprouvé, un Strasbourgeois, M. Edmond Valentin. « Strasbourg, lui dit-il, est assiégé, bombardé, investi, étroitement bloqué. Je vous annonce que vous êtes nommé préfet de Strasbourg. Partez immédiatement. Voici votre commission. » Quelques heures après, Valentin se mettait en route pour l'Alsace.

Né à Strasbourg[2], où son père était avoué et secrétaire des Hospices, le 23 avril 1822, Valentin était, à l'âge de 17 ans, employé dans la fabrique de produits chimiques de Charles Kestner à Thann, tandis que sa sœur, Rose Valentin, plus tard supérieure du couvent de Notre-Dame-de-Sion, dirigeait l'éducation des deux jeunes filles de la maison, qui devinrent, l'une Mme Charras, l'autre Mme Scheurer-Kestner. Mais la vie de bureau ne lui convenait guère, et en 1840 il s'engagea au 29ᵉ de ligne, à Metz, pour passer ensuite au 6ᵉ bataillon de chasseurs, à Strasbourg, où il fut nommé sous-lieutenant en 1848. Ayant trop hautement manifesté ses opinions républicaines, il fut mis en disponibilité, ce dont la population de Strasbourg le vengea en l'envoyant à l'Assemblée législative. Sa candidature, proposée au Congrès républicain par Émile Küss, avait été accueillie avec enthousiasme, et le 10 mars 1850 il était élu député du Bas-Rhin. Il siégea pour la première fois le 6 avril et alla prendre place à l'extrême gauche, en uniforme de chasseur. A la veille du coup d'État, il fut rayé du service actif et, dans la nuit du 2 décembre 1851, il fut arrêté, enfermé à Mazas, pour être expulsé quelques jours plus tard du territoire français. Il se retira à Bruxelles, mais, sur l'injonction du gouvernement français, le ministère belge l'expulsa à son tour, et il se réfugia en Angle-

---

[1] Le 2 octobre, le gouvernement de la Défense nationale a rendu à Paris un décret que Gambetta, parti en ballon, apporta à Tours le 9 octobre et dont voici le texte :

« Le Gouvernement de la Défense nationale,

« Considérant que la noble cité de Strasbourg, par son héroïque résistance à l'ennemi pendant un siège meurtrier de plus de cinquante jours, a resserré les liens indissolubles qui rattachent l'Alsace à la France ;

« Voulant tout à la fois perpétuer le souvenir du glorieux dévouement de Strasbourg et des villes de l'Est à l'indivisibilité de la République et du généreux sentiment du peuple de Paris ;

« Décrète :

Article 1ᵉʳ. — La statue de la ville de Strasbourg, qui se trouve actuellement sur la place de la Concorde, sera coulée en bronze et maintenue sur le même emplacement, avec inscription commémorative des hauts faits de la résistance des départements de l'Est.

Art. 2. — Le ministre de l'instruction publique est chargé de l'exécution du présent décret. »

[2] Dans une maison de la place de l'Homme-de-Fer, aujourd'hui démolie et remplacée par un immeuble portant le n° 5.

terre, où, après bien des déboires, il obtint la place de professeur d'histoire militaire à l'École de Woolwich. (Il avait appris l'anglais en huit mois.) Au moment de la déclaration de guerre en 1870, il demanda à rentrer, comme simple volontaire, dans son ancien bataillon. Sa lettre resta sans réponse, mais le gouvernement de la Défense nationale, qui connaissait ses mérites, songea à lui dès le lendemain du 4 septembre, et l'envoya à un poste d'honneur et de danger, à la préfecture du Bas-Rhin, par un décret ainsi conçu :

République Française.

« Le Gouvernement de la Défense nationale décrète :

« Article 1er. M. Edmond Valentin est nommé Préfet du département du Bas-Rhin, et le Gouvernement s'en rapporte à son énergie et à son patriotisme pour aller occuper son poste.

« Art. 2. M. Maurice Engelhard est nommé Maire de la ville de Strasbourg et chargé par le Gouvernement d'aller porter aux vaillants Strasbourgeois et à l'héroïque garnison les remercîments émus de la France, de la population de Paris et du Gouvernement de la République[1].

Edmond Valentin,
le dernier préfet français du Bas-Rhin.

« Art. 3. Le Ministre de l'intérieur est chargé de l'exécution du présent décret.
« Fait à l'Hôtel-de-Ville de Paris, le 5 septembre 1870.
« Général Trochu, Crémieux, Ferry, Garnier-Pagès, Pelletan, Emmanuel Arago, J. Favre, Gambetta, Glais-Bizoin, Picard, Rochefort, J. Simon. »

Comment Edmond Valentin est arrivé à traverser les lignes allemandes, au prix de quels héroïques efforts il est entré à Strasbourg, comment il s'est présenté

---

[1] M. Engelhard n'a pas essayé d'arriver à Strasbourg pour occuper son poste. Il n'aurait, du reste, pas été accueilli avec faveur dans la ville qu'il avait quittée au moment où celle-ci a été investie et où il ne comptait que peu d'amis.

devant le général Uhrich, nous le verrons tout à l'heure. Mais voici tout d'abord la proclamation qu'il adressa à la population aussitôt qu'il eut présenté ses pouvoirs au commandant supérieur de la place :

« Habitants de Strasbourg, vaillants Compatriotes !

« Le Corps législatif, dans sa séance du 4 septembre courant, a prononcé la déchéance de la dynastie des Bonaparte qui, deux fois arrivée au pouvoir par de criminels attentats contre la Représentation nationale, a trois fois, en un demi-siècle, attiré sur la France la honte et les désastres de l'invasion.

« La République a été proclamée, une Convention nationale est convoquée pour le 16 octobre prochain et les Pouvoirs publics sont confiés dans l'intervalle à un Gouvernement de la Défense nationale composé des onze députés élus par la Capitale et placé sous la Présidence du général Trochu, soldat vigoureux, à l'intégrité et aux capacités duquel tous les partis, sans distinction, rendent depuis longtemps hommage.

« Une des premières sollicitudes du nouveau Gouvernement s'est portée vers la patriotique Alsace, vers sa vaillante capitale, et il s'est préoccupé de lui faire directement parvenir, ainsi qu'à son héroïque garnison, les remercîments émus de la France, de la population de Paris et du Gouvernement de la République.

« Il a choisi pour cette mission un fils de votre noble cité, auquel, à une époque antérieure, vous aviez, par un vote presqu'unanime, donné le mandat de vous représenter à l'Assemblée nationale et qui est resté invariablement fidèle au Drapeau sous lequel vous l'aviez élu.

« Il vient au milieu de vous s'associer à vos périls, partager vos privations et, tous ensemble, nous lutterons jusqu'à la dernière extrémité, pour conserver à la glorieuse patrie française un de ses plus nobles et de ses plus formidables boulevards.

« Confiance donc, bon espoir et VIVE LA RÉPUBLIQUE.

« Le préfet du Bas-Rhin,
« Edmond Valentin. »

Le lendemain, le général Uhrich rendait l'arrêté suivant :

République Française.

6ᵉ DIVISION MILITAIRE. — ETAT-MAJOR.

« Vu l'état de siège,
« Nous, général de division, commandant supérieur de la 6ᵉ division militaire,
« Vu notre arrêté en date du 15 septembre 1870 ;

« Vu le décret du gouvernement de la Défense nationale, en date du 5 septembre 1870, qui nomme M. Edmond Valentin préfet du département du Bas-Rhin;

« Attendu que M. Edmond Valentin est arrivé à son poste le 20 du courant et est entré immédiatement en fonctions, déclarons que dès lors il n'y a plus lieu de maintenir les fonctions d'administrateur provisoire du département confiées à M. Bœrsch, conseiller général, fonctions qu'il a remplies avec un dévouement et un zèle dont nous nous faisons un devoir de lui exprimer notre satisfaction et nos remerciments ;

« Arrêtons ce qui suit :

« L'arrêté du 15 septembre 1870 est rapporté.

« Fait au quartier-général à Strasbourg, le 21 septembre 1870.

« Le général de division, commandant supérieur
de la 6ᵉ division militaire,

« UHRICH. »

Les biographes d'Edmond Valentin et les historiens de la guerre de 1870 ont raconté plus ou moins exactement la glorieuse épopée du dernier préfet français du Bas-Rhin, franchissant les lignes ennemies, au risque d'être fusillé à chaque pas, pour aller rejoindre le poste que le gouvernement lui avait assigné. Mais il faut lire le récit qu'il a fait lui-même de cette héroïque aventure, récit qui a la sobriété d'un procès-verbal et la grandeur d'un drame, et qu'il a écrit à la demande de M. R. Signouret, l'auteur des *Souvenirs du bombardement de Strasbourg*, que nous avons cités déjà au cours de cet ouvrage[1]. Nous lui laissons la parole :

« Lyon, le 2 octobre 1871.

« Parti de Paris le 5 septembre au soir, avec la résolution bien déterminée d'arriver au poste que m'avait assigné le Gouvernement de la Défense nationale, je suis entré, le 8 au soir, dans les lignes prussiennes, à Barr, après diverses courses dans le Haut-Rhin, destinées à donner le change aux espions prussiens mis à mes trousses. Trouvant les avant-postes impossibles à franchir de ce côté, je me portai sur le canal du Rhône-au-Rhin, où, le 9, à dix heures du soir, je fus arrêté par une reconnaissance prussienne, retenu prisonnier pendant quinze heures, et relâché grâce à un passe-port américain dont j'étais muni et à ma connaissance parfaite de la langue anglaise, au moyen desquels je réussis à déjouer la vigilance de l'état-major allemand, à Benfeld, où l'on m'avait transféré.

[1] *Loc. cit.*, p. 236 et s.

« Escorté jusqu'à Lahr (rive droite du Rhin), je me rendis, dès que je fus débarrassé de mes surveillants, dans les environs d'Achern, d'où je gagnai les bois qui longent le Rhin à hauteur de Marlen, en face de la citadelle de Strasbourg.

« J'étais arrivé sur le bras principal du fleuve et m'apprêtais à le traverser à la nage, quand une patrouille envoyée sur mes traces du village de Marlen s'empara de moi de nouveau et me conduisit au quartier-général à Kehl, établi à l'hôtel de la Poste, où je suis bien connu du propriétaire et des gens de la maison, y ayant fait de longs et fréquents séjours à l'époque où l'entrée de la France m'était fermée.

« Fort heureusement, l'élément militaire avait tout envahi; aucune des personnes de la maison ne se trouva présente, et grâce à mon passe-port et à l'assurance avec laquelle je soutins ma nationalité *yankee*, je fus encore une fois mis en liberté, mais avec injonction péremptoire, inscrite sur le passe-port, de sortir dans les douze heures du rayon d'opération des armées allemandes.

« Ce passe-port me devenait désormais inutile et ayant échoué sur trois des quatre points cardinaux, je revins à mon projet primitif de prendre le taureau par les cornes et de percer la ligne d'investissement sur le front d'attaque même, au nord de la ville.

« A cet effet, je descendis le Rhin jusqu'à hauteur de Maximilianau et me rendis à Wissembourg par Landau. J'y trouvai quelques patriotes dévoués, dont je fus reconnu par hasard, avec leur concours et accompagné par l'un d'eux et par une vaillante dame alsacienne, fille d'un des plus vieux et dévoués républicains de Strasbourg, je pénétrai jusqu'au quartier-général même du général Werder et passai deux jours entiers dans la maison où il prenait ses repas, l'entendant, à diverses heures du jour et de la nuit, s'enquérir brutalement s'il n'avait pas été observé d'étrangers dans la localité.

« Le 19 au soir, guidé par les renseignements recueillis dans l'intervalle, je me dirigeai sur Schiltigheim, et averti par la lueur des pipes et des cigares que la tranchée reliant les deux batteries placées à gauche et à droite de *la petite route*, et derrière laquelle je me tenais embusqué depuis la chute du jour, se trouvait momentanément dégarnie, les soldats se rapprochant des batteries pour recevoir une ration de café, je franchis cette tranchée d'un bond et je me jetai à plat-ventre dans les champs de pommes de terre et de maïs qui se trouvaient en avant. Au bout de quelques minutes, je commençai mon voyage à quatre pattes dans la direction du glacis de la place; mais bientôt le mouvement des tiges dans les champs trahit ma présence, et des batteries, comme de la parallèle, s'ouvrit un feu d'artillerie et de mousqueterie qui m'accompagna jusque sur les bords de l'Aar, où j'arrivai au bout de trois quarts d'heure de cheminement pénible, les boulets, balles et obus continuant à pleuvoir autour de moi. Après un intervalle de repos, je me jetai à la nage dans l'Aar, en avant de la lunette 57; mais, arrivé à la rive opposée, je m'embarrassai dans les herbes et roseaux qui la bordent, et me vis obligé de rebrousser chemin et de revenir au point de départ. Un peu plus haut, je parvins à distinguer un endroit dégagé, et, me remettant à la nage, je réussis à aborder et à gagner la place d'armes du chemin couvert, que je trouvai

L'arrivée du préfet Edmond Valentin chez le général Uhrich.[1]

abandonnée, labourée par les bombes, dans les cratères ou entonnoirs desquelles je tombai à plusieurs reprises, et d'où je me retirai à grand'peine, épuisé comme je l'étais.

« Arrivé au bord du fossé inondé qui couvre la lunette 57, je passai une longue demi-heure à héler la sentinelle et les postes établis à l'extérieur; mais en vain, rien ne parut. Le froid me gagnait, mes dents claquaient, et entre la perspective d'une pleurésie et de quelques balles de plus à affronter (françaises, il

---

[1] D'après le tableau de M. Poilleux Saint-Ange. Reproduction d'une photographie de la maison Ad. Braun & Cie, Braun, Clément & Cie, successeurs, à Dornach (Alsace).

est vrai) il n'y eut plus à hésiter. Je me rejetai à la nage en face du saillant droit de la lunette, arrivai à l'autre bord, m'élevai péniblement jusqu'à la base du parapet, et, gagnant le sommet, me redressai soudain de toute ma hauteur en criant : « France ! France ! » Une demi-douzaine de coups de fusils partirent au même moment sans m'atteindre ; un vieux zouave me couchait en joue à bout portant, quand le caporal Fauchard, du 78° de ligne, lui abattit son arme en disant : « Ne tirez plus, vous voyez bien qu'il est seul ! »

« Je me laissai faire prisonnier et demandai à être conduit au général Uhrich, pour lequel j'avais un message. L'heure avancée ne permettant pas de m'introduire dans la ville, je fus enfermé dans un des pavillons du jardin Lips, dont on débusqua à cet effet quelques officiers. Grâce à leurs matelas et à un bon lit de plumes qu'ils me cédèrent, je parvins rapidement à me réchauffer et à m'endormir, malgré les obus qui s'abattaient tout autour de moi, ébranchant les arbres du Contades avec un bruit épouvantable.

« Le lendemain, à 6 heures du matin, je me fis conduire au général Uhrich et tirai de ma manche, où il était cousu, le décret qui me nommait préfet du Bas-Rhin. Le général, déjà prévenu d'ailleurs, me fit un excellent accueil.

« EDM. VALENTIN. »

Par une discrétion facile à comprendre, — son récit a été écrit en 1872, — Edouard Valentin a omis certains détails et n'a pas nommé les personnes qui l'avaient aidé dans ses audacieuses tentatives. Aujourd'hui l'on peut citer les noms. C'est chez M. Scheurer-Kestner, à Thann, chez le patriote et le sincère républicain dont il s'honorait d'être l'ami, qu'il s'était rendu, aussitôt après être entré en Alsace et avoir débarqué à Mulhouse. M. Scheurer-Kestner, auquel il communiqua ses projets, ne lui cacha pas qu'à son avis c'était folie de songer à rompre le cercle de fer qui entourait Strasbourg.

« .....Mais comme il insistait (c'est M. Scheurer-Kestner qui parle ici) je lui rappelai qu'un de mes beaux-frères avait une usine aux portes de Strasbourg et qu'il trouverait peut-être de ce côté le moyen qu'il cherchait. Mon beau-frère, en effet, lui donna une lettre pour le directeur de l'usine, et je le fis conduire en voiture jusqu'à Colmar, après lui avoir remis deux lettres, l'une pour le docteur Faudel, l'autre pour l'ingénieur Gauckler. J'aurais voulu lui faire passer la nuit à Thann, pour qu'il y prît un peu de repos : je ne pus le retenir et il partit aussitôt pour Colmar. Là, le docteur Faudel lui fit faire, dans la nuit, des cartes de visite portant le nom de « M. Dervent, citoyen américain » ; Madame Faudel cousut dans sa manche sa commission de préfet du Bas-Rhin, et M. Gauckler lui donna un des conducteurs des travaux du Rhin pour le guider dans sa marche sur Strasbourg[1]....»

«......A Wissembourg il y avait, le soir, à souper, chez le maire, — c'est encore M. Scheurer-Kestner qui parle[2], — un jeune homme de Schiltigheim, qui avait un sauf-conduit prussien grâce auquel il avait pu se rendre en cette ville et pouvait retourner chez lui. Valentin cause avec lui, le prie de lui indiquer le moyen de se rendre en sécurité à Schiltigheim. Pour toute réponse le jeune homme lui montre son sauf-conduit. Valentin s'en empare aussitôt en disant : « Il appartient au préfet de Strasbourg. » A Schiltigheim il est accueilli, logé et guidé par un jeune industriel, aujourd'hui établi à Nancy et qui garde, parmi ses reliques les plus précieuses, un portrait muni de cette dédicace : « A mon vaillant ami Adolphe Frühinsholz, comme souvenir de sa courageuse hospitalité, du 13 au 19 septembre 1870. — EDMOND VALENTIN..... »

C'est entre quelques hommes de troupe, commandés par un officier, que Valentin fut conduit le 20 septembre, de grand matin, devant le général Uhrich, suivi d'une foule menaçante qui prenait pour un espion ce prisonnier pâle, harassé, couvert de boue. Lorsqu'il eut décousu d'un coup de canif la manche dans laquelle était cachée sa commission de préfet et présenté le papier au général Uhrich, celui-ci salua et : « Monsieur, lui dit-il, je vois que le gouvernement a bien choisi. »

Valentin n'était arrivé que pour assister à la fin du drame et pour aider, par ses énergiques déclarations et exhortations, à prolonger la résistance..... Après la capitulation, il fut arrêté par les Prussiens et interné à Ehrenbreitstein. Il en revint, à l'armistice, pour aller prendre la préfecture du Rhône. L'émeute grondait dans cette ville et l'armée montrait de l'hésitation à marcher contre les insurgés. Valentin, qui avait à ses côtés M. Paul Bœgner, son secrétaire général, un compatriote strasbourgeois[3], entraîna les troupes en se plaçant à leur tête et enleva les barricades, non sans être blessé. En janvier 1872, il quitte la préfecture et refuse le poste de trésorier général du Loiret que Thiers lui offre à titre de compensation. Il se retire dans la vie privée jusqu'en 1875, où il est élu député de Seine-et-Oise, pour être nommé, l'année suivante, sénateur du Rhône. Il meurt

---

[1] *Histoire du gouvernement de la défense nationale en province*, par F. F. Steenackers et F. Le Goff. Paris, Charpentier & Cⁱᵉ, p. 232.
[2] *Ibidem*, p. 233.
[3] Aujourd'hui préfet du Loiret.

le 31 octobre 1879, et M. Scheurer-Kestner prononce, sur sa tombe, ces paroles qui caractérisent toute sa vie : « Il est rare qu'un peuple, même aux époques glorieuses de son histoire, ait à honorer une mémoire aussi héroïque. »

L'Hôtel de la Préfecture. — La statue du préfet Lezay-Marnésia.

Les assiégeants étaient-ils informés de l'arrivée du préfet nommé par le gouvernement de la Défense nationale ? Nous l'ignorons ; mais, en tous cas, le bombardement du quartier de la préfecture et de l'hôtel de la préfecture lui-même décupla d'intensité ce jour-là ; et, malgré un déploiement d'efforts presque surhumains, l'hôtel fut détruit de fond en comble par l'incendie. Du magnifique palais construit par Klinglin, le prêteur du roi Louis XV, et qui devint plus tard l'hôtel de l'Intendance, pour être, en 1800, assigné comme résidence aux préfets, il ne resta plus, au bout de quelques heures, que quatre murs noircis, entre lesquels s'entassaient, brisés, calcinés, tordus, les objets d'art et les meubles exquis qui l'avaient orné. La statue de Lezay-Marnésia, préfet du Bas-Rhin de 1810 à 1814, qui se trouve placée à l'angle du jardin, vers le théâtre, fut mutilée par les projectiles.

INCENDIE DE LA PRÉFECTURE, LE 20 SEPTEMBRE 1870

Le baron Pron et sa famille avaient donc été les derniers habitants de la préfecture du Bas-Rhin (M. Charles Bœrsch n'y avait pas élu domicile et M. Edmond Valentin n'avait même pas eu le temps de décider s'il s'y installerait). Le baron et la baronne Pron avaient quitté l'hôtel le jour de la nomination de M. Bœrsch, M. Pron pour se constituer l'hôte de Mgr l'évêque, Mme Pron pour aller habiter chez des amis; et c'est avec un profond serrement de cœur qu'ils virent les flammes dévorer la superbe demeure où ils avaient passé, avec leurs enfants, quelques années brillantes et heureuses. M. le baron Pron avait des principes politiques et religieux qui — nous n'avons pas hésité à le dire au début de cet ouvrage — n'ont jamais été les nôtres et se trouvaient en contradiction avec ceux de toute la partie libérale de la population de Strasbourg Mais nous reconnaissons avec tout autant de franchise qu'il a déployé, pendant le siège, un courage et une énergie extraordinaires. Il n'avait pas voix au chapitre dans les délibérations du Conseil de défense, mais, par son exemple et par l'éloquence avec laquelle il prêchait à tous ceux qui l'abordaient l'accomplissement du devoir, il a été l'un des éléments de la résistance. Comme homme politique, il appartenait à la discussion, comme patriote, il demeurait et demeurera indiscutable.

Le baron Pron
Préfet du Bas-Rhin.

Une personne qui lui tenait de très près a rédigé, pendant les cruelles heures du bombardement, une sorte de journal de la Préfecture de Strasbourg, qui a été communiqué seulement à d'intimes amis et qui doit échapper à la publicité. C'est dommage. On y trouverait à reproduire des détails curieux et des anecdotes intéressantes, par exemple celle-ci :

« Le 13 août, nous commencions notre dîner; M. Du Petit-Thouars, capitaine de vaisseau et parent de nos cousins, était des nôtres; il nous raconta une petite aventure qui avait failli brouiller ses marins avec leurs camarades, les pontonniers. — On n'avait rien trouvé de mieux que de réunir ces deux corps aquatiques dans la même caserne; mais les matelots, habitués à une extrême propreté, avaient examiné avec peine le dortoir qui leur était assigné; ils avaient la prétention de

La préfecture après le bombardement.

rendre à leur troisième pont la blancheur du lis : les voici donc un beau matin à l'œuvre, lançant à toute volée des seaux d'eau à la muraille et sur les planchers. Bientôt une immense rumeur s'élève des deux étages inférieurs ; les malédictions pleuvent à l'égard de l'eau versée en douche sur les lits des pontonniers, qui s'empressent de porter plainte et sont sur le point d'en venir aux mains.

« L'officier obligé d'intervenir apostrophe les marins : « Que faites-vous donc pour inonder ainsi la caserne ? — Ah ! voyez-vous, mon commandant, c'est que nous ne pouvons supporter les taches et nous avons dit comme ça : Il faut briquer le pont pour l'éclaircir, et c'est ce que nous avons fait..... »

A la date du 21 août, nous aurions à relever dans ce journal la touchante note que voici :

« Mme de C. doit partir ; je lui donne l'adresse de mes enfants pour qu'elle leur écrive lorsqu'elle sera en lieu sûr. Elle est munie d'un sauf-conduit qui a été demandé au général prussien et je la vois s'éloigner avec ses deux petits garçons. Elle ne sait si son mari (officier d'artillerie faisant partie du corps d'armée du maréchal Mac-Mahon) vit ou s'il est mort.

« Pauvre femme ! son départ m'arrache des larmes. Peut-être celles du prisonnier qui aspire à la liberté ?.... Et pourtant on me l'offrirait que je ne voudrais pas sortir de Strasbourg sans avoir rempli mon devoir jusqu'à la fin.

« Nous avons abrité aussi bien que possible nos effets et tous les objets de souvenir qui ajoutaient au charme de notre habitation dans ce bel hôtel *destiné peut-être à la destruction*. Une allée du jardin, les quais du canal, voilà tout ce qui nous sépare des fortifications. »

A la date du 25 août le journal constate que la nuit est affreuse : « Il n'y a pas une seconde d'arrêt dans le sifflement sinistre des obus. Deux batteries, dont les feux se croisent, tonnent au-dessus de nos maisons.

« Deux obus sont tombés dans les combles de notre hôtel, par un hasard inouï, ils n'ont percé que deux cuves remplies d'eau.

« Vers 1 heure du matin, un boulet traverse la chambre de l'Empereur ; un homme de service n'a que le temps de fuir. Un autre obus entre par l'armoire (fausse fenêtre) à l'angle de la chambre des enfants et ressort par la croisée. Presque toutes les parties de la maison sont atteintes, mais nous échappons à l'incendie.....

« Mme B., femme du colonel directeur de l'artillerie, m'amène ses deux filles et sept personnes de son voisinage.

« Elle est courageuse, mais impressionnée ; elle pense que nous allons tous mourir. Je l'engage à enlever de son salon les portraits de sa famille, en ajoutant que sans doute quelqu'un d'entre nous pourra un jour raconter le siège de Strasbourg ; j'espère un peu que ce sera elle et peut-être moi.... »

..... « 26 août. Nous tâchons de nous installer confortablement à la cave ; les rideaux et les paravents sont mis à contribution pour sauvegarder les convenances ; cinq lits sont dressés dans le caveau du centre ; vingt-cinq lits, grands et petits, sont établis dans les deux soubassements à droite et à gauche. Nos provisions et nos effets sont empilés dans toutes les caves. Celle des bureaux sert de refuge au quartier. Les hommes veillent ou s'étendent la nuit sous le grand escalier, dont la cage voûtée nous sert de réfectoire. Nous avons dû abandonner nos salles à manger, qui sont plus ou moins bouleversées par la chute des projectiles. »

..... « 12 septembre. Nous attendons avec calme l'arrivée du *successeur*, confiants dans la Providence qui nous a protégés jusqu'ici. Espérons qu'au jour marqué dans ses décrets nous pourrons aller embrasser nos enfants, revoir nos amis, contents d'avoir rempli jusqu'au bout le devoir patriotique tracé par les circonstances exceptionnelles qui ont marqué la fin de la carrière administrative de M. Pron. Un seul regret nous restera, celui de n'avoir pu contribuer pour notre part à réparer les cruels malheurs dont nous avons été les témoins.

« Strasbourg résiste encore, pour l'honneur de la patrie. Puisse la France être dans le cas d'apprécier tous les sacrifices qu'imposèrent à cette vaillante race alsacienne l'amour du devoir, le dévouement au pays ! Oui, nous emporterons avec nous le souvenir de ces beaux exemples d'abnégation, joints à celui de bien des amitiés précieuses.

« Chaque jour nous en apporte des témoignages : on veut bien, dans ce seul but, traverser notre dangereuse cour, battue par la mitraille et par les boulets, et dans laquelle une bombe a creusé un trou d'un mètre de profondeur.

« De pauvres femmes continuent à venir demander de l'ouvrage. L'une d'elles m'exprime ses regrets en disant : « C'est bien malheureux, toutes les bonnes gens s'en vont. » L'autre ajoute tout bas : « Vous reviendrez plus tard, n'est-ce pas ? » Nous nous trouvons réunis à 7 heures avec les convives habituels ; on sent que c'est pour la dernière fois.....

« La soirée se prolonge jusqu'à minuit. Nous la terminons dans le cabinet de M. Pron, au bruit des obus qui frappent continuellement les murs du Conseil général et les bureaux. Il n'y a bientôt plus de vitres nulle part.

« M. de Malartic réfléchit *et ne veut pas donner sa démission*...... »

..... « 16 septembre. M. Bœrsch, rédacteur du *Courrier du Bas-Rhin*, fait son entrée à la préfecture à 1 heure. Mon mari en sort par une autre porte pour aller se constituer l'hôte de Mgr l'évêque. M. Bœrsch avait espéré le voir pour lui serrer la main ; il parle en bons termes à M. de Malartic qui l'a reçu. Son projet n'est pas d'habiter la préfecture.....

« J'y fais un dernier tour avant le départ de la famille B....., mais je n'ose ouvrir les chambres qui ont été traversées par les obus. Je veux conserver de la mienne, de celle de mes chères filles, un souvenir riant, et toutes ces pièces sont remplies de décombres. »

..... « 20 septembre. Ce mardi 20 septembre, à 6 heures du matin, M. Valentin fait une entrée extraordinaire dans le chef-lieu de sa préfecture. Il a traversé les lignes ennemies et, arrivé au Contades, il a failli être tué par les avant-postes français ; on s'est saisi de sa personne ; quatre hommes et un caporal l'ont amené chez le commandant de place. Il est tout haletant ; ses vêtements sont souillés de boue. « Cet homme meurt de soif, dit un des aides-de-camp, qui le prend pour un espion ; qu'on lui apporte un verre de vin. » M. Valentin n'accepte que de l'eau. Il demande à être conduit chez le général de division ; là seulement il décline ses qualités, montre les pièces qui l'accréditent, tire de la doublure de son vêtement un *Moniteur* tout mouillé ; enfin, étant reconnu comme le vrai préfet, il se rend à son hôtel, où M. de Malartic se réveille pour le recevoir.

« L'huissier du cabinet est aussitôt envoyé à la mairie pour prier M. le président de la Commission municipale de venir s'entendre avec le nouveau chef du département.

« Là il rencontre M. Bœrsch (le préfet par intérim nommé il y a trois jours par la Commission).

« Qu'y a-t-il donc? lui demande celui-ci. — Ah! répond l'huissier Paul, je viens annoncer à M. Küss l'arrivée de M. le préfet. — Quel préfet? — Ah! Monsieur, je ne saurais pas vous dire.... je ne connais pas son nom, mais enfin c'est le nouveau préfet qui vient de Paris. »

..... « Le général paraît bien accueillir M. Valentin, qui a de fermes instructions pour la défense de la ville et des compliments à apporter à mon mari sur la part active qu'il y a prise. M. Gambetta lui a parlé dans ce sens flatteur, en témoignant son regret de ce que le nouveau régime politique ne puisse conserver dans leurs fonctions les anciens serviteurs de l'Empire.....

« A 4 heures, une épaisse fumée se répand dans le quartier. La préfecture a reçu quatre bombes, d'inutiles efforts sont faits pour éteindre le feu, bientôt cette

Les ruines de la Préfecture. — Un coin de la Cour d'honneur.

œuvre de destruction sera consommée... Les délicieux appartements que nous avons habités sont la proie des flammes; le voisinage est menacé; je recueille moi-même de légères flammèches, débris des magnifiques boiseries que le temps avait desséchées..... Les murs, seuls debout, feront regretter ce qui vient d'être à jamais anéanti..... Les sculptures calcinées tombent en partie de ces frises élégantes, de ces chapiteaux si gracieusement ornés par ordre du prêteur du roi Louis XV.....»

Les pages de ce journal, qu'on vient de lire, sans que nous ayons eu le droit bien déterminé de les donner en lecture, sont — en partie — celles qu'aurait pu écrire la plus humble des ménagères strasbourgeoises..... Les petits drames intimes qu'elles peignent se sont déroulés dans toutes les maisons de la malheureuse cité..... Dans chacune d'elles il y avait une femme qui priait, qui était prête à tous les sacrifices et qui remontait les cœurs..... Le «journal de la préfecture» c'est le journal des femmes de Strasbourg pendant le siège de 1870.....

Nous avons vu que la Commission municipale a décerné au général Uhrich le titre de citoyen de Strasbourg. Deux jours après, le général adresse au maire la lettre suivante :

« Strasbourg, le 20 septembre 1870.

« Monsieur le Maire,

« Dans sa séance du 18 de ce mois, à laquelle j'ai eu l'honneur d'assister, la Commission municipale a bien voulu m'accorder par acclamation le titre de citoyen de Strasbourg. Ce titre, qui m'honore, je viens vous en demander le brevet; ce sera un précieux gage qui sera transmis dans ma famille de génération en génération.

« Veuillez offrir tous mes remerciements à Messieurs les membres de la Commission municipale et leur dire qu'ils m'ont fait le plus grand honneur que j'aie reçu dans ma longue carrière.

« Recevez, je vous prie, Monsieur le Maire, l'assurance de ma considération la plus distinguée.

« Le général commandant supérieur,

« Signé : Uhrich. »

Voici, en réduction, la disposition typographique du diplôme de citoyen de la ville de Strasbourg qui a été remis au général :

> LA COMMISSION MUNICIPALE DE LA VILLE DE STRASBOURG
> VOULANT RENDRE UN ECLATANT HOMMAGE AU GÉNÉRAL DE DIVISION
> **JEAN JOSEPH ALEXIS UHRICH**
> Commandant la 6e division militaire et Commandant supérieur de cette place, grand officier de la Légion d'honneur
> POUR SA GLORIEUSE ET HÉROÏQUE DÉFENSE DE STRASBOURG
> VOULANT ÉGALEMENT RECONNAITRE LA SOLLICITUDE ET LA BIENVEILLANCE QU'IL A TÉMOIGNÉES AUX HABITANTS DE LA VILLE ET A SES REPRÉSENTANTS PENDANT LA CALAMITEUSE PÉRIODE D'UN SIÈGE A JAMAIS MÉMORABLE, DÉCLARE QUE LE
> ## GÉNÉRAL UHRICH
> A BIEN MÉRITÉ DE LA VILLE DE STRASBOURG ET LUI CONFÈRE LE TITRE DE CITOYEN DE CETTE VILLE
> Fait à Strasbourg le 18 septembre 1870
> *Le Secrétaire de la Commission municipale*   *Le Président de la Commission municipale*
> HUCK.   KÜSS.

Au début de la séance de la Commission municipale, le maire donne lecture d'une lettre par laquelle le général Uhrich déclare qu'il ne demande pas mieux que d'exempter de tous droits de douane le sucre et le café entreposés à la gare et dont il a été question dans la précédente séance. Il appelle toutefois l'attention de la Commission sur les tentatives d'accaparement que pourraient faire certains marchands, qui chercheraient alors à revendre avec bénéfice et priveraient ainsi la population des avantages qu'on veut lui procurer. On décide que M. Zopff, adjoint, entrera en négociations avec les acheteurs qui se présenteront, afin d'éviter les inconvénients prévus par le général.

Le commandant a adressé au maire une autre lettre encore pour mettre à sa disposition des rations de pain, des couvertures et des souliers à distribuer aux nécessiteux.

« En présence des nouveaux malheurs qui frappent la ville de Strasbourg, écrit le général, et dans le but d'alléger ses souffrances, j'ai l'honneur de mettre à la disposition de l'autorité municipale : 1° 1500 rations de pain pendant quinze jours, à dater de demain, 2° 1000 couvertures, 3° 1000 paires de souliers.

« Si vous acceptez mon offre, veuillez envoyer l'un de MM. les adjoints chez M. l'intendant militaire De Lavalette, qui est chargé d'indiquer le mode de perception. »

La Commission accepte cette offre avec reconnaissance et adressera ses remerciments au général.

MORT DU LIEUTENANT D'ARTILLERIE DE LA MOBILE HELMSTETTER

Parmi les morts de la journée — la population civile seule a eu douze tués — figurait un des braves jeunes gens de la garde mobile, le sergent Alphonse Müller, qui était tombé, frappé d'une balle au moment où il relevait un poste en face du front d'attaque. C'était le fils de l'ancien jardinier en chef du Jardin botanique, transformé en cimetière depuis l'investissement de la place; il était né dans ce même enclos où il devait dormir maintenant du dernier sommeil, et son père devait avoir la douleur de voir une fosse engloutir son enfant à la place où celui-ci avait essayé ses premiers pas.

Le 21 septembre. Encore un courageux enfant de l'Alsace qui meurt au champ d'honneur. Fernand Helmstetter, lieutenant d'artillerie dans la garde mobile, pointait une pièce sur l'ennemi, lorsqu'un obus à balles fait explosion près de lui; un éclat le frappe à la cuisse; une balle l'atteint en pleine figure; il tombe..... une secousse et c'est fini. C'était le fils du vénérable pasteur Helmstetter, d'Enzheim. La joie n'est plus jamais rentrée au modeste presbytère où l'on était si fier de cet enfant, plein de talent et d'avenir.

Nuit terrible. Entre onze heures et minuit surtout, le front nord tonne avec une force extraordinaire, en même temps que de vives fusillades éclatent sur plusieurs points de l'enceinte. On raconte le lendemain que les assiégeants ont voulu tenter une surprise que la vigilance des assiégés a déjouée.

CHAPITRE X.

La garde mobile du Bas-Rhin. — Le 4ᵉ bataillon. — Le commandant Edmond de Pourtalès. — Le lieutenant Heimburger. — Alexandre Bartholomot. — Une lettre du Grand-duc de Bade. — Réponse du général Uhrich. — Le commandant Ducrot. — Un avis du maire.

Le 22 septembre. — La garde mobile. — Quel beau livre on aurait écrit sur cette garde mobile du Bas-Rhin au siège de Strasbourg, s'il eût été possible de réunir et de grouper tous les actes de dévouement, de courage et d'héroïsme accomplis par ces jeunes gens qui, improvisés soldats au moment de la déclaration de guerre, furent placés, sans transition, au poste le plus périlleux de toute la campagne de 1870 ! Mais personne n'a songé, après la capitulation ou immédiatement après la guerre, à l'époque où l'on pouvait encore rassembler les documents et les témoignages verbaux, à rédiger cette monographie; et, aujourd'hui, après plus d'un quart de siècle, personne ne saurait avoir la prétention de l'entreprendre. Nous sommes pourtant, grâce à d'amicales ou de bienveillantes communications; à même de consacrer quelques pages à ces jeunes gens qui, sous la conduite de chefs vaillants et prêchant éloquemment d'exemple, ont si généreusement exposé leur existence pour la défense du sol natal et le salut de la patrie.

Le 15 juillet, le Corps législatif et, le 16 juillet, le Sénat avaient adopté un projet de loi ainsi conçu :

« Les éventualités qui se présentent rendent nécessaire l'application des dispositions du § 2 de l'art. 3 (titre II) de la loi du 1ᵉʳ février 1868 sur le recrutement de l'armée et l'organisation de la garde nationale mobile.

« Le présent projet de loi a pour objet d'effectuer immédiatement, par la mise en vigueur de ces dispositions, l'appel à l'activité de la garde nationale mobile.

« Article unique. La garde nationale mobile est appelée à l'activité. »

Le lendemain de la promulgation de cette loi, le *Journal officiel* et le *Moniteur de l'armée* publiaient la note suivante :

« Au moment où la garde nationale mobile est mobilisée, et où tous les jeunes gens qui appartiennent à cette garde et qui font partie des contingents des départements des trois premiers corps d'armée (1ʳᵉ, 2ᵉ, 3ᵉ, 4ᵉ, 5ᵉ, 6ᵉ et 7ᵉ divisions militaires) vont recevoir, sur quelque point qu'ils soient du territoire, leur ordre d'appel pour rejoindre les chefs-lieux de ces départements, il importe de porter à leur connaissance qu'ils vont, en exécution de la loi, se trouver soumis à toutes les obligations de la discipline applicable à l'armée active, et qu'ils se mettraient dans le cas d'être poursuivis selon les prescriptions du Code de justice militaire s'ils n'obtempéraient pas sur-le-champ aux ordres qu'ils recevront. Il n'est pas douteux, d'ailleurs, que dans les circonstances actuelles leur patriotisme ne rende superflu le recours à la rigueur des lois. »

Cette exhortation au respect des lois et du patriotisme était inutile. On sait ce que les mobiles de l'Alsace, des Vosges, du Rhône, de la Côte-d'Or, de la Loire, du Nord et de la Seine ont accompli. Ceux du département du Bas-Rhin répondirent avec empressement à l'appel et s'initièrent rapidement aux exigences de leur métier. Ils furent constitués en cinq bataillons d'infanterie et quatorze batteries d'artillerie. Les 1ᵉʳ, 3ᵉ, 4ᵉ et 5ᵉ bataillons firent partie de la garnison de Strasbourg, ainsi que les 3ᵉ, 6ᵉ, 7ᵉ, 8ᵉ, 9ᵉ, 10ᵉ, 11ᵉ, 12ᵉ, 13ᵉ et 14ᵉ batteries. Le 2ᵉ bataillon et les 1ʳᵉ, 2ᵉ, 4ᵉ et 5ᵉ batteries furent envoyés à Schlestadt et prirent part à la défense de cette ville. Et voici la composition du corps d'officiers[1] :

Artillerie : Heymann, commandant; 1ʳᵉ batterie : Perfetti, capitaine; Vatin, lieutenant en premier; Bach, lieutenant en second; 2ᵉ batterie : Stoffel, capitaine; Person, lieutenant en premier; Rigault, lieutenant en second; 3ᵉ batterie : Delvage, capitaine; Dreyfuss, lieutenant en premier; Diemer, lieutenant en second; 4ᵉ batterie : Magniers, capitaine; Arnold, lieutenant en premier; Samuel, lieutenant en second; 5ᵉ batterie : Julliers, capitaine; Bernheim, lieutenant en premier; Fisselbrand, lieutenant en second; 6ᵉ batterie : Dupin de Saint-André, capitaine; Cardot, lieutenant en premier; Weiss, lieutenant en second; 7ᵉ batterie, Liraut, capitaine; Schœttel, lieutenant en premier; Thomas, lieutenant en second; 8ᵉ batterie : Kling, capitaine; Ratisbonne, lieutenant en premier; Flamm, lieutenant en second; 9ᵉ batterie : Royer (tué), capitaine; Verenet (tué), lieutenant en premier; Streisguth, lieutenant en second; 10ᵉ batterie : Mammoser, capitaine; Eschbach,

---

[1] Cette liste est incomplète, comme tous les documents que les historiographes possèdent sur la garde mobile du Bas-Rhin. Elle a été dressée sur la foi de quelques notes éparses ainsi que sur les renseignements fournis par l'un ou l'autre des officiers de notre mobile, et c'est surtout à M. Alfred Touchemolin, l'auteur de *Strasbourg militaire* et du *Régiment d'Alsace*, que nous devons de pouvoir reproduire un nombre relativement grand de noms propres.

lieutenant en premier; Muller, lieutenant en second; 11e batterie : Carbonel, capitaine; Hummel, lieutenant en premier; Blum, lieutenant en second; 12e batterie : Weber, capitaine; Klose, lieutenant en premier; Bloch, lieutenant en second; 13e batterie : Mosser, capitaine; Helmstetter (tué), lieutenant en premier; Reibell, lieutenant en second; 14e batterie : Lecomte, capitaine; Hourlet, lieutenant en premier; Hatt, lieutenant en second.

Infanterie : Bataillon de Saverne, 1er, à la Citadelle : baron de Schauenbourg[1], chef de bataillon; 1re compagnie : Randon, capitaine; 2e compagnie : Aron, capitaine; 3e compagnie : Büchy, capitaine; 4e compagnie : Wack, capitaine; 5e compagnie : Ebermeyer, capitaine; 6e compagnie : Fabre, capitaine; 7e compagnie : Schneider, capitaine; 8e compagnie : Lamboulaye, capitaine.

Bataillon de Schlestadt, 2e, à Schlestadt : baron de Reinach, chef de bataillon; 1re compagnie : baron de Cœhorn, capitaine; Jæglé, lieutenant; Beynders, sous-lieutenant; 2e compagnie : Millet, capitaine; Joachim, lieutenant; Andlauer, sous-lieutenant, 3e compagnie : Bœll, capitaine; Side, lieutenant; Forget, sous-lieutenant; 4e compagnie : Gazeau, capitaine; de Bulach, lieutenant; Jauer, sous-lieutenant; 5e compagnie : Forget, capitaine; Centlivre, lieutenant, Walter, sous-lieutenant; 6e compagnie : Bohn, capitaine; Sommervogel, lieutenant; Levrault, sous-lieutenant; 7e compagnie : Schmitt, capitaine; de Combolus, lieutenant; Perron, sous-lieutenant; 8e compagnie : Stouvenot, capitaine[2].

Bataillon de Haguenau, 3e, au front Sud : Jaluzot, chef de bataillon; 1re compagnie : Elbel, capitaine; 2e compagnie : Gallet, capitaine; 3e compagnie : Messner, capitaine; 4e compagnie : Goulden, capitaine; 5e compagnie : Hæusslin, capitaine; 6e compagnie : Laugel, capitaine; 7e compagnie : de Gaston, capitaine, détaché auprès du général Ducrot; 8e compagnie : Cornudet, capitaine; Mimers, lieutenant; Schomas, sous-lieutenant; Schatz, adjudant sous-officier.

Bataillon de Strasbourg, 4e, défendit les ouvrages 40, 42, 47, 49 et 53; comte de Pourtalès, chef de bataillon; 1re compagnie : Sig, capitaine; Thébault, lieutenant; Trawitz, sous-lieutenant; 2e compagnie : Schæffer, capitaine; Mézier, lieutenant; de Beylié (tué), sous-lieutenant; 3e compagnie : N., capitaine; Setzer, lieutenant; Bing, sous-lieutenant; 4e compagnie : Scheidecker, capitaine; Savagner, lieutenant; Dijon, sous-lieutenant; 5e compagnie : Ehrler, capitaine; Schæffer

---

[1] M. de Schauenbourg, empêché par maladie, fut remplacé par le capitaine Lamboulaye, de la 8e.

[2] Ce fut le capitaine Stouvenot qui, avec sa compagnie, attaqua, près du château de Thanvillé, dans le val de Villé, un escadron de dragons badois de la garde, et le repoussa après un combat assez vif. En conséquence de cette agression, le château de Thanvillé fut mis au pillage, trois jours après, par une colonne envoyée dans ce but et composée d'une compagnie du 5e régiment badois n° 114, d'un escadron de dragons et d'une section d'artillerie.

L'INFANTERIE DE LA MOBILE A LA LUNETTE 53

(blessé), lieutenant; de Golbéry, sous-lieutenant; 6° compagnie : Kern, capitaine; Heimburger (blessé), lieutenant; Lux (tué), sous-lieutenant; 7° compagnie : N., capitaine; de Gimel, lieutenant; Piquet, sous-lieutenant (blessé); 8° compagnie : Faure, capitaine; Waldner de Freundstein, lieutenant; Berger, sous-lieutenant (blessé).

M. Alfred Wolff, sous-lieutenant, détaché au service des incendies.

Le 27 septembre furent nommés : Setzer, capitaine à la 3°; Savagner, capitaine à la 7°; Trawitz, lieutenant à la 3°; de Golbéry, lieutenant à la 4°; Urban, sous-lieutenant à la 1re; Oberlin, sous-lieutenant à la 2°; Brétault, sous-lieutenant à la 5°; de Lipowsky, sous-lieutenant à la 6°.

Bataillon de Wissembourg, 5°, occupa les ouvrages près de la porte des Juifs et des Pêcheurs; Starck, chef de bataillon; 1re compagnie : Hornus, capitaine; 2° compagnie : baron de Dietrich, capitaine; Abelhauser, lieutenant; 3° compagnie; Ganglof, capitaine; 4° compagnie : Feuerstein, capitaine; 5° compagnie : Schimpf, capitaine; 6° compagnie : Strohl, capitaine; 7° compagnie : Dellys, capitaine; 8° compagnie : Hickel, capitaine[1].

Huit jours avant Frœschwiller, les compagnies se trouvaient réunies pour la première fois; il fallut alors recevoir le casernement et la literie, le petit équipement, etc., installer l'ordinaire. Les fusils à tabatière et quelques munitions ne furent touchés que le jour de la bataille de Frœschwiller, et le soir même de cette défaite, à la nuit, on apprit rapidement aux hommes comment il fallait charger, comment ils devaient tirer. Le lendemain, 7 août, commencèrent les exercices, ainsi que le service.....

Aussitôt armée, à peine équipée, la garde mobile fut envoyée dans les ouvrages avancés, et c'est contre l'ennemi que ces jeunes gens firent leur école de tir; le 4° bataillon (commandant de Pourtalès) fut joint au 87° de ligne, et on lui confia la défense des ouvrages 40—42, 47—49 et 53, ainsi que des palissades établies à cheval sur le chemin de fer, en avant du pont qu'on avait dû faire sauter. Les mobiles durent d'abord mettre en état ces divers ouvrages; toutes les parties intérieures, telles que crêtes, talus, banquettes, se trouvaient dans un état déplorable; les hommes étaient découverts jusqu'à la ceinture; ils firent une grande quantité de sacs à terre et les placèrent sur les crêtes afin de les exhausser. L'intérieur de chaque ouvrage était planté d'un grand nombre d'arbres qu'il fallut abattre et ébrancher; les quelques abris qui se trouvaient dans les lunettes

---

[1] *Strasbourg militaire*, par A. Touchemolin. Chez A. Hennuyer, rue Laffitte, Paris, p. 137 et s

regorgeaient d'immondices; il fallut les nettoyer, et ensuite on dut y allumer de grands feux avant de pouvoir y loger les hommes[1].....

C'est sur ce 4ᵉ bataillon, placé au poste le plus exposé, et dont le corps d'officiers a eu deux tués et trois blessés, que nous avons pu nous procurer les renseignements dont il est question plus haut. En parlant de lui, nous parlerons, du reste, implicitement des autres bataillons; car, sur tous les points de la défense, les mobiles du Bas-Rhin ont montré un même courage, et la gloire des uns a rejailli sur les autres.

Le 4ᵉ bataillon était commandé, ainsi qu'on l'a vu, par M. le comte Edmond de Pourtalès, le gendre de M. le baron Renouard de Bussierre, député de Strasbourg au Corps législatif. Le comte de Pourtalès a été l'un des héros du siège, et par son intrépidité, par son calme aux instants les plus périlleux — jamais il ne lui est arrivé de « saluer » un projectile — il a fait l'admiration non seulement de ses officiers, mais encore et surtout des officiers du 87ᵉ de ligne, avec lesquels il défendait le front d'attaque. Il avait comme une sorte d'inconscience du danger, et il bravait toutes les fatigues, le sourire aux lèvres, préoccupé seulement de ménager les forces et la vie de ses soldats, et communiquant à ceux-ci son sang-froid et sa bravoure.

Le comte Edmond de Pourtalès,
Commandant du 4ᵉ bataillon de la garde mobile du Bas-Rhin.

Quelques jours avant la reddition de la place, une compagnie de zouaves et de volontaires du 87ᵉ de ligne avait été envoyée à l'ouvrage 47—49 pour remplacer la 8ᵉ compagnie de la mobile, qui était allée se refaire un peu dans l'intérieur de la ville. Elle était commandée par le capitaine Champion, du 21ᵉ de ligne, sorti des rangs, décoré, qui avait fait les campagnes d'Afrique, de Crimée, d'Italie, de Chine et du Mexique, et qui ne cachait pas son mécontentement d'être, lui, vieux soldat, sous les ordres d'un commandant de mobiles. Il s'exprimait même en termes qui indignaient les officiers du 4ᵉ bataillon. Mais le commandant de Pourtalès, mis au courant de sa mauvaise humeur, s'avance vers lui

---

[1] *Strasbourg*, par une réunion d'habitants et d'anciens officiers, p. 43 et s.

et, avec l'urbanité dont il avait le secret : « Capitaine, lui dit-il, je m'en vais vous faire voir l'ouvrage », et, montant sur le parapet, il lui montre tranquillement, comme s'il lui décrivait les beautés d'un paysage, les points à faire garder par les sentinelles. Le feu est terrible en ce moment, et tous les deux, entièrement à découvert, voient pleuvoir les projectiles autour d'eux. Ils reviennent à la casemate, où le commandant invite son nouveau subordonné à prendre place

Quelques sous-officiers des zouaves de Frœschwiller et de Strasbourg.

à sa table. Le capitaine s'assied, morne et silencieux, puis se lève subitement et s'écrie : « Messieurs, j'ai eu une conduite fâcheuse et me suis exprimé d'une façon déplacée, en arrivant parmi vous. Mais depuis que j'ai vu le commandant au feu, mes idées ont bien changé. Je ne connais pas d'homme plus vaillant et plus brave que votre chef. Je me ferais hacher en morceaux pour lui. » Le lendemain, le pauvre capitaine était tué dans l'ouvrage.

Une autre fois — pendant la nuit — le commandant de Pourtalès se trouvait dans la cour de la caserne de la Finckmatt au moment où une bombe venait de mettre le feu au bâtiment. Les obus tombant sur la caserne comme la grêle, et les soldats hésitant à s'exposer, il fit apporter des échelles, y monta le premier, et, se plaçant en face du foyer de l'incendie, dirigea lui-même une lance à eau sur les flammes. Au même instant, vingt hommes s'élançaient après lui, en criant : « Vive le Commandant ! »

Ah ! comme on prenait gaiement la vie et comme on bravait courageusement la mort, à l'ouvrage 47—49, grâce à l'exemple du commandant de Pourtalès !

Le lieutenant Waldner de Freundstein [1].

Les hommes couchaient par terre, dans les casemates, sur des matelas; ils étaient éclairés, la nuit, à l'aide d'énormes réflecteurs de locomotive, trouvés aux Rotondes du chemins de fer de l'Est, au moment où la mobile avait incendié les wagons rangés dans ces parages. Les officiers occupaient à l'entrée et sur la gauche de la casemate un compartiment, auquel la cuisine faisait pendant sur la droite. Ils s'étaient eux-mêmes, dans leurs moments perdus, monté un vaste lit de camp et une table avec les débris de baraquements abandonnés par les entrepreneurs, à l'époque de la construction des casemates. Des fils télégraphiques, rompus par les projectiles, avaient été utilisés pour la confection d'un lustre et d'une étagère destinée aux volumes de la bibliothèque. Car on avait une bibliothèque sur le front d'attaque, et très bien fournie, les officiers ayant mis tous leurs livres en commun.

Au début, officiers et soldats mangeaient tous à la gamelle. Puis, peu à peu, le cuisinier se perfectionna, et les menus avec lui, toujours arrosés de Wolxheim, et souvent de Sauterne, de Marsala, de Syracuse ou de Caprée, fourni par le commandant et « encavé » sous le lit de camp. Il y avait là une quinzaine d'officiers, presque tous jeunes, et dont plusieurs avaient été camarades à l'École de droit. Ils sortaient d'une session de Cour d'assises, où les uns avaient rempli les fonctions de ministère public, les autres le rôle de défenseur. *Cedat armis toga*, tel

---

[1] M. Waldner de Freundstein était attaché à l'ambassade de France à Constantinople, au moment de la déclaration de la guerre. Il se hâta de rejoindre la garde mobile du Bas-Rhin, dont il faisait partie, et servit sous les ordres du comte de Pourtalès, son parent. Il a été décoré après la guerre.

était leur cri de ralliement. Ils étaient heureux de se retrouver entre amis, et, malgré l'incessant voisinage de la mort qui les frôlait à chaque pas, la bonne humeur ne les abandonnait jamais. Ils occupaient les instants non pris par le service, à lire, à confectionner leur mobilier, à pêcher les poissons auxquels les projectiles tombés dans l'eau mettaient le ventre en l'air, ou à tirer les lièvres affolés par les feux des tranchées ennemies et ceux de la place. Parfois même on piquait une tête dans les fossés, et le commandant du bataillon, accompagné du

Le sous-lieutenant Michel Lux.

Le sous-lieutenant Xavier Picquet.

sous-lieutenant Berger, le Benjamin du bataillon, donnait l'exemple de ces exercices de natation, où l'on se débarrassait avec délice de la poussière, de la boue et des traces de la poudre. On appelait cela prendre un « bain de siège ». C'est au cours d'une de ces baignades qu'a trépassé « Blocus », le chien du bataillon.

Les officiers du « 4ᵉ » ont été respectés durant assez longtemps par les projectiles allemands, et ce n'est que le 3 septembre que la mort a fait une première victime dans leurs rangs : c'est l'adjudant Marie-Victor Dauvais, qui a été atteint, ce jour-là, par un éclat d'obus, et qui, après avoir stoïquement supporté l'amputation d'une jambe, en fumant sa cigarette, est mort des suites de sa blessure.

Deux sous-lieutenants, Charles de Beylié, de la 7ᵉ compagnie[1], et Michel

[1] Voir p. 346.

Lux, de la 6°, sont mortellement frappés, les 13 et 14 septembre, à l'ouvrage 47—49. Le lieutenant Marie-Joseph Schæffer, de la 5° compagnie, est blessé deux fois; blessés aussi, les sous-lieutenants Berger, de la 8°, et Xavier Picquet, de la 7°. Le sous-lieutenant Théodore Berger avait échappé, un autre jour, à la mort, comme par miracle. De service aux palissades, il avait vu, à côté de lui, un mobile éventré par un obus, et avait été couvert du sang et des intestins de la victime. En éclatant dans le corps du malheureux, le projectile avait blessé cinq autres hommes, tandis que Berger n'était même pas touché.

Le lieutenant L. Heimburger.

Le 12 septembre, étant à l'ouvrage 47—49, le lieutenant L. Heimburger est blessé à la jambe gauche par un éclat de bombe; il n'en continue pas moins son service, et le 15 septembre, il est frappé, au bas-ventre, par un éclat d'obus qui l'aurait perforé si sa montre, un trousseau de clefs et des brochures destinées à ses soldats n'avaient amorti le coup. Le boîtier de la montre est aplati, le verre pulvérisé, les clefs sont brisées, tordues par l'éclat, qui pèse plus d'un kilo, et que le lieutenant L. Heimburger[1] conserve aujourd'hui parmi ses reliques les plus précieuses, avec les débris de sa montre, marquant exactement une heure moins 17. Un des bons parmi les meilleurs de ce jeune corps d'officiers, le lieutenant Heimburger. Il a été au feu, la nuit du 4 septembre, avec les douaniers, sur la voie du chemin de fer, où il s'agissait de défendre les palissades[2]; quelques jours auparavant, il avait, sous les ordres du commandant Guillaumin, du 87°, fait créneler de sacs à terre toutes les plongées de la lunette 47—49, pendant que les obus tombaient comme de la grêle; au début du bombardement, il avait été appelé à faire, avec ses hommes, le service des incendies, et il avait passé de

---

[1] Aujourd'hui substitut du procureur de la République, à Bordeaux, et lieutenant de réserve à l'état-major de la 37° brigade, à Saint-Brieuc.

[2] La 2° légion des douaniers de l'est, de service au siège de Strasbourg, se composait de 347 hommes du service actif, plus quelques vétérans, de 48 caporaux, 38 sous-officiers et 20 officiers. Voici les noms de ces derniers : Colonel : M. Marcotte ; chefs de bataillon : MM. Astier, Peythieu, Le Serurier, Huentz ; capitaine-adjudant-major : M. Allot ; capitaines : MM. Arbez, Artisez, Desoriez, Lacour ; lieutenants : MM. Auth, Beilstein, Bernard, David, Leulier, Maire, Muller, Pinteaux, Schelle, Weiss.

longues heures avec eux au milieu des épouvantables sinistres de la nuit du 24 août, s'efforçant de maintenir l'ordre parmi la population affolée, aidant les malheureux habitants — les poussant quelquefois de vive force, avec l'aide des baïonnettes — à sortir des caves avant que les maisons ne vinssent s'effondrer sur eux. Heimburger était, du reste, un des rares officiers de la mobile ayant quelque notion des choses militaires au moment de la guerre. En 1868, il avait, avec quelques camarades, appris, au Gymnase Heiser, l'exercice et l'école de peloton, sous la direction du lieutenant de chasseurs Jeannot, assisté du sergent-major Schweitzer. Le 22 juillet 1870, il passait son deuxième examen de docteur en droit; le 23, il était nommé lieutenant au 4e bataillon de la mobile, et le 1er août, il rassemblait, pour la première fois, les hommes de sa compagnie pour les conduire à la caserne de la Finckmatt.

Transporté, le 15 septembre, après avoir reçu sa deuxième blessure, à l'ambulance du Grand-Séminaire, le lieutenant Heimburger n'a pas tardé à entrer en convalescence; mais il était encore alité lorsqu'on est venu lui annoncer qu'il était décoré ou, du moins, proposé pour la croix d'honneur (cette croix lui a été décernée après la capitulation). Il avait pour voisin de lit un superbe sous-officier de turcos, Djelloul ben Abderen, blessé deux fois à Frœschwiller, sans avoir seulement vu les Prussiens. Quand le turco apprit que son camarade allait recevoir l'étoile des braves, il maîtrisa ses souffrances, lui tendit la main et lui dit : « A présent, tu vas faire fantasia »......

Le lieutenant Nicolas,
du 16e régiment d'artillerie-pontonniers.

Les officiers d'artillerie de l'armée régulière partageaient la table et le lit de camp des officiers de la mobile, à l'ouvrage 47—49. Parmi eux, se trouvaient le lieutenant de pontonniers Nicolas (tué le 3 septembre[1]), dont l'intrépidité au feu donnait du cœur à tous ceux qui l'entouraient, et le capitaine d'artillerie Giron, un héros aussi, celui-là, et dont un seul trait fera juger le caractère. Le 2 sep-

---

[1] Voir p. 227.

tembre, il commandait le feu, lorsqu'il fut grièvement blessé par un éclat d'obus. Il refusa de quitter sa batterie, disant qu'il avait ordre de tirer encore pendant vingt minutes, et, se faisant apporter une chaise, il s'y installa, exécuta sa consigne, montre en main, jusqu'à la dernière seconde, où, vaincu par la douleur, il tomba évanoui sur le sol. On l'emporta à l'ambulance, et, le 8 septembre, à l'heure même où il put se tenir sur ses jambes, il reprenait son service. Son grand plaisir était de réveiller les défenseurs de l'ouvrage 47—49, pendant la nuit, et de les

Le lieutenant-colonel Giron,
Capitaine d'artillerie pendant le siège.

Le lieutenant René Reibell.

faire assister au tir de huit mortiers, répondant à un nombre égal de mortiers allemands. Les seize bombes formaient parfois comme une superbe grappe rouge suspendue dans le ciel noir. Et le capitaine Giron faisait les honneurs de ce spectacle comme s'il s'était agi d'une simple école à feu.

Parmi les « habitués » de l'ouvrage 47—49 figuraient encore les lieutenants d'artillerie Malavoix et Hummel, et, de l'artillerie de la mobile, les lieutenants Helmstetter (tombé devant l'ennemi[1]), Myrtile Blum et René Reibell, un neveu du général Reibell, qui a commandé la 6ᵉ division militaire, à Strasbourg. M. René

---

[1] Voir p. 383.

Reibell, âgé de 20 ans en 1870, était étudiant à Strasbourg lorsqu'il fut nommé lieutenant en second de la 13ᵉ batterie de l'artillerie de la garde mobile. Par le courage et le sangfroid qu'il déploya aux heures les plus critiques, il montra qu'il avait la vocation du métier de soldat. Aussitôt après la reddition de la ville, il partit et s'engagea dans la légion étrangère, d'où il entra plus tard dans l'armée régulière. Il compte aujourd'hui près de vingt-six ans de service ininterrompu en Afrique. Il est décoré de la Légion d'honneur, capitaine hors cadre et chef du Bureau politique au Gouvernement général de l'Algérie.

Il faut citer aussi deux élèves de l'École de santé militaire, MM. Grouille et Coluenne, qui faisaient fonctions de médecins à l'ouvrage 47-49 et qui ont rendu les plus grands services. Le premier a été grièvement blessé à la tête, le 23 septembre, en soignant un soldat. Il est aujourd'hui médecin-major de 1ʳᵉ classe à l'hôpital militaire de Bordeaux. Le chef d'escadron d'Huart, tué le 16 septembre[1], et le colonel Blot étaient également du groupe d'élite qui se réunissait dans cet ouvrage presque légendaire, et sur lequel les assiégeants dirigeaient leur feu avec une attention toute spéciale. C'est de là qu'étaient partis, dans l'après-midi du 12 août, les premiers coups de canon sur le front d'attaque: un sous-officier d'artillerie avait pris sur lui de les tirer en voyant les

Le franc-tireur Dupré.

Allemands s'entasser dans une tuilerie qui se trouvait à gauche du cimetière Sainte-Hélène (les obus sont restés encastrés dans les maisons qu'ils ont atteintes). Après le troisième coup, on cria, du corps de place, l'ordre de cesser le feu.....
C'est de l'ouvrage 47—49 aussi que rayonnait le franc-tireur Dupré pour faire jouer par l'électricité les mines des bastions abandonnés, afin de les détruire. Il y pénétrait seul, dévidant des bobines, dont les obus et les bombes lui brisaient les fils, à mesure qu'il les développait. Il entreprit ainsi plusieurs voyages qui faillirent lui coûter la vie, et qui n'eurent d'autre résultat que de mettre sa bravoure en relief. Le franc-tireur de 1870 est aujourd'hui chef d'escadron

---

[1] Voir p. 346.

d'artillerie dans l'armée territoriale et sous-directeur du laboratoire municipal de Paris[1].

L'ouvrage 47-49 avait sa cantinière aussi, la cantinière du 4ᵉ bataillon de la mobile, qui donnait souvent les premiers soins aux blessés, et, au besoin, remplissait son sac à terre, pour réparer un épaulement ou combler un trou de bombe sur la casemate. Car il fallait procéder pour ainsi dire jour et nuit à ces réparations, par suite de l'épouvantable tir des assiégeants. Chaque homme montait à tour de rôle, le plus rapidement possible, sur la casemate, et jetait un sac à terre dans le trou, sous les yeux d'un officier, qui, lui, ne quittait son poste que lorsque le dernier soldat s'était délesté de son fardeau. Parfois, la maçonnerie des voûtes s'ébranlait au point qu'il fallait recourir à des étais. C'est ainsi que dans la lunette 53, lorsqu'elle fut évacuée par la 1ʳᵉ compagnie du 4ᵉ bataillon de la mobile, on ne comptait pas moins d'une quarantaine de poteaux télégraphiques dressés dans l'abri principal pour l'empêcher de s'écrouler.

Le sous-lieutenant Alfred Wolff,
Attaché au service des incendies.

Pour avoir son histoire militaire au complet, la lunette 47—49 a même été le théâtre d'une petite échauffourée de troupes. Le 12 septembre, on y apprit le désastre de Sedan et la proclamation de la République, et les sergents-majors Henri Wengenroth, de la 6ᵉ compagnie, et Albert Zopff, de la 8ᵉ, imaginèrent alors de proposer à leurs hommes la refonte des cadres, c'est-à-dire la désignation des officiers par voie d'élection. Une certaine effervescence se manifestait déjà, lorsque le commandant de Pourtalès intervint avec une énergie de geste — il avait

---

[1] Il a été décoré récemment à ce dernier titre et pour avoir fait sauter, à ses risques et périls, des engins anarchistes. Ses actes ont été le digne pendant du coup d'audacieuse bravoure accompli par le lieutenant d'Arboussier, du 5ᵉ d'artillerie. Pendant une nuit un soldat allemand était venu planter un drapeau au saillant de la lunette 44 pour marquer comme une sorte de prise de possession. Le lendemain, au grand jour, le lieutenant sortit de l'ouvrage et là, sous le feu pressé de l'ennemi, il arracha le drapeau et le rapporta dans la lunette.

le revolver au poing — et une éloquence de parole qui mirent rapidement fin à cette tentative de désordre. Le général Uhrich avait bien raison lorsqu'en demandant que la première croix du 4ᵉ bataillon de mobiles fût décernée au commandant de Pourtalès, il écrivait au ministre : « C'est l'homme le plus brave et le plus brave homme que j'aie jamais rencontré. »

C'est à ce même sergent-major Wengenroth qu'est dû l'acte d'insubordination de la 6ᵉ compagnie, à laquelle le général Uhrich fait allusion dans ses *Documents relatifs au siège de Strasbourg*[2]. Ce sous-officier, mécontent de n'avoir succédé ni à son lieutenant (Heimburger) blessé, ni à son sous-lieutenant (Lux) tué, décida un certain nombre de mobiles à refuser de revenir à la lunette 47—49, alors qu'on avait ramené pour trois jours la 6ᵉ compagnie à la caserne d'Austerlitz, afin de lui permettre de prendre un peu de repos. Il méritait d'être fusillé ; on ne lui infligea que huit jours de prison, qu'il subissait lorsque la place s'est rendue. Il faut ajouter qu'il chercha à racheter ses coups de tête en s'engageant, après le siège, dans la légion du Rhône. Il fut fait prisonnier à Nuits, s'évada de Rastatt, fut repris à l'armée de Bourbaki, s'évada encore, et, après sa troisième évasion, envoya à son ancien lieutenant son portrait, en adjudant de la légion du Rhône, avec cette inscription : « Évadé de profession. »

Le lieutenant Edmond Klose.

Nous voudrions pouvoir raconter, comme nous l'avons fait pour le 4ᵉ bataillon, les actes méritoires et glorieux des autres bataillons et des treize batteries d'artillerie de la garde mobile du Bas-Rhin. Mais, nous le répétons, les documents font défaut. Et pourtant ils mériteraient une page, tous les jeunes gens qui, improvisés soldats dans les vingt-quatre heures, ont passé directement de leur carrière civile sur les remparts de la forteresse appelée à subir l'attaque la plus terrible de la campagne franco-allemande.

Voici pourtant un officier de mobile strasbourgeois auquel nous sommes heureux de pouvoir consacrer quelques lignes encore. C'est le lieutenant d'artillerie Edmond Klose, qui, lui aussi, a été, pendant plus de six semaines, aux postes les plus périlleux, insouciant du danger, trouvant tout naturel d'exposer sa vie chaque jour, et allant avec joie remplacer devant l'ennemi les camarades empêchés.

---

[1] *Loc. cit.*, p. 162.

Interné en Suisse après la capitulation de Strasbourg, il ne peut se faire à l'idée de jouir d'une faveur que n'obtiennent pas les officiers capturés sur le champ de bataille. Il demande à partager le sort commun et se fait interner à Mayence, où il trouve encore l'occasion de se dévouer pour ses collègues et pour les pauvres soldats entassés dans les bâtiments militaires. La croix d'honneur vient récompenser sa belle conduite, et il entre comme sous-lieutenant à la légion étrangère, considérant comme une nouvelle récompense la permission de servir une deuxième fois dans les rangs de l'armée française.

Le commandant Starck.

Et voici encore, pour clore la série de nos petits croquis, le chef de bataillon Starck, un vétéran de l'armée, qui a commandé le 5ᵉ bataillon de la mobile. Engagé volontaire à dix-huit ans, il était capitaine des voltigeurs de la garde en 1856. C'est en cette qualité qu'il fit la campagne d'Italie, après avoir passé plus de douze ans en Afrique. Officier de la Légion d'honneur, retraité en 1863, il avait été désigné dès 1868 pour le commandement d'un bataillon de la garde mobile du Bas-Rhin. Fait prisonnier lors de la capitulation de Strasbourg, il fut autorisé à se retirer à Wissembourg. Il vit aujourd'hui à Lunéville, supportant vaillamment ses quatre-vingt-deux ans.

La COMMISSION MUNICIPALE avait décidé, la veille, que, sur les secours en nature accordés par le général Uhrich à la ville pour la population indigente, 250 paires de souliers seraient distribuées aux pompiers, et que le surplus des chaussures, ainsi que les couvertures et les rations de pain, seraient répartis entre les nécessiteux par le Bureau de bienfaisance, et s'était constitué ensuite en comité secret. Aujourd'hui, dans une séance qui s'ouvre à 10 heures du matin, elle prend connaissance d'un arrêté du général commandant supérieur, qui, déférant au vœu exprimé par la Commission, accorde la franchise des droits d'entrée pour de grands approvisionnements de sucre en poudre et de café. Puis le président donne lecture de la protestation suivante, émanant de M. Gustave Petiti, fils d'un membre de l'ancien Conseil municipal :

« Monsieur le Président,

« Lorsque l'administration a fait placarder l'arrêté pris par la Commission municipale, déclarant indigne tout citoyen valide absent de la ville depuis le commencement du siège, je n'ai pas cru devoir prendre la parole. Il n'en est plus de même maintenant que je connais les raisons qui ont empêché mon père de retourner à son poste; c'est pourquoi je tiens à protester hautement devant la Commission municipale et surtout devant ses anciens collègues du Conseil municipal contre toute application qui pourrait lui en être faite.

« Ma mère, malade, avait quitté Strasbourg, et mon père dut aller la rejoindre. La triste nouvelle de la mort de ma mère, décédée à quelques lieues d'ici, qui m'a été confirmée dimanche dernier, 18 de ce mois, par un de vos honorables collègues, suffit pour donner une raison légitime de l'absence de mon père.

« Pardonnez-moi, Monsieur le Président, la liberté que je prends de vous adresser cette lettre, et veuillez recevoir l'assurance de la parfaite considération de votre très obéissant serviteur.

« Mercredi 21 septembre 1870. »
« GUSTAVE PETITI. »

La Commission apprécie les motifs très légitimes qui ont tenu M. Petiti éloigné de Strasbourg, et elle décide que la lettre ci-dessus sera consignée au procès-verbal avec la mention de son entière estime pour l'honorable M. Petiti.

Le Président donne lecture d'une pétition dont la signataire expose que son mari, Hippolyte Degay, contrôleur au gaz, maréchal-des-logis dans la batterie de la garde nationale, a, étant de service le 30 août dernier, reçu une blessure, des suites de laquelle il est mort. L'exposante a un enfant de huit ans; elle est sans fortune et se recommande à la sollicitude de la Commission.

La Commission vote un secours de 200 fr. en faveur de Mme Degay [1].

M. Zopff rend compte des incidents qui se sont produits lors du dernier départ des émigrants pour la Suisse. Le convoi était arrivé au chemin de fer hors la porte d'Austerlitz, lorsqu'un parlementaire prussien vint signifier l'ordre formel pour les voitures de retourner en ville. Les voyageurs furent invités à descendre et à prendre place sur des chariots mis en réquisition par l'autorité militaire prussienne.

Mais le nombre des véhicules sortis de Strasbourg étant d'environ 150 et les chariots stationnant au dehors n'étant qu'au nombre de 28, il y avait évidence que le transbordement de tous les voyageurs ne pourrait se faire.

---

[1] Avec le maréchal des logis Degay étaient tombés, pour ne plus se relever, deux autres citoyens de Strasbourg, MM. Sureau et Mandel, canonniers de la garde nationale sédentaire. Les trois victimes furent enterrées côte à côte et le capitaine Hering prononça sur leur tombe d'éloquentes paroles de regrets et d'adieu.

Ne voulant pas assumer sur lui la responsabilité d'un triage inévitablement arbitraire, M. Zopff proposa au capitaine prussien de déléguer à un médecin allemand et à un médecin français, qui se trouvaient sur les lieux, la mission de désigner les personnes en état de suivre le convoi à pied. Cette proposition venait d'être agréée, et les médecins venaient à peine de se mettre à l'œuvre, que les 28 chariots furent envahis par des piétons sortis de la ville.

Pendant qu'une estafette se rendait à Illkirch pour exposer la situation et demander de nouvelles instructions, ordre de ne pas recommencer le tir fut envoyé, sur la prière de M. Zopff, tant aux batteries du Neuhof qu'à celles des remparts. L'estafette fut bientôt de retour, chargée de faire maintenir la défense signifiée tout d'abord. Une deuxième estafette fut dépêchée. Au bout de trois quarts d'heure, des officiers supérieurs de l'armée ennemie, arrivés sur les lieux, et à la vue du spectacle émouvant d'une foule éplorée et suppliante, autorisèrent le passage, sous condition formelle que les voitures ne rentreraient plus en ville pendant toute la durée du siège. Cette condition ayant été signifiée aux intéressés, quelques voitures rebroussèrent chemin.

M. Zopff dit en terminant qu'il a assisté au défilé du convoi (composé de 713 personnes), et qu'il a constaté avec satisfaction que tous les voyageurs, sans exception, avaient pu trouver place dans les voitures.

M. Schnéegans saisit l'occasion de cette communication pour faire ressortir les grands services que M. Zopff a rendus depuis le commencement du blocus. Il est persuadé que la Commission sera l'écho de la population en déclarant par un vote formel que M. Zopff a bien mérité de la ville de Strasbourg et de ses habitants.

Cette motion est accueillie avec un vif empressement.

M. Zopff se déclare sensible à cet hommage, et il ajoute : « Je me suis toujours efforcé d'être l'homme du devoir, et, dans les circonstances actuelles encore, je n'ai fait que mon devoir. »

« Ce devoir, dit M. Saglio, vous l'avez rempli avec cœur et avec intelligence. »

La Commission tient, en ce jour, une deuxième séance, dans laquelle M. Lichtenfelder dépose une pétition dont les signataires protestent contre la nomination comme maire de Strasbourg de M. Maurice Engelhard, pris en dehors de la Commission municipale, et demandent le maintien à la tête de l'administration de M. Küss, choisi par la Commission dans son propre sein et investi de toute la confiance de la population.

La lecture de cette pétition est chaleureusement accueillie par l'assemblée.

Une discussion, à laquelle le président s'abstient de prendre part, s'engage à cette occasion.

MM. Henry, Eissen, Schnéegans, Flach, Saglio, Schweighæuser rappellent que, pendant vingt ans, les hommes qui sont actuellement à la tête du gouvernement ont défendu les principes de décentralisation et de souveraineté populaire ; qu'ils ont demandé que les maires fussent nommés par le suffrage des électeurs ; qu'ils ont protesté surtout contre le choix fait en dehors du Conseil municipal ; que dès lors la nomination de M. Engelhard est contraire à toutes les règles et à toutes les promesses. On fait ressortir la différence qui existe entre la nomination du préfet et celle du maire.

Les préfets ont toujours été nommés par le pouvoir central, et M. le général commandant supérieur de la place a pu accepter et instituer le délégué du ministre de l'intérieur ; les maires sont les représentants directs de la commune, et on ne comprendrait pas une nomination qui n'eût pas été proposée par la commune.

Une pareille mesure serait d'autant plus inexplicable que le président de la Commission municipale a été désigné à M. le général par le vœu de la grande majorité de la population ; que, par son énergie et les éminentes qualités qui le distinguent, il a réalisé toutes les espérances, et que dès lors il ne saurait être sérieusement question de lui retirer ses pouvoirs.

Après cette discussion, la Commission municipale adopte à l'unanimité la délibération suivante, dont copie est, séance tenante, adressée par le secrétaire de la Commission à M. le général Uhrich :

« En présence d'une affiche signée par le secrétaire général de la préfecture, annonçant la nomination, par le ministre de l'intérieur, de M. Maurice Engelhard comme maire de Strasbourg, la Commission municipale, dans l'intérêt de l'union, de la concorde et de la tranquillité publique, exprime le vœu que, pendant la durée de l'état de siège, M. le général maintienne à la tête de l'administration municipale M. le docteur Küss, qui jouit de la confiance de toute la population. »

Dans la soirée du même jour, le général Uhrich adresse à M. le président de la Commission municipale la lettre suivante :

« Strasbourg, le 22 septembre 1870.
« Monsieur le Maire,

« Après m'être concerté avec M. le Préfet, j'ai la grande satisfaction d'annoncer à la Commission municipale que vous êtes et resterez Maire de Strasbourg pendant et après la durée de l'état de siège, sans qu'aucune nomination antérieure ou postérieure à votre entrée en fonctions puisse rien changer à votre situation.

« Je suis heureux de pouvoir faire cette réponse à la Commission municipale, et de pouvoir en même temps vous offrir mes félicitations personnelles ; les excellents rapports qui se sont établis entre nous se continueront ainsi sans interruption.

« Recevez, je vous prie, Monsieur le Maire, l'assurance de ma considération la plus distinguée.

« Le général de division, commandant supérieur,

« UHRICH. »

La lunette 52, ruinée, bouleversée par le feu de l'assaillant, et ne présentant plus qu'un amas de terre sans forme, avait dû être abandonnée, comme la lunette 53. Pendant la nuit du 21 au 22, les Allemands passèrent le fossé sur un pont formé de planches et de grands fûts à bière, et occupèrent l'ouvrage, comme ils avaient occupé déjà la lunette 53, sous la direction du lieutenant-colonel du génie de Wangenheim. L'opération ne fut pas sans leur coûter des hommes tués et blessés.

Un des courageux élèves de l'École de santé militaire, Alexandre Bartholomot, paye ce jour-là son tribut à la patrie, pendant qu'il se rend aux ouvrages avancés pour soigner les blessés. Une balle ennemie l'atteint en pleine poitrine, et il tombe pour ne plus se relever. Tout le corps médical de Strasbourg, civil et militaire, a montré, du reste, pendant le siège, un admirable dévouement. Réduits dans leur nombre, par suite du départ de plusieurs de leurs collègues pour le champ de bataille de Frœschwiller, d'où les Allemands les avaient empêchés de rentrer à Strasbourg, les médecins civils ont dû se partager entre les hôpitaux, les ambulances et leurs clients particuliers, et demeurer sur la brèche jour et nuit. Vers la fin du siège surtout, ils ont eu à déployer des efforts presque surhumains, lorsque le long séjour dans les caves eut affaibli les tempéraments et favorisé le développement de certains germes épidémiques, par exemple de celui de la variole. Que de drames se sont passés dans ces souterrains, où râlait souvent un moribond, à côté de trois, quatre, cinq familles entassées péniblement dans d'humides et lugubres réduits !....

Le 23 septembre. Le grand-duc de Bade, qui se trouve à Mundolsheim, au quartier-général de l'armée assiégeante, adresse au général Uhrich une lettre dont voici le texte :

« Monsieur,

« Comme bon voisin de l'Alsace et surtout de la ville de Strasbourg, dont les souffrances me causent bien de la peine, je viens vous adresser la parole et je vous prie d'attribuer cette démarche au besoin que j'éprouve de contribuer autant que possible à une prompte conclusion des maux d'une malheureuse population soumise aux lois de la guerre.

« Mon général, vous avez défendu avec vigueur la place qui vous a été confiée par votre gouvernement. L'opinion militaire de ceux qui vous assiégent rend complète justice à votre énergie et au courage avec lequel vous dirigez la défense de la forteresse.

« Vous savez, Monsieur, que la situation extérieure ne vous laisse plus rien à attendre de la part du gouvernement auquel vous étiez responsable ou de l'armée à laquelle vous appartenez.

« Permettez-moi donc de vous observer que la continuation d'une défense de la forteresse de Strasbourg n'aura pas d'autre résultat que d'agrandir les souffrances des malheureux citoyens de cette ville, et de vous prendre toute possibilité d'obtenir de bonnes conditions pour vous et pour votre garnison, le jour où l'armée assiégeante prendra votre place par assaut.

« Vous connaissez l'état actuel des travaux du siège, et vous ne doutez pas un moment que la prise de Strasbourg est bien certaine, mais qu'elle coûtera cher à votre garnison, et que les suites pour la pauvre ville en seront bien plus funestes encore.

« Mon général, vous n'avez plus de gouvernement légal auquel vous êtes responsable; vous n'avez plus qu'une seule responsabilité, celle devant Dieu! Votre conscience, votre honneur sont saufs. Vous avez bravement rempli votre devoir comme officier, dont l'honneur militaire est sans reproche.

« Monsieur, vous savez que le roi Guillaume a accordé les conditions les plus honorables aux officiers de l'armée française qui faisaient partie de la capitulation de Sedan. Je ne suis pas autorisé à vous faire espérer un pareil sort, car je ne vous adresse la parole que comme simple particulier, qui profite d'une position exceptionnelle pour essayer de faire le bien; mais je ne doute nullement de la grandeur et de la générosité du roi de Prusse vis-à-vis de chaque brave soldat.

« Mon général, veuillez écouter la voix d'un prince allemand qui combat pour la gloire de sa patrie, mais qui néanmoins connaît son devoir envers Dieu, devant lequel il n'y a qu'une vraie gloire, l'amour des frères.

« Je vous prie donc d'en finir avec ce terrible drame, et de profiter franchement de ce bon moment pour faire vous-même des propositions acceptables au général en chef de l'armée du siège devant Strasbourg, qui vous a souvent fait preuve de son bon vouloir. « Frédéric, grand-duc de Bade. »

A cette lettre, le général Uhrich s'empresse de répondre dans les termes suivants :

« Monseigneur,

« C'est un bien grand honneur que m'a fait Votre Altesse Royale en m'écrivant cette lettre si noble, si sage, si pleine de philanthropie, que je viens de recevoir et qui restera dans ma famille comme un titre de gloire.

« Croyez qu'il me serait bien doux de pouvoir suivre Vos conseils, et de faire cesser les souffrances de la population résignée et fière de Strasbourg; croyez qu'il m'en coûte beaucoup de résister à tout ce que Vous me dites; nul plus que moi, Monseigneur, n'est si douloureusement impressionné par l'aspect des ruines qui m'environnent, par le spectacle de ces hommes inoffensifs, de ces femmes et de ces pauvres petits enfants qui tous sont frappés par les boulets et la mitraille.

« Mais, à côté de ces sentiments qu'il me faut comprimer, se dresse le devoir du soldat et du citoyen. Je sais que ma malheureuse patrie est dans une situation critique que je ne veux pas chercher à nier; je sais qu'elle n'a pas encore un gouvernement définitif, mais permettez-moi de le dire à Votre Altesse Royale, plus la France est malheureuse, plus elle a droit aux preuves d'amour et de dévouement de ses enfants. Et daigne Votre Altesse Royale croire à tout le regret que j'éprouve de me voir forcé de résister à mon penchant personnel et aux avis si remplis d'humanité qu'Elle m'a fait l'honneur de me donner. Qu'Elle daigne croire que je n'ai pas la prétention de faire parler de moi, mais que je suis simplement un soldat qui obéit aux lois militaires de son pays.

« Général Uhrich. »

La mort continue à décimer les rangs des officiers de la garnison. Le chef de bataillon à l'état-major du génie, Ambroise Ducrot, frère du général de division Ducrot, est frappé à la Citadelle par un obus qui le foudroie au moment où il donne des ordres pour quelques travaux confiés à la garde mobile. Il avait été l'âme de la défense à la Citadelle.

On emporte le corps du vaillant soldat, et les mobiles continuent à travailler au milieu des projectiles qui pleuvent autour d'eux. Un de leurs jeunes officiers, Edmond Mathis, est frappé à mort, à la place même où le commandant Ducrot est tombé quelques minutes auparavant.

Le bombardement général de la ville et des ouvrages fortifiés ne s'arrête pas un instant ce jour-là. Les rues sont à peu près vides, les grandes places désertes; ceux d'entre les habitants qui sont absolument obligés de sortir se glissent le long

MORT DU COMMANDANT DU GÉNIE DUCROT

des maisons et se jettent dix fois dans les corridors, durant un trajet de cinq minutes, pour éviter les obus et les bombes qui éclatent de tous côtés.....

Les nuits deviennent plus longues et plus froides, les heures ne sonnent plus aux horloges des églises, le temps semble ne plus s'écouler. Mais on continue à faire bonne garde dans les maisons, et l'active surveillance exercée par les citoyens

Les ruines du Palais de Justice.

ne se ralentit pas un instant. Pendant toute la nuit on entend retentir le cri : « Rien de nouveau ? » poussé par les veilleurs volontaires chaque fois qu'un obus tombe dans le voisinage. Si le projectile menace de causer un incendie, un signal spécial répond à ce cri, et aussitôt l'on accourt de toutes parts pour éteindre le feu.

Nous avons dit que la population avait ignoré longtemps, au moins quant aux détails, les démarches tentées par la Commission municipale auprès du général Uhrich pour faire abréger les souffrances de la malheureuse ville bombardée.

De certaines rumeurs circulaient pourtant parmi les habitants au sujet de ces démarches; on savait vaguement qu'il avait été question, entre la Commission et le général Uhrich, de la situation militaire de la place, et l'on reprochait à l'administration municipale le silence qu'elle gardait et que gardaient à ce sujet les procès-verbaux de la Commission. Pour répondre à ces reproches et aux multiples questions verbales et écrites qui lui étaient adressées, le Maire fit publier l'avis suivant:

MAIRIE DE LA VILLE DE STRASBOURG.

AVIS.

« Les séances de la Commission municipale ont un double caractère ; elles sont remplies en partie seulement par des discussions et des votes qui peuvent sans inconvénient être livrés à la publicité.

« Les procès-verbaux qui en sont dressés sont insérés dans les journaux. On comprend toutefois qu'il existe des délibérations qui ne sont pas de nature à recevoir la même publicité.

« Les détails qu'elles renferment pourraient *répandre dans le public des inquiétudes* ou donner lieu à des interprétations erronées, *fournir même à l'ennemi des renseignements sur notre situation.* Cette partie des travaux de la Commission a toujours été considérée comme confidentielle.

« L'administration municipale croit devoir fournir ces explications en réponse aux critiques qui ont été dirigées contre les derniers procès-verbaux, dont la concision a fait supposer que la Commission ne tenait que des séances peu occupées.

« Pendant les derniers jours, la Commission a, au contraire, été pour ainsi dire en permanence.

« Strasbourg, le 23 septembre 1870.

« Le Maire, signé Küss. »

On apprend avec une certaine surprise qu'un nouveau journal vient de se fonder à Strasbourg. Créer un organe de publicité en plein bombardement, l'idée était aussi originale qu'audacieuse. Le journal s'intitulait *Le Républicain de l'Est*, « organe de la démocratie radicale ». Dans son article-programme il faisait appel à l'union de toutes les opinions. « Dans ce moment suprême, disait-il, où toute scission, où toutes nuances doivent disparaître dans un commun effort, plus nous serons unis, mieux nous triompherons. » Et plus loin il donnait un gage de ses sentiments de conciliation en s'exprimant, sur une question qui venait d'occuper très vivement l'opinion publique, dans les très sages termes que voici :

« Il nous revient de divers côtés qu'on interprète défavorablement la nomination de notre compatriote et ami, M. Maurice Engelhard, aux fonctions de maire de Strasbourg. Quelques citoyens s'imaginent que les républicains arrivés au pouvoir s'empressent de laisser dans l'oubli les doctrines qu'ils avaient défendues à la Chambre et de suivre les errements de l'ancien gouvernement. La décision du gouvernement provisoire n'a rien que de naturel. Imparfaitement renseigné sur la situation intérieure de Strasbourg, ne connaissant que l'existence d'une Commission municipale nommée par le préfet, il ne pouvait savoir que l'administration municipale avait à sa tête un républicain éprouvé, le citoyen Küss. La première chose que le gouvernement provisoire avait à faire, c'était de révoquer les fonctionnaires *politiques* de l'empire et, naturellement, de les remplacer. Voilà comment s'explique tout simplement la nomination d'un maire par le gouvernement central, nomination qui, nous l'avouons les premiers, serait une monstruosité dans des circonstances ordinaires.

« Nous sommes d'ailleurs persuadés que, dès que M. Engelhard aura connaissance de l'élection de M. Küss par la Commission municipale, il s'empressera d'applaudir à un choix si favorablement accueilli de toute la population. »

Le *Républicain de l'Est* était-il très sincère et reflétait-il réellement la pensée de M. Maurice Engelhard, en rendant cet hommage au professeur Émile Küss? Nous ne le savons. En tous cas, il faisait acte de sagesse, car il lui eût été difficile de demander que l'on écartât de la mairie un homme qui était resté à Strasbourg à l'heure du danger et qui avait partagé les souffrances de la population, pour le remplacer par M. Engelhard, qui se trouvait bien loin du feu des batteries allemandes, et n'aurait pu être qu'une sorte de maire *in partibus infidelium*. Le *Républicain de l'Est* n'a, d'ailleurs, pas eu le temps de montrer clairement ses intentions politiques, car la reddition de la place, qui devait survenir quelques jours après sa création, mit fin à sa courte existence.

La Commission municipale prend connaissance, dans la séance de ce jour, de la déclaration du général Uhrich relative au maintien de M. Émile Küss dans les fonctions de maire, et d'unanimes bravos accueillent cette communication. La Commission décide qu'il sera adressé au commandant supérieur une lettre de remerciments pour l'accueil empressé qu'il a fait à sa délibération de la veille. Elle décide en outre de publier, par la voie des journaux, la lettre du général Uhrich. La nomination de M. Engelhard par le gouvernement de la Défense nationale ayant été affichée, il importait de faire connaître également à la population le maintien définitif de M. Küss à la tête de l'administration municipale.

M. Charles Bœrsch croit que l'assiégeant a sérieusement cessé de prendre la Cathédrale pour point de mire, car il a pu constater par lui-même que depuis cinq jours aucun fragment de pierre n'était tombé du monument.

M. Flach répond qu'il résulte d'un rapport du bureau de l'architecte de l'Œuvre Notre-Dame qu'avant-hier un projectile a atteint l'une des quatre tourelles et qu'il en a pénétré deux autres dans le clocher et dans le beffroi. « Si la Cathédrale doit servir de refuge, dit M. Bœrsch, il importe d'avoir l'assurance qu'elle

Le Pont Royal et la Tour dans le sac.

ne sera plus bombardée. Il y aurait lieu de faire demander au général assiégeant, par l'intermédiaire de M. le général Uhrich, de nouvelles explications au sujet de son offre d'épargner désormais la Cathédrale. »

« Le général ennemi, dit le Président, répondrait sans doute que les projectiles ne sont pas destinés à la Cathédrale, et qu'il ne saurait être responsable d'une manière absolue de la direction du tir. »

Une discussion assez développée s'engage ensuite sur la question générale des abris.

M. Zopff, adjoint, signale l'insuffisance des lieux de refuge, et prie la Commission des abris de vouloir bien s'occuper de trouver de nouveaux gîtes.

M. Zopff informe en outre la Commission qu'il s'est entendu avec M. Victor Hommel pour les conditions de vente du sucre et du café entreposés à la gare. M. Hommel s'est engagé à faire détailler ces denrées, par l'intermédiaire de quinze négociants en épicerie, aux prix de 60 cent. le demi-kilo de sucre et de 1 fr. le demi-kilo de café. Ces denrées ont trouvé rapidement de nombreux amateurs.

Le 24 septembre. La nuit a été funeste. Les dernières maisons restées debout au faubourg de Pierres, du côté du quai de la Finckmatt, ont été détruites, et maintenant toute la rangée de constructions qui s'étendait depuis la porte de Pierres jusqu'au canal des Faux-Remparts n'est plus qu'un amas de décombres. Plusieurs habitants du faubourg ont été tués ou blessés. Au faubourg National un projectile enfonce une muraille qui, en s'écroulant, écrase un enfant dans son lit et blesse affreusement un homme, qui expire à l'ambulance où il est transporté.

Encore un officier de la garde mobile qui tombe au poste d'honneur : Émile Verenet, lieutenant d'artillerie, est frappé au milieu de ses hommes, dans un des ouvrages avancés du front d'attaque. Un brave et digne garçon, fils unique, adoré de tous et surtout de ses soldats[1]. Ceux-ci

Le lieutenant de Golbéry.

ont pleuré sur sa tombe. L'un deux (c'était son ordonnance) a enlacé, embrassé son cercueil, en s'écriant naïvement : « Bonsoir, mon lieutenant ; au revoir ! »

Ah ! combien de mères verseront des larmes quand, après cette terrible lutte entre la France et l'Allemagne, on dira : « Voici quels sont les morts ».

La Commission municipale ne tient qu'une courte séance au cours de laquelle plusieurs membres rendent compte des accidents qui se sont produits dans leurs quartiers. M. Hœrter dit qu'au seul faubourg de Saverne, il y a eu hier deux tués et quinze blessés.

---

[1] Neveu de Mlle Verenet, alors directrice du Pensionnat du Petit-Château, à Beblenheim.

CHAPITRE XI.

L'Hôpital civil pendant le bombardement. — Le détachement des marins. — L'amiral Excelmans. — Le capitaine Du Petit-Thouars. — L'effet des bombes. — Une grave alerte. — Le capitaine Royer.

Le 25 septembre. — Un obus a atteint l'Hôpital civil qui, depuis le commencement du siège, a, du reste, reçu de nombreux projectiles et a été le théâtre de drames navrants. Bien des salles ont dû, dès le début des hostilités, être évacuées à cause du danger que les pensionnaires y couraient. Tous les locaux des étages supérieurs étaient exposés au tir de l'assiégeant et les malades, terrorisés, ne consentaient à y rester qu'en voyant les sœurs, les médecins, les aumôniers[1] et les administrateurs demeurer tranquillement au milieu d'eux et les rassurer par leur exemple.

De même que le reste de la ville, l'hôpital était privé de gaz et l'on dut recourir à l'huile pour éclairer les bâtiments, et il est difficile de dire combien l'obscurité relative qui régnait partout, les plaintes et les gémissements des malades et des blessés, joints au sifflement et aux détonations des obus, ainsi qu'aux lueurs continuelles des incendies rendaient l'aspect intérieur de l'hôpital triste et lugubre[2]. Mais sauf cette question d'éclairage le service a marché sans encombre et les pensionnaires n'ont eu, excepté pour le lait, à subir aucune privation. Dès les premiers bruits de guerre, l'administration s'était mise à l'œuvre et quand les hostilités commencèrent, toutes les mesures étaient prises pour parer aux événements les plus graves.

La Commission administrative des hospices, composée de MM. Aubry, Tourdes, Saglio, Ad. Sengenwald, Hecht et Larivière, secrétaire général, n'a pas un instant interrompu ses séances ordinaires. Grâce à son activité incessante, l'hôpital et l'Hospice des vieillards qui y est annexé, ainsi que l'Hospice des orphelins ont pu faire face à toutes les exigences.

La notice de M. le Dr. Gross, à laquelle nous empruntons également ces

---

[1] M. Somerau, pasteur protestant; M. l'abbé Hemberger, aumônier catholique; M. l'abbé Gentil, vicaire.

[2] *Notice sur l'hôpital civil pendant le siège et le bombardement de Strasbourg*, par le docteur F. Gross, chef des cliniques à l'hôpital civil et agrégé à la faculté de médecine (*Gazette médicale de Strasbourg*, 1872, n° 23, p. 269.)

détails, ajoute que M. Kieffer, directeur de l'hôpital, a dignement rempli sa tâche et s'est noblement dévoué au salut des malheureux confiés à ses soins, de même que MM. Simonin, Kapps, Legardeur, Burguburu, employés de la direction, et MM. Anthès et Sauer, infirmiers-majors, qui ont fait largement leur devoir.

On installa deux chirurgiens de garde au lieu d'un seul et on logea à l'hôpital tout le personnel d'internes, composé de MM. Meyer, Gass, Hœpfner, Staub, Blazer, Samuel, Reibel, Bœckel, Adam, Hœffel, Stella et Kaltenthaler. Les professeurs Tourdes et Rigaud y résidèrent en permanence.

Le premier obus tombé en ville (14 août) fit immédiatement des victimes dans la population civile et le même jour cinq blessés entrèrent à l'hôpital. A partir de ce moment jusqu'à la capitulation 383 blessés civils y furent successivement apportés, sans compter 200 varioleux qui y furent recueillis pendant le siège. En résumé on peut dire que la population hospitalière comptait par jour 150 à 200 malades de plus qu'en temps ordinaire. En tenant compte des pensionnaires et du personnel, on obtient pour le seul mois de septembre 1870 un total de 37,053 journées d'entretien, ce qui représente 1235 personnes à nourrir par jour.

M. Perrin, architecte des hospices, a dressé un état des obus qui ont atteint les bâtiments de l'Hôpital civil. Il en a compté une quarantaine dont le premier est tombé le 23 août, le dernier le 27 septembre, le jour de la capitulation. Le premier projectile s'est abattu dans la cour, a éclaté devant la salle 48 (salle des malades femmes de M. le professeur Schützenberger) et a brisé toutes les fenêtres de cette salle, sans blesser personne. Un deuxième est entré le 27 août, à 6 heures du matin par le toit du bâtiment, a fait explosion dans les combles et a projeté ses éclats, à travers le plafond de la salle des pensionnaires hommes, sur trois vieillards qui s'y trouvaient couchés. Deux d'entre les malheureux ont été tués sur le coup; le troisième a succombé à ses blessures le 2 septembre. Nous laissons à penser l'épouvante qui s'est emparée des autres pensionnaires de cette salle.

La façade tournée vers le rempart a reçu des balles dont plusieurs ont traversé les fenêtres et sont tombées sur les lits. L'une d'elle a eu assez de force pour percer les couvertures d'une couchette et contusionner la jambe d'un blessé. La pharmacie, la buanderie, les bâtiments du service des maladies épidémiques, du service des épileptiques, du service d'ophthalmologie, la maison du directeur, celle du pharmacien en chef et du chef des cliniques ont été atteints par des projectiles. Un obus est tombé au dessus de la salle des opérations pendant que le professeur Rigaud y pratiquait une opération; le service clinique d'accouchements a été frappé par quatre obus dont l'un a pénétré dans le mur, contre la chambre de l'aide sage-femme; des éclats de bombe sont tombés dans la cour du service des enfants, au milieu d'un groupe de petits malades. Pour donner une idée des dégâts il suffit de dire qu'on a compté 6900 tuiles et 1047 carreaux brisés, et que la commission d'expertise a alloué à l'hôpital une indemnité de 115,000 francs.

Les Marins. — Parmi les défenseurs les plus intrépides des remparts de Strasbourg, il faut citer les officiers et les ouvriers de la marine, que le hasard et la rapide marche des événements avaient retenus dans les murs de notre forteresse. Ce détachement qui devait monter et servir une flottille de canonnières destinée — étrange idée du ministère impérial — à manœuvrer sur le Rhin, se familiarisa rapidement avec le service sur terre ferme et, simplement, froidement, comme il convient à des hommes qui ont vu cent fois, en mer, la mort se dresser devant eux, il accomplit des actes d'héroïsme que l'histoire perpétuera à travers les âges. La population de Strasbourg a voué aux «Marins du siège» une sorte de culte légendaire et les noms de l'amiral Excelmans et du capitaine du Petit-Thouars sont inséparables désormais des plus glorieux souvenirs militaires de la vieille cité alsacienne.

L'amiral Excelmans.

L'amiral Joseph-Maurice Excelmans, qui devait commander la flottille du Rhin, était né le 19 avril 1816, fils du maréchal Excelmans, et entré au service en 1831. Capitaine de frégate le 4 septembre 1851, capitaine de vaisseau le 5 octobre 1855 (Crimée), officier d'ordonnance de l'empereur Napoléon III, contre-amiral le 27 janvier 1864, il obtenait le grade le plus élevé de la marine, celui de vice-amiral, le 7 janvier 1874. L'amiral est mort le 20 juillet 1875 à Rochefort, où il était préfet maritime, des suites d'une chute de cheval, comme son père, le maréchal, mourut, en 1852, au Pont de Sèvres, où il avait chargé en 1815. Membre du conseil de défense institué par le général Uhrich, il s'était sans cesse prononcé pour la résistance à outrance et c'est à lui que Strasbourg doit en grande partie d'avoir tenu jusqu'à la dernière limite et d'être tombé, l'honneur étant intact.

Le capitaine Abel-Nicolas-Georges-Henri Bergasse du Petit-Thouars qui arrivait à Strasbourg, investi des fonctions de chef d'état-major de la flottille du Rhin, était né le 23 mars 1832, fils d'amiral. Capitaine de vaisseau le 1ᵉʳ juin 1870, contre-amiral le 26 mars 1877, vice-amiral le 31 décembre 1883, il est décédé à Toulon, à bord du Colbert, comme commandant en chef de l'escadre de la Méditerranée. Lui aussi a été un des soutiens de la lutte que la sentinelle avancée de la France a dû engager contre toute une armée. Il donnait d'admirables et d'entraînants exemples de sang-froid et de bravoure.

C'est au capitaine Bergasse du Petit-Thouars que nous devons le récit le plus détaillé des actes accomplis par les marins au siège de Strasbourg[1], récit vivant et pittoresque que l'on ne saurait lire sans émotion.

Il raconte d'abord qu'il est arrivé à Strasbourg le 2 août, comme chef d'état-major de la flottille du Rhin, avec l'ordre d'y organiser le service. Le sous-ingénieur de la marine Du Buit s'y trouvait déjà depuis le 18 juillet, avec la mission de diriger le montage des canonnières. « C'était donc à lui qu'était échu de déterminer l'emplacement du chantier, et bien que les plus sombres prévisions d'alors ne fissent certainement pas entrevoir la possibilité d'un investissement, il avait choisi un point excellent, situé sur la promenade Le Nôtre, au bord de l'Ill, à un endroit couvert du côté du dehors par une large masse d'eau navigable que forme la jonction de cette rivière avec le canal de la Marne-au-Rhin. »

Le capitaine Bergasse du Petit-Thouars.

Dans la matinée du 5 août arriva l'amiral Excelmans, qui, après avoir vu les lieux par lui-même, pensa également qu'en occupant militairement, avec les équipages des canonnières qui étaient annoncées, la redoute Ducrot, commandant la jonction du canal de l'Ill au petit Rhin, ainsi que l'Orangerie, où logeaient déjà les ouvriers, on pourrait se considérer comme parfaitement garanti contre les incursions des rôdeurs.

Mais le désastre du 6 août survient, et, le même soir, les ouvriers de la marine reçoivent l'ordre de rentrer en ville, où le comte de Raousset Boulbon,

[1] *Le siège de Strasbourg*, par B. du Petit-Thouars, tome XLIX du *Correspondant*.

directeur du Haras, leur offre un asile dans cet établissement, où ils resteront abrités jusqu'à la fin du siège.

Le lendemain, 7 août, la Compagnie de l'Est annonçait que la première canonnière, c'est-à-dire un train pesamment chargé qui, par le moindre accident, pouvait encombrer la voie, la seule par laquelle le maréchal de Mac-Mahon pouvait recevoir des secours, s'avançait vers Strasbourg. L'amiral fit rétrograder immédiatement ce convoi, puisqu'en supposant même qu'il fût arrivé à destination, il eût été impossible de le décharger. Il donna en même temps l'ordre au lieutenant de vaisseau Chopart, qui se trouvait dans le train avec la deuxième escouade d'ouvriers et ses hommes, de gagner Strasbourg le plus vite possible, avec le personnel, les vivres, les petites armes et les munitions, et le capitaine Du Petit-Thouars sortit avec le sous-ingénieur Du Buit et ses ouvriers pour rentrer ce qu'il y avait déjà de matériel à la promenade Le Nôtre.

« Les portes étaient fermées depuis la veille, écrit le capitaine; au dehors, parmi ces magnifiques avenues toutes bordées de jardins, de maisons de campagne, entourées de hautes palissades et d'un fouillis inextricable de plantes grimpantes, dans lesquelles les fortifications de Strasbourg se noyaient depuis longtemps, régnait le plus grand silence, et l'on arrivait ainsi jusqu'au Rhin, que les Prussiens n'avaient pas franchi, la veille, ainsi que le bruit en avait couru. Le seul changement qui se fût opéré sur la rive badoise consistait en ce que la surveillance y était certainement plus active; mais, je le répète, les terrains qui séparaient le fleuve de Strasbourg étaient si couverts, que les Allemands eussent pu opérer leur passage avant qu'on s'en fût aperçu. »

Et le capitaine rentra en ville « avec la conviction qu'à partir de ce moment tout était possible. »

« L'aspect des rues était des plus animés : les débris de l'armée rentraient toujours, c'étaient des isolés de tous les régiments, les uns cheminant accablés et taciturnes, les autres propageant les mauvaises nouvelles en les exagérant. La population, excitée, fiévreuse, se pressait autour d'eux et voyait des espions partout. Le soir, les choses prirent une tournure plus mauvaise encore; les mots de trahison circulaient; les grosses épaulettes étaient évidemment mal vues, et le sentiment de l'abandon complet dans lequel la ville se trouvait, peut-être la crainte qu'elle ne fût saccagée après un effort impuissant pour se défendre, tout cela jetait dans l'air des éléments de terreur, de haine et de découragement..... »

Le capitaine Du Petit-Thouars constate ensuite que l'accomplissement de la mission spéciale confiée à l'amiral Excelmans se trouvait donc forcément différé.

« M. le sous-commissaire Fournier, qui venait d'arriver, ayant d'ailleurs rencontré à Saverne l'armée de Mac-Mahon, battant en retraite, il était évident qu'un retour offensif, qui seul aurait rendu leur utilité aux canonnières, ne pouvait avoir lieu immédiatement, et, alors que l'investissement n'était pas encore complet, il me semblait opportun d'en profiter pour faire sortir nos ouvriers civils, et les mettre ainsi à l'abri des redoutables événements militaires qui se préparaient.

« L'amiral accepta mes propositions à ce sujet; cependant la nuit du 8 au 9 se passa tranquillement.

« La voie de Schlestadt restait libre, et il était si dur de penser que tout à coup nous nous trouvions réduits à un rôle de résistance passive sur notre propre territoire, que, revenant sur sa première détermination, l'amiral donna l'ordre à M. le lieutenant de vaisseau Chopart de retourner chercher sa canonnière, et me dit de contremander le départ des ouvriers.

« Quand j'arrivai à la gare, tous étaient placés dans un train immense où s'entassaient à la hâte des masses affolées; je transmis l'ordre, et tristement, mais sans le moindre murmure, tous ces braves gens, la plupart pères de famille, qu'aucun engagement militaire ne liait à l'État, rentrèrent silencieusement dans cette ville, où les attendaient de si émouvantes péripéties, et où deux d'entre eux trouvèrent la mort.

« Durant le siège, nos ouvriers ont rendu des services sérieux; ils se sont constamment portés d'eux-mêmes aux incendies, et cette conduite mérite d'autant plus d'éloges que, ne se rendant pas compte qu'ils n'étaient, après tout, que de simples citoyens, on n'a pas suffisamment apprécié leur dévouement[1]. J'ajouterai que leur moral a été constamment soutenu par l'exemple de M. du Buit et des deux maîtres-entretenus Monestel et Justiniany, bien dignes, assurément, de la récompense qui leur a été accordée à ce sujet.

« Dans la nuit du 8, notre petit détachement de 45 hommes fut conduit au bastion 11, dans lequel une brèche fut plus tard pratiquée, et ils y armèrent les pièces avec l'adjonction de servants empruntés à la garde mobile. Nous nous y rendîmes par une de ces nuits noires et pluvieuses qui eût donné la tentation de faire un coup de main aux moins hardis, et nous les trouvâmes tout organisés, l'œil au guet, sondant l'horizon sur lequel on voyait mille lumières se mouvoir dans les villages environnants : ils nous montrèrent d'un air dépité qu'il n'y avait que *trois coups* par pièce. ...

---

[1] L'administration militaire n'a-t-elle pas reconnu les services rendus par les ouvriers de la marine? Nous l'ignorons. En tout cas, la population, nous le répétons, a rendu pleine justice à ces braves.

« La défense commençant à s'organiser, l'amiral renouvela par écrit sa demande d'y être employé avec le personnel placé sous ses ordres, et je remis cette lettre à M. le général Uhrich. Il me dit que l'amiral était dans une position trop élevée pour qu'il pût servir en sous-ordre; mais qu'il ne manquerait pas de s'éclairer de ses conseils dans les circonstances graves, et il me laissa entrevoir que le grade que nous avions, l'amiral et moi, l'embarrassait pour la répartition des rôles à distribuer aux militaires qui se trouvaient dans la place.

« Je lui répondis que militaires nous-mêmes, envoyés à Strasbourg pour combattre avec l'armée, nous ne pouvions avoir qu'une pensée, celle de partager

Les marins qui ont pris part à la défense de Strasbourg.

toutes ses chances, et qu'il me semblait d'ailleurs que le nom que portait l'amiral était de ceux qui devaient lui assurer un accueil sympathique dans les rangs de l'armée.

« Le lendemain, l'amiral se rendit au conseil de défense et occupa ainsi cette place où il n'a cessé, jusqu'au dernier jour, d'apporter à la résistance un élément dont personne n'a pu méconnaître la valeur. Il a pu aussi y fournir des renseignements intéressants, puisque du Contades nous suivions aisément le progrès de l'attaque..... »

Les troupes placées sous les ordres de l'amiral furent les suivantes :

Le 1ᵉʳ bataillon de la garde mobile de Wissembourg, composé de 800 hommes, sous les ordres du chef de bataillon Starck; 7 à 800 hommes du 74ᵉ et du 78ᵉ, arrivés presque sans officiers ni sous-officiers, lesquels furent commandés, durant les derniers temps du siège, par le chef de bataillon Gaveau; 5 à 600 pontonniers et des artilleurs de la mobile; enfin 45 marins amenés par M. Chopart, lequel, ainsi qu'on l'a vu, avait reçu l'ordre de quitter Strasbourg, où il ne put rentrer. A ces 45 matelots furent adjoints 74 hommes, la plupart conscrits de 1869, que l'amiral avait demandé qu'on mît à sa disposition, puis des isolés par voie de changements de corps ou d'engagements volontaires, formant un ensemble de 117 hommes et sous-officiers.

L'état-major se composait de l'amiral Excelmans; de son chef d'état-major, le capitaine de vaisseau Bergasse du Petit-Thouars; de M. le lieutenant de vaisseau Bauer, destiné, au début, à être officier d'ordonnance; de M. le sous-commissaire Fournier; de M. le sous-ingénieur du Buit; de M. Humann, qui, enseigne de vaisseau démissionnaire et officier de la mobile, avait demandé à nous être adjoint; enfin de M. le médecin de 3º classe Grosse, en congé à Strasbourg.

Le détachement de la marine était donc de 125 personnes en tout, dont 45 seulement étaient des marins proprement dits, ayant servi déjà.

« Ce fut une véritable chance, dit le capitaine Du Petit-Thouars, que M. le sous-commissaire Fournier ait pu nous rejoindre, car le service des vivres, des approvisionnements, de la comptabilité fut assuré par lui, du premier jour au dernier, malgré de grandes difficultés, de la façon la plus intelligente; et il faut bien reconnaître que, si de tous les engins de guerre l'homme est le plus précieux, il est en même temps le plus fragile, de telle sorte que tout ce qui concourt à lui assurer la plénitude de sa valeur physique est d'une importance capitale. J'ajouterai que, quoique les journées de cet officier fussent fort remplies, bon nombre de ses nuits ont été passées à porter secours aux incendies, ce qui n'était pas le service le moins dangereux.

« Dans le courant du siège, il fut encore adjoint à ces forces un bataillon de marche de 800 hommes, commandé par M. le chef de bataillon de Monmigny, ainsi que deux compagnies de francs-tireurs, sous les ordres de MM. Liès-Bodard et Geissen, ce qui porta l'effectif des troupes placées sous les ordres directs de l'amiral à 3000 hommes environ......»

Le capitaine Du Petit-Thouars expose ensuite que le plus grand danger à conjurer sur les fronts nord était celui d'une surprise par la porte des Pêcheurs, puisque, dès le lendemain de la bataille de Frœschwiller, les Allemands, appuyés sur une ligne solide, pouvaient préparer à loisir une attaque, arriver à l'improviste, couverts par d'épais fourrés, le long des berges de l'Aar et de l'Ill, presque jusque dans la place sans qu'on les vît; que là, s'ils ne réussissaient pas à entrer, ils pour-

[1] Ces 45 matelots ne sont pas à confondre avec les « ouvriers » de la marine qui étaient arrivés pour monter les canonnières et qui contribuèrent également à la défense de la place.

raient détruire les principaux barrages; enfin, qu'en établissant des batteries enfilant le cours de l'Ill, ils auraient coupé la ville en deux, séparant d'un coup la partie Ouest où devait évidemment se diriger l'attaque principale, de la partie Est, où, avec la citadelle et les approvisionnements militaires, se trouvait aussi la manutention et les magasins de vivres.

Il s'agissait donc de reporter la défense aussi loin que possible, tout en menaçant la ligne d'attaque de l'ennemi, c'est-à-dire occuper au plus vite le Contades et chercher à s'y maintenir en se couvrant des feux de la place.

Le lieutenant de vaisseau Bauer.

Mais la solution de ce problème, fort simple en apparence, se compliquait d'abord du petit nombre d'hommes placés sous les ordres directs de l'amiral; ensuite de leur solidité presque douteuse, puisqu'en dehors des pontonniers, qui avaient un rôle tout défini à l'avance, les autres, à l'exception de 45 matelots, n'étaient que des recrues ou des isolés, sur lesquels on ne pouvait compter au premier moment, enfin, et surtout, de l'immensité du travail à faire pour percer quelques éclaircies dans les couches épaisses de végétation et d'obstacles de tout genre.

Pour atteindre ces résultats, les marins furent employés comme sentinelles avancées, et après avoir veillé les premières nuits entre la porte des Pêcheurs et celle des Juifs, ils furent portés, avec une centaine de soldats du 74° et du 78°, à la lunette 56. On s'y trouvait entièrement entouré, dominé par les arbres et la végétation; des coups de feu arrivaient des jardins placés en arrière sans qu'on pût y répondre, de peur de tuer ceux qui garnissaient les remparts; mais rien n'impressionnait les matelots, et le seul embarras qu'on éprouvait était de les empêcher d'aller faire la chasse à l'homme à travers les fourrés: chacun d'eux avait une si grande valeur dans ces circonstances, et ils étaient si peu nombreux, qu'il fallait tâcher de les conserver pour les événements qui se préparaient; et, dès les premiers jours, leur entrain, leur confiance réchauffèrent ceux qui avaient subi l'impression du combat de Frœschwiller, ainsi que toutes ces recrues qui ne savaient encore comment tenir un fusil.

LA BATTERIE DES MARINS (OUVRAGE 56), ENTRE LE CONTADES ET LA PORTE DE PIERRES

« La lunette 56 resta dès lors occupée par les marins ; ce fut le pivot sur lequel s'est appuyée la défense de ce Contades, dont la possession a permis de conjurer des dangers nombreux, tout en reliant le front Ouest, où le brave colonel Blot, supportant les efforts du siège régulier, s'est illustré à la tête de son héroïque régiment et des troupes placées sous ses ordres, à la citadelle, où, après la grave blessure du général Moreno, le lieutenant-colonel Rollet a subi, avec un courage stoïque, l'écrasement de tous ses abris ! [1] »

Pour s'y établir, on se mit aussitôt à raser l'entourage du triangle formé par la promenade du Contades, pendant qu'on reliait cette position au corps de place par un épaulement suivant les bords de l'Aar et traversant le Spittel-Garten. Chaque jour, de nombreuses corvées étaient adjointes aux matelots, lesquels fournissaient un élément précieux, comme force musculaire et comme intelligence, et en mettant en avant quelques tirailleurs qui, presque immédiatement, engageaient une fusillade avec les avant-postes prussiens ; derrière eux on abattait les arbres et on brûlait les maisons.....

Dès leur arrivée, les marins avaient été répartis en bordées de nombre égal, commandées par les lieutenants Bauer et Humann, et l'instruction des recrues avait aussitôt commencé avec un entrain tel qu'en peu de jours les conscrits étaient devenus des militaires.

« C'est dans de semblables circonstances, écrit le capitaine Du Petit-Thouars, que l'on peut apprécier tout ce que la marine doit aux spécialités et à son administration [2]. Tandis que, dès le premier jour, tous ces jeunes gens se trouvaient encadrés, entraînés par leurs chefs de pièce et les fusiliers, tandis qu'une heure

---

[1] Gravement blessé, en effet, le général Moreno a eu l'héroïque courage d'écrire au général Uhrich la lettre suivante, tracée au crayon, et qui nous est communiquée par le capitaine Uhrich, fils du défenseur de Strasbourg :

« Mon bon général,

« Un obus vient d'éclater entre mes jambes. Je suis blessé à la jambe droite, au bras droit et dans le dos. Le projectile du bras n'a pu être enlevé. La blessure à la jambe qui est très enflée, est plus grave. J'ai cependant bon espoir et je vous envoie ma meilleure pensée.

« Le général Moreno

« qui aurait défendu sa citadelle jusqu'à la dernière goutte de son sang.

» P. S. Adieu, mon brave général ; mes amitiés à nos camarades du Conseil de défense et tout à vous de cœur.

« G¹ Moreno. »

Le général a survécu et a été nommé grand-officier de la Légion d'honneur.

[2] Le service dans la marine repose sur deux principes :

Le premier, celui d'une responsabilité absolue atteignant tous ceux qui ont à exercer une autorité quelconque, principe qui trouve son expression dans cet article laconique du règlement : « Le commandant quitte son bord le dernier. »

Le second est celui de la division du travail sous une direction une, et seule responsable.

Aux divers degrés de la hiérarchie, cette division du travail existe : au sommet, les chefs des diverses administrations, commissariat, constructions navales, artillerie de la marine, service de santé ; à bord les chefs de quart, surveillant l'artillerie, la manœuvre, la compagnie de débarquement, la navigation, la machine ; plus bas

après leur arrivée, on avait déjà des groupes d'hommes prêts à tout faire, avec une autorité responsable pour chaque groupe, le chef de pièce ; l'amiral et moi, déchargés de toute préoccupation au sujet de l'instruction, de l'alimentation et de la comptabilité de ces hommes, nous pouvions nous occuper à loisir des questions militaires..... »

Le capitaine Du Petit-Thouars signale plus loin la vigueur avec laquelle les ouvrages de la zone de défense étaient écrasés continuellement par une artillerie supérieure en nombre et en calibre, « qui faisait une consommation de munitions vraiment extraordinaire, pendant que nous étions obligés d'épargner les nôtres. »

« De plus, ajoute-t-il, tandis que nos pièces enfouies dans leurs embrasures qu'un rien engorgeait et qui guidaient le pointage de nos adversaires, n'avaient qu'un champ de tir des plus restreints, les pièces prussiennes, établies sur des affûts bas, la bouche affleurant le parapet, pouvaient aisément tirer tout autour d'elles et offraient encore cet avantage que, se chargeant par la culasse, leurs servants ne paraissaient jamais à découvert. C'était un duel dont l'issue ne pouvait être douteuse, car chaque jour nos affûts étaient brisés, nos pièces renversées, et nous avions un grand nombre d'hommes mis hors de combat.

« La lunette 56[1], dominée de toutes parts, prise en écharpe par deux batteries de position, armée seulement de pièces de 12 et de 4, fut dès lors complètement bouleversée chaque matin, et bientôt il devint presqu'impossible de communiquer avec elle. Mais rien n'ébranlait nos marins, soutenus par l'exemple de MM. Humann et Bauer ; ces braves jeunes gens s'étaient entièrement consacrés chacun à sa bordée, ne la quittant ni de jour ni de nuit, mangeant à la même gamelle que leurs hommes, et il s'était ainsi établi dans chaque groupe une solidarité que rien ne pouvait rompre.

« Durant ces journées de feu, les nouveaux, moins lestes que leurs camarades à se jeter de côté au cri du veilleur, payèrent un plus large tribut. Mais la bonne volonté était la même, et le seul embarras qu'ils donnaient tous, était de les empêcher d'attirer l'attention sur eux, ce qui ne servait qu'à les faire écraser inutilement, les Allemands n'ayant que trop compris le rôle du Contades appuyé sur la

---

les spécialités, c'est-à-dire les matelots particulièrement façonnés au canonnage, de l'infanterie, de la mâture, de la timonerie.

Mais partout, un seul but à atteindre, sous un seul chef responsable !

Et ce chef est responsable parce qu'il tient en main toutes les rênes, qu'il dispose de tous les moyens ; et son autorité est souveraine, parce que sur lui retombe une responsabilité à laquelle rien ne peut le soustraire.

Que la responsabilité cesse, et le lien du faisceau se brise !

Que l'autorité ne soit plus une, absolue, et la responsabilité devient impossible, parce qu'elle serait injuste.

[1] La lunette 56 a conservé dans le langage populaire des Strasbourgeois le nom de « batterie des marins ».

lunette 56, et cet ouvrage étant d'ailleurs construit si légèrement, qu'il ne pouvait résister au genre d'artillerie auquel nous avions affaire. »

Le capitaine Du Petit Thouars consacre une page à la sortie du 2 septembre, à laquelle les marins furent appelés à prendre une certaine part.

« Le 1ᵉʳ septembre, dit-il, dans l'après-midi, l'amiral me fit appeler et me dit qu'on allait préparer pour le lendemain une grande sortie, dont le principal objectif serait de détruire certaines batteries qui venaient d'être ouvertes contre le front ouest. Le colonel Blot avait demandé qu'on lui donnât un petit groupe de matelots, spécialement destinés à enclouer les pièces ou à briser les culasses mobiles, et, du côté du Contades, nous devions faire une vigoureuse diversion pour partager l'attention de l'ennemi.

« Il était environ quatre heures du soir, l'opération devait avoir lieu le lendemain au petit jour. C'était malheureusement risquer ainsi que les Allemands en fussent informés, ce qui ne manqua pas d'arriver. Cinq hommes déterminés, commandés par le deuxième maître canonnier Remiot, furent mis à la disposition du colonel Blot, et l'amiral me laissa libre de faire ce que je jugerais le plus convenable pour remplir le rôle qui nous revenait dans ce programme.

« Afin de mettre toutes les chances de mon côté, je ne prévins qu'à minuit les officiers dont je voulais employer les détachements et j'arrivai à une heure au Contades, où le capitaine Perry, du 87ᵉ, se trouvait de garde avec le capitaine d'artillerie Lacombe.

« Là, j'arrêtai les dispositions suivantes : M. Perry se porterait au pont coupé de l'avenue de Schiltigheim, où, tous les jours précédents, nous avions tiraillé avec les Allemands embusqués dans les jardins le long de l'avenue. Sortant par la droite de la pointe du Contades, je rentrerais dans l'île Jars en longeant l'Aar jusqu'au pont du Wacken, et, de là, je remonterais aussi haut qu'il le faudrait pour attirer l'attention de l'ennemi; enfin je ferais garder la pointe du Spittel-Garten, pour éviter une surprise sur la droite.

« Ces différents mouvements furent exécutés simultanément au petit jour, sous les yeux de l'amiral; seulement, tandis que la veille encore, les environs du Contades étaient dégagés, nous trouvâmes partout de forts détachements d'Allemands nous attendant, et le capitaine Perry, tombant dans une véritable embuscade, ne se tira d'affaire que par l'énergie avec laquelle il enleva son monde. Sur la droite, le détachement que je conduisais se comporta également à merveille, et, quand, au bout de trois quarts d'heure, je fis rentrer tout ce monde, la fusillade ayant cessé du côté du front ouest, les hommes se replièrent tranquillement, à regret, et nous sentîmes qu'à partir de ce moment nous pouvions compter sur eux.

« Le colonel Blot, trouvant aussi les Allemands sur leurs gardes, n'avait pu réussir. On était bien arrivé jusqu'à une batterie, mais on avait dû se retirer immédiatement, sous peine d'être cerné, et deux de nos marins avaient été blessés mortellement. Dans leur élan ils avaient précédé les soldats du 87°, et ceux-ci, arrivant après eux dans la batterie, avaient percé l'un d'eux de coups de baïonnette, le prenant dans l'obscurité pour un Allemand, à cause de la couleur de son vêtement et de la forme de son béret. »

Le capitaine Du Petit-Thouars juge d'une façon très personnelle, disons très militaire, l'entrée des délégués suisses à Strasbourg et croit pouvoir affirmer que ceux-ci laissèrent, en partant, une « impression de profond marasme ».

« C'est que, dit-il, pour subir les épreuves d'un siège sans faiblir, il faut se renfermer en soi-même, s'absorber dans une pensée unique, celle de la résistance : ne rien discuter, ne rien voir des souffrances, des misères de ceux qui vous entourent; vivre dans le passé en songeant au prix de quels sanglants sacrifices nos pères ont fait la grandeur du pays; vivre dans l'avenir, en songeant quelles malédictions suivront ceux qui, appelés à l'honneur de défendre les frontières, auront hésité à les couvrir de leur corps !

« Or, qu'apportaient les Suisses? Des nouvelles. Mais ces nouvelles, si impatiemment attendues, c'était la certitude de nos désastres, la certitude de notre abandon, la certitude de notre destruction complète, si nous tenions jusqu'aux dernières limites!....

« .....On a dit que M. de Werder n'avait laissé entrer les Suisses qu'avec les plus grandes difficultés. Pour moi, je crois qu'il savait mieux son métier; qu'après les menaces et le bombardement, il a voulu essayer d'une nouvelle épreuve, celle du découragement, et l'expérience montra qu'il n'y avait rien perdu. En effet, quand, au bout de huit jours, il fit refermer définitivement les portes, en proclamant que ce qu'on avait vu jusque-là n'était rien, une révolution complète s'était opérée dans l'administration par la démission du baron Pron, préfet de l'Empire, lequel avait montré l'attitude la plus vigoureuse; par la démission du maire, M. Humann. La grande majorité, au sein de la nouvelle commission municipale, élue sous l'influence des événements dont on venait de recevoir la certitude, voulait échapper par la capitulation à une destruction complète. Enfin si, grâce à ces pourparlers répétés chaque jour, on avait vu sortir près de deux mille personnes, il restait dans Strasbourg celles qui, après s'être leurrées d'un vain espoir, se voyaient comme renfermées de nouveau par le calcul de l'ennemi, et des milliers de braves gens sentirent dès lors que, parce qu'ils avaient tout perdu, ils étaient encore condamnés à subir, le voulant ou non, les dernières extrémités. Il faut ajouter aussi que, durant ces transactions soi-disant humanitaires, les officiers du génie allemand s'étaient vraisemblablement éclairés sur la nature des approches de la place, tandis que chacun de nous avait acquis la certitude qu'il n'y avait plus de secours à attendre du dehors : considérations qui toutefois ne doivent pas empêcher de rendre hommage au sentiment qui a fait battre les cœurs en Suisse, en apprenant les désastres de la ville de Strasbourg. »

Le capitaine Du Petit-Thouars nous rend compte d'un petit incident intime dont la grande majorité de la population n'a pas eu connaissance.

« L'attitude de l'amiral Exelmans, écrit-il, avait été si simplement résolue dès le premier moment, qu'il n'avait pas tardé à produire de l'impression sur cette population, qui le voyait passer, à toute heure de la nuit ou du jour, pour se rendre compte par lui-même des événements et faire face au danger.

« Bien que les séances du conseil de défense fussent secrètes, il transpirait aussi quelque chose de la part que chacun y prenait, et l'on savait que si l'amiral avait offert son concours pour la défense, c'était en toute sincérité, et qu'il restait fidèle à son programme.

« Aussi lorsque, après l'entrée des Suisses, on sentit comme un affaissement, y eut-il un mouvement parmi ces gens qui ne raisonnaient peut-être pas, mais qui eux, n'avaient qu'une pensée, ne pas se rendre — et je dois dire qu'il s'en trouvait beaucoup — et à la fois de différents côtés, il nous revint qu'on voulait le mettre à la tête de la défense.

« Je n'ai pas besoin d'ajouter qu'il mit immédiatement le général Uhrich en garde contre l'éventualité d'une sédition, pendant qu'il s'entourait lui-même de quelques marins résolus, pour faire au besoin respecter sa personne.

« Durant le mois de septembre, à plusieurs reprises, la question de la reddition fut posée. Une fois, entre autres, le général jugea convenable d'introduire dans le conseil de défense une délégation de la Commission municipale, pour présenter les souffrances de la population ; dans ces diverses circonstances l'amiral se porta garant de l'attitude des troupes placées sous ses ordres, représenta vivement l'intérêt qu'il y avait, au point de vue du salut du pays, à retenir le plus longtemps possible, l'armée du général Werder, avec sa formidable artillerie. Il est donc de ceux qui peuvent dire qu'ils ont tout fait pour garder l'Alsace à la France..... »

Le capitaine se plaît, avec un légitime orgueil, à insister sur le courage et l'endurance de ses hommes, qui, vers la fin du siège, chassés de leurs abris provisoires, ne savaient plus où se réfugier pour prendre un peu de repos et faire cuire leurs aliments. « La lunette 56 (la « batterie des marins ») n'était plus qu'un amas de débris où il fallait creuser de plus en plus pour se couvrir. »

« Le brave 87°, écrit l'auteur de ces souvenirs, avait dû évacuer successivement les lunettes 52, 53, 54 et 55 et il nous avait fallu construire un bout de retranchement pour fermer la lunette 56, qui se trouvait presque tournée, ainsi que le Contades. Chacun était harassé. Je passais toutes les nuits à veiller, allant constamment d'un point à un autre du Contades pour juger de l'importance des fusillades qui s'engageaient et de l'opportunité qu'il pouvait y avoir à faire marcher les petites réserves dont je disposais, tandis que l'amiral se tenait aux avancées de la porte des Pêcheurs, prêt à me secourir et à couvrir au besoin une retraite qui aurait pu conduire les Allemands dans Strasbourg en même temps que nous. S'il était important de protéger les barrages et de nous maintenir jusqu'à la dernière limite dans cette position, il ne l'était pas moins, en effet, d'abandonner à temps ce terrain dangereux, afin d'éviter les désastreuses conséquences qu'eût entraînées une déroute, et j'avais préparé un plan communiqué aux divers officiers qui concouraient à la défense pour que tous fussent bien pénétrés du rôle qui leur reviendrait ; j'avais aussi obtenu des pièces légères qui devaient être manœuvrées par des marins comme batteries de campagne, dans le cas d'une retraite.

« Mais l'œuvre de destruction des batteries de brèche marchait si régulièrement, qu'il n'y avait plus à se faire d'illusions !..... »

Citons encore les lignes que le capitaine Du-Petit Thouars a consacrées aux heures fatales de la capitulation de la place et de la sortie de la garnison. Il y a des larmes brûlantes dans cette page du vaillant soldat patriote.

« Le 27, le feu de l'artillerie allemande redoubla encore. Ayant été rudement contusionné dans la matinée, j'avais été obligé de rester à la mairie, où logeait l'amiral Excelmans, pour prendre un peu de repos.

« La canonnade était furieuse, et, à chaque moment, les murailles étaient ébranlées par les projectiles, tandis que les éclats tombaient avec un bruit sinistre sur le pavé de la cour.

« Vers trois heures l'amiral fut appelé au quartier général : nous nous regardâmes sans échanger une parole, car le même trait nous avait traversé le cœur. Peu d'instants après il rentra :

« Strasbourg et l'Alsace étaient perdus pour la France !

« Le général Uhrich avait exposé au conseil la nécessité de capituler immédiatement pour éviter à la population civile, déjà si éprouvée, les chances peu douteuses d'un assaut, et l'amiral Excelmans s'était retiré en disant qu'« ayant offert son concours pour la défense, il n'avait plus rien à faire alors que le général jugeait qu'elle était arrivée à son terme ! »

« J'envoyai des ordres de cesser le feu sur le front nord, et, peu à peu, il se fit un grand silence comme celui qui suit la mort d'un être qui vous est cher. C'est que c'était bien la mort qui s'abattait sur cette noble cité, arrachée sanglante et toute palpitante encore de patriotisme des bras mutilés de la France !....

« ..... Le soir j'allai au Contades y donner quelques ordres, et je poussai jusqu'à la lunette 56 pour préparer nos marins à ce qui allait se passer. Quand les Prussiens, voyant le drapeau blanc sur la cathédrale, avaient poussé des hurrahs, ils s'étaient précipités sur les banquettes en croyant à une attaque. Le bruit avait ensuite couru qu'il y avait un grand armistice pour toute la France. Mais la vérité !.... Non, ils ne la soupçonnaient pas !.... Comme leurs camarades étaient tombés sur ce sol défoncé par les boulets, ils étaient prêts à tomber, et ils attendaient leur sort tranquillement..... Mais la reddition de Strasbourg quand ils vivaient encore ! Oh non, cette idée ils ne l'avaient pas ; et, après être resté assis aux milieu d'eux un instant, je sortis suffoqué, sans avoir le courage de rien dire !

Je passai la nuit à mettre nos papiers en ordre, à régulariser nos pièces administratives, et je décidai MM. du Buit et Fournier à rentrer en France en signant un revers : l'un pour ramener les ouvriers civils à Toulon ; l'autre pour tâcher de sauver notre comptabilité.

« Vers les deux heures du matin, le digne colonel Ducasse, qui avait rempli les fonctions de commandant de place, en nous donnant durant le siège, l'exemple de toutes les vertus militaires, rentra du quartier général allemand où il avait été envoyé en parlementaire, et vint me raconter que, lorsque le chef d'état-major du général de Werder était entré dans la tente, il lui avait dit : « Reste-il encore des marins ! Quelles braves gens ! »

« Le lendemain, 28 septembre, il faisait un temps splendide. Quand l'heure fut venue où M. le général Uhrich devait sortir, l'amiral, après l'avoir loyalement assisté durant le siège, voulut encore se placer à ses côtés pendant cette dernière épreuve, et je l'accompagnai, pensant ne m'en séparer que sur les glacis, pour rejoindre notre détachement quand il défilerait.

« Mais le désordre était si grand, que nos hommes se trouvaient dispersés, et je restai quelque temps en ville pour les grouper sous la conduite de MM. Humann et Bauer. Puis nous prîmes ensemble le chemin de l'exil..... »

« Puis nous prîmes ensemble le chemin de l'exil », quelle majestueuse grandeur dans cette simplicité d'expression et comme celle-ci dépeint éloquemment l'officier qui, passant à Drusenheim avec la colonne des prisonniers de guerre, répondit à un habitant notable de la commune lui offrant sa voiture pour faire le reste de l'étape : « Je vous remercie. Mes soldats vont à pied. Je marcherai avec eux..... »

La séance de la commission municipale ne présente ce jour-là aucun intérêt particulier.

La nuit est terrible. Plus dangereuses encore que les obus, les bombes, qui d'abord n'ont atteint que les remparts et les premières maisons des faubourgs, parviennent maintenant jusqu'au centre de la ville. On les voit s'élever lentement dans les airs, planer une seconde, puis tomber lourdement sur les bâtiments qu'elles défoncent du toit jusqu'au sol, dévastant, pulvérisant tout ce qu'elles rencontrent sur leur passage, semant l'épouvante et la mort.

Le 26 septembre. Dans la nuit du 26 — la dernière du bombardement ! — une véritable terreur régna parmi la population. Sur la ligne des fortifications qui s'étendaient depuis la porte des Pêcheurs jusqu'à la porte Nationale, c'est-à-dire sur une étendue comprenant plus de la moitié de l'enceinte, retentit, vers deux heures du matin, le bruit d'une véritable bataille. La fusillade, les canons, la mitraille faisaient rage et nous étions convaincus que les assiégeants allaient livrer l'assaut. Vers quatre heures du matin seulement un calme relatif vint rassurer les habitants.

Le lendemain on apprit que du côté des assiégés, on avait tiré sur les pionniers allemands qui, protégés par de forts gabions, travaillaient tout près des ouvrages de la place ; sur d'autres points, on avait repoussé des détachements considérables qui tentaient des surprises ou faisaient de fausses démonstrations pour détourner l'attention de la garnison du front d'attaque.

La journée aussi, du reste, avait été douloureuse. M. Royer — un enfant de Strasbourg — capitaine dans l'artillerie de la mobile — avait été atteint par un obus, au milieu de ses soldats, et avait succombé, quelques heures après, à ses blessures. Il était tombé à la place ou le lieutenant Verenet avait été tué deux jours auparavant, et la veille — étrange pressentiment — il disait à ses artilleurs : « Verenet est mort hier ; demain ce sera mon tour, à cette même place..... »

Les bombes, dont nous parlions plus haut, causèrent ce jour-là d'affreux malheurs. L'un de ces projectiles défonça une maison de la rue du Bain-aux-

Plantes et y fit quatre victimes; près du Quartier de Saverne, deux bombes, se succédant à court intervalle, tombèrent dans une maison très peuplée et y firent dix-huit victimes: six morts et douze blessés!....

La COMMISSON MUNICIPALE tient une séance au début de laquelle M. Kratz expose que les ambulances deviennent insuffisantes. Il prie l'administration de se mettre en quête d'autres locaux; le bâtiment de l'École du service de santé militaire pourrait bien se prêter à cette affectation; il s'y trouve des lits en réserve et les blessés seraient en quelque sorte sous la main de l'état-major du corps chirurgical. M. Kablé dit que le bâtiment de l'École de santé a déjà été demandé par la Société internationale de secours aux blessés, mais que les démarches n'ont pas abouti.

M. Schützenberger signale le fait que, depuis la veille, des eaux fétides chargées de sang et d'immondices pénétrent en ville par le canal du petit Rhin vis-à-vis de l'hôpital militaire, qui se trouve en ce moment encombré de malades et de blessés. Il est urgent de prendre des mesures. On décide d'avertir qui de droit.

M. Zopff, adjoint, dit ensuite qu'il a prié les membres du bureau de bienfaisance d'examiner s'il ne serait pas possible d'avancer une mesure prise annuellement par ce bureau, à l'approche de l'hiver, et consistant à donner des fonds aux indigents pour leur permettre de dégager les objets de literie. « Cette mesure aurait le double avantage de venir immédiatement en aide à un grand nombre de personnes privées de linge et de literie, et de débarrasser en partie les magasins du Mont-de-piété.

M. Oberlin expose la situation financière du bureau de bienfaisance, qui est loin d'être brillante en ce moment. Il reste à peine 4 à 500 fr. en caisse et ces fonds seront à peu près absorbés à la fin du mois; d'autre part les rentrées provenant du théâtre, des troncs, des danses publiques, etc., font absolument défaut. On voit par là, dit-il, que le bureau de bienfaisance est momentanément impuissant à moins de toucher aux fonds mêmes de l'institution de Saint-Marc.

MM. Hœrter et Zopff se déclarent partisans de cette dernière mesure; le bureau de bienfaisance a amassé une trentaine de mille francs d'économies; les calamités du temps présent justifieraient parfaitement l'emploi de ces ressources. M. Oberlin dit que ces économies ont été capitalisées et que les revenus qui en proviennent sont affectés à l'augmentation des secours donnés aux vieillards pensionnaires.

M. Schnéegans signale à l'administration un fait dont il a été témoin et qui prouve combien la surveillance de la police laisse à désirer : aux environs du bas-port du Finkwiller il y a un dépôt considérable de sacs de blé ou de farine, entourés de bûches et de planches ; en même temps on charge dans les bateaux du foin et de la paille provenant du magasin de fourrages. Or M. Schnéegans a vu des enfants allumer des copeaux et du papier en cet endroit et s'il n'avait pu faire éteindre le feu toute cette quantité de marchandises devenait la proie des flammes. M. Bœrsch ajoute que le manque de surveillance existe sur toute la longueur des chemins de halage de l'Ill ; la rivière est en ce moment obstruée de bateaux chargés de toutes espèces de matières, plus ou moins inflammables ; des bandes de gamins séjournent là, et il n'y a pas trace de surveillance. Il importe, dit M. Momy, à la conservation de la propriété mobilière qu'il soit pris des mesures énergiques pour frapper les voleurs et les pillards qui pénètrent dans les maisons atteintes par l'incendie et s'emparent de tous les objets facilement transportables.

« D'après un ensemble de faits qu'il a recueillis, il paraîtrait même qu'il existe une association de malfaiteurs opérant avec règle et méthode et qu'on peut comparer aux misérables qui, durant la terrible peste de Marseille, dévalisaient les maisons abandonnées. »

Quand un incendie se déclare dans un immeuble, ils s'y ruent sous prétexte d'opérer le sauvetage, et font main basse sur les coffres-forts.

Après avoir recueilli ces doléances, M. le Maire déclare que l'Administration agira par tous les moyens à sa disposition.

CHAPITRE XII.

Le colonel Ducasse. — Les artilleurs de la garde nationale. — Le dernier jour du bombardement. — Le drapeau blanc flotte sur la Cathédrale. — Effervescence dans la population. — La ville se rend. — L'acte de capitulation. — Proclamations du général commandant et du maire. — La sortie de la garnison.

On a vu, quelques pages plus haut, le capitaine Du Petit-Thouars, rendre hommage au colonel Ducasse, commandant de place à Strasbourg. Nous sommes heureux de pouvoir, de notre côté, payer un juste tribut de respect à cet excellent soldat, si simple dans sa patriotique vaillance et qui ne comptait que des sympathies dans une population au milieu de laquelle il a vécu pendant plus de quatre années.

Romuald-Adolphe Ducasse était né à Dieuze (Lorraine) le 10 juin 1805. Après avoir fait ses études aux collèges de Château-Salins, Vic et Metz, pour les mathématiques spéciales, il s'engagea à l'âge de dix-huit ans. Canonnier au 2e d'artillerie, le 10 juin 1823, sous-officier en 1825, il fut envoyé à la Guadeloupe, où il resta de 1828 à 1829; sous-lieutenant le 17 janvier 1831 et lieutenant en second le 17 janvier 1833, il était, dans ces deux grades, détaché à l'École de Saumur comme officier instructeur. Lieutenant en premier le 25 avril 1835, il était promu capitaine en second le 30 juillet 1839 et détaché aux Forges de la Moselle. Embarqué à Toulon pour l'armée d'Afrique, le 19 juillet 1840, il faisait partie de l'expédition de Médéah avec le général Changarnier, en août 1840, et commandait deux sections d'artillerie de montagne. Il était au combat du Bois des Oliviers le 2 septembre 1840, aux expéditions de ravitaillement de Médéah et de Milianah, octobre et novembre 1840, sous le maréchal Vallée, à celle de mars 1841 (général Bugeaud), à l'occupation de Médéah, du 3 avril au 28 octobre 1841, à l'expédition de ravitaillement de Médéah et Milianah en avril et mai 1842 (général Changarnier), enfin à l'expédition dans la vallée du Chétif, pour la jonction des divisions d'Alger et d'Oran, en mai et juin 1842.

Débarqué à Marseille le 19 juin 1842, il est nommé capitaine-instructeur à Saumur, puis capitaine-trésorier. Chef d'escadron au 3° régiment d'artillerie, en 1852, major au même régiment en 1854, lieutenant-colonel en 1857, il occupe successivement, dans ce grade, les fonctions de directeur des écoles d'artillerie de Douai et de Lyon; il fait, en qualité de chef d'état-major de l'artillerie du 3ᵉ corps, la campagne d'Italie, où il assiste aux combats de Palestro, de Magenta et de Solférino. Le soir même de Palestro il est chargé par l'Empereur d'aller offrir au roi de Sardaigne les canons enlevés aux Autrichiens par le 3ᵉ régiment de zouaves.

Colonel en 1860, il est nommé, en 1863, chef d'état-major de l'artillerie au camp de Châlons, en 1865, commandant de place à Grenoble, et le 28 janvier 1866 enfin, commandant de place à Strasbourg, où, par la franchise de son caractère, son affabilité un peu bourrue mais cordiale, il ne tarde pas à acquérir une vraie popularité.

Le colonel Ducasse,
commandant de place à Strasbourg.

En 1870, il a l'occasion de donner toute la mesure de son patriotisme et de ses connaissances militaires. Dès le début de l'investissement il parcourt, à toute heure du jour et de la nuit, les remparts et les ouvrages avancés. C'est lui, — nous l'avons vu au début de cet ouvrage, — qui répond à l'officier badois, venu pour sommer la place de se rendre : « Strasbourg ne se rend pas; venez le prendre! » Pendant toute la durée du siège il déploie, malgré ses soixante-cinq ans, un zèle admirable, dont l'exemple n'est pas sans influer sur la garnison, et au Conseil de défense, dont il est membre, il est de ceux qui réclament la résistance jusqu'à la dernière limite.

Après la guerre, il est nommé général de brigade. Il meurt, le 28 juin 1879, à Ajaccio, après avoir servi sa patrie pendant quarante-sept ans, laissant inachevée une relation du siège de Strasbourg, à laquelle il s'était mis avec passion[1].

Il avait épousé, en 1842, Mˡˡᵉ Camille Germain, de Nancy, dont il a eu deux filles, qu'il a eu la douleur de perdre à trois mois d'intervalle, en 1878, et un fils

---

[1] C'est à tort qu'un *Journal du siège de Strasbourg*, paru dans le *Moniteur universel* de Tours, publié ensuite en brochure et que nous avons cité dans nos premiers chapitres, lui a été attribué. Ce travail, assez superficiel du reste, est dû au baron du Casse, attaché au général Uhrich en qualité d'aide-de-camp, puis de chef d'état-major.

L'ARTILLERIE DE LA GARDE NATIONALE SÉDENTAIRE SUR LE REMPART DE LA PORTE DE PIERRES

qui est aujourd'hui chef de bataillon au 41ᵉ régiment d'infanterie à Rennes. Le commandant de place Ducasse est demeuré inoubliable aux Strasbourgeois qui ont vécu de 1866 à 1870.

Nous avons déjà vu que la batterie d'artillerie formée parmi les hommes de la garde nationale avait eu plusieurs victimes dans ses rangs, en concourant à la

Un groupe d'artilleurs de la garde mobile et de la garde nationale de Strasbourg.

défense de la place. Improvisée, équipée et sommairement instruite en huit jours, elle prend, à la date du 24 août le service du bastion 12, sur le font d'attaque, où elle reste jusqu'au jour où la défense ne pouvait plus y être active et va occuper le 9 septembre, le bastion n° 4, derrière l'Hôpital civil, desservi jusqu'alors par les artilleurs de la ligne, et où elle se maintient jusqu'au dernier jour, jusqu'à ce 27 septembre auquel nous sommes arrivé dans ce chapitre, tirant sur les batteries mobiles de l'ennemi et sur les emplacements où celui-ci cherche à s'établir. C'est avec raison que le colonel de la légion, M. Auguste Saglio, écrit au ministre de la guerre, dans son rapport sur la part prise à la défense de

Strasbourg par la Garde nationale sédentaire que celle-ci « a droit au respect et à la reconnaissance de la France ».

La COMMISSION MUNICIPALE prend une décision invitant la commission administrative des hospices civils à utiliser pour une ambulance l'église Saint-Nicolas, offerte à cet effet, et à y disposer à ses frais des lits pour les blessés et les malades civils, et invitant, en outre, le bureau de bienfaisance à concourir de tous ses moyens au soulagement des misères présentes, soit, notamment, en y affectant les ressources destinées à l'amélioration d'une certaine catégorie de pauvres, soit en recourant à des mesures exceptionnelles, telles qu'un emprunt qui serait émis avec garantie de la ville.

M. Schützenberger propose ensuite de réorganiser les commissions administratives des établissements charitables, dont les membres ne sont plus au complet et tiennent, d'ailleurs, leurs pouvoirs de l'autorité préfectorale alors que, sous le régime nouveau, sous le régime républicain, ces pouvoirs doivent émaner de l'autorité communale. M. Flach soutient chaleureusement cette proposition, en faisant remarquer que les institutions charitables sont dépendantes du pouvoir communal. Ils sont soumis, pour leur comptabilité et la gestion de leurs revenus, à la surveillance du Conseil municipal. A l'origine de leur institution, le droit de nomination des administrateurs appartenait à la commune, et c'est en 1830 que ce droit lui a été ravi.

M. Flach demande leur retour aux principes de 89, et propose à la commission de décider que le Maire sera invité à prendre un arrêté pour la réorganisation et la reconstitution des commissions administratives des hospices et du bureau de bienfaisance.

« Personne, dit-il, ne songe à contester les services des administrateurs actuels ; il ne s'agit même pas de les écarter ; mais il faut, par respect pour les principes et le droit de la commune, qu'ils tiennent leur titre directement de cette dernière et non du pouvoir préfectoral.

Après une discussion sur la question d'opportunité, la commission adopte en principe la proposition de MM. Schützenberger et Flach, et s'en remet au Maire quant aux moyens d'exécution.

. . . .

C'était le quarante-cinquième jour du bombardement..... Il y avait alors près de huit mille habitants ruinés, vivant la plupart de la charité publique, réfugiés dans les églises, dans les écoles, dans des trous creusés au bas des remparts, dans des huttes en planches, adossées contre les quais, sur les chemins de halage. Il y avait cinq cents maisons incendiées ou dévastées. Les plus belles rues, les quartiers les plus populeux, l'église du Temple-Neuf, la bibliothèque municipale, le musée des beaux-arts, le théâtre, la préfecture, les casernes ne formaient plus que des entassements de décombres.

Près de trois cents habitants, hommes, femmes, enfants, tués par les obus. Près de deux mille habitants blessés. La garnison, héroïque, mais chaque jour décimée. Sept cents soldats tombés pour la défense de la patrie et couchés là bas, au jardin botanique, dans la fosse commune. Dans les caves, des femmes, des enfants, pâles, amaigris, affaiblis par les privations et les soucis; puis des malades qui ne trouvent plus de sommeil; puis des raisons qui s'égarent sous l'effet de la terreur. Et dans l'air, toujours l'effrayant sifflement des projectiles et l'épouvantable fracas des obus et des bombes qui éclatent.

Et puis il y avait les remparts de la vieille forteresse qui étaient labourés, bouleversés, amas informes; et les canons, brisés, tordus, muets; et là-bas ce mur écroulé, ce vide immense, la brèche !....

Derrière ces remparts, quelques milliers de soldats, vaillants mais harassés, mal équipés, écrasés par les batteries ennemies. Et devant ces remparts, une armée de soixante mille hommes qui, d'une heure à l'autre, peut s'élancer à l'assaut de la place, sur un pont formé par des cadavres, au bruit du canon, de la mitraille et de la fusillade.....

C'était donc le quarante-cinquième jour..... On n'espérait plus rien. Toutes les illusions étaient tombées et l'on attendait avec résignation. Quoi ?.... Tout, excepté ce qui allait arriver.....

Les obus ont fait rage pendant toute la journée, augmentant d'heure en heure le chiffre des victimes et des ruines, lorsqu'à 5 heures du soir, un silence profond succède subitement au bruit de la canonnade. Les habitants, entassés dans les maisons, hésitent d'abord, puis se précipitent dans la rue; des femmes et des enfants, logés dans les caves et n'ayant pas vu la voûte du ciel depuis plusieurs semaines, apparaissent sur le seuil des portes; on court, on s'aborde, on s'interroge et, brusquement, tous les regards se dirigent sur un seul point: un drapeau blanc flotte sur la Cathédrale ! On croit avoir mal vu et l'on regarde encore. Non, ce n'est pas une erreur; il y a bien un drapeau; mais c'est sans doute le drapeau de l'Internationale, chargé de rappeler aux assiégeants qu'il y a des malades et des blessés dans le saint édifice; les ondulations produites par le vent empêchent de voir la croix rouge..... Mais on ne tire plus, ni des remparts, ni du camp des assiégeants. Alors, c'est donc un armistice!..... Quelqu'un hasarde ce propos : « C'est peut-être la capitulation ! » — On insulte le téméraire, le traître..... Un capitaine d'artillerie traverse la place Gutenberg. La foule l'entoure : « On a rendu la ville. » — « Rendre la ville! allons donc! je compte bien mourir avant »......

On se presse devant l'Hôtel du Commerce, où siège la municipalité; on demande le maire, les adjoints; on interpelle les officiers du poste de la garde nationale. Personne ne sait la vérité. Mais voici le maire qui arrive. Il revient de l'Hôtel du gouvernement militaire, où le général Uhrich lui a annoncé la douloureuse nouvelle : la résistance est arrivée à son terme. « Ces deux hommes qui, si vaillamment, avaient dirigé la cité à travers les écueils du siège, s'étaient jetés en pleurant dans les bras l'un de l'autre. Tout allait finir[1]. »

Quand le maire passe, triste et courbé, des cris de menace se font entendre; mais il entre rapidement à l'Hôtel du Commerce, sans pouvoir proférer une parole. Et la cohue augmente toujours. Des groupes agités demandent la destitution des autorités et la continuation de la lutte..... Les timides de la veille deviennent les partisans de la lutte à outrance; l'on peut voir plus d'un visage, pâli par le séjour des caves, s'illuminer soudain au feu d'un courage inaccoutumé; d'autres, qui ont combattu, qui combattraient encore, ne pouvant se résigner à déposer les armes, courent dans les groupes, essayant de les entraîner à quelque acte d'héroïsme insensé.

La foule se porte dans la cour de la Préfecture, demandant à grands cris le préfet. Mais c'est le secrétaire général, M. de Malartic, qui paraît. On ne le laisse point parler et quand, enfin, le préfet se présente, une immense acclamation l'accueille. On pense peut-être que l'homme héroïque qui a traversé, au péril de sa vie, les lignes ennemies, va s'opposer à la capitulation, se mettre à la tête de la garnison, tenter de ressaisir la fortune..... « Nous sommes républicains, lui crie-t-on ; nous ne voulons pas nous rendre. Vive la République ! » M. Valentin essaye de calmer les esprits : « Je suis aussi républicain que vous, dit-il..... Mais la résistance est impossible, il faut capituler. Il le faut, pour éviter que de plus grands malheurs ne fondent sur la ville[2]. »

Ces paroles ne calment pas sensiblement l'émotion de la foule et, maintenant, l'on se dirige vers la Cathédrale, où quelques jeunes gens essayent de forcer la porte de la tour pour enlever le drapeau blanc; on tire des coups de fusil vers la

---

[1] *La guerre en Alsace. Strasbourg*, par A. Schnéegans, p. 284.
[2] *Ibid.*, p. 286.

La brèche du bastion 12.

flèche; on chante la *Marseillaise* et toujours retentissent les cris de : « A bas les traîtres ! Guerre à outrance ! »

Le général Uhrich lui-même est l'objet d'une démonstration. De nombreux habitants se présentent devant le quartier-général, demandant bruyamment des explications. Les plantons veulent fermer la porte, mais le général donne l'ordre de laisser pénétrer la foule dans la cour et de l'engager à désigner quelques délégués qui viendraient près de lui. On obéit et le général explique aux délégués qu'assez, que trop de malheurs ont frappé Strasbourg, « dont l'honneur resterait sauf à tout jamais »; qu'il y aurait culpabilité en même temps que folie à pousser cette ville dans un abîme où elle resterait ensevelie. Il ajoute qu'il compte sur le patriotisme de ses interlocuteurs pour que ceux-ci aillent parler raison à leurs concitoyens, et, en effet, ils se répartissent dans les groupes et le quartier-général est évacué.

En présence de cette agitation le maire ordonne de battre le rappel de la garde nationale; les bataillons se massent sur les places publiques, des patrouilles sont détachées dans toutes les directions, les principales rues sont occupées en force et peu à peu l'effervescence se calme. La nuit tombe, les rues se vident et l'on n'entend plus rien..... Rien que les vagues échos des cris et des chants de triomphe que les assiégeants font retentir dans leurs tranchées, où brûlent des feux de joie !.....

Maintenant, que s'était-il passé au Conseil de défense et quelles étaient les circonstances qui avaient arraché à celui-ci la plus douloureuse des déterminations que des soldats puissent prendre : la capitulation devant l'ennemi.....?

Dans ses *Documents*[1] le général Uhrich constate que l'assiégeant, voyant la résistance continuer, avait résolu d'écraser la place et redoublé son tir sur les ouvrages avancés. C'est en vain que l'artillerie des remparts s'efforçait de répondre à son feu; elle n'avait que des calibres inférieurs; ses pièces étaient bientôt démontées et elle se trouvait condamnée à des silences fréquents et prolongés..... Trois brèches : deux aux bastions 11 et 12, la troisième à l'ouvrage 53, étaient incessamment battues et allaient être bientôt praticables; la garnison avait été contrainte d'abandonner successivement cinq ouvrages : la lunette 44, ainsi que les ouvrages 52, 53, 54 et 55; le système des fortifications de Strasbourg s'égrenait comme les perles d'un collier dont le fil s'est rompu..... Le général de Werder faisait tout préparer pour l'assaut ; tout était également disposé pour le passage

---

[1] *Loc. cit.*, p. 131.

du fossé, que les éboulements des brèches n'avaient pas suffisamment comblé : des tonneaux de brasserie reliés entre eux par des madriers formaient des radeaux solides et maniables ; de plus, des fascines chargées de pierres étaient prêtes pour achever le comblement.

Et rien pour arrêter ces travaux ! Les remparts, malgré l'infériorité numérique de leur artillerie et la grande quantité de pièces démontées par le feu de l'ennemi, avaient tiré 50,000 coups de canon; mais l'assiégeant avait envoyé près de 200,000 projectiles[1], et les ouvrages avancés étaient tellement bouleversés et rasés qu'il ne fallait plus songer à les réparer..... La destruction était aussi effroyable que rapide.

A 2 heures de l'après-midi de cette mémorable journée du 27 septembre, le colonel Sabatier, directeur des fortifications, et le lieutenant-colonel Maritz, chef du génie, vinrent prévenir le général Uhrich *que la brèche du bastion 11 était praticable, que l'assaut pouvait être donné le lendemain matin, le soir même, dans deux heures ; que la place était à la merci de l'assiégeant !*

Le général convoqua immédiatement le Conseil de défense, qui reçut des deux officiers du génie la même déclaration, et la situation fut examinée sous

---

[1] L'artillerie prussienne avait mis en batterie huit sortes de pièces ; l'artillerie badoise en avait mis quatre. 241 pièces en tout ont été employées au bombardement de Strasbourg : 30 pièces longues, rayées, de 24 ; 12 pièces courtes, rayées, de 24 ; 64 pièces rayées, de 12 ; 20 pièces rayées de 6 ; 2 mortiers rayés mesurant 21 centimètres ; 19 mortiers de 50 ; 20 mortiers de 25 ; 30 mortiers lisses, de 30 ; pour le bombardement de la Citadelle, les Badois employaient 4 mortiers de 25 ; 8 mortiers de 60 ; 16 pièces rayées de 12 ; 16 pièces rayées de 24.

Ces 241 bouches à feu ont lancé en tout 193,722 projectiles, dont 162,600 par l'artillerie prussienne, qui avait 197 pièces, et 31,122 par l'artillerie badoise, qui avait 44 pièces :

    28,000 obus ont été lancés par les longues pièces de 24 ;
    45,000 par les pièces courtes de 24 ;
    8,000 par les pièces de 6 ;
    5,000 shrapnell (obus à balles) par les pièces rayées de 24 ;
    11,000 shrapnell par les pièces rayées de 12 ;
    4,000 shrapnell par les pièces rayées de 6 ;
    3,000 obus longs par les pièces de 15 centimètres ;
    600 obus longs par les mortiers de 21 centimètres ;
    15,000 bombes de 50 livres ;
    20,000 bombes de 25 livres ;
    23,000 bombes de 7 livres, par les mortiers lisses.

Le poids des projectiles n'est pas désigné d'après la pesanteur du fer dont ils sont formés, mais d'après la pesanteur d'un projectile en pierre, du même calibre. Ainsi le poids des bombes désignées bombes de 7, de 25, de 50 livres peut atteindre jusqu'à 180 livres. Ainsi des obus et autres projectiles.

Le bombardement régulier a duré 31 jours complets et il y a eu 14 jours de bombardement partiel ; en établissant une moyenne sur les 31 jours seulement et avec les 193,722 projectiles lancés sur la ville, cela ferait par jour 6249 projectiles, par heure 269, par minute entre 4 et 5.

Ces chiffres, empruntés à une source officielle, seraient encore plus considérables d'après le tableau statistique publié par le major Reinhold Wagner. Celui-ci donne en effet un total de 202,112 projectiles d'artillerie (représentant 4,100,000 kilos de métal) et y ajoute 65,113 balles de fusils de rempart et 131,935 balles de fusils à aiguille et de carabines. C'est à se demander comment il se fait qu'une seule maison ait pu rester debout, comment un seul habitant ou soldat ait pu survivre.

toutes ses faces. On exposa que l'ennemi, une ou deux heures avant de livrer l'assaut, ne manquerait pas de faire converger le feu de son artillerie sur les bords de la brèche, qu'il écraserait ou dissiperait les colonnes chargées de le repousser et qu'il pénétrerait dans la ville, presque sans coup férir. La place n'avait pas *une seule chance favorable!*

On envisagea alors la situation spéciale de la population civile, qui comptait

La grande brèche praticable du bastion 11.

déjà tant de centaines de victimes, qui avait déjà vu s'accumuler tant de ruines, qu'on ne pouvait, malgré sa résignation héroïque, laisser fondre sur elle de nouvelles et plus terribles catastrophes. Il fut enfin établi que l'on ne pouvait espérer aucun secours de l'extérieur.

Ici nous laissons la parole au général Uhrich[1]. « Dans ces conditions, dit-il, devions-nous exposer cette ville de 80,000 âmes à une prise certaine par assaut; devions-nous l'exposer aux horreurs inévitables d'un sac?

[1] *Documents*, p. 133.

« A son honneur, le Conseil de défense ne l'a pas pensé et jusqu'à mon dernier jour je me féliciterai de la décision qui a été prise.

« La discussion étant épuisée, je pris individuellement l'avis de chacun des membres du Conseil; il fut décidé, *à l'unanimité,* que la résistance était arrivée à son terme et qu'il y avait lieu d'entrer immédiatement en négociation avec l'assiégeant. Seul, le général Barral fit observer que, peut-être, on pourrait tenir *un jour* de plus, mais aussitôt il se rallia à l'opinion commune. Plus tard, il m'a dit que le cœur lui battait lorsqu'il avait parlé comme il l'avait fait; qu'il avait craint de voir son avis adopté et la ville enlevée avant vingt-quatre heures. »

Le colonel Blot, blessé le 13 septembre, et qui se trouvait à l'ambulance, envoya au général Uhrich une lettre dans laquelle il lui disait qu'il avait reçu la visite du lieutenant-colonel Maritz, chef du génie, et qu'il résultait pour lui, des explications qui lui avaient été données, la conviction profonde que le terme fatal de la résistance était arrivé et que, quelque douloureux qu'il fût de capituler, il n'y avait plus autre chose à faire; qu'il s'associait par conséquent à la résolution que le Conseil avait prise.

Le général Uhrich se décida donc à traiter et fit arborer le drapeau parlementaire sur la Cathédrale, la porte Nationale, la porte de Pierres et à la citadelle et écrivit au général de Werder qu'il consentait à entrer en pourparler avec lui pour la reddition de la place. Voici la sobre et éloquente lettre du général Uhrich:

« Strasbourg, le 27 septembre 1870.

« Monsieur le Lieutenant-Général,

« La résistance de Strasbourg est arrivée à son terme.

« J'ai l'honneur de remettre à votre discrétion la ville, la citadelle et la garnison.

« Je demanderai pour la ville, si cruellement éprouvée déjà, le traitement le plus doux possible; la conservation de ses propriétés particulières.

« Pour les habitants, la vie et les biens saufs, la liberté de s'éloigner.

« Pour la garnison, rien que le traitement que vous jugerez dû à des soldats qui ont fait leur devoir.

« Je recommande à votre humanité les blessés et les malades qui sont actuellement dans les hôpitaux et ambulances.

« Je désigne Monsieur le colonel Ducasse, commandant la place, et Monsieur le lieutenant-colonel Mengin, commandant l'artillerie, pour aller recevoir vos décisions.

« Veuillez me faire connaître le jour, l'heure et le lieu de la convocation.

« Je donne l'ordre de faire cesser le feu sur toute la ligne de défense, et j'ai l'honneur de vous prier de prendre les mêmes mesures de votre côté.

« Veuillez agréer, Monsieur le Lieutenant-Général, l'assurance de ma haute considération.

« Le général de division, commandant supérieur de la 6ᵉ division militaire,

« Uhrich. »

La réponse ne se fit pas attendre. Immédiatement le général de Werder écrivit en ces termes :

« Mundolsheim, le 27 septembre 1870.

« Monsieur,

« Je viens de recevoir votre lettre d'aujourd'hui et je m'empresse d'envoyer à Kœnigshoffen le lieutenant-colonel de Leczynski, mon chef d'état-major, le capitaine comte Henckel de Donnersmarck et le lieutenant de La Roche, pour continuer à traiter des autres détails relatifs à la remise de la place.

« Soyez persuadé que, rendant pleine et entière justice à votre valeureuse et honorable défense, je ne remplirai non seulement de la façon la plus étendue les désirs exprimés par vous, mais prendrai encore toutes les mesures pour alléger le sort de vos valeureux officiers et pour guérir les plaies de la ville.

« Je suis heureux de pouvoir vous exprimer mon estime personnelle et ma haute considération, avec lesquelles je reste votre très dévoué.

« de Werder,

« lieutenant-général et commandant du corps de siège de Strasbourg. »

Le général Uhrich répliqua par une lettre ainsi conçue :

« Strasbourg, le 27 septembre 1870.

« Monsieur le Lieutenant-Général,

« En vous accusant réception de votre lettre en date de ce jour, je dois vous remercier des sentiments d'estime que vous m'exprimez pour ma garnison et pour moi. Croyez bien que, de notre côté, nous rendons pleinement justice à l'armée prussienne et au digne chef qui la commande.

« M. le colonel Ducasse et M. le lieutenant-colonel Mengin, mes fondés de pouvoir, vont partir dans quelques instants pour Kœnigshoffen, pour arrêter, de concert avec vos propres envoyés, la base et les détails de la capitulation.

« Veuillez agréer, etc.

« Le général commandant supérieur de la 6ᵉ division militaire,

« Uhrich. »

« *P. S.* J'espère avoir l'honneur de vous voir et de pouvoir vous remercier de l'intérêt que vous avez bien voulu nous porter, à ma famille et à moi. »

La première nuit sans canonnade depuis quarante-cinq jours !.... Étrangetés de la nature humaine ! On dormit encore plus mal que les nuits précédentes..... Ce silence de mort succédant à l'infernal bruit du bombardement, ce sentiment de sécurité venant trop brusquement remplacer la conscience du danger permanent, cette atmosphère lourdement chargée d'inconnu, d'indécis et, tout de même, d'événements à peu près certains, de déchirements depuis longtemps redoutés, c'en était trop pour permettre aux esprits de se reposer et, psychologiquement, moralement, ce fut peut-être la nuit la plus terrible de cette longue période d'angoisse.

Le 28 septembre. C'est à deux heures du matin que fut conclue, dans les termes suivants, la capitulation de la ville de Strasbourg :

CONVENTION RELATIVE A LA CAPITULATION
conclue à Kœnigshoffen, à 2 heures du matin, le 28 septembre 1870.

« Le comte de Werder, lieutenant-général de S. M. le roi de Prusse, commandant de l'armée assiégeante de Strasbourg, ayant été requis par M. le général de division français Uhrich, gouverneur de Strasbourg, de faire cesser les hostilités contre la place, est convenu avec lui de conclure la capitulation dont les termes suivent, en considération de la défense honorable et courageuse de cette place de guerre :

« Art. 1ᵉʳ. Le 28 septembre 1870, à 8 heures du matin, M. le général de division évacuera la citadelle, la porte d'Austerlitz, la porte Nationale, celle des Pêcheurs. En même temps, ces divers points seront occupés par les troupes allemandes.

« Art. 2. Le même jour, à 11 heures, la garnison française et la garde mobile quitteront la place par la porte Nationale, se placeront entre la lunette 44 et le réduit 37, et déposeront les armes.

« Art. 3. Les troupes de ligne et la garde mobile seront prisonnières de guerre et se mettront immédiatement en marche avec leurs bagages. Les gardes nationaux et les francs-tireurs resteront libres au moyen d'un revers (déclaration écrite de ne pas servir pendant la guerre); ils devront déposer les armes à la Mairie avant 11 heures du matin. A la même heure, les listes nominatives des officiers de ces troupes devront être remises à M. le général de Werder.

« Art. 4. Les officiers et les fonctionnaires ayant rang d'officier de tous les corps de troupes de l'armée française, pourront se rendre à la résidence qu'ils choisiront, à charge de fournir un revers dont la formule est annexée au présent document. Les officiers qui refuseront de signer ce revers seront conduits en Allemagne, avec la garnison, comme prisonniers de guerre. Tous les médecins militaires français conserveront leurs fonctions jusqu'à nouvel ordre.

« Art. 5. M. le général de division Uhrich s'engage, dès que les armes auront été déposées, à remettre tous effets militaires, caisses du trésor, etc., par l'intermédiaire des agents que cette remise concerne, aux fonctionnaires allemands, dans la forme usitée.

« Les officiers et fonctionnaires qui, des deux côtés, seront chargés de cette mission se trouveront, le 28 septembre, à midi, sur la place Broglie, à Strasbourg.

« La présente capitulation a été rédigée et signée par les fondés de pouvoir suivants : du côté allemand, le lieutenant-colonel Leczinsky, chef de l'état-major de l'armée de siège ; le capitaine et aide-de-camp comte Henckel de Donnersmarck ; du côté français, le colonel Ducasse, commandant de Strasbourg, et le lieutenant-colonel Mengin, sous-directeur d'artillerie.

« Lu, approuvé et signé :
« L. Mengin, Ducasse, Henckel de Donnersmarck, Leczinsky.
« Le secrétaire, Baron de Laroche. »

Dès l'aube, le général Uhrich faisait afficher la proclamation suivante :

« Habitants de Strasbourg,

« Ayant reconnu aujourd'hui que la défense de la place de Strasbourg n'est plus possible, et le Conseil de défense ayant unanimement partagé mon avis, j'ai dû recourir à la triste nécessité d'entrer en négociations avec le général commandant l'armée assiégeante.

« Votre mâle attitude pendant ces longs jours de douloureuses épreuves m'a permis de retarder jusqu'à la dernière limite la chute de votre cité. L'honneur civil, l'honneur militaire sont saufs, grâce à vous ; merci !

« Merci à vous aussi, préfet du Bas-Rhin et magistrats municipaux, qui par votre énergie et par votre union m'avez prêté un concours si précieux, qui avez su venir en aide à la population malheureuse et maintenir haut son attachement à notre patrie commune.

« Merci à vous, chefs militaires et soldats, à vous surtout, membres de mon

Conseil de défense, qui avez toujours été si unis de vues, si énergiques, si dévoués à la grande mission que nous avions à accomplir ; qui m'avez soutenu dans les instants d'hésitation que faisaient naître la lourde responsabilité qui pesait sur moi et l'aspect des malheurs publics qui m'environnaient.

« Merci à vous, représentants de notre armée de mer, qui avez su faire oublier votre petit nombre par l'énergie de votre action ; merci enfin à vous, enfants de l'Alsace ; à vous, gardes nationaux mobiles ; à vous, francs-tireurs et compagnie franche ; à vous aussi, artilleurs de la garde nationale sédentaire, qui avez si noblement payé le tribut du sang à notre grande cause aujourd'hui perdue ; et à vous, douaniers, qui avez aussi donné des preuves de courage et de dévouement.

« Je dois les mêmes remercîments à l'intendance pour le zèle avec lequel elle a su parer aux exigences d'une situation difficile, tant pour le service hospitalier que pour celui des vivres.

« Où trouverai-je des expressions suffisantes pour dire à quel point je suis reconnaissant envers les médecins civils et militaires qui se sont consacrés aux soins de nos blessés et de nos malades militaires, envers ces nobles jeunes gens de l'École de médecine, qui ont accepté avec tant d'enthousiasme le poste périlleux des ambulances dans les ouvrages avancés et aux portes ?

« Comment remercier assez les personnes charitables, les maisons religieuses, les établissements publics qui ont ouvert des asiles à nos blessés, qui les ont entourés de soins si touchants et qui en ont arraché beaucoup à la mort ?

« Je conserverai jusqu'à mon dernier jour le souvenir des deux mois qui viennent de s'écouler, et le sentiment de gratitude et d'admiration que vous m'avez inspiré ne s'éteindra qu'avec ma vie.

« De votre côté, souvenez-vous sans amertume de votre vieux général, qui aurait été si heureux de vous épargner les malheurs, les souffrances et les dangers qui vous ont frappés, mais qui a dû fermer son cœur à ce sentiment, pour ne voir devant lui que le devoir, la patrie en deuil de ses enfants.

« Fermons les yeux, si nous le pouvons, sur le triste et douloureux présent et tournons-les vers l'avenir ; là nous trouverons le soutien du malheureux : l'espérance !

« Vive la France à jamais !

« Fait au quartier-général, le 27 septembre 1870.

« Le général de division, commandant supérieur
de la 6ᵉ division militaire,

« Uhrich. »

En même temps le général Uhrich adressait à la garnison un ordre du jour conçu comme suit :

ORDRE DU JOUR.

« Le commandant de place est chargé de désigner à chaque corps son lieu de réunion et sa place pour le défilé. Aussitôt le présent ordre reçu, on fera décharger toutes les armes avec la baguette ; les cartouches seront versées à l'artillerie. Le général recommande à MM. les trésoriers et officiers payeurs de se trouver bien exactement, à midi, au Broglie. La garnison de Strasbourg comprendra qu'il est de sa dignité de conserver le plus grand ordre pendant les dernières heures qu'elle a à passer dans la ville qu'elle a si vaillamment défendue. Le général commandant supérieur remercie tous ceux qu'il a eu l'honneur de commander, du concours dévoué qu'ils lui ont donné, concours qui lui a permis d'accomplir la tâche qui lui avait été confiée. Il sera heureux de pouvoir faire obtenir à la brave garnison de Strasbourg les récompenses qu'elle a si noblement méritées.

« Fait au quartier-général, à Strasbourg, le 28 septembre 1870.

« Le général de division, commandant supérieur,

« UHRICH. »

« Pour copie conforme :

« Le chef d'état-major, LESUEUR. »

De son côté, le maire de Strasbourg faisait afficher une proclamation dont voici les termes :

« Chers concitoyens,

« Après une résistance héroïque et qui, dans les fastes militaires, ne compte que de rares exemples, le digne général qui a commandé la place de Strasbourg vient, d'accord avec son Conseil de défense, de conclure avec le commandant de l'armée assiégeante une convention pour la reddition de la place.

« Cédant aux dures nécessités de la guerre, le général a dû prendre cette détermination en présence de l'existence de deux brèches, de l'imminence d'un assaut qui nous eût été fatal, des pertes irréparables subies par la garnison et ses vaillants chefs. La place n'était plus tenable ; il est entré en pourparlers pour capituler.

« Sa détermination, écartant la loi martiale qui livre une place prise d'assaut aux plus rudes traitements, vaut à la ville de Strasbourg de ne pas payer de contributions de guerre et d'être traitée avec douceur. A 11 heures, la garnison sortira avec les honneurs militaires, et aujourd'hui l'armée allemande occupera la ville.

« Vous qui avez supporté avec patience et résignation les horreurs du bombardement, évitez toute démonstration hostile à l'encontre du corps d'armée qui va entrer dans nos murs !

« Rappelez-vous que le moindre acte agressif empirerait notre situation et attirerait sur la population entière de terribles représailles. La loi de la guerre dit que *toute maison d'où il aurait été tiré un coup de feu sera rasée et ses habitants passés au fil de l'épée*. Que chacun s'en souvienne, et s'il était parmi vous des hommes assez oublieux de ce qu'ils doivent à leurs concitoyens, pour méditer d'impuissantes tentatives de résistance, empêchez-les d'y donner suite. L'heure de la résistance est passée. Résignons-nous à subir ce qui n'a pu être évité. Vous, chers concitoyens, qui, durant ce long siège, avez déployé une patience, une énergie que l'histoire admirera, restez dignes de vous-mêmes à cette heure douloureuse.

« Vous tenez dans vos mains le sort de Strasbourg et le vôtre. Ne l'oubliez pas !

« Le maire, Küss. »

L'ordre du jour qu'on a vu plus haut ne put être lu à la garnison que vers 5 ou 6 heures du matin. Le temps avait fait défaut, non seulement pour préparer les troupes à subir avec calme la loi du vainqueur, mais même pour les mettre au courant des termes de la capitulation. Et l'on raconte que ce 28 septembre, à 9 heures du matin, il y avait, dans un ouvrage avancé, des officiers qui ne connaissaient la reddition que « pour en avoir entendu parler » et qui faisaient encore travailler leurs hommes à une mine destinée à contrebattre les travaux d'approche !

Un programme avait été arrêté sur la demande du général de Werder pour le défilé des troupes devant l'état-major allemand. Ce défilé devait avoir lieu dans l'ordre suivant :

Gendarmerie; 5ᵉ d'artillerie; 9ᵉ d'artillerie; 16ᵉ d'artillerie; 20ᵉ d'artillerie; 3ᵉ compagnie d'ouvriers; 1ᵉʳ régiment du train; génie; 10ᵉ bataillon de chasseurs; 13ᵉ bataillon de chasseurs; 18ᵉ de ligne; 87ᵉ de ligne; régiment de marche, infanterie; garde mobile, artillerie; garde mobile, infanterie; marins; 5ᵉ section d'infirmiers; petits dépôts; douaniers; régiment de marche, cavalerie; détachement du train.

Mais ce défilé ne put avoir lieu, les officiers n'étant plus maîtres des soldats et ne pouvant arriver à les faire se ranger en bon ordre. Quelques détachements se rendirent, il est vrai, en rangs serrés au lieu du rendez-vous, par exemple, les chasseurs à pied, qui traversèrent la ville, les clairons en tête et sonnant vigoureusement, aux acclamations immenses de la foule; mais beaucoup d'autres détachements rompirent les rangs aussitôt après avoir quitté leurs points de ralliement. Ils criaient, juraient, proféraient des menaces contre le général Uhrich et le Conseil de défense, jetaient leurs armes dans l'eau en passant sur les ponts ou les brisaient sur le pavé, de même que les artilleurs avaient, en quittant leur poste, encloué tous leurs canons. Les ovations que leur fait la population, qui, tout entière, se presse sur leur passage, ne font que les exciter davantage, et au faubourg National, où l'on doit se réunir pour la sortie, le désordre est indescriptible. Finalement les officiers arrivent cependant à former des semblants de colonnes et alors une poignante émotion s'empare de tous les assistants. On sent que le moment de la séparation est proche; des officiers et des soldats pleurent de rage, et les habitants qui, par milliers, font la haie à la garnison de Strasbourg, sont cloués sur place, muets, abîmés dans la douleur, comme au moment où le corbillard emportant un être cher se met en mouvement.

Tout à coup retentit le cri de : « En avant, marche ! » et les défenseurs de la forteresse s'engagent sous la voûte mutilée de la porte Nationale ; puis ils disparaissent l'un après l'autre aux yeux des assistants, comme un gigantesque serpent qui fuirait lentement en déroulant ses anneaux. Le dernier soldat français a passé, et aussitôt l'on entend des pas lourds et cadencés, des tambours aux sons grêles, des fifres stridents et une musique jouant une triomphale marche militaire. Ce sont les troupes allemandes qui entrent à Strasbourg.

FIN DE LA DEUXIÈME PARTIE

LE DÉPART DES TROUPES FRANÇAISES APRÈS LA CAPITULATION

TROISIÈME PARTIE

STRASBOURG APRÈS LE SIÈGE

CHAPITRE PREMIER.

Les instructions relatives à la population civile. — Arrêté concernant les officiers français. — Les menus des officiers et des soldats logés chez l'habitant. — Les réquisitions. — Les dépenses de la ville. — La société de secours strasbourgeoise. — L'estimation des dommages. — Les indemnités.

La Commission municipale s'est réunie la veille, à 9 heures, sous la présidence de M. Zopff, adjoint, qui lui a annoncé que le maire avait dû se rendre à Mundolsheim, pour prendre connaissance des conditions civiles de la capitulation.

« Après la séance d'hier, ajoute M. Zopff, nous sommes rentrés en conseil d'administration, et pendant que nous délibérions est arrivé le receveur de l'Œuvre Notre-Dame, annonçant qu'un capitaine d'état-major lui avait apporté l'ordre d'arborer le drapeau blanc sur la tour de la Cathédrale. Nous avons demandé s'il existait un ordre écrit; il n'y en avait pas. Nous nous sommes rendus à la Cathédrale; mais le drapeau blanc flottait déjà. Nous avons demandé alors à être reçus par le général Uhrich, que nous avons trouvé dans son cabinet, sous le poids d'une émotion que nous avons partagée.

« Depuis hier, nous dit-il, l'attaque a marché à pas de géants; à 11 heures, il y avait deux brèches, les colonnes d'assaut étaient préparées; il s'agissait d'épargner à la ville de grands malheurs, et je suis entré en négociations avec le général de l'armée assiégeante. »

M. Zopff rend compte ensuite des précautions qu'il a prises pour éviter tout désordre dans la population et annonce que provisoirement la Commission continuera à fonctionner.

Elle se réunit en effet, pour une deuxième séance, à 2 heures de l'après-midi, sous la présidence de M. Küss, maire, qui l'informe que le matin il s'est rendu, en compagnie de MM. Ch. Bœrsch et O. André, membres de la Commission municipale, au quartier général de Mundolsheim, où le général de Mertens lui a remis des instructions applicables à la ville et à ses habitants, ainsi conçues :

INSTRUCTIONS RELATIVES A LA CAPITULATION DE LA VILLE.

« 1. L'état de guerre et de siège continue à subsister, et toute espèce de délits et de crimes, principalement les infractions aux ordres de M. le général commandant supérieur de la place, sont, quelle que soit la qualité des contrevenants, justiciables des conseils de guerre et punis en conformité de la loi martiale.

« 2. Les habitants de la ville sont tenus de livrer au quartier général toutes les armes ou munitions qui sont en leur possession, sans en rien excepter. La dénomination d'armes comprend les armes de tir, sabres, épées, poignards, cannes à épée. Les propriétaires de maisons sont responsables de l'exécution du présent ordre; dans les bâtiments dont les propriétaires sont absents, l'administration municipale est chargée de faire des visites domiciliaires minutieuses et de requérir, le cas échéant, l'assistance de l'autorité militaire.

« 3. Est interdite, jusqu'à nouvel ordre, la publication de tous journaux, gazettes, proclamations et, en général, de tous les imprimés, à l'exception des arrêtés qui auront été pris en vertu d'une autorisation du général commandant supérieur de la place.

« 4. Les habitants sont informés que, dans le cas où les troupes allemandes seraient, d'un bâtiment quelconque ou d'un lieu quel qu'il soit, l'objet d'une agression armée, les troupes sont autorisées à entrer dans le bâtiment et à passer par le fil de l'épée tous les hommes adultes.

« 5. Par contre, les troupes respecteront la propriété privée, et les réquisitions n'auront lieu qu'avec l'autorisation du général commandant supérieur de la place.

« 6. Tous les lieux publics devront être fermés à 9 heures du soir. Toutes les personnes qui seront rencontrées dans les rues après 9 heures du soir seront arrêtées par les hommes de garde ou les patrouilles et conduites au siège du commandement de la place. Des exceptions à cette mesure ne peuvent être accordées qu'en faveur des médecins civils qui ont à faire des visites urgentes à des malades, et même dans ce cas, à la demande des autorités municipales et au vu d'une autorisation écrite qui sera délivrée par le général commandant la place.

« 7. Les autorités municipales ont à organiser l'éclairage suffisant de toutes les rues et places pendant l'obscurité. Dans le cas où un éclairage convenable ne pourrait être fourni immédiatement, chaque habitant qui circulera dans les rues et sur les places, depuis la tombée de la nuit jusqu'à 9 heures, est tenu d'être porteur d'une lanterne.

« 8. Les consignes des portes de la ville ont reçu l'ordre de ne laisser entrer ni sortir aucun habitant, à partir d'aujourd'hui à midi jusqu'à demain à 10 heures, à moins d'une autorisation spéciale délivrée par M. le général commandant supérieur de la place. A partir de demain matin à 10 heures, les femmes et les enfants de la population civile seront admis à passer librement.

« 9. Provisoirement les magasins militaires pourvoiront à l'entretien des troupes allemandes; mais les autorités municipales auront, dans le plus bref délai, à prendre des mesures à l'effet de préparer des logements, sans nourriture, à 8000 hommes dans les maisons particulières, dans les dépôts et dans les casernes encore habitables.

« Signé : Mertens.

« Strasbourg, le 28 septembre 1870. »

« L'administration municipale, ajoute le maire, va être chargée de grands devoirs et d'une besogne difficile, auxquels elle aura peine à suffire; elle fait appel à la bonne volonté des membres de la Commission et leur demande de vouloir bien lui servir d'auxiliaires. »

Le maire donne ensuite communication d'une demande spéciale qui lui a été faite : la ville doit procurer au général en chef une résidence convenable et pourvoir aux frais quotidiens d'une table de dix couverts. L'hôtel de la division pourra servir prochainement de lieu de résidence; mais en attendant qu'il soit en état, le général de Werder s'installera à l'hôtel de la Maison-Rouge.

Le maire demande à la Commission l'autorisation de pourvoir aux dépenses qui résulteront de l'état de choses qu'il vient d'indiquer. Cette autorisation est accordée.

M. A. Saglio demande, si, dans ses pourparlers avec le général, M. le maire a touché à la question de la Commission municipale. A-t-elle cessé d'exister ou bien est-elle maintenue et, dans ce cas, quel est son rôle? A-t-elle autre chose à faire qu'à enregistrer des ordres et dès lors sa mission n'est-elle pas terminée ?

M. le maire répond que la question n'a pas été examinée, mais qu'il lui semble que l'on considère la Commission comme continuant d'exister.

M. Klein dit que sans doute les ordres donnés par les autorités militaires seront à exécuter purement et simplement, mais qu'il y aura à résoudre des questions indépendantes de l'administration militaire et pour lesquelles le concours de la Commission pourra être utile à l'administration municipale. M. Mallarmé s'exprime dans le même sens.

La Commission s'occupe alors de l'importante et urgente question de loger le soir même 8000 hommes.

Divers avis sont émis; après quoi MM. Weyer, Kablé et Eissen veulent bien se charger de faire immédiatement les courses et les démarches nécessaires pour installer le plus d'hommes possible dans les casernes que le feu n'a pas détruites, afin d'éviter aux habitants, autant que faire se peut, la charge du logement militaire. Mais nous avons vu que la plupart des bâtiments militaires avaient été détruits et l'on ne put abriter qu'un nombre relativement restreint d'hommes dans ceux qui subsistaient; de sorte que toutes les maisons particulières durent loger des soldats, et cela, dans bien des cas, en quantité hors de proportion avec la place dont les propriétaires disposaient. Ce n'était, du reste, pas la question d'abri qui guidait l'administration militaire lorsque celle-ci répartissait ses troupes dans tous les coins de la ville. En mettant des garnisaires chez l'habitant, elle avait dans chaque maison une sorte de poste de surveillance, et, dans chaque rue, des détachements qu'un son de clairon réunirait en quelques secondes et qui marcheraient, les armes chargées, au premier incident qui pourrait surgir. Il n'y eut pas, heureusement, de troubles sérieux à réprimer. L'autorité militaire aurait certainement sévi d'une façon terrible.

La veille, vers 2 heures de l'après-midi, un soldat français, un zouave, qui prétendait défier, à lui seul, toute l'armée ennemie, qui n'avait pas voulu sortir de la ville avec ses camarades, et qui était allé boire, ayant rencontré trois soldats allemands qui cherchaient leur logis, les injuria d'abord, puis les menaça, et comme ils lui paraissaient ne pas se préoccuper suffisamment de ses bravades, il dégaîna et blessa légèrement l'un d'eux. Aussitôt ils lui attachèrent les mains derrière le dos avec un mouchoir, le poussèrent contre la porte cochère de la maison de la rue Sainte-Madeleine qui fait face à la place des Orphelins et, s'éloignant de quelques pas, firent feu. Le pauvre diable fut frappé à mort par une seule balle, les deux autres avaient porté trop à droite et allèrent siffler aux oreilles de deux servantes qui causaient ensemble derrière la porte, sans même se douter de ce qui se passait dans la rue[1].

[1] *Souvenirs du bombardement de Strasbourg*, par Signouret, p. 264.

D'autres attaques isolées furent commises contre les soldats allemands et l'on raconta que trois hommes d'un régiment d'infanterie furent tués dans la nuit qui suivit l'occupation. Quoi qu'il en soit, le général de Werder manda le maire auprès de lui et, entouré de son état-major, l'apostropha en ces termes :

« Monsieur le maire, les choses ne peuvent continuer de la sorte. On assassine mes soldats dans votre ville et j'entends vous en punir. Demain je fais une entrée triomphale à la tête de mon armée, à travers les faubourgs incendiés ; le maire et le Conseil municipal viendront à ma rencontre et me remettront les clefs de la cité. Et Strasbourg paiera 4 millions de contribution de guerre. »

Le docteur Küss l'écouta, puis, lentement, avec ce calme souverain qui ne le quitta pas un instant dans cette âpre lutte de tous les moments :

— « Général, répondit-il, vous pouvez faire ce que vous voulez, parce que vous êtes le plus fort. Seulement, ne comptez pas sur la remise des clefs, car nous n'irons pas ; vous nous enverrez à Rastatt, si la chose vous plaît. Quant à l'entrée triomphale, je vous ferai observer que mes concitoyens ont encore des armes et qu'ils s'en serviront. Vous aurez un massacre, nous serons tués et brûlés, nous le savons, mais nous y sommes résignés. »

Et, sur ces mots, le maire sortit. Quelques heures après il fut encore mandé auprès du général de Werder. « J'ai réfléchi, lui dit celui-ci. Vous tenez le sort de vos concitoyens entre vos mains. Voici ce que j'ordonne : demain, un service d'actions de grâce sera célébré à l'église Saint-Thomas et j'entends que vous y assistiez avec la Commission municipale. Si non, je me mets à la tête des troupes, je fais mon entrée et la ville paie 4 millions. Allez ! » [1].....

Et le lendemain, le maire, accompagné d'un certain nombre de membres de la Commission municipale, assista au service divin de l'église Saint-Thomas, l'âme navrée, brisé de douleur, mais avec le sentiment d'avoir sauvé sa ville natale d'un nouveau désastre. Le caractère de cette pénible démarche a été odieusement travesti par quelques écrivains qui n'ont voulu y voir qu'un acte de faiblesse et de vaine condescendance envers le vainqueur. L'histoire, plus impartiale, y verra, au contraire, le plus dur de tous les sacrifices imposés au professeur Küss et à ses collaborateurs par l'intérêt de leurs concitoyens. Ceux-ci, du reste, ont, quelques mois après, saisi l'occasion de témoigner à ces hommes qu'ils n'avaient pas démérité de leur estime, et ont envoyé plusieurs d'entre eux siéger à l'Assemblée de Bordeaux avec le mandat de conserver Strasbourg et l'Alsace à la France.

[1] *La guerre en Alsace — Strasbourg*, par A. Schnéegans, p. 303 et s.

L'armée des assiégeants avait donc pris possession de la ville et une légion d'officiers et de sous-officiers s'étaient aussitôt mis à dresser le relevé du butin de guerre que renfermait la forteresse. Ce butin comprenait, d'après l'ouvrage du major Wagner[1] :

1277 canons et mortiers en bronze, dont 489 canons rayés (plus du sixième du chiffre total des pièces d'artillerie conquises pendant la guerre); 900 affûts; un

La Porte Nationale avant le bombardement.

nombre considérable de voitures de toute sorte; environ 140,000 fusils, mousquetons et pistolets et 49,000 sabres et baïonnettes; 5500 quintaux de poudre; 146,000 projectiles pour canons rayés et 210,000 projectiles pour canons lisses; 16,000 bombes et 1200 quintaux de balles de mitraille; 594,000 tubes explosifs, 5600 fusées à bombe, en bois; 180 fusées seulement en métal; 213 fusées à shrapnels et 105 fusées lumineuses; 10 $1/2$ millions de cartouches, dont 3 $1/2$ millions pour chassepots; des quantités considérables de fer, de plomb, de cuivre, de bois de construction; un grand train de pontons et huit fourgons chargés de matériel et

---

[1] *Geschichte der Belagerung von Strassburg im Jahre 1870*, von Reinhold Wagner, p. 829 et s.

d'outils, qui servirent, pendant le reste de la guerre, aux pionniers prussiens; 14,000 pelles; 8600 pioches, 4500 haches et 7400 couteaux à fascines, qui furent mis en usage devant les autres forteresses de l'Alsace[1].

Puis on trouva d'énormes quantités d'effets d'habillement et d'équipement: environ 50,000 tuniques, pantalons et capotes; 250,000 mètres de drap; 24,000

La Porte Nationale après le bombardement.

couvertures de laine[2], des quantités de ceintures de flanelle, de chemises, 26,000 paires de souliers; 1000 chevaux de cavalerie et quelques centaines de chevaux du train, sellés et équipés.

En fait de vivres, il restait 1800 quintaux de biscuits, 350 quintaux de pain,

---

[1] On pourrait s'étonner en lisant le relevé de ce riche butin de guerre, de la parcimonie qui avait été sans cesse imposée à l'artillerie de la place dans la dépense des projectiles. Mais il ne faut pas oublier que les remparts de Strasbourg étaient garnis de canons de tout calibre et de tout âge, et les munitions disponibles ne s'adaptaient pas, sans doute, à ce matériel dépareillé.

[2] Une certaine partie de la population avait commencé le pillage des magasins et avait emporté des pièces de drap et des couvertures.

14,800 quintaux de farine, 4700 quintaux de blé, 350 quintaux de sel, 860 quintaux d'orge et d'avoine, 3000 quintaux de foin et 800 quintaux de paille. Dans les caisses publiques se trouvaient encore plusieurs millions de francs[1].....

Quelle aubaine pour la continuation de la guerre!.... Mais la prise de Strasbourg ne devait pas seulement apporter au roi Guillaume un grand contingent de ressources matérielles ; elle devait lui procurer aussi des troupes de renfort pour les autres sièges et les champs de bataille. Le dernier prisonnier de guerre français, en effet, n'avait pas encore disparu sous la voûte de la porte Nationale, que déjà l'état-major général allemand avait disposé des trois divisions du corps de siège pour leur assigner une autre destination..... Le 14e corps d'armée, nouvellement formé, franchit, peu de jours après, la crête des Vosges pour pénétrer au cœur de la France, et la division de la Landwehr de la garde fut expédiée par chemin de fer sur Paris, pendant que les troupes laissées à Strasbourg étaient employées immédiatement à remettre en état la forteresse délabrée. Les ouvrages de défense furent réparés et fraîchement armés de canons français, dont on apprit avec rapidité la manœuvre aux artilleurs allemands ; les travaux d'approche furent rasés, les batteries de siège désarmées et préparées, avec le matériel, pour de nouvelles opérations ; les routes barrées et les portes furent rendues à la circulation et le pont de bateaux reliant le territoire alsacien à Kehl fut rétabli[2]. En quelques heures, pour ainsi dire, Strasbourg était transformé en forteresse allemande.

La COMMISSION MUNICIPALE tient, à 9 heures du matin, une séance au début de laquelle le maire lui donne lecture de la capitulation et annonce qu'il a été chargé par le général Uhrich de transmettre ses adieux aux membres de la Commission et de leur renouveler ses remercîments pour les témoignages d'estime et de sympathie qu'il a reçus de leur part. M. le général Uhrich a en même temps remis au maire un rouleau de 1000 fr. pour les victimes du bombardement. A ce moment on introduit MM. les délégués du Conseil fédéral suisse. La parole est donnée à M. le Dr Bischoff, de Bâle, qui s'exprime en ces termes :

« Messieurs,

« Il y a quinze jours nous avons éprouvé à Strasbourg une impression pénible à l'aspect de vos misères, et nous avons fait notre possible pour obtenir en faveur d'une partie de votre population des permissions de sortir de la ville et pour lui préparer un bon accueil dans notre patrie.

---

[1] Tous ces chiffres sont faits pour nous étonner. Ils nous paraissent en tous cas bien élevés.
[2] *Geschichte der Belagerung von Strassburg im Jahre 1870*, von Reinhold Wagner, p. 833 et s.

« Aujourd'hui nous avons ressenti une impression non moins douloureuse.

« Le danger de mort n'est plus suspendu sur vos têtes ; mais l'œuvre de destruction a marché ; partout nous avons vu des ruines.

« La délégation de notre Société s'est quelque peu modifiée. Les délégués de vingt cantons se sont réunis à Olten et nous avons pris la résolution de faire tous nos efforts pour vous secourir. J'ai l'honneur de vous présenter mes collègues, M. le Dr Wurtz et M. Frey, de Bâle. Nous ne nous dissimulons pas que nos moyens de vous secourir sont faibles ; mais, nous en avons la conviction, ceux que nous pourrons fournir auront leur efficacité.

« Veuillez nommer un Comité qui s'entendra avec nous sur les mesures qu'il convient de prendre. Permettez-moi de vous soumettre à ce sujet quelques idées générales. Nous avons pensé d'abord à accueillir les malades, ceux qui ont souffert des angoisses du bombardement et qui ont besoin de trois à quatre semaines de repos.

« On nous a objecté qu'en ce moment peu de Strasbourgeois seraient disposés à accepter ces offres. Nous en parlons toutefois, et si des personnes estimables se trouvent dans cette triste position, nous serons heureux de leur faire un cordial accueil.

« Les vivres ne vous manquent pas ; vous avez des farines et des spiritueux, mais certaines denrées vous manquent ; donnez-nous l'état de vos besoins, nous enverrons de suite les dépêches télégraphiques nécessaires.

« Vos restaurants populaires sont dignes d'éloges. Ne pourrions-nous pas les subventionner ?

« Il existe une classe fort intéressante ; ce sont les habitants qui ont quelques ressources propres, mais qui ont néanmoins besoin d'être secourus. Nous nous intéressons surtout à cette partie de votre population. Il s'agit aussi des personnes originaires de Strasbourg, appartenant aux classes ouvrières, qui sont privées de ressources et voient approcher l'hiver avec de vives appréhensions.

« Veuillez nous indiquer les voies et moyens. Si vous avez besoin d'argent, nous serons heureux de vous en fournir, car nous sommes persuadés que les fonds seront bien employés. »

M. Bischoff termine par de chaleureuses protestations de sympathie pour la ville de Strasbourg. Il indique les diligences qui ont permis aux délégués d'entrer à Strasbourg même avant les troupes prussiennes. Il a foi dans l'intervention providentielle ; il est heureux de renouer la chaîne des traditions et des alliances du moyen âge. A cette occasion il rappelle un souvenir historique.

« Lorsque la ville de Bâle fut détruite par un tremblement de terre, on voulut changer l'emplacement de la cité ; mais les représentants de Strasbourg conseillèrent de maintenir l'ancien territoire et aidèrent de leur argent à la reconstruction de Bâle. Aujourd'hui, dit-il, nous voulons aider à la reconstruction de Strasbourg. »

Cette allocution est accueillie par d'unanimes applaudissements. MM. Wurtz et Frey se joignent à leur collègue pour exprimer à la Commission municipale leurs sentiments de vive sympathie pour les souffrances de la ville de Strasbourg. Puis la séance est levée pour être reprise à 2 heures de l'après-midi.

Le maire dit qu'une dépêche télégraphique arrivée de Cologne dans la matinée et adressée au général de Mertens, annonce la formation dans cette ville d'un Comité pour venir au secours des malheureux de Strasbourg et demande en quoi consistent les besoins les plus urgents. La Commission décide que des remerciments seront adressés au Comité de Cologne pour son témoignage de charitable sympathie.

M. le maire informe la Commission qu'il a été reçu par le général de Werder, qui a fait une courte apparition à Strasbourg, et que le général se propose de faire une entrée solennelle[1]. Il habitera l'hôtel de la Ville-de-Paris, qui est réservé tout entier pour lui et son état-major. Le maire a appris aussi l'arrivée prochaine du gouverneur d'Alsace, le comte de Bismarck-Bohlen, et de son ministre, M. de Kühlwetter. Comme il incombera à la commune de leur procurer un lieu de résidence, la Commission est dès à présent invitée à se préoccuper de la question.

M. Zopff, adjoint, annonce que la ville de Landau a envoyé trois délégués qui désirent rendre compte à la Commission de l'objet de leur mission. MM. les délégués sont introduits. L'un d'eux expose qu'une association s'est formée à Landau à l'effet de secourir Strasbourg, que Landau considère comme une sœur, car à une autre époque, elle a éprouvé les mêmes souffrances. Il demande ce que le Comité peut faire et comment il se rendra le plus utile. Est-ce au moyen d'argent ou en procurant des vivres ?

Le maire exprime en termes chaleureux sa vive reconnaissance pour l'offre de la ville de Landau.

M. Zopff dit qu'il doit conférer le soir, sur les mêmes questions, avec les délégués suisses, et prie les délégués de Landau de vouloir bien assister à cette réunion. C'est là qu'on pourra le mieux s'entendre sur la nature des secours les plus urgents.

---

[1] On a vu, quelques pages plus haut, comment cette humiliation a été épargnée à la ville.

Le maire donne lecture du projet de délibération à adresser aux délégués suisses, conformément au vœu exprimé par la Commission. Ce projet est ainsi conçu :

« Le 29 septembre, dans sa séance du soir, la Commission municipale, qui, dans la matinée, avait été honorée de vos communications, a, par un élan unanime et spontané, pris une délibération qui exprime de nouveau les sentiments de profonde reconnaissance dont elle est pénétrée pour la noble nation helvétique.

« En même temps, la Commission, appréciant le dévouement déployé par MM. les délégués dans l'accomplissement de leur généreuse mission, leur a offert ses très sincères remercîments. »

Cette rédaction est approuvée. M. Schweighæuser fait remarquer que le corps des sapeurs-pompiers n'a pas été mentionné dans la proclamation du général Uhrich. S'il y a lieu, dit-il, de réparer cet oubli, je propose à la Commission de témoigner encore une fois de sa reconnaissance au corps tout entier pour les services éclatants que celui-ci a rendus pendant la durée du siège. La Commission adhère à cette proposition et renouvelle sa déclaration, que le corps des sapeurs-pompiers, et, en particulier son brave commandant, M. Gœrner, ont bien mérité de la ville de Strasbourg. »

Le 30 septembre et jours suivants. Nous cesserons ici de consacrer à chaque jour sa rubrique spéciale. Nous ne pouvons, en effet, raconter en détail ce qui s'est passé à Strasbourg, chaque fois pendant 24 heures, immédiatement après le siège, et ensuite, jusqu'à la conclusion du traité de Francfort et au delà. Nous devons nous borner à citer l'un ou l'autre des incidents qui ont suivi la capitulation et nous aurons surtout, dans cette troisième partie de notre travail, à reproduire de nombreux documents, dispersés de tous les côtés, et qu'il y a intérêt pour le lecteur, comme pour les historiens futurs, à trouver réunis en un seul faisceau.

Les arrêtés administratifs pleuvent sur la ville. En voici un qui réquisitionne des ouvriers civils :

Commune de Strasbourg.

RÉQUISITION.

« Par ordre de M. le colonel du génie, la ville est mise en réquisition pour fournir, demain samedi, à six heures du matin, 750 travailleurs civils. MM. les entrepreneurs et chefs ouvriers en bâtiments sont tenus d'envoyer leurs ouvriers à l'heure indiquée sur la place Broglie, près du théâtre, pour les mettre à la disposition de l'autorité militaire. Les ouvriers qui refuseraient de se rendre à ce travail ou les personnes qui emploieraient des ouvriers à des travaux de déblaiement ou autres de cette nature, pour leur propre compte, s'exposeraient à toutes les conséquences de la contravention.

« Les maçons, charpentiers, menuisiers, serruriers recevront 2 fr. 50 c. par jour, les manœuvres 2 fr.

« Strasbourg, le 30 septembre 1870. « Pour le maire :
« L'adjoint délégué, A. Zopff. »

Un autre arrêté municipal, rendu par ordre « de M. le lieutenant-colonel Kraus, deuxième commandant de place », interdit, « sous les peines les plus sévères », de faire sortir de la ville des chevaux provenant de l'armée française.

Un avis de la municipalité engage « les personnes qui, par suite des malheurs éprouvés dans ces derniers temps ou qui, dans le but d'améliorer l'état de leur santé, voudraient, sous la protection des délégués de la Suisse, jouir de quelques semaines de repos dans ce beau et généreux pays », à se faire inscrire à l'Hôtel du Commerce.

Avis de l'autorité militaire, touchant les officiers français qui sont restés dans la ville :

Commune de Strasbourg.

AVIS

A MM. LES OFFICIERS FRANÇAIS SÉJOURNANT A STRASBOURG.

« MM. les officiers français, laissés libres sur parole, qui séjournent encore dans cette ville, sont invités à ne plus paraître en public avec leurs armes. Ceux qui ne tiendraient pas compte de cette invitation s'exposeraient à être mis en état d'arrestation.

« Il est aussi porté à leur connaissance qu'ils ne pourront pas prolonger leur séjour à Strasbourg au delà du 6 du courant. Si d'ici là ils jugent convenable de sortir en uniforme, ils sont priés de saluer militairement les officiers allemands qu'ils rencontreront.

« Après le 6 octobre, il leur sera loisible de se rendre au lieu de résidence de leur choix, mais il ne leur sera plus permis de rester à Strasbourg même. En n'observant pas cette recommandation, ils s'exposent au désagrément d'être arrêtés et conduits hors de la ville.

« Strasbourg, le 1er octobre 1870.

« Par ordre du commandant de place,
« de Wangenheim,
« Lieutenant-colonel et chef d'état-major. »

Mais voici un document plus intéressant que tous les autres. C'est une ordonnance réglant les obligations des habitants envers les officiers et soldats qu'on leur a donnés à loger :

AVIS PUBLIÉ PAR ORDRE DE M. LE GÉNÉRAL COMMANDANT EN CHEF

Délibéré à Strasbourg, le 1er octobre 1870 : concernant l'organisation du mode d'entretien des officiers, fonctionnaires et hommes qui font partie de la garnison, il a été arrêté ce qui suit :

« A. *Officiers et fonctionnaires.*

« 1° Les officiers et fonctionnaires seront logés et nourris par les habitants.

« 2° Ils ont droit à : *a)* Le matin, un déjeuner, composé de café ou thé avec petit pain ; *b)* un second déjeuner, composé de bouillon et d'un plat de viande avec légumes ; *c)* un dîner, composé de potage, deux plats de viande avec légumes ou salade, dessert ou café ; *d)* pour la journée, deux litres de bon vin de table et cinq bons cigares.

« 3° Selon le désir des officiers ou fonctionnaires, le dîner pourra être reporté à midi, et dans ce cas on leur servira un souper conformément à l'art. 2 *b,* lequel remplacera le second déjeuner.

« 4° Si le propriétaire ne veut pas fournir la nourriture en nature, il est libre de la leur faire donner, à ses frais, dans un des bons hôtels ou restaurants de la ville, autant que possible dans les environs de sa maison.

« 5° Pour les jours écoulés depuis l'entrée des troupes à Strasbourg jusqu'au 1er octobre inclusivement, il sera fait, pour l'entretien des officiers et fonctionnaires, un règlement en argent, dont le compte spécial sera présenté à la mairie.

« B. *Sous-officiers et soldats.*

« 6° Les soldats non logés dans les postes et casernes, mais chez l'habitant, ont le droit d'exiger chacun :

a) Un déjeuner composé de café ; *b)* un dîner, comprenant soupe, une livre de viande avec légumes (riz, gruau, haricots, pois, pommes de terre, etc.); *c)* un souper, composé d'un plat chaud ; *d)* pour toute la journée : une livre et demie de pain, un demi-litre de vin ou un litre de bière ou un décilitre d'eau-de-vie, plus cinq cigares ou une quantité correspondante de tabac.

« 7° L'entretien des troupes logées dans les casernes ou dans les postes aura lieu par voie d'impositions spéciales qui seront mises à la charge de la ville.

« 8° Les mesures ci-dessus stipulées entreront en vigueur à partir du 2 octobre courant.

« 9° M. le maire est invité, après en avoir pris connaissance, à les faire publier immédiatement.

« De par le commandant du corps :

« Le chef d'état-major, DE LECZYNSKI, lieutenant-colonel.

« Strasbourg, le 1ᵉʳ octobre 1870.

« Vu : Le maire, Küss. »

Ce n'était pas une charge légère qu'on imposait là à une population en partie ruinée par un bombardement terrible.

Nous avons dit qu'au moment du départ des troupes françaises, une partie de la population avait commencé à enlever des magasins militaires les couvertures et les pièces de drap qui s'y trouvaient amoncelées. L'autorité allemande, informée du fait, ne tarda pas à publier un avis invitant ceux qui auraient entre leurs mains « des objets de literie militaire provenant, soit des casernes, soit du magasin central », à les rapporter dans les vingt-quatre heures à la caserne d'Austerlitz. « Toute personne, ajoutait l'avis, convaincue d'avoir contrevenu à cette injonction, sera traduite devant les conseils de guerre ».

Les Allemands étaient entrés à Strasbourg le 28 septembre et le 1ᵉʳ octobre ils y avaient rétabli un service régulier des postes. Encore une preuve des soins méthodiques qui avaient présidé à la préparation de cette campagne de 1870. Oui, deux jours après la reddition, la poste allemande était installée dans nos murs, expédiant lettres ordinaires et lettres recommandées (sans indication de valeur), journaux, imprimés et échantillons. Les lettres devaient être remises ouvertes et des employés spéciaux en vérifiaient le contenu, pour voir si elles ne contenaient rien qui pût ressembler à un renseignement militaire ou à quelque attaque contre l'autorité allemande. Les timbres-poste français étaient mis hors de service et remplacés par des timbres spéciaux que l'administration vendait dans toute l'étendue des pays occupés. Ces timbres étaient de cinq espèces différentes et se distinguaient par leur couleur, savoir : 1 centime, vert clair; 2 centimes, brun rouge; 4 centimes, gris; 10 centimes, brun clair; 20 centimes, bleu clair. Ils portaient comme inscription le mot *Postes* et l'indication de la valeur.

En même temps qu'elle rétablissait le fonctionnement du service postal, l'administration allemande rendait aux journaux l'autorisation de paraître. La mairie reçut à ce sujet, du général de Mertens, un avis ainsi conçu :

« La mairie est prévenue que je ne m'oppose pas à la réapparition des journaux qui ont été publiés jusqu'à présent dans cette ville.

« Mais je recommande tout particulièrement à la mairie d'informer d'une manière spéciale les rédacteurs de toutes les feuilles et publications que cette faculté ne peut être accordée qu'à la condition de ne faire paraître dans les journaux aucune discussion politique.

« Le texte de toutes les publications sera allemand ou bien allemand et français. Le texte des annonces sera tel que le public le désirera.

« Il sera obligatoirement déposé trois exemplaires de chaque journal aussitôt qu'il paraîtra. On n'exercera aucune censure. Mais dans le cas où il paraîtrait des articles hostiles à l'Allemagne ou aux institutions allemandes, le journal qui les aurait publiés serait supprimé immédiatement, sans avertissement et à titre définitif. »

Le *Républicain de l'Est,* dont le premier numéro avait paru dans les derniers jours du bombardement, ne songea pas à continuer sa publication ; l'*Impartial du Rhin,* qui avait été l'organe officieux de la préfecture impériale, renonça également à reparaître. Le *Courrier du Bas-Rhin* crut rendre service à la population en reprenant, provisoirement, le cours de son existence, pour donner au moins au public, à défaut d'articles politiques, les nouvelles du dehors et le texte, avec traduction française, des nombreux avis, ordres et communications qui sortaient des bureaux de l'autorité militaire. Mais c'était là une pénible besogne, et M. Charles Bœrsch, rédacteur en chef, se retira au bout de quelques jours ; puis M. Auguste Schnéegans donna sa démission, et enfin l'auteur de cet ouvrage, qui était resté à son poste sur la sollicitation d'un nombreux personnel ouvrier qu'un chômage prolongé aurait réduit à la misère, quitta la rédaction le jour où le propriétaire du *Courrier du Bas-Rhin* céda ses ateliers typographiques et son journal à M. Schauenburg, imprimeur à Lahr[1].

Nous avons reproduit plus haut un avis officiel réglant les « devoirs » hospitaliers des habitants à l'égard des officiers et soldats logés dans les maisons particulières. Il est difficile de faire le relevé des dépenses qui sont tombées, de ce chef, à la charge de la population ; mais, grâce aux documents de la comptabilité municipale, on peut dresser le bilan des réquisitions imposées à la commune de Strasbourg par l'autorité militaire allemande.

La ville, pour laquelle le bombardement a déjà entraîné une dépense supplémentaire d'environ 135,000 fr. (rémunérations supplémentaires aux employés, environ 4800 fr. ; création et service du cimetière du Jardin botanique, 4200 fr. ;

---

[1] Le *Journal d'Alsace* a racheté, plus tard, le *Courrier* des mains de l'imprimeur badois.

solde du corps des pompiers, 40,000 fr.; travaux de déblaiement et de sécurité, 75,000 fr., etc.), a eu à payer sur réquisition, pour logement et alimentation des troupes, 656,000 fr.; attelages et fourrages, 71,750 fr.; déblaiement, reconstruction et réparation de bâtiments militaires et d'ouvrages fortifiés, 417,000 fr.; fourniture et entretien de meubles, literie et linge, 137,500 fr.; chauffage et éclairage, 87,700 fr.; service de l'hôpital militaire et de diverses ambulances, 88,000 fr.; entretien de l'hôtel du gouverneur, installation d'un casino pour les officiers, location provisoire d'un bâtiment pour la préfecture, 21,000 fr.; contribution aux frais d'estimation des dommages causés par le bombardement, 64,000 fr., etc., etc. En tout, 1,613,600 fr., chiffres ronds. Il convient d'ajouter que sur les incessantes réclamations de la municipalité, l'administration allemande a fait à celle-ci des remboursements successifs de 1,178,360 fr., de sorte qu'il est resté à la charge de la ville une somme de 435,345 fr.

Si la ville a été durement mise à contribution de ce côté, il est juste de reconnaître que, d'autre part, elle a reçu de larges secours qui lui ont permis de soulager bien des misères. Aussitôt après la capitulation le général de Werder lui fit remettre quarante bœufs qui devaient être abattus et distribués entre les indigents; mais la municipalité préféra vendre ces animaux et employer le produit de la vente en secours pécuniaires; elle en retira 16,225 fr. Les curieux qui venaient, de tous les côtés de l'Europe, contempler la ville bombardée, se dirigeaient en foule vers la citadelle, où il n'était pour ainsi dire resté pierre sur pierre; l'autorité militaire songea à exploiter cet empressement au profit de l'assistance publique et préleva un droit d'entrée de un thaler (3 fr. 75 c.) par personne; le produit de cette perception, soit 60,100 fr., fut versé à la ville; celle-ci reçut en outre 548,463 fr. provenant de dons, collectes et souscriptions. Au total, une somme de plus de 624,800 fr.

Sur ces fonds, environ 3750 fr. furent attribués à des fonctionnaires français qui ne pouvaient pas toucher leurs appointements ou leur pension; 2500 fr., secours à des employés de la ville; 9565 fr. au personnel sans emploi du théâtre; 7145 fr. à des prisonniers de guerre français et à des personnes civiles rentrant en France; 10,000 fr. aux Restaurants populaires; 392,678 fr. au Comité de secours strasbourgeois[1]; 5760 fr., secours à des pompiers blessés; 12,500 fr. à d'autres personnes blessées; 74,578 fr. à des familles ayant perdu leur soutien, à des personnes ayant perdu leur gagne-pain, ou ayant subi d'autres pertes, ou,

---

[1] Nous parlerons plus loin de ce comité.

enfin, étant tombées, par quelque autre cause, dans la détresse et le dénûment; 100,000 fr. au bureau de bienfaisance pour la création d'une cuisine populaire, etc., etc. Au total, une somme de plus de 625,000 fr. (environ 380 fr. de plus que les recettes)[1].

Mais la municipalité, qui était accablée de besogne, ne pouvait suffire à porter efficacement aide à tous ceux qui demandaient à être secourus ou qui méritaient de l'être, et elle salua avec joie la création d'un Comité autonome d'assistance publique qui offrit de soulager, dans toute la mesure du possible, les misères que le bombardement avait accumulées.

Dès le 1er octobre, M. André, président du conseil des prud'hommes, soumettait à l'approbation de M. Küss, maire, une première liste, composée de MM. Momy, notaire; François Ehrmann, artiste-peintre; Petiti fils, architecte; Ungemach, négociant. Cette commission tint sa première séance le 2 octobre, mais elle ne fut pas longue à s'apercevoir qu'elle était trop restreinte en nombre pour pouvoir suffire à l'étendue de la mission qui lui était confiée, et le 7 octobre elle présentait au maire, qui l'approuvait le même jour, une nouvelle liste de membres. Le *Comité de secours strasbourgeois* se trouva constitué[2]. La composition était la suivante :

Président d'honneur : M. Küss, maire; membres : MM. André, entrepreneur; Aufschlager, courtier de commerce; Baltzer, ancien lithographe; G. Bergmann, membre de la chambre de commerce; Bernard, receveur des hospices; Fr. Ehrmann, artiste-peintre; Jacques Flach, avocat; Friedel cadet, banquier; Greyenbühl, négociant; Charles Grün, négociant; Huck, marchand de bois; Kœhren, capitaine des pompiers; Ed. Krafft, ingénieur civil; Momy, notaire; Noiriel, libraire; Ott, peintre; Rœthlisberger, ancien négociant; Victor Schæffer, courtier de commerce; Schlagdenhauffen, architecte; Victor Schwartz, ancien négociant; Jules Schwartz, banquier; Ungemach, négociant; Wolff, avoué.

Il y avait donc vingt-trois membres; mais ce nombre devint insuffisant par la suite et, d'autre part, il fallut pourvoir au remplacement de ceux qui, pour une cause ou pour une autre, résignèrent leurs fonctions. C'est ainsi que furent successivement adjoints au Comité : MM. A. Pick, rentier; Schlagdenhauffen, professeur à l'École de pharmacie; Hering, ancien capitaine; Kræmer, marchand de bois;

---

[1] Tous ces chiffres sont empruntés au grand travail de statistique publié par l'administration municipale de Strasbourg : *Verwaltungsbericht der Stadt Strassburg i. E., für die Zeit von 1870 bis 1888/89*. Im Auftrage der Stadtverwaltung nach amtlichen Quellen bearbeitet von Dr. Carl Buechel.

[2] *Strasbourg après le bombardement, 2 octobre 1870—30 septembre 1872*. Rapport sur les travaux du Comité de secours strasbourgeois pour les victimes du bombardement, par Jacques Flach, avocat, secrétaire du comité. — Imprimerie Gustave Fischbach, à Strasbourg, 1873.

Jérôme Kob, ancien négociant; Ansen, brasseur; Albert Baur, négociant; Auguste Bœswillwald, ancien négociant; Bœswillwald, ingénieur; Beck, négociant; Heimburger, avocat; Eugène Hepp, secrétaire du Directoire; Herrenschmidt, docteur en médecine; Meyer, agent d'assurances; Mickilse, rentier; Ortlieb, avocat; Ch. Sohn, négociant; Stuber, rentier; Trawitz-Ehrmann, rentier; Paul Schmidt, négociant; Rœderer, docteur en médecine; Jules Ehrmann, négociant; Schaaf, négociant; Hecht, ancien juge de paix; Hecht, docteur en médecine.

Le 8 octobre, le Comité procéda à l'élection de son bureau, qui se trouva formé de la manière suivante : MM. Momy, président; André, vice-président; Baltzer, trésorier; Aufschlager et Flach, secrétaires. Puis il se subdivisa en neuf sous-commissions qui se partagèrent la colossale besogne qu'il s'agissait d'accomplir.

Une des principales préoccupations du Comité, qui prévoyait qu'une modification de personnes pouvait se produire dans l'administration municipale, était de conserver son autonomie, de pouvoir agir en dehors de toute pression ou influence administrative. Dans son remarquable rapport sur les travaux du Comité, M. Jacques Flach consacre à cette question une page qu'on lira avec intérêt[1] :

« Des rapports assez nombreux, dit-il, existaient de la sorte entre l'autorité municipale et nous; pour leur donner plus de régularité, le maire délégua, le 30 octobre 1870, un de ses adjoints, M. Kablé, qui assista dès lors aux assemblées générales et nous prêta le concours précieux de son expérience et de ses connaissances spéciales[2]. A la même époque et sur sa demande, un compte rendu détaillé des opérations faites jusqu'alors fut adressé au maire; nous y affirmions hautement « les liens nombreux qui nous unissaient à la municipalité », mais nous y revendiquions aussi notre autonomie, que, du reste, M. Küss s'est toujours plu à nous conserver entière. « Pour qu'une institution puisse vivre, disions-nous, il faut avant tout qu'elle soit autonome; le sentiment du devoir chez des hommes de cœur est à la fois le meilleur contrôle et la règle la plus efficace, la plus féconde. Entraver l'initiative personnelle, vouloir tracer d'avance et imposer des règles étroites que l'expérience et les besoins de chaque jour sont seuls propres à faire trouver, c'est condamner toute œuvre à végéter ou à mourir. » A cette raison s'en joignait une autre à laquelle M. Küss semblait attacher un grand prix : la possibilité de voir la municipalité d'alors faire place à une autre, peut-être à une municipalité allemande.

---

[1] *Loc. cit.*, p. 12.
[2] Quand M. Kablé, député à l'Assemblée nationale, se rendit à Bordeaux, il fut remplacé par M. Ch. Eisson, adjoint au maire.

Le 30 octobre, le maire nous écrivait : « Les rapports que nous avons à établir entre nous doivent, d'après moi, être tels que l'administration que je dirige en ce moment venant à tomber, vous conserviez votre intégrité et l'indépendance nécessaire à votre fonctionnement régulier, et que votre Comité puisse vivre assez longtemps pour accomplir sa mission ».

Nous trouvons la même préoccupation dans une lettre du professeur Küss au général Uhrich, où nous lisons, sous la date du 4 décembre 1870 : «..... Il existe ici un Comité de secours strasbourgeois approuvé par la municipalité, mais opérant d'une manière indépendante et disposant déjà de quelques centaines de mille francs. La majeure partie de ces sommes a passé par mes mains, et j'espère que mon successeur maintiendra de même l'autonomie du Comité, fût-il prussien ». Ces craintes du dernier maire français de Strasbourg ne se réalisèrent pas et ses successeurs se plurent à assurer, comme lui, au Comité de secours sa complète liberté d'action.

Dès que le Comité se trouva constitué, sa première tâche fut d'intéresser les divers pays au sort de la malheureuse cité. A son appel les dons affluèrent, et, de la grande ville à la bourgade, ce fut partout un empressement généreux à réparer les désastres du bombardement. La Suisse, encore une des premières, accourut offrir son concours; de toutes les parties de l'Allemagne arrivèrent des dons nombreux et considérables; la France même, malgré tous les malheurs dont la guerre et l'invasion la frappaient journellement, entendit le cri de désespoir de cette ville qui avait si vaillamment souffert et combattu pour elle. Puis, jusqu'aux confins de l'extrême Europe, jusqu'aux régions glacées où la terre semble finir, jusqu'à Alten, dans la Laponie norvégienne, à quelques lieues du cap Nord, l'appel retentit et éveilla de sympathiques échos. En Hollande, il y eut un mouvement de générosité spécial, provoqué par les prédications et les conférences de M. le pasteur Eschenauer; de même aux États-Unis, que MM. Léon Ungemach et Jules Ehrmann, membres du Comité, parcoururent pendant cinq mois, retraçant dans des réunions publiques la détresse de Strasbourg, fondant des comités de secours, recrutant des correspondants, et déployant autant de désintéressement que de zèle, car ils prirent à leur charge tous les frais de leur long et coûteux voyage [1].

Voici du reste comment se répartissent, entre les différents pays, les dons qui furent adressés directement au Comité :

---

[1] Rapport sur les travaux du Comité de secours strasbourgeois, par Jacques Flach, p. 14 et s.

Allemagne	Fr.	182,700 10
Alsace	»	16,462 70
Amérique [1]	»	87,364 30
Angleterre	»	1,150 —
France	»	58,359 75
Hollande	»	16,420 78
Italie	»	20 —
Norwège	»	3,506 42
Suisse	»	121,984 65
Total . . .	Fr.	487,968 70

A ce total de 487,968 fr. 70 c. vinrent se joindre 369,679 fr. 35 c., reçus par la municipalité et transmis par celle ci au Comité, plus 20,000 fr. que la Mairie chargea celui-ci, dans le courant de l'hiver 1871 à 1872, à répartir entre les nécessiteux, ce qui donne un ensemble de dons en numéraire de 877,648 fr. 05 c.

A ces offrandes en argent se joignirent des dons en nature d'une valeur considérable (meubles, vivres, linge, vêtements, literie, etc.) et qui, surtout dans les premiers temps, furent au Comité de l'utilité la plus grande. De divers côtés aussi, soit de familles, soit de chefs d'institution, vinrent des offres de donner asile à des enfants pauvres ou devenus orphelins par suite du bombardement, et de pourvoir même à leur entretien et à leur éducation. De ces offres pourtant il ne fut fait qu'un usage très restreint, les parents — et parmi eux des plus malheureux — ne voulant pas se séparer de leurs enfants pour les envoyer en Allemagne ou ailleurs, et les enfants eux-mêmes opposant à leur déportation une vive résistance.

Du 2 octobre 1870 au 30 septembre 1872, le Comité de secours strasbourgeois a déployé une activité aussi digne d'admiration que féconde en résultats. Il a alloué des secours en argent, soit à titre de prêt, soit à titre définitif, à 5606 familles, et cela pour une somme de 797,972 fr. 25 c.; distribué dans ses magasins des effets d'habillement, des vivres ou des meubles d'une valeur d'estimation de 164,972 fr. 22 c., et pourvu les amputés de membres artificiels; il a logé, dans des asiles construits par ses soins, plus de 1000 personnes, occupé pendant plus d'une année des centaines d'ouvrières sans travail, subventionné les restaurants populaires et les établissements charitables de la ville; il a fourni aux jardiniers-culti-

---

[1] La municipalité a, de plus, reçu d'Amérique une somme de 24,787 fr. 50 sur laquelle 17,287 fr. 50 furent mis à la disposition du comité; ce qui porte la part contributive de l'Amérique à 121,151 fr. 80.

vateurs les moyens d'ensemencer leurs champs; à l'artisan, à l'industriel même, ceux de reprendre son travail, et, enfin, étendu son action bienfaisante à d'autres communes de l'Alsace et de la Lorraine, dans lesquelles la guerre avait fait des affligés. Le Comité de secours mérite d'avoir une page d'honneur dans l'histoire de Strasbourg. Après la défense de la place contre l'artillerie allemande, il a fallu organiser la défense de la population contre un ennemi souvent plus redoutable qu'un boulet: contre la misère. Et le Comité a courageusement et victorieusement combattu.

Dans sa lettre du 27 septembre au général Uhrich, le général de Werder avait promis de « guérir les blessures qu'il avait faites à la ville ». Et cet engagement a été effectivement tenu par le gouvernement allemand, quant aux dommages matériels. La malheureuse cité, bombardée, puis réquisitionnée[1], a été indemnisée de ses pertes en meubles et en immeubles. Une commission et des sous-commissions furent instituées pour les apprécier, et voici le tableau des indemnités qui furent accordées à la ville et aux particuliers, après vérification du travail des taxateurs:

	Pour bâtiments.		Pour mobilier.
Canton Nord	Fr. 4,198,540 —	Fr.	4,096,151 63
» Est	» 2,181,525 —	»	1,037,316 50
» Sud	» 448,647 —	»	317,640 —
» Ouest	» 10,347,640 —	»	9,389,023 82
Bâtiments publics	» 12,656,034 23	»	1,995,948 —
Indemnités supplémentaires.	» 264,869 —	»	753,351 —
Schiltigheim	» 1,066,545 —	»	964,069 —
Les bâtiments (brasseries, malteries, etc.) incendiés à Schiltigheim appartenaient, pour la plupart, à des industriels de Strasbourg.			
Hors ville (banlieue) . . .	» 57,102 42	»	406,400 73
Total . . .	Fr. 31,220,902 65	Total . Fr.	18,959,900 68

Total général, 50,180,803 fr. 33 c.

La Cathédrale figure, dans l'évaluation des dommages, pour une somme de 598,000 fr. ainsi répartis: pierre de taille, unie, profilée et ornementée, 240,000 fr.; toitures et parties qui en dépendent, 187,000 fr.; vitraux peints et parties mobilières, 143,128 fr.; travaux urgents et provisoires, 27,872 fr.

[1] Les réquisitions s'étendaient aux objets les plus insignifiants, tels qu'un paquet de bougies, de la batterie de cuisine, du papier, etc. Voici reproduits, en fac-simile, deux bons de réquisition, l'un concernant deux paquets d'allumettes (*2 Pack Zündhölzer*), l'autre un petit sac en toile (*ein leinener Geldbeutel*) pouvant contenir 300 thalers.
Au bas du premier bon, à gauche, se trouve cette mention: « 20 c. payés; Eissen ». Au lieu de passer des

écritures, M. Ch. Eissen, adjoint au maire (qui plus tard, lorsque M. Jules Klein, le remplaçant de M. le professeur Küss, tomba malade, fut chargé lui-même de remplir les fonctions de maire), remit la valeur de l'objet réquisitionné, c'est-à-dire 20 centimes, au soldat qui lui avait présenté le bon.

(Bon de réquisition. — La mairie est invitée à fournir, pour le commandement royal de la place, 2 *paquets d'allumettes.* — Strasbourg 20 octobre 1870. — Le major de place, J. Wagner).

(Réquisition. — La mairie est invitée à fournir jusqu'à demain matin, pour le bureau du gouvernement, un sac en toile pouvant contenir environ 300 thalers courants. — Strasbourg le 18 novembre 1870. — Pour le gouverneur, le comte d'Eulenburg, lieutenant et adjudant.)

CHAPITRE II.

Le rapport du général Uhrich sur la capitulation. — Le général est vivement attaqué dans la presse. — Ses réponses. — Une étude sur les fortifications de Strasbourg.

RAPPORT OFFICIEL DU GÉNÉRAL UHRICH
SUR LA CAPITULATION DE STRASBOURG.

« Monsieur le Ministre,

« Depuis quelque temps déjà les dépêches que j'ai eu l'honneur de vous adresser ont dû vous faire pressentir que la situation de la place de Strasbourg devenait de plus en plus critique.

« Dans les derniers jours du siège, la citadelle, entièrement démolie, n'existait pour ainsi dire plus. Ses portes étaient abattues, ses bâtiments brûlés; sa garnison ne pouvait trouver à s'abriter que dans des casemates insuffisantes et dont les projectiles brisaient souvent les masques.

« La ville, en partie incendiée ou démolie par les obus lancés de batteries établies à 3000 mètres et même à 3500 mètres, avait éprouvé des dégâts énormes et d'une nature inconnue jusqu'à ce jour, comme les projectiles inusités dans les guerres précédentes et que l'armée prussienne de siège avait employés contre la place.

« Notre artillerie était réduite au silence. Dès qu'une bouche à feu était mise en batterie et placée dans une embrasure, elle se trouvait à l'instant mise hors de service ou démontée.

« Lors de l'incendie de l'arsenal, trente-cinq mille fusées percutantes avaient sauté, précisément à l'époque du siège où elles eussent été le plus utilement employées. C'était à peu près tout ce que nous possédions en munitions de ce genre; j'ai bien fait confectionner par l'artillerie des fusées en bois, mais leur efficacité était presque nulle [1].

« Les défenseurs ne pouvaient montrer un instant leurs têtes au-dessus de

---

[1] On a vu plus haut que, dans son ouvrage sur le siège de Strasbourg, le major Wagner énumère des quantités considérables de munitions, de fusées entre autres, comme ayant été trouvées lors de l'entrée des troupes allemandes. Il y a là une contradiction difficile à expliquer.

l'épaulement sans être atteints par des obus à balles, par des boulets creux, par des bombes et par des coups de mitraille tombant au milieu d'eux.

« Les ouvrages extérieurs n'étant plus tenables puisqu'ils avaient été labourés, puis rasés par les projectiles, j'ai dû ordonner successivement l'évacuation de cinq d'entre eux, les lunettes cotées 44, 52, 53, 54 et 55. L'ennemi n'a occupé que deux de ces ouvrages, les lunettes 52 et 53, d'où il est parti pour cheminer dans les caponnières et arriver à couronner le chemin couvert de l'ouvrage 51.

« Après ces travaux, l'assiégeant a pu battre en brèche les bastions 11 et 12. Il l'a fait avec une artillerie d'un puissant calibre. En quarante-huit heures la première de ces brèches était praticable. Encore trois ou quatre heures de feu, et la seconde l'était également.

« Le passage du fossé avait été préparé au moyen d'énormes tonneaux de brasseur pris à Schiltigheim, reliés entre eux par des madriers formant des radeaux aussi solides que faciles à manœuvrer.

« Rien ne saurait donner une idée de la rapidité avec laquelle ces derniers travaux avaient été effectués.

« Le terre-plein des bastions 11 et 12 (sans cesse labouré, sillonné par des projectiles de toutes espèces, principalement par des obus dont chacun contenait 470 balles) n'était plus tenable. Les défenseurs de la brèche n'avaient plus d'abri ; la rue du rempart, foudroyée, nuit et jour, par l'artillerie ennemie, était trop étroite pour leur donner un asile même momentané.

« Les casernes étaient brûlées ; la place n'avait à l'intérieur aucune casemate, et pour s'abriter d'une manière fort insuffisante les troupes durent couper les arbres des remparts, s'en faire des blindages sous lesquels elles cherchaient un refuge très inefficace.

« Tel était, Monsieur le Ministre, l'état des choses à Strasbourg, lorsque le 27 septembre, à deux heures et demie de l'après-midi, je fus prévenu par le directeur des fortifications et par le chef du génie que l'une des deux brèches était praticable, que l'autre allait le devenir et que les travaux de l'ennemi s'exécutaient avec une telle rapidité, qu'à coup sûr l'assaut pouvait être donné d'un instant à l'autre.

« Je crus devoir rassembler aussitôt le Conseil de défense et lui exposer la situation. La discussion s'ouvrit, et à l'unanimité des voix il fut reconnu que nous n'étions pas en état de soutenir et surtout de repousser un assaut, puisque les troupes chargées de défendre la brèche seraient écrasées par l'artillerie ennemie avant même d'avoir pu gravir les rampes.

« A l'unanimité donc le Conseil déclara qu'il y avait lieu d'entrer en négociation avec l'ennemi.

« En raison de tout ce que je viens d'avoir l'honneur de vous exposer, je crus, Monsieur le Ministre, de mon devoir d'épargner à Strasbourg, qui déjà avait tant souffert, les horreurs d'une ville qui eût été prise d'assaut à coup sûr et, peut-être, eût été pillée et saccagée.

« Je fis donc arborer le drapeau parlementaire et j'écrivis en même temps au général de Werder la lettre dont voici la copie :

(Cette lettre a figuré dans un chapitre précédent, p. 439.)

« Le général de Werder répondit à cette lettre à onze heures du soir. Sur son désir, j'envoyai immédiatement à Kœnigshoffen, comme il me le demandait, le colonel Ducasse, commandant la place, et le directeur d'artillerie, lieutenant-colonel Mengin. Les conditions furent réglées entre ces officiers et les officiers prussiens délégués par le général de Werder. Les conditions de la capitulation furent calquées sur celles de l'armée de Châlons, à Sedan.

« En exécution de la convention arrêtée le 28 septembre 1870, à deux heures du matin, le même jour, à huit heures, les troupes allemandes occupaient la citadelle et les portes d'Austerlitz, Nationale et des Pêcheurs ; à onze heures, la garnison sortit avec armes et bagages pour défiler sur les glacis de la place et déposer les armes. Un corps de 8000 ennemis entra dans la ville et en prit possession.

« Lorsque le général de Werder, commandant l'armée assiégeante, me vit venir avec la garnison française, il mit pied à terre, ainsi que son état-major, et avec une courtoisie qui ne s'était pas démentie pendant le cours de ce siège, il vint au devant de moi, m'embrassa en voulant bien reconnaître que la défense n'avait pas été sans gloire. Le général de Werder s'opposa ensuite à ce que mon état-major et moi, ainsi que les officiers sans troupes, défilions devant lui.

« Ainsi s'est terminée, Monsieur le Ministre, la mission qui m'avait été confiée par le gouvernement de l'empereur. J'aurais voulu prolonger la défense, mais je crois que nul, à ma place, n'eût pu le faire sans enfreindre les lois de l'humanité.

« Si la défense a été vigoureuse, je le dois aux bonnes et patriotiques dispositions des habitants, qui ont montré une abnégation, un dévouement qu'on ne saurait trop louer, ainsi qu'au concours énergique de la garnison et du Conseil de défense. Tous ont la conscience d'avoir fait leur devoir.

« Je joins à ce rapport quelques observations qui m'ont paru de nature à mériter votre attention.

« Lorsque, le 3 août au soir, le maréchal de Mac-Mahon quitta Strasbourg, la garnison de la place se composait du 87° de ligne, des dépôts du 18° et du 96°, de ceux des 10° et 13° bataillons de chasseurs à pied. Ces dépôts n'avaient que des cadres.

« Après la bataille de Frœschwiller, beaucoup de militaires de tous grades et de toutes armes vinrent se réfugier dans la place. Ces hommes furent un embarras pour la défense plutôt qu'un renfort. Je les accueillis et en formai deux régiments de marche, un d'infanterie, un de cavalerie. Je fis tous mes efforts pour leur fournir des cadres, de façon à souder tous ces éléments épars.

« Trois détachements, savoir : un du 21°, un du 74°, un du 78°, destinés au 1er corps, et n'ayant pu le rallier, augmentèrent la garnison. Celui du 21° était un bataillon entier.

« Je me trouvai avoir alors dans la main, en y comprenant la garde mobile et la garde nationale sédentaire, environ 11,000 baïonnettes. La cavalerie avait 1600 chevaux.

« L'artillerie n'existait pour ainsi dire pas. Heureusement pour la défense, le brave et intelligent régiment des pontonniers, prêt à partir, mais n'en ayant pas reçu l'ordre, resta avec moi et put servir les batteries.

« Six officiers, quelques gardes et huit hommes de troupes comprenaient l'effectif du génie.

« J'avais aussi une centaine de marins commandés par le contre-amiral comte Excelmans.

« C'est avec ces éléments divers, peu homogènes et bien faibles en armes spéciales, dont le total pouvait s'élever à 15,000 hommes, que Strasbourg dut résister à cinquante jours d'attaque, dont trente-neuf de bombardement incessant de nuit et de jour.

« L'artillerie ennemie avait sur la nôtre une supériorité de matériel en nombre et en calibre, que vous apprécierez facilement par le simple exposé suivant :

« Le corps de siège a mis en batterie, depuis l'investissement jusqu'à la reddition de la place, plus de 200 bouches à feu d'un calibre bien supérieur non seulement aux nôtres, mais encore à tous ceux connus jusqu'à ce jour, se chargeant par la culasse et concentrant leur feu sur un espace restreint.

« Nous n'avons pu lui opposer que 110 bouches à feu, dont 87 canons et 23 mortiers d'un calibre très inférieur. C'est ce qui explique la supériorité écrasante du feu de l'ennemi et la possibilité pour lui de pousser avec une incroyable rapidité les travaux d'attaque en éteignant notre tir. Les officiers d'artillerie

1º La maison d'Illkirch où a été signée, le 30 septembre 1681, la capitulation en vertu de laquelle Strasbourg était incorporé à la France.
2º La maison de Königshoffen au bas de laquelle a été signée, dans un fourgon des chemins de fer de l'Est, le 28 septembre 1870, à 2 heures du matin, la capitulation de Strasbourg.

estiment à 300,000 le nombre de gros projectiles envoyés de l'ennemi sur la place.

« La garnison, pendant les opérations, a eu 2500 hommes, la population 400 hommes hors de combat.

« Général UHRICH. »

Après la capitulation le général Uhrich se rendit à Tours, où siégeait le gouvernement de la Défense nationale et où il fut accueilli par la population avec un grand enthousiasme. On lui faisait des ovations chaleureuses, pendant qu'à Paris on débaptisait une avenue pour lui donner le nom du défenseur de Strasbourg et qu'un décret ordonnait que la statue de l'héroïque cité alsacienne serait coulée en bronze[1]. Mais bientôt l'opinion publique fut poussée dans une autre voie et le vieux soldat se vit dans la nécessité d'engager une polémique pour repousser les attaques dirigées contre son honneur militaire.

Voici, par exemple, une lettre qu'il adressa à ce sujet de Bâle à l'un de ses parents, à la date du 14 octobre 1870, et qui fut reproduite par le *Salut public* de Lyon :

« Bâle, 14 octobre.

« Monsieur et cousin,

« Votre lettre du 4 octobre m'est parvenue ici hier soir seulement, et je le regrette.

« Je sais depuis longtemps qu'il n'y a pas loin du Capitole à la Roche Tarpéienne; j'en fais la triste expérience.

« Que l'on m'accuse d'insuffisance, d'impéritie, je le comprendrais; mais de trahison! voilà qui est infâme. Trahison! Et envers qui? Est-ce envers la République et le gouvernement de la défense nationale? Mais c'est moi qui les ai fait reconnaître l'une et l'autre à Strasbourg.

« On comprendrait une trahison au début d'un investissement; mais après un siège de deux mois, après avoir vu brûler et renverser une ville, tuer ses habitants, décimer sa garnison, où pourrait se glisser la trahison?

« La route de Strasbourg est ouverte; que l'on aille voir sa citadelle détruite, ses remparts labourés, son artillerie anéantie, ses ouvrages avancés intenables et deux de ses bastions en brèche; que l'on s'arrête devant les ruines de ses monuments, devant celles de ses maisons; que l'on se rende compte de la pluie de fer, de plomb, de feu qui couvrait tous ses terrains militaires; que l'on examine ces projectiles puissants et inconnus jusqu'ici que deux cents pièces de canon nous lan-

---

[1] Nous avons publié le texte de ce décret à la page 366.

çaient, et, loin de dire que la reddition de la ville a été prématurée, on s'étonnera que la résistance ait été aussi prolongée, que l'on ait pu soutenir pendant trente-huit jours et trente-huit nuits un bombardement sans précédent jusqu'à ce jour.

« La situation s'était compliquée par la perte de 35,000 fusées métalliques incendiées avec l'arsenal de la citadelle, et que rien n'a pu remplacer.

« Malgré cela, nous aurions pu tenir tant que le corps de place eût été intact; mais, dans les derniers jours, les travaux d'approche de l'ennemi prirent une rapidité extraordinaire; il couronna nos chemins couverts, se fit des abris blindés pour protéger les troupes destinées à livrer l'assaut, ouvrit deux brèches : l'une au bastion 12, praticable, et l'autre au bastion 11, que deux heures de feu allaient rendre praticable.

« L'assaut était impossible à soutenir pour nous. Les remparts et tous les abords, foudroyés par la puissante artillerie ennemie, n'eussent pas été tenables pour les défenseurs de la brèche, qui, en moins d'une demi-heure, eussent été anéantis, et l'ennemi fût monté à l'assaut sans coup férir.

« Devions-nous — devais-je, plutôt — exposer la malheureuse ville de Strasbourg, qui déjà avait tant souffert, aux horreurs d'une ville prise d'assaut, alors que nous n'avions pas une seule chance favorable pour la résistance ?

« Mon Conseil de défense ne le pensa pas (et, certes, celui-là est inattaquable au point de vue de l'énergie). — Consulté par moi, et après délibération étendue, il a déclaré à l'*unanimité* :

« 1° Que l'assaut ne pouvait pas être supporté avec des chances de succès ;

« 2° Que le moment était venu de capituler.

« Le reste s'en est suivi.

« Oui, je le déclare hautement, oui, l'honneur militaire est sauf !

« Attaqué par les braves du lendemain ou par des personnes qui ont cédé, sans réflexion, à une première impression, j'aurais voulu garder le silence et attendre que la vérité se fît jour d'elle-même; mais le mot *trahison!* m'a créé un devoir, celui de protester de toute l'énergie d'une conscience honnête et longuement éprouvée. Je livre une carrière de cinquante-deux années de services militaires aux investigations les plus minutieuses, carrière que ne sauraient ternir les propos de quelques personnes mal renseignées ou malveillantes.

« J'aurais pu vous parler de l'incurie avec laquelle on a abandonné Strasbourg, sans garnison, sans troupes d'artillerie suffisantes, sans le plus petit détachement du génie ; j'aurais pu vous dire bien d'autres vérités encore, mais il me faudrait sortir du terrain de la défense personnelle où je désire rester.

« Faites, cousin, ce que vous jugerez convenable de cette trop longue lettre. S'il m'est permis d'exprimer un désir, c'est de la voir livrée à la plus grande publicité possible.

« Recevez, Monsieur et cher cousin, mes remercîments pour la franchise avec laquelle vous m'avez mis au courant des bruits qui se répandaient sur mon compte ; je sais apprécier la loyauté qui vous a guidé, merci encore.

« Recevez, Monsieur et cousin, l'assurance de mes sentiments d'amitié.

« Général UHRICH. »

Autre lettre du général Uhrich, adressée au journal *La France*, en réponse à un article calomnieux publié par cette feuille :

« Monsieur le Rédacteur en chef,

« Je viens de lire, dans votre journal du 15 de ce mois, un article qui me concerne et auquel vous me permettrez, je l'espère, de répondre dans vos colonnes.

« Je constate d'abord que ni le rédacteur ni les signataires de cet article n'ont fait partie de la garnison de Strasbourg, et que leur érection en francs-juges de par leur propre autorité est au moins contestable.

« M. le capitaine du génie Thilers, en résidence à Belfort, me reproche d'avoir borné les sorties de la garnison à des *promenades sur les glacis, sans combat*. Cinq sorties ont eu lieu, dont quatre avec combat. Dans l'une, le colonel des pontonniers, Fiévet, fut blessé mortellement et nous perdîmes 20 hommes et 3 pièces de canon. Dans une autre, 25 hommes et un officier furent tués ou blessés ; enfin, dans la dernière, nous eûmes à regretter la perte de 2 officiers et de 127 hommes du 87°, mon seul régiment fortement constitué.

« La garnison et la population, dit encore M. le capitaine Thilers, *ne songeaient pas à se rendre*. Je suis convaincu que la garnison aurait combattu jusqu'à la mort, mais sans utilité pour personne. Quant à la population, elle était noblement et courageusement résignée ; cependant elle aspirait, en grande majorité, à la cessation de ses souffrances, et ce sentiment était bien naturel, car ses souffrances étaient grandes.

« Dans les derniers jours du siège, la Commission municipale, composée de 51 membres, demanda au Conseil de défense, à l'unanimité moins deux voix, d'admettre une délégation de ses membres en sa présence. Cette délégation, à la tête de laquelle était le maire, exposa la malheureuse situation de Strasbourg ; ses monuments, ses maisons particulières, des quartiers tout entiers détruits par le feu ennemi ou incendiés ; ses habitants tués ou blessés dans leur domicile et dans les rues ; 12,000 hommes, femmes et enfants, sans asile, presque nus, à peine nourris, réduits à la plus profonde misère. Et pourquoi? ajoutaient ces Messieurs; vous n'avez pas le moindre espoir d'être secourus, et, sans secours, vous tomberez fatalement, huit jours plus tôt, huit jours plus tard. Épargnez donc la vie de plusieurs centaines de victimes qui seraient sacrifiées sans aucune utilité pour notre patrie commune. Votre devoir militaire est rempli en son entier ; ouvrez vos cœurs à la pitié et aux sentiments d'humanité que nous espérons trouver en vous.

« Ce langage ne devait pas être écouté, et il fut résolu que la défense continuerait. Trois jours plus tard, une nouvelle et semblable démarche fut renouvelée, sans plus de succès.

« Mais les travaux d'approche de l'ennemi marchaient avec une rapidité incompréhensible ; nous nous étions vus forcés d'abandonner successivement les ouvrages avancés 44, 52, 53, 54 et 55 ; les autres allaient suivre. Notre système de fortification s'égrenait, en quelque sorte, comme un collier dont le fil est rompu.

« Les bastions 11 et 12 furent battus en brèche, et, le 27 septembre, à deux heures de l'après-midi, la brèche du bastion 12 était praticable, et celle du bastion 11 devait le devenir après deux heures de canonnade.

« En même temps qu'il battait nos remparts, l'ennemi avait miné la contrescarpe pour la renverser dans le fossé et achever de le combler. Il avait aussi creusé deux vastes excavations blindées et destinées à réunir et à abriter les colonnes d'assaut.

« Informé que l'assaut était imminent, je réunis le Conseil de défense. La délibération ayant été ouverte, il fut reconnu que la résistance était arrivée à son terme; que notre artillerie était hors de lutte ; que les remparts, ainsi que la rue qui passe à leur pied, accablés, foudroyés par des projectiles d'une puissance destructive inconnue jusqu'à présent, ne pouvaient pas être occupés par des colonnes destinées à repousser l'assaut sans que ces colonnes fussent détruites, avant le combat, par les 200 pièces qui feraient converger leur feu sur elles, et que l'ennemi arriverait sur nos remparts sans coup férir, sans rencontrer de résistance.

« Quant à la citadelle, que le capitaine Thilers a déclarée être intacte, il fut constaté que, rasée comme elle l'était, totalement détruite, n'ayant plus d'artillerie, elle ne pouvait pas servir de réduit à la garnison de la ville, qui ne trouverait pas à s'y abriter; que cette garnison y serait écrasée sans aucune défense possible et sans autre résultat qu'une horrible et bien inutile boucherie.

« Ces faits ayant été reconnus vrais, le Conseil vota, à l'*unanimité* des voix, les deux résolutions suivantes :

« 1° La défense de Strasbourg ne peut pas se prolonger plus longtemps.

« 2° Il y a lieu d'entrer, dès à présent, en négociation pour la capitulation.

« Le reste s'en est suivi. Et je reconnais le droit de m'attaquer loyalement, moi, le seul chef responsable; mais mon Conseil de défense, composé d'hommes énergiques autant que capables, est à l'abri de tout reproche. Il a donné son avis consciencieux et éclairé; il m'a soutenu dans toutes les phases de ma pénible et

Les ruines de la Porte de France, à la Citadelle, occupées par les Prussiens.

souvent bien lourde mission; je me plais à lui témoigner ici ma reconnaissance.

« M. le capitaine Thilers parle de 60,000 fusils chassepot que l'arsenal de Strasbourg aurait livrés à l'ennemi; il faut réduire ce chiffre à *douze cents;* il en est ainsi de la plupart de ses assertions. Il dit aussi que l'amiral Excelmans a été le *seul chef qui ait su partager les peines et les périls de ses soldats.*

« Nul, plus que moi, n'a apprécié le dévouement chevaleresque avec lequel l'amiral a participé à la défense de la ville et les brillantes qualités dont il a donné tant de preuves; mais il y a iniquité à le citer seul. Le colonel Blot, du 87°, qui commandait le front d'attaque, qui a été si beau, si énergique, si à la hauteur de l'importante mission qui lui avait été confiée; le lieutenant-colonel Rollet, du 47°, qui a commandé la citadelle avec tant de valeur, d'énergie et de sang-froid, et tant d'autres qu'il serait trop long de citer, ne le cèdent à aucun pour les services rendus, et il est de mon devoir de leur donner ici la place qu'ils ont dans mon estime et qu'ils doivent occuper dans l'estime publique. Mais n'oublions pas que c'est de Belfort que l'on a la prétention de juger les hommes et les choses de Strasbourg.

« Quant aux lois dont M. le capitaine Thilers cite le texte, elles ont été faites à l'époque des boulets ronds qui rebondissaient pendant longtemps contre les murailles des forteresses avant de les ébranler; ces lois ont été renouvelées depuis 1863, je crois; le texte primitif en a été conservé.

« Que sont ces engins d'enfants remontant aux temps des Vauban et des Gribauval comparés à ceux dont la Prusse s'est servie contre Strasbourg? Une commission chargée de reviser ces lois et qui irait visiter les ruines de cette malheureuse ville et les effets terribles des nouveaux projectiles, cette commission, dis-je, apporterait de profondes modifications dans le travail de ses prédécesseurs.

« En résumé, Strasbourg, avec une garnison sans unité suffisante, a résisté, pendant deux mois, aux attaques de l'ennemi; elle a été soumise à un bombardement sans précédent dans l'histoire des sièges : bombardement qui a duré 38 jours et 38 nuits; elle a été saccagée sans que le courage de ses habitants ait faibli; 2500 de ses défenseurs ont été atteints par le feu de ses adversaires, et le jour où elle est tombée, elle n'est pas tombée sans gloire ! L'honneur militaire, comme l'honneur civil, ont été saufs !

« Certes, pour ma part, je suis loin d'avoir jamais prétendu au titre de héros; mais il en est un plus modeste que je revendique avec énergie : c'est celui d'homme du devoir. M. le capitaine Thilers parle du *triste général Uhrich*. Il a, sans le vouloir, trouvé la qualification exacte de l'état de mon esprit. Oui, je suis triste, mortellement triste, des malheurs de mon pays, triste aussi de ses attaques injustes et passionnées s'adressant à un homme comme moi, qui, dans sa vie entière, n'a fait sciemment de mal à personne, qui aurait voulu pouvoir garder le silence et mépriser, mais qui doit à sa famille et à ses amis de repousser avec fermeté, mais sans amertume, les assertions erronées ou calomnieuses.

« Le général de division, ex-commandant supérieur de Strasbourg,
« Uhrich. »

LES FORTIFICATIONS DE STRASBOURG.

Le *Journal de Genève* a publié, au mois d'octobre 1870, une série d'articles fort intéressants sur le siège de Strasbourg. Deux de ces articles contenaient sur les fortifications de la ville une étude faite de main de maître. Nous reproduisons une partie de ce travail, qui présentera, pour ainsi dire, le résumé de l'histoire militaire de ce siège mémorable :

« La place de Strasbourg a toujours été considérée en France comme une forteresse de premier rang. Elle passe avec raison pour le chef-d'œuvre de Vauban. C'est une œuvre correcte qui n'est attaquable que par trois points. Ses solides remparts sont entourés d'innombrables ouvrages noyés dans de larges fossés remplis d'une eau profonde qui forme devant les courtines de véritables étangs. La citadelle, enfin, est à elle seule une seconde place séparée de la ville par tout un système d'ouvrages qui s'élèvent du sein des eaux, et dont la prise suppose un second siège. L'aspect de cet ensemble de fortifications rasantes qui s'étendent à perte de vue dans la plaine est profondément imposant. Vauban a pu ici donner libre carrière au développement de son principe qu'en multipliant le nombre des ouvrages on multiplie d'autant les difficultés d'un siège, et après avoir contemplé son œuvre, il a dû se dire qu'elle était bonne. Mais, aujourd'hui, en face des inventions modernes, la place de Strasbourg avait cessé d'être ce qu'elle était jadis, et elle offre quatre points profondément défectueux qui devaient la faire tomber rapidement devant un siège bien conduit.

« 1° Elle ne possède aucun ouvrage avancé, soit fort détaché, dans le but de tenir l'ennemi à distance, d'étendre et d'affaiblir d'autant sa ligne d'investissement, en sorte que, dès le premier jour, l'artillerie ennemie pouvait atteindre de ses projectiles jusqu'au centre de la ville.

« 2° Elle n'offre pas de position dominante ; elle s'étend dans une plaine à peine ondulée où l'assiégeant se défile partout sans aucune difficulté contre l'artillerie de la place.

« 3° Elle est située beaucoup trop près du Rhin et de la frontière, puisque aujourd'hui on peut la canonner du territoire badois, et que la citadelle a été foudroyée par des batteries établies sur la rive droite du Rhin.

« Avant l'invention de l'artillerie moderne, cette proximité du Rhin et les ramifications du fleuve qui occupent l'espace situé entre la citadelle et son lit principal étaient plutôt un élément de force pour la place, et ce n'est probablement pas sans intention que Vauban a placé la citadelle à l'entrée de la ville, de manière à couvrir de ses ouvrages tout l'espace qui s'étend entre elle et les îlots qui sont souvent inondés par les hautes eaux. Le Rhin couvrant les abords de Strasbourg, il n'était pas facile d'ouvrir la tranchée dans les terrains humides, en sorte que l'angle le plus saillant et le plus vulnérable de la place se trouvait ainsi fortement garanti. Mais aujourd'hui la position de la citadelle ne fait que rapprocher la place du territoire ennemi en l'allongeant vers le Rhin; elle la met encore plus à la portée des canons des assiégeants. Le fleuve, de protecteur qu'il était, n'est plus aujourd'hui qu'un fossé infranchissable, derrière lequel les batteries ennemies peuvent foudroyer tout à leur aise la citadelle, à l'abri des sorties des assiégés.

« 4° Les ouvrages de fortification de Strasbourg sont aujourd'hui à peu près ce qu'ils étaient il y a un siècle et demi. Il y manque, à l'intérieur comme à l'extérieur, tout ce qui fait la force de la fortification moderne, un vaste système de casemates destiné à mettre en sûreté, pendant un siège, la garnison et le matériel de guerre. La citadelle elle-même ne contient que des casemates capables de loger 5 à 600 hommes, ce qui est insuffisant, d'autant plus qu'en cas de siège elles se trouvent déjà en partie remplies de munitions et transformées en magasins divers.

« Les travaux récents qu'on a continué à faire dans les fortifications sont d'une insuffisance notoire; ce sont de petites casemates à munitions pour les ouvrages avancés, des travaux d'entretien, quelques traverses, etc.

« La place de Strasbourg apparaît donc aujourd'hui presque comme un vieux vaisseau du siècle de Louis XIV où l'on a de temps en temps changé quelques caronades, quelques voiles et recloué quelques planches, et qui, fort de ses trois rangées de canons, mais sans avoir reçu ni cuirasse ni machine à vapeur, continue à tenir la mer en se croyant le maître de l'Océan. Certes, si on la compare aux grandes forteresses allemandes telles que Rastadt et Coblentz, et même à la grande place française de Metz, on reste confondu du contraste.

« Pourquoi donc Strasbourg a-t-il conservé jusqu'à ces derniers jours la réputation d'une place de premier ordre? Sans aucun doute, pour la même raison que la France a conservé jusqu'au bout ses illusions sur l'excellence de son organisation militaire, parce qu'à force de répéter depuis un siècle une vérité qui fut vraie un jour, mais qui ne l'est plus, elle a fini par passer à l'état d'axiome reconnu et de lieu commun.

« Jusqu'à la bataille de Frœschwiller, on vivait à Strasbourg dans la plus parfaite quiétude, on ne songeait pas à armer la place, on était trop occupé de l'étude du plan de Berlin. Mais, un soir, arriva la nouvelle de la défaite de Mac-Mahon, et déjà quelques fuyards échappés à la poursuite se présentaient aux portes de la ville. Ce ne fut bientôt, dans tous les quartiers, qu'un remue-ménage indescriptible. On fit battre la générale dans les rues, et une sorte de panique courut dans les rangs de la population. Il fallait organiser la défense en toute hâte. Les arsenaux renfermaient 1200 pièces d'artillerie. Ordre arriva d'en placer 800 sur les remparts. Mais les journées s'écoulaient et les remparts ne se garnissaient pas. Il se perdit ainsi une huitaine de jours ; on avait l'air de douter que l'ennemi osât se présenter sous les murs de la place. Enfin l'artillerie sortit cependant de ses hangars et alla se placer fièrement dans ses embrasures, mais des 800 pièces ordonnées on n'en braqua point la moitié, et, en parcourant les remparts après la reddition de la place, on reste frappé d'étonnement à la vue du manque d'unité qui règne dans cette artillerie. Entre des pièces de 24 et de 12 rayées, on rencontrait une multitude de pièces lisses dont le tir sur les tranchées ne devait pas être bien efficace, tandis que dans les cours de l'arsenal, au centre de la ville, on apercevait des centaines de canons montés, rangés en longues files et qui n'avaient pas quitté le parc, dans le nombre beaucoup d'anciennes pièces lisses, mais aussi beaucoup de belles pièces rayées entièrement neuves et qui ne semblaient avoir, de leur vie, tiré que quelques coups d'essai.

« Aussi les remparts étaient-ils fort incomplètement armés. Là où se trouvaient six embrasures ne figuraient que deux canons ; les pièces étaient en nombre suffisant, sans doute, pour battre la campagne dans toutes les directions, à supposer qu'on n'eût à combattre qu'un ennemi visible ; mais leur nombre devait être complètement inefficace contre les travaux d'un siège régulier. Aucune de ces grandes batteries armées de pièces de gros calibre faites pour contre-battre celles de l'ennemi, et que, sur des remparts tout préparés, il est si facile d'établir autour des points vers lesquels se dirige l'attaque ; aucune de ces batteries formées de mortiers qui seuls auraient pu inquiéter sérieusement le travail des tranchées. Aussi les batteries ennemies ont-elles relativement fort peu souffert, et c'est à peine si les parallèles portent quelques traces du feu des Français.

« Comment expliquer ces faits? Nous supposons qu'il faut en chercher la cause dans l'insuffisance de toutes choses qui s'est manifestée à Strasbourg, comme partout ailleurs en France, au moment de la surprise inattendue que réservait à ce pays l'invasion allemande. Il fallut beaucoup de temps pour vérifier l'inventaire des arsenaux et se rendre compte de ce qui pourrait être utilisé. On manquait avant tout de fusées pour les obus ; et lorsque le général Uhrich en fit demander, déjà les Badois cernaient la ville ; le courrier fut pris, dit-on, puis relâché, mais les fusées expédiées vinrent tomber dans la souricière des assiégeants. On nous a assuré que ceux-ci en donnèrent avis à la place, en ajoutant qu'ils les gardaient en dépôt. Cet accident imprévu des fusées, qui, sans doute, n'a pas été le seul à paralyser la défense, nous semble indiquer qu'il y a eu nécessité de varier, autant que possible, l'artillerie des remparts, afin d'utiliser les munitions plus diverses qu'abondantes dont disposait la défense, d'enfiler les fossés avec des pièces de campagne, et de recourir même à des pièces lisses.

« La garnison de la ville n'était pas mieux organisée que le reste. Après que l'on eut tiré de Strasbourg les troupes destinées à renforcer le corps de Mac-Mahon, il n'y restait qu'un régiment de ligne, auquel vinrent se joindre les débris de divers corps échappés à la déroute de Wœrth, troupe sans unité et sans cohésion, composée des éléments les plus disparates, et entièrement démoralisée par la défaite. Les canonniers étaient en nombre insignifiant pour une place comme Strasbourg. Il fallut faire servir les pièces par des compagnies de pontonniers, corps qui, en France, est classé dans l'artillerie. On y joignit tous les artilleurs civils, anciens soldats, qu'on put réunir dans la ville, puis des soldats de toutes armes qui pouvaient au moins être employés à porter les munitions et aider à la manœuvre. Le corps du génie était représenté par *dix-sept* sapeurs et, nous voulons le croire, aussi par quelques officiers, tandis que les assiégeants conduisaient leurs travaux d'attaque avec trente compagnies de pionniers, dirigées par un nombreux corps d'ingénieurs. A ces faibles contingents venaient s'ajouter les douaniers, les gendarmes, les magasiniers, les non-valeurs des temps de paix qu'on chercha à utiliser, ce qui ne conduisit pas bien loin, puis 8 à 10 mille gardes mobiles[1] qui formèrent le fond de la garnison, mais qu'il fallait instruire à la hâte; enfin, la garde nationale de la ville. Mais à l'égard de celle-ci on resta fidèle aux vieux errements; tandis qu'elle demandait des armes à grands cris, et que l'ennemi menaçait déjà la place, on hésitait à l'armer, toujours par crainte de l'ennemi intérieur qu'on semblait redouter plus encore que l'ennemi extérieur. On finit cependant par lui fournir des fusils à piston ou à tabatière, tandis qu'on laissait 2000 chassepots sauter dans la citadelle.

« C'est avec cette garnison de fortune dont le chiffre pouvait s'élever à 16,000 hommes, sur lesquels 4 à 5000 tout au plus pouvaient passer pour des troupes proprement dites, que le général Uhrich eut à soutenir contre 50,000 hommes le siège d'une place qui, pour se défendre sérieusement, aurait dû renfermer une garnison de 25,000 hommes de troupes régulières. Il en tira tout le parti qu'il était possible d'en tirer, en ayant recours aux expédients les plus variés. Mais avec une armée ainsi composée, les sorties vigoureuses, qui sont le *sine qua non* d'une bonne défense, étaient impossibles, faute de troupes en nombre suffisant, faute de soldats expérimentés et disciplinés.

---

[1] Ce chiffre est inexact; il n'y avait à Strasbourg que 3 à 4000 gardes mobiles.

« Aussi les travaux de siège ont-ils suivi fatalement leur marche régulière comme le veut la théorie, sans avoir été troublés par aucun de ces incidents imprévus que peut faire naître le génie inventif d'une habile direction de la défense. La place n'a fait que deux sorties sérieuses durant le cours du siège, avec 800 hommes seulement. Ces sorties ont été facilement repoussées avec des pertes regrettables ; la première était appuyée par de l'artillerie ; mais s'exécutant sans aucune reconnaissance préalable, elle alla tomber en ligne directe dans une embuscade ; les chevaux de l'artillerie furent tués en un clin d'œil, et trois pièces restèrent aux mains de l'ennemi. Les deux premières parallèles furent établies presque sans avoir été canonnées par la place, sans doute par suite de la nécessité de ménager les munitions.

« Les parapets des remparts ne semblent pas avoir été souvent réparés pendant la nuit ; les pièces démontées n'étaient guère remplacées ; enfin on ne s'est pas servi de la mine pour inquiéter les assiégeants. Il existait, il est vrai, des galeries de mines dans les glacis, mais les eaux trop hautes des fossés paraissent en avoir empêché l'emploi, parce qu'on n'avait pas établi de batteries électriques pour les faire sauter. D'ailleurs, les galeries furent toutes coupées à la gorge par les pionniers des assiégeants, et l'on pouvait voir depuis, dans la troisième parallèle, deux fourneaux qui avaient été déterrés par la voûte. Les soldats prétendaient qu'on en avait extrait la poudre, mais nous n'oserions affirmer qu'ils eussent été réellement chargés. On s'étonne aussi que rien n'ait été fait pour arrêter sérieusement l'ennemi dans les lunettes 52 et 53. Des mines nombreuses et habilement dissimulées, en communication avec des batteries électriques, auraient bien retardé la sape, toujours si difficile à conduire dans la plongée des ouvrages ; et il semble qu'avec de grandes batteries de mortiers établies derrière le rempart on aurait pu couvrir ces lunettes de bombes et les rendre intenables à l'ennemi ou, pour le moins, retarder singulièrement ses travaux.

« En revanche, un temps précieux et des forces considérables ont été gaspillés en pure perte à palissader tout le pourtour du chemin couvert des glacis, dont le développement est immense ; on reste confondu à la vue de ce travail colossal qui n'a pu être achevé et dont il est impossible de deviner le but, de la façon dont il a été exécuté. La palissade se compose de pieux prismatiques, faits au moyen de poutrelles refendues à la scie suivant la diagonale de la section. Ils ont été plantés *contre le mur* du talus intérieur du chemin couvert, faisant, pour ainsi dire, corps avec ce mur, qu'ils dépassent à peine d'un pied. A quoi devait servir ce palissadement qui a exigé un travail immense ? A protéger les tirailleurs ? Mais un enfant de douze ans le sauterait à pieds joints. Arrêter des colonnes d'assaut? Mais il ne saurait rien arrêter; d'ailleurs, un ennemi ne se jettera jamais dans le chemin couvert sous le feu des ouvrages noyés qui le dominent à petite distance, à moins que les approches n'aient déjà atteint le bord des fossés, et dans ce cas les palissades, aussi bien que le mur, auraient été coupées par les cheminements. Tout au plus semblable barricade eût-elle été utile si elle avait été placée à 2 ou 3 mètres en arrière du chemin couvert au lieu d'être incrustée contre son mur de soutènement.

« On sent là un manque de direction évident, résultat de la confusion qui a régné, dès le début, dans la place. Il n'y avait, en effet, pas même un général d'artillerie à Strasbourg au commencement du siège; celui-ci était déjà fort avancé lorsqu'arriva enfin le général Barral, qui réussit à pénétrer dans la place à la faveur d'un déguisement et en traversant les fossés à la nage; mais à ce moment il était déjà trop tard.

« Pour compléter le tableau de l'infériorité de la défense, il n'est peut-être pas inutile d'ajouter ici quelques mots sur les inconvénients du système adopté dans l'artillerie de position française. Nous avons vu que les pièces allemandes sont montées sur des affûts assez élevés pour tirer en barbette par-dessus un parapet à hauteur d'homme, en sorte que les canonniers restent parfaitement à couvert. Il n'en est pas de même des pièces françaises. En France, on a persisté systématiquement dans le système des canons se chargeant par la bouche, ce qui nécessite des affûts bas pour la manœuvre de l'écouvillon. Il résulte de là que, dans les batteries, les canonniers ne sont plus à couvert, lorsque la pièce est placée en barbette; il faut donc avoir recours au système des embrasures, c'est-à-dire que si le parapet est élevé à hauteur d'homme pour mettre les hommes à couvert, il faut entailler le parapet pour y faire passer la bouche de la pièce. Mais les embrasures sont des entonnoirs qui conduisent les projectiles ennemis tout droit sur les artilleurs de service. En outre, pour charger et refouler le boulet, les canonniers sont obligés de se découvrir plus ou moins et de s'exposer aux coups.

« Le tir est, du reste, moins précis et moins puissant avec les pièces chargées par la bouche, car l'obus, pour s'enfoncer dans l'âme de la pièce, ne peut pas joindre exactement; il force bien au sortir, grâce à un artifice particulier qu'il serait trop long de décrire, mais il a toujours un certain vent, assez même pour permettre l'inflammation de la fusée. L'obus allemand, au contraire, est enveloppé d'une chemise de plomb qui se force dans les rayures du canon d'acier aussi exactement qu'une balle de carabine, en sorte qu'à des distances prodigieuses, il met tous les boulets pour ainsi dire dans les mêmes trous. On demandait à un officier français comment il se faisait qu'en France on eût persisté dans le système du canon chargé par la bouche. « Il est si pittoresque de voir tourner l'écouvillon, répondit-il, qu'il eût été vraiment dommage d'y renoncer. » Ajoutez à ce qui précède que la fusée de l'obus français n'est graduée qu'à 6 points, c'est-à-dire que, durant le trajet du projectile, celui-ci n'éclate qu'après le 1er, 2e, 3e, 6e, etc., de son parcours, tandis que la fusée allemande gradue à 80 points, offrant ainsi une précision treize fois plus grande pour le moment d'explosion du projectile. On comprend d'après cela pourquoi les obus français éclataient presque toujours trop près ou trop loin.

« L'artillerie allemande, disait un officier, a tiré avec beaucoup de bonheur. » On s'étonne en effet que si peu de temps ait suffi pour dévaster entièrement les remparts des points d'attaque et tous les ouvrages qui les flanquent. Les parapets n'ont plus de forme, le gazon a disparu; de loin ils ressemblent à des monticules de terre profondément creusés par les eaux, et, au milieu de ce chaos, gisent les affûts brisés, les pièces démontées et parfois défigurées par des coups qui ont frappé en pleine bouche.

« Dans la citadelle, où tous les bâtiments sont en ruine, la dévastation est complète. Au milieu de la cour des casernes, on voit un parc de mortiers chargés sur leurs chars qui ont été brisés sur place sans avoir atteint leur destination. Dans le bâtiment le plus avancé du côté du Rhin était un dépôt de munitions qui a sauté. Le sol était couvert en cet endroit de débris de coffrets de tôle, de boulets ronds de 4, de biscaïens de diverses grosseurs. Que faisaient ces coffrets de munitions dans ce lieu si exposé, et à quoi devaient servir ces boulets de tout petit calibre? Nous l'ignorons.

« Par une sorte de hasard qui contraste fortement avec les ruines des remparts, on voyait sur l'esplanade un très bel équipage de pontons qui était resté intact, encore chargé sur ses chars; on y lisait une adresse indiquant qu'il était expédié de Besançon à une tout autre destination, mais que, par suite des vicissitudes de la guerre, il était venu échouer à Strasbourg.

« Sous les glacis, entre la porte des Juifs et la porte de Pierres, on rencontrait de même un matériel de chemin de fer immense qui n'avait pu être retiré à temps, mais qui était réduit en esquilles.

« Il est facile de juger qu'avec tous les éléments d'infériorité qui viennent d'être exposés, la défense de Strasbourg pouvait être héroïque, mais non prolongée, malgré tous les efforts des officiers pour se multiplier.

« Le général Uhrich y a illustré son nom ; mais il serait injuste d'oublier qu'en fait d'héroïsme c'est aux habitants que doivent revenir les plus grands éloges. La reddition de Strasbourg ne pouvait plus être évitée, et le Conseil de défense l'a votée à l'unanimité.

« La capitulation était des plus honorables ; la garnison devait sortir avec les honneurs de la guerre ; mais aussitôt l'événement connu, une indiscipline indescriptible s'empara des troupes ; il devint impossible d'en faire façon et d'y maintenir l'ordre qui, seul, aurait pu assurer une sortie honorable. Les soldats s'enivrèrent, bon nombre déserta, les troupes sortirent dans un pêle-mêle complet de tous les corps, les soldats brisant leurs armes ou les jetant dans les fossés. Les officiers allemands dépeignent cette scène de l'évacuation de la place comme ayant produit sur eux une impression très pénible.

« Le général Uhrich et les officiers qui le désirèrent furent laissés libres sur parole. Le général se rendit à Tours, où il fut justement félicité et où on le sollicita de reprendre du service. Il est superflu d'ajouter qu'il s'est loyalement refusé à violer ainsi la parole donnée, et qu'il a conservé intacts jusqu'au bout sa réputation de général et son honneur de soldat. »

CHAPITRE III.

Le rapport du Conseil d'enquête sur la capitulation de Strasbourg. — La réponse du général Uhrich au Conseil d'enquête — Protestations contre l'avis du Conseil d'enquête — Note jointe à l'historique du dépôt du 20e d'artillerie. — Lettre au général Uhrich qui ne put pas lui parvenir. — Tableau des ambulances. — Liste des officiers français tués pendant le siège. — Les récompenses aux pompiers. — Les pompiers morts et blessés. — Liste des personnes civiles tuées. — Maisons totalement détruites. — Mort de Mlle Riton.

A la date du 22 mai 1872, le *Journal officiel de la République française* a publié le document suivant :

CONSEIL D'ENQUÊTE SUR LES CAPITULATIONS.

Extrait du procés-verbal de la séance du 8 janvier 1872.

« Le Conseil d'enquête, vu le dossier relatif à la capitulation de la place de Strasbourg, vu le texte de la capitulation, sur le rapport qui lui en a été fait,

« Ouï MM. le général de division Uhrich, ex-commandant supérieur de la place de Strasbourg; le général Barral, ex-commandant de l'artillerie de Strasbourg; le baron Pron, ex-préfet du Bas-Rhin; le contre-amiral Excelmans, ex-commandant du secteur Nord à Strasbourg; le colonel Maritz, ex-commandant du génie à Strasbourg; le général Ducasse, ex-commandant de la place de Strasbourg; le colonel Sabatier, ex-directeur des fortifications à Strasbourg; le général Blot, ex-commandant du 87e régiment d'infanterie à Strasbourg, le général Moreno, ex-commandant de la subdivision du Bas-Rhin; le colonel Mengin, ex-commandant de l'artillerie de la place de Strasbourg; le colonel Rollet, ex-commandant de la citadelle de Strasbourg; Momy, membre du Conseil municipal de Strasbourg[1];

« Après en avoir délibéré, exprime comme suit son avis motivé sur ladite capitulation :

« Le Conseil croit devoir établir qu'au moment où M. le général de division Uhrich prit le commandement supérieur de la place de Strasbourg, la garnison était insuffisante par le nombre et la composition pour la défense de la place;

« Plus tard, cette garnison s'augmenta de quelques fractions de corps organisés, de la réserve réunie à Haguenau et d'une foule d'isolés et de fuyards qui, après

---

[1] Pourquoi Edmond Valentin, le préfet républicain, pourquoi le colonel de la garde nationale, Auguste Saglio, n'ont ils pas été invités à déposer devant le Conseil?

la bataille de Frœschwiller, se réfugièrent dans la place, et parvint au chiffre de 16,600 hommes ; mais ces fuyards y apportèrent des germes d'indiscipline et de lâcheté devant l'ennemi qui se manifestèrent par des faits graves que le commandant supérieur ne réprima pas par des exemples sévères ;

« La garde nationale sédentaire, qui d'abord avait manifesté la meilleure volonté, se découragea promptement au moment du bombardement et des incendies, et abandonna ses postes pour veiller à la conservation de ses propriétés ;

« L'artillerie avait un nombre insuffisant de pièces ou de munitions ; mais l'approvisionnement des fusées percutantes, déjà très restreint avant le commencement du siège, fut beaucoup réduit encore par la perte de 30,000 de ces fusées brûlées dans l'incendie de la citadelle ; avec plus de prévoyance, on aurait dû les placer dans des locaux où elles eussent été à l'abri. Cette perte a influé puissamment sur la défense de la place par l'artillerie ;

« Les mesures de défense ne furent pas prises au moment opportun ; ainsi, malgré l'insuffisance bien connue des abris voûtés à Strasbourg, on ne s'occupa pas d'en créer par le blindage, et cependant ces abris, déjà si nécessaires antérieurement, le sont devenus bien davantage en raison des progrès de l'artillerie moderne.

« Quant aux mines, on ne se procura pas à l'avance le matériel nécessaire pour utiliser les contremines permanentes qui existaient en avant de la lunette 53 ;

« Bien qu'il y eût 30,000 palissades en magasin à Strasbourg, on ne poussa pas assez activement le palissadement des chemins couverts et des ouvrages avancés des fronts d'attaque, pour que l'opération fût terminée avant l'investissement de la place, et depuis lors, autant par suite de la mauvaise volonté des ouvriers civils et militaires que par le manque d'organisation de compagnies auxiliaires du génie, qu'il eût été facile de créer avec plus d'initiative et de volonté, ce palissadement, si important pour la défense des chemins couverts, avait été délaissé, d'après l'avis des commandants des quatre arrondissements de défense ; aussi les ouvrages avancés furent-ils successivement abandonnés sans qu'on tentât de s'y opposer par la force[1]. Pendant tout le siège, la défense fut plus passive qu'active, et elle permit à l'ennemi de cheminer rapidement, presque sans obstacles, depuis les ouvrages avancés jusqu'au couronnement du chemin couvert des contre-gardes du chemin d'attaque ;

« Le conseil constate qu'à l'exception de celui du génie, les registres prescrits

---

[1] On a vu, dans l'étude sur les Fortifications de Strasbourg publiée au chapitre précédent, ce qu'il faut tenir de ce palissadement.

par les art. 253 et 259 du décret du 13 octobre 1863, n'ont pas été tenus régulièrement ou font même entièrement défaut; qu'ainsi le registre du conseil de défense, sur lequel doivent être inscrites toutes les délibérations, qui permet de suivre les opérations du siège et constate, pour ainsi dire, la part de responsabilité de chacun dans la défense, n'existe pas; on n'a que le journal du chef d'état-major, journal ni parafé ni signé par personne. Le registre du commandant de place, non plus que ceux de l'artillerie et de l'intendant militaire, n'ont été tenus, malgré les prescriptions formelles du règlement précité; en cela, comme en bien des choses, il faut constater qu'il y a eu manque de direction, de surveillance, d'impulsion ;

« Le conseil, considérant que si, du 11 au 17 août, l'ordre fut donné par le commandant supérieur de faire disparaître les couverts de la place, il y apporta la restriction de ménager autant que possible les propriétés particulières; que, sur le front de l'ouest surtout, les maisons n'ont pas été abattues et ont donné ainsi des abris aux tirailleurs ennemis ;

« Considérant que si, dans la séance du Conseil de défense tenue le 19 septembre la demande du Conseil municipal de traiter avec l'ennemi a été repoussée à l'unanimité, parce que la question d'humanité devait être séparée de celle du devoir militaire et de l'intérêt de la patrie, il est à regretter que les mêmes sentiments n'aient pas prévalu quand, huit jours après, et sur l'exposé qu'il fit au Conseil de défense de la situation de la place, après avoir demandé l'avis de chacun des membres, le général commandant supérieur, en opposition formelle avec le règlement, fit la proposition d'entrer en négociations pour la reddition de la place, vu l'impossibilité de pousser la résistance à outrance avec chance de succès;

« Le Conseil, considérant qu'à cette époque les brèches faites aux bastions 11 et 12 n'étaient pas praticables et étaient, en outre, défendues par un fossé très large, très profond, plein d'eau; qu'elles étaient couvertes et défendues par des contre-gardes encore intactes, précédées également par des fossés pleins d'eau,

« Qu'ainsi le commandant supérieur a manqué aux prescriptions de l'art. 254 du décret du 13 octobre 1863, qui n'admet de capitulation qu'après avoir soutenu un ou plusieurs assauts au corps de place; qu'avant de se rendre il n'a pas donné l'ordre d'incinérer les drapeaux, et s'en est rapporté sur ce point au sentiment des chefs de corps, qu'il n'a pas fait enclouer les canons, détruire les munitions, les armes, noyer les poudres, qui, après la reddition de la place, furent utilisés par l'ennemi dans d'autres opérations de siège;

« Qu'il a eu tort de ne pas exiger pour la garnison les honneurs de la guerre, et de ne pas stipuler que les officiers conserveraient leur épée, les officiers et les soldats leurs propriétés particulières ;

« Qu'il est blâmable d'avoir admis cette exception pour les seuls officiers qui rentreraient dans leurs foyers, après avoir pris l'engagement d'honneur de ne pas servir contre l'ennemi pendant la guerre, ainsi que pour les autres faits précités ;

« Le Conseil ne peut le blâmer trop sévèrement d'avoir profité lui-même de cette exception, sous le spécieux prétexte de se rendre à Tours pour y appuyer les propositions qu'il avait faites en faveur des officiers, sous-officiers et soldats de la garnison de Strasbourg, propositions qui eussent eu non moins de valeur s'il les eût adressées des prisons de l'ennemi, où il aurait partagé le sort de ses soldats.

« Pour extrait conforme :

« Le président du Conseil d'enquête,
« Signé : BARAGUEY-D'HILLIERS. »

Ce rapport, qui ne s'arrête qu'à des questions de détail, qui se base en partie sur des renseignements erronés, pour arriver aux conclusions les plus injustes, souleva des cris d'indignation parmi les défenseurs de Strasbourg et au sein de la population. Aussi les protestations s'élevèrent-elles de tous les côtés. Voici d'abord celle du principal intéressé, celle du général Uhrich :

REPONSE DU GÉNÉRAL UHRICH

au rapport du Conseil d'enquête relatif à la capitulation de Strasbourg.

« Gravement et publiquement attaqué dans mon honneur militaire, il me semble juste que ma défense soit également publique, et je demande que ma réponse soit mise à la connaissance de tous.

« Que suis-je d'abord ? Je suis un engagé volontaire pour la durée de la guerre, un engagé volontaire âgé de soixante-huit ans et demi.

« J'étais au cadre de réserve depuis trois ans et demi lorsque la guerre éclata. Dès qu'elle fut imminente, j'offris mon épée au gouvernement. Je ne demandai pas au ministre le commandement de Limoges, de Nantes ou même de Rennes, où j'avais laissé de bons souvenirs encore récents ; je demandai Metz ou Strasbourg : Je fus envoyé dans cette dernière ville.

« Arrivé à mon poste le 21 juillet, j'en rendis compte au ministre et l'informai que j'allais immédiatement faire abattre les constructions et les plantations qui se trouvaient, en quantité énorme, dans la zone de servitude militaire.

« A cette communication, le ministre répondit aussitôt en m'interdisant formellement de ne rien faire qu'à la dernière extrémité et après m'être concerté avec les autorités civiles.

« En même temps on substitua l'état de guerre à l'état de siège pour les places fortes, et l'état de siège fut maintenu pour les villes ouvertes. J'ai rétabli l'état de siège pour les villes de guerre, tout de suite après Frœschwiller.

Le Théâtre après le bombardement.

« Le 3 août, le maréchal de Mac-Mahon quitta Strasbourg pour aller se mettre à la tête de son armée, et désigna le 87e de ligne pour former, avec une partie du 16e d'artillerie (pontonniers), la garnison de la place, où se trouvaient déjà deux dépôts d'artillerie, deux de chasseurs à pied et deux d'infanterie, tous sans effectif.

« Un bataillon du 21e de ligne, laissé à Haguenau pour protéger la gare, se trouva coupé de l'armée et obligé de se replier sur Strasbourg. Deux détachements du 74e et 78e de ligne, venant du Haut-Rhin, arrivèrent à Strasbourg après la bataille, ne purent pas rejoindre leurs corps respectifs et fournirent un nouvel appoint à la garnison.

« A ces troupes il faut ajouter deux petits bataillons de douaniers, quatre de la garde nationale mobile, trois batteries de cette même garde et un détachement de marins appartenant à la flottille du Rhin, qui furent bloqués dans Strasbourg.

« Il faut ajouter enfin 4000 hommes environ, appartenant à presque tous les corps de l'armée, qui s'enfuirent du champ de bataille et se réfugièrent à Strasbourg, sans armes et sans sacs pour la plupart. Ce surcroît numérique n'en fut pas un, tant s'en faut, de force morale. De ces débris j'ai formé deux régiments de marche, l'un d'infanterie, l'autre de cavalerie, et je leur ai nommé des cadres en officiers, sous-officiers et caporaux.

« Tous ces éléments, véritable habit d'arlequin, ne me fournirent pas plus de 10,000 combattants, ville et citadelle.

« Rien n'avait été préparé pour mettre en état de défense cette ville, qui n'a aucun fort, aucun ouvrage détachés; tout était à faire de ce côté; des magasins à poudre, bondés de munitions, n'étaient même pas recouverts de terre.

« Il y avait, en outre, à organiser, à habiller, équiper et armer la garde nationale mobile que j'avais convoquée et qui n'avait jamais été rassemblée, même pour un appel. Les mêmes opérations étaient à faire pour les régiments de marche.

« La journée du 6 août nous surprit au milieu de cet embarras; le 8, nous étions sommés de nous rendre; le 10, l'investissement était complet et le bombardement préludait le 14.

« Je vais aborder la longue série des reproches que le Conseil d'enquête a mis à ma charge.

« Mais je dirai d'abord que la balance, emblème de la justice, a deux plateaux : un pour le bien, l'autre pour le mal. Celle dont le Conseil s'est servi à mon égard n'avait qu'un seul plateau : celui du mal. Rien n'a trouvé grâce à ses yeux : tout a été mal conçu, mal conduit, mal terminé. A qui fera-t-on croire cependant qu'un homme qui a de l'expérience, une certaine habitude du métier, qui, je crois pouvoir le dire, avait sa part d'estime dans l'armée, à qui fera-t-on croire que cet homme n'a rien fait de bien dans ce poste si tourmenté, qu'il avait sollicité comme une faveur, comme devant être le couronnement d'une longue vie militaire? Il eût mieux fait peut-être de ne pas prendre part à la guerre. Qui sait? peut-être ferait-il partie d'un Conseil d'enquête chargé de juger les travailleurs.

« J'ai parlé devant le Conseil d'enquête comme je l'aurais fait devant un Conseil de guerre : sous la foi du serment j'ai dit la vérité, rien que la vérité, peut-être pas toute la vérité.

« 1° *Indiscipline dans la garnison.* Un bataillon du régiment de marche d'infanterie et deux escadrons du régiment de cavalerie de marche, à qui j'avais confié quatre canons pour faire une grande reconnaissance, abandonnèrent, presque sans combat, trois de ces pièces et se réfugièrent en désordre sur la place. Tous étaient également coupables ; je ne crus pas pouvoir sévir autrement qu'en les livrant à leur propre honte et au mépris de la garnison.

« A ce sujet, un membre du Conseil m'a vivement reproché de ne pas avoir institué des cours martiales à Strasbourg. Ce pouvoir de faire ou de modifier les lois ne m'appartenait pas ; le décret qui ordonne la formation de ces tribunaux exceptionnels est daté du 2 octobre, tandis que Strasbourg est tombé le 28 septembre.

« Deux fois il y a eu, dans la garde mobile, de la résistance et presque refus de marcher : la première fois, ce fut un bataillon qui donna le mauvais exemple ; la seconde fois, une compagnie. L'arrivée du commandant de place suffit chaque fois pour rétablir l'ordre. Enfin, un bataillon de douaniers refusa un jour de marcher, mais l'énergique intervention du colonel directeur des douanes ramena les égarés à l'obéissance. Ces troupes ne pouvant pas être assimilées à l'armée régulière, j'ai cru prudent de fermer les yeux et de laisser la répression à la discipline intérieure. A part ces incidents, je n'ai jamais rencontré des difficultés dans l'exercice du commandement.

« La garde nationale sédentaire était chargée de maintenir l'ordre dans la cité ; elle occupait le poste de la Mairie et de la prison civile. Un jour que le bombardement était plus serré qu'à l'ordinaire, les gardes nationaux de service abandonnèrent leurs postes, qu'il fallut faire réoccuper par la garnison. Cette faiblesse, bientôt réparée, ne se reproduisit plus.

« Disons, à l'honneur de la garde nationale, qu'elle a fourni une batterie d'artilleurs volontaires qui ont noblement occupé leur place au bastion 12, le plus maltraité de tous, et ensuite au bastion 4. C'est dans cette même garde que se formèrent successivement une compagnie de francs-tireurs, commandée par le brave Liès-Bodard, professeur à l'académie de Strasbourg et âgé de 55 ans ; puis une compagnie franche, composée d'anciens soldats ; et, enfin, une troisième compagnie, qui était en formation au moment de la capitulation.

« Ces corps de volontaires ont pris une part glorieuse à la défense de la place.

« Le reste de la garnison, artilleurs, fantassins, gardes mobiles et marins ont également fait leur devoir avec un dévouement de chaque jour ; tous ont le droit de s'enorgueillir d'avoir assisté à ce siège, qui n'a pas son précédent dans notre histoire militaire. Il serait injuste de ne pas faire la part des intrépides pompiers, dont le zèle ne s'est pas ralenti un instant et qui ont toujours continué la lutte contre l'incendie, alors même qu'ils étaient certains de l'impuissance de leurs efforts.

« Les ouvriers civils doivent aussi être mentionnés ; ils ont souvent payé de leur sang leur participation à la défense.

« Enfin, la population, par son attitude ferme et patriotique, par sa résignation, a fait mon admiration.

« 2° *Incendie des fusées de l'artillerie*. Où aurait-on pu placer les fusées pour les mettre à l'abri du feu ? Les casemates étaient bien loin de pouvoir abriter la garnison ; d'un autre côté, les règlements de l'artillerie interdisent formellement (et ils sont sages en cela) de mettre dans les mêmes magasins les poudres et les artifices. Dès lors, il n'y avait pas d'autre local que l'arsenal.

« 3° *Blindages*. Pour établir des blindages, il faut du bois, du temps et des ouvriers : les deux derniers de ces éléments faisaient défaut.

« 4° *Les galeries de mines*. Strasbourg n'ayant pas même un détachement de troupes du génie, la guerre souterraine était impossible. Nous avons cherché à détruire les galeries permanentes qui existaient ; le succès n'a pas répondu entièrement à notre attente.

Le Conseil d'enquête me reproche de ne pas avoir créé des compagnies auxiliaires du génie. On n'improvise pas des sapeurs et des mineurs. J'ai, d'ailleurs, créé une compagnie d'ouvriers auxiliaires, pris dans tous les corps de la garnison et mis à la disposition du génie.

« 5° *Palissadement*. Cette opération a marché aussi rapidement que possible avec les moyens dont nous disposions ; les palissades, d'ailleurs, étaient renversées par le canon ennemi presqu'aussitôt qu'on les dressait. Les ouvriers civils ont eu, dans ces travaux, 13 tués et 33 blessés, et ont dû abandonner plusieurs fois leur poste lorsque le danger devenait trop grand.

« Avec l'artillerie nouvelle, les chemins couverts pouvant être enfilés sans difficulté, leur rôle, dans la défense, s'efface beaucoup. J'affirme que si le palissadement avait été complet dès l'ouverture du siège, la défense n'aurait pas pu être prolongée.

« 6° *Défense plus passive qu'active*. Tel a été, en effet, le rôle auquel nous avons été condamnés par les circonstances, par la faiblesse numérique et la composition de la garnison. Il a, du reste, été fait cinq sorties ou reconnaissances d'une certaine importance, sans compter les petites sorties très fréquentes que faisait la garnison de la citadelle, et celles des francs-tireurs.

7° *Registres*. Ici j'ai une confession à faire. Le registre que personnellement je devais tenir a été remplacé par des feuilles volantes, rédigées à la hâte, et que je voulais écrire avec plus de soin, lorsque j'en aurais le loisir. Ces feuilles m'ont été soustraites avec beaucoup d'autres papiers, le 28 septembre, pendant que j'assistais à la triste cérémonie du défilé de la garnison sur les glacis de la place.

« Je me reconnais blâmable pour ce fait.

« 8° *Abatage des arbres et des constructions extérieures.* Il aurait fallu bien des mois de travail et bien des ouvriers pour faire disparaître ce qu'une excessive tolérance avait permis de construire ou de planter dans la zone militaire depuis 1815. J'ai donc ordonné d'abattre d'abord ce qui gênait le plus nos vues et ce qui pouvait servir d'abri à l'ennemi. Il est aussi injuste qu'inexact de dire qu'il y a eu d'autres préférences que celles basées sur les motifs ci-dessus indiqués.

« 9° *Demande de capitulation faite par le Conseil municipal le 19 septembre et reddition de Strasbourg le 27.* Le rapprochement entre ces deux dates laisse percer une idée malveillante pour moi, et ce n'est pas la seule qui se soit manifestée pendant ma comparution devant le Conseil.

« Le 27, à midi, je ne me doutais pas encore que la reddition de la ville était aussi prochaine. Ne sait-on pas qu'à la guerre, non pas huit jours, mais un seul jour, mais quelques heures suffisent pour changer du tout au tout les positions des armées ennemies? Le maréchal de Mac-Mahon n'était-il pas en droit de dire, le 5 août, qu'il espérait battre l'armée allemande, et cependant, le 6, il était vaincu, bien honorablement vaincu !

« Est-ce justice au rapport de dire que j'ai exposé au Conseil de défense la situation de la place et pris l'avis des membres, sans ajouter que la réponse fut unanime en faveur de la capitulation immédiate? Un seul membre, le général Barral, a ajouté que peut-être on pourrait tenir *un jour de plus;* et encore m'a-t-il dit plus tard que le cœur lui battait en parlant ainsi, car il craignait de voir son avis adopté et la ville enlevée, peut-être, avant vingt-quatre heures.

« C'est, dit le rapport, en opposition formelle avec le règlement que je suis entré en négociation pour la reddition de la place.

« Comment! Strasbourg est la seule place forte devant laquelle la tranchée de siège ait été ouverte, la seule qui ait eu deux brèches à son corps de place, brèches dont l'une, quoi qu'on dise, était praticable; Strasbourg a vu anéantir son artillerie, détruire ses remparts, raser et incendier sa citadelle; Strasbourg a perdu plus du quart de sa garnison ; près de 1200 de ses habitants ont été atteints par les projectiles ennemis, et plus de 10,000 étaient sans abri; ses monuments, un tiers de ses maisons ont été brûlés; elle n'avait aucun secours à attendre de l'extérieur; dans ces terribles conditions, elle a résisté pendant près de deux mois, sous une pluie de près de 200,000 projectiles d'une puissance inconnue jusqu'ici; et *l'honneur ne serait pas satisfait!* En quoi donc réside l'honneur?

« Et vous ne trouvez pas un mot de sympathie pour cette malheureuse ville!

« Si c'est un oubli, il est bien regrettable. Population, garnison, tous ont fait leur devoir, tous ont droit à l'estime de la France.

« Il y a peu de pages blanches dans l'histoire de cette terrible guerre; Strasbourg en était une : la voilà souillée comme les autres, plus peut-être. A qui en reviendra le bénéfice?

« 10° *Brèches*. Ainsi que vinrent m'en rendre compte le colonel et le lieutenant-colonel du génie, le 27 septembre, vers deux heures de l'après-midi, la brèche du bastion 11 était praticable et nous pouvions être assaillis dès le 28 au matin. Nous n'avions pas une chance sur mille de repousser l'assaut. Avant de le livrer, l'ennemi aurait fait converger tout le feu de sa puissante artillerie sur la brèche et ses abords. Il aurait anéanti ou dispersé les colonnes destinées à repousser l'assaut, et serait entré dans la place sans coup férir.

« Devais-je exposer Strasbourg aux horreurs d'un assaut, à un sac peut-être? Devais-je me rendre coupable d'un semblable acte d'inhumanité? Je ne l'ai pas cru, et, à mon lit de

L'amiral Bergasse du Petit-Thouars.

mort, je me féliciterai encore de ne pas avoir commis cette coupable et monstrueuse folie.

« Quant à la praticabilité contestée de la brèche, j'ai pour l'affirmer le récit écrit du capitaine de cavalerie Liston, demeurant actuellement au n° 31 de l'avenue de La Mothe-Piquet. Cet officier sortit de Strasbourg le 29 au matin, alla jusqu'à Schiltigheim et revint librement, en suivant les tranchées allemandes, traversa les fossés sur des planches disposées déjà, et rentra à Strasbourg en escaladant la brèche, sans être obligé, ajoute-t-il, de faire aucun effort gymnastique.

« 11° *Incinération des drapeaux*. Il semblerait, en lisant cette partie du rapport, que les drapeaux de la garnison de Strasbourg sont tombés entre les mains de l'ennemi. Nous n'avions que deux drapeaux, qui furent lacérés et partagés. Un chef de corps vint, le 28 au matin, me demander ce qu'il devait faire de son drapeau : « Colonel, lui répondis-je, il est des choses qu'on ne demande pas ; » le drapeau fut détruit[1].

« 12° *N'avoir pas fait enclouer les canons, ni noyer les poudres. Le règlement y oblige-t-il ?*

« Je comprends qu'un commandant de poste militaire tel qu'une citadelle, ne pouvant pas prolonger sa défense, encloue ses canons, noie ses poudres et ouvre ses portes, en disant aux assiégeants : « Entrez, Messieurs, la place est à vous ».

« Mais lorsqu'on a derrière soi une population de 80,000 âmes, il faut traiter avec l'ennemi, obtenir des adoucissements pour ces malheureux qui ont déjà tant souffert dans leurs biens et dans leurs personnes. Avant la convention arrêtée, il n'est pas possible de détruire ses munitions, car les conditions offertes pourraient être telles qu'il vaudrait mieux mourir tous que de les subir.

« Dès que la capitulation a été consentie de part et d'autre, le commandant

---

[1] A propos des drapeaux, nous avons reçu, il y a quelques semaines, une lettre de M. J. Valès, capitaine en retraite, à Oran, l'ancien porte-drapeau du 2ᵉ régiment de turcos, dont nous avons raconté l'héroïque conduite à la page 48 de ce livre, une lettre relatant un fait qui témoigne à nouveau du patriotisme de cet officier.

Son glorieux drapeau ayant été lacéré et partagé, il en conserva l'aigle et, au moment de partir pour la captivité, il s'en fut la cacher chez M. Eugène Hecht, dont la maison, nous écrit-il, se trouve près de la gare, si j'ai bonne mémoire. (Elle est située, en effet, près de l'ancienne gare de l'Est, aujourd'hui transformée en marché, et sert de logement et de bureaux au secrétaire d'État, chef du ministère d'Alsace-Lorraine.)

« A mon passage à Strasbourg, continue le capitaine Valès, en rentrant de captivité, je me rendis chez M. Hecht, et ne fus pas peu surpris de trouver deux sentinelles prussiennes à sa porte, et d'apprendre que la maison était habitée par le général en chef et son état-major.

« Reconnu par une vieille domestique, fort occupée à préparer un grand dîner que donnait le général, j'appris par elle que son maître avait quitté la ville après l'entrée des troupes allemandes. Elle savait l'endroit où était caché l'objet que je venais chercher, mais me pria de revenir, sans éveiller de soupçons, vers 10 heures du soir, moment où elle serait libre.

« En effet, je fus assez heureux pour pénétrer dans cette maison à l'heure indiquée et pour pouvoir reprendre l'aigle que j'y avais déposée le jour de la capitulation. Aussi, n'est-ce pas sans émotion que je remerciai et quittai la brave femme, tout aussi émue que moi, et que je repassai entre les deux soldats en faction à la porte.

« Le lendemain matin, je partais pour Paris avec mon précieux fardeau..... »

En cette même lettre, le capitaine Valès nous raconte un petit épisode dont le récit aurait été mieux placé dans les premiers chapitres de notre ouvrage, mais que nous ne voulons point passer sous silence, quand ce ne serait que pour montrer la généreuse fierté avec laquelle le vaillant officier parle de ses turcos.

« Vers le 15 septembre, dit-il, et sur la demande du commandant Ducrot, un détachement de vingt hommes, sous mes ordres, fut chargé de couper la route en creusant une tranchée profonde, en avant des ouvrages de la Citadelle, un peu en deçà d'un petit pont. Ce travail fut exécuté en quatre heures, sous le feu de l'ennemi, qui ne cessait de nous lancer, depuis Kehl, des obus qui tombaient le plus souvent en arrière de nous, ou dans l'eau des canaux bordant la route. Fort heureusement je n'eus que quelques hommes légèrement blessés par des éclats.

« De retour à la Citadelle je fus, ainsi que mes hommes, chaudement félicité par le colonel Rollet et le commandant Ducrot. Je reçus de ce dernier une gratification de 20 fr. à distribuer à mes 20 turcos, dont la conduite avait été admirable. »

Le capitaine Valès nous permettra d'ajouter que, selon toute apparence, celle du sous-lieutenant Valès ne l'avait pas été moins.

de la place assiégée est lié, il est engagé d'honneur à remettre la ville dans l'état où elle se trouvait au moment de la signature. Telle est, du moins, ma manière de voir : je la crois conforme à la justice et à l'honneur [1].

« 13° *Honneurs de la guerre.* Les honneurs de la guerre ont été accordés à la garnison, qui est sortie de la ville avec armes et bagages. Quant aux officiers, qui sont également sortis avec leurs épées, ils ont dû s'en séparer avant d'entrer en Allemagne. Cette clause était bien dure, sans doute; mais nous subissions la loi du vainqueur : la France n'a-t-elle pas dû se soumettre à des conditions bien autrement douloureuses? Le texte de la capitulation de Strasbourg a, d'ailleurs, été calqué sur celle de Sedan.

« 14° *Acceptation du revers prussien.* Ainsi que je l'ai dit au Conseil d'enquête, jamais je n'aurais accepté le premier un tel article dans une capitulation; mais lorsque j'ai appris que la convention de Sedan avait été longuement discutée par le haut Conseil de guerre et en présence du chef de l'État, je ne me suis pas cru le droit, je l'avoue, de priver les officiers de la garnison de Strasbourg d'une faculté qui avait été laissée à ceux d'une armée entière.

« Telle est, je ne dis pas l'excuse, mais l'explication que je puis donner, en me soumettant au jugement des hommes compétents. Il serait équitable, en appréciant tous les faits de cette guerre, de tenir compte de cette situation sans précédents, dans laquelle nous nous sommes trouvés; de ce tourbillon, de cette tempête qui nous ont enveloppés et qui ne nous ont pas toujours donné le temps de la réflexion.

« 15° J'ai moi-même profité du revers pour aller à Tours rendre compte de la perte de Strasbourg et demander pour ma garnison des récompenses bien méritées. Le rapport dit que c'est là un prétexte spécieux. Il se trompe, car si j'étais allé en Allemagne je n'aurais pas pu correspondre avec le ministre de la guerre français et, après la captivité, je n'aurais pas eu le quart de ce que j'ai obtenu. C'est là ma consolation en présence d'un jugement sévère, quoique peut-être mérité.

« Au demeurant, quel est l'homme qui peut étaler sur le volet les deux mois les plus tourmentés de sa vie, et dire : Prenez vos lampes, Messieurs, examinez en détail, vous ne trouverez rien de négligé, rien d'omis, qui aurait pu ou dû se faire autrement?

« Je ne suis pas cet homme, moi, qui n'ai d'autre prétention que celle d'avoir fait de mon mieux dans la mesure de mes forces et de mon dévouement au devoir.

---

[1] Les artilleurs s'étaient, du reste, chargés d'enclouer les canons des remparts sans en avoir reçu l'ordre.

« Je crois pouvoir dire, sans immodestie, que Strasbourg a résisté autant que cela lui a été possible. A ce propos, je rappellerai que M. le général Ducrot, qui a longtemps commandé à Strasbourg, a beaucoup étudié les qualités et les défauts de cette place, a publié, il y a quelques années, une brochure dans laquelle il disait qu'il se ferait fort de la prendre en huit jours. Remarquons que lorsqu'il écrivait cela, il ne connaissait pas l'artillerie prussienne dont la puissance destructive nous a été si fatale.

« En terminant, je réitère la demande que j'ai faite, d'être autorisé à publier ce mémoire rectificatif.

« C'est l'organe du gouvernement, c'est le *Journal officiel de la République française,* qui a fait connaître au monde entier le rapport du Conseil d'enquête sur la capitulation de Strasbourg; la justice la plus élémentaire veut que l'accusé puisse faire connaître sa défense.

« Paris, 28 mai 1872.

« Le général de division, ex-commandant supérieur de Strasbourg,

« UHRICH. »

PROTESTATION

votée et signée à l'unanimité par le Conseil municipal de Strasbourg, dans sa séance du 29 mai 1872, contre l'avis motivé du Conseil d'enquête sur la capitulation de cette ville.

« A M. le Maréchal de France Baraguey-d'Hilliers, président du Conseil d'enquête sur les capitulations des places fortes.

« Le Conseil municipal de Strasbourg,

« Après avoir pris connaissance de l'avis exprimé par le Conseil d'enquête sur la capitulation de cette ville;

« Sans s'arrêter aux considérations émises dans ce document, que pour déplorer que Strasbourg, ce boulevard de la France, ait été dès les premiers jours de l'invasion, abandonné par l'empire sans troupes et sans moyens sérieux de défense;

« Considérant que le Conseil d'enquête, indulgent pour ceux qui ont si honteusement trahi leur devoir de pourvoir à la défense de nos frontières, réserve toutes ses rigueurs pour les victimes de cette coupable incurie, et blâme notamment l'attitude de la garde nationale de Strasbourg pendant le siège de cette ville;

« Considérant que ce jugement s'appuie sur des renseignements que le Conseil municipal, représentant légal de la population, repousse comme contraires à la vérité et qu'aurait certainement démentis le préfet républicain de Strasbourg, M. Valentin, s'il avait été appelé à déposer devant le Conseil d'enquête ;

« Considérant que, dès le lendemain de la bataille de Frœschwiller, la population valide, comprenant entre autres un grand nombre d'anciens militaires, a demandé énergiquement et à plusieurs reprises à prendre une part active à la défense de la place, mais que ce mouvement patriotique a été enrayé et étouffé par les autorités, qui, bien à tort, s'obstinèrent à y découvrir des manifestations anarchiques ; qu'en effet, obligées de céder à la pression de l'opinion publique, les autorités n'ont fait procéder qu'à une organisation incomplète de la garde nationale, choisissant elle-même et les hommes et les officiers, et se laissant souvent guider par des considérations politiques plutôt que par l'intérêt de la défense de la forteresse ;

« Considérant que les autorités n'ont mis à la disposition de cette garde nationale improvisée que deux mille fusils ancien modèle, arme dérisoire si elle devait servir à la défense de la place, et qu'elles n'ont, d'ailleurs, jamais songé à régler sérieusement le service dont cette garde nationale serait chargée ;

« Considérant que, malgré cette méfiance imméritée dont la population civile a été l'objet de la part de l'autorité, et dont la responsabilité incombe surtout à l'administrateur du département, M. Pron, alors préfet, aucun citoyen n'a jamais quitté le poste qui lui a été régulièrement assigné ; que les corps spéciaux surtout, exclusivement composés de volontaires, tels que les pompiers, dont l'effectif fut doublé ; les compagnies d'artilleurs, les francs-tireurs et la compagnie franche, se sont exposés jusqu'au dernier moment aux feux de l'ennemi et ont fait de nombreuses et cruelles pertes sur les lieux d'incendie, sur les remparts ou dans les sorties ;

« Considérant que les autres citoyens faisant partie de la garde nationale ont spontanément contribué, aux lieux et place de la garnison, au maintien de la police intérieure, et qu'il est absolument faux qu'ils aient, à quelque époque que ce soit, refusé les services commandés ;

« Considérant, d'un autre côté, que pendant toute la durée du bombardement de quarante jours, de nombreux habitants, hommes et femmes, ont été constamment sur pied, sans crainte des projectiles, les uns pour suppléer à l'insuffisance absolue de l'intendance, en organisant et soignant de nombreuses ambulances, les autres pour loger dans des abris improvisés dix mille habitants sans asile, d'autres enfin pour installer des restaurants populaires pour toutes ces familles sans pain ;

« Que, sans doute, les citoyens que leurs devoirs militaires ou les autres missions d'intérêt général ne mettaient pas en réquisition ont organisé des mesures pour sauver leurs propriétés et celles de leurs voisins de l'incendie qui sans cesse menaçait tous les quartiers de la ville; mais qu'on ne comprend pas que par là ils aient mérité l'espèce de blâme ou le reproche de lâcheté que semble leur infliger le Conseil d'enquête, à plus forte raison qu'en s'occupant de ces mesures ils exposaient leur vie et empêchaient la ville de devenir un énorme brasier;

« Considérant que tous ces faits sont notoires et peuvent au besoin être prouvés par des documents authentiques et par des témoins dignes de foi; que notamment le rapport officiel, si simple et si vrai, de l'honorable général Uhrich sur la capitulation de Strasbourg *« rend hommage au patriotisme de ses habitants, à leur abnégation, à leur dévouement, qu'on ne saurait trop louer »*.....;

La comtesse Alice Zeppelin, née Bleck.

« Qu'il est dès lors étrange que le Conseil d'enquête n'en ait pas eu connaissance et qu'il ait cru devoir, dans un acte de procédure rendu public, et sans avoir entendu toutes les parties intéressées, stigmatiser une population qui a bravement rempli son devoir pendant et après le siège, et qui, rançon malheureuse de la France, ne devait pas s'attendre à voir un tribunal d'honneur français troubler sa patriotique douleur par un verdict aussi inique qu'immérité;

« Par tous ces motifs,

« Le Conseil municipal

« Proteste de toutes ses forces, au nom des habitants, contre le jugement porté par le Conseil d'enquête sur l'attitude de la garde nationale et par conséquent de celle de la population civile, exprime le vœu qu'une contre-enquête soit ouverte, dans laquelle on reçoive les dépositions de toutes les personnes qui possèdent à ce sujet des renseignements précis et authentiques.

« Présents: MM. Ernest Lauth, maire; Imlin, Hueber, Weyer et Goguel, adjoints; Barth, Grouvel, Huck, Schweighæuser, Schneider, Petiti, Hatt, Bergmann, Klein, Kablé, Schützenberger, Eissen, Rœthlisberger, Stromeyer, Seyboth, Ruhlmann, Henry, Burger, Lichtenberger, Wolff, Sohn, Flach, Dietrich, Touchemolin, Levy, Krafft et Brunswick. »

Le Conseil, à l'unanimité, approuve les termes de cette protestation. Un exemplaire est immédiatement revêtu de la signature de tous les membres présents et sera transmis, par les soins de M. le maire, au président du Conseil d'enquête.

PROTESTATION DE M. A. SAGLIO

colonel commandant de la garde nationale sédentaire de Strasbourg pendant le siège, contre l'avis motivé du conseil d'enquête (3 juin 1872).

« A Monsieur le Président de la République.

« Monsieur le Président,

« Depuis le jour où le *Journal officiel* a livré au public l'avis motivé du Conseil d'enquête sur la capitulation de Strasbourg, une émotion fiévreuse s'est emparée de tous les cœurs alsaciens.

« L'outrage immérité fait à la garde nationale sédentaire de Strasbourg a été ressenti par la population entière de la cité.

« Des protestations s'élèvent de tous côtés contre un verdict frappé de nullité par cela seul que le Conseil n'a entendu aucun des témoins directement intéressés à repousser l'accusation.

« Ces protestations, parties en foule de points différents, proclament à la fois la dispersion de la grande famille strasbourgeoise et sa vive indignation.

« Variées dans leur forme, elles ont toutes un point commun ; elles réclament une contre-enquête.

« A ces nombreuses manifestations je viens joindre la mienne, Monsieur le Président, et, comme colonel de la garde nationale sédentaire de Strasbourg, vous prier instamment de vouloir bien faire procéder à une contre-enquête où seront entendus les officiers de la légion.

« C'est un acte de justice que nous réclamons, Monsieur le Président. Nous avons la ferme confiance que vous ne repousserez pas notre demande.

« Vous nous aiderez à nous laver de l'accusation injuste qui pèse sur nous ; vous ne permettrez pas que le blâme, le reproche, soient les derniers adieux adressés par la France à notre cité malheureuse.

« A. SAGLIO,
« Ex-colonel de la garde nationale sédentaire de Strasbourg
pendant le siège.

« Paris, le 3 juin 1872. — Rue de Monceau, 71. »

RAPPORT A M. LE MINISTRE DE LA GUERRE

sur la part prise par la garde nationale sédentaire de Strasbourg à la défense de la place en 1870.

« Pour apprécier avec impartialité la conduite de la garde nationale sédentaire pendant le siège de Strasbourg, il est important que l'on tienne compte de tous les faits qui la concernent. Or, nous qui avons été témoins du retard mis à sa convocation, témoin de la faiblesse de son effectif, de l'insuffisance de son armement, du rôle effacé qui lui a été assigné dans la défense de la place, nous n'hésitons pas à dire que même avant de naître elle excitait déjà, au point de vue politique, la défiance de l'administration.

« A peine créée, elle se trouve aux prises avec les formidables difficultés que lui suscite le bombardement.

« Elle est privée de tous les bienfaits dont jouit en temps de paix une troupe régulière à laquelle il s'agit de donner de la solidité. Les ordres deviennent difficiles à transmettre. Le service est appelé à subir des modifications sérieuses. L'incendie qui exerce ses cruels ravages, il faut le combattre; les hommes de garde ne peuvent donc plus être pris exclusivement dans la même compagnie; se connaissant moins, il sont moins solidaires les uns des autres. De là quelques actes de faiblesse, actes isolés qui ne sauraient entacher en rien l'honneur du corps entier, car nous avons vu, d'un autre côté, le noble frémissement qui parcourait les rangs de la légion quand elle réclamait un rôle plus actif dans la défense. Nous avons admiré son patriotisme, son abnégation, sa discipline, alors que les batteries ennemies vomissaient le fer et le feu sur la ville. Eh bien, nous le déclarons hautement: *La garde nationale de Strasbourg a rempli son devoir, elle a droit au respect et à la reconnaissance de la France.*

« Qu'on en juge :

« Le 6 août, la nouvelle de la défaite de Frœschwiller retentit dans la cité comme un coup de foudre, une agitation fiévreuse s'empare de tous les esprits.

« Ce n'est que le lendemain, 7 août, qu'il est procédé à une première et incomplète formation des cadres des officiers de la garde nationale sédentaire de Strasbourg, qui sont nommés par le général commandant supérieur, sur la présentation du maire et la proposition du préfet.

« J'ai l'honneur d'être appelé au commandement de la légion, qui, comprenant quatre bataillons de 500 hommes, ne comporte à son effectif que 2000 hommes, tandis que plus de 4000 citoyens se sont fait inscrire sur les registres ouverts à la Mairie.

« Le 8, il est délivré par l'arsenal 2000 fusils à piston, sans cartouches, armement qui indique clairement que la mission de la légion se bornera à maintenir l'ordre dans la cité.

« Le 13, les cadres sont régulièrement constitués, et le 14 il est procédé à l'organisation définitive de la légion par bataillons et compagnies ; les officiers, sous-officiers et caporaux sont reconnus devant la troupe. Les emplacements sont désignés pour les lieux de rassemblement des bataillons et les exercices partiels des compagnies. La garde nationale fournit un poste à la Mairie, un autre à la prison, des piquets à la Banque de France, à la Caisse d'épargne, etc.

« Le 15, les premiers obus sont lancés sur la ville par les batteries ennemies ; le lendemain 16, une batterie d'artillerie s'organise *au sein de la garde nationale*, composée de 100 volontaires, les uns anciens militaires, les autres n'ayant jamais servi. Elle est formée, équipée, passablement instruite en moins de huit jours, si bien que dès le 24 elle prend service au bastion d'attaque n° 12.

« Pendant ce laps de temps, alors que la population commence à mesurer la gravité des événements qui la menacent, des hommes à qui pèse leur inaction cherchent à s'organiser en corps de francs-tireurs.

« Le 18 août, deux compagnies sont constituées. L'une indistinctement composée d'hommes habitués au tir et d'anciens militaires, prend le nom de *compagnie franche de chasseurs volontaires*. L'autre, exclusivement recrutée d'anciens militaires, prend le nom de *compagnie franche des tirailleurs volontaires*.

« Elles sont armées de chassepots, font partie de la garde nationale et sont, par ordre du général, commandant supérieur, placées sous mon commandement.

« L'effectif total de ces deux compagnies se monte environ à 200 hommes, dont un grand nombre sort des rangs de la garde nationale sédentaire. Cette dernière ainsi appauvrie, il devient urgent de combler les vides et de donner plus d'importance à l'infanterie.

« Aussi, dès le 20 août, l'effectif est-il porté à 750 hommes par bataillon, soit 3000 pour la légion au lieu de 2000.

« Du 23 au 28, le bombardement prend un caractère féroce ; c'est pendant cette période que les ruines et le deuil s'accumulent sur notre pauvre cité, que l'ennemi cherche à terrifier les cœurs.

« C'est à cette époque que l'autorité civile, désireuse de s'assurer le concours des citoyens dans cette crise effroyable, dissout le Conseil municipal, qui ne se réunissait plus depuis le 8 août, et institue une Commission municipale composée de 47 membres, en vue de gérer et défendre les intérêts de la ville.

« C'est à cette époque également que j'insistai auprès du général commandant supérieur pour qu'il soit donné à la légion un armement plus sérieux.

« Le 1er septembre commence l'échange des fusils à piston contre des fusils dits à tabatière ; chaque homme reçoit 18 cartouches, et le soir même un fort piquet se réunit sous les Arcades, avec l'ordre de faire des patrouilles de 7 heures du soir à 5 heures du matin, pour arrêter les rôdeurs et les malfaiteurs qui se livrent au pillage des maisons embrasées.

« Ces patrouilles ont lieu chaque jour jusqu'à la fin du siège, malgré la pluie de projectiles, et travaillent avec efficacité au maintien de la sécurité publique.

« Si quelques hommes ont quitté le poste de la Mairie le 24 août, c'est que l'état-major de la place, chassé par l'incendie de sa résidence habituelle, est venu s'y réfugier, en établissant un poste de ligne à côté de celui de la garde nationale et porter ainsi ombrage à sa susceptibilié.

« Lorsque, le 27 septembre, la Mairie et la Commission municipale se sont installées à l'Hôtel-du-Commerce, la garde nationale a repris son poste jusqu'au dernier jour.

« Vers la fin du siège, d'autres hommes ont abandonné le poste de la prison. J'ai immédiatement ouvert une enquête, d'où il est résulté que ce poste était devenu intenable, que deux gardiens de la prison avaient été blessés. Les hommes appartenant à un quartier ravagé par le feu avaient, vers le milieu de la nuit, volé au secours de leurs familles ; mais le sergent et le caporal étaient restés jusqu'au matin cachés sous les décombres de la prison. Le poste était vraiment dangereux.

« J'ajouterai qu'il était presque inutile, car les prisonniers avaient été mis en liberté, sauf quatre, qui avaient refusé de sortir, n'ayant aucun moyen d'existence.

« Telles sont les défaillances que j'ai à vous signaler, Monsieur le Ministre.

« Je ne les aurais point relevées si elles n'avaient pas servi de base au blâme que le Conseil d'enquête a jeté sur une population qui a toujours témoigné de son goût, de son aptitude pour la carrière des armes.

« Tous les hommes de guerre sont d'accord pour reconnaître que trois ans de service sont nécessaires pour donner toute sa valeur à un soldat jeune, célibataire, aux yeux duquel s'ouvre la perspective d'un avancement et des distinctions honorifiques, et l'on voudrait en huit jours, sous le feu de l'ennemi, la même solidité d'un honnête père de famille, d'un ouvrier à qui l'incendie peut enlever sa dernière ressource !

PATROUILLE DE GARDE NATIONALE PRÈS DES GRANDES-ARCADES

« En vérité, devant une pareille exigence, en face d'une aussi criante injustice, j'ai peine à contenir mon indignation.

. . . .

« La batterie de la garde nationale, qui dès le 24 août a pris le service du bastion n° 12, le plus violemment attaqué de tous, y a noblement occupé sa place jusqu'au 9 septembre, jour où la défense ne pouvait plus y être active ; elle fut envoyée au bastion n° 4, pour y remplacer les canonniers de la ligne, devenus ainsi disponibles pour un autre service.

« Cette batterie, dont l'effectif avait été porté de 100 hommes à 130, se maintint à ce dernier bastion jusqu'au dernier jour du siège, 27 septembre, tirant sur les batteries mobiles de l'ennemi et les emplacements où celui-ci cherchait à s'établir.

« Quant aux compagnies franches, elles firent leur service depuis le jour de leur formation jusqu'à la fin du siège.

« Elles occupèrent l'ouvrage 56, ainsi que le Contades, et envoyèrent des détachements en avant de la porte de Pierres, au front d'attaque.

« Elles exécutèrent des reconnaissances tantôt du côté du Wacken et de la Robertsau, tantôt du côté du Neudorf, et inquiétèrent sérieusement l'ennemi, puisque le général commandant l'armée allemande échangea quelques lettres avec le commandant supérieur des troupes françaises, s'obstinant à refuser aux francs-tireurs le titre de belligérants, et déclarant qu'il leur réservait les plus sévères châtiments de la guerre dans le cas où ils seraient faits prisonniers.

« La conséquence de cette prétention fut l'incorporation de la compagnie franche des *tirailleurs volontaires* dans la garde mobile à la date du 17 septembre.

« La compagnie franche des *chasseurs volontaires* se scinda, la plus grande partie déclara ne pas vouloir tenir compte des menaces du général de Werder, et, après s'être complétée par l'adjonction de quelques tireurs sortis des rangs de la garde nationale, persista à continuer son service au même titre qu'auparavant.

« Disons, à l'honneur des trois corps qui ont concouru à la défense active de la place, sur un effectif qui ne dépassait pas 400 hommes il ont eu, pendant le siège : 1 officier, 3 sous-officiers, 17 soldats tués, et 2 officiers, 2 sous-officiers et 59 soldats blessés, et qu'ils ont bien mérité du témoignage de satisfaction dont les a honorés le général commandant supérieur dans une lettre adressée, le 9 septembre, au colonel de la garde nationale, lettre dont j'extrais les passages suivants :

« MM. les commandants des arrondissements de défense m'entretiennent
« chaque jour des services rendus par les compagnies franches des *chasseurs* et
« *tirailleurs volontaires* et la *batterie auxiliaire de la garde nationale*.

« Chacun se plaît à louer les bons services rendus par le personnel de ces
« compagnies et de cette batterie. Je me plais moi-même à le reconnaître, et je
« remercie chacun du concours dévoué et énergique qui est prêté par ces corps à
« la défense de la place.

« Je voudrais être à même de récompenser immédiatement de si nobles senti-
« ments et des malheurs qui ne manqueront pas d'exciter l'admiration du pays….. »

« Enfin, dans sa proclamation d'adieu aux habitants de Strasbourg (28 septembre), le général Uhrich s'exprime ainsi :

« Merci à vous, francs-tireurs et compagnies franches, à vous aussi, artilleurs
« de la garde nationale, qui avez si noblement payé le tribut du sang à notre grande
« cause aujourd'hui perdue. »

« J'ai l'espoir, Monsieur le Ministre, qu'après avoir pris connaissance de ce rapport, qui retrace sommairement mais fidèlement la part prise par la garde nationale sédentaire de Strasbourg à la défense de la place en 1870, vous direz comme moi : *Elle a droit au respect et à la reconnaissance de la France.*

« J'ai l'honneur d'être, Monsieur le Ministre, avec le plus profond respect, votre très humble et dévoué serviteur.

« Auguste Saglio,
« Ex-colonel de la garde nationale sédentaire de Strasbourg
pendant le siège.

« Paris, 31 juillet 1872. — Rue de Monceau, 71. »

LETTRE D'ENVOI
accompagnant le rapport fait à M. le ministre de la guerre par le colonel Auguste Saglio.

« A Monsieur le Ministre de la guerre.

« Monsieur le Ministre,

« Lorsque parut au *Journal officiel* (mai 1872) l'avis du Conseil d'enquête sur la capitulation de Strasbourg, des protestations s'élevèrent de tous côtés pour réclamer une contre-enquête.

« J'adressai personnellement la mienne, le 3 juin, à M. le président de la République, en manifestant le regret de n'avoir point été appelé devant le Conseil comme colonel de la garde nationale sédentaire de Strasbourg pendant le siège.

« Il n'a point été donné suite à ces protestations.

« Toutefois, quelques jours après, M. Keller, député, présenta son rapport au Corps législatif, au nom de la Commission chargée de statuer sur la publication des travaux du Conseil d'enquête.

M. Keller, dans son rapport, après avoir constaté que Strasbourg était l'exemple le plus saisissant de l'état d'abandon où l'on avait laissé, jusqu'à la veille de la lutte, la défense de nos frontières, s'exprime ainsi :

« Nous vous proposons d'ordonner également la publication du rapport « détaillé qui résume les travaux du Conseil d'enquête sur cette place. Ce docu- « ment mettra certainement fin aux interprétations fâcheuses auxquelles l'avis « motivé pouvait donner lieu dans son laconisme, et si le texte de cet avis nous « avait été communiqué avant sa publication, nous aurions demandé que le « rapport y fût immédiatement joint. »

« Le Corps législatif va se séparer, Monsieur le Ministre, et la faible satisfaction promise par M. Keller ne nous sera pas même accordée.

« Voilà deux mois que nous, gardes nationaux de Strasbourg, dévorons en silence l'affront immérité que nous avons reçu.

« Chacun de nous travaillera, dans la mesure de ses forces, à la réparation qui nous est due.

« Quant à moi, M. le Ministre, mon devoir est tracé par ma conscience, et je prends la liberté de vous adresser le rapport ci-joint, qui ne diffère en rien de la déposition que j'aurais faite devant le Conseil d'enquête, si j'avais eu l'honneur d'être entendu par lui.

« J'ai l'honneur d'être, avec le plus profond respect, Monsieur le Ministre, votre très humble et très dévoué serviteur.

« Auguste Saglio,
« Ex-colonel de la garde nationale sédentaire de Strasbourg pendant le siège.

« Paris, 31 juillet 1872. — Rue de Monceau, 71. »

PROTESTATION

des anciens officiers de la garde nationale sédentaire de Strasbourg contre l'avis motivé du Conseil d'enquête sur la capitulation de cette place.

« A Monsieur le Maréchal de France Baraguey d'Hilliers, président du Conseil d'enquête sur les capitulations des places fortes.

« Les soussignés, actuellement à Strasbourg, s'abstiennent de qualifier l'avis que le Conseil d'enquête a cru devoir émettre sur la garde nationale sédentaire de Strasbourg. Ils le contestent, chacun en ce qui peut concerner le corps qu'il représente.

« Au nom de tous ceux de leurs camarades qui ont le sentiment d'avoir, pendant le siège, rempli leurs devoirs envers la patrie, ils demandent une contre-enquête qui, ne se prononçant qu'après que ceux qui sont en cause auront été entendus, permette d'arriver à une appréciation juste de la réalité des faits.

« GUEPRAT, lieutenant-colonel; MAREUX, commandant; HERING, capitaine commandant l'artillerie de la garde nationale; UNGEMACH, capitaine des chasseurs de la garde nationale; BOURLET, WEISZ, CARRIÈRE, capitaines adjudants-majors; DIETRICH, EISSEN fils, D. GHESQUIÈRES, KOLB, capitaines; HEIMBURGER, STRASSER, lieutenants; EUG. GŒPP, HABERSPERGER, sous-lieutenants; LEFEBVRE, adjudant.

PROTESTATION

des anciens officiers, sous-officiers et soldats de la garde nationale mobile du Bas-Rhin, de la garde nationale sédentaire, de la batterie d'artillerie et des deux compagnies franches de cette garde nationale et du corps des sapeurs-pompiers de Strasbourg (28 mai 1872).

« A Monsieur le Président de la République française.

« Nous soussignés, anciens officiers, sous-officiers et soldats de la garde nationale mobile du Bas-Rhin, de la garde nationale sédentaire, de la batterie d'artillerie et des compagnies franches de cette garde nationale et du corps des sapeurs-pompiers, venons opposer à la décision de la Commission d'enquête sur la capitulation de Strasbourg les faits qui suivent :

« La défense de cette ville, qui, abandonnée dès le jour de Frœschwiller, qui, sommée le 8 août de se rendre et surprise le 13 août par un bombardment furieux, résista jusqu'au 27 septembre, se trouve complètement dénaturée par le procès-verbal de la Commission d'enquête.

« Prenons l'un après l'autre les différents paragraphes de ce document et examinons leur véracité :

« I. Ces fuyards y apportèrent des germes d'indiscipline et de lâcheté qui se « manifestèrent par des faits graves. »

« Indiscipline ! Lâcheté !

« C'est là tout ce qu'inspire à la Commission d'enquête la conduite des défenseurs de Strasbourg.

« Est-ce juste ? Est-ce vrai ?

« Nous affirmons que la garnison de Strasbourg a, pendant toute la durée du siège fait preuve d'un bon esprit de discipline, et si lors de la première sortie, où fut blessé mortellement le colonel Fiévet, quelques-uns des fuyards de Frœschwiller ne se conduisirent pas en soldats, si quelques faits isolés d'indiscipline se produisirent, cet exemple ne fit pas école à Strasbourg[1] et la garnison tout entière se montra jusqu'au bout digne des chefs qui la commandaient.

« II. La garde nationale sédentaire se découragea promptement au moment « du bombardement et des incendies et abandonna ses postes. »

« Nous affirmons que la garde nationale de Strasbourg, loin de se décourager, puisa un nouveau courage dans la gravité croissante des événements.

« Si la Commission d'enquête connaît une défaillance, qu'elle la cite!

« A la Commission d'enquête qui accuse la garde nationale de Strasbourg de s'être découragée promptement et d'avoir abandonné ses postes.

« A la Commission d'enquête qui jette ce blâme terrible sur tout un corps sans l'appuyer par des faits, nous répondrons :

« Voici comment se conduisirent les gardes nationaux de Strasbourg!

« Les artilleurs de la garde nationale sédentaire occupèrent successivement les bastions 11 et 12 au front d'attaque et le bastion 4; dans l'un de ces postes ils firent des pertes sensibles.

« Les artilleurs de la garde nationale sédentaire firent leur service jusqu'au dernier jour.

« Les compagnies franches de cette garde nationale firent assez de mal aux assiégeants pour que le général de Werder crût devoir écrire à plusieurs reprises au général Uhrich afin de prévenir qu'il se refusait à les considérer comme belligérants et que les prisonniers seraient traités avec la dernière rigueur.

« Ces compagnies franches furent fort éprouvées et firent leur service jusqu'au dernier jour. La Commission ne peut pas ignorer des faits semblables.

« Nous protestons donc de toute notre énergie contre le blâme jeté si injustement sur la garde nationale de Strasbourg.

« La ville de Strasbourg, qui élève un monument aux gardes nationaux et aux pompiers tués pendant ce siège, proteste tout entière contre l'accusation erronée de la Commission d'enquête.

---

[1] Les mobiles, équipés le 4 août, entrent en ligne le 6, font leur école de tir sur l'ennemi ; ils combattent à côté du 87ᵉ régiment, qui eut pendant le siège 3 officiers tués, 13 officiers blessés, dont le colonel, M. Blot, 222 sous-officiers et soldats tués et 446 blessés.
L'artillerie de la mobile fait le service avec le 16ᵉ d'artillerie pontonniers ; des officiers de l'artillerie de la mobile commandent l'artillerie de plusieurs lunettes.
La garde nationale sédentaire, qui n'existait pas avant la journée de Frœschwiller, se forme d'elle-même.
L'artillerie de la garde nationale sédentaire commence le 17 août son service à la porte de Pierres.
Les compagnies franches de la garde nationale occupent l'ouvrage 56, avec les marins de l'amiral Excelmans, et font de nombreuses reconnaissances.

« III. Avec plus de prévoyance ou aurait pu placer les 30,000 fusées brûlées
« dans l'incendie de la citadelle dans les locaux où elles eussent été à l'abri. »

« Nous demandons quel était le local à l'abri de l'incendie pendant ce siège.

« IV. Malgré l'insuffisance bien connue des abris voûtés à Strasbourg, on ne
« s'occupa pas d'en créer par le blindage, et cependant ces abris, déjà si néces-

Les ruines du bâtiment de la douane et du corps de garde au pont du Rhin.

« saires antérieurement, le sont devenus bien davantage en raison des progrès de
« l'artillerie moderne. »

« A qui la Commission jette-elle le blâme ?

« Est-ce à l'administration supérieure de la guerre, qui n'a pas jugé à propos de créer ces abris voûtés, lesquels, comme le dit justement la Commission d'enquête, étant déjà si nécessaires antérieurement, le sont devenus bien davantage en raison des progrès de l'artillerie allemande !

« Si c'est à la défense que s'adresse ce blâme, nous répondrons :

« Il y avait 8 soldats du génie dans la place de Strasbourg.

« V. Autant par suite de la mauvaise volonté des ouvriers civils et militaires

« que par le manque d'organisation de compagnies auxiliaires du génie, qu'il eût
« été facile de créer avec plus d'initiative et de volonté, le palissadement avait été
« délaissé. »

« Les ouvriers civils de Strasbourg aidèrent la compagnie des travailleurs militaires, créée par le commandement supérieur, à mettre la place en état de défense ; ils apportèrent la meilleure volonté, et c'est sous le feu de l'ennemi que s'exécuta leur travail. Leur place naturelle était du reste dans la garde nationale et dans le corps des pompiers, devenu insuffisant.

« La Commission ignore donc que les hommes qu'on eût pu employer ainsi trouvèrent leur place dans l'artillerie qu'il fallut improviser, car la pénurie d'artilleurs était telle que l'on dut faire remplir les fonctions de sous-officiers de cette arme aux musiciens classés des pontonniers et aux maîtres ouvriers ?

« VI. Les couverts de la place, les maisons n'ont pas été abattus. »

« Dès le 11 août on abattit les arbres des routes ; chaque matin, de nombreux ouvriers sortaient par toutes les portes et, protégés par de l'infanterie, faisaient disparaître les couverts de la place, et cela sous le feu des tirailleurs ennemis.

« Les canons de la place détruisirent les bâtiments qui gênaient la défense ; c'est ainsi qu'ils brûlèrent le couvent du Bon-Pasteur et les maisons voisines, ainsi que toutes les constructions du côté sud et les bâtiments situés sur la route de Lingolsheim et de la Montagne-Verte.

« Des soldats et des travailleurs abattirent les arbres du cimetière Sainte-Hélène et un grand nombre de bâtiments, brasseries, malteries et villas.

« En un mot, ce qu'il faut bien dire, ce que la Commission d'enquête ne dit pas, la ville n'a pas eu le temps pour préparer sa défense, et *tous les travaux ont été préparés devant l'ennemi et malgré lui.*

« VII. Quant aux mines, on ne se procura pas le matériel nécessaire pour « utiliser les contre-mines permanentes qui existaient en avant de la lunette 53. »

« Les ouvrages avancés furent abandonnés.

« Les brèches faites aux bastions 11 et 12 n'étaient pas praticables. »

« Lorsqu'on dut abandonner la lunette 53, on ne put pas, malgré les différentes tentatives, et cela faute de *mineurs*, se servir des ouvertures de mines.

« Les parapets étaient rasés jusqu'à la banquette d'infanterie, les pièces démontées, les abris défoncés, la brèche faite sur le flanc droit et au saillant praticable, le fossé comblé par l'éboulement des terres, quand seulement on donna l'ordre à la 1re compagnie de la garde mobile qui l'occupait d'évacuer l'ouvrage, et de se rallier sur la gauche au gros du bataillon.

« En partant, les défenseurs enclouèrent les pièces, noyèrent les munitions et achevèrent de bouleverser l'ouvrage.

« Le 27 septembre, les brèches du bastion 12 et du bastion 11 allaient livrer passage aux colonnes d'assaut de l'ennemi.

« L'ouvrage 56 était réduit au silence, et sa perte imminente allait entraîner celle du Contades; la citadelle était rasée.

« Il fut décidé, à l'unanimité des voix, par le Conseil de défense, que l'on n'était pas en état de repousser l'assaut et qu'il y avait lieu de capituler.

« VIII. Le commandant supérieur n'a pas donné l'ordre d'incinérer les dra-« peaux. »

« D'après le procès-verbal de la Commission d'enquête, on croirait qu'à Strasbourg, comme à Metz, les drapeaux ont été livrés à l'ennemi.

« Nous affirmons que les Allemands n'ont pas pris un seul drapeau français à Strasbourg. Nous affirmons que les fusils de la garnison ont été brisés.

« En lisant l'œuvre de la Commission d'enquête, il semble que tout était possible, que tout était facile à Strasbourg, et que rien n'a été fait, rien n'a été tenté.

« Eh bien ! au moment de la guerre, rien n'avait été préparé pour la défense.

« Le gouvernement d'alors n'avait pas fait entrer dans ses prévisions que cette place frontière pût être attaquée.

« Nous ne parlons pas de ses fortifications d'un autre âge; nous avons vu leur insuffisance; mais quelle fut la garnison laissée au général chargé de défendre Strasbourg.

« Un seul régiment, le 87e de ligne, auquel il faut joindre quelques artilleurs, quelques pontonniers, deux dépôts de bataillons de chasseurs, tous réduits à leurs cadres, les bataillons de guerre ayant enlevé tous les hommes valides, et si les 43 marins de la flottille du Rhin restèrent à Strasbourg, ce fut grâce à la rapidité de l'investissement.

« Joignez à cela la mobile et la garde nationale, et c'est avec ces éléments et dans de semblables circonstances que le général commandant Strasbourg, aidé par le profond patriotisme de la population, a pu faire, depuis le 8 août jusqu'au 27 septembre, une résistance qui passait pourtant pour glorieuse jusqu'au moment où la Commission d'enquête a publié que le général Uhrich, garnison et population ne méritaient que le blâme.

« M. le Président de la République, le blâme doit tomber sur celui qui, sans être prêt, a commencé la guerre; il doit frapper ceux qui ont abandonné la capitale de l'Alsace sans artillerie, sans même une garnison de paix.

« Il est temps que la vérité se fasse !

« Nous demandons justice ; Strasbourg, insultée, s'adresse à vous et réclame sa réhabilitation.

« Nous avons donc l'honneur, Monsieur le Président, de vous demander une contre-enquête et que de nouveaux témoins soient interrogés, car nous déclarons que le rapport de la Commission d'enquête a complètement dénaturé la défense de Strasbourg. » (Suivent 439 signatures.)

NOTE JOINTE A L'HISTORIQUE DU DÉPOT DU 20ᵉ D'ARTILLERIE

par le colonel Petitpied, commandant le 2ᵉ arrondissement de défense pendant le siège de Strasbourg.

« L'ennemi avait commencé deux brèches, l'une d'elles allait être praticable.

« Il n'était plus permis de mettre un homme ou un canon sur le front d'attaque pour entraver les travaux de l'assiégeant couronnant le chemin couvert et commençant la descente du fossé.

« Dominé de toutes parts, le front d'attaque était inhabitable, et il n'était pas permis de songer à y construire un retranchement extérieur.

« Le brave colonel Blot, qui, avec son 87ᵉ régiment, a été l'âme de la vraie défense sur le point d'attaque, déclarait, lui, à l'approche du moment suprême pour la défense, qu'il n'était pas possible de préparer, même aux environs du point d'attaque, une troupe pour s'opposer à l'assaut de l'ennemi ; il assurait qu'elle serait anéantie avant d'arriver à la brèche pour en défendre l'accès.

« Cette note est destinée aux honnêtes gens pour les mettre en garde contre les *hableurs* ; nous tenons à l'estime des premiers et nous cherchons à oublier les seconds.

« Le colonel du 20ᵉ d'artillerie, PETITPIED. »

LETTRE ENVOYÉE AU GÉNÉRAL UHRICH

à Strasbourg et qui ne put pas lui parvenir.

Ministère de la guerre. — Première direction. — Bureaux de la correspondance générale et des opérations militaires.

« Tours, septembre 1870.

« Général,

« Le pays tout entier, par l'organe du gouvernement national, exprime à l'héroïque garnison de Strasbourg et à son digne chef sa confiance et son admiration.

« Veuillez vous faire l'interprète de ces sentiments auprès des défenseurs de la place.

« Le gouvernement national, désireux de ne pas retarder la concession des récompenses qu'il destinait à ses défenseurs, vous lègue les pleins pouvoirs de nommer dans la Légion d'honneur les militaires de l'armée active et de la garde nationale mobile, ainsi que les gardes nationaux sédentaires qui, parmi tant de braves, se sont plus particulièrement signalés.

« Recevez, général, l'assurance de ma considération la plus distinguée.

« Le vice-amiral, ministre de la guerre par intérim,
« L. Fourichon. »

TABLEAU DES AMBULANCES DE LA SOCIÉTÉ DANS STRASBOURG PENDANT LE SIÈGE.

Nous aurions le désir de joindre les noms des nombreuses personnes qui nous ont si vaillamment secondés dans nos ambulances. Malgré nos recherches nous n'avons pu les réunir tous ; on comprendra dont pourquoi nous nous abstenons de la publication d'une liste qui serait très incomplète.

Numéro d'ordre	DÉNOMINATION des AMBULANCES.	NOMS DE MM. LES MÉDECINS ET CHIRURGIENS chefs de service.	NOMS des ADMINISTRATEURS OU ÉCONOMES.	Ouverture. Date.	Fermeture. Date.	Durée. Jours.	Nombre de lits.	TOTAL des entrées.	TOTAL des journées d'entretien
1	Petit-Séminaire catholique	Dr Herrgott, méd. en chef de l'Hôpital civil, professeur agrégé à la Faculté de médecine	Mury, chanoine honor., supérieur. Abbé Matthis, économe. Abbé Polin, comptable.	6 août.	10 nov.	96	140	244	6,664
2	Franciscaines	Dr Reibell	Sœur Marie du Cœur de Jésus, sup. M. Roederer père, anc. juge de paix	6 août.	26 nov.	112	20	36	4,101
3	Leblois (Évacuée pour cause de bombardement.)	Dr Courbissier, méd. maj. en retraite	M. Leblois père, pasteur.	6 août.	24 août.	18	12	12	134
4	St-Thomas, Séminaire protest. (Avec annexe des Diaconesses.)	Dr Hecht, prof. agr. à la Fac. de méd. Dr F. Gross, prof. agr. à la Fac. de méd.	Mme Schneiter. M. Ch. Stromeyer fils, négociant.	6 août.	5 nov.	91	150	315	9,640
5	Château (Voir l'observation 1.)	Dr Jacquemin, méd.-maj., chirurgien en chef	M. Dubois, chargé de la surveillance du matériel de la Société	. . . .	. . . .	. . . .	220	2	13,542
6	Lycée	Dr Michel, prof. à la Faculté de méd.	M. Dufour, proviseur. M. Martinet, économe du Lycée.	6 août.	10 nov.	96	100	170	. . . .
7	Miroir (Loge maçonnique)	Dr Kuhn. Dr Lévy	M. Wolff, avoué	7 août.	14 oct.	98	15	34	884
8	Petites Sœurs des Pauvres	M. Huber	Sœur St-Eusèbe, supérieure. M. Roederer père, anc. juge de paix	7 août.	30 nov.	115	25	41	1,297
9	Gymnase protestant (Évacuée pour cause d'incendie)	Dr Strohl, prof. agr. à la Fac. de méd.	M. F. Schnéegans, dir. du Gymnase M. C. G. Stromeyer père	7 août.	24 août.	18	45	54	824
10	Temple israélite	Dr Gustave Lévy	M. S. Hirschmann	8 août.	20 oct.	73	12	25	641
11	Grand-Séminaire catholique (Avec annexe des Frères.)	Dr Herrgott, méd. en chef de l'Hôpital civil, prof. agr. à la Faculté de méd.	M. Berger, homme de lettres. Chanoine Stumpf, supérieur.	6 août.	12 nov.	98	100	206	8,985
12	Dames Réparatrices	D^r d'Eggs Dr Herrenschmidt (temporairement)	Mère Marie de Sainte-Anne, supér. M. Roederer père, anc. juge de paix	26 août.	3 janv.	130	10	16	736
13	École normale	D^r d'Eggs	M. Bony, directeur de l'École	2 sept.	30 nov.	89	80	147	2,654
14	Berger-Levrault (Convalescents.)	Dr Strohl, prof. agr. à la Fac. de méd. M. Hœffel, interne à l'Hôpital civil	M. Riebel, élève-pharmacien	5 sept.	18 oct.	43	35	38	1,030
15	Maison Saint-Joseph (Avec annexe de l'École Sainte-Madeleine.)	Dr Reibell M. Bouchard, médecin militaire	M. Morin, agent de change	10 sept.	29 oct.	49	116	158	3,080
			Totaux			1,005	1,150[1]	1,586	51,306

1. L'ambulance du *Château*, quoique installée par la Société et entretenue à ses frais, ainsi que le prouvent les comptes, a été administrée par l'Intendance militaire ; les données manquent sur les entrées des blessés, qui doivent être au moins égales au nombre des lits, soit 230.
2. L'Hôpital militaire, l'ambulance de la rue Brûlée (Loewel) et un dépôt de convalescents sont restés sous l'administration exclusive de l'Intendance militaire.
3. Dans ce chiffre sont compris les lits appartenant aux divers établissements transformés en ambulances.

Liste des officiers français tués pendant le siège.

Le 25 août : Jules-Bazile Audibert, lieutenant au 1ᵉʳ régiment de tirailleurs algériens ; Louis-René Couasnon, sous-lieutenant au 45ᵉ de ligne ; Prudent, greffier en chef du Conseil de guerre.

Le 26 : Abdalla-ben-Missoum, lieutenant au 2ᵉ régiment de tirailleurs algériens.

Le 1ᵉʳ septembre : Jacques-Augustin Constant-François Fiévet, colonel du 16ᵉ régiment d'artillerie-pontonniers, commandeur de la Légion d'Honneur ; Jacques-Louis Bachmann, garde d'artillerie, chevalier de la Légion d'Honneur ; Cavelier-Joly, lieutenant aux chasseurs volontaires.

Le 2 : Colomb d'Arcine, lieutenant au 87ᵉ de ligne ; Alexandre-Joseph-Roger Philip, 21, sous-lieutenant au 87ᵉ de ligne.

Le 3 : Edmond-Marie-Joseph Nicolas, lieutenant en 1ᵉʳ au 16ᵉ régiment d'artillerie-pontonniers ; Marie-Victor Dauvais, adjudant de la garde nationale mobile.

Le 5 : Léon Lacour, élève à l'École du service de santé militaire (sous-aide-major) ; François-Joseph Combier, élève à l'École du service de santé militaire (sous-aide-major).

Le 8 : Constant-Alfred Epp, 40, capitaine en 1ᵉʳ au 16ᵉ régiment d'artillerie-pontonniers, chevalier de la Légion d'Honneur.

Le 11 : Émile-François Roy, élève à l'École du service de santé militaire (sous-aide-major).

Le 14 : Michel Lux, sous-lieutenant de la garde nationale mobile.

Le 15 : Charles-Auguste-Joseph-Marie de Beylié, avocat, sous-lieutenant de la garde nationale mobile ; Jean-George Rudolf, 66, capitaine en retraite, capitaine de la garde nationale mobile, chevalier de la Légion d'Honneur.

Le 16 : Philippe-Hercule-Charles d'Huart, 47, chef d'escadron au 16ᵉ régiment d'artillerie-pontonniers, chevalier de la Légion d'Honneur.

Le 19 : Edme Darcy, 49, capitaine en 1ᵉʳ, adjudant-major au 5ᵉ régiment d'artillerie, chevalier de la Légion d'Honneur.

Le 21 : Émile-Fernand Helmstetter, 20, lieutenant en 1ᵉʳ de l'artillerie de la garde nationale mobile.

Le 22 : Claude-François-Alexandre Bartholomot, 23, élève à l'École du service de santé militaire (sous-aide-major).

Le 23 : Edmond Mathis, 20, lieutenant de la garde nationale mobile.

Le 24 Charles-Auguste-Émile Verenet, 22, lieutenant en 2ᵉ de l'artillerie de la garde nationale mobile.

Le 25 : Jules-Ambroise Ducrot, 46, chef de bataillon à l'état-major du génie, officier de la Légion d'Honneur.

Le 26 : Joseph-Henri Champlon, 30, capitaine au 21ᵉ de ligne, commandant de la compagnie volontaire.

Le 27 : Maurice-Léon-Auguste Royer, 32, propriétaire, capitaine de la garde nationale mobile.

Le 30 : Victor Gerbaut, sous-lieutenant au 87ᵉ de ligne.

Le 1ᵉʳ octobre : Edgar Lévy, 42, capitaine du train d'artillerie, adjoint à la direction d'artillerie de Strasbourg, chevalier de la Légion d'Honneur, décoré de la médaille militaire.

Liste des officiers français blessés pendant le siège.

Rœderer, capitaine-adjudant de place ; Marchant, capitaine au 96ᵉ de ligne ; Mattei, lieutenant au 87ᵉ de ligne ; M. Gibier, sous-lieutenant au 21ᵉ de ligne ; Moréno, général de brigade ; Caillard, chef de bataillon des zouaves ; Schæffer, capitaine de la garde mobile ; Loyer, capitaine au 37ᵉ de ligne ; Simon, chef d'escadron aux pontonniers ; Geissen, capitaine des francs-tireurs ; Senès, lieutenant au 87ᵉ de ligne ; des Isnard, sous-lieutenant au 16ᵉ bataillon de chasseurs ; Peythieu, chef de bataillon des douaniers ; Bertonière, sous-lieutenant au 87ᵉ de ligne ; Aubriot, sous-lieutenant au 87ᵉ de ligne ; Garnier, médecin-major au 18ᵉ de ligne ; Schæffer, lieutenant de mobiles ; Giron, capitaine au 20ᵉ d'artillerie ; Bernard, lieutenant des douaniers ; Plarr, capitaine aux pontonniers ; Rollet, lieutenant-colonel au 47ᵉ de ligne ; Abelhauser, lieutenant de mobiles ; Bury, capitaine au 5ᵉ d'artillerie ; Marie, capitaine au 87ᵉ de ligne ; Blot, colonel au 87ᵉ de ligne ; Heimburger, lieutenant de mobiles ; Berger, sous-lieutenant de mobiles ; Wohlwerth, lieutenant de mobiles ; Roswag, lieutenant aux pontonniers ; Serraz, capitaine aux pontonniers ; Delfosse, lieutenant aux pontonniers ; Von den Vœro, sous-lieutenant au 18ᵉ de ligne ; Gaday, capitaine au 13ᵉ bataillon de chasseurs ; Baccon, sous-lieutenant au 13ᵉ bataillon de chasseurs ; Pelletier, capitaine au 87ᵉ de ligne ; Favréaux, capitaine au 87ᵉ de ligne ; Larchez, major au 18ᵉ de ligne ; Keller, sous-lieutenant du génie ; Belot, capitaine au régiment de marche, Hierthès, capitaine de mobiles ; Joly, capitaine de mobiles ; Lévy, capitaine au 1ᵉʳ régiment du train ; Pessonneaux, capitaine au 87ᵉ de ligne ; Gilet, sous-lieutenant au 18ᵉ de ligne, Quillet, capitaine, commandant la 3ᵉ compagnie des ouvriers d'artillerie ; Chesney, élève de l'École de santé militaire[1] ; Canson,

---

[1] Les noms qui suivent sont empruntés à la liste publiée par le major Wagner.

lieutenant au 87ᵉ de ligne ; Costa, sous-lieutenant au 1ᵉʳ bataillon du régiment de marche ; de Berthier, capitaine au régiment de cavalerie de marche ; Bélu, colonel d'artillerie ; Théry, garde du génie ; Beitz, garde du génie ; Marc, garde du génie, Rousseau, chef de bataillon au 87ᵉ de ligne ; Léger, sous-lieutenant au 87ᵉ de ligne, Voltz, capitaine du génie ; Du Petit-Thouars, capitaine de vaisseau ; Bauer, lieutenant de vaisseau ; Humann, enseigne de vaisseau ; Colonna d'Istria, sous-lieutenant au 87ᵉ de ligne.

En tout, une trentaine de tués et une soixantaine de blessés.

Sous-officiers, caporaux et soldats français tués ou blessés.

Tués sur place ou morts des suites de leurs blessures jusqu'au 31 décembre 1870, 712 ; blessés, 1640 ; disparus, 55.

Liste des officiers allemands tués pendant le siège.

De Gail, lieutenant-colonel ; Hertzberg, capitaine ; Kirchgessner, capitaine, de Quitzow, major ; Ledebour, capitaine ; de Faber, capitaine ; Græff, capitaine ; May, capitaine, Damm, lieutenant en second, de Hellermann, lieutenant en premier ; de Oppen, lieutenant en second ; de Diest, capitaine ; Hæring, lieutenant en second ; Schulz, lieutenant en second ; de Richthofen, capitaine.

Le major Wagner, auquel nous empruntons ces noms, ajoute 34 officiers blessés et évalue la perte totale de l'armée assiégeante, officiers et soldats, tués et blessés, à 949 hommes.

Les récompenses décernées aux pompiers.

MM. Jules Gœrner, commandant, Charles Camus, capitaine adjudant-major, Charles-Édouard Kolb et Alexandre Kœhren, capitaines, ont été nommés chevaliers de la Légion d'honneur. La médaille militaire a été décernée à MM. Antoine Schott, Charles-Édouard Frick, Louis Bedicam, lieutenants ; Arthur Kastner, adjudant ; Auguste Kessel, sergent-fourrier ; Charles Ackermann, Philippe Wolff, Charles Dubesi, George Renner, Jean-Baptiste Feypel, sergents ; Georges Durand, caporal-tambour ; Louis Minder, caporal ; Ferdinand Siegmann, tambour ; Michel Adé, clairon ; Jean Frédéric Bronner, Antoine Melchior, François Martin, pompiers.

Les pompiers morts et blessés pendant le siège.

24 août : Auguste Nicolas, caporal, incendie de la Bibliothèque, du Temple-Neuf et du Gymnase.

25 août : Jean Wolff, dit le Grand, pompier de 1re classe, faubourg National, brasserie des Deux-Cognées (mort des suites de blessures); Jean Walther, caporal, faubourg National, brasserie des Deux-Cognées.

26 août : George Durand, caporal-tambour, rue des Récollets, 3.

27 août : Louis Bedicam, lieutenant, rue Brûlée, 1; Remy Bajot, pompier, rue du Coq (mort des suites de blessures); Jean-Jacques Kastner, capitaine, Petite rue de la Course.

6 septembre : Antoine Lewer, pompier, quartier de la Finckmatt (mort des suites de blessures); George Durand, caporal-tambour, quartier de la Finckmatt.

8 septembre : Julien Dussard, clairon, faubourg de Pierres.

9 septembre : Leclerc et Desroche, surveillants d'alimentation, Mairie ; Auguste Rey, pompier, Mairie; Charles-David Andrès, pompier, quartier Saint-Nicolas (tué au feu).

10 septembre : Frédéric Andrès, sapeur de 1re classe, théâtre.

15 septembre : Jean-Baptiste Bertrand, pompier, quai des Pêcheurs, 19; Louis Schibler, pompier, idem.

16 septembre : Jean-Philippe Bisch, pompier, Préfecture (tué au feu); cinq pompiers blessés légèrement, rue des Glacières, malterie Schmitten.

18 septembre : Auguste Lejeune, caporal, faubourg de Pierres (mort des suites de blessures); Joseph Wilain, Jacques Hecker, George Dürrbach, Jacques Eptinger, pompiers, faubourg de Pierres.

20 septembre : Georges Müller, pompier, Préfecture (mort des suites de blessures).

25 septembre : Philippe Wolff, sergent, Simplice Baudet, pompier, rue Derrière le quartier Saint-Nicolas.

Joseph Hasser, Daniel Kuntz, Joseph Loch, Louis Armbruster, Joseph Müller, Remy Bajot, Henri Spitz, Georges Leininger, Frédéric Meyer, Émile Bachmann, Charles Berger, Michel Kauffer, Auguste Keusch, Frédéric Fuchs, Louis Gascar, Louis Horst, pompiers; Jacques Hamm, sapeur de 1re classe; Ferdinand Siegmann, tambour de 1re classe; Louis Schalck, caporal, blessés pendant différents incendies où ils furent appelés à porter secours.

Liste des personnes civiles tuées par les projectiles pendant le bombardement de Strasbourg.

Le 16 août : Joseph Ulrich, porteur de sacs, 47 ans.

Le 17 : Marie Frey, 68, veuve de Kœrthel, journalier.

Le 20 : Éléonore Lorentz, 14, de Baden-Baden ; Eugénie Walther, 16 ; Louise Jung, 17 ; Berthe Klein, 14 ; Marguerite Bernhard, 28, de Bairn (Prusse).

Le 23 : Joseph Amrhein, 12 ; Mathilde Amrhein, 7.

Le 24 : Joseph Adam, 51, ouvrier en tabacs, époux de Marie-Anne Glas ; Geoffroi-Émile Hoffmann, 38, typographe ; Catherine Bader, 61, veuve de N. Bisch, employé au chemin de fer ; Barbe Adam, 18.

Le 25 : Jacques-Charles Würtembæcher, 61, représentant de commerce ; Aloïse Gangloff, 54, journalier, époux de Marie Schoch ; Marie-Joséphine Speisser, 49 ; François-Antoine Schir, 65, pensionnaire de l'État ; Antoine Risch, 57, valet de chambre, époux de Babette Debès.

Le 26 : Catherine Ritter, 53, épouse de F. Drœsch, journalier ; André Hoh, 26, jardinier, époux de Salomé Hoh ; George Jehu, 46, maçon ; Caroline-Madeleine Meyer, 36, épouse de Geoffroi Sali, journalier ; Salomé Hammer, 63, veuve de Jean Hallscheid, tailleur ; Thomas-Charles-Frédéric Spæth, 15 ; Barbe Friedolsheim, 41, épouse d'Abraham Bœrsch, propriétaire ; Jacques Pauly, 69, journalier.

Le 27 : Marie-Anne Engel, 67 ; Geoffroi Schweyer, 71, boulanger, veuf de Caroline Sieffermann ; François-Aloïse Kupferer, 79, journalier, veuf d'Élisabeth Hahn ; Denis Faure, 50, propriétaire d'un lavoir, époux d'Émilie Mann ; Marie Linkenheld, 27, épouse de Sébastien Müller, charpentier ; Jacques Fey, 42, préposé des douanes, époux de Hélène Metzger ; Benjamin Lienhart, 47, tanneur, époux de Sophie Stauffert ; Marie-Eugénie Fritsch, 14 ; Thomas Meyer, 50, maçon ; Caroline Jœrger, 30, épouse de Frédéric Meyer, cultivateur ; Gertrude Breinem, 64, veuve de Jean Klein, journalier ; Joseph Gwinner, préposé des douanes ; Michel-Théodore Kessler, 38, marchand de charbon, époux de Salomé Stephan.

Le 28 : Jean Vierling, 79, maréchal-ferrant, veuf de Marguerite Roos.

Le 29 : Barbe Lentz, en religion sœur Landeline, sœur de l'Ordre de Saint-Vincent-de-Paul ; Jean Moss, domestique ; Aloïse Wintz, élève au Grand-Séminaire ; Frédérique Dannenheimer, 35, veuve d'Alphonse Ganière, baquetier ; Rosalie Ganière, 23 ; George Kessler, 10.

Le 30 : Jean-Philippe Mannel, 47, cocher, époux de Marguerite-Joséphine Schmitt ; Marguerite Conrad, 48, épouse d'Antoine Mann, garçon brasseur.

Le 31 : David Münch, 55, régleur, époux de Louise Trir.

Le 1er septembre : Émilie Meyer, 16 ; Marie-Salomé Klauss, 51, épouse de L. Marschall, jardinier ; François-Ignace Sauer, 28, marchand de vin, époux de Françoise Gessler ; Sophie Haag, 22 ; Charles-François-Joseph Freiss, 28, préposé des douanes ; Nicolas Arbogast, 58, meunier, époux de Caroline Riebel.

Le 2 : Joseph Grasser, 50, pensionnaire de l'État, décoré de la médaille militaire, époux de Caroline-Élisabeth Huck ; Jules-Sigismond Kolb, 22, sergent-fourrier de l'artillerie de la garde nationale mobile ; Jean Kornmeyer, 66, journalier, époux de Catherine Bickel ; François-Joseph Wolfram, 57, charron, époux de Marguerite Schillinger ; André Deiss, 55, journalier, époux de Catherine Weiss ; Charles Marx, 29, cordonnier, époux de Catherine Digelmann.

Le 3 : Henri Bour, 17, premier commis des contributions directes ; Jean Müller, 12 ; Marie Müller, en religion sœur Théodora, 42, sœur de charité.

Le 4 : George Kræmer, 25, professeur au Gymnase protestant ; Catherine Krieger, 32, épouse de George Felden, journalier ; Joseph Reich, 52, journalier, époux de Catherine Scheer ; George Müller, 69, journalier.

Le 5 : Jean-Adam Mayer, 58, charpentier, époux de Catherine Erhard ; Jean Sali, 38, chauffeur, époux de Madeleine Steck ; George Meyer, 52, journalier, époux de Thérèse Oblinger ; Madeleine Schott, 61, épouse de Joseph Fischer, marchand de cirage.

Le 6 : André-Auguste Wach, 32, négociant, époux de Berthe Krauthausen ; Jean Fettig, 52, journalier, époux de Joséphine Viand ; Adam Freyermuth, 21, journalier ; Philipp Bernauer, 10 ; Antoine Metzinger, 53, cordier, époux de Barbe Isemann ; Daniel Hochschlitz, 44, cordier, époux de Thérèse Lieby ; Edouard Maler, 19, batelier ; George Dillar, 49, jardinier, époux de Christine Wolff.

Le 7 ; Charles Friedrich, imprimeur-typographe ; Régine Rœhrig, 32, épouse de Michel Huss, maréchal-ferrant ; Jean Kreutzer, 50, tonnelier, veuf de Salomé Jost ; Julien-Nicolas Pélissier, 75, rentier, veuf de Louise-Émilie Berdot ; André Hemmler, 44, chef d'équipe au chemin de fer ; Léonard Gouyonnaud, 43, tailleur, époux de Madeleine Lambs ; Julie Meyer, 1 an 9 mois ; Hippolyte Flach, 20, valet de chambre, franc-tireur de Strasbourg ; Eugène Piot, 38, bijoutier, franc-tireur de Strasbourg.

Le 8 : Marie Wagner, 57 ; Joseph Wuelburger, 68, journalier, veuf de Barbe Jœdlin ; Catherine Barthel, 30, épouse de Valentin Litt, journalier ; Madeleine Epplinger 14 ; Sebastien Richard, 41, journalier, époux de Madeleine Mühlbacher.

Le 9 : Pierre Grasser, 70, journalier, époux d'Élisabeth Weyer ; Antoine Eisenbrandt ; Théodore Frey, 29, commis-négociant, franc-tireur de Strasbourg ; Ernest Fischer, 23, brigadier de l'artillerie de la garde nationale mobile ; Simon Blum, 51, horloger, époux de Mathilde Alexandre ; Jean-Guillaume Rehm, 51, journalier, époux de Christine-Madeleine Wagner ; Marie-Louise Kieffer, 58, épouse d'André Meyer, pensionnaire de l'État ; Mathias Obrecht, 35, journalier, époux de Barbe N.; Jean-Charles Mühlberger, 17, journalier; Jean Nusser, 46, journalier, veuf de Catherine Lippert; Charles-David Andrès, 41, cordonnier, époux de Sophie-Catherine Lieb; Léger Klein, 50, pensionnaire de l'État, chevalier de la Légion d'Honneur, époux de Catherine Braunbach; Pauline Gnædig, 25; Jacques Marchall, 57, cordonnier, époux de Frédérique Bauer.

Le 10: Frédérique Zabern, 63; François Michel, 68, journalier, veuf de Catherine Heidinger; Paul Reichenauer; Émile Tremollet, 13.

Le 11: Théodore Legler, 50, surveillant de la salubrité publique, époux de Marie-Madeleine Nicola; Jean Grittel, 25, soldat de l'artillerie de la garde nationale mobile; Sophie Senger, 45, épouse de Jean-Baptiste Rauh, employé au chemin de fer; Caroline Schneider, 59, épouse d'Auguste Rauh, tonnelier; Joseph Keller, 36, journalier; Émile Ludwig, 12; Augustine Ludwig, 8.

Le 12: Joseph Bauer; N. Blum; Jean-Baptiste-Ernest Mangin, 43, menuisier, époux de Wilhelmine Karcher; Marguerite Heintz, 41, épouse de George Jebst, journalier; Joséphine Engel, 21; Françoise Stephan, 27; Julie Kuborn, 18; Marie Reymann, 12; Joseph Auer, 36, journalier.

Le 13: Gustave-Auguste Hoffmann, 23, soldat de la garde nationale mobile; George Friedolsheim, 62, menuisier, époux de Hortense Roos; Augusta Müller, 81, veuve de Chrétien Kochenburger, aubergiste.

Le 14: Jean-Joseph Fallecker, 6 ans 9 mois; Gustave-Adolphe Weil, 11; Sophie Brencklé, 40, épouse de Charles Rappold, sous-brigadier des douanes; Louis Deroche, 50, surveillant de la salubrité publique, époux de Catherine Schuler; Guillaume Riester, 40, menuisier, époux de Madeleine Weinling; Françoise Fourès, 47, veuve de Jean-Bernard Andrieux; André Liebig, 54, concierge, veuf de Marie Zabern; Victor Walther, 17.

Le 15: Jean-Henri Lindner, 46, batelier, époux de Frédérique Tubach; Victor-Jean-Baptiste Cagé, 15; Rosine Erni, 25, domestique; Christine Meyer, 53, épouse de Jean Zimmer; Philippe Bauer, 20, cultivateur; Gabriel Aloche, 27, sculpteur; Adèle Senger, 26, épouse d'Émile Schwehr, ajusteur.

Le 16: Edouard Pierron, 31, musicien au 16e régiment d'artillerie-pontonniers; Eugène Lacomme, 30, négociant, sergent des chasseurs volontaires; Marie-Madeleine Zigs, 43, épouse de Jean-Baptiste-Henri Rapp, commis-négociant; Élisabeth Klein, 61, épouse d'André Martz, imprimeur-lithographe; Marie Schmutz, sous-aide-institutrice; Jean-Philippe Bisch, 30, charpentier, époux de Catherine N.

Le 18: Jean-Jacques Siffert, 53, concierge au Théâtre, époux de Charlotte

Mathieu; Charles Klotz, 10; Guillaume Brucker, 58, cordonnier, époux de Caroline Mutterer.

Le 19: Auguste Bauer, 40, journalier, époux de Catherine Heitz; Nicolas-François Depré, 34, menuisier; Marie Espinasse, 69; Émile Rey, 10.

Le 20: Charles Nicard, 50, fabricant de chaises, veuf d'Émilie Füller; Auguste Specht, 29; Charles Surcau, 33, loueur de voitures; Philippe Mandel, 42, maréchal-ferrant, époux de Louise Schmitt; François-Rodolphe Feigel 44, commis-négociant, époux de Marie Weingærtner; Jean-Baptiste-Marie-Alphonse Müller, 22, sergent de la garde nationale mobile; Auguste Gebhardt, 43, journalier; Clément Yund, 33, sergent de ville; Nicolas-Joseph Stenger, 43, journalier, époux d'Anne Courte; Ève Hatt, 39, épouse de Jacques Mühl, domestique; Jules Ebenhardt, 17; Élise Buckenmeyer, 18; Sophie Heinrich, 70, veuve de Chrétien Karcher, huissier; Hippolyte Degay, 36, employé du gaz, époux de N.; Adam Veith, 49, imprimeur-typographe, époux de Julie Maier.

Le R. P. Joseph
Aumônier militaire à l'hôpital de Strasbourg, pendant le siège.

Le 21: Salomé Kræmer, 45, épouse d'Antoine Schott, journalier; Florette Salomon, 45; Joseph Lott, 33, batelier, époux de Catherine Huntzinger; Auguste Frantz, 21, charpentier; François Bader, 53, caissier au chemin de fer; Florent Herrmann, 62, journalier, époux de Régine Rihn; Jacques Huber, 32, journalier; Émile-Henri Depré, 16.

Le 22: Marie-Salomé Lux, 53, épouse d'Alexandre Ley, brasseur; Michel Haas, 30, journalier, époux de Véronique Geiler; Catherine Jeck, 49, épouse de Jean Gross, batelier; Alphonse Felix, 18, journalier; Joseph Stockreisser, 28, charpentier; Alfred Bitz, 19, coiffeur; Jean Hausser, 37, brasseur, époux de Salomé Harth; Charles Fix, 20, jardinier; François-Xavier Coré, maréchal-ferrant.

Le 23: Edouard-Constant-Ferdinand Stamm, 24, architecte, caporal de la garde nationale mobile; Matter, sergent de la compagnie franche; Rigaud, veuve, 80; Hippolyte Balland, 49, ouvrier à l'arsenal, époux de Catherine N.; Joseph Krauss, 36, journalier, époux de Madeleine Schessinger; Émilie Mühl, 13.

Le 24 : Antoine Billing, 48, serrurier, époux de Barbe Herrmann ; Marie-Joséphine Defranoux, 24 ; Florent Ott, 43, tonnelier, époux de Barbe Hammer ; Adolphe Schott, 23, imprimeur-typographe.

Le 25 : Thérèse Bleyel, 49, épouse de Joseph Martz, vannier ; George Siedlé, 20, commis-négociant ; Albertine Eckert, 13 ; Ullmann Wendling, 50, tailleur, époux de Mathilde Gærtner ; Wilhelmine Vallastre, 58, épouse de Jean Gapp, débitant de tabacs ; Catherine Laugel 54, épouse d'Adrien Laugel, propriétaire ; Marie-Madeleine Roos, 10 ; Louis-Henri-Frédéric Schœnborn, 37, tailleur, de Deux-Ponts (Bavière), époux d'Honorine Heim ; Jean-Baptiste Carzou, 48, employé aux hypothèques, veuf de Sophie-Mélanie Rey ; Albert Hatt, 7.

Le 26 : Philippe Ries, 49, préposé des douanes ; Émile Siegel, négociant, époux de Caroline Eiselé ; Eugène-Paul Riebel, 7 mois, 18 jours ; Julie-Élise Lentz, 6 ; Rosalie Kieffer, 25 ; Jean-Samuel Ulrich, 37, brossier ; Salomé Kastler, 67 ; Antoine Hœfflinger, 51, journalier, époux de Catherine Oertel ; Louis Peter, 42, journalier, époux de Madeleine Gény ; Marie Peter, 16 ; Louis Peter, 8.

Le 27 : Jacques Kieffer, 19, journalier ; Albert Riebel, 23, pharmacien, soldat de la garde nationale mobile ; Charles Gerné, 30, caporal de la garde nationale mobile ; Mathias Nussbaum, 59, cocher, de Minden (Prusse), époux de Catherine Seitz ; Jean Behr, 49, menuisier, époux de Félicité Singer.

Le 28 : Alexandre Rueff, 39, maçon, d'Elgersweier (Bade), époux de Marie Wolff.

Le 29 : Chrétien Haffner, 53, pensionnaire de l'État, décoré de la médaille militaire : Charles Zwilling, 21, cordonnier ; Philippe Kuntz, 35, cordonnier, époux de Barbe Kunstmann ; Salomon Michel, 23, commerçant, époux de Delphine Klein ; André Schott, 19.

Le 30 : Pierre Oriac, 39, sellier.

Le 1ᵉʳ octobre : Jean Hochstetter, 58, marchand de bois, époux de Salomé Braun ; Ignace Guth, 56, journalier, tirailleur de la compagnie franche, veuf de Salomé Gros ; Philippe Hœfflinger, 19, employé au chemin de fer ; Albert Wolf, 14.

Le 2 : Antoine Osset, 57, tisserand, époux de Suzanne Walther ; Jean-Jacques Wendling, 66, cordonnier, époux d'Anna Anthès.

Le 3 : Antoine Rové, tanneur ; Joseph Kirschner, cordonnier.

Le 4 : Auguste Herbin, 28, négociant.

Le 5 : Charles Schrenck, 61, journalier, époux de Salomé Behr ; Frédéric Hagelberger, 60, tonnelier, époux de Marie-Anne Bronner.

Le 6 : Henri-Nephtalie Nerson, 23, soldat de la garde nationale mobile ; Joseph-Antoine Masson, 42, tonnelier, époux de Madeleine Geyer ; Pierre Weber, 17, chaudronnier.

Le 7 : Marie-Madeleine-Octavie Lœffler, 13 ; Philippe Schäffer, 36, journalier, époux d'Anne Roth.

Le 8 : François Sotel, ouvrier civil de la compagnie des employés du génie ; Edouard-Joseph Fritsch, 13.

Le 10 : François-Nicolas Beermann, 57, maçon, veuf de Catherine Henny ; Joseph Legrand, 44 journalier, époux de Thérèse Bronner.

Le 11 : Madeleine Fix, 39, épouse de Frédéric Steinbach, laitier.

Le 13 : Hubert Gœbig, 36, préposé des douanes, époux de Marie Schlupp ; Daniel Waldhard, 66, journalier, époux d'Élisabeth Bernhard.

Le 14 : François Vogler, 29, tailleur ; George-Edouard Zehner, 27, employé au chemin de fer, époux de Marie-Caroline Antoni.

Le 15 : Charles Weiss, 19, journalier.

Le 16 : Jean-Joseph-Alphonse Paulus, 19, commis-négociant, franc-tireur ; Jean-Baptiste Berthold, 35, journalier.

Le 17 : Henri-Mathieu Raquet, 24, charron, soldat de la garde nationale mobile, époux d'Adèle Munsch.

Le 18 : Salomé Sorgius, 39.

Le 19 : Frédéric-Valentin-Théodore Thiss, 22, soldat de la garde nationale mobile.

Le 22 : Xavier Kah, 53, boucher, époux de Thérèse Kœrm.

Le 23 : Jacques Bauer, 48, tourneur, époux de Catherine Embs ; Joseph Hettinger, 62, poêlier, époux de Rosalie Kieffer.

Le 24 : Henri Faullimel, 56, menuisier, époux de Marguerite Flaschko.

Le 25 : Louis-Philémon Vix, 25, voyageur de commerce, brigadier de la garde nationale mobile.

Le 28 : Henri-Geoffroi Haas, 51, farinier, époux de Marguerite Bentz ; Auguste Lejeune, 39, caporal des sapeurs-pompiers, époux de Louise Stemmlé.

Le 5 novembre : Vincent Gangloff, 30, voiturier, époux de Madeleine Willig ;

Le 9 : Aloïse Schæffer, 19, garçon brasseur ; Amélie Spitzer, 18 ; George-Daniel Freiss, 39, journalier, époux d'Anne-Marguerite Wurm.

Le 22 : Charles Socier, 46, brigadier des douanes.

Le 7 décembre : Marie Meyer, 24.

Cette liste, certainement, est encore incomplète et l'on peut hardiment évaluer le chiffre des morts civils à 300; quant aux blessés, il a été impossible de les énumérer, même approximativement. Les chiffres publiés à ce sujet varient de la façon la plus sensible, mais on n'exagère rien en indiquant 2000 blessés. Ajoutons que, dans les mois d'août jusqu'à décembre 1870, la mortalité a considérablement augmenté. Alors que durant la période correspondante d'une année ordinaire on comptait une moyenne de 950 décès, on en a enregistré durant ce même espace de temps, en 1870, plus de 1900.

Bien des décès n'ont pas été déclarés, ou n'ont été déclarés qu'inexactement, et le Comité de secours strasbourgeois a encore pu retrouver les noms de 62 personnes tuées par les projectiles et qui n'étaient pas portées sur les registres de la mairie. Voici cette énumération :

Riegel, maréchal-ferrant; Hasenfratz, journalier; femme Schwebel, couturière; Auguste Schwebel, 1 an; Knecht, 37 ans, aubergiste; femme Wurmser; Scheur, 37 ans, tonnelier; femme Schwehr, 50 ans; Anthès, journalier; Rohmer, 44 ans, tailleur; Kocher, 66 ans, journalier; Hellerich, deux enfants; femme Deviller; Glath, 31 ans, journalier; Keck, journalier; femme Boillot, 68 ans; Fortisch, 44 ans, concierge et tailleur; Édouard Riehl, 3 ans; Eckert, 48 ans, menuisier; Stoll, 46 ans, maçon; Hæcker, 38 ans, cordier; Eugène Pütz, 22 ans, sculpteur; Alfred Pütz, 20 ans, coiffeur; Lux, 24 ans, garçon épicier; femme Bieth, 65 ans; Epplinger, deux enfants de 11 et 8 ans; Nuss, 31 ans, employé de l'octroi; Lœwer, 38 ans, journalier; Jacquot, 34 ans, homme d'équipe; femme Dœrflinger, 39 ans, femme Pflug, 36 ans; Schlachter, 43 ans; Jacques Fritsch, 30 ans, batelier, Schœnwolff, 54 ans, peintre; femme Haas; Alphonse Ramage, 18 ans, cordier; Diebold, 50 ans, garçon brasseur; femme Lapierre, 43 ans, couturière; Ackermann, 32 ans, maçon; Debus, 20 ans, employé de commerce; Mathiss, voyageur de commerce; Lambs, 41 ans, journalier; Guscherung, 28 ans, douanier; Bauer, 41 ans, journalier; Ignace Klein, 19 ans, charpentier; Heising, 60 ans, charpentier; femme Koscher; Weyer, 68 ans, journalier; Seydenader, 41, débitant; Jungmann, 22 ans, ouvrier cordier; Metzger, 42 ans, chauffeur-mécanicien; Spitzer, 17 ans, plâtrier; Bajot, 36 ans, ouvrier gantier (pompier); Caroline Hœfflinger, 14 ans; Kieffer, 27 ans, garçon d'écurie; Moser, 24 ans, tailleur de pierres; Kayser, 22 ans; Bachschmidt, ramoneur (pompier), Joseph Heinrich, 19 ans; Conrath, journalier.

Liste des maisons totalement détruites par le bombardement
(d'après un relevé de l'architecte municipal).

Bâtiments publics, 12.

Propriétés particulières. — *Canton Ouest :* Rue Sainte-Aurélie, 3; faubourg National, 26; Petite-rue-de-la-Course, 21, rue Déserte, 8; Grande-rue-de-la-Course, 17; rue et impasse des Païens, 18; rue Militaire-des-Païens et rue Moll, 20; rue du Marais-Kageneck, 21; rue du Faubourg-de-Saverne, 5; rue du Marais-Vert et rue Militaire-du-Bastion, 19; rue du Faubourg-de-Pierres et impasses adjacentes, 66; rue de la Trompette, 5; rue Graumann, 10; rue de la Soupe-à-l'Eau, 29; quai de la Finckmatt, 4; impasse de la Pie, 2.

Canton Nord : Quai Kellermann, 2; impasse Marbach, 1; rue Thomann, 1; quai Schœpflin, 3; rue du Fort, 11; rue de la Nuée-Bleue, 1; rue de la Mésange, 4; rue du Dôme, 6; rue Brûlée, 2; rue des Récollets, 2; rue du Temple-Neuf, 4; place de la Cathédrale, 2.

Canton Est : Rue des Frères, 1; rue des Balayeurs, 2; quai des Pêcheurs, 3; rue du Quartier Saint-Nicolas, 1.

Canton Sud : Rue de l'Écarlate, 1.

Soit 333 bâtiments, auxquels viennent s'ajouter en nombre au moins égal les maisons rendues complètement inhabitables. Quant à celles que les projectiles ont plus ou moins endommagées, elles sont innombrables, car il n'est presque pas de bâtiment qui n'ait été atteint.

La mort de Mlle Riton.

Parmi les épisodes les plus douloureux qui se soient passés à Strasbourg dans les premiers mois après la capitulation, figure certainement la mort accidentelle de Mlle Marguerite-Adèle Riton, une noble femme qui, pendant le siège, s'était consacrée aux blessés des ambulances et qui, après la capitulation, s'était vouée au soulagement des prisonniers français, soit en Allemagne, soit à leur passage à Strasbourg, quand ils rentraient de captivité. Elle faisait partie d'un Comité de dames qui, chaque jour, allaient à la gare de Kœnigshoffen, hors ville, où s'arrêtaient les convois de prisonniers revenant d'Allemagne, et distribuaient à ces derniers des vivres, du pain, des cigares, du tabac qu'elles avaient récoltés chez les habitants. Obligée de travailler le jour pour elle et sa famille, Mlle Riton prenait sur son sommeil le temps qu'elle voulait consacrer aux soldats français, et souvent on la vit, avec ses compagnes de charité, sortir au crépuscule et rentrer à l'aurore, après avoir passé la nuit à courir le long des trains, de wagon à wagon, pour y semer un peu de bien-être. Le soir du 9 juin 1871, ravie de la riche moisson qu'elle avait faite dans la journée, elle allait toute joyeuse à son poste et s'était mise à faire sa distribution avec un empressement extraordinaire. Il était près de minuit et elle versait ses derniers rafraîchissements lorsque le train se mit en marche. Croyant à une simple manœuvre, elle reste avec les soldats, mais s'apercevant que l'on quitte définitivement la gare, elle saute sur la voie et tombe si malheureusement qu'elle est entraînée sous les roues et affreusement mutilée.

Adèle Riton.

Les choses se sont passées si rapidement, la nuit est si obscure que personne n'a rien remarqué. Cependant un soldat accourt, annonçant qu'un cadavre gît sur la voie. On se précipite et l'on reconnaît le corps déchiqueté de Mlle Riton.....

Mais laissons la parole à un des collaborateurs de la pauvre victime, témoin des suites de l'horrible drame, et qui a bien voulu nous faire le récit qu'on va lire :

« Nous étions partis très gaîment vers la tombée de la nuit, en omnibus, pour Kœnigshoffen, où l'arrivée d'un train de prisonniers avait été signalée à notre Comité pour 10 heures. Il y avait, avec Mlle Riton, Mlle E. Bronner, Mme Riené, ex-receveuse aux billets de la gare de l'Est, Mlles Léonie Kraft et Marie Wæchter, MM. Louis Heimburger, lieutenant de la garde mobile, Paùl Kraft, Dupré, A. Gsell et Grodwolle. Notre distribution de café, de vin, de pain, de charcuterie et de tabac était terminée, lorsque le train se mit lentement en marche. Nous crûmes d'abord à une manœuvre et ne nous hâtions pas de sortir des wagons, où l'on pouvait circuler dans le sens de la longueur.

« Me trouvant en tête du train et voyant qu'il quittait la gare, j'en sautai le premier; Kraft en fit autant et tomba sur le quai sans se faire grand mal. A ce moment je m'entendis appeler par Mlle Riton, qui se trouvait dans les derniers wagons, par les fenêtres desquels je jetais encore des cigares aux prisonniers. Kraft s'élança le long du convoi pour l'engager à ne pas sauter, mais déjà elle avait imité notre exemple et, croyant passer de plain pied des marches du wagon sur le quai, elle s'était heurtée contre la paroi de ce dernier, très élevé en cet endroit. Rebondissant sous le train, elle avait été broyée et entraînée sur un assez long espace, sans que nous nous fussions doutés de ce qui venait d'arriver, car la nuit était des plus noires..

« Nous la croyions en route pour Belfort et nous nous disposions à rentrer en ville, lorsqu'un soldat allemand vint nous prévenir que le cadavre d'un prisonnier gisait sur la voie. Je me transportai avec Grodwolle (qui était étudiant en médecine) à l'endroit où l'accident s'était produit, et vous jugez de notre douloureuse stupeur quand, à la lueur d'un falot, nous constatâmes que le corps, horriblement mutilé et décapité, qui se trouvait à nos pieds, était celui de notre pauvre amie.....

« Nous cachâmes d'abord la vérité aux dames qui nous accompagnaient, mais à notre arrivée en ville il fallut bien la révéler à Mlle Bronner, qui avait été spécialement confiée ce soir-là à Mlle Riton. M. le professeur Aubenas se chargea d'annoncer la catastrophe aux deux sœurs de la victime, qui venaient de perdre leur frère, capitaine de gendarmerie à Grenoble, et qui avaient éprouvé comme un pressentiment du nouveau malheur qui devait les frapper..... A l'hôpital civil, où le corps fut transporté, nous fîmes la veillée, à tour de rôle, jusqu'au moment des obsèques. »

Ces obsèques donnèrent lieu aux plus imposantes manifestations. Plus de trois cents soldats français, le crêpe au bras, un bouquet d'immortelles sur l'uniforme, accompagnèrent le cercueil, sur lequel on remarquait entre autres une superbe couronne offerte, avec un bouquet tricolore, par les prisonniers à la dépouille mortelle de leur bienfaitrice. Quelques officiers et sous-officiers s'étaient offerts pour porter le corps, mais au moment où le convoi allait se mettre en marche, deux commissaires de police vinrent brusquement leur défendre de s'acquitter de ce pieux devoir.....

Les officiers français de passage à Strasbourg, des membres de la Société de secours aux blessés, des associations religieuses et hospitalières, des délégués des sociétés de musique et de gymnastique, les notabilités de la ville, un grand nombre de dames et des représentants de toutes les classes de la population firent cortège à Adèle Riton. De la Cathédrale, où avait été célébré le service funèbre, on se rendit au cimetière Saint-Urbain, où — détail touchant — accoururent, harassés et tout poudreux, les prisonniers qui étaient arrivés en ville pendant la cérémonie.....

Sur la tombe, plusieurs discours furent prononcés. M. Louis Heimburger, lieutenant de la garde mobile, prit d'abord la parole et rendit un éloquent hommage à la douceur, à la sincère et profonde piété de la défunte..... « Comme chrétienne et comme Française, dit-il, elle a eu la fin la plus glorieuse qu'elle pût désirer. Toujours préparée à la mort, elle nous a été enlevée dans l'exercice de la charité; elle est morte, en laissant à tous, dans la rapidité avec laquelle elle a quitté la terre, un enseignement digne de sérieuses méditations..... »

De touchantes paroles furent prononcées encore par M. Henri Wengenroth, sous-lieutenant à la 1re légion du Rhône, M. Patrelle, sergent-major au 44e de ligne, M. Bohn, sergent-major au 18e de ligne, et par M. Kremer, un brave sous-officier du régiment des pontonniers, qui ne dit que deux mots, mais peut-être les plus éloquents de tous. Jetant dans la tombe un nœud tricolore : « Adieu, Française, cria-t-il, au nom de l'armée ! »

Monument élevé à Bâle, en l'honneur de la Suisse, par le baron Gruyer, à l'occasion des événements de 1870.
Inauguré le 20 octobre 1895.

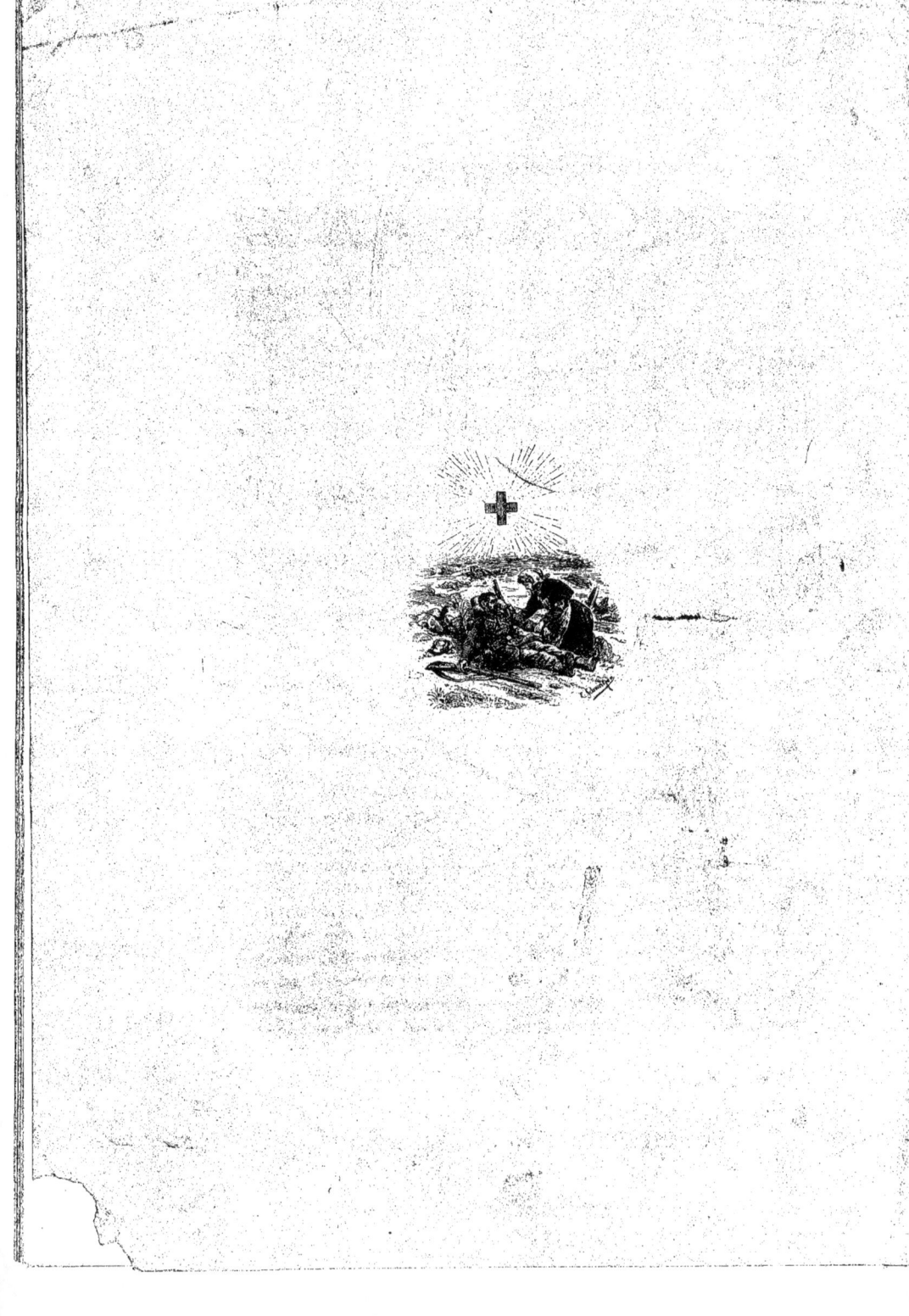

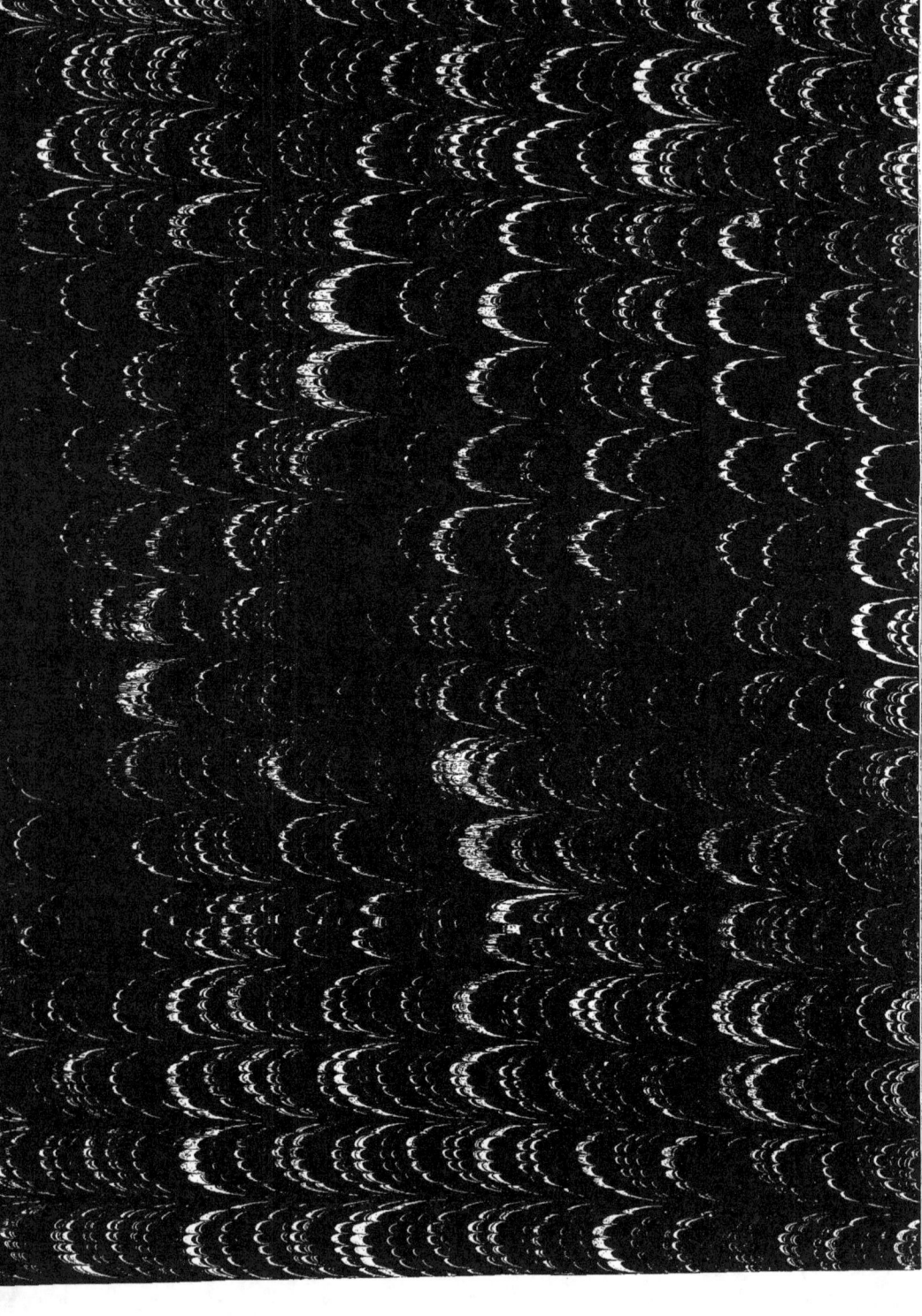

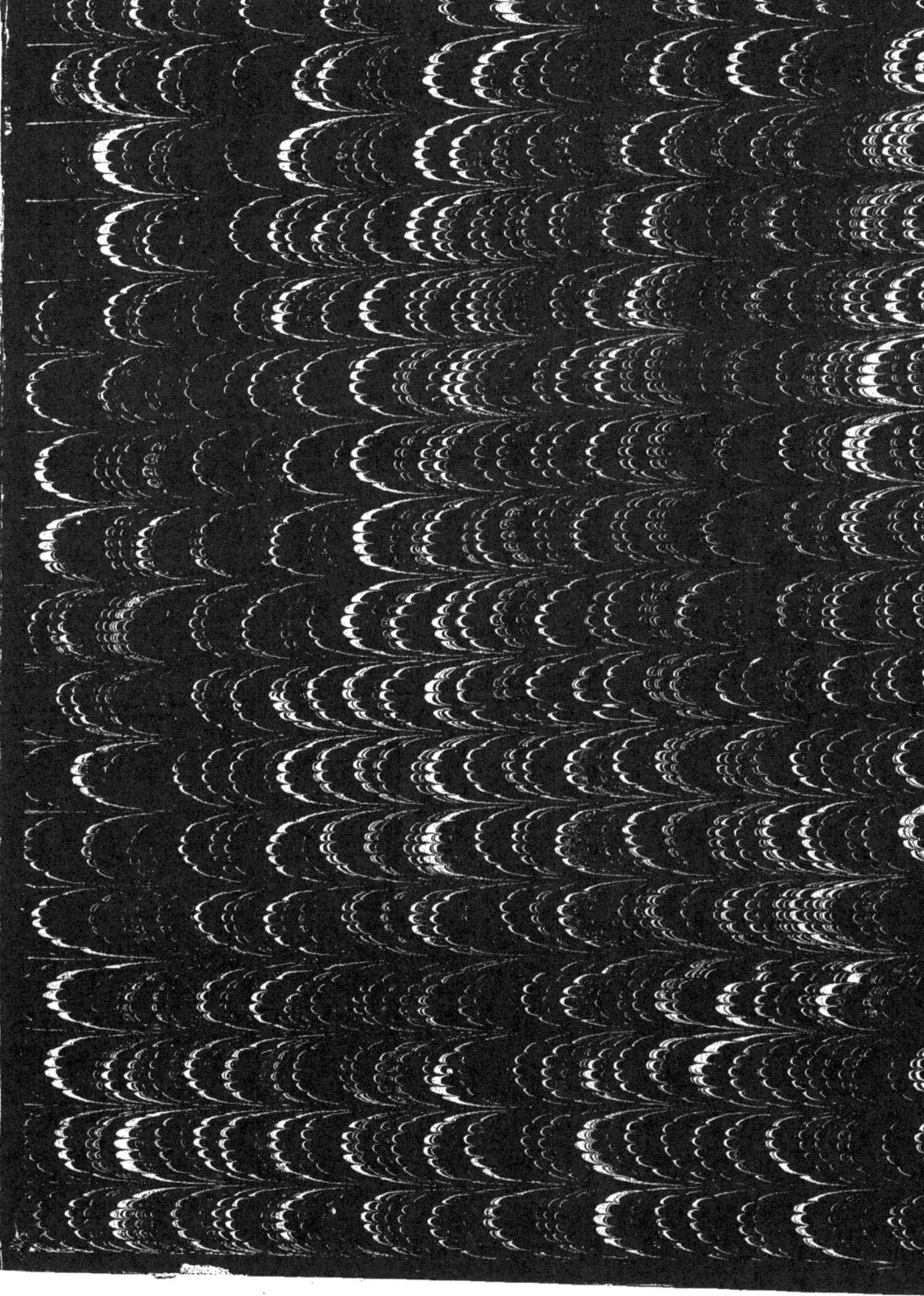

www.ingramcontent.com/pod-product-compliance
Lightning Source LLC
Chambersburg PA
CBHW051322230426
43668CB00010B/1113